A queda de Robespierre

COLIN JONES

A queda de Robespierre

24 horas que definiram o rumo da Revolução Francesa

Tradução

Diego Franco Gonçales

Revisão técnica

Daniel Gomes de Carvalho

CRÍTICA

Título original: *The Fall of Robespierre: 24 Hours is Revolutionary Paris*

Coordenação editorial: Sandra Espilotro
Preparação: Ligia Alves
Revisão técnica: Daniel Gomes de Carvalho
Revisão: Carmen T. S. Costa e Ana Maria Barbosa
Diagramação: Negrito Produção Editorial
Capa: Elmo Rosa
Imagem de capa: Pierre Louis Grevedon. *Retrato de Maximilien Robespierre* (1824)/Wikimedia/ The Trustees of the British Museum

Dados Internacionais de Catalogação na Publicação (CIP)
Angélica Ilacqua CRB-8/7057

Jones, Colin
A queda de Robespierre / Colin Jones ; tradução de Diego Franco Gonçales ; revisão técnica de Daniel Gomes de Carvalho. - São Paulo : Planeta do Brasil, 2025.
672 p.

Bibliografia
ISBN 978-85-422-3745-0
Título original: The Fall of Robespierre

1. Revoluções - França - História - Séc. XVIII I. Título II. Gonçalves, Diego Franco III. Carvalho, Daniel Gomes de

25-2996 CDD 944.04

Índice para catálogo sistemático:
1. Revoluções - França - História - Séc. XVIII

MISTO
Papel | Apoiando o manejo florestal responsável
FSC® C112738
FSC www.fsc.org

Ao escolher este livro, você está apoiando o manejo responsável das florestas do mundo

2025
Todos os direitos desta edição reservados à
EDITORA PLANETA DO BRASIL LTDA.
Rua Bela Cintra, 986, 4º andar – Consolação
São Paulo – SP – CEP 01415-002
www.planetadelivros.com.br
faleconosco@editoraplaneta.com.br

Para Jo

Não tinha a ver com princípios;
tinha a ver com matança

MARC-ANTOINE BAUDOT,
sobre a derrubada de Robespierre

AGRADECIMENTOS

Este é um livro sobre Paris, e, enquanto escrevia, fui continuamente inspirado pelo trabalho de dois grandes e muito diferentes historiadores da cidade e de seu povo no século XVIII, a saber, Daniel Roche e o saudoso Richard Cobb, a quem eu gostaria de prestar uma homenagem aqui. Também tive um prazer infinito com o fato de que, durante a pesquisa e a escrita, mantive ao meu lado o *Tableau de Paris* e *Le Nouveau Paris*, de Louis-Sébastien Mercier, além de *A Place of Greater Safety*, de Hilary Mantel, bem vivo na lembrança.

A princípio foi por curiosidade e diversão que escolhi contar a história do 9 Termidor "ao estilo Mercier", como descrito na Introdução – de perto, em detalhes e dando atenção ao tempo, ao espaço e às sequências. Como historiadores, sempre escrevemos sob as restrições impostas pelas evidências, mas achei que seria interessante adicionar mais um nível de complexidade e desafio. Eu me sentia menos atraído pelo trabalho de outros historiadores do que por autores experimentais de quem gosto, como George Perec, cujo romance de 1969, *La Disparition*, escrito sem usar a letra "e", e Raymond Queneau, cujos *Exercices de style*, de 1947, narra um incidente banal em um ônibus parisiense de 99 ângulos diferentes e em 99 estilos diferentes. Os dois homens pertenciam à tradição Oulipo de "escrever sob pressão". O que descobri com meu próprio (e menos restrito) desafio – escrever capítulos que apresentam a evolução dos eventos de hora em hora e comprimir a narrativa em um único dia – foi que ele provoca e estimula a imaginação de maneiras inesperadamente gratificantes e pertinentes. No meu caso, isso renovou meu pensamento para questões de lugar, tempo e narrativa que provaram estar no cerne do argumento deste livro. O resultado, espero, não é só um exercício de estilo, mas um itinerário aprimorado para a compreensão de um evento histórico decisivo.

A ideia para o livro surgiu de conversas com minha maravilhosa agente, a saudosa Felicity Bryan, cuja morte sobreveio na fase final da redação. Tive o privilégio de me beneficiar de sua incomparável vitalidade, sua energia e seu entusiasmo revigorante por quase trinta anos. Agradeço a Catherine Clarke, da Felicity Bryan Agency, pela ajuda nas etapas de finalização. Na OUP, Luciana O'Flaherty e sua equipe me guiaram o tempo todo com muita tranquilidade.

Nos anos em que trabalhei na pesquisa e escrita para este livro, aprendi demais com os muitos amigos que pacientemente me ouviram falar sobre ele em conferências e seminários, durante cafés ou coquetéis e em torno de mesas de jantar, e que ofereceram informações e escuta interessada, insights críticos e apoio moral. Citar o nome de todos é impossível, mas espero que eles saibam quem são e que percebam a profundidade de minha gratidão. Entre tantos, gostaria de agradecer a estas pessoas pela especial assistência ao projeto, seja material ou intelectualmente: Stephen Clay, Laurent Cuvelier, Vincent Denis, Robert Darnton, Ariane Fichtl, Mette Harder, Martyn Lyons (muito tempo atrás!), Jonathan Sachs, Steve Sawyer, Pierre Serna, Anne Simonin e Charles Walton. Também sou excepcionalmente sortudo por ter como leitores de um rascunho anterior David Bell, Alex Fairfax-Cholmeley, David Jordan, Simon Macdonald e Michael Sonenscher. Eu não poderia estar em melhores mãos. *Salut et fraternité* por seu tempo, gentileza e amizade. Simon também tem sido uma fonte de encorajamento sem fim e me ajudou no acesso a um grande número de achados documentais. Devo enfatizar que todos os erros remanescentes são de minha estrita responsabilidade. Agradeço também a Natalie Smith pela pesquisa e assistência bibliográfica e a Miles Irving, que desenhou os mapas. Dominique Lussier fez um excelente trabalho de indexação.

Tive a sorte suprema de ter recebido do Leverhulme Trust uma bolsa de pesquisa, pela qual agradeço enormemente. A generosidade da instituição em financiar o que considera pesquisas valiosas e inovadoras a torna uma joia no cenário de pesquisa britânico. Tive a chance de trabalhar no projeto em vários locais, onde produzi artigos sobre o assunto. Esses lugares incluem a Universidade de Richmond, na Virgínia, onde ocupei a cátedra Freeman (2013); o National Humanities Center, na Carolina do Norte (2014), onde fui um *fellow* Carl e Lily Pforzheimer; e a Universidade de Chicago, onde sou professor visitante desde 2018. Obrigado ao Modern France Workshop desta última universidade pelo interesse e encorajamento. Supervisionei o processo de produção do livro enquanto era bolsista do Institut d'études avancées em Paris, entre 2020 e 2021 – um prazer que nem mesmo a covid-19 conseguiu esmaecer (embora tenha tentado bastante). Desejo também, como sempre, agradecer aos meus colegas da Escola de História da Queen Mary University of London, especialmente Julian Jackson, Miri Rubin e Quentin Skinner, pela dádiva de sua amizade e apoio.

Não é possível listar todos os locais onde apresentei trabalhos e participei de conferências, mas gostaria de mencionar a honra que me foi concedida ao ser convidado para dar palestras que ajudaram a cristalizar minhas ideias. Esses eventos incluem uma palestra na Faculdade de História da Universidade de Oxford, em 2011; a palestra Douglas Southall Freeman na Universidade de Richmond, em 2013; uma palestra na Social History Society, em 2014; e a palestra Besterman na Voltaire Foundation, em 2015.

O livro foi desenvolvido ao longo de anos, e algumas publicações coincidiram com a finalização do manuscrito, notadamente "The Overthrow of Maximilien Robespierre and the 'Indifference' of the People", *American Historical Review*, 119 (2014), p. 688-713; "9 Thermidor, Cinderella of French Revolutionary Journées", *French Historical Studies*, 38 (2015), p. 9-31; "Robespierre's Fall", *History Today*, 65 (agosto de 2015), p. 39-44; "Robespierre, the Duke of York and Pisistratus during the French Revolution Terror", *Historical Journal*, 61 (2018), p. 643-72 (com Simon Macdonald); e "La vie parisienne des Conventionnels en 1793", em P. Bastien & S. Macdonald, orgs., *Paris et ses peuples*, Presses de l'Université de Quebec à Montréal (2019), p. 75-88.

Por fim, penso no tempo que passei com este livro na cabeça estando na companhia de minha esposa, Josephine McDonagh, a quem, com amor, ele é dedicado.

SUMÁRIO

Prefácio e abreviaturas 19
Lista de mapas 21

Introdução: A queda de Robespierre em detalhes 23

Prelúdio: Por volta da meia-noite 35
Alojamento de Rousseville, rua Saint-Honoré (Tulherias) – Andanças de Vernet: da Place du Trône-Renversé (Montreuil/Quinze-Vingts) à rua de Biragué (Arsenal) – Prisão de La Force (Droits-de-l'Homme) – Alojamento de Legracieux, rua Denfert (Chalier) – Casa de Guittard de Floriban, rua des Canettes (Mutius-Scévole)

PARTE I: ELEMENTOS DA CONSPIRAÇÃO (DA MEIA-NOITE ÀS CINCO DA MANHÃ)

Meia-noite 53
Alojamento de Robespierre, rua Saint-Honoré, 366 (Piques)

1h 71
Sede do CSP, Palácio das Tulherias (Tulherias)

2h 87
Escritórios do CSP, Palácio das Tulherias – Sede do CSP, Palácio das Tulherias – A missão de Tallien: as ruas de Paris

3h 100
Pela cidade – Prisão Conciergerie, Palais de Justice, Ile de la Cité (Révolutionnaire) – Prisão Bénédictins-Anglais, rua Saint-Jacques (Observatoire)

4h 116
Vários locais, escritórios do CSP, Palácio das Tulherias

PARTE II: PREPARATIVOS DE UM DRAMA (DAS CINCO DA MANHÃ AO MEIO-DIA)

5h 137
Ruas que levam a Les Halles (Marchés)

6h 151
Alojamento de Robespierre, rua Saint-Honoré, 366

7h 165
Escritórios municipais, Maison Commune (Maison-Commune) – Place du Panthéon (Panthéon) – Seção de Jacques-Louis Ménétra (Bon-Conseil)

8h 181
École de Mars, Plaine des Sablons, Neuilly – As ruas da cidade

9h 194
Escritórios da Administração Municipal de Polícia, Mairie, Ile de la Cité (Révolutionnaire) – Itinerário de Giot: rua de Hautefeuille (Marat), Panthéon (Panthéon), Prisão de Temple (Temple)

10h 208
Tribunal Revolucionário, Palais de Justice, Ile de la Cité (Révolutionnaire) – Percurso de Thibaudeau: da rua Hautefeuille (Marat) ao Palácio das Tulherias – Alojamento de Robespierre, rua Saint-Honoré, 366

11h 222
Palácio e jardins das Tulherias – Antessala do Palácio da Convenção e arredores do Palácio das Tulherias – Palácio da Convenção, Palácio das Tulherias – Sede do CSP, Palácio das Tulherias

PARTE III: UM GOLPE PARLAMENTAR (DO MEIO-DIA ÀS CINCO DA TARDE)

Meio-dia 237
Palácio da Convenção, Palácio das Tulherias

13h 248
Palácio da Convenção, Palácio das Tulherias – Jardins das Tulherias – Galerias públicas, Palácio da Convenção, Palácio das Tulherias – Pela cidade

14h 264
Salle de l'Égalité, Maison Commune – Tribunal Revolucionário, Palais de Justice, Ile de la Cité – Maison Penthièvre, Place des Piques (Piques) – Palácio da Convenção, Palácio das Tulherias – Escritórios da Administração de Polícia, Ile de la Cité e reuniões seccionais – Pela cidade

15h 285
Quartel-General da Guarda Nacional, rua du Martroy (Maison--Commune) – Palácio da Convenção, Palácio das Tulherias – Pátio, Palais de Justice, Ile de la Cité – Palácio da Convenção, Palácio das Tulherias – Andanças de Hanriot: as seções a leste – Pela cidade: reuniões de comitês seccionais

16h 303
Palácio da Convenção, Palácio das Tulherias – Casa de Vergne, Ile Saint-Louis (Fraternité) – Prisão de La Force – Pátio da Conciergerie, Palais de Justice, Ile de la Cité – Sede do CSP, Palácio das Tulherias – Place de la Maison Commune (ou Place de Grève) (Arcis) – Mairie e QG da Administração de Polícia, Ile de la Cité – A incursão de

Hanriot: da Maison Commune ao Palácio das Tulherias – Escritórios do CSG, Hôtel de Brionne (Tulherias)

PARTE IV: UMA *JOURNÉE* PARISIENSE (DAS CINCO DA TARDE À MEIA-NOITE)

17h 325
Théâtre de la République, arredores do Palais-Royal (Montagne) – Ruas da cidade – Quartel-General da Administração de Polícia, Mairie, Ile de la Cité – Place de la Maison Commune – Escritórios do CSG e CSP, complexo do Palácio das Tulherias – Place de la Maison Commune – Câmara do Conselho da Maison Commune – Sede do CSG, Hôtel de Brionne – Casa de Vergne, Ile Saint-Louis

18h 342
Câmara do Conselho, Maison Commune – Alojamento de Fouquier--Tinville, Palais de Justice, Ile de la Cité – Place du Carrousel (Tulherias) – Place du Trone-Renversé – Câmara do Conselho, Maison Commune – Mairie e Administração de Polícia, Ile de la Cité – Prisão de Talaru (Montagne) e rede prisional – Rua Saint-Guillaume (Fontaine-de-Grenelle)

19h 359
Place de la Maison Commune – Palácio da Convenção, Palácio das Tulherias – Maison Commune – Clube Jacobino (Montagne) – Prisão do Luxembourg (Mutius-Scévole) – O ataque de Coffinhal: rua Saint--Honoré (Tulherias) – Quartel-General da Administração de Polícia, Mairie, Ile de la Cité – Pela cidade

20h 379
Quartel-General da Administração de Polícia, Ile de la Cité – Escritório de Fouquier-Tinville, Palais de Justice, Ile de la Cité – Maison Commune – Palácio da Convenção, Palácio das Tulherias – Place du Carrousel – Palácio da Convenção, Palácio das Tulherias – Place du Carrousel – Palácio da Convenção, Palácio das Tulherias

– Sede do CSP, Palácio das Tulherias – Palácio da Convenção, Palácio das Tulherias

21h 402
Palácio da Convenção, Palácio das Tulherias – Arredores do Palácio das Tulherias – Place de la Maison Commune – Câmara do Conselho, Maison Commune – Pela cidade – Palácio da Convenção, Palácio das Tulherias – Maison Commune – Quai de Gesvres (Arcis)

22h 421
Quartel-General da Administração de Polícia, Mairie, Ile de la Cité – Maison Commune – Pela cidade – Palácio da Convenção, Palácio das Tulherias – Clube Jacobino – Palácio da Convenção, Palácio das Tulherias – Maison Commune – Seção Guillaume-Tell e pela cidade – Prisões de Paris

23h 443
Salle de l'Égalité, Maison Commune – Café des Subsistances, Palais de Justice, Ile de la Cité – Pela cidade – Palácio da Convenção, Palácio das Tulherias – Seção Lombards e pela cidade – Seção Révolutionnaire – Place Saint-Sulpice (Mutius-Scévole) e pela cidade – Place de la Maison Commune e Place du Carrousel – Maison Commune

PARTE V: MEIA-NOITE, PERTO DA MEIA-NOITE, DEPOIS DA MEIA-NOITE

Meia-noite 469
Salle de l'Égalité, Maison Commune

Perto da meia-noite 476
Alojamentos privados, Quai de l'École (Muséum) – Palácio da Convenção, Palácio das Tulherias – Place de la Maison Commune – Mairie, Ile de la Cité – Prisão de Temple – Maison Commune – Seção Gravilliers – Pela cidade – Acampamento da École de Mars, Plaine des Sablons – O trajeto de Guyot: da Maison Commune à seção

Sans-Culottes – A expedição de Bourdon: da seção Gravilliers à Place de la Maison Commune

Depois da meia-noite 496

Posfácio: 9 Termidor, de longe 507
Contra o povo – Conspiração contra Robespierre: um mito? – Robespierre conspirador? – A Comuna e o povo – Opinião pública rediviva – A escolha do povo: instituições acima de personalidades

Notas 535
Lista de personalidades 615
Nota sobre as fontes 623
Bibliografia e fontes impressas 629
Índice 655

PREFÁCIO E ABREVIATURAS

No Calendário Revolucionário, o dia da queda de Robespierre – 27 de julho de 1794 – é amplamente conhecido como 9 Termidor, Ano II. No geral, entretanto, usei o familiar sistema gregoriano de datação, exceto quando os eventos ou leis costumam ser referidos nos termos do Calendário Revolucionário (por exemplo, a Lei do 14 Frimário). Todas as datas no novo calendário são do Ano II (1793-1794), salvo indicação em contrário.

Todos os horários mostrados, diurnos e noturnos, derivam diretamente de fontes ou de estimativas baseadas na abundante documentação existente. Todos os diálogos foram extraídos diretamente de fontes: nenhum deles foi inventado, e as adaptações foram mínimas.

Nas notas, situei os lugares dentro de Paris tomando como base as 48 seções estabelecidas em 1790. Veja o Mapa 2 e sua legenda, na p. 34. Nas notas finais, identifiquei o arrondissement atual. Para evitar confusão, usei hifens nas seções cujos nomes têm mais de uma palavra: assim, "Maison-Commune" é a seção com esse nome, mas "Maison Commune" refere-se à prefeitura.

Muitas das principais ruas e prédios públicos foram oficialmente renomeados durante o Terror. Os nomes dos santos quase sempre eram omitidos: por exemplo, a rua Saint-Honoré às vezes era chamada de rua Honoré, e o Faubourg Saint-Antoine, de Faubourg Antoine. No entanto, boa parte das renomeações oficiais não era amplamente usada pelos parisienses e não foi incorporada ao vocabulário local. Em consequência, adotei os novos nomes revolucionários apenas onde seu uso se tornou habitual: assim, a antiga (e atual) Place de l'Hôtel-de-Ville era geralmente chamada de Place de la Maison Commune, enquanto a Place du Carrousel, próximo ao Palácio das Tulherias, raramente era referida pelo novo nome oficial, Place de la Réunion. Tentei sempre optar pelo nome mais sensato e menos confuso.

As seguintes abreviaturas são usadas no texto:

Cd. – Cidadão
CSP – Comitê de Segurança Pública (*Comité de salut public*)
CSG – Comitê de Segurança Geral (*Comité de sûreté générale*)
QG – Quartel-general
GN – Guarda Nacional (*Garde nationale*)

LISTA DE MAPAS

Mapa 1. Paris central em 1794 32

Mapa 2. As 48 seções de Paris 34

Mapa 3. Arredores da Maison Commune 167

Mapa 4. Complexo das Tulherias 220

INTRODUÇÃO: A QUEDA DE ROBESPIERRE EM DETALHES

> De perto, as coisas são diferentes de quando as julgamos de longe [...]. As crises revolucionárias são compostas de coisas infinitamente pequenas, e estas formam a base essencial de todos os eventos. Em geral, muitas delas podem surpreender o observador. Quase todas não foram apenas imprevistas; enquadram-se na categoria de coisas que nenhum sábio acreditaria ser possível.

A Revolução Francesa, afirmou Louis-Sébastien Mercier – escritor, jornalista, político e comentarista inigualável de sua Paris natal de fins do século XVIII –, foi "nada mais que uma questão de ótica". É somente chegando "bem perto" e se imiscuindo nos detalhes "infinitamente pequenos" do processo revolucionário que podemos ter uma compreensão satisfatória do curso muitas vezes improvável e invariavelmente imprevisível dos grandes eventos revolucionários.

O tempo pareceu acelerar em 1789. Boissy d'Anglas, estadista colega de Mercier, expressou admiração pelo fato de, para quem assistia aos fatos em 1795, parecer que os homens e mulheres franceses tinham vivido seis séculos no espaço de seis anos. Os parisienses se tornaram profundamente conscientes do tempo. Já não tinham mais sinos para marcar as horas (consequência da nacionalização da propriedade eclesiástica e do fechamento da maioria das igrejas), mas seus bolsos agora guardavam relógios ao lado de carteiras, lenços e caixas de rapé. Eles se desculpavam educadamente por não fornecer a hora exata se tivessem esquecido o relógio.

Os parisienses nunca estiveram mais atentos ao tempo do que nos dias de ação popular dentro de Paris (as chamadas *journées*, ou jornadas), quando o tempo parecia acelerar de modo particularmente frenético. As *journées* pontuaram a vida política ao longo da década entre 14 de julho de 1789, convencionalmente considerado o início da Revolução, e 18 Brumário/9 de novembro de 1799, quando o advento de Napoleão é geralmente considerado o seu marco final. Elas pareciam seguir suas próprias regras e procedimentos em um ritmo acelerado, que poderia sair dos trilhos e transformar completamente o curso geral dos eventos de maneiras que, como disse Mercier, "nenhum sábio acreditaria ser possível". Para entender a lógica e a mecânica de qualquer *journée* parisiense em particular e seguir as voltas e reviravoltas de seu curso, a recomendação de Mercier era pegar um microscópio e se aproximar da ação. Em uma *journée* revolucionária, ele se perguntou, quando cada momento parecia importar e acarretar grandes consequências, como

> se pode escrever tal história se se perder a narrativa sequencial [*enchaînement*] de cada dia? Pois esse e aquele evento eram produzidos tão inesperadamente que parecem menos ter ocorrido do que terem sido criados do nada.

Parecia que cada participante compunha uma cadeia invisível, de ligações intrincadas, que conduzia freneticamente sabe-se lá para onde.

O tema deste livro é um daqueles dias de ação que tanto fascinaram Mercier: 27 de julho de 1794, ou 9 Termidor, Ano II, na nomenclatura do Calendário Revolucionário francês introduzido em 1793. Ele não forneceu um relato desse dia, pois naquele momento era um prisioneiro político temendo por sua vida, detido no antigo mosteiro dos Bénédictins-Anglais, na rua Saint-Jacques, na Rive Gauche.* No entanto, isso não o impediu de acompanhar, refletir e sentir-se parte da ação em toda a sua complexidade. O dia assistiu à queda do poder de Maximilien

* Margem esquerda, em referência à área sul de Paris, situada à margem esquerda do rio Sena. [N.T.]

Robespierre, um dos políticos mais carismáticos e destacados da Revolução, e marcou o início do fim do tipo de governo imposto pelo terror no qual ele desempenhara um papel fundamental no ano anterior. É um dia cujos desdobramentos os historiadores invariavelmente veem como uma espécie de *coup d'état** parlamentar executado pelos oponentes de Robespierre dentro da elite política. Espero mostrar que esses desdobramentos foram determinados não apenas por maquinações de políticos, mas também como resultado de um enorme processo de ação coletiva do povo de Paris, que desde 1789 havia tomado um vulto cada vez mais significativo na política nacional.

Para entender de que modo o povo de Paris conquistou seu papel de ator dos mais significativos nos dramas da época, precisamos entender em linhas gerais o papel da cidade na história da Revolução desde a primeira *journée* revolucionária. Em 14 de julho de 1789, os parisienses invadiram a famosa Bastilha, a notória prisão estatal e depósito de armas no extremo leste da cidade. Fizeram isso para se proteger contra uma tentativa do rei Luís XVI e seus ministros de anular os ganhos que a Revolução tivera até então. Por meio de suas ações naquele dia, os parisienses forçaram o rei a confirmar a criação de uma "assembleia nacional" unitária e a permitir que se instituísse uma monarquia constitucional baseada em princípios a serem estabelecidos na histórica Declaração dos Direitos do Homem e do Cidadão, promulgada em 26 de agosto de 1789.

A monarquia constitucional acabou fracassando. Em 10 de agosto de 1792, outro dia importante da ação popular parisiense, a enorme popularidade que Luís XVI angariara em 1789 tinha se dissipado quase por completo, e um governante anteriormente aclamado como o "restaurador das liberdades francesas" estava sendo comparado a tiranos despóticos da Antiguidade. O advento da guerra contra a Europa continental em abril de 1792 foi uma peça importante nessa reviravolta: o fracasso do rei em assumir a defesa da pátria mesmo em um momento

* A tradução da expressão poderia ser golpe de Estado. Porém, no original, o autor manteve a expressão em francês, uma vez que "*état*", no século XVIII, significava mais que Estado (na verdade, nosso uso de Estado é do século XIX), podendo, por exemplo, significar algo como status ou estatuto. Certamente o autor levou isso em consideração. [N.R.T.]

de extrema emergência nacional destruiu sua legitimidade política. A revolta parisiense de 10 de agosto obrigou o rei a renunciar. Julgado por uma nova assembleia, a Convenção Nacional, eleita pelo sufrágio universal masculino, foi executado em janeiro de 1793.

A Convenção sublinhou a importância histórica da derrubada do rei, declarando retrospectivamente em outubro de 1793 que o dia em que eles haviam votado pela República, 21 de setembro de 1792, marcara o início de uma era que seria comemorada com um novo jeito de marcar o tempo. (Sua inauguração pós-data significava que, quando o novo calendário começou, o Ano II da era da igualdade já estava em andamento.) O novo calendário, baseado no sistema decimal, que os cientistas franceses consideravam naturalmente fundamentado na razão humana, dividia o ano não em semanas, mas em períodos de dez dias, chamados *décades*. Muitos dos novos dias de descanso decenais eram dedicados a celebrações e comemorações de vários tipos. Ainda havia doze meses, mas, como o calendário era calculado a partir de 21 de setembro de 1792, cada mês começava por volta da terceira semana dos antigos meses do calendário. Uma nova nomenclatura foi introduzida, substituindo a antiga miscelânea de deuses e imperadores romanos e santos cristãos por um sistema de nomeação que evocava estados da natureza e a economia rural. Os novos meses refletiam o clima (pelo menos o das zonas temperadas do hemisfério Norte). Termidor era o mês quente (do grego *thermon*, para o calor do verão); era precedido por Messidor (junho-julho), o mês da colheita (*messis*, "colheita" em latim, maio-junho); por Prairial, os meses do prado (*prairie*, "prado" em francês, abril-maio), e por Floreal, o mês das flores (*flos*, flor em "latim", março-abril). Da mesma forma, o dia de cada antigo santo foi abençoado com um nome fundamentado na natureza. A data 9 Termidor, por exemplo, tornou-se o Dia da Amoreira.

A *journée* de 10 de agosto, que desencadeou essa mudança no registro do tempo, tinha confirmado o povo de Paris como um ator político por direito próprio na nova República. Grupos sociais que até então estavam fora da vida pública ou à sua margem eram agora aclamados como elementos-chave dentro de um "movimento popular" que se expressava não apenas por meio da intervenção armada em *journées*, mas também pelo engajamento político e ideológico dentro de parâmetros expandidos de espaço democrático, agora incluindo jornais e panfletos, reuniões e manifestações públicas, associações e clubes políticos, bem como os comitês e assembleias locais dentro das 48 seções em que Paris estava dividida desde 1790. A vanguarda do movimento popular era o grupo conhecido a partir de 1791 e 1792 como *sans-culottes*, termo que significava que eles viviam "sem calças", isto é, que preferiam as calças do homem trabalhador aos calções que eram a marca normal da civilidade antes de 1789. No Ano II, os *sans-culottes* passaram a ser a voz mais sonora e os atores mais dinâmicos dentro do movimento popular, e impactaram fortemente a opinião pública.

Em meio a esse espaço democrático inclusivo, o movimento popular parisiense aspirava a representar o povo da França como um todo. No entanto, essa intenção foi posta à prova no verão e no outono de 1793, quando a maior parte do resto do país protestou vigorosamente contra o que considerava uma interferência injustificada dos parisienses no processo político. Em mais duas *journées* – em 30 de maio e 2 de junho de 1793 – o movimento popular parisiense uniu forças com deputados radicais na Convenção, conhecidos como *montanheses*, para expulsar da assembleia mais de vinte deputados moderados, ou *girondinos*. Os parisienses justificaram esse ataque aos delegados nacionalmente eleitos destacando o estado desesperador da posição militar da República nascente, e acusaram os girondinos de obstruir uma guerra de defesa nacional. Mesmo com os exércitos das potências aliadas avançando pelas fronteiras francesas, os protestos provinciais contra as *journées* aproximaram-se perigosamente das condições de uma guerra civil, com a "Revolta Federalista" afetando várias áreas da França, particularmente dentro e ao redor das principais cidades, como Lyon, Marselha e Toulon. A situação da segurança foi agravada pela agitação no oeste do país e em torno do departamento de Vendée, que assumiu a aparência de uma rebelião monarquista.

A Convenção superou todas essas ameaças à sua existência – desintegração militar, Revolta Federalista e insurreição camponesa no oeste da França – por meio da introdução de um estado de emergência que envolvia a suspensão dos arranjos constitucionais normais, incluindo a maioria das liberdades individuais consagradas na Declaração dos Direitos do Homem. Sobretudo, os deputados criaram um Comitê de

Segurança Pública, composto por doze de seus pares, que se constituiu no cerne do que era visto como um "Governo Revolucionário". (Nesse contexto, "Revolucionário" significava que o Estado não estava operando formalmente a partir de uma Constituição: a Constituição radical aprovada em 1793 jamais seria implementada.) O Comitê foi dotado de poderes semiditatoriais, de emergência, a fim de conduzir o combate às ameaças externas e internas. Notavelmente, isso assumiu a forma do terror, com a intimidação e a censura de dissidentes internos por meio de múltiplos canais de violência estatal.

De maneira intermitente, o colossal punho de ferro do Comitê usava luvas de pelica. Em particular, o governo favoreceu políticas social e economicamente progressistas que vinculariam à causa da República não apenas os *sans-culottes* parisienses, mas também as classes populares de todo o país. Esse foi o ponto central de uma aliança estratégica firmada no verão de 1793 entre os deputados montanheses da Convenção e os *sans-culottes* do movimento popular parisiense. A aliança foi intermediada por Maximilien Robespierre, que em julho de 1793 tornou-se um membro-chave do Comitê de Segurança Pública. Mais do que qualquer outra figura política, Robespierre entendeu que a legitimação do Governo Revolucionário por meio do terror seria alcançada com maior facilidade por um compromisso coincidente com reformas sociais que mobilizassem a nação em geral e os parisienses em particular.

A validação ideológica de Robespierre desempenhou um papel importante no apoderamento da iniciativa política e militar pelo governo no decorrer de 1793 e 1794, de maneiras que acabaram com a guerra civil e deram ao exército francês uma vantagem sobre seus inimigos europeus. Poderíamos, portanto, esperar que Robespierre recebesse muito crédito pessoal pela grande e decisiva vitória na Batalha de Fleurus, em 26 de junho de 1794, que aliviou a fronteira do norte da França e abriu os Países Baixos para o avanço dos exércitos republicanos. Na verdade, por razões que exploraremos ao longo do livro, não foi esse o caso. A relação entre as diferentes forças e figuras dentro do Governo Revolucionário havia se modificado de forma reveladora. Robespierre estava em pé de guerra com seus colegas do Governo Revolucionário, havia se retirado parcialmente da vida pública e parecia estar provocando dissensão dentro de Paris contra o próprio governo do qual era membro. Seu comportamento testou ao extremo a paciência dos colegas de governo, paciência essa que, por fim, se esgotou. Em 9 Termidor, eles deflagraram um ataque frontal a Robespierre na Convenção e o prenderam.

Para entender o 9 Termidor, precisaremos compreender a posição e as motivações de Robespierre, bem como as dos homens da Convenção que passaram de seus aliados a antagonistas. Mas também devemos penetrar nas mentes e preocupações do povo de Paris. Isso porque, em última análise, foi a ação dos parisienses que, depois de muitos dos súbitos altos e baixos que para Mercier eram característicos das *journées*, determinou o desfecho do dia.

Embora as questões do 9 Termidor, em sua importância, tivessem escala nacional, elas foram resolvidas dentro de Paris. Mercier certa vez brincou que "Paris é tão grande que se pode travar uma batalha em uma ponta da cidade sem que a outra saiba nada a respeito". De modo nenhum esse foi o caso no 9 Termidor: houve envolvimento e mobilização popular em todas as 48 seções da cidade. Além disso, como o dia transcorreu de maneira totalmente inesperada e passou rápido demais, não houve chance de os arredores (muito menos toda a França) se envolverem. A maior parte do país acordou no 10 Termidor descobrindo que Robespierre havia caído. Foi a mais parisiense das *journées* revolucionárias.

Ver de que modo os parisienses – sem dúvida os *sans-culottes*, mas muitos outros também – se uniram para agir coletivamente no 9 Termidor envolve não apenas cavar até o nível de detalhes "infinitamente pequenos", mas também localizar esses detalhes dentro da cidade, tanto espacial quanto temporalmente – situando a ação no mapa e no relógio, por assim dizer. O resultado da *journée* dependia das decisões tomadas ao longo daquelas 24 horas por hostes de indivíduos envolvidos em todos os níveis do drama e em momentos-chave do fluxo do dia. Podemos entender melhor esse fluxo rastreando notícias e informações, e também boatos, fofocas, emoções, ordens e decretos, homens e mulheres, cavalos, armas de fogo, lanças e canhões, enquanto eles viajavam dentro e ao redor da cidade durante as 24 horas. Do mais elevado ao mais humilde morador da cidade e por toda Paris, do centro histórico à periferia mais distante, os parisienses procuraram adivinhar o destino e compreender as minúcias do dia para determinar o melhor curso de ação. Como eles deveriam agir? E a favor de quem? Mobilizar-se ou não? Juntar-se a Robespierre e à Comuna (o governo municipal)? Ou apoiar a Convenção Nacional? O desenrolar do dia dependia de um milhão de microdecisões tomadas pelos parisienses em toda a extensão da cidade e durante as 24 horas do dia.

Escrever o tipo de história microscópica, multicamada e multiperspectiva de Paris e dos parisienses que este livro almeja só é possível porque a documentação de arquivo desse dia é excepcionalmente rica, permitindo-nos acessar literalmente centenas e centenas de micronarrativas que cobrem fragmentos do dia de uma infinidade de ângulos. Para discussões mais completas, veja a Nota sobre as fontes, p. 623; e Jones (2014): "The Overthrow", p. 696-7. Existe uma cópia da instrução Barras em W 500, d. 3. É difícil imaginar outro dia em todo o século XVIII cujas fontes sejam tão abundantes e densas. Poucos dias depois do ocorrido, Barras, o deputado a quem o governo incumbiu a segurança da cidade, iniciou uma revisão minuciosa e meticulosa de tudo o que havia acontecido em cada uma das 48 seções em 8, 9 e 10 Termidor. "Reúnam todos os detalhes", ele instruiu as autoridades seccionais:

> Um fato que parece menor pode iluminar uma suspeita ou levar à descoberta de uma verdade útil. Informem-me de todas as ordens que deram e de todas as que receberam; acima de tudo, porém, sejam precisos nas datas e horários; isso será da maior importância.

Essa determinação gerou quase duzentos microrrelatos sobre ao menos parte do dia, vindos de pontos privilegiados de toda a cidade. Muitos deles foram divididos por períodos-chave do dia em blocos de quinze minutos. Além dessa fonte crucial proveniente do inquérito de Barras, a Convenção criou uma comissão oficial que foi designada para elaborar um relatório sobre esse dia, que foi apresentado exatamente um ano depois. E mais: reportagens de jornais e descritivos políticos posteriores invariavelmente contêm relatos do dia. Por fim, literalmente centenas de dossiês individuais da polícia ao longo do ano seguinte fornecem microrrelatos semelhantes de episódios e momentos do dia.

Esse mosaico formado por milhares de fragmentos de experiência destilados e de minúcias relembradas compôs um drama que parecia maior que a vida real. Quando "os eventos se tornam ao mesmo tempo terríveis e singulares" dessa maneira, eles produzem, observou Mercier, uma situação na qual mesmo "a ficção dramática estaria longe de corresponder aos fatos históricos". O 9 Termidor provou ser um dia em que os fatos se mostraram, se não mais estranhos que a ficção, certamente tão emocionantes e surpreendentes quanto. Mudar nosso foco habitual como historiadores para nos aproximarmos dos parisienses, de sua cidade e de suas ações no drama do 9 Termidor nos permite ver sob uma luz nova e inesperada não apenas Robespierre, a Revolução, os usos do terror e o povo de Paris, mas também a maneira como escrevemos a história de um acontecimento épico.

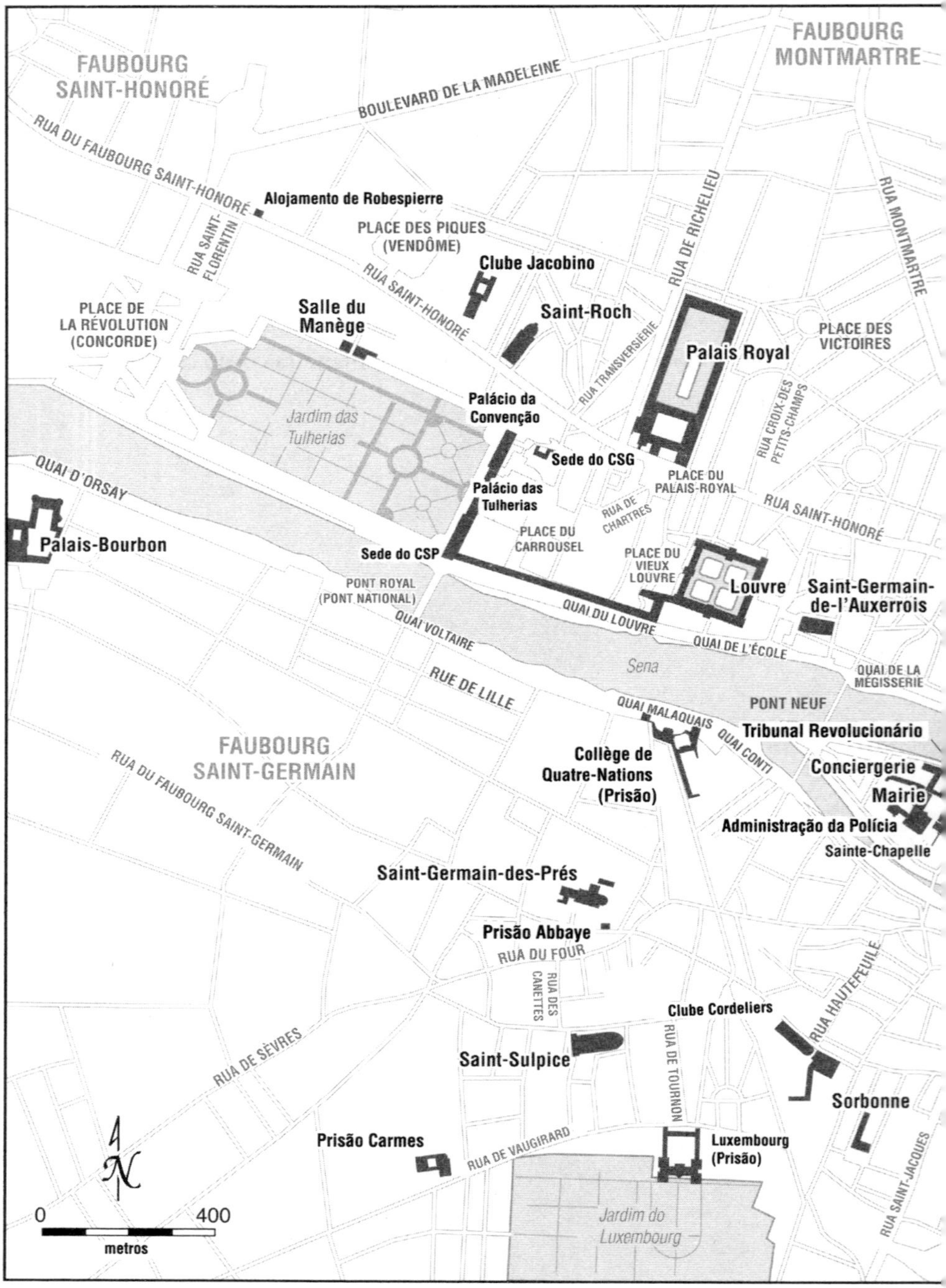

Mapa 1. Paris central em 1794

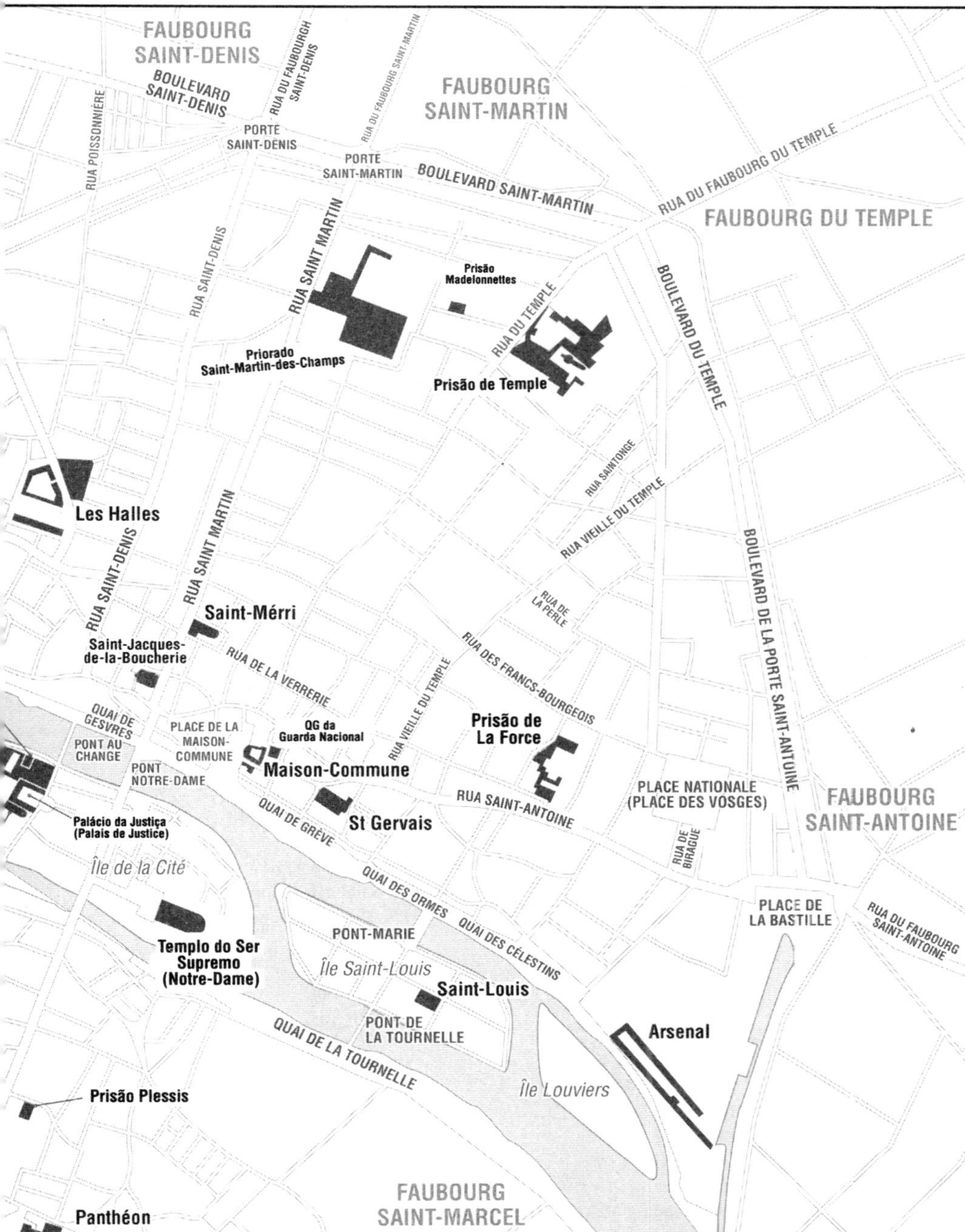
FAUBOURG SAINT-DENIS
BOULEVARD SAINT-DENIS
RUA DU FAUBOURGH SAINT-DENIS
RUA DU FAUBOURG SAINT-MARTIN
FAUBOURG SAINT-MARTIN
RUA POISSONNIÈRE
PORTE SAINT-DENIS
PORTE SAINT-MARTIN
BOULEVARD SAINT-MARTIN
RUA DU FAUBOURG DU TEMPLE
FAUBOURG DU TEMPLE
RUA SAINT-DENIS
RUA SAINT MARTIN
Prisão Madelonnettes
RUA DU TEMPLE
BOULEVARD DU TEMPLE
Priorado Saint-Martin-des-Champs
Prisão de Temple
RUA SAINTONGE
RUA VIEILLE DU TEMPLE
Les Halles
RUA SAINT-DENIS
RUA SAINT MARTIN
BOULEVARD DE LA PORTE SAINT-ANTOINE
RUA DE LA PERLE
Saint-Mérri
Saint-Jacques-de-la-Boucherie
RUA DE LA VERRERIE
RUA DES FRANCS-BOURGEOIS
RUA VIEILLE DU TEMPLE
QUAI DE GESVRES
PLACE DE LA MAISON-COMMUNE
QG da Guarda Nacional
Prisão de La Force
PONT AU CHANGE
PONT NOTRE-DAME
Maison-Commune
PLACE NATIONALE (PLACE DES VOSGES)
FAUBOURG SAINT-ANTOINE
RUA SAINT-ANTOINE
Palácio da Justiça (Palais de Justice)
QUAI DE GRÈVE
St Gervais
RUA DE BIRAGUE
Île de la Cité
QUAI DES ORMES
PLACE DE LA BASTILLE
RUA DU FAUBOURG SAINT-ANTOINE
PONT-MARIE
QUAI DES CÉLESTINS
Templo do Ser Supremo (Notre-Dame)
Île Saint-Louis
Saint-Louis
PONT DE LA TOURNELLE
Arsenal
QUAI DE LA TOURNELLE
Île Louviers
Prisão Plessis
FAUBOURG SAINT-MARCEL
Panthéon

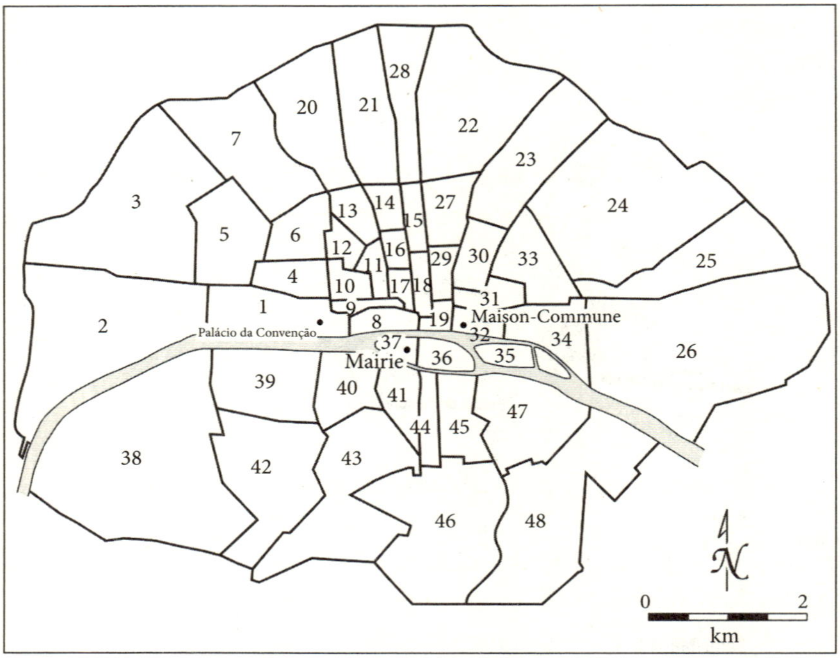

Mapa 2. As 48 seções de Paris

Seções

1 Tuileries
2 Champs-Elysées
3 République
4 Montagne
5 Piques
6 Le Peletier
7 Mont-Blanc
8 Muséum
9 Gardes-Françaises
10 Halle-au-Blé
11 Contrat-Social
12 Guillaume-Tell
13 Brutus
14 Bonne Nouvelle
15 Amis-de-la-Patrie
16 Bon-Conseil
17 Marchés
18 Lombards
19 Arcis
20 Faubourg-Montmartre
21 Faubourg-Poissonnière
22 Bondy
23 Temple
24 Popincourt
25 Montreuil
26 Quinze-Vingts
27 Gravilliers
28 Faubourg-du-Nord
29 Réunion
30 Homme-Armé
31 Droits-de-l'Homme
32 Maison Commune
33 Indivisibilité
34 Arsenal
35 Fraternité
36 Cité
37 Révolutionnaire
38 Invalides
39 Fontaine-de-Grenelle
40 Unité
41 Marat
42 Bonnet-Rouge
43 Mutius-Scévole
44 Chalier
45 Panthéon-Français
46 Observatoire
47 Sans-Culottes
48 Finistère

PRELÚDIO: POR VOLTA DA MEIA-NOITE

Alojamento de Rousseville, rua Saint-Honoré (Tulherias)

Pierre-Henri Rousseville aluga um quarto em cima de uma estalagem na rua Saint-Honoré. Até recentemente a rua fazia parte do movimentado itinerário de carroças que levavam contrarrevolucionários condenados à guilhotina na vizinha Place de la Révolution. As pessoas ainda se reúnem aqui, às multidões. É uma das vias urbanas mais animadas de Paris. Também fica a uma curta caminhada até o centro do governo, no complexo do Palácio das Tulherias. Um excelente local de residência para políticos e também para espiões do governo. Rousseville segue esta última vocação: é um "observador do governo" oficial, que se reporta ao CSP, o Comitê de Segurança Pública.

Esta noite, Rousseville está dando os últimos retoques em um relatório confidencial para seus superiores. O relatório, intitulado "Liberdade, Igualdade, Fraternidade, Proibição ou Morte", é endereçado aos "CRs", sigla para "Cidadãos Representantes", os deputados eleitos, "representantes do povo" que compõem o CSP. Mas Rousseville tem certeza de que seu relatório passará diante dos olhos de outro "CR", a saber, o Cidadão Robespierre. Maximilien Robespierre, o membro mais proeminente desse comitê, é o principal ponto de contato de Rousseville com o CSP. Seu alojamento, na rua Saint-Honoré, 366, fica a uma curta distância do de Rousseville.

Como muitos espiões, Rousseville tem um passado duvidoso. Sacerdote antes de 1789, ele flertou com a causa monarquista no papel de agente secreto, ainda nos primeiros anos da Revolução, antes de se radicalizar. Eleito pároco em Belleville, no extremo nordeste de Paris, frequentava o famoso Clube Jacobino, a principal associação política da França, e se ligou aos grupos de extrema esquerda que travaram guerra contra o cristianismo. Ele publicou um panfleto "descristianizador" exigindo a liberação do casamento para padres, antes de praticar o que pregava e assumir os votos do casamento. Passou por períodos como comissário do governo na frente oriental da Alsácia e como agente de polícia do Ministério do Interior e das autoridades departamentais de Paris antes de, no início de 1794, conseguir um emprego no CSP.

Desde sua criação por um decreto da Convenção em abril de 1793, o CSP lutou para evitar o desastre militar e a implosão doméstica. A instituição está autorizada a conduzir o esforço de guerra, no qual a França está empenhada desde abril de 1792, por todos os meios disponíveis, incluindo poderosos ataques autoritários contra qualquer um que se oponha à linha do governo – em outras palavras, por meio do terror. A guerra ajudou a desencadear a derrubada da monarquia e a criação de uma República no final de 1792. Mas também estava ameaçando implodir essa República. Em seu trabalho, o Comitê coopera estreitamente com o CSG (Comitê de Segurança Geral), que controla os assuntos de segurança e polícia. Os dois "Comitês de Governo", como são chamados, cada um composto por doze deputados, formam o núcleo do "Governo Revolucionário" que comanda a França. Aliando-se em torno da causa comum, esses 24 homens alcançaram grande sucesso, esmagando ondas de rebelião interna e expulsando exércitos estrangeiros invasores. Na Batalha de Fleurus, um mês antes, em 26 de junho de 1794, as forças francesas infligiram uma grande derrota aos inimigos austríacos, possibilitando o avanço francês sobre os Países Baixos.

Apesar de seu histórico de sucesso conjunto, há questões ideológicas e pessoais que causam atrito entre os dois Comitês de Governo. A situação tem piorado e começa a ameaçar a estabilidade do governo. Uma fissura profunda se deu na questão do policiamento. Robespierre, que dá ordens a Rousseville no CSP, é um crítico vigoroso dos agentes do CSG. O CSG acredita que, para pegar um ladrão, às vezes é preciso usar um ladrão. O Comitê emprega indivíduos que não parecem tão agudamente virtuosos e patrioticamente imaculados quanto Robespierre gostaria. O espião-chefe do CSG, Jean-Baptiste Dossonville, é um exemplo disso. O bar que ele administrava entre 1791 e 1792 na seção Bonne-Nouvelle, nos bulevares a noroeste, tornou-se um ponto de encontro de monarquistas. E então ele se envolveu na falsificação dos *assignats*, o novo e frágil papel-moeda da Revolução. Ele se meteu até o pescoço em crimes contrarrevolucionários e corrupção? Ou estava praticando um astuto jogo duplo? O CSG aposta nesta última hipótese e confiou a ele amplos poderes sobre as instituições locais. Robespierre não tem tanta certeza. E, de fato, amanhã chegará à mesa do CSP um extenso relatório das autoridades seccionais de Amis-de-la-Patrie, datado de hoje, 26 de julho, com mais de uma dúzia de testemunhas denunciando Dossonville por uma coleção sombria de atos corruptos e nefastos.

São homens como Dossonville que fizeram Robespierre temer que toda a força policial do CSG pudesse ser uma fachada elaborada para os inimigos da República. Há quase um ano ele está convencido de que potências estrangeiras, coordenadas por William Pitt, primeiro-ministro britânico, armaram uma "Conspiração Estrangeira" que ameaça a República internamente subornando representantes corruptos do governo. As preocupações de Robespierre o levaram, em abril de 1794, a criar uma agência paralela de segurança, o Departamento de Polícia – ou "Departamento de Vigilância Administrativa e Polícia Geral", para citar o nome completo. O Departamento está sob a égide do CSP e é dirigido por ele e seus aliados políticos mais próximos, Louis-Antoine Saint-Just e Georges Couthon. A duplicidade de funções de policiamento entre esse órgão e o CSG tem azedado as relações e gerado suspeitas recíprocas.

Robespierre desconfia do CSG e dos Dossonvilles do mundo, mas confia em Rousseville. Por razões desconhecidas para outros e talvez até mesmo para Rousseville, Robespierre está convencido de que Rousseville é um legítimo patriota. Foi Robespierre quem assinou os decretos do CSP que o nomearam para o Departamento de Polícia e proporcionaram um avanço em sua carreira, destinando-lhe um salário decente e permitindo que requisitasse cavalos para suas viagens a partir dos estábulos do governo na rua Saint-Honoré. Quando Robespierre quer que seja feita uma prisão, Rousseville é o agente preferido. Em contrapartida, Robespierre ordena prisões por indicação de Rousseville. O ex-padre e ex-*enragé* tornou-se um dos mais altos e notórios funcionários do

Departamento de Polícia do CSP. Ele desfila por bares e cafés envergando um impressionante colete vermelho, ouvindo o que está sendo dito. Às vezes os monarquistas o veem entrando e emitem um discreto assobio de alerta.

Há algum tempo Rousseville percorre os arredores rurais de Paris, relatando os malfeitos contrarrevolucionários. Desde abril, nobres do *Ancien Régime* não têm mais permissão para residir em Paris. No entanto, bandos de refugiados aristocráticos – Rousseville os estima em 2 mil ou mais – formaram ninhos de sedição em Versalhes, Neuilly, Passy, Auteuil e outras comunas fora dos muros da cidade. O Bois de Boulogne e o Bois de Vincennes estão infestados de reuniões clandestinas de aristocratas. Em alguns lugares, os aristocratas chamam uns aos outros por seus títulos abolidos; padres que abjuraram a Revolução celebram missas; e as casas estão cheias do tipo de bricabraque religioso (gravuras, crucifixos, livros de orações) que a maioria dos parisienses agora mantém fora da vista. Também existe o perigo de esses contrarrevolucionários infectarem o patriotismo da École de Mars, a academia militar recentemente estabelecida na Plaine des Sablons, no lado parisiense da vila de Neuilly.

Esta noite, no entanto, Rousseville deixa de lado suas preocupações com o círculo aristocrático que ronda Paris. Seu relatório se concentra no estado da opinião pública na própria Paris – "o principal bulevar da Revolução", como ele a chama – em um momento crítico da curta vida da República. Ele está ciente das ansiedades de Robespierre a respeito da atuação de uma Conspiração Estrangeira. Essa conspiração agora concebe, alertou Robespierre, o uso do assassinato como arma legítima. Ele e Jean-Marie Collot d'Herbois, outro membro do CSP, foram alvo de tentativas de assassinato no fim de maio: um indivíduo perturbado chamado Henri Ladmiral atirou em Collot, enquanto uma adolescente chamada Cécile Renault, com dois canivetes na bolsa, foi presa na casa de Robespierre falando sobre "ver como é a cara de um tirano". Robespierre tem certeza de que foi o governo britânico que orquestrou esses ataques. Ele e Bertrand Barère, um colega de CSP, responderam a eles patrocinando em conjunto uma lei que proíbe as tropas francesas de fazer prisioneiros de guerra britânicos. A morte no campo de batalha é agora tudo o que os britânicos têm o direito de esperar das tropas republicanas. Pitt e sua laia, acredita Robespierre, também estão recorrendo ao suborno e à corrupção para subverter a Revolução por dentro. Ele tem certeza de que a corrupção atingiu o coração da burocracia, da Convenção, do Governo Revolucionário e, não menos importante, das forças policiais do CSG.

Rousseville assegura a seu superior que esses esforços sediciosos não conseguiram muito apoio dentro da própria cidade de Paris: "o povo", escreve ele, "confia totalmente na Convenção". No entanto, ele deve saber que não é apenas a pretensa assassina Cécile Renault que está preocupada com a "tirania". Isso parece estar se espalhando dentro da elite política. Rousseville sabe que recentemente houve uma série de incidentes estranhos e preocupantes envolvendo misteriosos grupos de homens armados, notadamente no Arsenal de Paris e nas proximidades do asilo e prisão de Bicêtre, ao sul da cidade. Comentários contrarrevolucionários são relatados rotineiramente em filas do pão e bares noturnos. A cidade parece cheia de forasteiros mal-intencionados vindos das províncias. Festas de bairro – ou "banquetes fraternos", como são chamadas – para celebrar as vitórias do exército francês no front têm sido insidiosamente dominadas por aristocratas na tentativa de perverter os fiéis militantes de rua. Há alguns dias foi relatado que sinais tinham sido misteriosamente desenhados com giz nas portas dos alojamentos de alguns deputados na rua Traversière, perto da Convenção. Isso faria deles homens marcados?

Uma ação vigorosa, conclui Rousseville, é necessária imediatamente. É um excelente ponto de partida que o povo de Paris confie "totalmente" na Convenção. Mas agora é a hora de todos os patriotas se unirem à causa. Eles devem, conclui Rousseville, "cercar os deputados leais com sua confiança, cuidado e força". "Os Comitês de Governo, a Convenção e o povo devem estar unidos em uma massa sólida de 25 milhões de indivíduos, todos comprometidos com a causa da liberdade." A ação firme para esmagar os conspiradores e garantir a unidade permitirá que o sonho de Robespierre de uma Revolução mais pura e virtuosa prevaleça.

Andanças de Vernet: da Place du Trône-Renversé (Montreuil/Quinze-Vingts) à rua de Birague (Arsenal)

Alexandre Vernet está a caminho de casa, seguindo para a rua Trousse-vache, na seção Lombards (Rive Droit), perto do mercado de Les Halles. O tempo durante o dia esteve bom, e à tarde Vernet caminhou até a Place du Trône-Renversé ("Trono Invertido"), extremo leste da cidade. Desde 14 de junho, todas as execuções na guilhotina de indivíduos condenados pelo Tribunal Revolucionário por crimes contrarrevolucionários ocorreram aqui. Vernet testemunhou as execuções de hoje.

Nascido em Paris, Vernet é um fabricante de calções, um *culottier*. A Revolução não tem sido gentil com esses profissionais. Desde que os eventos tomaram um rumo radical, os calções deixaram de ser uma marca mundana de civilidade para se tornarem motivo de suspeita. O patriota-modelo nas ruas de Paris é agora o homem que desdenha da civilidade e anda "sem calções". Marcado pelo desprezo, esse termo foi usado pela primeira vez na luta de aristocratas para designar os parisienses que ansiavam por um papel político na Revolução mas não tinham uma muda de roupa decente para vestir. Mas os radicais de rua agora se regozijam com o nome e se vestem de acordo, usando as calças compridas dos trabalhadores em vez dos culotes "aristocráticos". Também usam um gorro vermelho, sinal da liberdade recém-descoberta, enfeitado com um laço vermelho, branco e azul, que é um emblema do patriotismo, e a jaqueta curta conhecida como *carmagnole*. Mesmo alguns deputados da Convenção adotaram esse estilo, embora Maximilien Robespierre enfaticamente não o faça, permanecendo fiel a um modo de se vestir impecavelmente correto: calções bem ajeitados, meias de seda, cabelo empoado. Isso é um tanto desconfortável para um homem como Vernet, vindo de uma carreira de fabricante de calções. Ele foi reduzido a ganhar a vida comprando e vendendo roupas de segunda mão em Les Halles.

Não podemos ter certeza das opiniões políticas de Alexandre Vernet. Mas sabemos que os homens de seu tipo social são a quintessência dos *sans-culotte*. Isso porque estes incluem um grande número de comerciantes artesanais especializados em bens e serviços de luxo largados à míngua depois de 1789, com o sumiço dos clientes. A emigração da maioria dos aristocratas e suas famílias e o afastamento do consumo ostentoso significa que os trabalhadores da moda (principalmente têxteis e móveis, mas também joias, artigos de luxo, serviços domésticos, cabeleireiros e assim por diante) passam fome. A barriga vazia pode ser um primeiro passo no caminho para o radicalismo político.

O movimento popular parisiense é composto por trabalhadores de toda a cidade, mestres e artesãos diaristas, lojistas e balconistas e pequenos mascates em sua maioria. Contudo, muitos dos *sans-culottes* mais ardentes da cidade podem ser encontrados nos populosos *Faubourgs* do leste e sudeste de Saint-Antoine e Saint-Marcel. Localizada no primeiro deles, a Place du Trône-Renversé atrai multidões de *sans-culottes*. Nesse quesito, a praça é mais adequada para execuções públicas do que a Place de la Révolution, no extremo oeste da cidade, que desde meados de 1793 até recentemente era onde ficava a guilhotina. O local foi alvo de críticas. A passagem das carroças que levavam os prisioneiros da prisão Conciergerie, na Ile de la Cité, ao longo de toda a rua Saint-Honoré e até aquela vasta praça aberta para os prados dos Champs-Elysées tornou-se um dos grandes rituais da cidade. No entanto, comerciantes e lojistas reclamaram que as carroças eram ruins para os negócios. Os médicos destacaram o efeito deletério de ver a procissão e as guilhotinas para a saúde de crianças e gestantes. Fardos de palha não conseguiam estancar o sangue que escorria como arroios para baixo do cadafalso, contaminando o chão e exalando um fedor nauseabundo. Como consequência, em 14 de junho de 1794 o governo transferiu o instrumento de decapitação para o sudeste, para a periférica Place du Trône-Renversé, que dá fundos para o matagal árido e o campo aberto além dos portões da cidade.

Por que multidões de parisienses se aglomeram nessa Place para testemunhar a aplicação das penas de morte? O espetáculo é menos dramático do que se costuma dizer. A multidão diante de uma guilhotina é tão grande que a maioria dos presentes enxerga muito pouco. E não se pode piscar, pois a lâmina é rápida como um raio. É muito diferente das horríveis torturas mutiladoras da justiça do *Ancien Régime*, em que a morte vinha como uma libertação após horas de tortura física excruciante. Na verdade, uma guilhotina é menos um espetáculo extravagante do que uma espécie de peça moral austera. A suposição é que, uma vez que o Tribunal Revolucionário tenha feito seu trabalho na identificação de contrarrevolucionários, o ato de punição é uma demonstração rotineira, transparente e devastadoramente rápida da soberania do povo.

Recentemente, no entanto, as ansiedades populares a respeito das guilhotinas começaram a vir à tona, à medida que o terror judicial se intensifica. A preocupação se concentra parte nos números, parte nas vítimas e parte no processo. No ano em que a guilhotina esteve na Place de la Révolution, foram executados cerca de mil condenados; no espaço de apenas seis semanas em sua localização atual, o número foi muito maior. As carroças costumavam carregar cerca de uma dúzia de indivíduos para seu destino; agora são quarenta, cinquenta ou mais. E não são apenas aristocratas que são conduzidos ao seu destino, mas também pessoas de origem humilde. Hoje, por exemplo, ao lado de uma boa pitada de *haut gratin* aristocrática, havia um merceeiro, um estalajadeiro, uma atriz e uma camareira. É esse o reino da igualdade? Pode-se perguntar quantos parisienses têm um amigo ou parente entre as vítimas. As carroças misturam promiscuamente as classes sociais e incluem tanto os adeptos da Revolução como seus adversários: muitas vítimas gritam "Viva a República!" do cadafalso, gerando dúvidas sobre o que exatamente está acontecendo. O espião Rousseville relatou ter ouvido mulheres na rua dizendo "este é o ano dos patriotas serem mandados para a guilhotina", e têm circulado histórias sobre negligência dentro do Tribunal Revolucionário e atos obscuros nas prisões da cidade. Há pouco tempo, o avistamento de uma carroça levando um adolescente de aparência particularmente jovem causou um grunhido áspero da multidão: "Deixem as crianças fora disso". A execução de dezesseis freiras carmelitas de Compiègne em 17 de julho produziu uma atmosfera conturbada de algo semelhante ao temor: violando a lei contra o uso de trajes religiosos em público, elas envergavam o hábito, rezaram juntas ao pé do cadafalso e marcharam corajosamente até a guilhotina, uma de cada vez, cantando o "Veni Creator" até o último golpe da lâmina.

Alexandre Vernet compartilha dessas preocupações sobre o uso da guilhotina? Ou sua presença surgiu da simples busca por uma diversão vespertina? Isso não está claro. De qualquer forma, o grupo responsável pela execução é silenciosamente eficaz, e a guilhotina concluiu seu lote do dia logo depois das sete da noite. Vernet voltou para casa passando pelo Faubourg Saint-Antoine, onde se encontrou com colegas de trabalho e tomou um ou dois copos, talvez mais. Com os bares começando a fechar por volta das onze horas da noite, Vernet sabia que corria o risco de ser pego por patrulhas noturnas, junto com prostitutas e vagabundos. O cansaço pode ter começado enquanto ele caminhava, e, como a noite estava clara e seca, Vernet encontrou um local tranquilo para tirar uma soneca no Marais, a quase um quilômetro de sua casa. Ele escolheu seu lugar imprudentemente. Foi bem atrás de uma guarita da Guarda Nacional (GN) na rua de Birague, na Place des Vosges, seção Arsenal. Ele está prestes a ser rudemente acordado e arremessado, sob protestos, para dentro das celas.

Prisão de La Force (Droits-de-l'Homme)

> "O administrador de polícia acabou de sair. Veio anunciar que amanhã serei levada para o Tribunal Revolucionário, o que significa cadafalso. Isso não se parece em nada com um sonho que tive ontem à noite. Nele, Robespierre não existia mais e as celas estavam abertas. Contudo, graças à sua óbvia covardia, em breve não haverá mais ninguém na França capaz de realizar o meu sonho."

Theresa Cabarrus escreveu essa carta contundente no dia anterior para seu amante, o deputado Jean-Lambert Tallien. Na verdade, a apresentação de Theresa perante o Tribunal Revolucionário não ocorreu hoje, mas a ameaça do cadafalso permanece bastante real. Seu bilhete é uma despedida arrogante? Ou um desafio à ação?

Intenso, o caso Cabarrus-Tallien está intimamente ligado ao curso vertiginoso da Revolução. Antes de 1789, Tallien era um trabalhador sem importância em Paris. O jornalismo radical, a participação em clubes políticos e o envolvimento em ações de rua lhe deram estofo suficiente para ser eleito para a Convenção. Aos 27 anos, era o segundo deputado mais jovem da assembleia. De energia incansável, foi enviado para o sudoeste da França em 1793, como deputado em missão nas províncias, ou seja, um comissário itinerante com amplos poderes para fazer cumprir as políticas governamentais. Em outubro, ele chegou a Bordeaux com a missão de punir a cidade por seu envolvimento na

Revolta Federalista contra a Convenção naquele verão. Em Bordeaux, ele conheceu Theresa Cabarrus.

Amplamente reconhecida como uma das mulheres mais bonitas de sua geração, Cabarrus já estimulou mais do que uma quantidade razoável de intrigas sexuais e fofocas. Ela vem de uma família aristocrática do sudoeste da França que serviu a reis espanhóis e franceses. Agora com vinte anos, casou-se aos quinze com um tíbio magistrado parisiense, tornou-se mãe aos dezesseis e se divorciou aos dezenove. Foi apresentada à corte de Versalhes em 1789; esse fato e suas ligações com nobres emigrados a levaram a buscar o anonimato longe de Paris. Quando conheceu Tallien, ela estava defendendo a causa dos dignitários locais ameaçados pela severa justiça que Tallien tinha sido enviado para cumprir. Em poucas semanas, François Héron, outro espião do governo com antecedentes exóticos (no caso dele, como corsário), relatou a Paris que os dois estavam mantendo relações sexuais e protegendo aristocratas da justiça revolucionária, ambos comportamentos não recomendados para um deputado em missão.

Tallien foi chamado de volta em fevereiro de 1794, deixando Cabarrus perigosamente desprotegida em Bordeaux, onde a presença de Marc-Antoine Jullien – adolescente precoce, espião itinerante do CSP e protegido pessoal de Robespierre – tornou sua vida desconfortável. Assim, ela fugiu no encalço do amante, refugiando-se em Fontenay-aux-Roses, a cerca de oito quilômetros da capital, numa propriedade da família do ex-marido. Rousseville estava à espreita na área, no entanto, e em 31 de maio ele relatou que a Cidadã Cabarrus tinha sido visitada em várias noites pelo deputado Tallien em Fontenay, mas que agora se acreditava que ela estava em Paris.

Paris de fato era onde ela estava; e na prisão, àquela altura, uma situação pela qual Robespierre fora o grande responsável. Outro dos agentes favoritos dele, o irritadiço Servais-Beaudoin Boulanger, oficial do alto-comando da GN da cidade, estava rastreando seus movimentos enquanto ela se aventurava indo e voltando entre Fontenay-aux-Roses e Paris, com Tallien frequentemente a reboque. Em Paris, ela se hospedou em uma casa na seção de Champs-Elysées que pertencia ao proprietário da residência onde Robespierre morava, o marceneiro Maurice Duplay. Era uma armadilha? De todo modo, Robespierre tinha certeza dos movimentos de Cabarrus a ponto de assinar seu mandado de prisão em 22 de maio e entregá-lo a Boulanger para ser cumprido. Boulanger a seguiu até Versalhes, onde a prendeu e a transferiu para a prisão de La Force em Paris, localizada no Marais, próximo à rua Saint-Antoine. O carcereiro a inscreveu no registro de admissões, convertendo sua beleza na calibragem fisionômica da burocracia policial: "um metro e meio de altura, cabelos e sobrancelhas escuros, testa normal, olhos escuros, nariz médio, boca pequena, queixo redondo...". Seguiu-se uma revista íntima antes de ela ser levada para a solitária, onde permaneceu por três semanas, perdendo peso e adoecendo. Boatos dão conta de que, ao saber de seus infortúnios, Robespierre permitiu que ela usasse um espelho, mas apenas, ele estipulou, uma vez por dia.

Nesse local escuro e hostil, Cabarrus ganhou favores de seus carcereiros desenhando imagens deles, pois havia estudado arte quando mais jovem. Com os instrumentos de escrita que conseguiu garantir em troca, ela se corresponde em tom de súplica com seu amante enquanto o espectro do Tribunal Revolucionário a ronda cada vez mais de perto.

Tallien não está na prisão, mas sua vida e liberdade estão por um fio. Ele é um homem marcado – marcado por Robespierre. Não é apenas dormir com a aristocracia e ter mostrado um comportamento corrupto e sem princípios em Bordeaux que Robespierre tem contra o rapaz. Ele suspeita das antigas ligações de Tallien com o deputado Georges Danton (a quem Robespierre ajudou a despachar para o cadafalso em abril de 1794 por corrupção e intentos contrarrevolucionários). Mesmo antes disso, Robespierre tinha contra Tallien seu suposto envolvimento nos "Massacres de Setembro" (2 a 4 de setembro de 1792). Estes foram provocados pelo pânico em toda a cidade diante da deterioração da situação militar. No fim de agosto de 1792, a notícia da queda de Verdun, última fortaleza defensiva a proteger Paris da invasão do exército alemão, levou, por um lado, à mobilização popular para o front e, por outro, à determinação improvisada de erradicar os prisioneiros contrarrevolucionários de dentro da cidade. Os boatos de uma "conspiração prisional" aristocrática serviram de justificativa, desencadeando grupos de radicais parisienses que percorriam as prisões da cidade matando a torto e a direito.

Robespierre defendeu e justificou publicamente os massacres como uma expressão da vontade popular, chegando a afirmar (com desumana imprecisão) que apenas um patriota de verdade tinha sido morto. Mas ele ficou particularmente revoltado com esses incidentes chocantes e impediu a eleição de Tallien para Paris na eleição da Convenção ao fim daquele mês, forçando-o a se garantir na indicação do departamento de Seine-et-Oise.

A antipatia de longa data de Robespierre por Tallien cristalizou-se em ódio em junho de 1794, quando Robespierre e seus aliados políticos mais próximos, Saint-Just e Couthon, forçaram uma Convenção tensa a aprovar a chamada Lei de 22 Prairial (10 de junho de 1794), facilitando e acelerando as condenações pelo Tribunal Revolucionário por delitos contrarrevolucionários. Como muitos colegas, Tallien temia que isso pudesse ser usado contra os deputados e desafiou Robespierre na Convenção, mas foi esmagado no debate. "Tallien é um desses indivíduos", informou Robespierre arrogantemente aos deputados, "que fala incessantemente da guilhotina como algo que o preocupa, de modo a caluniar e preocupar a Convenção."

Robespierre é assustadoramente intimidante em tais circunstâncias. O deputado Bourdon de l'Oise, que também protestou contra a Lei de 22 Prairial, foi tão humilhado por ele que ficou de cama por um mês. Sua condição não foi ajudada por rumores que logo circulariam por Paris de que ele e Tallien haviam sido assassinados. Tallien tem mais fibra, e, após o embate na Convenção, escreveu a Robespierre uma carta na qual professava o mais firme patriotismo. Longe de ser o afamado libertino voluptuoso, Tallien afirmou, ele vive uma vida familiar, tranquila e frugal na casa de sua mãe na rua de la Perle, no Marais. A resposta de Robespierre foi usar sua autoridade dentro do Clube Jacobino de Paris para rescindir a associação de Tallien em 48 horas. O humor de Robespierre não está para construir pontes.

Claude Guérin, outro espião da polícia do CSP que se reporta ao Departamento de Polícia de Robespierre, organizou uma vigilância sobre os movimentos de Tallien pela cidade. Seus relatórios chegam a Robespierre. Tallien percebe que está sendo seguido, observa Guérin. Ele olha ansiosamente ao redor para a esquerda e a direita. Vagueia pelas ruas sem rumo, visitando restaurantes e *bouquinistes*, passeando pelos jardins das Tulherias, conversando com colegas deputados antes de aparecer na Convenção para ouvir os debates. Uma visita à sua amante presa está fora de questão: significaria a morte para ambos. Mas Tallien contrabandeou uma resposta para Cabarrus: "Seja tão prudente quanto eu serei corajoso e, acima de tudo, mantenha a calma". Ele está enganando a ex-amante? Ou está planejando algo? Alguns dias atrás, ele afirmou, confiante, a um conhecido que "até o fim da semana o tirano será derrubado".

Alojamento de Legracieux, rua Denfert (Chalier)

Stanislas Legracieux está em seu alojamento na Rive Gauche, escrevendo uma carta aos companheiros jacobinos de sua cidade natal, Saint-Paul--Trois-Châteaux, na antiga província de Dauphiné, sudeste da França. Saint-Paul é também o local de nascimento de Claude-François Payan, amigo de Legracieux e um forte defensor de Robespierre que, como agente nacional, se tornou um importante funcionário da Comuna de Paris – ou seja, da municipalidade –, perdendo em relevância apenas para o prefeito, Jean-Baptiste Fleuriot-Lescot. É bem provável que a influência de Payan tenha garantido a Legracieux a posição bem remunerada na burocracia central que ele buscou ocupar viajando para a capital.

Legracieux está fora de si de tanto entusiasmo. Hoje ele testemunhou eventos verdadeiramente dramáticos no interior da Convenção Nacional. Robespierre expôs e denunciou abertamente a Conspiração Estrangeira que ameaça dividir a nação e engolir a Revolução. Ele prometeu (Legracieux está parafraseando) rasgar o véu a esconder os corruptos traidores que disfarçam a face da tirania sob o sorriso da esperança. Resistiu como uma rocha contra seus inimigos na Convenção, a Virtude personificada, enfrentando as forças conjuntas do crime e da corrupção.

Legracieux está escandalizado com o fato de que, apesar das profundezas da iniquidade que Robespierre revelou a seus colegas deputados, a assembleia se recusou a publicar seu discurso e enviá-lo às províncias. Assim, fica negado ao povo o direito de conhecer as virtudes dos puros e a maldade dos traiçoeiros. Para indignação de Legracieux, os inimigos de Robespierre foram ainda mais longe: ousaram tratar esse guardião da liberdade como um ditador! Robespierre foi obrigado a contar com sua própria força de caráter para suportar essa recepção na Convenção.

No entanto, o dia teria um desfecho glorioso. Naquela noite, conta Legracieux, Robespierre foi ao "santuário do patriotismo": o famoso Clube Jacobino de Paris. O clube tem esse nome por causa de seu local de reuniões, o mosteiro dos jacobinos, uma antiga casa dominicana no lado norte da rua Saint-Honoré, a apenas algumas centenas de metros do alojamento de Robespierre. Desde sua fundação, no outono de 1789, sob a alcunha de Sociedade dos Amigos da Constituição, tem atraído consistentemente os deputados mais radicais da assembleia nacional, mas a associação também está aberta a indivíduos comprometidos com a causa patriótica. Debates e decisões tomadas aqui têm um histórico de impacto poderoso na assembleia nacional. Portanto, é um bom presságio para Robespierre que seus numerosos amigos e admiradores no Clube tenham abraçado calorosamente seu desejo de punir os traidores, onde quer que sejam encontrados. Com o entusiasmo incontido da ordem do dia, chapéus foram lançados continuamente no ar em seu apoio.

E assim, conta Legracieux a seus amigos provincianos, amanhã, 27 de julho de 1794, o tema do debate no Jacobino será a presente conspiração. A guerra até a morte contra os tiranos acontecerá. E os dias subsequentes testemunharão o triunfo da República, da liberdade e da igualdade, o ódio aos tiranos e a justa vingança do povo contra aqueles que o traem. A unidade prevalecerá, sob a sábia orientação de Robespierre. Os ímpios devem desaparecer da face da terra...

Casa de Guittard de Floriban, rua des Canettes (Mutius-Scévole)

A meia-noite se aproxima, dando um fim ao dia 26 de julho de 1794. O sol se pôs às 19h36. A lua nova ficou visível a partir das 16h41 – ou talvez não, pois o céu estava nublado. O clima não tem sido tão bom nesta época do ano, com chuva na maioria dos dias. Amanhã, 27 de julho, o sol deve nascer às 4h22.

Célestin Guittard de Floriban, um viúvo de 69 anos, burguês e rentista, mantém um diário. Seus textos mundanos são espasmodicamente temperados por uma coleção de estrelas e asteriscos marginais que denotam relações sexuais com sua companheira de jantares de longa data, uma certa Madame (ou melhor, agora, Cidadã) Sellier. Há alguns meses,

Floriban se dedica diariamente a um duplo passatempo: em seu diário, registra a temperatura e, em seguida, faz uma lista dos guilhotinados do dia. Em 23 de julho, mostra seu diário, a temperatura subiu para 22 graus, e 55 indivíduos foram guilhotinados. Em 24 de julho: 23 graus, 36 guilhotinados. Os dias 25 e 26 de julho foram bons: a temperatura permaneceu em 23 graus enquanto as primeiras 38 vítimas, depois outras 52, foram executadas.

A casa de Floriban, na Rive Gauche, na esquina da rua des Canettes, fica ao lado da Place Saint-Sulpice. A rua está lotada e abafada, o que provavelmente explica por que no Observatório, no extremo sul da cidade, elevado em trinta metros, os cientistas registrarão ao meio-dia de 27 de julho uma temperatura máxima de apenas 18 graus – enquanto Floriban registrará 23. O dia 27 permanecerá nublado e quente. Floriban notará uma leve garoa pela manhã; o Observatório a registra às 9h15. Tirando essa ocorrência, em 27 de julho não choverá.

Floriban registra o tempo em seu diário com base no antigo calendário gregoriano, ignorando deliberadamente a versão revolucionária oficial. Ele pode nem estar ciente de que no próximo *décadi*, 10 Termidor – 28 de julho –, existem planos em andamento para celebrar dois heróis adolescentes, Joseph Bara e Agricol-Joseph Viala, que deram a vida deles pela pátria na guerra. Robespierre tem feito alarde sobre eles e, por sugestão sua, seus corpos serão levados com grande pompa para o Panteão, a antiga igreja de Sainte-Geneviève, agora um santuário republicano para heróis nacionais.

Mas planos mudam. De fato, daqui a 24 horas, quando findar o dia 28 de julho, depois de anotar devidamente seus dados meteorológicos, o prosaico escritor recorrerá a dramáticas maiúsculas para anunciar:

> — GRANDE CONSPIRAÇÃO. Hoje teria ocorrido um dos maiores eventos que a França já conheceu se a conspiração tivesse vingado.

A data de 27 de julho de 1794 (9 Termidor, Ano II) provará ser de fato um dia de conspiração e contraconspiração, de conspiração alegada, conspiração descoberta, conspiração frustrada. O destino da Revolução, o estado de Paris e o destino da França estarão em jogo. E, no centro da ação, nessas 24 horas do mês de Termidor, estará Maximilien

Robespierre. Nas próximas semanas, Floriban permanecerá concentrado em seu diário. Mas, no fim do fatídico dia 9 Termidor, o espião de Robespierre, Rousseville, seu panegirista Stanislas Legracieux e até mesmo o *sans-culotte* Alexandre Vernet, de ressaca, irão todos enfrentar a prisão. Tallien terá tomado medidas vigorosas em defesa de sua amante, Theresa Cabarrus. E quanto ao próprio Robespierre? Em 24 horas, Robespierre estará fugindo da lei e temendo por sua vida...

PARTE I

ELEMENTOS DA CONSPIRAÇÃO

(da meia-noite às cinco da manhã)

Paris está dormindo. Desde a tomada da Bastilha, em julho de 1789, a cidade tem vivido um dos episódios mais turbulentos e ardentes de sua história. A jovem República francesa está no auge de uma luta de vida ou morte contra as forças armadas combinadas do Ancien Régime *europeu, enquanto também se esforça para dominar a dissensão nacional e o conflito civil. Embora eleita democraticamente, a Convenção Nacional suspendeu os procedimentos democráticos normais e adotou o uso do terror como meio de vencer a oposição.*

A guerra e o terror transformaram a cidade, dotando seus habitantes de um novo tipo de energia política. Maior cidade da Europa continental, Paris já desfrutou da reputação de lar hedonista da polidez europeia, do pensamento esclarecido e dos prazeres do consumo. Agora, os parisienses veem a si mesmos como a vanguarda da transformação democrática da história mundial.

A política, desde 1789, tem sido uma crônica de crises recorrentes e mudanças abruptas de direção, e uma nova crise está se formando. Tudo gira em torno de uma das principais figuras da Revolução, Maximilien Robespierre. Robespierre tem um prestígio excepcional como patriota e democrata. O mais eloquente e incorruptível dos defensores do povo, ele atualmente é membro-chave de um governo que parece estar mais do que sobrecarregado. No entanto, neste momento, enquanto a maioria dos parisienses dorme em suas camas, Robespierre está avaliando sua posição. Ele percebe que seus inimigos o estão retratando como um ditador, um tirano em formação. Neste exato momento, ele teme que haja pessoas conspirando contra ele como se suas vidas dependessem disso. De fato dependem. E de fato conspiram.

MEIA-NOITE

Alojamento de Robespierre, rua Saint-Honoré, 366 (Piques)

> Não espero nada dos montanheses; eles querem acabar comigo como se eu fosse um tirano; mas a maioria na Convenção me dará ouvidos.

Robespierre está conversando com seu senhorio, o mestre marceneiro Maurice Duplay, em seu alojamento na rua Saint-Honoré, 366. Ultimamente, ele tem ido dormir cedo. Isso não foi possível esta noite.

O longo e emocionante discurso de Robespierre na Convenção no início do dia foi o primeiro desde meados de junho. Ele pode ter arrebatado o provinciano Stanislas Legracieux, um espectador jacobino, mas também provocou uma oposição furiosa e pessoal entre muitos deputados, inclusive seus habituais aliados políticos de longo prazo, os deputados radicais da chamada Montagne, ou "Montanha". (No Manège, o local de reuniões da Convenção até maio de 1793, o grupo ganhou o nome por colonizar os assentos mais no alto.) Esta noite, Robespierre repetiu seu discurso da Convenção no, de modo geral, mais simpático fórum do Clube Jacobino. O Clube é a principal associação política da República, uma câmara de debates que forma as políticas que os deputados levam para a legislatura. Suas galerias são abertas ao público em geral, e os membros da República podem se inscrever se pagarem uma contribuição substancial. O Clube também serve como núcleo de uma vasta rede de clubes e associações afiliadas de todo o país, reunindo, provavelmente, mais de 150 mil membros. As reuniões do Clube raramente passam muito das 22 horas, mas a de hoje foi uma exceção. Embora seu discurso tenha encontrado forte oposição, suas demandas por expurgos políticos para esmagar as conspirações que ameaçam a República acabaram sendo aclamadas com entusiasmo, como Legracieux euforicamente observou, em debates tempestuosos que atrasaram seu retorno para casa.

Com sua oratória, Robespierre elevou as apostas políticas a um novo nível – mas ele se sente vingado. Ele vem discursando sobre a Conspiração Estrangeira e outras conspirações há tanto tempo que parecia estar falando para as paredes. Hoje a Convenção lhe deu evidências assertivas para provar seu argumento: há uma conspiração evidente contra ele, sendo liderada por seus antigos aliados montanheses na Convenção, segundo os quais ele aspira à ditadura. Eles julgam que uma tirania está à espreita.

A força teórica da Convenção é de 749 deputados. Cerca de um terço deles é considerado montanhês. O restante se equilibra entre o centro, muitas vezes menosprezado como "a Planície", ou "o Pântano" (ou *Marais*), e as fileiras cada vez menores da direita. Apesar de seu status minoritário, o enérgico e determinado grupo dos montanheses conseguiu, há pouco mais de um ano, impor amplamente sua vontade coletiva sobre a política governamental dos rumos da Revolução. Os homens da Planície carecem de coordenação – bem como de coragem e visão – para testar sua vantagem numérica. Os cerca de cem deputados substitutos que ocuparam as cadeiras daqueles que foram expurgados, que renunciaram ou morreram no cargo estão provavelmente entre os mais reticentes. Mas Robespierre agora parece estar pensando – ao se deparar com uma conspiração flagrante nas bancadas montanhesas – que este é o momento para ele mobilizar exatamente esses indivíduos moderados, que formam "a maioria da Convenção" (segundo ele observa), como uma força para salvar a República e, de fato, a si mesmo.

Será que Robespierre refletiu por um instante, alguém pode se perguntar, enquanto deixava Duplay rumo ao seu quarto com o relógio apontando que passa da meia-noite, que hoje faz um ano que, em 27 de julho de 1793, ele foi eleito para o CSP? Ele respeita aniversários: costuma não faltar às comemorações do 14 de Julho. Talvez também se lembre de que 6 de maio de 1789, quando o Terceiro Estado começou sua resistência a Luís XVI, no início da Revolução, era o dia de seu próprio aniversário. No entanto, agora sua mente precisa se concentrar no futuro imediato e não no que deve parecer um passado distante. Felizmente, seu pequeno e espartano quarto alugado oferece poucas distrações para o pensamento. Por mais de um mês, ele tem feito pouco mais que isso. Evitando deliberadamente a Convenção e o CSP, ele se manteve isolado aqui em seu alojamento, exceto para passear com seu cachorro, um mastim chamado Brount, nos limites da cidade, e para visitas noturnas ao Clube Jacobino, convenientemente perto da residência de Duplay. Duplay é um jacobino, e proprietário e inquilino costumam frequentar o Clube juntos.

Robespierre era um obscuro advogado provincial em Arras quando, em 1789, foi eleito pela província de Artois para os Estados Gerais. Na nova Assembleia Nacional Constituinte, e depois no Clube Jacobino, ele conquistou uma sólida reputação como defensor inabalável das classes populares e da causa da soberania popular. Inimigos de direita o apelidaram desdenhosamente de "Deputado Populomaníaco" e "o Dom Quixote do Povo", mas ele nunca hesitou em disparar discursos inflamados contra figuras proeminentes do novo regime que, em sua opinião, enganavam o povo: Mirabeau, por exemplo, o eminente, mas corrupto, líder na Assembleia Constituinte; Lafayette, comandante da GN de Paris; Dumouriez, o general "patriota" favorito dos girondinos, que se tornou um traidor e fugiu para a Áustria; e o mexeriqueiro e problemático duque de Orleans, primo de Luís XVI. "O Incorruptível", como ficou conhecido, estava acima da moral política da tantas vezes comprometida nova elite dos políticos. Ele afirmava, e ainda afirma, não apenas representar o povo, mas, em certo sentido orgulhoso, até mesmo incorporá-lo: "*je suis peuple*". Essa identificação é baseada em uma crença vaga, mas virtuosa, na bondade perene do povo, sempre sob o risco das mãos corruptas dos grandes e poderosos.

O duplo comprometimento de Robespierre com a causa popular e o Clube Jacobino não vacilou nem mesmo nos dias sombrios que se seguiram à tentativa do rei Luís XVI de escapar de Paris na chamada "Fuga para Varennes", em junho de 1791. O rei nunca entendera de fato a causa da Revolução, muito menos simpatizara com ela. Arrastado para fora de Versalhes em outubro de 1789, ele e sua família foram alocados no Palácio das Tulherias, no centro de Paris. Livres na teoria, eles instantaneamente se sentiram prisioneiros. A decisão de Luís de tentar fugir da cidade dividiu a classe política, causando uma grande cisão entre os jacobinos. Mesmo antes de o rei humilhado ser trazido de Varennes de volta à capital, onde ele e a família foram interceptados, o apoio ao republicanismo floresceu entre os membros do Clube Jacobino – mas não entre os deputados. Todos estes últimos, com exceção de Robespierre e de um punhado de outros, abandonaram o Clube, criando o novo (ainda que de curta duração) Clube dos Fuldenses.

Na Assembleia, os fuldenses adotaram a política de apoiar o monarca errante como forma de forçá-lo a legitimar uma nova Constituição. Nessa situação delicada, a GN de Paris, sob o comando de Lafayette, reprimiu brutalmente uma manifestação popular que pedia a destituição do rei, realizada no Campo de Marte, no canto sudoeste da cidade, em 17 de julho de 1791. Seguiu-se uma campanha de perseguição a radicais populares e republicanos por toda a cidade. Até então, Robespierre tinha se alojado na rua Saintonge, na parte leste do Marais. Entretanto, no clima tenso pós-Campo de Marte, ele se sentia vulnerável ali, e Duplay veio em seu auxílio oferecer acomodações que proporcionariam maior proteção: a rua Saint-Honoré, 366, abriga a carpintaria de Duplay, bem como sua casa, e o portão da rua dá num pátio onde intimidantes aprendizes de carpinteiro e diaristas exercem o ofício de seu mestre.

Com o advento da Assembleia Legislativa em setembro de 1791 marcando o fim de seu mandato como deputado, Robespierre optou por não retornar a Arras, mas permanecer em Paris, e desenvolver ainda mais seu papel de defensor da soberania popular, em parte por meio do jornalismo e em parte por meio de uma ação contínua no Clube Jacobino. Nesse período, ele firmou laços duradouros e poderosos com o emergente movimento *sans-culotte* de radicais de rua, principalmente nos dias que antecederam a *journée* de 10 de agosto de 1792, que provocou a queda do rei. Depois de ingressar na insurrecional Comuna de Paris, criada no momento da transição para a República, ele desempenhou um papel ativo na radicalização da capital e na eleição de seus deputados (incluindo ele mesmo) para a nova assembleia, a Convenção.

A essa altura, a guerra com a Europa havia começado a redefinir o significado da Revolução. Inicialmente, Robespierre havia se distanciado dos apelos à guerra que começaram a ser feitos na assembleia nacional no final de 1791 e início de 1792 por um agrupamento precário de deputados conhecido como girondinos ou brissotinos (alguns deles vindos de Gironda, departamento próximo a Bordeaux, enquanto o deputado e jornalista Jacques-Pierre Brissot, ex-amigo e ex-aliado de Robespierre, era seu líder mais destacado). No entanto, embora Robespierre tivesse naturalmente abraçado a causa patriota quando a guerra contra os austríacos foi declarada, em abril de 1792, o antagonismo girondino em relação a ele e seus companheiros montanheses cresceu sem parar à medida que a escala do conflito internacional se ampliou para envolver a maioria das outras potências europeias, incluindo a Grã-Bretanha. Os girondinos criticavam ferozmente o modo como os montanheses favoreciam uma abordagem populista e autoritária na condução da guerra. Em particular, atacaram ruidosamente os *sans-culottes* parisienses, sobretudo após o sangrento episódio dos Massacres de Setembro de 1792. Com a pressão *sans-culotte* aumentando contra eles, o deputado Maximin Isnard, do grupo girondino, enquanto presidia a Convenção em 28 de maio de 1793, alertou uma delegação da Comuna de Paris de que eles lançariam um ataque contra os representantes da nação: "Paris seria destruída e as pessoas vasculhariam as margens do Sena em busca de vestígios da cidade". Robespierre, em contraste, defendeu o povo parisiense contra tais provocações girondinas e manobrou com ele para que Brissot e seus colegas fossem expulsos da Convenção.

O ódio recíproco entre os dois lados culminou nas duas *journées* de 31 de maio e 2 de junho de 1793. Naqueles dias, os montanheses se aliaram ao movimento *sans-culotte* parisiense para forçar a Convenção a prender e expulsar os líderes girondinos – inicialmente 22 e, no fim, 29 deputados, mais dois ministros. Crucial para a operação foi François Hanriot, um humilde *sans-culotte* empurrado pela crise para o papel de comandante de fato da GN de Paris. Em um golpe inspirado, embora sinistro, Hanriot reuniu por volta de 80 mil guardas ao redor do Palácio da Convenção e ameaçou os deputados com a substituição caso não agissem contra os girondinos.

O expurgo parlamentar que se seguiu levou grandes áreas da França provinciana a uma resistência armada antiparisiense na Revolta Federalista de meados de 1793. Além disso, nas fronteiras, o exército da Convenção sofreu uma série de derrotas militares nessa época: tropas estrangeiras se espalharam por todas as fronteiras, dos Pirineus ao Reno; não se podia contar com a lealdade dos generais; uma revolta camponesa monarquista desencadeou uma guerra civil no departamento de Vendée, no oeste da França; ameaça de fome; e o governo central foi paralisado pela luta de facções. Quando Robespierre ingressou no CSP, em 27 de julho de 1793, a sorte da República estava em seu ponto mais baixo.

Que diferença um ano faz! Em doze meses, a República mostrou uma recuperação surpreendente. Esse ponto foi sublinhado na Convenção apenas dois dias antes, em 25 de julho de 1794 (7 Termidor), por Bertrand Barère, colega de Robespierre no CSP. Ele destacou quão longe a França avançara desde aqueles dias sombrios de meados de 1793. Aos poucos, no fim do verão de 1793, com os girondinos fora do caminho (22 deles seriam guilhotinados em outubro), os montanheses reocuparam e revigoraram os dois Comitês de Governo – o CSP e o CSG – para torná-los capazes de promover uma ação efetiva em todas as frentes. A ação militar colocou Vendée sob controle. A Revolta Federalista foi contida e as principais cidades que a tinham apoiado (Lyon, Marselha, Toulon) foram recapturadas dos rebeldes e brutalmente punidas. Lyon, em particular, foi escolhida para receber um tratamento especial. A cidade perdeu até mesmo sua identidade. A partir de então, era "Ville-Affranchie" ("Cidade Libertada"), e suas muralhas e muitas residências particulares foram arrasadas, enquanto uma comissão militar aplicava uma repressão brutal. Além disso, todas as fronteiras foram limpas de tropas estrangeiras. De fato, após a Batalha de Fleurus no final de junho de 1794, as tropas francesas estão levando a batalha de volta para território inimigo e avançando para os Países Baixos. Em outras frentes também se veem melhoras marcantes. Embora ainda haja escassez de alimentos, o espectro da fome foi dissipado, com medidas especiais mantendo Paris abastecida. O sistema judiciário, organizado em torno do Tribunal Revolucionário de Paris, está livrando a França de traidores, enquanto as forças policiais têm frustrado conspirações, notadamente dentro do sistema prisional da cidade.

Embora Barère tenha concluído sua fala celebrando o crescente espírito de calma em todo o país, ele avistou uma nuvem em um horizonte amplamente ensolarado: a saber, pessoas das classes mais pobres foram ouvidas na Convenção pedindo "um novo 31 de maio", outro expurgo da assembleia liderado pelos *sans-culottes*. Embora os deputados agora aceitem totalmente o resultado das *journées* antigirondinas de 31 de maio e 2 de junho de 1793, ninguém quer ver aquilo acontecendo de novo. O discurso de Barère enfatizou que uma ação como aquela agora não seria apenas perigosa para a causa revolucionária; também seria redundante, pois, por mais que ainda haja algum caminho a percorrer antes que o triunfo da República seja total, em sua essência o governo não poderia estar funcionando melhor. As ameaças de Paris estão completamente fora de sintonia com a realidade e levariam a França ao caminho da contrarrevolução.

Robespierre não estava presente na assembleia durante o discurso de Barère. E seu senso de "realidade" presente difere muito do brilhantemente elaborado por seu colega de CSP. O campeão da causa popular rejeita absolutamente que este último culpe implicitamente o povo de Paris por ameaçar a República. Não é o povo quem cria problemas, mas seus representantes na assembleia nacional. Para Robespierre, falar de uma repetição da *journée* de 31 de maio é desviar o foco para não reconhecer que, nos últimos meses, uma conspiração financiada por estrangeiros penetrou no coração do sistema político. Potências estrangeiras têm secretamente subornado revolucionários, plantado propaganda na imprensa e estimulado lutas internas dentro da elite política. Muitos dos políticos mais flagrantemente corruptos envolvidos nessa Conspiração Estrangeira foram executados após julgamentos perante o Tribunal Revolucionário em março e abril de 1794: primeiro o agrupamento radical hebertista, criado em torno do político municipal Jacques-René Hébert, e depois um conjunto mais moderado de deputados em torno de Georges Danton e Camille Desmoulins, que desejavam abrandar o ritmo do terror. Infelizmente, acredita Robespierre, o câncer da corrupção não foi completamente extirpado. Por alguns meses, ele importunou os colegas do CSP a fim de que acordassem para a realidade dessa conspiração e pedissem a remoção de conspiradores financiados por estrangeiros. Ao fazerem ouvidos moucos aos seus apelos, eles mesmos se tornaram parte do problema. A pessoa deixa de encarar os fatos sobre o inimigo e se torna o próprio inimigo.

O profundo pessimismo de Robespierre em relação ao governo que integra baseia-se na convicção de que este quebrou o contrato firmado com o povo em 1793. A corrupção dentro do governo não apenas contaminou esse relacionamento, ele acredita, mas também exerceu um efeito extremamente deletério sobre a própria população. A noção altamente unitária do povo, que ele acalentava no início da Revolução, começou a desmoronar com o decorrer do governo. Ele agora sente que não há um, mas dois povos: um é formado pela "massa do povo, pura, simples, sedenta de justiça, amiga da liberdade". Esse é o "povo virtuoso que derramou seu sangue para fundar a República". O outro, ao contrário, é "uma raça impura", uma "mistura de intrigantes ambiciosos, um povo boquirroto, charlatão e artificial que engana a opinião pública" e que constitui a fonte de todos os males da nação. Um governo corrupto dá sustento à "raça impura" em vez do "povo virtuoso".

Foi com um sentimento de purificar o governo que Robespierre concordou em entrar no CSP em 27 de julho de 1793. Tratou-se, ele afirma, de uma promoção que não buscou ativamente. Certamente, ser colocado em uma instituição poderosa que governava o país em condições de crise era algo totalmente novo para ele. Ele tinha sido a consciência da Revolução e a mosca na sopa de políticos corruptos. Sua carreira foi construída como um *outsider* olhando para as entranhas do poder; agora, subitamente, ele tinha o status de *insider* imposto sobre si. Não foi fácil essa transição de caçador diletante para caçador profissional, pois Robespierre geralmente se alinha à visão republicana clássica de que o perigo da corrupção sempre espreita perto do coração do governo. Ele mal tinha se tornado um membro do CSP – apenas três semanas – quando relatou à Convenção seu choque com o comportamento criminoso dentro do comitê. Suas queixas sobre a má-fé dos colegas desapareceram nos meses seguintes, mas ressurgiram com força nas últimas semanas.

A falta de traquejo de Robespierre é notória. Foi pesada a piada de Danton segundo a qual Robespierre seria incapaz de cozinhar um ovo para não morrer de fome. Mas ele de fato não trouxe para sua função dentro do CSP quase nenhuma habilidade gerencial ou prática. Praticamente sozinho entre os políticos proeminentes da Convenção, ele nunca se sentou em um comitê de assembleia, nem desenvolveu as habilidades políticas de busca de compromisso e de criação de consenso que acompanham a gestão de um comitê ou a função de relator. Ele nunca dirigiu nada na vida. Tendo estudado Direito e então exercido a profissão de advogado autônomo antes de 1789, seu conhecimento especializado é altamente limitado. Sua cultura em relações internacionais é nula. Ele expressa total ignorância sobre assuntos militares (e de fato se vangloria disso), exceto por uma predileção por generais "patrióticos" em vez de aristocráticos. E ele é pouco mais que um néscio em questões financeiras ("O dinheiro assusta Robespierre", Danton disse certa vez). Na verdade, ele é um dos poucos colegas desorganizados demais para conseguir receber pessoalmente o contracheque como deputado.

Embora ao entrar no CSP Robespierre tivesse o entusiasmo de um neófito por reformar processos de comissões, em pouco tempo se cansou de ser a nova vassoura gerencial e passou a se especializar no que faz de melhor: falar. Seu registro legislativo é magro. Foram seus discursos e seu caráter, e não suas realizações concretas ou a gama de suas competências práticas, os responsáveis por trazê-lo para o CSP. Parece verdade o que Jean-Paul Marat disse uma vez sobre ele:

> — A única ambição que tem é falar na tribuna... Ele tem tão pouco de líder partidário que foge de qualquer grupo que pareça tumultuado e empalidece ao ver um sabre desembainhado.

O que ele ofereceu desde o início (acredita seu colega de CSP Jacques-Nicolas Billaud-Varenne) foram "as virtudes mais austeras, a dedicação mais completa e o mais puro dos princípios". Seus colegas lhe permitiram mostrar essas virtudes, para benefício de todos, em uma eloquência poderosa e carismática que coroou o Governo Revolucionário com uma poderosa aura de legitimidade e elevados níveis de popularidade e assentimento republicano ao propósito comum. Isso tem mudado recentemente, mas no ano passado ele prestou um serviço exemplar ao Governo Revolucionário ao ser capaz de combinar a capacidade de ganhar apoio popular para a política do governo com uma dureza que mantém dócil e sem reclamar uma Convenção potencialmente indisciplinada.

Basta olhar para os discursos de Robespierre na assembleia nacional ou no Clube Jacobino desde os primeiros dias da Revolução para compreender sua voz poderosamente distinta e sua visão inspiradora de um novo e regenerado mundo de virtude política. Na Assembleia Constituinte entre 1789 e 1791, ele defendeu destemidamente o povo, lutou por direitos individuais em vez de direitos de propriedade, defendeu vigorosamente a liberdade de expressão, pregou a tolerância religiosa, exigiu reformas judiciais humanitárias, incluindo a abolição da pena de morte, e aderiu à causa anticolonialista (que culminou com a abolição da escravatura em fevereiro de 1794). Ele fez contribuições importantes para os debates sobre a Constituição de 1793, a carta mais democrática do mundo (embora atualmente suspensa). Antes da Revolução, Robespierre também defendia o direito das mulheres de fazerem parte dos debates intelectuais e da vida pública. Se ele recentemente se calou sobre essa causa, foi sobretudo porque os deputados acreditam que as mulheres pertencem ao reino da vida privada. As mulheres, no entanto, sentem que ele é um espírito simpático, e ele goza de muita popularidade feminina, levando os inimigos a zombar de suas "idólatras" nas galerias públicas.

Em sua melhor forma, ele pode lançar um feitiço sobre os ouvintes de ambos os sexos, permitindo-lhes vislumbrar um mundo melhor e mais justo. Quando está inspirado, a retórica de Robespierre tem poderes hipnotizantes, quase mágicos, que nenhum outro político pode igualar. Alguns aspectos dessa visão edificante, fundamentada nos direitos individuais, tiveram que ser suspensos por causa da emergência da guerra. Mesmo assim, e apesar de ainda ser ridicularizado por alguns colegas deputados como um visionário utópico, ele preservou o sentido da Revolução como uma oportunidade para a humanidade regenerada aceder a um destino nobre, destino esse que ele concebe como a república da virtude que formou a base de seus grandes discursos durante o último ano. A melhor compreensão de detalhes de Billaud-Varenne fez dele, em vez de Robespierre, o redator do CSP e relator da Lei de 14 Frimário (4 de dezembro de 1793), a peça legislativa que estabelece os mecanismos do Governo Revolucionário. Da mesma forma, a competência de Barère em relações internacionais o torna o melhor portador de notícias da frente de batalha, e é ele, e não Robespierre, quem introduz grandes reformas de assistência aos pobres. No entanto, foi Robespierre quem assumiu a tarefa de apresentar uma lógica moral coerente e apaixonada para o Governo Revolucionário, inspirando e justificando as atividades do governo. Isso inclui o uso do terror. O terror não é novidade: tem sido a personificação da soberania ao longo do tempo, especialmente em momentos de crise do Estado. O Governo Revolucionário, argumenta Robespierre, colocou isso em uma base nova e moralmente defensável, devido ao fato de a soberania na nova República estar incorporada ao povo, e não à pessoa do governante. Considerando esse fundamento, o governo agora emprega livremente o terror no exercício do que ele chama de "despotismo da liberdade contra a tirania". Isso traz uma conjunção de virtude e terror que é nova na história da humanidade:

> — O terror sem a virtude é destrutivo; a virtude sem o terror é impotente. O terror é apenas justiça imediata, severa e inflexível; é, assim, uma emanação da virtude.

O profundo envolvimento emocional de Robespierre em seus discursos aumenta o impacto deles. Seus sentimentos estão sempre à flor da pele. Ele é dolorosamente sincero em todas as suas palavras e ações, oferecendo um modelo exemplar de atuação nobre no estilo de seu grande ídolo, Jean-Jacques Rousseau, o apóstolo da transparência moral. O ponto alto de toda a Revolução para Robespierre foi provavelmente quando, em 8 de junho de 1794 (20 Prairial), ele oficiou o Festival do Ser Supremo, que se seguiu à legislação que ele tinha idealizado e dirigido por meio da assembleia, estabelecendo uma forma de celebração deísta que buscava devolver o ateísmo ao passado. A resposta entusiástica que o festival provocou no povo de Paris, percebida por ele, reforçou sua convicção apaixonada de que a Revolução marcou uma nova época na história. Ele não enxerga um regresso à Constituição democrática de 1793 como uma prioridade do governo: na verdade, nas circunstâncias atuais, ele enxerga aqueles que o exigem como os perigosos herdeiros dos radicais hebertistas que foram esmagados na primavera. Em vez disso, ele insta o governo a trabalhar com a assembleia nacional vigente em direção à regeneração humana por meio de instituições sociais como festivais públicos, seu projeto Ser Supremo, reformas educacionais e esquemas de bem-estar social. Combinados com o terror, eles direcionarão as pessoas para os caminhos da virtude.

Não há tons de cinza na oratória de Maximilien Robespierre, tampouco em sua visão de mundo. Seus discursos retratam um mundo com contornos nítidos no qual os puros, os moralmente corretos e os patrióticos combatem heroicamente todos os tipos de homens e mulheres corruptos na nobre tarefa de autorreforma da humanidade em busca da virtude. Essa simplificação extrema do cenário político, fortalecida pela inevitável polarização da política em tempos de guerra, combina-se a um compromisso inabalável, abnegado e rousseauniano com a causa. O tipo de arco narrativo melodramático e sentimental que estrutura seus discursos, e que muitas vezes evoca sua própria morte pela causa da liberdade, não é novo: ele o usava antes mesmo de a Revolução começar, e a utilizou ao longo de sua carreira revolucionária. E Robespierre não está sozinho. Mas é, sem dúvida, seu tropo de assinatura, que tem o poder de instilar um frisson adicional em seus ouvintes.

A habilidade de Robespierre de emocionar e inspirar sua audiência por meio do poder das palavras é ainda mais impressionante por ele não ser um orador nato. Ele admite ter medo de falar em público, pelo menos até o momento em que abre a boca. Sua voz, influenciada por um sotaque provinciano fora de moda, é fina e muitas vezes soa um pouco tensa. Ela ecoa mal no cavernoso salão da assembleia. Sua postura na tribuna é restrita e desajeitada, e ele carece de gestos expansivos ao estilo de Danton. Ele também tem o hábito, que alguns julgam irritante (embora também chame a atenção), de falar devagar e fazer pausas dramáticas, enquanto ajusta os óculos de lentes verdes que costuma usar. Seus discursos podem ser muito longos – e para os não convertidos parecem ainda mais longos.

Talvez o calcanhar de aquiles de Robespierre como orador seja sua sensibilidade ao deboche e ao humor. Ele é notoriamente sensível e se mantém tão firme em sua dignidade que quase convida a uma provocação travessa. Sob a Assembleia Constituinte, seus oponentes aristocráticos provocaram Robespierre escrevendo e pronunciando seu nome como Roberts-pierre, alegando uma conexão familiar (completamente fictícia) com o infame Robert Damiens, aquele que supostamente tentou assassinar Luís XV em 1757. Então, novamente, algumas semanas antes, o membro do CSG Marc-Guillaume-Alexis Vadier pisou no calo de Robespierre ao mencionar o caso de uma obscura profetisa visionária chamada Catherine Théot que, Vadier afirmou, chamava a si mesma de "Mãe de Deus" e considerava Robespierre o Messias, um pensamento que provocou ondas de risos mal reprimidos à sua custa em uma assembleia que estivera bastante sombria nos últimos tempos. Robespierre proibiu pessoalmente que o caso Théot fosse levado ao Tribunal Revolucionário, de uma forma que levou as pessoas a suporem que ele tinha algo a esconder ou simplesmente não queria se expor a mais zombaria.

Apesar desses pontos fracos, Robespierre alcançou um domínio retórico sobre seu público de várias maneiras. Ele é particularmente hábil em lidar com procedimentos parlamentares e sabe como chamar a atenção por meio de intervenções em debates e do uso de questões de ordem. Se uma de suas próprias questões de ordem é rejeitada, ele é capaz de replicar com violência verbal, invocando os princípios mais elevados e sua própria desordem emocional ao ser desafiado de forma tão estridente que o orador é forçado a ceder. Em uma ocasião que ficou famosa, ele só conseguiu chegar à tribuna gritando "Deixe-me falar ou então me mate". Por outro lado, uma vez na tribuna, ele também é um mestre em derrubar objeções e questões de ordem do plenário: quando o deputado pró-girondinos Carra, em um discurso de agosto de 1793, tentou levantar uma questão de ordem assim que Robespierre o mencionou, Robespierre o calou com: "Não é apropriado que conspiradores interrompam o defensor da liberdade". Robespierre também pode ocasionalmente afetar um olhar medúseo, silencioso, semelhante a um basilisco, capaz de parar homens adultos em seus caminhos e induzir um desespero devastador. Por fim, ele recorre a invocar a concordância dos seus apoiadores nas galerias públicas ou então a associá-los à sua suposta vitimização como forma de silenciar e intimidar os opositores.

Se o humor de Robespierre está instável esta noite, e seus sentimentos, intensos e taciturnos, é porque hoje – ou melhor, ontem, 26 de julho ou 8 Termidor – esse repertório de técnicas de dominação retórica foi considerado insuficiente. O longo discurso de duas horas que ele fez na Convenção foi o primeiro que proferiu desde 12 de junho. Acabou inspirando uma hostilidade ruidosa e articulada que ele simplesmente não experimentara como membro do CSP.

Robespierre apresentou suas observações como vindas de um simples deputado, um mero cidadão, e não um membro do governo do qual, ele admite livremente, se ausentara nas últimas seis semanas. Despojado da responsabilidade perante o governo, ele se sentiu mais livre, afirmou, para falar a verdade ao poder, desvendar conluios e denunciar conspirações. Ao "abrir o coração", ele esperava que as "verdades úteis" que oferecia pudessem harmonizar a discórdia na Convenção e orientar o pensamento do povo. Ele representou a si mesmo como um outsider ardente, uma força oposicionista apaixonada, que equipara sua própria identidade e destino à revolução popular que ele sempre defendera. A liberdade pública está sendo violada, e o nome inocente de Robespierre está sendo caluniado e ultrajado. Seus inimigos são os inimigos da Revolução: ataques a ele são ataques à Revolução e ao povo. Seus oponentes alimentam a imprensa britânica com historinhas de suas intenções tirânicas, exageram seu envolvimento passageiro no policiamento e difundem mentiras sobre seus supostos planos de enviar dezenas de colegas deputados para o Tribunal Revolucionário e a guilhotina. Os conspiradores estão erguendo "um sistema de terror": deputados assustados já não dormem à noite. Risivelmente, eles afirmam que ele deseja ser um ditador. Ele não é um ditador – "Se eu fosse", observou sombriamente, os inimigos "estariam rastejando aos meus pés".

No início de seu discurso, Robespierre anunciou que, objetivando encorajar a harmonia, não faria acusações. No entanto, à medida que seu discurso se desenvolveu, ficou claro que ele de fato tem alvos específicos em vista, a saber, os grupos de homens imorais, muitas vezes ateus e às vezes implacáveis, que, ele acredita, já há alguns meses têm conspirado com ajuda estrangeira contra ele e contra a República. Ex-nobres, emigrados e bandidos – ele deve estar pensando em Dossonville – se insinuaram na burocracia do CSG. A administração financeira é outro alvo. O CSP manteve-se fora dos assuntos financeiros, mas a legislação recente, que afeta adversamente os pequenos poupadores, sugere que o Comitê de Finanças da Convenção, chefiado pelos deputados Cambon, Mallarmé e Flamel, caiu em mãos corruptas e aristocráticas, enquanto seu chefe do Tesouro, Lhermina, é um hipócrita contrarrevolucionário.

Dramaticamente, Robespierre não poupou os Comitês de Governo de seus ataques verbais. Não apenas a burocracia do CSG está repleta de contrarrevolucionários, de acordo com Robespierre, mas todo o comitê concordou com o uso de Vadier do caso Catherine Théot para miná-lo e ridicularizá-lo. O CSP é um pouco melhor, e, embora Robespierre geralmente evite citar nomes, suas referências veladas atingem o alvo. O exército pode estar vencendo batalhas no front, mas a política de guerra – nas mãos de seu colega do CSP Lazare Carnot – ameaça desencadear a tirania. É preocupante que Paris tenha ficado indefesa com a decisão de Carnot de transferir unidades seccionais de artilharia da cidade para o front. Robespierre tem outro colega na mira, Barère, quando repreende a "leveza acadêmica" que este exibe ao anunciar sucessos militares de uma forma que corre o risco de jogar com o "despotismo militar". Robespierre também teve palavras amargas, embora veladas, para seus colegas Billaud-Varenne e Jean-Marie Collot d'Herbois, que hipocritamente reivindicam sua amizade, mesmo enquanto conspiram contra ele e sussurram que é um novo Catilina, o romano aspirante a ditador, ou então Pisístrato, o tirano ateniense.

Os atos contrarrevolucionários que esses membros do governo estão praticando têm causado disfuncionalidade na condução das políticas definidas pela Convenção. Eles não apenas adiaram o advento da república da virtude como ameaçam dizimar tudo o que a Revolução alcançou. O CSP e o CSG não estão fazendo seu trabalho. As forças da ordem precisam reprimir para impedir que contrarrevolucionários empedernidos conspirem abertamente na capital. O Tribunal Revolucionário deve ser defendido e a instituição fortalecida para permitir que ela faça o seu trabalho de forma eficaz. A lei que proíbe a captura de prisioneiros de guerra britânicos não foi executada com rigor suficiente; ela deve ser devidamente aplicada.

Como sempre, o discurso de Robespierre no 8 Termidor foi repleto de voos retóricos destinados a mostrar seu compromisso apaixonado com a causa revolucionária. Ele procurou provocar piedade, admiração e emulação. Ele não é, declara, um ditador, mas um "escravo da liberdade, o mártir vivo da República, mais que um inimigo, uma vítima do crime". Ele salpicou sua fala com anedotas que o mostraram recebendo as pedras e flechas de seus ultrajantes adversários: insultos que sofreu de colegas deputados enquanto presidia o glorioso Festival do Ser Supremo; calúnias espalhadas sobre ele pelo duque de York, comandante das forças armadas britânicas no continente; zombaria dirigida contra sua pessoa (por Vadier); traição (de Cambon); rivalidade (de Carnot); e assim por diante. Encerrou sua peroração com um floreio, afirmando que sempre combatera o crime e não poderia mais fazer parte de um governo que governasse criminalmente. O caçador profissional claramente retornava ao amadorismo.

O discurso de Robespierre pretendia não acusar; no entanto, fez pouco mais que isso. Foi uma rejeição total ao hino de louvor ao governo que Barère tinha enunciado no dia anterior. Notavelmente, alguma palavra indicando conspiração (conspirador, conspiração, complô, facção etc.) apareceu em quase todos os minutos de seu discurso de duas horas. Embora afirmasse estar pregando a harmonia, o discurso semeou a discórdia e exalou ameaça. Apesar das evocações marcantes de sua própria morte, o discurso de Robespierre o fez soar aos deputados menos como um homem que está pronto para morrer do que como um homem que quer matar.

Mesmo não mencionando quase ninguém pelo nome, exceto os esteios do Comitê de Finanças, ele fez uma lista precisa de demandas: traidores na Convenção e até mesmo no coração do governo precisam ser erradicados; o CSP e o CSG devem ser purgados; a burocracia do CSG também deve ser subordinada a um CSP renovado, e seus funcionários executados como traidores; e a Comissão de Finanças e seus funcionários requerem praticamente o mesmo tratamento.

Robespierre tem sido uma figura tão importante no Governo Revolucionário, e liderou tantas iniciativas envolvendo e legitimando o terror, que seu discurso, pontuado por ocasionais aplausos, foi ouvido com atenção extasiada, porém cada vez mais chocada. Ele aparentemente estava mostrando à assembleia que os inimigos dele e do povo agora vêm dos montanheses, seus antigos aliados. Seu apelo é, portanto (como indicou ao senhorio Duplay naquela noite), aos deputados centristas da Planície. Homens bons e corretos – *hommes de bien* –, ele enfatiza, devem entender que suas intenções para com eles agora são puras e que tem com eles um inimigo comum em homens sanguinários, homens pervertidos, homens corruptos.

A extensão inesperada e o conteúdo explosivo do discurso lançaram a Convenção em um dilema. A incerteza perplexa dos deputados sobre como reagir ficou evidente nas duas primeiras intervenções que se seguiram, de montanheses que eram inimigos ferrenhos de Robespierre.

Primeiro, Laurent Lecointre pôs-se de pé para propor a publicação imediata do texto: a impressão e a divulgação de discursos como panfletos eram uma honra reservada apenas às falas mais significativas. No entanto, o gesto só pode ter surgido do medo de Lecointre perder a própria pele, já que há meses ele expressa abertamente seu ódio ao Incorruptível. Em seguida, Bourdon de l'Oise, um dos perenes bodes expiatórios de Robespierre, ofereceu uma resposta mais astuta e corajosa ao pedir que o texto fosse levado primeiro para comentários do CSP e do CSG. Como Robespierre percebeu imediatamente, isso equivalia a enviar o texto a homens que ele acabara de acusar de traidores.

Couthon, aliado de Robespierre, correu em seu auxílio, exigindo que o discurso não fosse apenas publicado, mas também enviado a todas as comunas do país. O debate parecia estar à deriva quando foi surpreendentemente transformado por Joseph Cambon, homem de negócios de Montpellier e presidente do Comitê de Finanças que Robespierre tinha escolhido atacar. Ele se lançou à tribuna para desferir um ataque violento. Em um discurso furioso (mas sem dúvida também assustado), Cambon defendeu apaixonadamente o trabalho de seu comitê, vangloriou-se de seu próprio patriotismo tão profundamente sentido quanto o de Robespierre e concluiu:

> — É hora de dizer toda a verdade: um único indivíduo está paralisando a vontade da Convenção, e esse homem acabou de falar; é Robespierre!

A fúria de Cambon e o nível surpreendentemente alto de aplausos que gerou fizeram as passadas de Robespierre perderem o ritmo, e ele respondeu com franqueza, admitindo que nada sabia sobre finanças e confessando que estava baseando sua crítica em boatos, o que provocou uma resposta desdenhosa de Cambon. Faz muito tempo que Robespierre não recebe esse tipo de tratamento em público. A resposta entusiástica que Cambon provocou nas bancadas dos deputados é um sinal preocupante para ele.

Como se para enfatizar o novo clima anti-Robespierre, Billaud-Varenne agora se intrometeu novamente: se Robespierre tivesse se dado ao trabalho de comparecer ao CSP nas últimas seis semanas, não teria feito tantas declarações falsas. Ele propôs que o discurso de Robespierre fosse de fato levado aos Comitês de Governo para consideração. Os deputados gritaram impetuosamente seu apoio.

Embora os alvos mais óbvios do discurso de Robespierre fossem bastante claros, a deliberada vagueza sobre a escala dos expurgos que ele propunha estava provocando ansiedade nervosa. Étienne-Jean Panis, um deputado que já fora próximo de Robespierre, agora ousadamente abriu uma nova linha de ataque. Ele simplesmente queria saber: a lista de expurgos de Robespierre incluía o nome dele? Recentemente, ele fora informado ao sair do Clube Jacobino que sim. Isso era verdade? E o notório *bête noire* de Robespierre, o deputado Joseph Fouché, também estava na lista? Robespierre estava agora completamente recuado. Desafiado novamente a citar nomes, com deputados quase o provocando, desistiu categoricamente e ignorou a questão de saber se ele de fato tinha uma lista de proscritos.

Toda uma fileira de deputados montanheses, incluindo Louis-Stanislas Fréron, outro dos arqui-inimigos de Robespierre, levantou-se para condenar a ideia de o discurso ter ampla divulgação. Como observou André Amar, membro do CSG, enviá-lo para difusão instantânea privaria os acusados no discurso de Robespierre do legítimo direito de resposta. Por fim foi acordado que o discurso deveria de fato ser publicado, mas por enquanto distribuído apenas aos membros da Convenção.

No encerramento da sessão, um dos escreventes da Convenção pediu a Robespierre o manuscrito de seu discurso. Tem sido sua prática revisar seus discursos antes de serem publicados. Suas anotações para a sessão estavam uma bagunça, então ele indicou debilmente que encaminharia o texto em uma data posterior.

O deputado moderado Jean-Baptiste Mailhe entrou em conflito com Robespierre tantas vezes no passado que combate o desespero em relação a seu destino tentando sentar-se ao lado dele sempre que possível. Agora, Mailhe vê um Robespierre humilhado e castigado voltar ao seu lugar murmurando para si mesmo: "Estou perdido!". Os montanheses o tinham deserdado, ele perdera o apoio da Convenção, e o termo "ditador" fora associado a sua pessoa. Será que, mais tarde naquela noite, o Clube Jacobino seria ao menos acolhedor? Eles o defenderiam contra a grave acusação de conspirar para se tornar um ditador?

1H

Sede do CSP, Palácio das Tulherias (Tulherias)

As orelhas de Robespierre devem estar quentes. Vozes furiosas vindas da sala de reuniões do CSP no Palácio das Tulherias são ouvidas nos escritórios externos há quase uma hora agora e não dão sinais de parar. Há uma balbúrdia no seio do Governo Revolucionário, e, apesar de sua ausência, tudo gira em torno dele, de seu caráter e de suas intenções.

Não é incomum que o comitê que governou o país no ano passado esteja envolvido em uma disputa furiosa, mesmo sendo tarde da noite. Os membros têm suas divergências e disputas, e cada vez mais renhidas, na verdade. Uma briga em maio que opôs Robespierre ao especialista militar Lazare Carnot foi tão barulhenta que levou multidões a se reunirem do lado de fora no jardim das Tulherias, obrigando os funcionários a fecharem as janelas para evitar que os transeuntes ouvissem conversas sobre assuntos confidenciais do governo.

Os participantes mais vociferantes na discussão desta noite são Collot d'Herbois e Billaud-Varenne, colegas de CSP de Robespierre que acabaram de voltar do Clube Jacobino e estão atacando Saint-Just, aliado dele. Robespierre esteve falando no Clube: não apenas falando, na verdade, mas lançando um ataque frontal e pessoal ao Governo Revolucionário (do qual faz parte) e aos dois homens em particular. Apesar de sua ausência de seis semanas do CSP e da assembleia, Robespierre permaneceu um frequentador assíduo do Clube Jacobino. Desde 12 de junho, dia de seu último discurso na Convenção, ele falou em mais reuniões do Clube do que nunca, e desde 9 de julho interveio em nove das dez reuniões. O aumento da frequência de sua presença foi marcado por uma escalada ostensiva de ataques ao governo. Mas esta noite levou as coisas a um nível diferente. Collot e Billaud estão furiosos. E também muito assustados.

Os dois homens estão dirigindo sua fúria descontrolada ao colega Saint-Just, que acreditam fazer parte de uma conspiração contra eles liderada por Robespierre e provavelmente apoiada por Couthon. Além disso, eles sentem que a indignação é ainda mais justa porque acreditam que seus oponentes quebraram os termos de um acordo informal celebrado apenas alguns dias antes, em 22 e 23 de julho (ou 4 e 5 Termidor), que buscava acabar com a atmosfera tóxica que se tem desenvolvido no seio das Comissões de Governo. Collot e Billaud temem ter feito papel de bobos.

Embora nas últimas semanas Robespierre e Couthon tenham criticado agressivamente o governo no Clube Jacobino, houve quantidades suficientes de vestígios de boa vontade e propósito comum remanescentes para explorar uma solução viável de conflito. Assim, foi acordado que deveriam ser realizadas reuniões conjuntas entre o CSP e o CSG para buscar uma conciliação. Robespierre esteve ausente no primeiro dia, 22 de julho, embora Saint-Just defendesse sua causa com eloquência. Essa reunião foi positiva o suficiente para Saint-Just acreditar que o desejo de conciliação de seus colegas era sincero, e ele usou sua influência sobre Robespierre para incentivá-lo a comparecer a uma nova reunião conjunta dos dois comitês no dia seguinte.

A reunião de 23 de julho começou tensa, enquanto os colegas se entreolhavam em silêncio. Robespierre tinha retornado após uma ausência de seis semanas para o que deve ter parecido para ele o covil de seus inimigos. Enquanto encobria qualquer nervosismo que pudesse ter sentido com olhares gélidos de altivez arrogante, seu aliado Saint-Just procurou transcender o próprio embaraço e o de todos, quebrando o silêncio para lançar um elevado hino de louvor a Robespierre como "um mártir de liberdade". Isso estimulou Robespierre a um longo discurso no qual ele se queixou amargamente da maneira como muitos dos sentados ao redor da mesa verde o atacavam em discursos e ações. As coisas pareciam estar ficando fora de controle, e nomes de vítimas em potencial de um expurgo podem ter sido discutidos. Carnot era francamente contrário, no entanto, e não mostrou nenhum sinal de disposição para transigir. Billaud e Collot se uniram em uma ofensiva de simpatia para conquistar Robespierre. "Somos seus amigos", persuadiu Billaud. "Chegamos tão longe juntos..." As palavras açucaradas persuadiram Robespierre a se abrir para o diálogo. Embora não tenha sido verbalizada, a implicação era a de que cessariam os ataques pessoais uns aos outros. Os membros do CSP e do CSG assumiram que o cessar-fogo seria acompanhado pelo recuo de Robespierre da ideia de um expurgo da Convenção.

Houve acordo também sobre mudanças nos procedimentos da justiça revolucionária, o que Saint-Just vinha exigindo fazia algum tempo. Em 26 de fevereiro e 3 de março, ele conseguira que a Convenção decretasse as chamadas "Leis de Ventoso", que entre outras coisas previam a criação de quatro Comissões Populares em Paris que serviriam para fazer uma triagem dos suspeitos políticos, libertando alguns, deportando outros e enviando apenas os casos mais flagrantes para o Tribunal Revolucionário. Apenas duas dessas comissões realmente funcionaram, sob o rótulo "Commission du Muséum", sediada na seção com esse nome. Agora, como uma grande concessão a Saint-Just e Robespierre, quatro dessas comissões serão instituídas. Também foi acordado que haverá quatro tribunais itinerantes adicionais para lidar com suspeitos nos departamentos. A ideia é diminuir a pressão sobre o Tribunal Revolucionário de Paris, mantendo o terror judicial aqui e em todo o país. As medidas também terão o efeito de reduzir a população carcerária da cidade, que atingiu níveis problemáticos.

Outro sinal de boa vontade em relação a uma questão que vem se agravando há algum tempo foi um acordo segundo o qual várias seções de Paris deveriam enviar seus artilheiros da GN para servir no front. Tem sido um arranjo de rotina, cuja lógica militar Carnot aprova, mas que, recentemente, Saint-Just, Robespierre e seus aliados no Clube transformaram em uma questão política. Embora a ansiedade deles pareça bastante infundada, eles afirmam que isso deixaria a capital perigosamente indefesa. Os artilheiros estão entre os mais patrióticos dos *sans-culottes*, então sua ausência pode desradicalizar as forças armadas da capital. No evento, estimulado pelo espírito vigente de concordância, Saint-Just aquiesceu com a proposta de Carnot de enviar artilheiros de quatro seções para o serviço militar regular no front.

Por fim, foi acordado que Barère faria um discurso na Convenção sobre a situação externa, que proferiu em 7 Termidor, enquanto Saint-Just ficaria encarregado de elaborar um relatório para a Convenção a fim de apresentar uma frente unida entre CSP e CSG que desfizesse rumores sobre divisões dentro do Governo Revolucionário. É uma concessão importante, embora ainda haja algum caminho a percorrer antes que a unanimidade total seja alcançada, uma vez que Billaud e Collot instaram fortemente Saint-Just a não fazer menção a assuntos religiosos. A Celebração ao Ser Supremo de Robespierre continua sendo um ponto de discórdia.

Nesse meio-tempo, um decreto sobre a criação das Comissões Populares foi devidamente aprovado e artilheiros seccionais foram enviados ao exército. No entanto, Robespierre e Couthon não demonstraram absolutamente nenhum desejo de respeitar o espírito de *détente*.* Na noite de 24 de julho (6 Termidor), os dois homens compareceram ao Clube Jacobino, onde Couthon proferiu um discurso amargo contra o CSG e mais um apelo para o expurgo daqueles deputados "cujas mãos estão pesadas de riqueza e com o fedor do sangue das vítimas inocentes que imolaram". Embora os Comitês de Governo contenham homens virtuosos, proclamou Couthon, o CSG em particular está coalhado de canalhas que tomam decisões corruptas e arbitrárias. Mesmo na Convenção, mesmo no Clube Jacobino, acrescentou (para preocupação dos presentes), podia-se encontrar agentes da Conspiração Estrangeira. Ele não estava, sublinhou novamente, atacando a Convenção como um todo, apenas um punhado de "indivíduos impuros que procuram corromper a moralidade pública e construir um trono para o crime sobre o túmulo da moral e da virtude". "Os homens bons", concluiu ele, "devem agora se reunir e se separar dessas cinco ou seis criaturas turbulentas." Robespierre também se manifestou, proclamando que "chegou o momento de decepar as últimas cabeças da hidra; o faccioso não deve esperar perdão". Tudo isso era retórica de combate: matou no berço a trégua negociada.

* *Détente* é um termo francês utilizado em política internacional desde a década de 1970, em geral para se referir ao contexto da Guerra Fria, para se referir a uma política que provoca a diplomacia e o relaxamento de tensão entre partes antagônicas. [N.E.]

Couthon agravou ainda mais as coisas ao voltar à questão dos artilheiros da GN sendo levados de Paris. Ele culpou Louis-Antoine Pille, nomeado por Carnot como chefe da comissão do exército (efetivamente, um ministro do Exército), por essa decisão. Prosper Sijas, vice de Pille, jacobino e aliado de Robespierre, tem conduzido uma vingança pessoal contra ele, de modo que a continuação da rivalidade é manifestamente um ataque por procuração a Carnot. Quebra os termos da trégua CSP/CSG e ignora a aquiescência de Saint-Just em implantações de artilharia.

René-François Dumas, presidente do Tribunal Revolucionário, outro fervoroso defensor de Robespierre no Clube, acenou então com mais uma causa de discórdia, a saber, o curioso caso de Jean-François Magendie. Fazia algum tempo que Magendie peticionava à Convenção alegando que as quantias pendentes devidas a ele por Magon de La Balue, rico ex-banqueiro da corte guilhotinado uma semana antes, deveriam ser pagas com seus bens. Magendie estava distribuindo cópias de sua petição à esquerda e à direita na porta do Clube Jacobino em 6 Termidor. O que chamou a atenção no panfleto não foi seu conteúdo, mas sim a sugestão, feita de passagem, de que o uso da frase "pelo amor de Deus" ("*sacré nom de Dieu*") deveria ser visto como uma ofensa capital contrarrevolucionária. Era, sem dúvida, uma proposta bajuladora da parte de Magendie, destinada a agradar Robespierre. No entanto, tinha sido tão ridiculamente mal pensada que, quando chegou aos ouvidos de Robespierre, ele percebeu imediatamente a diversão à sua custa que seus inimigos teriam com a ideia. Ele ainda estava magoado com a galhofa que surgira em torno do caso Catherine Théot, e parecia fácil presumir que todo o negócio de Magendie era um estratagema para fazê-lo parecer ridículo.

Depois de atacar Magendie, Robespierre passou a endossar os apelos de Couthon por um expurgo de deputados. Claramente intrigado, Benoît Gouly, deputado pela Ilha de França (Maurícia), deu um passo à frente para pedir maior clareza:

> — Em cada uma de nossas reuniões, há três semanas, Robespierre e Couthon vêm afirmando que têm grandes verdades a revelar ao povo. Peço que amanhã, em reunião especial, expliquem as conspirações que estão sendo arquitetadas contra a pátria.

Parece uma pergunta justa e inclusive útil. Não é este um momento para clareza, para citar nomes? Quem são os culpados? Além disso, existem apenas cinco ou seis deles, como disse Couthon? Mas Couthon e Robespierre não entenderam dessa forma. Ambos olharam furiosamente para Gouly, antes que Robespierre subisse à tribuna para lançar um ataque à proposta. Claramente, o tempo era uma questão delicada.

O Clube Jacobino concordou que uma delegação deveria ir à Convenção no dia seguinte para apresentar uma petição relatando suas queixas sobre os artilheiros, as ações de Pille na burocracia militar e o caso Magendie. Isso foi feito em 7 Termidor, quando também se destacou a preocupação com as ações de uma Conspiração Estrangeira (um dos temas favoritos de Robespierre). Na mesma sessão, Barère estava fazendo seu discurso combinado sobre o estado da nação, que, ironicamente, continha um ramo de oliveira colhido cuidadosamente para Robespierre. Fazendo um aceno muito óbvio na direção do compromisso que ele acreditava ter sido alcançado em 23 de julho (mas que parecia estar sob ataque nessa mesma sessão), Barère evocou as ameaças de um novo expurgo da assembleia no estilo de 31 de maio, recentemente articulado nos arredores do Palácio das Tulherias, antes de prosseguir:

> — Ontem [...] um representante do povo, notório pelo patriotismo que fez por merecer por seus cinco anos de trabalho e pelos princípios imperturbáveis da independência e da liberdade, refutou veementemente estas palavras contrarrevolucionárias.

O elogio deve ter soado vazio, até porque Robespierre não estava presente na Convenção durante o discurso de Barère e leitura da petição jacobina, embora a delegação jacobina parecesse estar sendo um títere de seu herói.

Longe de desistir dos ataques, Robespierre os intensificou. Billaud e Collot devem estar se perguntando se Robespierre, Saint-Just e Couthon foram sinceros nas negociações de trégua. Ou eles só estavam ganhando tempo e se preparando para atacar? Talvez Robespierre realmente pretenda ser ditador...

A briga desta noite, envolvendo Collot, Billaud e Saint-Just, está ocorrendo no recinto principal do Comitê do CSP, situado no centro do antigo Palácio das Tulherias em que a rainha Maria Antonieta esteve alojada entre 1789 e 1792. O ambiente mantém um pouco de seu antigo esplendor: um enorme lustre, tapeçaria Gobelins, ricos carpetes e uma mesa oval ornamentada, coberta com baeta verde, em torno da qual os membros se sentam. A sala fica dentro de um intrincado complexo de corredores e salas que invadiu a maior parte da metade sul do palácio, incluindo, na extremidade do lado do rio, o antigo Pavillon de Flore, agora renomeado Pavillon de l'Égalité. Quando se mudou para essas instalações em maio de 1793, o CSP dividia o espaço com vários outros comitês da Convenção, mas estes foram levados para outro lugar, permitindo que o contingente do CSP se expandisse de menos de cinquenta pessoas em meados de 1793 para mais de quinhentas. Os escritórios do CSG ficam no Hôtel de Brionne, uma antiga mansão aristocrática ligada ao extremo norte das Tulherias por uma passarela coberta. Esta noite um grupo dos seus membros veio fazer uma sessão conjunta com os seus colegas do CSP.

A composição estatutária do CSP é de doze membros, embora atualmente haja onze. Teoricamente, a Convenção renova mensalmente seus membros, mas na verdade a equipe não muda desde setembro do ano passado, com exceção do aristocrático Hérault de Séchelles, expulso por contravenções financeiras e políticas em dezembro de 1793 (e posteriormente executado). O Comitê se dedica a trabalhar de maneira verdadeiramente coletiva, e os principais assuntos são negociados em grupo. Embora Robespierre e Barère se reportem principalmente à Convenção no que diz respeito à política e à tomada de decisão do CSP, não há um presidente ex officio. Não se produzem atas detalhadas, e todos os membros fizeram um voto implícito de silêncio sobre os assuntos do comitê. O que acontece na mesa verde fica na mesa verde. "Deus me livre", exclamou Robespierre em novembro de 1793, ao menos uma vez ecoando seus colegas, "de revelar qualquer coisa sobre o que acontece no Comitê."

Alguns membros do CSP chegam já às sete da manhã, mas as reuniões plenárias formais acontecem das dez horas até por volta do meio-dia, quando alguns se retiram para a Convenção assim que os principais assuntos da assembleia começam a ser tratados. No fim da sessão da Convenção, os membros do CSP jantam, invariavelmente separados uns dos outros, mas depois muitos se reagrupam por volta das oito da noite ou mais tarde. Membros assíduos do Clube Jacobino podem vir de lá por volta das dez da noite. Às vezes as conversas continuam até duas ou três da manhã. Fica evidente que a noite de hoje vai ser mais longa. Entre os momentos de reunião (e eventualmente durante esses momentos), os membros da equipe trabalham nas diferentes tarefas que assumiram em gabinetes separados.

A natureza dos assuntos do CSP significa que a presença física na mesa verde é bastante irregular. André-Jean Bon Saint-André, por exemplo – um capitão de navio, antes um pastor protestante sob o *Ancien Régime* –, assumiu a área da marinha e passa a maior parte do tempo nos principais portos da França. Pierre-Louis Prieur (chamado de "Prieur de la Marne" em homenagem ao departamento que o elegeu) é outro ausente de longa data, pois está quase permanentemente estacionado com as forças armadas no front. Os assuntos militares em geral tornaram-se responsabilidade do engenheiro militar Lazare Carnot, uma presença bem constante nos escritórios do CSP, embora passe parte do dia trancado com seus subordinados. Claude-Antoine Prieur "de la Côte d'Or", um instruído engenheiro da Borgonha, também se especializou em assuntos militares, principalmente armamento e produtos de guerra. Ele fica mais frequentemente cercado por sua equipe administrativa e seus arquivos do que pelos colegas ao redor da mesa verde. O mesmo vale para o zeloso advogado normando Robert Lindet, que tem uma exigente área de responsabilidade – infraestrutura, política econômica e a aplicação da política de congelamento de preços conhecida como Máximo –, o que exige deliberação constante com seus funcionários.

Saint-Just, o jovem aliado de Robespierre, vangloria-se de sua perícia militar, afiada por um período eficaz como deputado em missão com os exércitos no front norte. No entanto, desde seu retorno do front em 29 de junho, ele tem estado mais envolvido com o trabalho do Departamento de Polícia do CSP criado em abril. Ele, Robespierre e o advogado Auvergnat Georges Couthon são os únicos três membros do CSP a participar da gestão do Departamento. Couthon conseguiu um período nas províncias no verão de 1793, ajudando a esmagar a Revolta Federalista em Lyon; mas sua mobilidade está cada vez mais inibida pela paralisia dos membros inferiores. Ele se locomove em uma cadeira de rodas e é invariavelmente carregado para seu assento na Convenção e no Clube Jacobino por ajudantes e colegas. Atualmente não participa das reuniões noturnas do Comitê e passa boa parte do tempo no rio Sena, em terapias de banhos medicinais.

Os três pilares do CSP, de frequência mais regular e mais assíduos na burocracia, são Barère, Billaud-Varennes e Collot d'Herbois. No que diz respeito a questões políticas, Gascon Bertrand Barère, advogado e homem de letras, é o ponto-chave de ligação com a Convenção. Corresponder-se com deputados em missão – uma responsabilidade enorme, já que muitas vezes dezenas de deputados estão ausentes dos departamentos, aplicando a legislação revolucionária – é a tarefa de Billaud-Varenne, outro ex-advogado, e Collot d'Herbois desfrutou de uma vívida carreira de dramaturgo e diretor de teatro itinerante no pré-1789. Os dois foram os últimos a serem adicionados ao "comando", no início de setembro de 1793. À época, o notório radicalismo deles foi considerado um meio de aplacar o movimento *sans-culotte*. E radicais eles permanecem, mas agora são homens do CSP de corpo e alma.

Os onze homens do CSP são personagens bastante diferentes, mas têm muito em comum. Todos estão no auge da vida: Saint-Just é de longe o mais novo, com 26 anos, Jean Bon Saint-André e Collot, com 44, são os mais velhos. Todos têm sólidos antecedentes burgueses e/ou profissionais. A maioria era monarquista no começo da Revolução, mas todos se tornaram republicanos aguerridos em 1792. Embora alguns fossem inicialmente próximos dos girondinos, no início de 1793 todos haviam passado para as fileiras montanhesas, e a maior parte é formada por membros do Clube Jacobino – apenas Carnot, Prieur de la Côte d'Or e Lindet não são. Apesar das diferenças políticas que se desenvolveram entre eles, todos são firmes defensores do papel do CSP no cerne do Governo Revolucionário. Nenhum se assusta com as políticas de terror. Todos apoiam o Tribunal Revolucionário.

A pressão do trabalho é incessante. Os membros principais estão acostumados a jornadas de dezesseis ou dezoito horas. Alguns deles trouxeram camas para dormir no comitê, em vez de ir para casa (mesmo com as carruagens mantidas prontas para eles no pátio). Entre oitocentas e novecentas cartas, decretos e ordens do CSP são emitidos todos os dias, e várias assinaturas são necessárias para que sejam válidos. Os membros assinam sem ler, na base da confiança, expostos ao risco. Carnot conta que uma vez, sem saber, assinou o mandado de prisão do chef do seu restaurante favorito, enviado por Robespierre, ele alega, por pirraça. Como isso sugere, a personalidade de cada um tornou-se o meio pelo qual as questões políticas são tratadas em todo o comitê. Isso é verdade para a condução da guerra, procedimentos de terror judicial, religião, moralidade pública e a espinhosa questão do policiamento.

As suspeitas de Robespierre sobre os funcionários do CSG são notórias, mas os membros do CSP, por sua vez, suspeitam de que a administração (ferozmente defendida) do Departamento de Polícia por Robespierre, Saint-Just e Couthon permite que eles mantenham o controle sobre seus inimigos políticos e construam uma base de poder privada. A ampliação das atribuições do CSP para incluir o policiamento envenenou as relações com o CSG. Robespierre desfruta da ardente amizade de dois membros do CSG, o grande pintor Jacques-Louis David e o jovem Philippe Le Bas, que se casou com a filha do senhorio de Robespierre, Maurice Duplay. Os outros membros do CSG se sentem espionados por esses homens e nutrem ressentimentos contra Robespierre pelo tratamento dispensado a eles no passado. Ele trata Amar e Vadier, partidários do CSG, com indisfarçável desprezo.

As disputas entre e dentro dos comitês começaram a se sobrepor em padrões complexos em relação à política, procedimentos e personalidades. Os membros do CSG têm se sentido geralmente afastados da elaboração de políticas pelo CSP, ou melhor, por Robespierre e seus aliados dentro dele. Muitos ficaram particularmente enfurecidos com as mudanças radicais nos procedimentos de justiça revolucionária introduzidos pela Lei de 22 Prairial em junho, que foram apresentadas a eles (como de fato à maioria no CSP) como um fato consumado por Robespierre e Couthon, que passou a forçá-la por meio da assembleia. De modo geral, a lei facilita a condenação de mais pessoas em um tempo menor, com base em muito menos evidências concretas. Mas foi a maneira como Robespierre e Couthon romperam com a responsabilidade coletiva e aprovaram o projeto de lei que irritou seus colegas. O outro foco recente de Robespierre – a Celebração ao Ser Supremo – também enfureceu muitos integrantes do CSP e do CSG. Essa forma de adoração deísta irrita profundamente os membros do CSG com antecedentes protestantes (Philippe Ruhl, Moise Bayle e Jean-Henri Voulland) e também aqueles que são ateus declarados (notadamente Vadier, Amar e Jean-Antoine Louis du Bas-Rhin). Todos os críticos da Celebração estão preocupados com o papel que Robespierre pode estar atribuindo a si mesmo dentro dele.

A sessão conjunta do CSP e do CSG desta noite foi organizada para avaliar a situação após o discurso de Robespierre na Convenção. Enquanto aguardam a chegada de Collot e Billaud, eles continuam com seus negócios. Desde cerca das oito da noite, Saint-Just está sentado a uma mesa lateral preparando o discurso que pretende proferir na Convenção ainda hoje (conforme acordado nas sessões de 22 e 23 de julho).

Quando Collot e Billaud entraram na sede do CSP, em estado de grande ressentimento, Saint-Just ergueu os olhos da mesa e perguntou, displicentemente: "O que há de novo no Clube dos Jacobinos?". A despreocupação estudada do jovem provocou uma explosão de raiva nos dois homens. Isso porque no Clube Jacobino eles viram a aclamação turbulenta de Robespierre, que tanto exultou o jacobino provincial Legracieux. Parece impensável a Collot que o acólito de Robespierre não saiba o que ele está tramando: a execução do próprio Collot, ao que parece.

> — Você está perguntando o que há de novo? E realmente não sabe? Você não caiu nas graças do principal autor de todas as disputas políticas, que agora quer nos levar à guerra civil? Você é um covarde e um traidor. Você nos engana com seu ar hipócrita. Você não passa de um saco de clichês. O que presenciei esta noite não deixa dúvidas: vocês são canalhas, os três, e estão todos determinados a levar a pátria à ruína. Mas a liberdade sobreviverá à sua terrível trama! No meio de nós, vocês estão preparando conspirações contra os comitês do governo. E vocês têm calúnias contra nós em seus bolsos.

Élie Lacoste, membro do CSG, serviu na última semana como presidente jacobino eleito e testemunhou pessoalmente a terrível tempestade que Robespierre e Couthon estão provocando lá. Ele agora se junta a Collot, atacando Saint-Just e seus dois aliados como "um triunvirato de malandros", enquanto o geralmente equilibrado Barère também se levanta com raiva:

> — Seus pigmeus insolentes. Um aleijado, uma criança e um canalha! Nem uma chácara vocês poderiam administrar.

Completamente surpreso com esse violento ataque verbal, Saint--Just empalidece e gagueja de forma pouco convincente, esvaziando os bolsos e embaralhando seus papéis na frente de Collot para protestar por sua inocência.

Billaud e Collot continuam relatando o que acabaram de sofrer no Clube Jacobino. Os dois homens não frequentavam o Clube fazia um bom tempo, mas ainda desfrutam de um conceito considerável nos círculos jacobinos. Eles contaram com uma sólida fatia de apoio no Clube esta noite, incluindo os colegas deputados montanheses Javogues, Dubarran e Bentabole, embora logo tenha ficado claro que eles estavam em menor número que os apoiadores de Robespierre.

No início da reunião, tanto Collot quanto Billaud tentaram chamar a atenção do presidente do Clube, o magistrado Nicolas-Joseph Vivier (substituto de Élie Lacoste). No entanto, com base na reação da assembleia, ele concedeu prioridade na tribuna a Robespierre, que foi direto ao ponto:

> — Pela agitação desta assembleia, é fácil ver que ela não está alheia ao que aconteceu esta manhã na Convenção. E é fácil perceber que os facciosos têm medo de ser desmascarados na presença do povo. E agradeço a eles por se mostrarem tão claramente, pois isso me permitiu ver quem são meus inimigos e os inimigos da pátria.

Collot e Billaud então tiveram que assistir a uma repetição do longo (e mergulhado em conspiração) discurso de Robespierre na Convenção. Ele foi recebido com entusiasmo, mas também com vozes críticas dos apoiadores de Collot e Billaud. "Não queremos dominadores no Clube dos Jacobinos!", Javogues gritou para Robespierre em um momento.

Mantendo sua indignação em segredo, os dois homens esperaram pacientemente Robespierre terminar para que eles pudessem responder, como tinham feito de maneira tão efetiva naquela manhã na Convenção. Robespierre, porém, fez um último gesto melodramático para confundi-los:

— O discurso que vocês ouviram é minha última vontade e testamento. Percebi hoje que a liga dos malfeitores é muito forte para eu ter esperança de escapar. É sem arrependimentos que sucumbo. Eu vos deixo a minha memória. Ela será cara para vocês; vocês irão defendê-la.

Enquanto a sala expressava ruidosamente sua emoção, Robespierre continuou:

— E, se eu sucumbir, bem, meus amigos, vocês me verão beber cicuta com calma.

— Se você beber cicuta, eu beberei com você!

O grito vem do pintor Jacques-Louis David, que disparou pelo corredor para oferecer a Robespierre um fraternal abraço (diante do qual o ultrassensível Robespierre instintivamente se encolheu).

Com Collot ainda sem permissão para falar, Dumas, presidente do Tribunal Revolucionário, que se manifestara no Clube dois dias antes, intrometeu-se no debate. A conspiração era um fato evidente, afirmou. Então, olhando para Collot e Billaud:

— É estranho que homens que há vários meses se calam peçam agora para falar, sem dúvida para se opor à torrente de verdades estrondosas que Robespierre acaba de enunciar. É fácil reconhecê-los como herdeiros de Danton e Hébert; eles também serão, eu profetizo, herdeiros de seus destinos.

Como o público recebeu com entusiasmo a enormidade dessa ameaça de um homem que preside o Tribunal Revolucionário, Collot enfim conseguiu o consentimento do presidente do Clube para falar, mas foi recebido com zombaria de desaprovação. "Eu também estava sob a faca do assassino!", ele proclamou, para se justificar, lembrando--se do atentado de Ladmiral contra sua vida vários meses antes, mas só ouviu risadas debochadas. Collot valeu-se de seu treinamento de ator para se fazer ouvir acima do burburinho: sim, de fato, disse, ele tinha suas suspeitas sobre Robespierre. Se este último tivesse se dignado a vir ao CSP nas últimas seis semanas, seu discurso não conteria tantos erros. Enfurecido com as provocações dos partidários de Robespierre, Billaud também tentou entrar novamente no debate, mas o barulho estava tão alto que sua voz foi abafada e o público só presenciou seus gestos raivosos.

Nesse momento crítico, com gritos de "Para a guilhotina com eles!" começando a ser ouvidos, o deficiente Couthon foi carregado à tribuna para falar. A sala se acalmou para captar suas palavras.

> — Cidadãos, estou convencido da veracidade dos fatos que Robespierre enunciou. Estamos testemunhando a mais profunda de todas as conspirações até agora. Certamente há homens puros nos comitês do governo, mas não é menos certo que também existem canalhas. Eu também quero propor uma discussão (*acenando para Collot e Billaud*): não sobre o discurso de Robespierre, mas sobre a conspiração. Veremos os conspiradores aparecerem nesta tribuna. Nós os examinaremos. Nós os pegaremos. Veremos suas respostas vacilantes. Eles empalidecerão na presença do povo. Serão condenados. E perecerão.

O silêncio respeitoso em que Couthon foi ouvido inicialmente se transformou em um grito selvagem de aprovação coletiva.

O discurso de Couthon colocou Collot e Billaud em uma posição impraticável. Eles sabiam que, se falassem, o fariam como conspiradores em um julgamento-espetáculo. O palácio lotado foi levado a um assustador frenesi de linchamento. Os partidários dos dois homens no corredor foram sobrepujados e buscavam a saída sob novos gritos de "Para a guilhotina!". Alguns ouviram Dumas zombando ameaçadoramente enquanto eles saíam: "Em dois dias, você não estarão mais tão falantes". Para os presentes, ele tripudiou: "Vamos cortar essa gargalhada deles!".

Collot encerra seu relato da provação humilhante que ele e Billaud enfrentaram na reunião do Clube Jacobino desta noite. Seus colegas de CSP e CSG estão horrorizados. Ele volta sua carranca furiosa para Saint-Just:

> — Você está preparando um relatório, mas, conhecendo você, sem dúvida está preparando nosso mandado de prisão. Você pode tirar nossas vidas, nos matar, mas acha que as pessoas serão meros espectadores de

seus crimes? Nenhuma usurpação fica impune quando estão em jogo os direitos do povo.

Saint-Just confessa sem rodeios que já enviou as primeiras dezoito páginas do relatório a seu secretário para serem transcritas até amanhã. Ele parece estar tergiversando, o que enfurece Collot ainda mais, e os homens brigam e gritam incoerentemente. Saint-Just afirma que há meses Collot, junto ao deputado radical Joseph Fouché, vem tramando contra Robespierre e ele próprio. E, sim, pode haver alguns deputados listados para um expurgo amanhã. Mas ele faz uma grande concessão com o objetivo de acalmar Collot, ou seja, antes de fazer seu discurso amanhã, ele o apresentará a este comitê para aprovação. E Fouché pode comparecer para ver os homens fazerem as pazes.

A concessão de Saint-Just tira um pouco do calor da discussão. O tom das vozes diminui, e a raiva aberta começa a se esvair. Os níveis de adrenalina de Collot se normalizam. Depois de ser inicialmente pego de surpresa pela raiva explosiva de Collot, Saint-Just está recuperando sua equanimidade. Seu espírito é apaziguador. Se Robespierre rejeitou o acordo feito em 22 e 23 de julho, isso não significa que ele mesmo tenha feito isso. Ele consegue entender o ponto de vista deles. Quer fazer parte da equipe. Suas vidas não estão em risco. Não há tempestades a caminho.

Apesar dos protestos de sinceridade e colegialidade de Saint-Just, este não convence vários membros do comitê. Depois de algumas trocas de palavras discretas, a maioria dos presentes concorda em esperar que Saint-Just saia do local. Alguns colegas, no entanto, já estão deixando a atmosfera fervilhante para pegar no sono antes do que pode ser um dia importante pela frente. Jean-Henri Voulland, membro do CSG, chegou a seu alojamento na rua Croix-des-Petits-Champs, a cerca de quatrocentos metros das Tulherias. No início do dia, ele escreveu uma carta a um grupo de patriotas em sua cidade natal, Uzès, no departamento de Gard. Eles tinham ouvido falar sobre dissensões nos comitês de governo e estavam preocupados, como Voulland, que qualquer impressão de divisão dentro dos comitês fosse explorada pelos inimigos da República dentro e fora do país. Mas, ainda influenciado pelas reuniões conciliatórias de 22 e 23 de julho, Voulland assegurou a eles que todos esses rumores são infundados. Os cidadãos de Uzès podem dormir tranquilos sabendo que os comitês estão unidos.

No entanto, depois dos eventos de ontem e de hoje, Voulland se pergunta se essa mensagem ainda é válida. Ele está bem ciente de tudo o que Robespierre fez pela Revolução. Porém, questões mesquinhas de *amour propre* ferido parecem tê-lo amargurado, e hoje ele realmente esticou a corda. Voulland espera que, em nome da causa revolucionária, ele ainda seja recuperável. No entanto, ao esperar que Robespierre retorne aos trilhos, Voulland só está nutrindo esperanças vãs?

2H

Escritórios do CSP, Palácio das Tulherias

O deputado Laurent Lecointre está escrevendo uma mensagem urgente para o CSP na antessala do lado de fora dos escritórios do Comitê. Ele quer dar um aviso. No entanto, dada a gravidade da situação política, o Comitê deu ordens ao exíguo pessoal do plantão noturno para impedir a entrada de qualquer visitante. Se os Comitês não o receberem, talvez leiam sua carta.

Lecointre está alerta para a possibilidade de um movimento estar prestes a acontecer dentro de Paris, um movimento que envolverá o comandante da GN de Paris, François Hanriot, mobilizando a cidade contra a Convenção. Hanriot é um firme defensor de Robespierre. Considerando o que aconteceu na Convenção no início do dia, Lecointre teme que algo já esteja se desenrolando. A última vez que Robespierre pediu enfaticamente um expurgo da Convenção foi na primavera de 1793. Isso levou às *journées* de 31 de maio e 2 de junho, quando Hanriot desempenhou um papel fundamental ao forçar a Convenção a expulsar os deputados girondinos. Barère poderia ter elogiado Robespierre na Convenção de 25 de julho por não ter convocado abertamente uma nova *journée* popular, mas Lecointre desconfia muito mais de suas intenções. Ele acredita que Robespierre está de fato pretendendo preparar uma *journée* no estilo de 31 de maio.

Por volta das nove horas da noite anterior, Lecointre relatou sua ansiedade a Louis-Stanislas Lavicomterie, membro do CSG, e ao deputado Dubois-Crancé, tendo encontrado ambos na rua. Lavicomterie prometeu transmitir sua mensagem ao CSP e ao CSG, que ele sabia estarem em sessão conjunta. Então, às dez da noite, Lecointre recebeu uma denúncia de que seu próprio irmão recebera ordens de, na manhã seguinte, se apresentar na sua seção da GN para uma missão especial. Lecointre não sabe o que isso pode significar, mas está preocupado. O suficiente, de fato, para buscar uma audiência com o CSP por volta da uma e meia da manhã, mas ali dois comitês estão em sessão secreta. Collot ainda está desabafando contra Saint-Just e não quer interrupções.

Lecointre está desesperadamente preocupado com o fato de o CSP estar incomunicável. Se Robespierre concordasse, Hanriot, trabalhando em colaboração com Fleuriot-Lescot, prefeito de Paris, e Payan, agente nacional da Comuna (ambos notórios apoiadores de Robespierre), representaria uma enorme ameaça. No caminho de ida e volta para os escritórios do CSP, Lecointre encontrou dois outros deputados, Stanislas Fréron e Joseph Cambon, que também estão tentando despertar o CSP para os perigos que enfrentam. Eles devem ter permissão para ouvir Collot reclamando a portas fechadas, mas também não têm acesso ao comitê.

Para todos esses homens, o perigo potencial para a República é também uma ameaça mortal para eles mesmos. Após a derrota de Robespierre ontem, todos temem sua vingança. Como Carnot e Lindet, Cambon é o tipo de político moderado com proficiência técnica, que no último ano foi levado a apoiar as posições montanhesas pelo desejo patriótico de continuar a guerra contra o inimigo. Um rico homem de negócios protestante antes da Revolução em sua cidade natal, Montpellier, ele goza de boa reputação na assembleia. Serviu por um curto período no CSP em 1793 e depois foi eleito presidente do Comitê de Finanças da Convenção. As finanças estão fora da alçada do CSP, o que significa que Cambon é efetivamente ministro das Finanças e ganhou aplausos por lidar com a enorme dívida nacional da França, que foi o que desencadeou a Revolução em primeiro lugar. Embora ele e sua família em Montpellier tenham lucrado com a compra de "terras nacionais" (ou seja, a propriedade confiscada da Igreja e dos emigrados), Cambon é geralmente visto como estando acima da corrupção e é muito estimado nos círculos moderados e montanheses. Ele, no entanto, tem ficado cada vez mais impaciente com a maneira como a ausência de Robespierre está afetando a política do CSP e dando tratamento pessoal a certas questões.

Isso significa que o ataque de Robespierre a ele na Convenção – ele, Ramel e Mallarmé, seus colaboradores no CSP, foram praticamente os únicos nomes mencionados por Robespierre – foi a gota d'água. No entanto, ao enfrentar Robespierre na Convenção, Cambon percebe que queimou suas pontes. Todas as noites ele costuma enviar o jornal do dia para sua família em Montpellier. Esta noite, nos jornais vespertinos que publicam o relatório parlamentar, ele escreve: "Amanhã, ou eu ou Robespierre estaremos mortos".

As apostas são igualmente altas para Stanislas Fréron, que também se juntou ao coro de reprovação a Robespierre no debate da Convenção. Filho de um escritor famoso, Fréron *fils* também ganhava a vida no fim do *Ancien Régime* e nos primeiros anos da Revolução com a caneta. Seu jornalismo radical no início dos anos 1790 se igualava em violência ao de Jean-Paul Marat, o "Amigo do Povo", e ajudou a garantir sua eleição para a Convenção como deputado por Paris. Ele foi um dos inúmeros deputados enviados em missão entre meados e final de 1793 e início de 1794 para esmagar a hidra do federalismo, do monarquismo e da contrarrevolução. Foi despachado junto com Paul Barras, deputado provençal, para o departamento de Var, na fronteira italiana, onde a Revolta Federalista tinha se transformado em traição total, com os rebeldes entregando a frota francesa, ancorada no porto de Toulon, para a Marinha Real britânica. Fréron e Barras sitiaram a cidade e depois a capturaram (com a notável ajuda de um jovem corso, capitão de artilharia e entusiasta de Robespierre, cujo improvável nome é Napoleone Buonaparte), e então começaram a pacificar a área.

No entanto, quando Barras e Fréron retornaram a Paris em maio de 1794, não estavam envoltos em uma atmosfera de glória; irradiavam suspeitas crescentes de que sua repressão tinha sido desumana e de que eles haviam usado seus poderes para enriquecer à custa da zona de batalha. Para tentar esclarecer as coisas, os dois homens visitaram Robespierre em sua casa. Com dificuldade de passar pela esposa e filhas do senhorio Duplay, que atuam como guardiãs de Robespierre, eles o encontraram no banheiro. Acabando de empoar o cabelo, ele ignorou totalmente os dois homens, continuando sua higiene ao escovar os dentes e cuspir água aos pés deles, antes de se sentar, impassível e arrogante, para ouvir a declaração deles e, em seguida, permitir que saíssem.

Robespierre não presencia o que está envolvido no trabalho dos deputados em missão. Eles têm sido vitais para trazer de volta ao rebanho as províncias que, na Revolta Federalista, pegaram em armas contra a Convenção e para impor a obediência ao Governo Revolucionário. A facção montanhesa se lançou de forma particularmente enérgica nessas missões, e até mesmo o deficiente Couthon passou um período em Lyon. Contudo, por nunca ter estado em missão, Robespierre é (com Barère, na verdade) uma raridade no CSP. Seu conhecimento da oposição violenta à Revolução fora de Paris é totalmente alheio, baseado em contatos e na correspondência com um número seleto de informantes.

Entre as fontes mais confiáveis de Robespierre está seu irmão mais novo, Augustin, a quem ele ajudou a ser eleito para a Convenção. Augustin serviu como deputado em missão no sudeste francês. Ele também esteve presente na captura de Toulon e, portanto, está bem posicionado para transmitir fofocas sobre Barras e Fréron. Mas há outros. Marc-Antoine Jullien, o protegido adolescente de Robespierre, fornece para o CSP inteligência semelhante a respeito da ação dos deputados em missão no oeste e no sudoeste. Jullien criticou a extrema violência demonstrada pelo deputado Jean-Baptiste Carrier ao reprimir a revolta camponesa pró-monarquista na Vendée. Ele então se mudou para Bordeaux, de onde enviou uma série de relatos sobre a má conduta do deputado Tallien, principalmente com sua amante, Theresa Cabarrus. Vários radicais ambiciosos de Lyon, agora residindo em Paris, também fornecem a Robespierre relatos sobre a repressão altamente sanguinária da Lyon federalista entre o final de 1793 e 1794, após o retorno de Couthon a Paris. Nesse caso, os culpados seriam seu colega do CSP, Collot d'Herbois, e Joseph Fouché, deputado do Loire-Inférieure.

Fouché tira Robespierre do sério. Embora Robespierre o conheça desde seus dias de Arras – certa feita, dizia-se que o homem estaria cortejando a irmã de Maximilien, Charlotte –, ele o detesta cordialmente. O ex-professor de oratória que se tornou ateu radical representa para Robespierre o *nec plus ultra* de certo tipo de deputado perigoso, imoral e politicamente imprudente em missão. Fouché combina quatro elementos, cada um dos quais atrai a inimizade de Robespierre. Primeiro, há o uso excessivo de violência para reprimir a Revolta Federalista e suas consequências. Houve demolições substanciais dentro da cidade e supostamente 1,9 mil execuções em Lyon até os primeiros meses de 1794. Como a guilhotina foi considerada lenta demais para lidar com os números envolvidos, muitas vítimas foram baleadas em grupos nas chamadas *mitraillades* (essencialmente pelotões de tiro de canhão usando metralha, ou *mitraille*). Esse nível excessivo de violência vingativa, acredita Robespierre, favorece a causa contrarrevolucionária.

Em segundo lugar, Fouché é acusado de ser venal e corrupto, e é suspeito de ter enchido os bolsos em suas viagens à custa da República. Há grande suspeita de, por ganância, ele ter sido atraído para a Conspiração Estrangeira. Terceiro, Fouché é também um dos ateus mais sonoros da Convenção, que em seu período de serviço em Nièvre e departamentos vizinhos no final de 1793 fez da descristianização ativa (ataques a padres, pilhagem de igrejas, iconoclastia religiosa e assim por diante) um eixo central de sua estratégia. Suas atividades nessa área estavam ligadas a ateus militantes da Comuna de Paris, a essa altura já executados. A postura anticlerical faz dele um crítico implícito da Celebração ao Ser Supremo de Robespierre. Robespierre pensa que a nova forma de celebração será bem recebida por todos os cristãos e ajudará a dissolver o antagonismo religioso popular em relação à Revolução. Fouché e outros, que experimentaram em primeira mão a extrema violência praticada em nome da religião por camponeses no Midi e no oeste, sabem por amarga experiência própria que isso está totalmente fora de passo com a força do sentimento religioso nas províncias. Mas Robespierre não será informado.

Aos olhos de Robespierre, o quarto e último pecado de Fouché reside no fato de ele o enfrentar. Afastado de sua missão no fim de março, ele não demonstrou remorso por suas ações em Nièvre ou em Lyon, mesmo quando Robespierre o castigou pessoalmente em Paris. O fato de ter sido eleito presidente do Clube Jacobino no início de junho (na ausência de Robespierre) mostra um nível decente de apoio a ele lá. Mas Robespierre se vingou fazendo-o ser expulso do Clube algumas semanas depois. A contenda entre os dois homens continuou. Fouché percebe que o grupo de *sans-culottes* radicais de Lyon, que se queixa de Collot e dele mesmo, é ouvido por Robespierre e o está envenenando contra os dois. Seu nome já deve estar inscrito, pensa Fouché, na lista que ele e outros acreditam que Robespierre mantém daqueles que serão expulsos em um próximo expurgo. Apesar de um lugar de honra no que ele vê como as "tábulas da morte" de Robespierre, parece ter acesso a informações sobre o que acontece ao redor da mesa verde do CSP, provavelmente por intermédio de Collot d'Herbois, seu ex-aliado em Lyon, e de Vadier, membro do CSG e também ateu radical. Alguns dias antes, em correspondência privada, Fouché previu com segurança a iminente derrubada de Robespierre, uma vez que as divisões dentro dos comitês de governo se ampliaram.

Ninguém sabe se Robespierre tem mesmo uma lista de inimigos para expurgar. Se tiver, porém, Fouché deve encabeçá-la. Ela deve incluir também Fréron e todo o séquito de deputados montanheses, cujo perfil na missão se assemelha aos de Fouché e Fréron. Certamente Fréron deve constar nessa lista. E Barras e Tallien também, sem dúvida. Quantos outros casos semelhantes existem? Os excessos do feroz Joseph Lebon em Arras e Cambrai parecem ter escapado à condenação de Robespierre, em parte por causa da amizade do homem com os irmãos Robespierre. Mas não faltam potenciais culpados. Carrier, o flagelo de Nantes e da Vendée, é um deles. Outros incluem descristianizadores radicais como Claude Javogues, o apoiador de Collot no ringue jacobino esta noite, por sua turbulenta missão em Lyonnais e Forez; André Dumont, por suas atividades no Somme e em Pas-de-Calais; Didier Thirion, acusado de ter cometido atrocidades em Sarthe; e Rovère, que teria organizado hostes itinerantes para percorrer os Bouches-du-Rhône saqueando terras nacionais e propriedades daqueles que haviam se engajado na Revolta Federalista. E depois há Léonard Bourdon, a quem muitos responsabilizam pela repressão excessiva aplicada durante seu tempo em Orleans e na Borgonha. Robespierre detesta todos eles.

Um efeito de Robespierre fazer esses ataques oscilantes ontem, na Convenção, mas sem pronunciar os nomes daqueles que tinha em mente para um expurgo, é que qualquer pessoa para quem ele olhou de soslaio no passado recente está passando os dedos pelo colarinho em apreensão. Essa é uma maneira de o governo pelo terror funcionar: mesmo aqueles que têm espalhado o terror podem se sentir aterrorizados. Portanto, não são apenas os selvagens da esquerda que estão nervosos com seu futuro. Homens de direita e do centro também se sentem na mira. Dubois-Crancé é um exemplo disso. Soldado de alguma distinção antes de 1789, seu suposto pecado foi, durante uma missão em Lyon no verão de 1793, não ter conseguido impedir que as tropas monarquistas escapassem da cidade. Em 25 de julho, chamado de volta de uma missão na Bretanha, Dubois foi direto à Convenção e apresentou uma eloquente autodefesa. Robespierre tinha sido enganado, afirmou ele sem rodeios. Dado o humor atual de Robespierre, provavelmente não foi uma fala feliz. Isso porque Robespierre há muito nutre hostilidade em relação a ele. No mês anterior, ele expulsou Dubois do Jacobino.

Laurent Lecointre, atualmente escrevendo na antessala do CSP, é outro dos maus elementos segundo Robespierre. Desde o outono de 1793, esse seu obstinado oponente foi mais longe do que qualquer outro deputado ao lhe opor um desafio descarado. Até agora ele viveu para contar a história e, na verdade, parece fortalecido por tais encontros. Ele fez seu nome como um comandante patriota e precocemente republicano da GN no aristocrático ninho de víboras de Versalhes, sua cidade natal. Depois que Robespierre, Couthon e Saint-Just passaram a Lei de 22 Prairial, Lecointre precisou ser dissuadido por Amar e Moise Bayle, membros do CSG, de alguma atitude precipitada de que ele e toda a Convenção pudessem se arrepender. Ele não derrubou um tirano, afirma, para ver outro tomar seu lugar. Ele também tinha feito o possível para arruinar a diversão de Robespierre no Festival do Ser Supremo um ou dois dias antes. O lugar de destaque de Robespierre nas festividades e na procissão, por força do evento ocorrido na quinzena em que presidira a Convenção, foi amplamente criticado. O montanhês Marc-Antoine Baudot estava entre um grupo de deputados que, na procissão festiva, seguiu Robespierre a vinte passos de distância, vaiando e gritando insultos em seus ouvidos. Ele testemunhou Lecointre indo até Robespierre e gritando na cara dele: "Eu te desprezo tanto quanto te odeio" e chamando-o de ditador vinte vezes ou mais. Robespierre aludiu amargamente a esse encontro em seu discurso de ontem.

Desde meados de julho, Lecointre voltou a se irritar. Há um ou dois dias, ele falou com Robert Lindet e Vadier, do CSG, sobre algum tipo de ação. O conselho que recebeu foi o mesmo: espere e verá. Não chega a surpreender, pois naquele momento a trégua de 22 e 23 de julho ainda estava instável. Já faz alguns meses que Lecointre comanda um pequeno grupo que afirma estar pronto para empreender um atentado contra Robespierre, provavelmente na Convenção (isto é, supondo que ele possa ser persuadido a sair de sua caverna na casa dos Duplay). Muitos deles são deputados ameaçados no grupo de missão, notavelmente Tallien, Fréron, Barras, Rovère e Thirion, além de Guffroy, ex-membro dissidente do CSG.

Esse grupo se sobrepõe ao de ex-apoiadores descontentes de Danton, que nunca perdoaram Robespierre por ter derrubado seu herói na primavera. Eles formam uma rede dantonista que inclui dois deputados do departamento de Aube, que Danton também representou, a saber, Edme-Bonaventure Courtois, ex-colega de escola de Danton, e Garnier de l'Aube, além de indivíduos como Jean-François-Bertrand Delmas e Louis Legendre, sobre quem Robespierre mantém arquivos contendo relatórios de espionagem sobre suas atividades. Embora essa suposta facção resmungue mais do que conspire, alguns membros do grupo dantonista mais amplo, notavelmente Panis, entraram em ação no ataque a Robespierre após seu discurso na Convenção ontem.

O dantonista Bourdon de l'Oise, que tem sido quase tão abertamente anti-Robespierre quanto Lecointre, também está à margem desse grupo, embora tenha seus próprios planos. Ao ditar seu testamento a um tabelião, ele jurou matar Robespierre na Convenção. Ele claramente pretende fazer uma cena, pois planeja se vestir com as roupas manchadas de sangue que usava ao invadir a Bastilha e o chapéu emplumado marcado com buracos de bala que usou no caminho para a batalha contra os rebeldes de Vendée, e pretende levar seu sabre manchado de sangue para o ato em si.

Quão séria é essa trama? A conspiração de Lecointre é um segredo aberto na Convenção, e Robespierre foi informado de sua existência há mais de um mês. Pode-se perguntar, apesar da postura ofensiva, se Lecointre ou Bourdon estão realmente à altura da tarefa. O comportamento covarde que Lecointre mostrou ontem na Convenção sugere que ele não é o dedicado tiranicida que imagina ser. Na verdade, é de se perguntar exatamente o que ele fará depois de escrever sua nota de advertência ao CSP em seus escritórios externos e aceitar que não o receberão. Vai continuar tramando? Ou vai para casa dormir e cobrirá a cabeça com os lençóis?

2H30

Sede do CSP, Palácio das Tulherias

A atmosfera ainda está estranhamente tensa ao redor da mesa verde. Saint-Just continua debruçado sobre seu relatório para mais tarde, enquanto os outros membros do Comitê se ocupam com os assuntos de rotina. É prática comum os funcionários do CSP trazerem um grande lote de papelada para a sala do comitê por volta das duas da manhã, para assinaturas. A vida normal do comitê tem que continuar, apesar de tudo. Há uma guerra para ser vencida.

O Comitê, no entanto, recebeu a carta de Lecointre a respeito de seu irmão e enviou um mensageiro para convocá-lo. As preocupações de Lecointre com a conduta de Hanriot os levaram a emitir uma nova ordem para convocar um dos dois comandantes da gendarmeria de Paris, Jean Hémart, para testar sua lealdade no dia seguinte caso as coisas fiquem sérias. É uma boa escolha, até porque Hémart não morre de amores pelo comandante da GN, Hanriot. De fato, Hémart acaba de sair de uma breve passagem pela prisão por erros contábeis denunciados por Hanriot. Ainda buscando cair nas boas graças de seus colegas, Saint-Just assina essa ordem ao ser apresentado a ela. A forte emoção evidente há cerca de uma hora está diminuindo, o que permite que os comitês combinados se tornem mais proativos. Os planos começam a ser feitos.

DAS 2H ÀS 3H

A missão de Tallien: as ruas de Paris

Muita conexão política improvisada está ocorrendo em toda a cidade. A assustadora imprecisão das ameaças feitas ontem por Robespierre impactou todo o espectro político. Existe um grande potencial de estímulo ao apoio a algum tipo de tentativa de alijar Robespierre do curso de ação no qual ele parece determinado. No entanto, se houver madeira suficiente, haverá fósforo? Tallien parece ser esse fósforo. Para Tallien, é a vida de sua amante Theresa Cabarrus, assim como a sua própria, que está em jogo.

Tallien é um cliente tranquilo e no início da noite foi visto no teatro. Mas há algum tempo, sob o manto da escuridão, ele vasculha as ruas de Paris visitando as casas de possíveis aliados. Sua tarefa é facilitada pelo fato de os alojamentos dos deputados serem muito concentrados. A maioria, de fato, está nos arredores do Palácio das Tulherias, do Palais-Royal e ao longo da rua Saint-Honoré.

Ocupado em sua ronda, Tallien está ampliando seus contatos com o grupo de montanheses principais para incluir membros da Planície, os centristas e até mesmo deputados de direita que até agora resistiram a serem atraídos para os campos girondinos ou montanheses. Ele compreendeu que, contra seus ex-colegas montanheses, Robespierre enxerga tais homens como seus aliados amanhã. Tallien quer chegar até eles primeiro.

Tallien agiu rápido na abordagem a três dos mais antigos e respeitados deputados, a saber, Boissy d'Anglas, de Ardéche, o canonista provençal Durand-Maillane e o ex-parlamentar bretão Palasne-Champaux. Todos eles têm um envolvimento na política nacional que remonta a 1789, e todos valorizam sua independência política. Tanta antipatia se desenvolveu ao longo dos últimos dois anos que parece contraintuitivo que tais indivíduos possam estar do mesmo lado político de alguém como Tallien. Eles sempre se sentiram mais próximos de Robespierre do que de demagogos ao estilo de Tallien. Após o expurgo dos girondinos em junho de 1793, um grupo de 73 deputados escreveu uma dura carta de protesto. O Governo Revolucionário os prendeu imediatamente, e os "73" ainda estão na prisão. No entanto, Robespierre rejeitou veementemente os apelos da esquerda para que os homens fossem levados ao Tribunal Revolucionário (e de lá, sem dúvida, para a guilhotina). Muitos dos deputados presos sentem que sua vida depende, em certa medida, da capacidade de Robespierre de manter o movimento popular parisiense sob controle, e eles escrevem para ele expressando sua gratidão, fingida ou não. Robespierre joga com isso: ele é o dedo na rachadura do dique, retendo as inundações da anarquia e da violência popular. Portanto, é compreensível que Boissy d'Anglas e seus amigos temam que, com a saída de Robespierre, o equilíbrio do poder se desloque fortemente para a esquerda, colocando não apenas os "73", mas também eles próprios em risco. Boissy d'Anglas escapou por pouco da prisão com os "73" e se sente altamente exposto. Em um trecho bastante desconexo de seu discurso de ontem, Robespierre parecia ter se distanciado de qualquer responsabilidade em relação aos "73". Pode ser porque ele está ciente de que Amar e Jagot, membros do CSG, recentemente visitaram muitos desses homens na prisão e prometeram melhorar suas condições.

Trocar de cavalo e abandonar Robespierre pode, portanto, parecer uma opção perigosa para deputados como Boissy d'Anglas, como Tallien bem sabe. Pelo menos não há sentimentos calorosos envolvidos: qualquer apoio dos homens da Planície e a oferta da direita a Robespierre é estritamente instrumental, e não sentimental. Ele serviu para protegê-los do que eles acharam ser pior. Isso significa que eles podem ser bastante imparciais sobre a mudança de rumo – se tiverem certeza de que o papel de Robespierre está mudando. E não será a primeira vez que eles avaliam suas opções. Há várias semanas, Fouché também tem visitado deputados, dizendo: "Você está na lista! Eu também!". Ele e outros exibem supostas listas de deputados a serem entregues ao Tribunal Revolucionário, que afirmam ter obtido de fontes próximas a Robespierre. Essas listas (possivelmente falsificadas por completo) mostram não apenas os cinco ou seis que Couthon mencionou, mas chegam a cinquenta nomes. Fouché pode estar nas ruas agora, seus argumentos fortalecidos pela conduta de Robespierre ontem.

Robespierre, Tallien conta a seus interlocutores, está se tornando cada vez mais perigoso e imprevisível. A maioria dos deputados provavelmente não sabe até que ponto ele optou por sair dos assuntos do CSP, mas eles certamente acompanharam sua longa ausência da Convenção. Isso incomoda os deputados, pois ele não parece estar doente: os jornais mostram que é um frequentador e palestrante assíduo do Clube Jacobino – mais do que nunca, na verdade. Ali, sobretudo, ele e Couthon seguem a enigmática estratégia de atacar o Governo Revolucionário do qual fazem parte. Robespierre parece estar perdendo as credenciais e a credibilidade para posar como salvador da direita e do centro. Sua agressividade descontrolada foi amplificada e recebeu ressonância adicional por seu discurso no 8 Termidor, que combinou autoindulgência com precisão de alvo. Haverá um expurgo, muito provavelmente uma repetição de 31 de maio de 1793. Membros dos Comitês de Governo e deputados não identificados serão destituídos. As execuções vão aumentar além da alta taxa atual, e logo chegará o momento em que será a vez de Durand-Maillane e sua laia. Se o último obstáculo que impede um novo expurgo da Convenção cair amanhã, eles podem mesmo se sentir seguros?

O argumento de Tallien é fortalecido pelo fato de que Robespierre parece ter tanto moderados quanto radicais em sua mira. Em tempos normais, os homens de centro e de direita provavelmente aplaudiriam entusiasticamente o expurgo de deputados radicais em missão, como Fouché, Fréron e, de fato, o próprio Tallien. No entanto, por que diabos Robespierre está implicando com o amplamente respeitado Joseph Cambon? Talvez algumas das medidas de Cambon ao consertar o navio financeiro do Estado tenham causado problemas para os titulares de rendas, como sugeriu Robespierre. Mas a reação de Robespierre, quando Cambon o desafiou com feroz paixão para se explicar, foi reveladora. Ele deu a impressão de não entender com que fundamento, além de ressentimentos pessoais, tinha ameaçado a vida de Cambon e seus aliados na Comissão de Finanças, todos homens respeitados e com bons antecedentes de serviço patriótico ao Estado.

Então, de novo, o que exatamente está por trás do fato de Robespierre ter adicionado Dubois-Crancé à lista? Ele parece ter se decidido com base em evidências que não está disposto a compartilhar (e que provavelmente derivam de mexericos fornecidos por seus informantes de Lyon). Em 1793, Dubois-Crancé recomendou mudanças nos procedimentos de promoção que permitiram o avanço rápido de soldados talentosos e introduziu o chamado *amalgame*, pelo qual voluntários e soldados de linha eram combinados em regimentos. Foram reformas cruciais, que criaram as forças armadas vitoriosas em Fleurus. Por que então atingir um patriota moderado que carrega um histórico de realizações como esse? De maneira reveladora, quando compareceu à assembleia para se defender em 25 de julho, Dubois desafiou qualquer deputado presente a contradizer suas alegações. Ninguém deu um passo à frente. Seu nome estar na lista é um capricho pessoal de Robespierre? E ele é apenas um entre muitos moderados agora condenados ao cadafalso?

Conforme a manhã se aproxima, Tallien tem a sensação de que repassar repetidamente esses argumentos começa a funcionar. Ele está desgastando a resistência de seus interlocutores. Pode estar prestes a fazer aliados que irão surpreender o Robespierre adormecido.

3H

Pela cidade

Toda Paris está na cama, sorvendo os ritmos tranquilos da noite. Alguns conspiradores e contraconspiradores ainda estão por aí a esta hora, fazendo companhia aos mais empreendedores ladrões, prostitutas e habitantes das horas escuras. Se eventos extraordinários podem estar em gestação, o domínio do ordinário e do cotidiano persiste.

Na Rive Gauche, numa casa da rua de Conti, bairro de Fontaine-de-Grenelle, acaba de falecer Marie-Antoinette Laurent, natural de Guise, no departamento das Ardenas. Também às três da manhã, na seção Homme-Armé do Marais, Marie-Thérèse Hua, esposa do escriturário Ambroise Guérin, está dando à luz um menino, que recebe o nome de Jules Messidor.

A chegada de Júlio Messidor a este mundo e a partida de Marie-Antoinette são lembretes de que, qualquer que seja o resultado dos eventos políticos em andamento, 27 de julho de 1794, 9 Termidor, Ano II, Dia da Amoreira, será um dia normal de nascimentos e mortes, como qualquer outro. Paris tem pouco mais de meio milhão de habitantes. Neste ano, haverá cerca de 24 mil nascimentos, quase 30 mil mortes e cerca de 9 mil casamentos. Tendo em conta as flutuações sazonais, isso significa que hoje podemos esperar em média cerca de 65 indivíduos nascendo e cerca de 80 morrendo. (Na verdade, em seu humor atual, o Tribunal Revolucionário está aumentando este último índice.)

Morrer e nascer não são o que costumavam ser. Na nova República, foram secularizados. As famílias podem buscar endosso religioso para eventos da vida se desejarem, mas é uma opção, e não uma necessidade legal. Os padres não são mais obrigados a oficiar, abençoar e fazer um registro formal, como acontecia desde o século XVI. Em 20 de setembro de 1792, o registro de nascimentos, casamentos e óbitos passou para a autoridade do Estado e agora é administrado pelos municípios. A observância do domingo também desapareceu, substituída por feriados "decenais", a cada dez dias. Além de festas que adornam muitos desses dias, há todo um programa de eventos de maior envergadura, como a esplêndida festa de Bara e Viala, prevista para o dia seguinte, 10 Termidor. Em contraste, a municipalidade de Paris é econômica, embora inventiva, em cerimônias em torno de nascimentos, casamentos e óbitos. Novas regras acordadas pela Comuna exigem que os "lúgubres" panos pretos dos caixões, por exemplo, sejam substituídos por uma paleta tricolor: branco para os jovens, vermelho para os de idade viril e azul para os idosos, com as inscrições "Ele cresceu (ou "estava vivendo", ou "viveu") pela pátria". Os caixões serão carregados na altura dos ombros por quatro homens usando uma faixa, um cinto tricolor e uma túnica especial que chega até os joelhos.

O cerimonial para os 25 casamentos que ocorrerão hoje também é escasso. Por enquanto em sono profundo, espera-se, antes de seu grande dia, estão Jean-Baptiste-Guillaume Viard, que fabrica pesos e medidas, e Marguerite Moutard. Eles serão chamados na Maison Commune por Pierre-Louis Paris, funcionário municipal, para declarar suas intenções, momento em que este último estará autorizado por lei a declarar abertamente e sem enfeites religiosos que, "em nome da lei, o casal está unido em casamento".

As questões são igualmente concisas no que diz respeito ao divórcio, uma prática que, contrariando a tradição da Igreja, a República instituiu em setembro de 1792. A nova prática foi bem recebida na cidade, principalmente pelas mulheres, e se espalha por toda a ordem social. Ainda hoje, na rua Saint-Jacques, um dos principais bairros de imprensas de Paris, Françoise-Nicole Soisy, sob a orientação de um juiz de paz, iniciará um processo legal contra Charles-Adrien Hénault, seu marido impressor, que abandonou o lar conjugal e sua filha de nove anos.

Mesmo as cerimônias mais rudimentares serão, no entanto, negadas àqueles que serão executados hoje na Place du Trône-Renversé, após julgamento e condenação pelo Tribunal Revolucionário. Assim que a guilhotina faz seu trabalho, o carrasco público e seus auxiliares colocam corpos e cabeças decepadas em enormes cestos. Eles se sentam em suas tampas para fechá-los e depois os amontoam em carrinhos, pintados de vermelho e forrados com chumbo para evitar o vazamento de fluidos corporais. As carroças dirigem-se para o sul, por campos abertos, até chegar ao cemitério do antigo convento de Picpus. A propriedade, recentemente nacionalizada, serve de cemitério para os executados desde que a guilhotina foi transferida para o sudeste da cidade, em 14 de junho. Cerca de 1,3 mil pessoas já foram enterradas ali, e o local chega a sua terceira área de covas.

A equipe de execução remove as roupas dos cadáveres na antiga capela do mosteiro. Eles têm permissão para caçar alguma recompensa nos corpos, mas a maioria dos pertences cotidianos é enviada para hospitais parisienses para limpeza e uso posterior. Os cadáveres nus e as cabeças são jogados e cobertos com tábuas e cal virgem, proveniente de enormes barris que foram trazidos para cá recentemente para atender à crescente demanda e à higiene ambiental. Isso porque, como foi o caso da Place de la Révolution, os fossos da morte de Picpus começaram a exalar um fedor podre.

3H

Prisão Conciergerie, Palais de Justice, Ile de la Cité (Révolutionnaire)

Aqueles que se preparam para sua jornada final hoje incluem Marie-Thérèse-Françoise de Choiseul, de 27 anos, princesa de Mônaco, que está agora em uma cela na prisão Conciergerie, anexa aos tribunais (o Palais de Justice) na Ile de la Cité. O marido da princesa se alistou com os rebeldes monarquistas na insurreição de Vendée, então há um processo para ela responder. Nenhuma oportunidade, no entanto, foi fornecida para que se defendesse. Condenada ontem à morte pelo Tribunal, a princesa conseguiu a suspensão da execução ao alegar gravidez, dizendo ter mantido relações sexuais com um homem não identificado três meses antes. Se uma mulher condenada estiver grávida, ela deve dar à luz antes que a sentença seja executada. Mas primeiro ela deve ser examinada pela junta médica do Tribunal, composta de um médico, um farmacêutico e uma parteira. Eles estão sempre atentos à alegação de que esse privilégio está sendo abusado por mulheres que buscam viver mais. O médico Thiéry foi nomeado por Robespierre, e ele e seus colegas são duros com tais alegações. É geralmente aceito que a gravidez só pode ser confirmada clinicamente depois de quatro a cinco meses, mas isso não impede a junta de declarar que a princesa não está grávida depois dos três. O Tribunal tem tão pouco tempo para certezas médicas quanto para sutilezas legais.

Ontem à noite, em sua cela na Conciergerie, a princesa escreveu uma carta (sinalizada como "muito urgente") a Antoine-Quentin Fouquier-Tinville, promotor público do Tribunal:

> Cidadão,
>
> Desejo avisá-lo de que não estou grávida. Queria contar a você. Não sujei minha boca com essa mentira por medo da morte, ou para evitá-la, mas para me dar mais um dia, para que eu mesma corte meu cabelo, e não o carrasco. É o único legado que posso deixar às minhas filhas; ao menos isso deve ser puro.
>
> Choiseul-Stainville-Joseph-Grimaldi-Monaco, princesa estrangeira, morrendo pela injustiça dos juízes franceses.

Ela quebrou uma janela em sua cela e usou o vidro para cortar seu cabelo trançado. Ela o guarda agora ao lado de cartas que escreveu para suas filhas e sua governanta. Para as filhas, ela escreve:

> Adiei minha morte por um dia não por medo, mas porque eu queria cortar esses tristes restos de mim mesma para que vocês pudessem tê-los [...]. Passei mais um dia nessa agonia, mas não reclamo...

Ela pede que elas exibam essa lembrança pessoal três ou quatro vezes por ano em memória de sua amorosa mãe.

Tais lembranças, destinadas a dar sentido a uma morte desprovida do acompanhamento cerimonial usual, são frequentes entre as vítimas do Tribunal Revolucionário. Alguns legam uma mecha de cabelo, outros uma joia favorita, um lenço ou um último retrato. Jean-Antoine Roucher, guilhotinado dois dias antes ao lado do poeta André Chénier, enviou a sua família e amigos um retrato final de si mesmo esboçado por um companheiro de prisão, junto a um poema:

> Querida e doce família, sem agruras
> Por meu rosto aparentar descontentamento;
> Quando a mão hábil fez a minha figura
> veio o cadafalso, mas era teu meu pensamento.

Hoje, a estoica princesa de Mônaco enfrenta o destino de Roucher.

3H

Prisão Bénédictins-Anglais, rua Saint-Jacques (Observatoire)

Louis-Sébastien Mercier dorme pesado na prisão Bénédictins-Anglais. As condições nesta terceira prisão de Mercier são infinitamente melhores do que nas duas primeiras. Apontado no outono de 1793 como um dos "73" deputados presos como partidários dos girondinos expulsos, ele passou sua primeira noite com outros dos "73" na prisão de La Force, deitado sobre palha imunda e infestada de parasitas em uma cela superlotada, com a cabeça praticamente em um balde de lixo. Seguiu-se, há poucos dias, uma mudança para as Madelonnettes, um antigo convento cujas freiras foram expulsas em 1793 e que foi organizado como uma prisão para presos políticos (atualmente isso inclui o marquês de Sade). No entanto, o regime repressivo, os parasitas insaciáveis e a sujeira insalubre aqui eram tão insuportáveis que os "73" peticionaram ao CSG um melhor tratamento. Depois de uma visita de Amar e Voulland, membros do CSG, o grupo agora foi transferido para outro lugar, com Mercier e cerca de quarenta outros sendo transportados para cá, em carruagens abertas para que pudessem ser alvo do escárnio público.

Esta antiga casa da ordem beneditina inglesa está localizada no extremo sul da rua Saint-Jacques, um ambiente ruralizado e a parte mais saudável de Paris na visão de Mercier. Ela foi despojada da maior parte do seu mobiliário rococó: o órgão da capela será tocado amanhã no Panteão nas cerimônias de Bara e Viala. Mas é limpa, arejada e não abertamente repressiva. Também fica tentadoramente perto da casa de Mercier, um apartamento no terceiro andar na mesma rua, de frente para o pátio da igreja de Saint-Étienne-des-Grés. Ali, pouco depois da meia-noite de domingo, 6 de outubro de 1793, uma delegação armada de *sans-culottes* seccionais sob ordens do CSG o arrancou rudemente dos braços de sua esposa, Louise Machard. Ela ainda estava amamentando um bebê de um ano, grávida de cinco meses de outro.

Mercier gaba-se de que, nas piores circunstâncias, seu travesseiro é sempre macio, e esta noite ele está dormindo o mais profundo dos sonos, o sono dos justos. Como a princesa de Mônaco, ele também teme a morte amanhã, embora não na guilhotina. Ele observou que as pedras do calçamento que cobrem os canos de drenagem no pátio da prisão foram ameaçadoramente levantadas. A versão oficial é que se trata de um exercício rotineiro de manutenção do esgoto. Mas Mercier é dominado pelo medo paralisante de que aquele buraco negro esteja destinado a ser o túmulo dos internos, vítimas de assassinato coletivo por uma multidão parisiense sedenta de sangue em uma repetição dos infames Massacres de Setembro de 1792, quando multidões armadas varreram metade da população carcerária da cidade. Paris é assombrada pela violência popular.

Mercier certamente acha difícil livrar-se de sua própria lembrança vívida e aterradora daqueles dias assassinos, que para ele misturavam banalidade, farsa e maldade transcendental em igual medida:

> — Era o dia seguinte aos Massacres de Setembro, e eu caminhava lentamente pela rua Saint-Jacques, paralisado de espanto e horror e assombrado por ver os céus, os elementos, a cidade e sua população humana todos mudos. Duas carroças cheias de cadáveres tinham passado por mim; um condutor os levava calmamente, em plena luz do dia, meio enterrados em suas roupas pretas e ensanguentadas, para as distantes pedreiras de Montrouge. [...] Uma terceira carroça aparece. Um pé se ergue no ar de uma pilha de cadáveres. Estou estupefato em veneração. Embora o olho do carrasco não pudesse percebê-lo, esse pé brilhava de imortalidade. Reconhecerei aquele pé no Dia do Juízo Final, quando o trovejante Ser Eterno julgará os reis – e os *Septembriseurs*, os perpetradores dos massacres.

A política revolucionária não provou ser o forte de Mercier. Apoiado por certa celebridade como escritor e dramaturgo antes de 1789, ele se lançou no jornalismo político, coeditando o jornal *Annales patriotiques et littéraires* e, em seguida, entrando na política nacional por meio da eleição para a Convenção pelo departamento de Seine-et-Oise, em setembro de 1792. Ele apoiou os girondinos em vez da causa montanhesa, mas até mesmo Madame Roland, a musa girondina, considerou-o "inexpressivo na Convenção", sua voz um tanto esganiçada de teatro infantil falhando em atrair atenção ou respeito. Embora ele e Robespierre tenham sido testemunhas do casamento de Camille Desmoulins em dezembro de 1790, agora já não se bicam; de fato, desde então, Robespierre desempenhou um papel importante em acelerar o caminho da guilhotina para a noiva, o noivo e outras testemunhas da cerimônia, os girondinos Brissot, Pétion e o conde de Sillery. A intervenção mais notória de Mercier nos debates foi um confronto desajeitado com Robespierre sobre a nova Constituição, proposta em junho de 1793, que resultou nele sendo brutalmente enxovalhado. Poucas horas depois do fiasco, ele estaria organizando a petição dos "73", que o levou aonde está hoje.

No entanto, Mercier não vê a aparente proteção de Robespierre aos "73" como uma marca da humanidade: para ele, os "73" são reféns de Robespierre, cujo destino ele deliberadamente mantém na balança para evitar que deputados de direita dentro da Convenção saiam da linha. Tampouco se deixa enganar pelas lágrimas de crocodilo e pelas declarações de respeito demonstradas aos seus "caros colegas" por Amar e Voulland, do CSG, em sua visita às Madelonnettes. Ele sabe quão vulnerável ele e seus companheiros de prisão ficarão se novas ondas de *Septembriseurs* derem as caras.

É extremamente irônico que Mercier agora tenha um medo mortal do povo de Paris, pois foi com muito entusiasmo que teceu loas aos populares – de fato, à perspicácia política do povo – em seu extenso *Tableau de Paris*, de doze volumes, que o catapultara para a fama antes de 1789. Ele oferecera uma descrição amorosa de sua cidade natal e de seus habitantes como se estivesse no nível da rua. Para começo de conversa, Mercier elogia o povo de Paris por fazer a Revolução. Mas, agora Mercier acredita, eles são a "multidão equivocada", como ele os chama, que arruinaram a Revolução que criaram. Os Massacres de Setembro revelaram um nível de crueldade que ele nunca suspeitara em uma população que parecia a mais civilizada da Europa. Os montanheses deveriam se envergonhar por terem como parceiros políticos radicais *sans-culottes* que afirmam falar pelo povo. A consequência é que o país agora é obrigado a suportar o "governo dos tolos".

Atualmente existem cerca de cem prisões em Paris, metade das quais são prisões seccionais como a do Marais, onde Alexandre Vernet está mofando hoje. No outro extremo se encontram grandes instituições cuja história remonta ao *Ancien Régime*: a prisão medieval Conciergerie, por exemplo, onde dorme a princesa de Mônaco, e os asilos de pobres do século XVII de Bicêtre, a cinco quilômetros ao sul da cidade, e de La Salpêtrière, no Faubourg Saint-Marcel, no sudeste. Outras são novas, como as Madelonnettes, os Bénédictins-Anglais ou a antiga abadia de Port-Royal, agora rebatizada de Port-Libre, ou então antigos colégios da universidade. Outras ainda já foram casas aristocráticas. A mais magnífica entre estas é o Palácio do Luxemburgo, na Rive Gauche, antiga residência do conde de Provence, irmão de Luís XVI. Também existe uma gama de estabelecimentos menores, como a prisão de Talaru na rua de Richelieu (cuja lista de internos inclui o proprietário-marquês do mesmo nome).

Algumas das instituições dentro dessa colmeia carcerária afirmam oferecer um grau de isolamento contra o cadafalso. A prisão da Pensão Belhomme, anteriormente um manicômio administrado por Jacques Belhomme, um marceneiro empreendedor, é o caso mais notório. Ela e outros retiros semiprivados semelhantes servem como esconderijos sancionados para aqueles que obtiveram o favor de algum elemento dentro dos sistemas de poder nacional ou local e que podem pagar generosamente pela reclusão. Até recentemente, apenas dois dos 160 encarcerados predominantemente aristocráticos do Couvent des Oiseaux, na rua de Sèvres, no sudoeste da cidade, foram encaminhados ao Tribunal Revolucionário nos últimos seis meses.

No entanto, apesar dessas brechas no mundo carcerário, o medo é onipresente em toda a rede prisional. A memória dos Massacres de 1792 ainda está viva em muitas prisões, e seus pisos e paredes de pedra ainda estão literalmente manchados pelo sangue de suas vítimas. A prisão de La Force foi palco de atrocidades infames, incluindo a morte e mutilação da ex-favorita da rainha Maria Antonieta, a princesa de Lamballe. Seus assassinos, dizia-se, mutilaram-lhe os órgãos genitais e cobriram seu rosto com eles, depois penduraram sua horrenda cabeça decepada na ponta de uma estaca do lado de fora da janela onde a rainha estava presa. Brutalidade similar foi aplicada nas prisões de Carmes e Abbaye, na Rive Gauche (anteriormente anexadas à abadia de St-Germain-des--Prés), bem como na Conciergerie, em Bicêtre e na prisão feminina de La Salpêtrière. Ao todo, cerca de 1,2 mil pessoas foram mortas. Os padres que tinham recusado a nova Constituição eram o alvo mais visível das gangues de assassinos, mas muitos criminosos comuns e meros suspeitos (e, em La Salpêtrière, prostitutas) também foram vítimas. A maioria desses indivíduos foi massacrada a sangue-frio, alguns também tendo que suportar a patética caricatura de um julgamento pelas chamadas "comissões populares". Grande parte das estimativas de mortes nos massacres é muito maior do que a realidade, e a sede de sangue exibida é invariavelmente vista como tendo sido obra de toda a população parisiense (embora provavelmente apenas algumas centenas de homens selvagens estivessem envolvidas).

Quando, no início de 1793, a sede de violência popular parecia estar crescendo de novo, o governo procurou evitá-la estabelecendo processos judiciais que tratavam exemplarmente os crimes contrarrevolucionários. Esse foi o pensamento por trás da criação do Tribunal Revolucionário em 10 de março de 1793: "Sejamos nós a exercer o terror", Danton exortou a Convenção, "para evitar que o povo o faça". Denis Blanqui, um preso colega de Mercier, considera que esse quadro jurídico se tornou apenas uma forma legitimada de massacre prisional, "uma 'Setembrização' por meios legais". Os prisioneiros se sentem odiados – e vulneráveis. Percebem que as classes populares famintas invejam a regularidade e a pretensa qualidade das refeições que lhes são servidas. Com os números ascendentes da guilhotina, há até rumores de que se serve carne humana nas prisões.

Foram os temores populares sobre conspirações contrarrevolucionárias dentro das prisões que desencadearam os Massacres de Setembro, e, em um preocupante desenvolvimento recente, muitos dos indivíduos trazidos perante o Tribunal Revolucionário são considerados participantes de "conspirações prisionais". Esse desenvolvimento começou em meados de junho, após acusações contra prisioneiros em Bicêtre, ao sul de Paris: a execução de 76 prisioneiros de Bicêtre foi seguida de julgamentos espetaculares envolvendo prisões dentro da cidade. A execução de 315 detentos da prisão do Luxembourg ocorreu em ondas no início e meados de julho, e houve mais lotes de 49 de Carmes, em 23 de julho, e depois 165 execuções de Saint-Lazare em três lotes, de 24 a 26 de julho. Não há término à vista: ainda hoje, Benoist, ex-carcereiro no Luxembourg e agora ele próprio prisioneiro no Carmes, está escrevendo para o CSG prometendo novas listas de conspiradores da prisão.

Mercier não é mais sábio do que ninguém para determinar quem exatamente está orquestrando essa nova dança da morte, já que as penas capitais aumentam exponencialmente. Não é só obra de Robespierre, é claro, pois as execuções continuaram inabaláveis durante seu autoexílio do governo nas últimas seis semanas. No entanto, de duas maneiras principais, ele desempenhou um papel fundamental nisso. Em primeiro lugar, pela simplificação brutal do processo judicial introduzida pela notória Lei de 22 Prairial, que ele e Couthon conduziram pelo CSP e pela Convenção. Em segundo lugar, no início de junho, ele aprovou pessoalmente um memorando permitindo que Martial Herman, nomeado em nível de ministro na Comissão de Administração Civil, Prisões e Tribunais, procurasse contrarrevolucionários nas prisões e os encaminhasse diretamente ao Tribunal Revolucionário. A mudança começou com uma discussão no CSP que deplorava a alta proporção de classes baixas sendo guilhotinadas enquanto os aristocratas pareciam ser protegidos nas prisões da cidade. Herman apresentou planos destinados a "purgar as prisões de uma só vez e limpar o solo da liberdade desses resíduos e refugos da humanidade".

Abraçando a missão de reduzir o número de prisões autorizadas pessoalmente por Robespierre, Herman estabeleceu uma rede de *moutons*, como são chamados, ou informantes, espiões e delatores nas prisões, para descobrir ("inventar" pode ser um termo mais preciso) conspirações. Ele se vale da legislação introduzida por Saint-Just na primavera – a Lei de Ventoso, 13 de março –, confirmada pela Lei de 22 Prairial, que torna qualquer tentativa ou desejo de escapar da justiça uma ofensa contrarrevolucionária digna da condição de fora da lei. Em teoria, um fora da lei nem precisa ser encaminhado ao Tribunal Revolucionário:

como os inimigos do povo acusados de terem tramado contra a República (principalmente em Vendée e em outras zonas de guerra civil), eles poderiam ser levados e fuzilados. Na verdade, os casos de resistência aberta à prisão ainda são encaminhados ao Tribunal, embora, uma vez lá, recebam pouca atenção.

Diz-se que Robespierre e Herman se conheciam muito antes da Revolução, quando ambos exerciam a advocacia em Arras, sua terra natal. A história conta que foi Robespierre quem o tirou de suas funções judiciais e políticas em Pas-de-Calais em 1793 para assentá-lo como presidente do Tribunal Revolucionário. Herman certamente provou ser um servidor leal do CSP em sua nova função, destacando-se em sua gestão astuta do julgamento de dantonistas, pelo qual foi promovido ao cargo atual, que combina efetivamente as tarefas dos ministérios do Interior e da Justiça. Escrevendo para Robespierre sobre a nomeação de um juiz, Herman deu-lhe o aceno de aprovação, dizendo que o candidato em questão parecia ser "um de nós". Essa sensação de estar na sintonia austeramente espartana e promotora da virtude de Robespierre é uma parte importante da dedicação fria a Robespierre que Herman traz para seu trabalho. Em particular, ele critica os inimigos de Robespierre no CSP por fazerem alarde sobre a eliminação de inimigos domésticos e mantém o desejo de que estes "sejam todos exterminados um dia para que todos possamos desfrutar da felicidade que a República nos promete".

O advento das conspirações prisionais foi mais ou menos contemporâneo de uma acentuada deterioração das condições gerais dentro das prisões. Em parte, isso se deve à mera superlotação. Em janeiro, a população carcerária era de 5 mil; em julho, é de quase 8 mil. No fim da primavera, o CSP decidiu que os suspeitos contrarrevolucionários de toda a França deveriam ser enviados a Paris para julgamento. Embora isso esteja longe de ser cumprido universalmente, os influxos provinciais superlotaram as prisões até o que parece um ponto de ruptura. Carroças de prisioneiros trazidos de fora muitas vezes enfrentam uma jornada cansativa pela cidade, em um esforço para encontrar um carcereiro que possa acolhê-los. A multiplicação do número de prisioneiros também levou o governo a reduzir a espiral ascendente dos custos, introduzindo uma nova austeridade.

Em 1793, muitas prisões permitiam aos detentos abastados um surpreendente grau de liberdade. Os carcereiros eram coniventes por completo ao permitir a compra de melhores condições de vida na forma de roupas de cama, mobília e alimentos. Eles também deixavam os prisioneiros livres e tranquilos para receber visitas, escrever e receber cartas e obter livros e jornais. Mercier, por exemplo, conseguiu manter uma correspondência constante com sua esposa, Louise Machard, às vezes abertamente, às vezes por meios secretos (escondendo cartas no fundo de uma cesta de frutas, por exemplo). Sua esposa, por sua vez, providenciou para ele as pequenas necessidades de sua vida: uma lupa, velas, papel, linho limpo, lenços, palito de dente, tecido para cortina, além de fartura de comida. Mercier tomou uma decisão logo cedo: "Não vou reclamar; eu viverei". Suas queixas ainda são surpreendentemente poucas. Há infestações de pulgas e camundongos para enfrentar, mas o tédio é o principal problema, mesmo que haja uma onda ocasional de desespero ("Seja mais corajosa do que eu", ele suplica à esposa. "Um beijo. Estou chorando."). Mas sua ideia de boa vida parece mais significar viver para comer. Sua esposa é instruída a manter a "boa mesa" para ele: salada, repolho, cenoura, aspargo, alcachofra, uva, chocolate, torrões de açúcar, cavala, salsichas, aves grelhadas, arroz, carne de porco e carneiro, uma garrafa de vinho por dia...

Recentemente, no entanto, tem se tornado mais difícil para a esposa de Mercier atender a seus pedidos. Isso porque, a partir de maio de 1794, o CSP e a Comuna de Paris, alegando a necessidade de reprimir a trama de prisões, fugas e tentativas de suicídio e também de instituir um *éthos* mais igualitário, impuseram um regime muito mais rígido. A esposa de Mercier é repentinamente acusada de contrabando de cartas contendo "palavreado enigmático e ambíguo". E não é apenas o casal Mercier que está sob suspeita. Na sequência de uma chamada sistemática em meados de maio em toda a rede prisional, todos os reclusos foram obrigados a entregar objetos pontiagudos e cortantes (facas, lâminas de barbear, alfinetes, agulhas, bússolas, saca-rolhas e até mesmo alfinetes para fraldas e palitos de dente), bem como joias, dinheiro, reservas de papel-moeda e outros bens preciosos. Na prisão de Port-Libre, os presos tiveram instrumentos musicais confiscados, bem como animais de estimação: quase duzentos cães foram expulsos dessa prisão, enquanto uma detenta testemunhou seu gato sendo grelhado e comido pelos carcereiros. Wichterich, comissário de polícia, militante *sans-culotte* e sapateiro nascido em Colônia (de cujo sotaque germânico os prisioneiros adoram zombar), apresentou-se para trabalhar no Luxembourg no dia seguinte aos confiscos vestindo um terno de cetim rosa e preto e fivelas de prata em seus sapatos que todos presumiram ser despojos da ação. Embora as visitas de um barbeiro às vezes sejam permitidas, algumas prisões viram detentos do sexo masculino com barbas desgrenhadas e deixando as unhas crescerem. Foi também instituído um novo regime alimentar, baseado numa mesa comum e muitas vezes composto por um almoço de um repulsivo charque com couve ou batata, mais pão à noite. Isso substitui as refeições que vinham de fora, consumidas na cela. Os presos comem com as mãos, pois as facas são proibidas.

Muitos detentos tentam manter hábitos de lazer e sociabilidade, mas isso também sofreu restrições. As velas agora são frequentemente proibidas, confinando os presos em suas celas desde o início da noite. Os pertences pessoais são vasculhados por guardas acompanhados por enormes mastins que esticam suas coleiras. A censura é rigorosíssima quanto a livros. Uma perda sentida é o fácil acesso aos jornais – "nosso único ponto de contato com a humanidade", lamenta um preso –, que os detentos gostavam de acompanhar de perto para saber o que estava acontecendo na Convenção e no Tribunal Revolucionário. A partir de agora, eles dependem dos rumores indomáveis que se espalham pelo sistema prisional como resultado de transferências de prisioneiros e ouvem as manchetes nos gritos dos vendedores de jornais nas ruas do lado de fora (embora os vendedores às vezes acrescentem um regozijo malicioso sobre o número crescente de execuções nas guilhotinas e também façam um gesto de cortar o pescoço). Exige-se maior vigilância quanto às mensagens e sinalizações a indivíduos fora do presídio. Em algumas prisões, os prisioneiros são ameaçados com tiros a esmo se olharem pelas janelas.

Os carcereiros têm se mostrado mais duros: o Governo Revolucionário parece estar mais atento a eles do que antes para que observem com rigor os regulamentos. Anteriormente muito abertos a subornos, eles agora são mais prudentes. Guyard, o novo carcereiro do Luxembourg, é cliente de Couthon desde os seus dias em Lyon e dizem que liderou massacres na prisão de lá. Haly, guarda recém-promovido em Port-Libre, exibia animais selvagens da África em feiras e mercados antes de 1789, e assumiu sua tarefa com o mesmo espírito: ele mostra mulheres aristocratas em suas celas para seus convidados bêbados como se fossem espécimes em um zoológico. A brutalidade está mais em evidência. A duquesa de Duras foi informada por seu carcereiro de que todo aristocrata será guilhotinado. Outro carcereiro deixa claro para os presos que eles são apenas "forragem de guilhotina". Alguns buscam favores sexuais de detentas para mantê-las fora das listas de morte.

No entanto, concretizando o endosso que o Governo Revolucionário deu aos espiões dentro da prisão, os carcereiros fazem questão de tratar melhor os *moutons*. Alguns deles conseguem viver uma vida de esplendor mesquinho. Ferrières-Sauveboeuf, o principal *mouton* em La Force, que supostamente levou a princesa de Mônaco ao Tribunal Revolucionário, é um ex-conde que viajava pelo Levante e prestou serviços diplomáticos para a Coroa antes de 1789, mas que depois ganhou fama de radical tanto no Clube Jacobino quanto no Cordeliers. Percebendo que ficará na prisão por algum tempo, ele decorou sua cela ao estilo oriental, incluindo aquarelas do Bósforo, mantém rouxinóis engaiolados, tem refeições servidas exclusivamente para ele e pode ser visto à noite fumando em um narguilé.

A presença de homens como esse é profundamente perturbadora para os presos. Todos sentem que estão sendo observados e se esforçam para não trair seus sentimentos. Sabendo que reações imprudentes às notícias podem denunciá-los, os prisioneiros aristocráticos tentam evitar reações que demonstrem *schadenfreude** quando ouvem relatos de derrotas republicanas, mas têm dificuldade de evitar sorrisos abafados, tiques nervosos e batidas de pés involuntárias, mesmo sabendo estão sendo cuidadosamente observados. O enervante momento de quando os portões da prisão se abrem para permitir a entrada de uma carroça vazia e a leitura de uma lista de nomes a serem levados para a prisão Conciergerie, onde aguardarão julgamento perante o Tribunal Revolucionário, é outro teste de resiliência. É horrível a velocidade com que os nomeados são agora eliminados – julgamento em 24 horas e execução

---

* Expressão alemã para o regozijo que se sente com o infortúnio alheio. [N.T.]

em 36 está se tornando a nova norma. Além disso, até mesmo as prisões que tiveram relativamente poucas execuções estão sendo atingidas. O Couvent des Oiseaux teve mais de uma dúzia do *haut gratin* da população carcerária repentinamente levada há dois dias. Eles vão enfrentar a guilhotina hoje. É quase a mesma coisa na prisão de Talaru: o marquês de mesmo nome foi removido, possivelmente devido a uma confusão de nomes, em 23 de julho e imediatamente executado. O Tribunal agora condenará quase qualquer um que aparecer no banco dos réus com status eclesiástico ou um nome aristocrático.

4H

Vários locais, escritórios do CSP, Palácio das Tulherias

Falta pouco para amanhecer, e Saint-Just está trabalhando à luz de velas no relatório que planeja entregar à Convenção ainda hoje. Por várias horas, ele manteve uma postura cooperativa em relação aos outros membros do Comitê, embora tivessem deixado clara sua desconfiança em relação a ele. Saint-Just tentou acalmá-los. Não, não há planos para uma revolta no estilo de 31 de maio de amanhã. Ninguém está com o pescoço em risco. Não, as vidas dos membros do CSP e do CSG não estão ameaçadas. Não há absolutamente nenhuma necessidade, como os colegas argumentaram, de que os comitês prendam os supostos líderes – o prefeito Fleuriot-Lescot, o agente nacional Payan e o comandante da GN, François Hanriot. Na verdade, fazer isso seria um ato de usurpação, privando o povo de Paris de seus magistrados e de seu general eleito.

Para apaziguar os membros do comitê, Saint-Just concordou que, antes de apresentar seu discurso à Convenção amanhã de manhã, ele vai apresentá-lo aos colegas em uma reunião às onze horas. No entanto, apesar desse verniz de civilidade cooperativa, que aparentemente está no espírito da trégua fraturada de 22 e 23 de julho, os eventos da noite transformaram seus sentimentos sobre o conteúdo de seu relatório. A balbúrdia desta noite e a raiva conjugada de Collot e Billaud estão fazendo com que ele veja as coisas de maneira bem diferente. O relatório deve refletir isso.

Uma das coisas mais positivas que emergiram das reuniões conjuntas nessa trégua conciliatória entre CSP e CSG foi o entendimento de que Saint-Just apresentaria o relatório de hoje à Convenção como um movimento para sanar divergências e facilitar relações mais harmoniosas dentro dos comitês. Robespierre parece ter feito o possível para destruir as coisas desde então, mas Saint-Just planeja deixar isso para trás e aproveitar a ocasião não apenas para reunir os elementos da equipe do governo, tornando o CSP mais adequado para o propósito, mas também apresentar um roteiro indicando o caminho a seguir para a Revolução como um todo. Ao contrário de seu amigo e ídolo, ele não é obcecado por conspirações nem pelo CSG e seus agentes nefastos. Ele é capaz de pensar de forma mais positiva e construtiva.

A vitória em Fleurus ofereceu à Convenção uma oportunidade para avançar além da mobilização de guerra e progredir em direção ao estabelecimento do tipo de sociedade que sempre foi a proposta da Revolução. O ano de 1789 mostrou que a ideia de felicidade como meta da organização social era imaginável. Era uma ideia nova na Europa, no mundo. A pedido do CSP, Saint-Just vem contemplando há algum tempo o tipo de instituição social necessário para fundar a nova República. Ele agora está em condições de, com um pouco mais de tempo, apresentar à Convenção um programa de reformas de longo alcance. O discurso de hoje deve ser a primeira parte de uma agenda maior de harmonização política e transformação social. Como Robespierre, ele acredita que, na construção de uma nova ordem social, podem ser criadas instituições republicanas inovadoras que conduzirão os cidadãos aos valores acalentados da fraternidade, baseados na confiança interpessoal e na amizade. Para ele, lutar por *la patrie* não é lutar pelo solo francês. *La patrie* forma uma "comunidade de afetos" entre patriotas, uma comunidade emocional que torna possível a defesa da pátria.

Leis abrangentes sobre educação e bem-estar prepararão caminhos para uma sociedade autoconsciente, de ideal espartano, na qual a riqueza excessiva será banida, o que permitirá que a fraternidade igualitária floresça. A sociedade republicana passará a encarnar a verdadeira justiça social, que é sua palavra de ordem (e de Robespierre). Provavelmente sem perceber, ele ultimamente tem assinado como "Saint-Juste". O "e" a mais é um sinal inconsciente de sua preocupação com o ideal de uma sociedade mais igualitária e justa.

Saint-Just espera que o 9 Termidor marque um momento importante em sua carreira. Em 1790, antes de os dois se conhecerem, ele escreveu a Robespierre uma carta de fã que começava assim: "Você, que mantém unido o país cambaleante contra a torrente de intrigas despóticas, você, a quem eu conheço apenas como Deus, por meio de seus milagres"; e terminava garantindo que "você é um grande homem; não é apenas o deputado de uma província, mas da humanidade e da República". Quando, em 1792, entrou para a Convenção, ele estava com 25 anos, o membro mais jovem, e não tinha nenhuma carreira real no passado, exceto alguns episódios aleatórios, muitas vezes desagradáveis, uns poucos escritos intelectualmente aventureiros, além de uma pequena incursão pela política local. Ele se posicionou firmemente sob a proteção de seu herói, e desde o primeiro dia passou toda a sua vida política com a reputação de acólito servil de Robespierre.

Saint-Just deixou sua marca na Convenção em 1792 por um discurso inaugural no julgamento do rei, no qual ele apoiou a atitude totalmente inflexível de Robespierre em relação a Luís XVI. Ele se destacou por novos e sucintos aforismos: "ninguém reina inocentemente"; "este homem deve governar ou morrer"; e "a Revolução começa onde a tirania termina". Suas opiniões incisivas moldaram significativamente o resultado dos debates, influenciando até mesmo a posição do próprio Robespierre. Ainda assim, se os deputados dizem o nome Saint-Just, eles pensam em Robespierre. Os dois parecem ligados por laços inseparáveis de afinidade pessoal e ideológica. Desde sua eleição para o CSP em julho de 1793, Saint-Just sempre demonstrou ânsia de cumprir as ordens de seu mestre, atacando os girondinos e seus partidários, atuando como mercenário a abater a facção dantonista, discorrendo sobre a Conspiração Estrangeira, dirigindo o Departamento de Polícia e assim por diante. Isso não o tornou popular. Como Robespierre, ele não tolera os fúteis bem-intencionados, e sua arrogância irrita muitos deputados, mesmo os do seu próprio lado. Assim como seu mentor, ele atrai golpes baixos. Camille Desmoulins disse que ele andava com os ombros sustentando a cabeça como se fosse o Santíssimo Sacramento. As pessoas dizem que ele usa a gravata elegantemente alta para esconder cicatrizes medonhas no pescoço, fruto de alguma doença de pele não especificada, mas horrível. No entanto, ele tem seus "idólatras", alguns deles excêntricos. A ex-radical Théroigne de Méricourt – agora, pobre mulher, confinada a um estado de grave distúrbio mental – parece esperar que ele faça jus à fama e a salve.

Apesar do histórico impecável de fidelidade pessoal, no entanto, Saint-Just agora deve estar se perguntando: será este o momento de sair da sombra de Robespierre? É claro que ele é grato ao colega mais velho por lhe oferecer sua amizade e por incorporar um modelo ideal de vida republicana e uma visão inspiradora do futuro. No entanto, mesmo Saint-Just julga cada vez mais difícil lidar com Robespierre. Ontem, em seu discurso na Convenção, o homem mais velho passou com a carruagem e os cavalos por cima da trégua que Saint-Just negociara com tanto cuidado apenas alguns dias antes. É verdade que Robespierre não deixa de ter motivos para desconfiar daqueles que considera seus oponentes no CSP e no CSG. Saint-Just deve ter se contorcido quando, durante as negociações, ouviu os comentários bajuladores de Billaud sobre Robespierre. "Nós somos seus amigos; chegamos tão longe juntos" – isso vindo de um homem que pelas costas de Robespierre tem falado dele como um tirano, um proto-Pisístrato. Mesmo assim, o ataque disperso de Robespierre tornou o trabalho de Saint-Just ainda mais difícil.

Ao afirmar que a única forma de a Revolução avançar é por meio de extensos expurgos nos Comitês de Governo e na Convenção, Robespierre se colocou em perigo. Saint-Just não quer se juntar a ele. Em seu discurso de ontem, Robespierre usou palavras relacionadas à ideia de conspiração cem vezes, literalmente; Saint-Just não usará as palavras "conspiração" nem "conspirador", e recorrerá a um punhado de termos relacionados, somente. Seja lá o que Robespierre pense, a conspiração não é o maior problema da República agora.

Ainda que coloque de lado a ambição pessoal e até mesmo a modéstia, Saint-Just sente que pode ser o único deputado a vencer o atual impasse político e levar a Revolução triunfalmente adiante. Mesmo assim, o comportamento de Collot e Billaud no CSP esta noite mostrou a Saint-Just que nenhum deles receberá apoio incondicional. Os veementes insultos pessoais de Collot o perturbaram profundamente, e ele planeja construir seu discurso de maneira a demonstrar sua raiva. Como Robespierre, Collot quebrou os termos da trégua ao se engajar em ataques pessoais, então Saint-Just pode se sentir justificadamente livre.

Além disso, ele lamenta a disposição que Collot e Billaud demonstraram esta noite para incitar o medo tanto no CSG quanto no CSP de uma forma que ameaçou colocar em prática uma espécie de golpe de Estado contra o governo municipal de Paris. Os dois homens também parecem críticos do Tribunal Revolucionário. Saint-Just se preocupa em saber aonde tudo isso pode levar. Embora tenha prometido a Billaud e Collot que falará a linguagem da conciliação na assembleia, ele não pode simplesmente ignorar tudo o que aconteceu nas últimas horas.

Apesar do que tem a dizer à Convenção sobre a extensão dos delitos de Billaud e Collot, ele acredita que o maior problema do CSP nos últimos meses não são as divisões do Comitê (com as quais as potências estrangeiras contam), mas sim sua dispersão. A disfuncionalidade institucional está no cerne dos problemas do governo, e não grupos malignos de indivíduos conspiradores. Por algum tempo, ele argumentará, o tamanho e a coerência do CSP foram afetados por uma acumulação de fatores, notadamente longas ausências em missões departamentais (Jean Bon Saint-André, Prieur de la Marne, Collot, ele mesmo), doença (Couthon) e a tendência dos "técnicos" do comitê (Lindet, Carnot, Prieur de la Côte d'Or) a se concentrar em sua área de especialização, e não na tomada de decisões em comum. Além disso, houve o congelamento efetivo de Robespierre. A consequência é que um punhado de indivíduos tem poder demais em suas mãos.

Se Collot e Billaud são os nomes mais fáceis de Saint-Just se lembrar nesse sentido, ele também pode ter em mente Barère. E certamente estará pensando em Carnot. Saint-Just e Carnot não morrem de amores um pelo outro. Carnot foi eleito para o CSP por causa de sua considerável experiência militar, e domina as questões do exército. Saint-Just, ao contrário, entrou no CSP sem nenhum conhecimento militar real, mas estudou assuntos militares de perto ao longo de 1793. Servindo como deputado em missão com o Exército do Reno junto com Philippe Le Bas, colega e amigo próximo, no outono de 1793, ele levou energia e bravura pessoal para a missão. Então, na primavera daquele ano, novamente com Le Bas, desempenhou um papel ainda mais proeminente no exército do norte e, de fato, recebeu muito crédito pela vitória francesa na Batalha de Fleurus.

Os colegas do CSP se acostumaram ao som de Carnot e Saint-Just brigando furiosamente sobre questões militares, desde a escolha de generais (Carnot valoriza a experiência militar, e Saint-Just o sentimento patriótico) até táticas e estratégias (Saint-Just tende a ser mais agressivo). Carnot se comprometeu com uma grande estratégia de expansão territorial, baseada na extensão das fronteiras francesas, nomeadamente na Flandres marítima ao longo do canal da Mancha, de modo a preparar um assalto aos Países Baixos. Há colegas que aprovam entusiasticamente tal ideia: Barère sabe bem que as vitórias militares reforçam o apoio patriótico ao Governo Revolucionário. Então, novamente, a ideia de estender a base tributária e oferecer oportunidades de pilhagem que permitirão que a guerra se pague atrai o comitê financeiro de Cambon. Saint-Just, em contraste, é mais otimista sobre uma política expansionista, e no front norte ele privilegia uma abordagem defensiva focada em proteger a fronteira. Como Robespierre, ele teme que o aventureirismo militar permita o surgimento de um líder carismático e elimine as reformas feitas pela Revolução. Para evitar qualquer movimento em direção ao despotismo militar, Saint-Just se concentra fervorosamente em novas instituições sociais, não em conquistas. Os custos disso podem ser cobertos por impostos progressivos e mediante políticas de redistribuição de renda, bem como o uso do terror contra aqueles que não desejam ingressar na "comunidade de afetos". Essa comunidade se contrapõe à comunidade dos odiados, que deve ser erradicada pelo uso do terror. O sincero apego de Saint-Just às suas ideias não pode ser posto em dúvida, mas também não pode ser posta em dúvida sua potencial crueldade em realizá-las. "Ele entregaria a própria cabeça para fundar a República", brincou um deputado, "e mais umas 100 mil."

Robespierre, cuja compreensão de assuntos militares é pobre e que originalmente se opôs à ideia de a França entrar em guerra alegando, notoriamente, que "ninguém gosta de um missionário armado", tende a seguir as instruções de seu jovem aliado nessa área. Enquanto Saint-Just dirige os olhos para o front norte, o irmão de Robespierre, Augustin, mais ainda, desempenha um papel semelhante na fronteira sudeste, onde tem servido como deputado em missão. Influenciado pelo jovem comandante de artilharia Buonaparte, Augustin é a favor de uma investida poderosa no Piemonte, o que ameaçaria até mesmo Viena, enquanto Carnot se opõe a tais movimentos por medo de expor as linhas de abastecimento francesas às incursões costeiras britânicas. O retorno de Augustin a Paris, vindo da frente de batalha em meados de julho para apelar ao CSP, não conseguiu comover Carnot, adicionando combustível suplementar ao fogo do mal-estar de Robespierre.

O conflito entre Carnot e Saint-Just está fervendo há meses. Em abril, uma disputa sobre armas de fogo e assuntos administrativos explodiu em um confronto em grande escala entre os dois. Saint-Just reagiu com raiva a algumas das propostas de Carnot, ameaçando-o com a guilhotina, ao que Carnot perdeu o controle e, com desdém gelado, acusou ele e Robespierre de serem "ditadores ridículos".

O rumor atua para amplificar e possivelmente distorcer as percepções. Sussurra-se que Saint-Just de fato argumentou que Robespierre deveria receber poderes especiais que poderiam ser vistos como ditatoriais. Os deputados ocasionalmente testemunham acessos de raiva nas reuniões e chegam a ter a impressão de que os membros do CSP estão tratando Robespierre com desprezo. Por causa das convenções sobre confidencialidade coletiva a respeito de acontecimentos do CSP, no entanto, há incerteza sobre quão sérias e frequentes são essas discussões e até que ponto elas estão dificultando o trabalho do governo. Sabe-se que houve uma grande discussão sobre o modo como Couthon e Robespierre conduziram a Lei de 22 Prairial no Tribunal Revolucionário, sem o devido encaminhamento ao Comitê. Robespierre teria chorado lágrimas de raiva no final. Depois de mais um grande desentendimento em meados de junho, com questões militares novamente desencadeando hostilidades entre Saint-Just e Carnot, Robespierre passou a se ausentar completamente das reuniões do CSP.

Hoje, Saint-Just percebe que tem uma oportunidade de ouro para ganhar uma posição política mais elevada contra Carnot, agora que os termos da trégua de 22 e 23 de julho foram suspensos. Afinal, é geralmente reconhecido que, ao insistir que 18 mil homens fossem integrados ao exército do norte para fortalecer as forças francesas em uma frente mais ampla, Carnot arruinou as chances de seguir sua vitória em Fleurus com um nocaute ainda maior contra os austríacos. Esse passo em falso colocou Carnot em desvantagem, bem onde Saint-Just gosta dele.

Saint-Just percebe que Carnot também desconfia de Robespierre. Em um posto militar em Arras antes da Revolução, Carnot conheceu Robespierre quando este era um jovem aspirante a advogado. Mas qualquer amizade há muito azedou. As visões sociais de Robespierre são extremas demais para o moderado Carnot, que também passou a não gostar da aparente incapacidade de Robespierre de servir ao Governo Revolucionário tão zelosamente quanto deveria. Ele também detesta a maneira como Robespierre, Couthon e Saint-Just administram o Departamento de Polícia como um feudo privado, levando os assuntos ao resto do CSP apenas quando precisam de assinaturas. Depois, há a disputa recorrente em torno da questão dos poderes adicionais que Saint-Just parece querer conceder a Robespierre. O que exatamente Saint-Just pretende não está claro: ele provavelmente está evocando uma prática da República Romana, segundo a qual poderes ditatoriais de emergência poderiam ser temporariamente dados a um indivíduo em tempos de crise. Mas essa instituição limitada e específica está sendo ampliada pelo uso e é confundida com "despotismo" e "tirania".

Ao contrário de Robespierre, Carnot não é uma figura que leva ruidosamente suas queixas à esfera pública. Ele odeia o Clube Jacobino e fala com moderação na Convenção. No entanto, tomou a precaução de criar um novo jornal voltado para os soldados do front. A primeira edição do *Soirée du Camp* foi impressa em 19 de julho. Não contém nada de relevância política. Mas constitui o porta-voz de precaução de Carnot no caso de as aspirações "ditatoriais" de Saint-Just e Robespierre serem ampliadas e eles começarem a pedir apoio militar.

Se Saint-Just realmente teve ideias sobre fazer de Robespierre um ditador, ele parece ter renunciado a elas, ou talvez as tenha colocado em banho-maria para este discurso. Sua prioridade em relação a Robespierre será trazê-lo de volta como membro ativo do governo. Ele percebe que terá que deixar clara sua crença pessoal inabalável de que a conduta de Robespierre sempre foi irrepreensível e de que ele nunca o ouviu ser nada além de comedido em suas opiniões sobre os membros da Convenção. (Pode ser difícil que essa parte de seu discurso soe muito convincente.) Robespierre tem expressado sua insatisfação. Mas a raiz do problema está no poder excessivo de que gozam dois ou três membros do CSP. Saint-Just quer reorganizar o CSP para que seja realmente uma forma coletiva de governo. Ele sugerirá que todas as ordens do Comitê tenham pelo menos seis signatários.

Saint-Just está ciente de que sua crítica a Carnot, Collot e Billaud pode parecer uma denúncia, como até certo ponto é. Ele quer trazer à tona o comportamento de Collot e Billaud e obrigá-los a se explicar. Esperançosamente, se eles enxergarem seu erro de percurso e retornarem a suas tarefas revigorados e arrependidos, Robespierre pode ser trazido de volta: o 9 Termidor não precisa ser o prelúdio para um expurgo sangrento da lista de "conspiradores" de Robespierre. É possível um caminho à frente, no qual o CSP trabalhará de forma mais eficaz e no espírito coletivo pretendido. As disfunções dentro do Governo Revolucionário podem ser remediadas sem a necessidade de um grande derramamento de sangue. Outros *jours de gloire* – dias de glória – estão à frente, com um CSP revivido ainda no comando.

4H

O mesmo, mas um tanto afastado

O que passa pela cabeça de outros que ainda estão trabalhando nos escritórios do CSP? O movimento diminuiu. Voulland, membro do CSG, foi para casa e o restante está enrolando, esperando que Saint-Just vá embora. Mesmo diante das negativas dele, eles não confiam em Saint-Just. Seus laços com Robespierre são muito profundos e sua insolência para com os membros dos comitês no passado ainda está profundamente gravada na memória deles.

Carnot, Barère e os ainda fumegantes Collot d'Herbois e Billaud--Varenne constituem o núcleo do grupo restante. Eles aceitaram a presença de Saint-Just, mas estão claramente pensando e planejando por baixo dos panos. Billaud deve saber que Saint-Just o considera um hipócrita por ter posado, nas negociações de 23 de julho, como um aliado fraterno de Robespierre. Mas, na verdade, os dois homens, junto a Collot, foram de fato companheiros de viagem nos caminhos do republicanismo e da democracia desde o início dos anos 1790. A concepção de Billaud, "primeiro a Revolução e depois o Governo Revolucionário", é extremamente próxima da de Robespierre. Os homens ficaram lado a lado a respeito do destino do rei, da expulsão dos girondinos e (com algumas tensões) do abate das facções dantonista e hebertista na primavera de 1794. Billaud formulou a Lei de 14 Frimário sobre o Governo Revolucionário (4 de dezembro de 1793), que estabeleceu a estrutura para o domínio do CSP e do CSG sobre o esforço de guerra, o funcionamento da economia e a implantação do terror, e Robespierre sempre esteve totalmente de acordo com as disposições da Lei. Billaud está tão comprometido com o igualitarismo quanto Saint-Just e Robespierre e, de fato, também tem planejado "instituições sociais" para uma República virtuosa e fraterna.

As tensões entre Billaud e Robespierre parecem se dever principalmente à vaidade das pequenas diferenças. Isso porque, se suas visões sociais e políticas são muito semelhantes, suas personalidades são nitidamente contrastantes. A imperiosidade arrogante e santarrona de Robespierre em arenas públicas contrasta com o temperamento mais rabugento e introvertido de Billaud. Já faz algum tempo que Billaud se mostra taciturno e distante quando Robespierre e Saint-Just estão na mesma sala. Saint-Just o acusa de fazer silêncios pesados e de murmurar interminavelmente a frase "estamos à beira de um vulcão". (Não está claro quem ou o que ele acha que entrará em erupção, mas a frase ganhou contemporaneidade pela erupção do monte Vesúvio, relatada na imprensa apenas alguns dias antes.)

Collot é o gêmeo de Billaud no CSP. Ambos ingressaram na instituição em setembro de 1793. Desempenham suas funções no que diz respeito à correspondência com os deputados em missão, tarefa imensa, com louvável eficiência. Suas assinaturas figuram juntas em mais decretos do CSP do que as de qualquer um de seus colegas. Collot está bem ciente de que Robespierre sustém contra ele a repressão à Revolta Federalista em Lyon, enquanto trabalhava ao lado do bicho-papão de Robespierre, Fouché. Ele também deve perceber que sua formação teatral e seus modos de ator se opõem à obsessão de Robespierre pela autenticidade. Por outro lado, Collot pode ironicamente refletir sobre até que ponto a famosa incorruptibilidade e as tendências martíricas de Robespierre se tornaram uma espécie de performance. É limitado o número de vezes em que Robespierre pode se oferecer melodramaticamente para dar sua vida pela causa sem que a fábula do menino que grita "Olha o lobo!" cruze a mente dos deputados. Se a ameaça de morte de ontem fosse a primeira vez que Robespierre tivesse feito tal oferta, ela poderia ter mais credibilidade. Saint-Just aprecia a absoluta sinceridade e retidão de Robespierre, que formam a base de sua fama e da admiração que atrai; mas seus colegas só enxergam hipocrisia. Além disso, apesar de toda a sua conversa cansativa sobre a hediondez das facções, Robespierre age como se fosse um líder de facção, marcando seus inimigos e encorajando seus apoiadores. Como Billaud, Collot pensa que para Robespierre não há conspiradores, exceto homens de quem ele não gosta.

Collot certamente não é o único deputado a se ressentir do sabor autoengrandecedor e maniqueísta da retórica de Robespierre. Só conversa e nenhuma ação não expressa isso, mas muito mais conversa do que ação certamente o faz. Mesmo antes de suas ausências conspícuas do CSP e da Convenção, Robespierre não gostava de sessões noturnas. Ele forneceu a trilha sonora, por assim dizer, de muitas das maiores e mais humanas conquistas legislativas da Convenção: a abolição da escravatura, a legislação sobre proteção social, medidas para o bem-estar de soldados e suas famílias, congelamento dos preços dos alimentos, o *levée en masse*, leis sobre o patrimônio cultural, a reestruturação do socorro aos pobres. Mas sua contribuição real na elaboração de legislação tem sido mínima. Ele pode ser um homem de visão, mas não é um homem de ação. Além disso, aqueles poucos decretos nos quais Robespierre desempenhou um papel de liderança – notadamente a Celebração ao Ser Supremo, a Lei de 22 Prairial e a criação do Departamento de Polícia – mostraram-se altamente divisivos. Ele gosta de receber o crédito coletivo pelas realizações do CSP, observa-se, mas mantém o direito de criticar e até denunciar seus colegas. Está notavelmente relutante em elogiar as vitórias militares, o que leva os colegas a suspeitar de que esteja esperando as derrotas para poder atacar seus pares com força total.

Após o expurgo da facção dantonista na Convenção na primavera, outros membros do CSP e do CSG se opuseram a novos atos de exclusão. Eles observaram com descrença e intensa irritação a maneira como Robespierre rejeitou essa visão e levou sua campanha de expurgos e suas exortações anticonspiratórias para o Clube Jacobino, em vez de tentar resolver os problemas seguindo os protocolos aceitos de responsabilidade coletiva do CSP. Muito de tudo isso pode ser injusto para Robespierre. Mas as ações dele foram tão longe que a justiça já não está em jogo.

O comportamento de Robespierre também empurrou Bertrand Barère para a sintonia de Billaud-Collot. A influência e a longevidade política de Barère – nenhum outro deputado serviu por mais tempo no CSP – devem muito à sua flexibilidade constitucional, sua capacidade de acompanhar o fluxo político e suas habilidades em fazer acordos e concessões. Não há lugar onde Barère se sinta mais confortável do que em cima do muro. Deus sabe que no CSP ele se manteve mais do que adequada e lealmente ao lado de Robespierre quando este precisou de apoio: ele teceu loas após a tentativa de assassinato de Ladmiral; copatrocinou a lei que proíbe a captura de prisioneiros de guerra ingleses; e o protegeu na Convenção sobre a Lei de 22 Prairial. Ele reconheceu abertamente tudo o que o governo deve ao homem. Em troca, Robespierre deu vazão a comentários sarcásticos. Portanto, apesar desse histórico de se curvar incessantemente para acomodar seu colega difícil, a maré com Barère finalmente mudou. A demanda de cabeças por Robespierre parece insaciável e seu desprezo obstinado e exasperado pelas negociações de 22 e 23 de julho, além de seu discurso agitado ontem à noite no Clube dos Jacobinos, parece impossível de suportar. Barère agora vê Robespierre como alguém que passou de um colega difícil para impossível.

O que fazer com Robespierre? Os homens sentados ao redor da mesa verde parecem ter chegado a um ponto sem volta. Nos últimos meses, eles rejeitaram consistentemente a pecha de conspiradores contra Lecointre e Bourdon de l'Oise. Além do medo que ele evoca em seus colegas, um sentimento de solidariedade coletiva está em jogo aqui, bem como a esperança, certa vez expressa secretamente por Lindet, de que Robespierre esteja na verdade "cavando a própria sepultura". Mas o discurso de Robespierre ontem produziu uma nova e sinistra sensação de iminência. Eles estão chegando rapidamente à conclusão coletiva de que, de uma forma ou de outra, seu colega é um ônus, e não um bônus. Ele precisa ser detido. Mas como?

A única maneira de remover Robespierre de seu poleiro é expulsá-lo da Convenção. Isso pode ser feito de três maneiras, nenhuma delas fácil. A primeira é pela ação popular direta, ou seja, organizando um movimento de massas em Paris nos moldes da *journée* de 31 de maio, de modo a forçar a mão da Convenção. Isso parece ser o que Robespierre já está criando contra seus inimigos, e a percepção da popularidade dele na cidade por seus oponentes os impede de arriscar tal abordagem contra o homem. É Robespierre quem desfila como se tivesse a opinião pública em seu favor. Ele é a celebridade que agita a multidão, não eles.

A segunda estratégia para silenciar Robespierre pode parecer muito óbvia, mas na verdade é extremamente arriscada. A Convenção tem o direito de rotacionar os membros dos Comitês de Governo, portanto, em teoria, o CSP poderia tentar persuadir os deputados a dar esse passo. Se tentassem fazer isso, porém, criariam instantaneamente uma brecha no seio do governo, que reduziria sua eficiência e poderia funcionar em seu próprio prejuízo. Eles podem muito bem perder, tamanha a capacidade de Robespierre de assustar os deputados.

A terceira estratégia seria fazer o que o CSP fez na primavera de 1794 para expulsar Danton. Danton era uma figura cujas credenciais revolucionárias eram enormes – possivelmente ainda maiores do que as de Robespierre agora –, mas os Comitês do Governo viam sua campanha para o relaxamento do Terror como uma ameaça. Eles rapidamente ordenaram que ele e seus supostos apoiadores (incluindo Camille Desmoulins, antigo colega de escola de Robespierre) fossem presos durante a noite. No dia seguinte, quando isso foi anunciado à Convenção como um fato consumado, Louis Legendre, amigo de Danton, levantou-se para argumentar que um deputado deveria ter o direito de se defender perante a Convenção. Ele foi enfrentado por Robespierre de uma forma que o deixou com as pernas bambas. Robespierre e Saint-Just então produziram juntos um relatório de acusação contra Danton, combinando coisas plausíveis com outras, assustadoramente, quase ridiculamente mentirosas. Impedido de falar em sua própria defesa na Convenção, Danton foi ainda mais silenciado quando começou a expressar suas opiniões em voz alta durante seu julgamento perante o Tribunal Revolucionário. O CSP adotou medidas rápidas para mudar os procedimentos legais a fim de impedi-lo de falar.

O CSP pode fazer com Robespierre o que fez com Danton? Em caso afirmativo, como exatamente a coisa deve acontecer? Os augúrios não parecem bons, pelo menos para este momento. O decreto ordenando a prisão de Danton, Desmoulins e seus seguidores foi assinado por todos os membros do CSP e do CSG, e essa unanimidade foi essencial para a Convenção entrar em vigor no dia seguinte. Mas atualmente os Comitês de Governo estão desunidos: Le Bas e David, membros do CSG, são partidários descarados de Robespierre, assim como Couthon e Saint-Just no CSP. A receptividade da Convenção a tal movimento estaria, portanto, longe de ser evidente. As supostas tramas de assassinato sendo arquitetadas por Lecointre e Bourdon de l'Oise são extremas e não representam a visão geral da assembleia, pelo menos da maneira como as coisas estão. Além disso, o Comitê nem mesmo tem certeza de que poderia designar alguém, fisicamente, para prender Robespierre. O CSP não tem tropas próprias para atuar como força executiva, assim como a Convenção, exceto por uma pequena guarda cerimonial que se reporta a Hanriot e, no fim das contas, à Comuna. Essa falta de controle ainda irrita muitos deputados quando eles pensam em como os contingentes da GN de Hanriot os intimidaram até a submissão indefesa em 31 de maio e 2 de junho do ano passado.

Apesar da ameaça genuína que Robespierre agora representa, pareceria perigosamente prematuro fazer um ataque frontal contra ele neste momento. Um golpe ao estilo de 31 de maio está simplesmente fora de questão, e ao mesmo tempo é muito cedo para poder contar com a Convenção. De fato, divulgar os planos seria perigoso em termos de segurança nacional, bem como de seus próprios pescoços. A ação precipitada poderia ser um tiro pela culatra e produzir o efeito oposto, colocando Robespierre totalmente no controle, com consequências mortais para seus colegas. Assim, a principal estratégia, pelo menos por enquanto, é fazer o jogo da espera e ver o que Saint-Just propõe em seu discurso na Convenção.

Eles, no entanto, dão alguns pequenos passos, fora do alcance dos ouvidos de Saint-Just, que os prepararão se houver um confronto no futuro próximo. Primeiro, eles decidem minimizar as chances de Robespierre organizar uma operação para expurgar a Convenção, neutralizando Hanriot, da GN. Ele será demitido e substituído por um sistema rotativo de comando entre os seis chefes de legião. Já sondaram o comandante da gendarmeria montada, Hémart, para verificar se ele pode assumir o comando amanhã, se necessário. Além disso, convocaram prudentemente os aliados em potencial de Robespierre, o prefeito Fleuriot-Lescot e o agente nacional Payan, para virem e esperarem na antessala, aguardando um convite para falar com o Comitê – que nunca virá. É uma forma de evitar artimanhas.

Além disso, eles agora decidem trabalhar em uma proclamação para amanhã que legitimará sua proposta para a GN e alertará os deputados e, de fato, a República em geral para o atual estado de incerteza política. Uma proclamação exortatória ao povo de Paris é o tipo de coisa que Barère pode fazer bem. Ele é extremamente talentoso em ser vago. E, como não está totalmente claro como as coisas vão funcionar ainda hoje, é melhor não apostar todas as fichas. Barère encontrará uma maneira de enfatizar a necessidade de se reunir em torno dos Comitês de Governo, faça chuva ou faça sol.

Com Barère segurando uma pena, os homens ao redor da mesa verde percebem que estão no fio da navalha. No próximo impasse com Robespierre, eles precisarão de mais apoio da Convenção e do povo de Paris do que podem contar atualmente. E não querem ter que pensar primeiro. Eles deveriam pelo menos ter uma ideia mais clara de como as coisas estão, uma vez que Saint-Just voltou para relatar a eles o conteúdo de seu grande discurso.

PRÓXIMO ÀS 5H

O mesmo, um pouco mais afastado

Os discursos de Saint-Just são sempre cuidadosamente elaborados e cheios de frases aforísticas e neologismos impecavelmente afiados. Ele ainda tem alguns ajustes finos a fazer. Este pode ser o momento para ele escapar. Antes de partir, ele reitera sua promessa de voltar às onze da manhã para mostrar aos colegas seu relatório antes de entregá-lo. Fala-se de Fouché estar lá para responder às acusações. A agenda formal da Convenção começa ao meio-dia, então haverá tempo para considerações e emendas.

Saint-Just é sincero nessa promessa? Ou ele já está pensando que pode causar mais impacto passando por cima deles e apelando diretamente à Convenção? Fazer isso seria quebrar a aura de responsabilidade coletiva e o código de silêncio que sempre prevaleceu sobre os assuntos do CSP. Mas as apostas podem ficar altas demais para que qualquer outro curso de ação seja apropriado. E, afinal de contas, foi a Convenção que o elegeu para o CSP, e sua responsabilidade principal deve ser para com os representantes da nação, não com um grupo de colegas do comitê. Ele deixará claro desde o início que está falando em caráter pessoal, de coração, e acima de qualquer facciosismo. Embora faça declarações positivas sobre os jacobinos e suas queixas, seu público-alvo (ecoando o discurso de Robespierre ontem) serão os deputados da Planície, a *gens de bien*. Ele espera que isso ajude a colocar Robespierre de volta no jogo.

Ao deixar seus colegas remanescentes e passar por Fleuriot-Lescot e Payan, que esperam impacientemente na antessala do CSP, Saint-Just deve estar sentindo que, se puder pôr na mesa sua mão difícil bem mais tarde, terá driblado uma grande crise política, evitado um provável derramamento de sangue, protegido seu maior amigo contra ataques (e também oferecido ao grande homem uma tábua de salvação) e colocado o governo e, de fato, a República em um curso firme em direção a um futuro melhor. A Convenção será chamada a examinar o comportamento de Billaud e Collot à luz de sua crítica; restabelecer a trégua que ele ajudou a negociar há alguns dias; proceder à reorganização do CSP para que este funcione devidamente como órgão coletivo; e concordar em lhe dar apenas mais alguns dias para aperfeiçoar seu segundo relatório sobre as instituições sociais. Se tudo correr como Saint-Just espera, 9 Termidor, Ano II, Dia da Amoreira, pode ser um dia de glória que a posteridade jamais esquecerá.

PARTE II

PREPARATIVOS DE UM DRAMA

(das cinco da manhã ao meio-dia)

O sol está nascendo. O pequeno círculo de indivíduos apanhados nas rodadas de conluio febris, mas inconclusivas, das últimas horas está descansando um pouco. Apesar das intermináveis acusações de conspiração, conspira-se notavelmente pouco neste momento. Robespierre não está afiando suas facas. Ele não levantou um dedo da noite para o dia em coordenações com seus principais simpatizantes e apoiadores.

O mesmo vale para os oponentes de Robespierre nos Comitês de Governo. Eles percebem que há uma crise iminente e que podem ser obrigados a tentar remover Robespierre do governo antes que ele faça isso com eles. Mas estão dolorosamente cientes de que o atual equilíbrio de forças dentro da cidade o favorece fortemente, não a eles. Acreditando ser improvável que ele faça sua jogada hoje, eles optaram por suspender a conspiração e esperar para ver o que o aliado de Robespierre, Saint-Just, tem a dizer na Convenção ainda hoje. Não está totalmente fora de questão que ele possa oferecer um ramo de oliveira no espírito das negociações de trégua de 22 e 23 de julho.

Depois do comportamento de Robespierre ontem, não faltam deputados preocupados com suas intenções. Mas o nervoso esperar-para-ver que prevalece entre os Comitês de Governo também é compartilhado por membros da Convenção há muito descontentes, como Lecointre, Bourdon de l'Oise e Fouché. Faz meses que eles estão conspirando, mas parecem melhores em produzir vapor do que ação. Tallien, pelo menos, parece mais comprometido com a ação, embora reste saber se o acordo que ele acredita ter negociado na noite passada com deputados da Planície e da direita se manterá de pé à luz de um novo dia.

Além disso, os habitantes da cidade ignoram alegremente a crise que se forma na elite política. Eles têm a impressão de que estão acordando em um 9 Termidor que é mesmo só mais um dia normal na história da Paris revolucionária.

5H

Ruas que levam a Les Halles (Marchés)

O sol nasceu às 4h22 e já está amanhecendo em Les Halles, o mercado central de Paris. Há algumas horas, carroças que transportam produtos para sustentar a vida cotidiana da cidade circulam na escuridão para esse lugar "onde Morfeu nunca borrifa seu pó de papoula", como Mercier disse certa vez. Apesar do extenso desenvolvimento recente desse ambiente construído no centro da cidade, basta caminhar um ou dois quilômetros para fora da praça, situada em frente à catedral de Notre-Dame, que marca o centro de Paris, para encontrar hortas e pomares que abastecem Les Halles. Espalham-se profusamente pelos dois lados do muro dos chamados *Ferme générale*, construído nos anos 1780 para delimitar a cidade. Campos de trigo chegam até Grenelle e Montrouge, ao sul, e ao norte até Belleville e Montmartre. Estes possuem vinhas e mais de uma dezena de moinhos de vento. Clamart é famosa por suas ervilhas, Argenteuil por seus aspargos, Montmorency por suas cerejas e Montreuil por seus morangos.

Os condutores das carroças de alimentos respeitam a estrita proibição ao barulho: a polícia da cidade sempre se esforçou para proporcionar aos parisienses uma boa noite de sono. A produção chega a Les Halles ao longo de itinerários definidos: a rua d'Enfer, ao sul, e as ruas Saint-Martin e Saint-Denis, ao norte, sendo a rua Poissonnière a rota para trazer peixe fresco dos portos do norte. Todas são ruas largas com iluminação, embora se diga que os cavalos sabem o caminho de cor, permitindo que os condutores durmam de chicote na mão. Avançando sob as mesmas restrições sonoras estão as carroças que deixaram o grande hospital da cidade, o Hôtel-Dieu, na Ile de la Cité, levando cadáveres ao longo da rua Saint-Jacques para serem enterrados no cemitério de Clamart, no extremo sudeste da cidade. Da passagem desses veículos não se pode eliminar totalmente os ruídos. Cascos de cavalos, eixos barulhentos e uma estrada irregular garantem o barulho. Louis-Sébastien Mercier afirma que esses furtivos desfiles de carroças ao amanhecer perturbam muitos casais adormecidos em casas ao longo da rota, o que começou a contribuir vigorosamente para a vitalidade demográfica da cidade.

Equipes de garis municipais estão igualmente trabalhando em silêncio. A essa hora também os empregados domésticos saem para varrer a rua. As operações de limpeza de ruas transportam o conteúdo das latrinas e sarjetas da cidade, além de montanhas de esterco de cavalo para os arredores, a serem convertidos em fertilizante. Somando-se aos detritos, há legiões de animais domésticos – chegando a 1 milhão de gatos, incontáveis cães, legiões de aves domésticas, coelhos e pássaros em gaiolas. Tudo isso pode fornecer uma variedade alimentar em tempos difíceis: os mais entusiasmados donos de animais de estimação são os pobres da cidade.

É também a hora da manhã em que um exército fantasmagórico de trabalhadores manuais e semiqualificados em busca de emprego está caminhando das seções externas em direção ao centro, onde ocorre a maior parte da atividade econômica. Muitos destes se dirigem para um dos principais pontos de trabalho da cidade. O maior deles é o que antes era a Place de Grève, agora Place de la Maison Commune, situada em frente ao antigo Hôtel de Ville, que abrigava os principais departamentos municipais. Também existem pontos de trabalho mais especializados: carregadores e afins procuram os cais no centro e no leste, enquanto a Pont-au-Change atrai ferreiros.

As principais vias por onde se move esse exército semissilencioso são densamente pontilhadas de cafés, bares e tavernas. Muitos param para um *café au lait*, que tem sido o café da manhã básico das classes trabalhadoras parisienses há algumas décadas, embora os carregadores do mercado em Les Halles ainda prefiram uma dose de vinho tinto barato ou aguardente. Geralmente não há muito mais do que sociabilidade básica nesta hora da manhã. Estar bem cedo em um dos locais de recrutamento é aconselhável. Os indisciplinados por causa da bebida terão que esperar até o fim do dia para voltar para casa.

A esta hora, os bares e cafés são em grande parte exclusivamente masculinos. As mulheres, por sua vez, têm uma presença muito mais forte em outro local de sociabilidade e troca matinal: as filas. Espera-se que as filas do lado de fora das lojas de alimentos não comecem antes das seis da manhã, mas a regra é amplamente violada: Deus ajuda a quem cedo madruga. Espiões da polícia são uma presença invariável e silenciosa aqui, testando a temperatura da opinião pública a esta hora antes de prosseguir para exercer seu *métier* em outros lugares – em cafés, bares, mercados, praças públicas, jardins e outros locais onde as multidões se reúnem. No entanto, eles ficam particularmente atentos às filas, assim como quaisquer patrulhas da Guarda Nacional que ali passarem: a questão é que a raiva da multidão por causa de comida pode gerar *murmures* em uma fila com o potencial de desencadear uma *attroupment* (uma reunião) ou mesmo uma *rassemblement* (uma multidão indisciplinada) que evolua para uma rebelião ou um *émeute* (um motim). O léxico do descontentamento popular é finamente calibrado.

"Fila" – *queue*, em francês – é uma palavra recém-cunhada. Costumava significar simplesmente uma cauda ou uma trança; agora descreve essas linhas solenes de consumidores taciturnos, resmungando e reclamando baixinho. Jornais de direita afirmam maliciosamente que a palavra deriva de "*gueux*", que significa "mendigo" ou "inútil". Tal derivação, proclamam indignados os jornalistas patrióticos, é um insulto à dignidade dos necessitados em um Estado republicano cuja Constituição estipula o sustento de seus membros mais pobres. A Constituição de 1793 inseriu pela primeira vez o direito à subsistência entre os Direitos Fundamentais do Homem (a Declaração de 1789 tinha sido mais liberal do que socialmente radical). Ainda que a Constituição de 1793 esteja em suspenso neste período de Governo Revolucionário, a Declaração de Direitos que a prefacia é tomada ao pé da letra. Garantir que ninguém passe fome é um sério desiderato político.

O compromisso constitucional com o direito à subsistência é fundamentado em um trato implícito feito dentro da Convenção, durante o verão e o outono de 1793, entre o movimento *sans-culotte* parisiense e o agrupamento montanhês. O resultado foi que, em troca do apoio popular, os mercados são regulados de acordo com os interesses dos consumidores urbanos. Antes disso, os montanheses da Convenção estavam tão comprometidos com os princípios do livre-comércio quanto qualquer liberal econômico. Até fevereiro de 1793, por exemplo, até mesmo Robespierre ainda afirmava arrogantemente que "o povo deveria se levantar não para pegar açúcar, mas para derrubar tiranos", e enxovalhava a preocupação popular com "mercadorias imprestáveis". Seu antagonismo em relação aos pedidos de regulamentação do mercado também foi alimentado por uma profunda hostilidade aos radicais de rua, notadamente os chamados *enragés* liderados pelo padre radical Jacques Roux, que defendia o controle de preços ao lado de esquemas mais abrangentes de nivelamento social. A necessidade premente de encontrar maneiras de vincular as massas populares à causa revolucionária, no entanto, especialmente com a guerra em curso, fez Robespierre e seus pares montanheses mudarem de tom. Eles adotaram o programa *enragé* (enquanto prendiam a maioria de seus líderes), o que inclui regular os mercados para favorecer os pequenos consumidores.

O símbolo do pacto entre governo e povo que surgiu durante o ano anterior é o Preço Máximo, o sistema nacional de fixação de preços, inicialmente estabelecido em maio de 1793 e alterado e ampliado em várias ocasiões desde então. O Máximo pretende moralizar e revolucionar o comércio fixando preços e lucros de forma transparente e imparcial. Ele estabelece um preço para todas as mercadorias consideradas de primeira necessidade, com base em um acréscimo de 33% sobre os preços de 1790, com complementação adicional para os custos de transporte e um subsídio para o lucro do atacadista e do varejista. Tal regulação visa cumprir as promessas feitas ao consumidor urbano, reduzindo as desigualdades sociais e gerando um comércio que segue os preceitos de uma economia moral, em que o justo tem prioridade sobre o gratuito.

No verão de 1793, sob forte pressão *sans-culotte* para uma ação efetiva contra a aristocracia, tanto a de berço quanto a conquistada por riquezas, métodos estritos para a aplicação do Máximo foram estabelecidos. Primeiro, uma lei de 26 de julho de 1793 proposta por Collot d'Herbois estabelecia a pena de morte para o entesouramento e criava "comissários de entesouramento" especiais (*commissaires aux accaparements*) em cada uma das 48 seções de Paris para liderar o ataque aos ricos comerciantes que buscavam lucrar com preços artificialmente altos. Em segundo lugar, no início de setembro, foi criado um destacamento especial, a vigorosa "milícia do povo" (*armée révolutionnaire*), de 7 mil membros, composta principalmente de *sans-culottes* radicais, incluindo muitas das companhias de artilharia da cidade. Suas unidades vasculharam os campos nas proximidades da capital para obrigar os agricultores a, sob a bandeira do terror, levarem seus produtos para o mercado, ou então requisitaram seus produtos ou os forçaram a vender a preços baixos.

O membro do CSP que recebeu a responsabilidade especial de fazer valer o Máximo, bem como de presidir a política econômica em geral, é Robert Lindet, um operador incansavelmente zeloso e eficaz. Julgando que circunstâncias extremas justificam medidas especiais, ele empreendeu políticas massivas de requisição. Um elemento disso é a prática de confiscar bens acumulados encontrados na posse de um indivíduo. Ducy, um atacadista que vive na rua de la Tour, na seção de Temple, por exemplo, teve seus estoques apreendidos várias semanas atrás e ontem mesmo seus sacos de farinha foram enviados a Les Halles para serem vendidos pelo Preço Máximo, enquanto outros produtos secos (arroz, aletria, lentilhas, feijão e assim por diante) foram despachados para o Hôtel-Dieu para alimentar doentes pobres. Mas não são apenas as mercadorias que estão sujeitas a requisição. Propriedades anteriormente pertencentes à Igreja (nacionalizadas em 1790) e a *émigrés* são desviadas para uso do governo.

O CSP tem autoridade para requisitar mão de obra, bem como propriedades. Isso é justificado pela grande lei de 26 de agosto de 1793 instituindo um *levée en masse*, efetivamente um recrutamento de mão de obra nacional para o esforço de guerra. Isso se estende para além do exército, como o recrutamento de mão de obra para indústrias relacionadas à guerra. Sob a monarquia, a manufatura parisiense atendia a consumidores abastados dentro da cidade e era dominada pela moda, artigos de luxo, construção e comércio de alimentos, além de um enorme setor de serviços. A partir de 1793, o governo começou a transferir pessoal e habilidades desses setores para a fabricação de armas. "A Paris do *Ancien Régime* vendia roupas ridículas, inúmeras bugigangas, fitilhos e móveis deslumbrantes", proclamou Barère. Agora, ao contrário, "a Paris republicana se tornará o arsenal da França". "O cadeado da liberdade são baionetas e mosquetes."

O CSP estabeleceu uma instituição central, a "Manufatura de Paris", para presidir essa transformação inédita. Extensas propriedades e numerosos trabalhadores foram requisitados para a tarefa, sob a supervisão geral do chefe supremo do arsenal do CSP, Prieur de la Côte d'Or, que também mobilizou pesquisadores e engenheiros de elite para ajudar na produção padronizada, no controle de qualidade e na maior eficiência. Centenas de forjas e fundições foram instaladas em praças públicas. Oficinas também foram estabelecidas em toda a cidade, com muitos trabalhos de acabamento sendo feitos em barcos ancorados na Ile de la Cité. As refinarias de salitre na abadia de Saint-Germain-des-Prés, nos jardins do Luxembourg e na fábrica de pólvora de Grenelle, logo depois do Campo de Marte, são abastecidas com salitre raspado das paredes dos porões por entusiásticas equipes de militantes dentro das 48 seções de Paris. A produção francesa de pólvora é seis vezes maior do que em 1790. Na primeira onda de entusiasmo, o governo deu a si mesmo a tarefa de produzir mil fuzis por dia. Eles estão dando conta de apenas quinhentos ao dia, mas mesmo assim, quando se adiciona a produção de canhões, botas e uniformes, Paris se torna o principal centro de manufatura militar da Europa.

No que diz respeito a Paris, a política industrial do governo só tem olhos para a produção, o que significa que outras considerações geralmente recebem pouca atenção. A indústria pesada torna as ruas e bairros mais sujos, barulhentos, fedorentos e poluídos do que nunca. A deterioração do ambiente urbano é particularmente marcante no sofisticado Faubourg Saint-Glermain. As elegantes residências dos antigos nobres emigrados são uma dádiva para um governo em busca de espaço para fábricas.

O Governo Revolucionário se orgulha de encarnar a soberania popular, o que torna o bem-estar da população parisiense uma prioridade. De muitas maneiras, é notável o que ela conseguiu na cidade por meio de uma espécie de economia de comando em circunstâncias políticas e materiais altamente desfavoráveis. Enormes exércitos estão sendo apoiados em todas as frentes, mas os níveis de emprego em Paris são altos e há pão disponível. "Teríamos que ser verdadeiros sodomitas", um espião da polícia ouviu uma mulher declarar no popular bairro de Courtille, no leste da cidade, "se não amássemos nossa [*sic*] Convenção."

O comentário reflete níveis geralmente altos de apoio para os objetivos igualitários do Governo Revolucionário. O comentário de Bousseville, espião do CSP, de que o povo de Paris mantém a confiança na Convenção permanece amplamente verdadeiro. Há uma aceitação implícita e latente de que os sacrifícios materiais são aceitáveis se estiverem ligados à vitória na guerra contra a Europa. Em parte, isso é um reconhecimento de que o exército francês está lutando para salvar ganhos sociais e políticos da Revolução – a abolição do feudalismo, liberdades pessoais e econômicas, práticas democráticas, governo representativo e tudo o mais. Mas também expressa uma consciência do número de parisienses naquele exército. Paris disponibilizou mais voluntários do que qualquer outra cidade em 1792 e 1793, para depois fornecer mais um grande número deles em 1793 e 1794, no *levée en masse*. Muitas casas parisienses têm pelo menos um membro da família sob armas, algumas até mais. Quem frequenta as galerias públicas da Convenção sabe que os aplausos mais altos do dia sempre saúdam o anúncio de vitórias militares. Estes normalmente são feitos por Barère, que adora dourar a pílula em discursos emocionantes que ele chama de seus *carmagnoles*. Se o discurso de Robespierre ontem foi o acontecimento que eletrizou os que estavam sentados nas bancadas dos deputados, as galerias públicas explodiram com mais arrebatamento diante do que aconteceu a seguir: a apresentação dos estandartes inimigos capturados no cerco de Nieuport, na Bélgica. Robespierre pode até ter deixado o local no momento em que isso aconteceu: o comentário de Barère no início de seu *carmagnole* comemorativo, "Maldito seja o momento em que os sucessos de nossos exércitos forem ouvidos com frieza neste lugar", pareceu bastante direcionado a seu colega. Robespierre pode não se impressionar, mas a sede popular por vitórias militares é insaciável.

O sacrifício de sangue a que os homens parisienses se arriscam na frente de batalha justifica o apertar dos cintos em casa. Mesmo assim, acredita-se firmemente que isso deva ser uma exigência universal. Tem-se um problema, então, quando o próprio governo que instituiu o Máximo começa a se distanciar dos princípios implícitos de igualdade social. Desde a eliminação do movimento hebertista de esquerda, na primavera de 1794, o Governo Revolucionário tendeu a seguir o axioma de Bertrand Barère de que o objetivo da política deveria ser encorajar o comércio, e não matá-lo. Revisões significativas do Máximo foram introduzidas para permitir maior liberdade e incluir os setores de varejo e transporte. Essas mudanças são inflacionárias e favorecem os produtores agrários em vez dos consumidores urbanos, apesar do Máximo. Uma lei contra acumuladores é mantida no estatuto e continua a ter um efeito dissuasor no nível local: quem se dedica a práticas econômicas que os militantes das seções julguem injustas corre o risco de ter o seu nome incluído nas listas locais de suspeitos políticos, podendo acabar encarcerado. No entanto, o cargo de comissário de acumulação foi extinto, e os infratores econômicos constituem um pequeno grupo nas docas do Tribunal Revolucionário. Além disso, o *armée révolutionnaire* de Paris foi abolido em março de 1794: dizia-se que ele tinha perturbado tanto quanto lubrificado o comércio, já que suas atividades muitas vezes degeneravam em furtos e pilhagens de camponeses infelizes. O governo agora procura atrair os agricultores de volta ao mercado parisiense.

O temor de que, ao tentar equilibrar a justiça social com a vitalidade econômica, o governo esteja se inclinando a favor desta última é confirmado por uma mudança concomitante na direção da política econômica do governo no que diz respeito à regulamentação salarial. A crescente frouxidão em relação aos agricultores e comerciantes é acompanhada por uma crescente severidade em relação aos trabalhadores. A favor da produção, empregadores governamentais e privados estão de olhos atentos no custo dos salários. Em teoria, o Máximo impõe um teto aos salários, assim como aos preços; supõe-se que esteja 50% acima dos níveis de 1790. Na prática, um Salário Máximo simplesmente não foi implementado pela Comuna de Paris. Isso significa que subiram todos os salários na cidade, não só os da manufatura de guerra, principalmente devido à escassez de mão de obra causada pela mobilização bélica. No entanto, os trabalhadores ainda sentiram o arrocho, pressionando por salários ainda mais altos por meio de petições, greves, operações-padrão e assim por diante. Em fevereiro e março, trabalhadores portuários e de outros ofícios fizeram ações conjuntas. Trabalhadores das gráficas estatais adjacentes ao Palácio das Tulherias também estiveram envolvidos, assim como trabalhadores do tabaco que ocupam o antigo Hôtel de Longueville, do outro lado da Place du Carrousel. Depois de uma calmaria, surgiram problemas com outros grupos de operários, principalmente entre aqueles na manufatura de armas.

Alguém poderia pensar que os *sans-culottes* apoiariam tais movimentos. Mas há menos terreno comum sobre a política do mercado de trabalho do que se poderia imaginar: a composição e a ideologia das elites *sans-culottes* tendem a favorecer os pequenos proprietários em detrimento dos assalariados. Além disso, na Comuna, o agente nacional Claude-François Payan é inflexivelmente duro com a agitação dos trabalhadores. Ele prende grevistas em prol da ordem pública, leva-os ao Tribunal Revolucionário e trabalha em estreita colaboração com o Departamento de Polícia do CSP. Ele enxerga o esforço de guerra industrial como uma campanha patriótica, de modo que qualquer tipo de resistência de baixo pode ser considerada uma infração da disciplina militar e do altruísmo patriótico. Segundo Payan, as greves são contrarrevolucionárias; os grevistas são inimigos do povo.

Além disso, a política monetária do governo agrava os problemas tanto para os consumidores quanto para os trabalhadores. A principal resposta da Revolução à crise financeira que desencadeou sua eclosão em 1789 foi o estabelecimento de um papel-moeda, o *assignat*, garantido pelas terras nacionalizadas da Igreja. Mas o governo tem lutado incessantemente contra sua depreciação. Ciente de que as emissões excessivas alimentaram a inflação, o governo comprometeu-se com a política de retirar cédulas de circulação, celebrada em espetaculares queimas públicas – uma fogueira de *assignats* do equivalente a 20 milhões em notas foi de fato anunciada nos jornais para hoje, às dez da manhã, no antigo convento dos Capuchinhos. Por outro lado, as impressoras de *assignat* nunca estão ociosas. Na verdade, a severidade que a Comuna mostrou aos impressores insubordinados nesta primavera foi parcialmente motivada pelo fato de que muitos trabalham na impressão dos *assignats* que estão impulsionando a economia.

O governo trabalhou arduamente entre o fim de 1793 e o começo de 1794 para sustentar o *assignat* de modo a inspirar confiança econômica. No entanto, o valor da moeda em relação ao metal não parou de cair, e a liberalização das políticas econômicas a partir da primavera de 1794 acelerou a queda. Salários são pagos em papel (*assignats*), enquanto quem tem moeda ganha desconto. As questões monetárias, assim, alimentam ainda mais o descontentamento popular.

Nas filas do pão, as reclamações sobre a falta de igualitarismo revolucionário ganham força especial com o estômago vazio. "Vale a pena notar", um espião relatou uma voz da multidão dizendo:

> que, se todos compartilhassem a mesma carência, então realmente estaria provado que faltam mercadorias; mas o povo está dizendo que há indivíduos empanturrados de tudo, enquanto os que fizeram a Revolução acontecer, os pobres patriotas, carecem das necessidades da vida.

Os parisienses comuns têm de se contentar com arenque salgado e vegetais, dizem as queixas, enquanto os ricos tripudiam com salmão e lúcio, e *restaurateurs de luxe* servem galinha-d'angola, patês, presuntos e perus. Enquanto os pobres esperam pacientemente na fila, os ricos acessam fornecedores privados do mercado negro ou então frequentam restaurantes onde, por preços altos e pagamento em moeda, pode-se comer o equivalente a uma semana em uma sentada. Os estabelecimentos mais chiques estão nas imediações do Palácio das Tulherias, onde se reúne a Convenção, particularmente dentro e ao redor do Palais-Royal (agora Maison-Égalité). Aqui, financistas e parasitas aristocráticos podem ser encontrados lado a lado – o povo fica escandalizado ao descobrir – com deputados da Convenção. Ainda parece haver uma regra para os ricos e outra para os pobres.

Não bastasse isso, a política do governo parece ser conduzida pela suposição errônea de que os pobres vivem apenas de pão. Certamente, há um grande número de parisienses que precisam se alimentar de pão, com alguns vegetais e umas lascas de queijo, e é socialmente justo concentrar a política no alimento básico da maioria do povo francês. Mas, ao longo do século XVIII, os gostos dos parisienses comuns mudaram, de acordo com uma transformação do comportamento do consumidor que afeta habitação, móveis, roupas e moda. As pessoas não querem encher a barriga apenas com o básico. Produtos coloniais outrora exóticos, como açúcar, café e chocolate, passaram a ser considerados também pilares da alimentação. Sintomaticamente, o primeiro ato de Robespierre ao ingressar no CSP em julho de 1793 foi instar a incluir o café no

Máximo, alegando que o produto tinha se tornado uma necessidade popular, e não um luxo aristocrático. O bloqueio dos portos franceses pela Marinha Real britânica, no entanto, tornou muitos desses produtos mais raros e caros. A mágoa se transforma em raiva quando as pessoas veem a elite pagando preços enormes, fora do alcance das famílias mais pobres. Na verdade, a maioria dos protestos por comida em Paris desde 1789 se concentrou em outras mercadorias além do pão (como sabão e açúcar, em mobilizações de fevereiro de 1793). O ressentimento popular pela distribuição desigual também afeta as atitudes em relação aos prisioneiros nas prisões da cidade. Aristocratas atrás das grades parecem estar vivendo escandalosamente melhor do que os *sans-culottes* patrióticos que os colocaram lá. Não há como dar certo.

Questões relacionadas ao consumo de alimentos sugerem que a igualdade pregada pelo Governo Revolucionário está fora de alcance. A economia moral da fila do pão e dos pontos de recrutamento para trabalho parece estar em desacordo com um governo que tem fortalecido seu controle centralizado sobre trabalhadores e consumidores, ao mesmo tempo que relaxa as regras de comércio e empreendimento que beneficiam fazendeiros, comerciantes e fabricantes independentes.

A raiva leva ao protesto. "Estamos morrendo de fome", um espião da polícia observou um trabalhador reclamar, "enquanto eles zombam de nós com discursos bonitos." É um exagero, pois não falta pão; mas atualmente carne, laticínios, óleo e sebo para velas estão em falta. Embora o monarquismo desbragado seja raro, queixas sobre a economia costumam ser temperadas com a nostalgia de dias melhores. Ouve-se uma voz contrarrevolucionária ocasional: "Que República de merda, está faltando de tudo". Os radicais afirmam que a melhor maneira de trazer de volta a abundância para Paris seria colocar uma guilhotina em cada esquina. Em março, um pôster do CSP em uma fábrica de armas foi desfigurado com as inscrições anônimas "chucros estúpidos", "enganadores do povo", "ladrões" e "assassinos" sob os nomes de Prieur de la Côte d'Or e Robert Lindet, e "canibal" sob o nome de Robespierre. O Governo Revolucionário e a Comuna continuam a competir entre si na expressão de indignação contra tais atos, que eles atribuem a "criadores de intrigas", "aristocratas" e afins. Mas os culpados ainda não foram encontrados.

Existe um perigo claro de o Governo Revolucionário perder o contato com o povo de Paris, que, afinal de contas, foi quem o colocou no poder. Dois eventos recentes destacam essa possibilidade. O primeiro deles está ligado à grande vitória francesa em Fleurus em 26 de junho. Um debate frívolo surgiu a respeito de como esse triunfo republicano deveria ser comemorado. A notícia da vitória gerou um movimento espontâneo de festividades por toda Paris. À noite, as pessoas ao redor da cidade deixavam suas casas e organizavam festas improvisadas nas ruas que duravam até quase meia-noite, com todos os participantes trazendo sua cota de comida, vinho e velas. Esses "banquetes fraternos", como passaram a ser chamados, representavam um tipo de militarismo patriótico que antecedeu 1789, mas que foi intensificado pelo atual conflito com a Europa do *Ancien Régime*.

A princípio, as autoridades receberam bem essas novas e tocantes expressões festivas de patriotismo popular. Um jornal captou com precisão o clima ao descrevê-las como "um primeiro rascunho da imagem de felicidade que a República desenhará quando tiver derrotado todos os seus inimigos". No entanto, as autoridades nacionais e municipais não demoraram a impor uma reviravolta brusca. O agente nacional Payan liderou a investida após se indignar com os banquetes como evidência de uma conspiração aristocrática para minar o Governo Revolucionário e encorajar os *sans-culottes* a pensar com benevolência sobre que espécie de gente eles mesmos deveriam erradicar. Acreditar que a guerra terminará em breve, repreende Payan, é uma conspiração contrarrevolucionária: "Você só desfrutará da doçura da paz quando tiver jogado todos esses pretensos amigos da paz em suas sepulturas". Provavelmente influenciado pela opinião de Rousseville, espião do CSP, de que as festas "envolvem consumo conspícuo e favorecem a imoralidade e a libertinagem", Robespierre conclui que os banquetes fraternos são um caso de "raça impura" a enganar as "pessoas virtuosas". Ele e Barère apoiaram fortemente Payan na Convenção e no Clube Jacobino.

O segundo episódio que sugere divergência crescente entre governo e povo é a decisão de aplicar pela primeira vez um Máximo Salarial em Paris. Em outras partes da França, a imposição do Máximo está relacionada tanto a preços quanto a salários, mas em Paris a Comuna conseguiu adiar a implementação das restrições salariais. É a Comuna que agora lidera a mudança. Ela aceitou a necessidade da medida em 5 de julho, no contexto da contínua insubordinação dos trabalhadores em toda a cidade e das preocupações do CSP com os custos de produção na manufatura de guerra. Uma nova tabela de salários foi elaborada e publicada apenas alguns dias antes, em 23 de julho (5 Termidor). A Comuna fez todos os esforços para distribuí-la às seções com grande rapidez. Isso produziu um choque imediato, pois os novos limites salariais foram contrapostos a um aumento teórico de acordo com os preços, o que muitas vezes significa reduções massivas na remuneração. Os carpinteiros terão seus provimentos diários diminuídos em mais da metade, enquanto os dos ferreiros mais bem pagos nas fábricas de armas serão reduzidos em quase dois terços. (Felizmente, os trabalhadores não sabem, mas, enquanto seus salários são assim direcionados, o salário do agente nacional Payan e também dos funcionários administrativos do CSP está prestes a aumentar consideravelmente.)

Por causa dessa medida, tem havido em meio à população trabalhadora uma onda de descontentamento, até mesmo de descrença raivosa. Em 24 de julho, o carpinteiro François La Flèche, dono de um estabelecimento no bairro Faubourg-Montmartre, comunicou aos seus quarenta empregados que a partir de então teria de pagá-los de acordo com a tabela do novo Salário Máximo, ou seja, pela metade da taxa atual. Esta manhã ele planeja ir à reunião de suas autoridades seccionais para contar a resposta de seus trabalhadores. Ele afirma:

> — Se os alimentos forem vendidos ao Preço Máximo, eles vão trabalhar, mas enquanto os alimentos forem vendidos acima do Preço Máximo eles não vão.

E, de fato, os homens agora entraram em greve. Além do mais, isso pode ser a ponta do iceberg, pois a Comuna está recebendo mensagens dando conta de que uma grande manifestação contra o Salário Máximo está programada para hoje, 9 Termidor.

É claro que a aliança de 1793 entre montanheses e *sans-culottes* está atualmente sob tensão. Fleurus colocou na pauta a questão de quanto tempo mais o regime de emergência do Governo Revolucionário deve continuar. Há muita raiva devida ao Salário Máximo, é verdade, mas é a Comuna, e não os Comitês de Governo ou a Convenção, que está sendo mais criticada em função dele, como também pela proibição dos banquetes fraternos. E é o governo nacional, e não o municipal, que atrai os aplausos populares pelo sucesso no campo de batalha.

6H

Alojamento de Robespierre, rua Saint-Honoré, 366

Robespierre acorda cedo. A mobília é escassa em seu pequeno quarto alugado no andar de cima da casa de Maurice Duplay, e o ambiente é austero: uma mesa, quatro cadeiras, algumas estantes bem abastecidas e muitas pilhas de papel. Uma cama coberta por uma colcha azul com flores brancas, feitas a partir de um vestido velho de Madame Duplay, dá um raro toque caseiro. Durante o dia, Robespierre permanece em casa. Os Duplay prepararam um quartinho lateral no térreo, que ele usa como escritório, e ele é sempre bem-vindo nos aposentos da família. Sua rotina desde os dias de Arras tem sido acordar cedo e trabalhar até por volta das oito da manhã, quando começa a cuidar de sua higiene e a se vestir para o dia. Nesse sentido, 27 de julho de 1794 – Robespierre tende a pensar instintivamente nos termos do antigo calendário – é um dia como qualquer outro, com suas rotinas regulares.

Robespierre tem a sorte de começar o Dia da Amora, 9 Termidor, Ano II, em um local que considera adequado, a casa de alguém que ele enxerga como uma alma gêmea. Quando chega à casa de Maurice Duplay, Robespierre deixa muito de sua persona política pública para trás. Na rua Saint-Honoré, 366, ele encontra um exemplo cotidiano material, perceptível e relacionável do "povo virtuoso", patriótico e trabalhador que elogia em seus discursos. Embora Duplay se envaideça de ser um *sans-culotte*, ele não é um filho da labuta com mãos calejadas. Nascido em um vilarejo nas montanhas de Auvergne, sua mudança para Paris na juventude permitiu que fizesse fortuna. Ele investiu os lucros de seu negócio de carpintaria em propriedades, aumentando sua riqueza. Agora, ele ganha prestígio político e social e status por abrigar o eminente Robespierre. Certamente é por ordem de Robespierre que desde o final de 1793 ele é jurado no Tribunal Revolucionário. As práticas de Duplay também lhe trazem trabalho. Os jacobinos costumam desconfiar dos empresários, mas o compromisso de Duplay com a causa republicana faz dele o tipo com quem o Governo Revolucionário pode fazer negócios. Ele consegue comissões para trabalhar para os festivais revolucionários que agora pontuam o calendário. A madeira para essas construções provavelmente está no pátio para o qual o quarto de Robespierre tem uma vista do andar de cima.

Maurice Duplay cuida muito bem de seu inquilino. Ele e a esposa, ambos na casa dos cinquenta anos, presidem um lar confortável e feliz. Três de seus cinco filhos moram com eles: Eléonore, Victoire e o irmão adolescente, Jacques-Maurice, o caçula da família. O marido da filha Sophie, Antoine Auzat, um advogado de Auvergnat, serve atualmente como comissário de transporte do exército na frente norte, e neste momento o casal está alocado perto do front. A irmã Elisabeth é casada com o jovem e arrojado Philippe Le Bas, de olhos azuis, amigo e apoiador de Robespierre e também de seu departamento natal, Pas-de-Calais, que ele representa na Convenção. A residência do casal na rua de l'Arcade, situada não muito longe do bairro, é de propriedade de Duplay. Elisabeth deve frequentar muito a casa dos pais, pois desde o casamento deles em agosto de 1793, apesar de ter sido eleito para o CSG em outubro, Le Bas passou quase todo o tempo fora de Paris servindo como deputado em missão no exército (embora tenha conseguido voltar para o nascimento do filho do casal em 16 de junho). Em sua missão mais recente, Le Bas serviu ao lado de Saint-Just, que também faz parte do círculo de Duplay. Além da forte afinidade política com Robespierre, Saint-Just também cortejou a irmã de Le Bas, Henriette.

Há um ano, também está alojado no número 366 Simon, sobrinho de Maurice Duplay. Conhecido como "Jambe-de-Bois" ("Perna de Pau"), Simon perdeu uma perna lutando contra os prussianos no primeiro dos triunfos mais gloriosos da infante República, a batalha de Valmy, em 20 de setembro de 1792. Saudada por Goethe, que estava presente do lado alemão, como marcando "uma nova era na história do mundo", essa batalha tinha repelido as tropas aliadas o suficiente para permitir que a nova Convenção Nacional se estabelecesse. Foi a vitória francesa mais significativa na guerra contra a Europa antes de Fleurus. Após o retorno do jovem a Paris, o desprendido Robespierre contou com seus serviços para tarefas de secretariado, incluindo buscar seu salário mensal como deputado na Convenção, antes de conseguir um emprego para ele nos escritórios do CSP, no Departamento de Polícia, onde ele parece considerar o trabalho agradável. A perna de pau de Simon mostra que os Duplay fizeram o tipo de sacrifício pela pátria que não é incomum em Paris. É mais um símbolo de seu compromisso patriótico e credenciais *sans-culottes*.

Os Duplay mimam Robespierre com uma vida familiar aconchegante que, francamente, parece mais burguesa do que *sans-culotte* e certamente está muito distante da atual acrimônia da política nacional. É um dos muitos paradoxos sobre sua pessoa que, embora dê grande importância à autenticidade, sinceridade e transparência da identidade que apresenta ao mundo, parece uma figura totalmente menos fria e remota na casa dos Duplay. Ele é mais humano aqui, mais simpático. Ele se diverte em estar no seio da família, revelando uma faceta de sua personalidade que a maioria dos colegas mal imagina. Os Duplay propiciam o tipo de ambiente doméstico harmonioso de que Robespierre nunca desfrutou quando menino. A mãe morreu quando ele tinha cinco anos, e o pai abandonou sua jovem família logo depois, deixando ele, seu irmão Augustin e sua irmã Charlotte com parentes. Na rua Saint-Honoré, 366, a disposição benigna de Maximilien lhe rendeu o apelido de "Bon-Ami", ou "Bom Amigo", entre a família Duplay. Ele carinhosamente defende os mais jovens contra as repreensões da mãe. À noite, lê para eles todas as poesias e trechos dos clássicos franceses – Voltaire, Rousseau, Racine, Corneille. Além disso, os Duplay satisfazem seus caprichos, mantendo sua roupa impecável, servindo-lhe *café au lait* e laranjas, que são os pequenos luxos do austero Maximilien, e garantindo novos suprimentos de manteiga e leite, apesar dos problemas de abastecimento causados pelo Máximo. Eles têm o prazer de receber amigos e aliados políticos selecionados para jantar à mesa da família e compartilhar seus momentos de lazer. As filhas Duplay passeiam com ele na Champs-Élysées acompanhadas por seu cachorro, Brount, e ele ocasionalmente faz piqueniques com elas no Jardin Marbeuf, a oeste da cidade e nas aldeias vizinhas. Ele é muito simpático, muito normal, muito comum.

Embora os Duplay lhe forneçam uma família substituta, Maximilien é um atencioso irmão mais velho para Augustin, que ele tramou que fosse eleito para a Convenção de Paris em setembro de 1792. Com 31 anos, Augustin sempre teve dificuldades de escapar da sombra do irmão. A bolsa de Maximilien para o Collège Louis-le-Grand em Paris foi especialmente estendida para acomodar Augustin, que seguiu os passos de seu irmão, formando-se como advogado na cidade antes de retornar a Arras, como seu irmão fizera. Aqui, Augustin se engajou energicamente na campanha de Maximilien na eleição para os Estados Gerais, e ele próprio continuou em um caminho político, cofundando a filial de Arras do Clube Jacobino e servindo no escritório local, onde trabalhou com Philippe Le Bas. A decisão de seu irmão de arrancá-lo de seu nicho em Arras e torná-lo deputado parisiense, sendo ele alguém que tinha visitado a capital apenas algumas vezes, confirma um padrão de dependência do qual Augustin tem tido dificuldade de se livrar. Ele segue fielmente a linha política de Maximilien nas questões do dia, mas os colegas deputados rapidamente perceberam o quanto seus talentos são inferiores. Ele tem uma reputação não como estadista, mas sim como um cabeça-quente desbocado com tendências a ser mulherengo. "Muito pulmão, pouco cérebro" foi o resumo maldoso de Camille Desmoulins.

Mudar-se da residência compartilhada com Maximilien na rua Saint-Honoré para um alojamento próprio na vizinha rua Saint-Florentin talvez tenha marcado um movimento para se tornar um homem independente. Ainda mais importante a esse respeito tem sido seu serviço como deputado em missão nas províncias, um papel que seu irmão afeito aos escritórios nunca desempenhou. Desde que retornou de vez para Paris no final de junho, Augustin tem investido em conexões na Convenção e no Clube Jacobino para promover sua reputação, embora não totalmente com sucesso. Ele nutre planos para uma ofensiva militar contra o Piemonte, que desenvolveu no front com Buonaparte, e que acaba tendo como alvo Viena. Mas o CSP (do qual seu irmão está se ausentando) não levou seus planos a sério.

A mente de Augustin talvez esteja atualmente ocupada com uma fase infeliz em seu relacionamento com a irmã. Charlotte Robespierre é três anos mais nova que Maximilien e um ano mais velha que Augustin. Ela mantém o hábito na idade adulta de chamar seu irmão mais novo pelo apelido de "Bon-Bon" ("Bombom"), em parte por referência afetuosa ao segundo nome dele ("Bon"), em parte como um aceno para a natureza tola do rapaz quando criança. Em 1792, seu irmão sugeriu que ela viesse de Arras, sua terra natal, para Paris, e ela também se mudou para a casa dos Duplay. Não demorou muito, porém, para que ela e Madame Duplay se desentendessem sobre quem cuidava melhor de Maximilien. Sentindo que a senhoria tinha uma influência muito forte sobre ele, ela se mudou com os dois irmãos para outro apartamento na vizinha rua Saint-Florentin. Madame Duplay revidou, visitando Maximilien quando ele adoeceu e então exercendo chantagem emocional para que ele retornasse à casa dos Duplay. Maximilien cedeu, não sem sentir culpa, ao seu retorno com palavras melancólicas: "Eles me amam tanto...".

Charlotte agora se desentendeu espetacularmente com Augustin. A briga começou no final de 1793, quando ela o acompanhava em sua missão no sudeste francês. E piorou quando, em sua segunda missão, ele levou consigo sua atual amante, Madame Saudraye. A briga chegou ao auge após o retorno dele a Paris em junho de 1794, quando Augustin deixou o alojamento em Saint-Florentin, que dividia com Charlotte, para morar com um colega deputado perto de Les Halles. Maximilien conseguiu despachar a irmã para Arras, mas ela voltou a Paris em pouco tempo e, desde então, alojou-se com uma amiga. Seus irmãos viraram as costas para ela. "Ela não tem uma gota de sangue nosso", escreveu Augustin a seu irmão algumas semanas atrás.

Além disso, parece que agora existem duas mulheres entre a pobre e incompreendida Charlotte e seu amado Maximilien. Testemunhas hostis afirmam que a preocupação maternal de Madame Duplay brota de um desejo de que ele se case com sua filha mais velha, a um tanto severa Eléonore. Sussurra-se que os dois já estão noivos ou mesmo que ele a tomou como amante. Outros têm menos certeza. Em sua cela, aguardando julgamento, Danton alegou que Robespierre era um virgem desprovido de colhões. Na verdade, a identidade sexual de Robespierre é um livro fechado, embora seus inimigos se ressintam do quanto ele é curiosamente atraente para as mulheres. Das galerias públicas da Convenção e do Clube Jacobino, uma forte claque feminina adora cada palavra sua e aplaude cada peroração. Robespierre não presta – ou finge não prestar – atenção às "idólatras". É o preço da fama. Robespierre se tornou uma celebridade.

Robespierre desfrutou do status de celebridade por algum tempo. Não é apenas que sua política de princípios e defesa obstinada do que ele considera a causa do povo lhe renderam fama, admiração e até reverência entre uma ampla gama de parisienses. Tampouco se trata meramente de ser reconhecido na rua, o que ele de fato é (pelo menos na bolha política em torno do complexo das Tulherias). É que pessoas desconhecidas sentem ter relações íntimas e afetuosas com ele. Ele é famoso – e amado por ser famoso. É assim que a condição de celebridade funciona. Com espanto sombrio, Augustin conta a seu irmão que, durante uma missão no sudeste da França, ele conheceu "milhares de embusteiros que repetem seu nome de forma bombástica e afirmam ter relações íntimas com você". Maximilien recebe cartas de fãs aos montes. Artistas empreendedores vendem gravuras e bustos de mesa do grande homem e medalhões com sua imagem. Homenagens às suas virtudes são humilde e profusamente oferecidas. Desde as tentativas de assassinato de Renault e Ladmiral, o Palácio da Convenção ressoava incessantemente, e ainda ressoa, com cartas de patriotas provincianos elogiando sua bravura. Revolucionários ardentes mudam seu nome para Robespierre – como o *sans-culotte* de Montmartre Charles-François Le Gentil, que agora atende por Robespierre Le Gentil. Os bebês são nomeados Maximilien ou mesmo Maximilienne. Robespierre é convidado a ser padrinho. As mulheres oferecem a mão em casamento. As pessoas também batizam seus animais de estimação com o nome dele (ou pelo menos os carcereiros da prisão assim o fazem: o cão de guarda "Robespierre" garante que nenhum contrarrevolucionário escape de suas mandíbulas).

Os Duplay mais do que satisfazem a celebridade do "Bom Amigo" Maximilien, com Eléonore liderando o culto. O quarto de Robespierre pode ser espartano em seu mobiliário, mas em seu pequeno escritório no andar térreo e nos salões da família há desenhos, gravuras e bustos multicoloridos e lembranças fabricadas pela indústria de *bric-à-bracs* Robespierre. Os Duplay também procuram protegê-lo dos excessos do culto e dos outros perigos da vida de uma celebridade, já que Robespierre recebe tanto ameaças de morte quanto cartas de fãs.

— Tigre coberto com o mais puro sangue da França, carrasco de seu país. Essa mão que aperta a sua com horror vai trespassar seu coração desumano. [...] Todos os dias estou com você; eu vejo você todos os dias; a qualquer momento, meu braço erguido pode buscar seu peito!

Com esse tipo de ameaça circulando em torno de Robespierre, as mulheres Duplay se transformam em uma barreira protetora contra o mundo exterior. Pretensos assassinos podem aparecer. Assim, as mulheres patrulham o pátio da residência Duplay, examinando os visitantes e afastando muitos deles. Foram eles que interceptaram Cécile Renault quando ela apareceu com seus canivetes escondidos em 23 de maio. As mulheres imediatamente sentiram o cheiro suspeito e chamaram os homens próximos para levá-la aos escritórios do CSG. Existem outros incidentes suspeitos mais recentes.

Será que Robespierre realmente corre tanto risco quanto as ferozmente protetoras mulheres Duplay parecem sugerir? Ele está dando importância exagerada às ameaças contra si próprio? Após reuniões com ele no final de 1793, a atriz e radical política Claire Lacombe (atualmente presa como suspeita política) opinou que ele era um covarde com "o medo estampado no rosto". Além disso, desde aquele encontro Robespierre ficou genuinamente convencido de que o primeiro-ministro William Pitt e o governo britânico estão empenhados em usar o assassinato de líderes republicanos franceses como uma estratégia de guerra, e que ele é o número um em sua lista de mortes. "Robespierre sonha com conspiradores", diz o promotor público Fouquier-Tinville a um amigo. Os pesadelos o perseguem em sua vida diária. Ele domina amplamente a tensão e o estresse. Sua firmeza não se abalou, como acontecera no início do ano. Mas seus medos o incitam a concordar com a barreira defensiva contra o mundo exterior fornecida pelos solícitos Duplay.

Além disso, há pouco tempo, conhecidos de trabalho de Duplay e entusiastas de Robespierre no Clube Jacobino formaram outra linha de defesa ao seu redor, acompanhando-o na rua, armados com bastões de madeira. Os três homens que foram a força que conduziu Cécile Renault ao CSG no dia da tentativa de assassinato não eram espectadores ociosos, mas membros proeminentes desse grupo de proteção: Jean-Baptiste Didier, Charles-Louis Châtelet (ou Duchâtelet) e Servais-Beaudoin

Boulanger. Didier é um ferreiro de Choisy, nos arredores de Paris, e amigo da família da esposa de Duplay, que vem da mesma aldeia. Quando Didier veio morar em Paris em 1794, dizia-se que ele morava nos aposentos de Robespierre, embora tivesse se mudado para os prédios convertidos do antigo mosteiro da Conception na rua Saint-Honoré, 355, virando a esquina dos Duplay. Châtelet, jurado do Tribunal Revolucionário como Didier e Duplay, era um pintor de paisagens de sucesso moderado antes da Revolução e tinha trabalhado na famosa "aldeia" de Maria Antonieta em Versalhes. Boulanger era originalmente um aprendiz de joalheiro na área de Saint-Eustache, mas tornou-se uma figura de alto escalão no exército pós-1789. Por meio de conexões *sans-culottes* e de serviços na Guarda Nacional de sua seção, Halle-au-Blé, ele garantiu a promoção a um posto fundamental dentro do *armée révolutionnaire*. Por razões que não são claras, Robespierre ofereceu-lhe apoio e proteção, e, na primavera de 1794, ele foi nomeado general como ajudante de campo do comandante da GN de Paris, Hanriot. Isso permite que ele sirva como um capanga importante de Robespierre.

Todos os outros membros do grupo de guarda-costas prestaram um excelente serviço dentro do movimento popular parisiense, muitos na própria seção de Robespierre. Eles incluem François-Pierre Garnier Delaunay, um advogado de carreira e sonoro jacobino que se tornou juiz no Tribunal Revolucionário; Léopold Renaudin, fabricante de alaúdes; e o ourives Pierre-François Girard. O mais proeminente de todos é o impressor Charles-Léopold Nicolas, cuja proteção a Robespierre remonta aos tempos da Assembleia Constituinte. Jacobino fervoroso, Nicolas usou suas ligações políticas para amealhar uma boa fortuna. Ele conseguiu uma comissão para publicar o jornal interno do clube, *Journal de la Montagne*, bem como os atos do Tribunal Revolucionário (do qual é jurado) e outras comissões totalizando bem mais de 100 mil libras. De fato, foi sua companhia que imprimiu o Máximo Salarial de 5 Termidor que tanto enfurecera os trabalhadores parisienses. É um lembrete de que o leal grupo de parisienses que formam o círculo de Robespierre, e que são o mais próximo do "povo" que ele idolatra, contém mais patrões que trabalhadores.

Esses homens lucram com a longa sombra de Robespierre e podem obter dela benefícios econômicos (como Duplay e Nicolas bem sabem) e também influência política. Outros provavelmente gostam da celebridade vicária que aquilo lhes proporciona. Mas também há altruísmo entre os motivos. Girard, por exemplo, admite abertamente que não obtém muitas vantagens de sua posição: Robespierre trata muitos membros do grupo com arrogância, como se eles não estivessem ali. A única ocasião em que Robespierre lhe dirigiu uma palavra foi para perguntar-lhe as horas. Não importa: Girard vê essa proteção como um dever patriótico exigido pela atual onda de tentativas de assassinato contrarrevolucionárias.

É muito difícil avaliar quão substanciais são as ameaças a Robespierre. Suspeita-se de que, em parte, os Duplay e seu círculo estão respondendo é à retórica de autossacrifício de seu inquilino e a sua conversa perene sobre a morte vindoura. O confronto com a irmã Charlotte sugere algum grau de superaquecimento emocional de todos os lados. O estresse ambiental dentro da casa também atingiu Philippe Le Bas. Recentemente, sua nova esposa ficou horrorizada ao ver um grupo de deputados, incluindo Bourdon, no Campo de Marte a ameaçar matar o "Bom Amigo" Robespierre com as próprias mãos. Alguns dias atrás, quando ela passeava pelo Jardin Marbeuf, seu marido virou-se de repente para ela e deixou escapar:

> — Se não fosse um crime, eu explodiria os miolos dele e me mataria também. Pelo menos morreríamos juntos. Mas não! Nós temos nosso pobre filho...

Embora possa se perguntar se Robespierre está ciente disso, a angústia de viver perto dele neste momento político tenso está exercendo um efeito depressivo no círculo Duplay.

No momento, porém, Robespierre está são e salvo em seu pequeno refúgio. Alguns homens do grupo de guarda-costas chegarão no fim da manhã, após o café, para acompanhá-lo à Convenção neste dia importante. Ele agora começa a trabalhar antes que a família se levante e antes que os empregados da residência entrem no pátio para iniciar sua rotina diária. Ninguém jamais imaginou Robespierre sonhando acordado, assoviando sem ocupação. Se está acordado, está trabalhando, e hoje precisa preparar um discurso para a Convenção.

A rotina de Robespierre deve ajudá-lo a administrar a pressão. Apesar da retórica martírica de ontem, ninguém faz dois discursos de duas horas por dia se estiver preso em angústia ou caindo de cansaço ou esgotamento moral. Ele deve estar ciente de que precisará ser ágil, pois o discurso de ontem deixará seus oponentes montanheses em alerta. O relatório final de Saint-Just é a prioridade na pauta, mas Robespierre virá na sequência. Ele não tem certeza do que Saint-Just vai dizer, pois o jovem completou seu discurso nos escritórios do CSP. Mas os dois se entendem, então Robespierre espera que Saint-Just siga o exemplo que ele deu ontem na Convenção. Ambos procurarão apoio do centro dentro da Convenção enquanto se esforçam para isolar os corruptos no poder.

Este não é um mau momento para buscar os jornais visando avaliar a opinião parisiense. Os jornais de ontem à noite terão algo a dizer sobre seu discurso. O *Messager du soir* diz:

> — Robespierre falou cedo e revelou a conspiração que discutiu nas recentes reuniões dos jacobinos. Seu discurso é tão importante que é impossível, no pouco espaço de que dispomos, dar uma ideia aproximada dele ou da discussão que se seguiu.

Decepcionantemente lacônico. Pelo menos, Robespierre pode refletir, eles não estão distorcendo suas palavras como os jornalistas têm feito recentemente, e ele sabe que seu triunfo no Clube Jacobino na noite passada aconteceu tarde demais para ser incluído nos jornais da manhã. Em um ou dois dias, porém, os jornais estarão garantindo que seu discurso, cuja publicação foi rejeitada pela Convenção, chegue a uma audiência nacional. Ele aceita o lapso de tempo: não busca resultados imediatos ou soluções rápidas. Ele está pensando além do dia atual. A ação popular leva tempo para ser mobilizada, e a imprensa e as conversas têm um papel a desempenhar.

Ler jornais tem sido uma das maneiras de Robespierre se manter no circuito político enquanto está ausente do CSP e da Convenção. Ele também frequenta religiosamente o Clube Jacobino e encontra tempo para examinar os papéis do governo trazidos para sua casa. Saint-Just traz regularmente arquivos dos escritórios do CSP. Parece que o que mais preocupa a rua Saint-Honoré nas últimas seis semanas são os assuntos do Departamento de Polícia do CSP. Simon Duplay, "Duplay Jambe-de-Bois", é agora um funcionário desse corpo, e isso também permite que Robespierre continue a par de suas pautas.

O Departamento de Polícia do CSP foi criado no fim de abril pela lei de 27 Germinal, proposta na Convenção por Saint-Just. Está subordinado ao CSP como um todo, mas nos três meses de sua existência foi gerido individual ou coletivamente por um subgrupo do CSP composto por Robespierre, Saint-Just e Couthon. Robespierre monopolizou sua gestão até o início de junho, enquanto Saint-Just estava em missão no front norte, e ele e Couthon continuam atuantes após o retorno de Saint-Just.

O Departamento é organizado de uma forma que se assemelha aos arranjos semidestacados que, no CSP, Carnot fornece para as forças armadas e Lindet para o abastecimento de alimentos. Como nesses casos, outros membros do CSP são rotineiramente buscados para assinaturas, invariavelmente sem discussão ou consulta. Ao contrário dessas outras áreas de responsabilidade especial, no entanto, o Departamento de Polícia tem poderes que se sobrepõem consideravelmente ao trabalho do CSG, que tem responsabilidade geral pelo policiamento e segurança nacional. Originalmente encarregado de vigiar apenas os funcionários de Estado que cometam erros, o Departamento agora lida com questões policiais de todos os tipos. E também está crescendo. Atualmente o pessoal sob as ordens de Augustin Lejeune, que se orgulha de sua amizade com Saint-Just, é de cerca de cinquenta indivíduos.

A maioria dos membros do CSG encara o Departamento como um rival e compartilha seus maus sentimentos com membros do CSP que pensam da mesma forma. A tendência de Robespierre de manter suas cartas escondidas de todos agrava o problema. Enquanto Saint-Just não descarta trabalhar com o CSG, Robespierre se recusa sistematicamente a encaminhar assuntos para eles. Na verdade ele parece estar buscando maior autonomia, nutrindo vínculos com outros órgãos mais complacentes. Um deles é a chamada Commission du Muséum, uma comissão popular do tipo que ele e Saint-Just defenderam nas negociações de trégua de 22 e 23 de julho. Outro é a poderosa Comissão de Administração Civil, Prisões e Tribunais, criada após a extinção dos ministérios, em abril. O chefe dessa comissão é Martial Herman, fervoroso admirador de Robespierre. Outro seguidor de Robespierre, o agente nacional Payan também coopera estreitamente com o Departamento de Polícia em questões de segurança. O Departamento parece ter o monopólio dos serviços de espiões policiais como Rousseville e Guérin, autorizados pelo CSP como um todo, mas reportando-se, até onde se sabe, principalmente a Robespierre e Saint-Just. Robespierre recentemente colocou um gendarme na entrada dos escritórios do Departamento, situado no segundo andar do Palácio das Tulherias, diretamente acima dos escritórios principais do CSP. A mensagem simples, mesmo para seus colegas do governo: mantenha distância.

Apesar das diferenças internas, o CSP sempre respeitou seu *éthos* de responsabilidade coletiva. No entanto, o Departamento de Polícia atua com agilidade e alheio a essa abordagem e Robespierre segue suas próprias regras, gerando suspeitas, mal-entendidos e conflitos. Seus críticos temem que ele esteja estabelecendo o Departamento como um órgão policial paralelo e um feudo privado, até mesmo uma plataforma de lançamento de poder pessoal. Robespierre fecha comitês seccionais de Paris onde ele suspeite que haja peculato (e onde as críticas a ele sejam expressas), mas o CSG anula suas decisões. A ineficiência institucional do governo está sendo comprometida pela hostilidade desbragada. Em seu discurso na Convenção ontem, Robespierre fez de tudo para minimizar seu papel no Departamento de Polícia. No entanto, ao sub-representar significativamente a escala de seu envolvimento, ele aumentou as suspeitas em vez de diminuí-las. O produto mais notável dessas tensões foi o caso da profetisa selvagem e adoradora de Robespierre Catherine Théot. Em vez de enfrentar o potencial de zombaria que viria em sua direção se o julgamento dela fosse adiante, Robespierre agiu unilateralmente, instruindo o promotor público Fouquier-Tinville a desistir do caso. Afrontado por esse golpe, Vadier, membro do CSG que havia apresentado o caso, está usando o episódio como uma arma de propaganda anti-Robespierre nos comitês e em toda a Convenção.

É irônico que o envolvimento de Robespierre no trabalho do Departamento de Polícia levante suspeitas sobre suas ambições. Afinal, embora o mandato do Departamento seja amplo, há poucos casos valiosos que se elevem acima de um nível de miudeza atordoante. Os inimigos de Robespierre podem fantasiar sobre ele criar uma máquina burocrática bem azeitada e hipereficiente, mas o fato é que a grande maioria dos casos que lhe chegam é totalmente monótona: um oficial enchendo os bolsos, um bêbado falando mal do CSP, um oficial eleito extrapolando sua autoridade, denúncias em pequena escala, a cultura lamuriosa da fila do pão e assim por diante. Ele despacha mais com marginália que raramente vai além do lacônico: "Prenda", "Exigir mais informações" e assim por diante. O Departamento de Polícia, por ter funcionado sob a gestão parcial de Robespierre, está longe de ser a plataforma de lançamento para a tomada do poder que alguns deputados podem temer.

A experiência de Robespierre de microgerenciar as minúcias morais e políticas que formam a base dos negócios do Departamento dá a ele a sensação de estar próximo das realidades da Revolução no nível do chão. Isso deve estimulá-lo a refletir sobre o quanto ainda falta fazer para elevar o povo francês ao patamar político e moral adequado para esta época revolucionária. O "povo virtuoso" ainda está sob pressão da "raça impura" que ele tanto detesta. Uma educação cívica adequada será essencial, assim como o tipo de novas instituições sociais que Saint-Just está mapeando atualmente.

O momento certamente não parece adequado para qualquer relaxamento do terror. O povo ainda não está pronto. Os discursos de Robespierre ontem deixaram bem claro: o Governo Revolucionário deve permanecer firme; o Tribunal Revolucionário deve receber todo o apoio; as leis contra inimigos da República no campo de batalha e em qualquer outro lugar precisam ser devidamente aplicadas. Os direitos ficam para amanhã; o terror é para hoje. As "pessoas virtuosas" precisam ser protegidas de seus inimigos por contínuas instituições de terror e pela contínua vigilância de Robespierre em nome do povo. Isso abrange um desejo ardente de extirpar os inimigos do povo onde quer que eles se encontrem, mesmo entre seus antigos colegas.

A sessão da Convenção de ontem mostrou a Robespierre que seus colegas estão felizes em pressioná-lo contra a parede. Mas uma boa noite de sono restaurou seu ânimo. Ele não está deixando o estresse enfraquecê-lo. E pode se consolar com o fato de já ter passado por situações semelhantes antes e sobrevivido não apenas para contar a história, mas também para ver suas políticas e a República triunfarem. No passado, aristocratas reacionários e depois enfurecidos partidários girondinos o ameaçaram com violência física. Em outubro e novembro de 1792, o girondino Louvet de Couvray lançou um ataque perverso e muito apoiado contra ele, classificando-o como "objeto de idolatria" e "ditador", acusações não muito diferentes das que ele agora enfrenta na Convenção. Robespierre livrou-se de Louvet e de todos os outros com estilo. Por que ele não faria o mesmo com seus inimigos conspiradores no Dia da Amoreira? Sua melhor defesa sempre foi a crença nas pessoas – e a crença delas nele. A resposta que obteve no Clube Jacobino ontem à noite confirmou que essa linha de ação ainda está intacta. Com as pessoas ao seu lado, o que ele tem a temer?

7H

Escritórios municipais, Maison Commune (Maison-Commune)

Como um dos funcionários que atende os comitês de Paris, Blaise Lafosse tem um dia agitado pela frente. Ele já está à sua mesa na Maison Commune, a antiga prefeitura renascentista ou Hôtel de Ville, localizada na Rive Droit, a leste da cidade. Ele precisa terminar a ata do Conselho Municipal, que se reuniu três dias antes, em 24 de julho, e depois dar os retoques finais nos preparativos para a reunião de hoje, que está marcada para começar às 13h30. O Conselho Municipal tem 48 membros com ação executiva em assuntos municipais. A pauta do dia inclui itens bem diversos, como a eliminação do lixo de rua, a remoção de matéria fecal acumulada em torno da Ile des Cygnes, a oeste da cidade, molhar as avenidas para manter a poeira sob controle durante os meses de verão, um novo uniforme para os bombeiros, o fornecimento de ovos e de pessoal de enfermagem para o Hôtel-Dieu, o grande hospital de Paris, algumas questões financeiras e de emigrados, e assim por diante. O conselheiro Jean-Baptiste Avril também entregará um aguardado relatório sobre os cemitérios da cidade. E terão que atentar para o festival de Bara e Viala, a ser realizado no 10 Termidor, pois o planejamento está atrasado. Embora totalmente mundano, esse é o tipo de assunto rotineiro que permite à municipalidade manter funcionando uma cidade tão grande e complexa quanto Paris. Espera-se que o tempo extra provido pelo início antecipado coloque Lafosse em uma boa posição.

Ele chegou cedo, vindo de seu alojamento a cerca de um quilômetro e meio de distância, ao norte de Les Halles, na rua du Jour, em

Contrat-Social, uma das 48 seções em que a cidade é dividida. Estas são as unidades-chave que asseguram a administração da cidade, e também formam o nível básico de envolvimento democrático. Desde 1792, todos os homens adultos da cidade desfrutam do direito de voto nas eleições nacionais, municipais e seccionais. Em Contrat-Social, a assembleia geral da seção em que ocorre a votação e outros assuntos importantes da seção se reúne na igreja de Saint-Eustache, agora uma propriedade nacional.

A estrutura seccional foi estabelecida de forma um tanto aleatória em 1790, e as seções variam muito em tamanho e população, bem como em composição social e aparência política. As seções ocidentais da cidade tendem a abrigar uma população socialmente mais respeitável, embora a emigração aristocrática tenha diminuído as elites em áreas como o Faubourg Saint-Germain. O anel externo de seções é normalmente maior e menos densamente povoado. O tamanho médio da população de uma seção é de cerca de 15 mil pessoas, embora haja uma divergência considerável em torno da média: Révolutionnaire, na Ile de la Cité, e Fraternité, na Ile Saint Louis, estão entre as menores, com cerca de 5 mil habitantes. As seções mais populosas incluíam Gravilliers, na Rive Droit, e Panthéon e Unité, na Rive Gauche, com mais de 20 mil cada. Originalmente, os nomes das seções faziam referência a marcos locais, e, embora alguns deles permaneçam por ali (Invalides, Temple, Tulherias), outras foram "patrioticamente" renomeadas. Alguns nomes celebravam heróis e mártires revolucionários modernos (Marat, Lepeletier, Chalier) e antigos (Guillaume-Tell, Mutius-Scévole, Brutus), enquanto outros evocavam valores revolucionários (Fraternité, Unité, Indivisibilité, Réunion), constitucionais e pontos de referência políticos (Droits-de--l'Homme, Contrat-Social, Montagne, Amis-de-la-Patrie) e associações *sans-culottes* (Homme-Armé, Piques, Bonnet-Rouge, Sans-Culottes).

Se a Convenção forma a representação nacional, a Comuna de Paris desempenha a mesma função para a capital. O "parlamento" municipal é o Conselho Geral, para o qual cada uma das 48 seções elege três membros. Teoricamente com 144 membros, o Conselho se reúne duas vezes a cada dez dias, no quinto e no décimo de cada *décade*, e oferece um fórum para discursos e decisões políticas. Sua composição oferece poucos pontos de semelhança com as abastadas assembleias municipais do

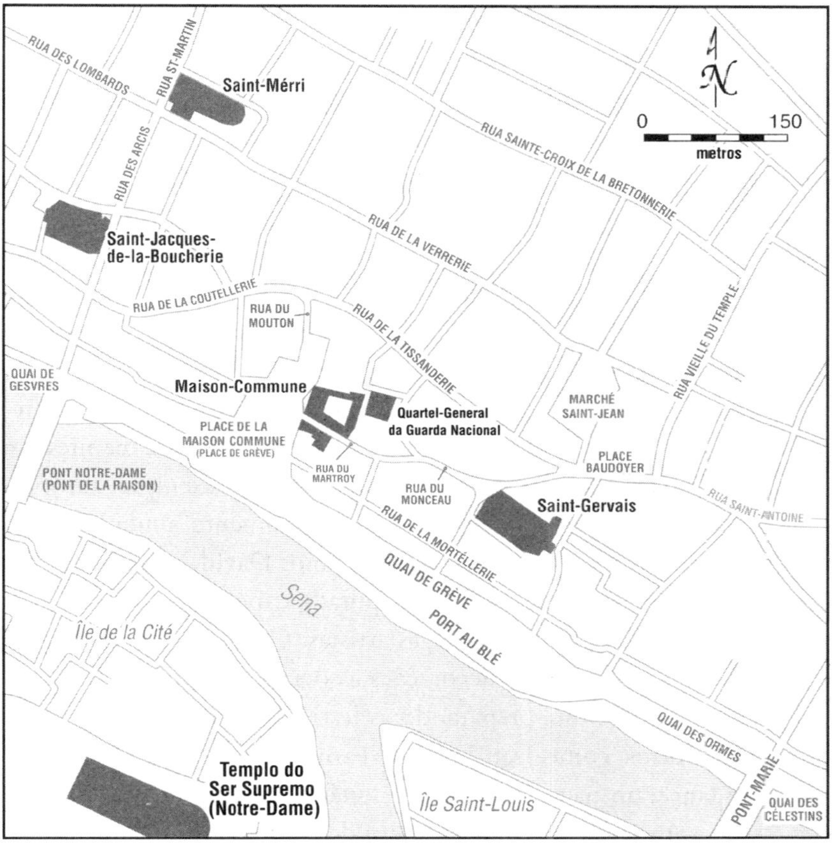

Mapa 3. Arredores da Maison Commune

Ancien Régime. De fato, as antigas ordens privilegiadas são notáveis pela ausência virtual entre os membros atuais. Apenas um punhado de conselheiros tem um pingo de sangue nobre, e tão grande tem sido a força recente do anticlericalismo em toda a cidade que também há bem poucos clérigos.

Atualmente, o único padre (ou melhor, ex-padre) no Conselho Geral é Jean-Pierre Bernard, que renunciou à sua vocação, casou-se e acumulou uma impressionante lista de funções remuneradas: além de uma pensão eclesiástica e dos emolumentos que recebe como zelador de sua antiga igreja, atua como chefe da administração na Mairie e acaba de receber um cargo de destaque na burocracia do salitre. Essa acumulação de cargos é formalmente proibida, mas não é incomum.

Tendo em mente a tendência nestes dias igualitários e *sans-culottes* de diminuir a posição social de alguém, o Conselho Geral é amplamente povoado por indivíduos de posições sociais medianas e até relativamente humildes. Cerca de um terço é formado por artesãos e empregados, e outro terço é composto de comerciantes e homens de negócios. Eles são, em sua maioria, pessoas estabelecidas, de meia-idade: menos de 10% têm menos de trinta anos, e dois terços estão na casa dos quarenta ou cinquenta anos. O decano do grupo é o arquiteto Pierre-Jean Renard, de 68 anos, enquanto o mais jovem é o marceneiro Jean-Baptiste Aubert, ambos da seção Poissonnière.

Escritores e profissionais liberais (advogados, médicos etc.) estão representados de forma desproporcional e frequentemente se manifestam no fórum do Conselho Geral. Pierre-Louis Paris, por exemplo, autoproclamado homem de letras, deve oficiar um casamento ainda hoje. Há uma dúzia de pintores. O grande Jacques-Louis David, organizador das grandes festas republicanas, além de deputado e membro do CSG, deve servir de inspiração para seus colegas artistas. O pintor Laurent Cietty conseguiu contratos para as decorações associadas às grandes festas republicanas e de fato está preparando as festividades de Bara e Viala, já próximas. Outros, como Jean-Léonard Faro e Claude Bigaud, simplesmente se lançaram na política revolucionária em tempo integral. Para eles, assim como para um bom número de conselheiros cuja ocupação anterior se dedicava a negócios de luxo agora decadentes (cabeleireiros, perfumaria, moda e assim por diante), a administração municipal fornece um fluxo de renda mais confiável.

O Conselho inclui um punhado de indivíduos ricos. Entre estes, Jean-Jacques Arthur e René Grenard, parceiros de negócios em uma das melhores companhias de produção de papel de parede de Paris antes de 1789. De sua base na rua Louis-le-Grand, com vista para os elegantes bulevares do oeste, a firma de Arthur e Grenard fornecia papéis de parede para a Casa Real. Nos círculos *sans-culottes*, o hiperentusiasmado Arthur provavelmente não menciona seu antigo cliente, nem se supõe que ele chame a atenção para a compra de terras nacionais (isto é, propriedades confiscadas de nobres e da Igreja durante a Revolução) em Bercy, que ele guarneceu como a sede de um pequeno país. No outro extremo do espectro, há muito poucos trabalhadores efetivos.

Jean-Guillaume Barelle, do Faubourg-du-Nord, que ganha vinte sous por dia como pedreiro, é uma das exceções. Além disso, o nono dia da *décade* é o dia do pagamento dos trabalhadores, então ele pode preferir uma recreação mais relaxante a tratar de negócios municipais.

O corpo diretivo da Comuna e seus outros comitês se reúnem na Maison Commune, o antigo Hôtel de Ville. A fachada ornamentada do edifício tem vista para a Place de la Maison Commune, que muitos ainda insistem em chamar por seu nome tradicional, a Place de Grève. "Grève" significa praia, e a borda sul da praça se estende até a borda do Sena, onde estão localizadas numerosas docas especializadas em receber e estocar matérias-primas trazidas ao longo da bacia do rio Sena, no interior da França. Antes de 1789, o chefe cerimonial de Paris baseado aqui era o *Prévôt des marchands* (o Preposto dos Mercadores). O Prévôt presidia corporações de nobres que desempenhavam muitas, mas não todas as tarefas municipais, pois dividia o poder com o tenente-general de polícia, uma nominação da realeza com autoridade de nível ministerial e uma área de responsabilidades excepcionalmente ampla. Os dois conjuntos de órgãos do *Ancien Régime* foram destituídos em 1789, e o município de Paris agora é responsável por toda a gama de atividades anteriormente divididas entre eles. Silencioso a esta hora da madrugada, o local de trabalho de Lafosse logo abrigará sua atividade normal, repleta de escriturários, mensageiros, recepcionistas, porteiros, membros de comitês e funcionários.

A Comuna ostenta não apenas um mandato excepcionalmente amplo, mas também um histórico orgulhoso de ação política radical desde os primeiros dias da Revolução. Originou-se no verão de 1789, quando a cidade se defendeu contra um movimento de Luís XVI para controlar as forças da Revolução. Os 407 eleitores parisienses do Terceiro Estado dos Estados Gerais supervisionaram a defesa da cidade e a tomada da Bastilha, transformando-se, no processo, em um novo município independente, chefiado por um prefeito. Foi nesse momento que a bandeira nacional tricolor foi criada como o símbolo icônico da Revolução, combinando o vermelho e o azul das cores cerimoniais da cidade de Paris com o branco da monarquia Bourbon. A tricolor sobreviveu ao fim da monarquia, hoje enfeita todos os mastros da cidade e é o principal elemento do gorro vermelho usado por todo republicano patriota, Cd. Lafosse incluído.

A derrubada do rei em 10 de agosto de 1792 foi desencadeada por membros radicais de uma autodenominada Comuna Insurrecional soando o toque de alarme no campanário da Maison Commune. Assim, desenvolveu-se uma nova tradição revolucionária, exemplificada ainda mais nas *journées* de 31 de maio e de junho de 1793: quando a Comuna toca os sinos dando esse alerta, os parisienses se levantam armados para defender os direitos soberanos do povo e salvar *la patrie*. O toque de alarme da Maison Commune – o *tocsin* – é complementado por muitas igrejas em toda a cidade, embora um grande número de sinos de igreja tenham sido derretidos para fabricar canhões no esforço de guerra, transformando a paisagem sonora urbana. (Desde que ficaram silentes, Mercier nota com pesar, eles nunca fizeram tanto barulho.) Os antigos sinos da catedral de Notre-Dame, agora o "Templo do Ser Supremo", são os de maior prestígio entre os que restam. Uma operação suplementar de alerta de que o país está em perigo é o disparo do canhão de alarme (*canon d'alarme*) instalado na Ile de la Cité, no meio da Pont-Neuf, onde ficava a famosa estátua equestre de Henrique IV. Ele foi disparado em 31 de maio de 1793, uma *journée* hoje em muitas mentes.

O papel icônico de vanguarda da Comuna dentro da Revolução é fundamentado no engajamento político ativo e no compromisso democrático dos parisienses. A partir de 1789, o prefeito e os funcionários municipais foram eleitos democraticamente, a princípio sob condições de propriedade e desde a derrubada da monarquia sob o princípio do sufrágio universal masculino. O princípio democrático se estende do topo à base da governança municipal – pelo menos em teoria.

Um dos três conselheiros eleitos de cada seção é escolhido para integrar o Conselho Municipal, reunido hoje. Desses 48, dezesseis são designados como funcionários administrativos e constituem a Secretaria Municipal, que gere seis grandes serviços ou departamentos municipais: subsistência e abastecimento alimentar, finanças e impostos, obras públicas, instituições públicas, terras nacionais e polícia. A escala desses serviços é tamanha que muitos estão localizados fora da Maison Commune: obras públicas e terras nacionais estão localizadas em prédios adjacentes à prefeitura e ao redor do Marais, enquanto polícia, finanças, subsistência e abastecimento de alimentos estão alojados no

Mairie (onde estão os escritórios da prefeitura na Ile de la Cité). A Maison Commune é o navio principal de uma flotilha de serviços municipais espalhados pelo leste da cidade.

Os membros da Secretaria Municipal trabalham em conjunto com os funcionários regulares para garantir a execução dos decretos e políticas municipais formulados pelo Conselho Municipal ou pelo Conselho Geral. As reuniões de ambos os órgãos são presididas pelo prefeito, na presença do agente nacional. Enquanto o prefeito atua como representante externo de alto nível da cidade, o agente nacional é efetivamente o principal executivo da Comuna, com poderes de vigilância e supervisão gerencial sobre todos os seus negócios e a totalidade de seu pessoal administrativo.

Os princípios democráticos que fundamentam as atividades da Comuna foram atenuados no último ano. Com a Lei de 14 Frimário (4 de dezembro de 1793), que consagrou a centralização do Poder Executivo no CSP, as eleições tornaram-se menos frequentes. Dois terços dos conselheiros existentes foram nomeados pelo CSP após renúncias e mortes e também como resultado de expurgos de opositores políticos e desviados. O prefeito Jean-Baptiste Fleuriot-Lescot também foi nomeado pelo CSP, na primavera de 1794, sem eleição. Na mesma época, o CSP nomeou Claude-François Payan para o cargo de agente nacional. Os atuais titulares desses dois cargos-chave detêm um poder considerável como resultado de terem sido colocados sob o CSP, mas desfrutam de menos liberdade de ação e independência do que seus antecessores.

O prefeito Fleuriot-Lescot deve sua posição de destaque à Revolução. Nascido em Bruxelas em 1751, filho de pais franceses, formou-se como escultor e em 1789 trabalhava em uma posição modesta em um escritório de arquitetura. Ele subiu a escada do progresso político com grande velocidade e foi eleito para a Comuna pela seção do Muséum em 1792. Embora sem formação jurídica, foi nomeado adjunto do promotor público Fouquier-Tinville no Tribunal Revolucionário no início de 1794, e posteriormente, quando os ministérios foram substituídos por comissões executivas em abril de 1794, ele foi premiado com a pasta de Obras Públicas. Não tinha um mês no cargo quando foi nomeado para a prefeitura de Paris. Sua dívida com o CSP, e especialmente com Robespierre, que deu sua bênção à nomeação, é uma garantia de sua fidelidade. Diz-se que ele enviaria seu próprio pai para a guilhotina se isso favorecesse Robespierre.

A placidez oportunista de Fleuriot contrasta com a energia fria e controlada, mas inquieta, do agente nacional Claude-François Payan. Payan é um provinciano. No início da Revolução, ele e seu irmão mais velho, Joseph-François, envolveram-se na política local em seu departamento natal, o Drôme. Em Paris para missões políticas, Claude-François chamou a atenção de Robespierre, que lhe garantiu uma posição primeiro na burocracia do CSP e depois como jurado no Tribunal Revolucionário. Na primavera, ele presidiu a Assembleia Geral na seção de Robespierre, Piques. A assiduidade e o empenho na causa o levaram a uma rápida promoção ao posto de agente nacional com apenas 27 anos. Mais ou menos na mesma época, seu irmão mais velho foi nomeado para um cargo na Comissão Nacional de Educação.

Há uma espécie de pureza política no compromisso do agente nacional com a Revolução que deve atrair Robespierre (e fazer Lafosse sentir que tem um chefe difícil). "As pessoas estão sempre dizendo aos juízes, cuidem-se, poupem os inocentes", informou ele a um aliado político no Midi.

> — Mas eu digo, em nome da Pátria, tremam de medo de salvar um culpado [...]. Individualismo e moderação desfilando como justiça é um crime.

A fria certeza de propósito que moveu seu período no Tribunal Revolucionário afetava também sua visão geral.

Payan é um dos "aduladores" de Robespierre, mas, como Herman na Comissão de Administração Civil (e possivelmente Dumas, presidente do Tribunal Revolucionário), ele também é uma espécie de intelectual que compartilha a visão espartana, mas inspiradora, de Robespierre e fala a mesma linguagem feroz de virtude patriótica *versus* vício. Às vezes esses homens se parecem mais com Robespierre do que o próprio Robespierre. Eles levam sua retórica a ferro e fogo como um estímulo para a ação. A recusa categórica de Payan em enxergar o popular movimento dos banquetes fraternos como algo mais do que uma covarde manobra aristocrata, por exemplo, mostra sua obstinada consistência de propósito. O mesmo acontece com sua postura intransigente nas relações trabalhistas. A visão que esses homens compartilham é a de patriotas combatendo hordas nefastas de contrarrevolucionários, aristocratas e conspiradores. A justiça para os patriotas só pode ser alcançada fazendo grandes e sangrentas incursões nas fileiras dos inimigos do povo.

Um mês atrás, quando o caso Catherine Théot estava estourando e trazendo muitas críticas a Robespierre, Payan escreveu-lhe uma longa carta pedindo uma ação tão audaciosamente severa que aconselhou Robespierre a queimá-la assim que a lesse. Robespierre deveria, ele insistiu, usar o imbróglio com Théot como um trampolim para reafirmar sua autoridade dentro de Paris. Ele deveria atacar de frente não apenas Vadier e seus comparsas no CSG, juntamente com sua burocracia, mas também a série de moderados e encrenqueiros dentro da Convenção, como Bourdon de l'Oise, que estão fazendo calúnias de todo tipo. Além disso, ele não deveria apenas reprimir os jornalistas; deveria simplesmente estatizar a imprensa para que a opinião pública não seja mais enganada. Essa é a maneira de trazer o povo de Paris de volta ao comando. É também a forma de colocar a ideia de ditadura na cabeça de Robespierre.

Robespierre respondeu algo? Está ponderando sobre esse curso de ação? A carta deve pelo menos confirmar para ele que a Comuna está em mãos leais. De fato, Robespierre já contribuiu muito diretamente para fazer da Comuna um de seus redutos. A campanha do CSP desde a virada de 1794 para reduzir a autonomia da Comuna tem o apoio uniforme de membros do CSP, incluindo Collot d'Herbois e Billaud-Varennes, que são frequentemente vistos como campeões da influência *sans-culotte*. No entanto, foi Robespierre quem dirigiu as operações em relação à Comuna, supervisionando a demissão de importantes funcionários eleitos e fechando os clubes políticos de bairro que sempre formaram uma parte fundamental da sociabilidade política *sans-culotte*. Ele também teve a maior parte da responsabilidade pelas novas nomeações na Comuna, começando com Payan, o operador mais eficaz e, de fato, o personagem mais temido do grupo principal.

O quadro de funcionários recentemente constituído foi, de fato, em grande parte retirado de um grupo de nomes de patriotas comprovados que Robespierre compôs em algum momento da primavera de 1794. Isso serviu como um vade-mécum para muitos compromissos. Para a

Comuna, Robespierre recomendou Lubin e Moenne como deputados de Payan. O pintor Jean-Jacques Lubin, de 28 anos, assumiu como vice-presidente do Conselho Geral sob a prefeitura de Pache, mas posteriormente esteve perto de ser comprometido por sua amizade com Pache e Hébert e declarações precipitadas, como seu desejo de que metade de membros da Convenção seja guilhotinada. Ele restaurou seu prestígio ao ter um concidadão em sua seção, a Champs-Élysées, preso como suspeito por ousar dizer que "Robespierre estava marchando em direção a uma ditadura através da anarquia e da opressão". No entanto, o irmão de Lubin, ainda contaminado por ligações com o ex-prefeito Pache, deve ser encaminhado ao Tribunal Revolucionário hoje, o que deve estar atormentando a mente de Jean-Jacques. Jacques Moenne, o segundo dos deputados de Payan, é outro "patriota" de Robespierre, um contador de Lyonnais que se tornou um assíduo jacobino de Paris e é associado a *sans-culottes* de sua cidade natal que são próximos a Robespierre. Sua promoção deixou vago o cargo de vice-presidente do Conselho Geral, que coube a Jean-Philippe-Victor Charlemagne, de 27 anos, mestre-escola e outro fervoroso patriota pró-Robespierre.

Muitos indivíduos na lista de Robespierre exibem mais sentimentos pró-Robespierre do que experiência relevante ou mesmo competência técnica. Sobre o Cd. Bourbon, escolhido em abril para ser vice-escrivão da Comuna, por exemplo, pouco se sabe a não ser que, num floreio antimonárquico ao prestar juramento, decidiu mudar seu nome para Fleury.

Blaise Lafosse chegou ao escritório cedo demais para as fofocas desta manhã. Ele sem dúvida ignora a turbulência da reunião de ontem à noite no Clube Jacobino. Tanto Fleuriot quanto Payan são jacobinos e podem ter estado lá ontem à noite, embora Payan tenha chegado tarde depois de uma visita ao teatro. Tampouco Lafosse saberá que Fleuriot e Payan foram convocados aos escritórios do CSP no meio da noite. Lafosse tem muito o que fazer, mas também muito o que atualizar. Neste momento, porém, seu foco está em mais um dia e mais um comitê.

7H

Place du Panthéon (Panthéon)

Os trabalhadores do carpinteiro Maurice Duplay podem muito bem estar chegando cedo hoje para concluir a construção da arquibancada em torno da entrada do Panthéon, nome agora dado à antiga igreja de Sainte-Geneviève, que se eleva sobre o Quartier Latin. Os preparativos estão atrasados, e a tarefa de hoje é terminar tudo para as festividades de amanhã, que homenagearão Joseph Agricol Viala e o tocador de tambor Joseph Bara, meninos mártires que morreram heroicamente lutando contra os inimigos da República.

Foi Robespierre quem nos últimos meses cuidou das homenagens a esses dois adolescentes e sugeriu a colocação de seus restos mortais no Panthéon (designado desde 1791 como santuário dos heróis nacionais). Jacques-Louis David, acólito de Robespierre e diretor de cortejos, foi contratado para planejar o dia. Ele pensou em um grande espetáculo multimídia, exigindo a participação do povo de Paris, com uma procissão partindo dos jardins das Tulherias, do lado de fora da Convenção, até a Rive Gauche, envolvendo fanfarras, cantores e dançarinos. A expectativa para o evento é grande. Sua grande pintura, *A morte do jovem Bara*, ainda está longe de estar pronta, mas os teatros já encenam representações relacionadas com Bara e Viala, a poesia exalta suas virtudes, os relatos escritos do dia circulam nos jornais de hoje e gravuras das festividades (ainda por acontecer) podem ser adquiridas na Pont-au-Change.

David expôs seus planos para as festividades várias semanas atrás, mas a gestão do evento desde então deu muito errado. Houve desentendimentos sobre a hora em que as festividades deveriam começar e sobre as responsabilidades para as diferentes partes do dia. O CSP percebeu que a Comuna estava atrasada no planejamento e pressionou o prefeito a escrever para todas as seções em 25 de julho, ordenando-lhes que convocassem uma assembleia geral para permitir que as seções se reunissem e ensaiassem suas partes. O distinto compositor François-Joseph Gossec, que escreveu um hino patriótico para ser cantado no dia, supervisionou pessoalmente os ensaios na seção Brutus ontem. As seções também estão recebendo músicos e meninos e meninas do coro do Instituto Nacional de Música para ajudar nos ensaios. Mas, na noite de 8 Termidor, o prefeito Fleuriot-Lescot ainda reclamava que nem todas as seções tinham recebido instrução adequada. Ainda não está claro em que pé estão os preparativos.

Um papel cerimonial fundamental nas festividades será desempenhado pelo presidente da Convenção, um cargo para o qual os deputados votam quinzenalmente. No momento, o presidente é Collot d'Herbois, que neste momento tem coisas mais urgentes para pensar. Robespierre também parece ter perdido todo o interesse no negócio. Apesar do papel de destaque como diretor do festival, ele não fez nenhuma menção à festa em seus discursos de ontem. Para aumentar os problemas, David está doente. Não muito, pois planejou levar seus próprios filhos ao festival. Nem muito doente para, na noite anterior, ter apoiado Robespierre de forma extravagante no Clube Jacobino. Mas doente o bastante ao chegar em casa do Clube naquela noite e tomar um emético medicinal que o forçará a ficar de cama em 27 e 28 de julho. Pode-se perguntar: é uma doença conveniente? David já se arrependeu de sua promessa no Clube Jacobino ontem à noite, de beber cicuta com Robespierre?

7H

Seção de Jacques-Louis Ménétra (Bon-Conseil)

Sob um sistema de racionamento de carne de porco introduzido há vários meses, por volta de trezentos porcos são conduzidos à estação de pesagem do hospital de La Salpêtrière, no sudeste da cidade, para serem registrados, numerados com corante vermelho e depois divididos e distribuídos a açougueiros de toda a cidade. Cada uma das 48 seções tem uma entrega a cada dois dias. As seções mais populosas obtêm mais: Gravilliers, na Rive Droit, e Panthéon, na Rive Gauche, cada uma contendo uma população de 20 mil a 25 mil habitantes, levam onze porcos, e as menos populosas recebem cinco por vez. Tem havido alguma consternação nos últimos dias sobre como esse sistema de racionamento está funcionando no nível do chão, e em várias seções os funcionários estão chegando cedo hoje para resolver as coisas. Ninguém quer filas revoltosas.

Funcionários seccionais e comitês desempenham um papel crucial nos trabalhos mundanos, bem como nos processos democráticos da cidade. As eleições para o município são provavelmente menos valorizadas pela população local do que aquelas realizadas em assembleias gerais seccionais para os comitês que lidam com negócios intrassetoriais. Cada seção elege um Comitê Civil, estabelecido logo após a crise no verão de 1789. Sua forma e associação mudaram de várias maneiras desde então, mas eles continuam sendo uma parte fundamental da vida do bairro, desfrutando de responsabilidades pela lei e ordem, saúde e bem-estar públicos e garantindo que os cidadãos conduzam seus negócios com segurança. Os doze membros do comitê tendem a ser cidadãos sólidos, que inspiram respeito local. O presidente de cada comitê (um cargo rotativo) conduz a assembleia geral bienal da seção e tem o direito de convocar reuniões extraordinárias da assembleia em tempos de crise. O cargo é remunerado desde maio de 1794. A remuneração diária de três libras não enriquecerá ninguém sob os preços atuais, mas pode compensar as perdas causadas pela Revolução.

Atualmente preside o Comitê Civil da seção Bon-Conseil, adjacente a Contrat-Social, ao norte de Les Halles, Jacques-Louis Ménétra, um vidraceiro de cinquenta anos. Antes de 1789, especializou-se no fabrico de lanternas e candeeiros de rua. Ele ainda carrega um monte de histórias de quando era um jovem folgazão que vagava em um *tour de France* aprendendo novas técnicas de trabalho com vidro e dormindo com honestas donas de casa, garotas indefesas e freiras frustradas. Sua vida de então era uma crônica de escapadas noturnas e brigas com a guarda da cidade, temperada com alegres bebedeiras e boa disposição. Ele tem um bom par de anedotas: jogou tênis com um Príncipe de Sangue e xadrez com o filósofo Jean-Jacques Rousseau, confraternizou com o carrasco público Sanson e depois fez o pequeno Delfim observar suas travessuras enquanto ele consertava janelas quebradas em Versalhes, e assim por diante.

Ménétra deixou para trás toda essa agitação para se tornar um cidadão exemplar. Pilar da Guarda Nacional de sua seção, é um deputado eleito para juiz de paz da seção e presidente da Comissão Civil. Alguns dias antes ele não conseguiu ser eleito para o Conselho Geral da Comuna, perdendo para seu amigo Antoine Jemptel. Ele se consola atuando no Comitê de Beneficência seccional, que dispensa ajudas modestas aos seus vizinhos necessitados.

Embora não sejam assalariados, sendo geralmente nomeados em nível local em vez de eleitos, os membros dos Comitês de Beneficência seccionais estão entre os funcionários que mais trabalham. Eles comandam um sistema mais flexível para ajudar os pobres do que os esquemas bem-intencionados, mas estereotipados (e invariavelmente subfinanciados), do governo central. Uma dotação municipal, complementada com rendas de caridade, permite-lhes prestar assistência aos doentes pobres, mas também aos idosos e enfermos, às grávidas e lactantes e às famílias dos desempregados temporários, bem como às famílias dos "defensores da pátria" (isto é, soldados). Eles continuam as tradições de caridade do *Ancien Régime*, mas agora de uma forma expansiva e secularizada que busca atender todos os cidadãos necessitados (não apenas católicos observantes). Trabalham para dar às classes mais pobres um senso de direito civil associado à missão igualitária da República. Toda a vida de Ménétra girou principalmente em torno do Número Um. Mas em seus anos maduros ele foi levado a apreciar o que a Revolução alcançou: uma República que se esforça para cuidar de seus cidadãos.

Como membro do Comitê Civil, Ménétra está, em teoria, bem posicionado para garantir que os direitos dos cidadãos sejam respeitados e para defender o povo contra seus inimigos. Na prática, existe agora um rival para esse papel na forma do Comitê Revolucionário da seção. Um decreto da Convenção de 21 de março de 1793 estabeleceu o que era então chamado de "comitê de vigilância" dentro de cada comuna da França e em cada seção dentro de Paris. Sua função inicial de vigilância centrava-se nos estrangeiros e forasteiros, mas seus poderes foram muito alargados durante a crise política no verão de 1793. Em particular, os Comitês Revolucionários elaboram listas de suspeitos políticos de acordo com a Lei dos Suspeitos de 17 de setembro de 1793, e podem perseguir e prender à vontade. Eles fornecem *cartes de sûreté* (em essência, carteiras de identidade), bem como "certificados de civismo" (*certificats de civisme*), para aqueles que precisam de validação patriótica. Muitos comitês usam seus poderes com autoridade silenciosa, mantendo a paz (e as manobras contrarrevolucionárias afastadas). Mas também podem servir a interesses individuais. Há corrupção total acontecendo em algumas seções. O Comitê Revolucionário na seção Bonnet-Rouge, na Rive Gauche, está executando uma verdadeira algazarra, exigindo secretamente propinas de possíveis suspeitos. Com mais frequência, figuras proeminentes nos comitês usam sua autoridade para angariar ou manter seguidores por meio de patrocínio.

Tais práticas eram um elemento básico da vida do bairro sob o *Ancien Régime*. Mas agora elas têm um matiz mortal, já que os poderes de investigação, prisão e identificação de suspeitos dos Comitês Revolucionários podem abrir um caminho para a guilhotina. Esse foi cada vez mais o caso ao longo do ano passado, particularmente porque os conflitos mortais dentro das classes políticas, principalmente aqueles envolvendo os dantonistas e hebertistas, produziram um efeito cascata de desconfiança em nível local. Jacques-Louis Ménétra sentiu o clima mudar para o medo e a suspeita. Ele tem a sensação de que qualquer um que tenha um único pé na vida pública está sendo observado e que a conduta do passado está sendo medida por um padrão de virtude republicana. Nessas circunstâncias, Ménétra percebe taciturnamente, retirar-se da vida pública tornou-se mais perigoso do que permanecer nela. Ele toma cuidado para não recusar nenhum cargo que surja em seu caminho.

Com as fortes pressões de centralização e conformidade vindas do CSP (e, de forma diluída, da Comuna), a vida seccional local é menos vibrante do que antes. No entanto, mobilizações em direção à centralização do governo correm o risco de minar a vitalidade do movimento *sans-culotte*. Isso nos faz pensar: é todo esse movimento popular que tem sido crucial para impulsionar a Revolução em direção ao declínio?

8H

École de Mars, Plaine des Sablons, Neuilly

Algumas semanas atrás, Hyacinthe Langlois, de dezessete anos, foi enviado por seu departamento na Normandia para ingressar na nova academia militar da França, a École de Mars, localizada nos limites do Bois de Boulogne, a oeste da cidade, na chamada Plaine des Sablons, perto da vila de Neuilly. A educação é um elemento-chave na missão do Governo Revolucionário de transformar os corações e as mentes dos homens e mulheres franceses. Robespierre há muito defende reformas engenhosas (embora recentemente o assunto tenha caído em sua lista de prioridades). Foi Bertrand Barère, seu colega de CSP, que no início de junho elaborou um plano para a École por meio da Convenção. Cada departamento foi convidado a selecionar meia dúzia de seus jovens mais patriotas para treinar nos três ramos das artes militares (infantaria, cavalaria e artilharia) a fim de que eles possam se tornar futuros heróis republicanos no campo de batalha.

Cerca de oitenta pupilos virão da cidade de Paris, e não será difícil encontrar recrutas. Armas, canhões e uniformes estão por toda parte; cavaleiros passam pelas avenidas; exercícios militares ocupam jardins públicos; mulheres bonitas pendem de cada braço militar; bandeiras tricolores tremulam em todos os locais públicos; até as crianças entram na brincadeira, fazendo chapéus de granadeiro de papel, usando paus como armas e marchando para cima e para baixo ao som de tambores improvisados.

A École será menos divertida. Composta, insistia Barère, de nada além de "tendas, armas e canhões", a École é um acampamento espartano

– ou melhor, Esparta revisitada pelas interpretações iluministas da Antiguidade clássica. O comandante da École, Louis-Florentin Bertèche, é um personagem que poderia ter sido retirado de antigos anais. Famoso por ter sofrido 42 ferimentos de sabres prussianos ao salvar a vida de seu general na batalha de Jemappes, em 1792, seu rosto e mãos mutilados e sombrios devem assustar os meninos tanto quanto instilariam medo no inimigo. (Embora desconheça o fato, está de aviso prévio, pois denúncias relacionadas a ele chegaram ao CSP, que está tomando providências para demiti-lo.)

Na chegada, os recrutas cortam o cabelo sem cerimônia. Lágrimas brotaram nos olhos de muitos adolescentes quando as tranças e cabeleiras que eles acreditavam ser autenticamente republicanas foram removidas rapidamente. Jacques-Louis David foi convidado para criar um novo estilo de uniforme para eles: túnicas e couraças romanas com *kilts* escoceses e um *shako* prussiano (além de uma espada curta no antigo modelo romano), em uma improvável e vivaz mistura à *opéra-comique*.

Neste momento, há cerca de 3,5 mil meninos no acampamento, organizados em cesarianas “centúrias” e “milhares”, em vez de regimentos e companhias. Altas paliçadas de madeira mantêm o mundo do lado de fora, forçando os aldeões de Neuilly a fazer um desvio ao redor do perímetro do campo para chegar a Paris, ocasionalmente atirando cascalho e pedras por sobre o muro em protesto. Neuilly está se tornando um refúgio para aristocratas, e teme-se que um bordel seja aberto na vila para atender à École. De acordo com os relatórios de Rousseville, espião do CSP, mais de cem aldeões foram presos como suspeitos políticos. Os instrutores da École – veteranos devotados, diz-se, às visões hebertistas e às garrafas (não necessariamente nessa ordem) – encorajam o medo de que forças hostis invadirão o acampamento e massacrarão todo mundo. Os meninos estão ansiosos com essa afirmação implausível. Eles correm maior risco de vida dentro do acampamento: rações de baixa qualidade e abastecimento de água deficiente começaram a causar mortes por disenteria. A disciplina é rigorosamente aplicada, por isso não é surpresa que alguns meninos comecem a se perguntar no que eles se meteram: eles sentem falta de suas famílias, e a “nostalgia” (o termo médico para uma saudade patológica e melancólica que ameaça a sanidade) causa em alguns uma lamentação que os leva a declinar.

Os meninos estão acordados desde a madrugada de hoje. O toque da alvorada às cinco horas – tiros de canhão ensurdecedores, tambores e trombetas – desencoraja uma postura desleixada. Há aulas teóricas no fim do dia, mas grande parte da manhã é gasta em treinos e exercícios dentro do acampamento. Langlois está particularmente satisfeito por ter sido escolhido para fazer parte da delegação de meninos que terá um lugar de honra amanhã, marchando atrás dos deputados da Convenção na cidade, no dia de descanso decenal do 10 Termidor, durante a procissão das festividades associadas à panteonização de seus modelos, os jovens mártires Bara e Viala. Suas efígies são exibidas com destaque ao lado de uma colossal estátua da liberdade no enorme salão em que eles têm suas aulas.

Apesar do orgulho e entusiasmo por ter sido escolhido, Langlois compartilha a saudade de casa que aflige muitos de seus colegas. Em uma ocasião, ele foi encontrado chorando por uma delegação conduzida pelo montanhês Jean-Pascal Peyssard, um dos deputados escolhidos pela Convenção para dirigir a École. No grupo estava um homem magro e pálido, elegantemente vestido e penteado, cujos olhos atrás dos óculos piscavam enquanto se dirigia ao rapaz para perguntar qual era o problema. Quando informado de que a causa do desgosto era um uniforme mal ajustado, o homem instruiu Peyssard a conseguir um novo para ele. Langlois deve estar grato por esse ato de bondade. Ele partiu de Maximilien Robespierre.

Será que Robespierre enxerga a École, como alguns em Paris começaram a sussurrar, como uma espécie de guarda pretoriana para si próprio? É certamente relevante que um dos favoritos de Robespierre, Philippe Le Bas, genro de seu senhorio Maurice Duplay, tenha sido nomeado ao lado de Peyssard para comandar o acampamento. E o médico de Robespierre, companheiro jacobino e jurado no Tribunal Revolucionário, Joseph Souberbielle, é o responsável pelos serviços de saúde. Mas se Robespierre tem tais desígnios, ele os está conduzindo com uma eficiência implausivelmente secreta. De fato, a preocupação no Clube Jacobino, expressa nos debates de 24 de julho, é a de que é Carnot quem está planejando usar a École contra a cidade de Paris e, presumivelmente, contra Robespierre. Boatos sobre um grande número de canhões de cerco sendo trazidos ostensivamente para a École, para aulas de artilharia dos meninos, fizeram soar o alarme.

Nenhuma dessas suposições espalhafatosas, podemos ter certeza, chegou a Hyacinthe Langlois e seus amigos. Alguém se pergunta se Le Bas e Peyssard dão algum crédito a elas. De qualquer forma, os meninos estão ansiosos para seu orgulhoso desfile no 10 Termidor que celebrará Bara e Viala. Se consultarem seu Calendário Revolucionário, verão que o Dia da Amoreira é seguido pelo gloriosamente não marcial Dia do Regador.

8H

As ruas da cidade

Enquanto os meninos da École de Mars estão agitados com a perspectiva do festival Bara e Viala no Dia do Regador, seus colegas parisienses que trabalham como vendedores de jornais estão se espalhando pela cidade. Empregados das gráficas da cidade, a maioria localizada na Rive Gauche, na seção de Marat, e ao redor do Palais-Royal, na Rive Droit, estiveram ocupados durante a noite produzindo os jornais desta manhã e agora voltam sonolentos para casa, passando por uma onda de assistentes, balconistas, funcionários, profissionais liberais e afins que fluem para seus postos rumo ao centro da cidade. Os meninos dos jornais estão levando seus produtos para os endereços dos assinantes ou vendendo seus estoques na rua. Eles gritam as manchetes desta manhã conforme andam, para não serem abafados pelos gritos familiares de outros comerciantes de rua alertando as famílias sobre sua chegada: o "*À la crème!*" da leiteira, o "*À l'eau! À l'eau!*" do carregador de água, o "*Balais, Balais!*" do fabricante de vassouras, e o "*Ma belle salade!*" do vendedor de hortaliças. O silêncio das primeiras horas já se foi há um bom tempo.

Os meninos com jornais, que chegam às centenas, disputam a clientela: há 51 jornais sendo produzidos atualmente na capital. Ainda que alguns sejam periódicos especializados e nem todos sejam diários, hoje em dia a oferta nas ruas é muito variada e volumosa: é a prova de que a liberdade de imprensa, uma das mais caras das liberdades reconhecidas pela Declaração dos Direitos do Homem, não está tão extinta quanto afirmam alguns críticos do Governo Revolucionário.

A liberdade de expressão proclamada em 1789 trouxe aos cidadãos franceses uma dieta textual, visual e auditiva maior, mais rica e mais variada do que nunca. Em 1789, Paris contava com um único jornal diário que trazia reportagens políticas. Assim que a crise revolucionária estourou, os números dispararam: houve 184 novos títulos em 1789 e 305 em 1790. O número de gráficas aumentou três ou quatro vezes. O boom de novos títulos e um enorme crescimento de leitores ampliaram massivamente os parâmetros do debate democrático. Desde 1789, a principal notícia dos jornais é a política.

A imprensa também atua como um retransmissor de outras formas de comunicação política. Discursos e sermões são publicados como panfletos ou então retrabalhados como cartazes que cobrem paredes e monumentos. As músicas também existem no formato impresso. A Revolução inaugurou uma vibrante cultura do canto. Pouco mais de cem novas canções foram publicadas em 1789; o número em 1793 era 590, e 1794 dá a impressão de que vai superá-lo. O teatro igualmente sentiu os ventos dinâmicos da mudança: acabou o sistema pré-1789, de rígida regulamentação estatal, e o número de teatros na cidade aumentou de forma impressionante, para quase quarenta no total. Isso também significa que foram publicadas mais peças do que nunca, permitindo que os autores alcancem um grande público fora dos locais de apresentação.

Desde 1789, a impressão interage produtivamente com outras atividades sociais: clubes políticos, salas de leitura, postos da GN e salões de guardas, sociedades populares e assembleias seccionais, bem como tabernas e cafés, ambientes familiares, esquinas, parques, jardins públicos e similares. Estes oferecem um número enormemente expandido de locais onde a palavra impressa, muitas vezes lida em voz alta, é absorvida e sujeita a um debate acalorado. A impressão chega a todos os lugares e lubrifica os processos de cidadania participativa dentro e fora de casa. Paris fornece uma parcela desproporcional da produção nacional de jornais, já que as taxas de alfabetização são as mais altas e o público de teatro e de assinantes de jornais é o mais numeroso aqui também. Significativamente, muitos jornalistas que fizeram nome em Paris nos primeiros anos da Revolução transformaram sua celebridade em vantagem política e foram eleitos para a Convenção, às vezes por departamentos distantes da capital.

A liberdade de imprensa sofreu alguns golpes duros desde 1789, assim como os jornalistas. Jornais monarquistas e aristocráticos foram fechados após a derrubada de Luís XVI em agosto de 1792. Durante a primavera e o verão de 1793, os títulos pró-girondinos foram os próximos a desaparecer, seguidos pelos associados às vítimas dos julgamentos de março e abril de 1794. Jornalistas que viram o cadafalso no ano passado incluem não apenas monarquistas, mas também luminares girondinos como Brissot, Gorsas, Fauchet e Carra; críticos de esquerda do Governo Revolucionário, como Jacques-René Hébert; e moderados dantonistas, incluindo Camille Desmoulins. Outros morreram no cárcere (Jacques Roux) ou ainda estão definhando lá (Mercier).

A guilhotina e a cela das prisões atuam como um freio vigoroso à livre expressão política. Desde a primavera, os editores de jornais têm sido particularmente cuidadosos em seguir a linha do governo. Comentários editoriais e artigos de opinião são cada vez mais espremidos por simples reportagens factuais: o principal da maioria dos jornais são notícias de vitórias na frente de batalha, os procedimentos da Convenção e do Clube Jacobino e listas dos executados pelo Tribunal Revolucionário, mais a lista de apresentações de teatro da noite. Para tópicos muito relevantes, os editores muitas vezes adiam a reportagem até que tenham conferido o texto do *Bulletin des lois*, ou então de outros jornais que seguem uma linha estritamente jacobina. O politicamente marginal *Correspondance politique de Paris et des départements*, por exemplo, alerta para a sensibilidade da Lei de 7 Prairial (26 de maio de 1793), que, a pedido de Barère e Robespierre, proibiu a captura de prisioneiros de guerra britânicos, explicando aos seus leitores que forneceria uma versão literal da lei sem mais comentários, com base no fato de que "seus mínimos detalhes são interessantes, portanto o menor erro de relatório seria perigoso". A cautela editorial é compreensível.

Uma zona de perigo particularmente sensível envolve Robespierre, cuja extrema suscetibilidade em relação a relatórios incorretos é notória. Nos primeiros anos da Revolução, não havia defensor mais ardoroso da liberdade de expressão e da liberdade de imprensa. Ele promoveu uma visão elevada do papel dos jornais, juntamente com as escolas, as sociedades populares, as festas cívicas e o serviço militar, no esclarecimento da opinião pública e na condução do povo para a virtude. No ínterim entre a Assembleia Constituinte e a Convenção, ele mesmo tentou o jornalismo, editando *Le Défenseur de la Constitution*.

Com o passar do tempo, no entanto, as opiniões de Robespierre se inverteram. Ele sente agora que a contrarrevolução aberta e a guerra externa e interna colocam muita pressão sobre tais instituições livres; a sobrevivência do Estado vem em primeiro lugar. "A liberdade de imprensa", relatou-se como refletindo na Convenção após a expulsão dos girondinos em meados de 1793, "é válida apenas em tempos tranquilos." De fato, ele escreve em seu caderno particular: "Devemos proibir escritores, os mais perigosos inimigos do povo".

Foram os ataques girondinos contra ele que confirmaram a Robespierre a visão de que muitas vezes são os supostos campeões da Revolução os seus piores e mais perniciosos inimigos, espalhando calúnias deliberadamente, estimulando o erro, ofuscando a verdade e enganando as pessoas. Em janeiro de 1794, Robespierre estava propondo a queima pública de todos os exemplares do *Vieux Cordelier*, jornal dissidente de Camille Desmoulins, seu colega de escola. A réplica coruscante de Desmoulins à custa de Robespierre – "*brûler n'est pas répondre*" ("Queimar não é uma resposta") – contribuiu para a atuação de Robespierre ao despachá-lo para a guilhotina alguns meses depois.

O castigo de Desmoulins não fez Robespierre moderar seu ódio pelos jornalistas. Qualquer ideia de que a execução das facções dantonistas e hebertistas na primavera tornaria a política mais transparente e autêntica provou-se tristemente incorreta. O problema persiste. "Como pode ser permitido", perguntou o pró-jacobino *Journal des Hommes libres*, que, embora o terror esteja na ordem do dia,

> — ... grandes quantidades de notícias falsas circulem do centro de Paris [...] e levem a incerteza às mentes dos patriotas e a serenidade às almas dos aristocratas?

"Notícias falsas" também foi a reclamação de Robespierre. Em um debate cerca de um mês atrás, ele criticou a má-fé dos jornalistas que trabalham para o jornal semioficial de registro, o *Moniteur*, por mentir de maneira flagrante. Em um discurso recente, apontou, notara a alegação feita em jornais ingleses de que ele era acompanhado por um guarda armado quando caminhava por Paris. Ele refutou a acusação, lançando os braços ao redor para declarar, sarcasticamente: "Como se pode ver, é um fato muito evidente". Ainda assim, ele depois protestou amargamente que seu discurso fora completamente distorcido: o *Moniteur* tinha ignorado a ironia contida implicitamente em suas palavras, dando aos leitores a impressão de que ele de fato tinha um guarda-costas. (Esse é um assunto particularmente delicado para Robespierre, dado o fato de que ele é frequentemente acompanhado pelas ruas por um grupo de homens armados.) O *Moniteur* defendeu-se apontando que seu relato fora extraído palavra por palavra do *Journal de la Montagne*, o periódico interno dos jacobinos. Mas isso claramente não satisfez Robespierre. Seu temor persiste: o de que a vantagem da República no campo de batalha esteja sendo sabotada por jornalistas falsamente aliados e inimigos ocultos na mídia impressa. Os jornalistas estão se tornando o inimigo.

> Quem quer que tenha opiniões sobre a Revolução e seus inimigos deve entender a tática destes. Eles têm várias, mas uma das mais simples e poderosas é enganar a opinião pública sobre os princípios e sobre os homens.

"Notícias falsas" estão sendo geradas em Londres e difundidas pelos agentes do governo britânico em Paris, jornalistas que espalham a corrupção. Trata-se de uma parte fundamental da Conspiração Estrangeira.

Se Robespierre e seus partidários são cada vez mais hostis à vigência da liberdade de imprensa nas condições existentes, eles também estão manifestando ceticismo semelhante sobre as liberdades teatrais. A partir de 1793, ardentes jacobinos promoveram a ideia de que o palco deveria ser um fórum de pedagogia política a conduzir o povo pelos caminhos do republicanismo e da virtude. Um decreto da Convenção de 2 de agosto de 1793 instruiu todos os teatros a apresentar a cada dez dias peças que defendessem a virtude cívica e endossadas pelo Estado. Também ameaçou fechar qualquer teatro que ostentasse valores antirrepublicanos. Proprietários de teatros são pressionados a promover peças endossadas pelo CSP, bem como outras obras patrióticas, cujos recursos incluem homilias republicanas, representações de *journées* políticas heroicas e vitórias militares, referências a figuras icônicas como Brutus e os mártires republicanos Marat e Lepeletier, com ataques robustos a reis, nobres, eclesiásticos que recusaram o juramento de lealdade à República e outros vilões. Há muita participação do público cantando hinos republicanos antes, depois e frequentemente durante as apresentações.

Além dessa pressão exortatória sobre os teatros parisienses, o governo também utiliza medidas negativas. Como Joseph Payan escreveu há poucas semanas em um relatório em nome do Comitê de Educação do qual foi coautor:

> Os jornais são como os teatros; eles geram impacto moral. Por essa razão, devem ser colocados sob algum tipo de controle. [A forma desse controle] se relaciona com os próprios princípios da liberdade e, portanto, só pode ser definida dentro do contexto dos princípios do Governo Revolucionário e da lei suprema da segurança do povo.

Assim, os maus dramaturgos deveriam estar sujeitos a uma repressão feroz como potenciais inimigos do povo, em aliança com potências estrangeiras. Joseph evidentemente está de acordo com seu irmão, o confidente de Robespierre Claude-François, agente nacional da Comuna, pois neste exato momento este último tem instado Robespierre a controlar a imprensa e a reprimir os maus jornalistas ao lado dos maus dramaturgos atacados por seu irmão.

No entanto, a ortodoxia política está se mostrando ainda mais difícil de impor no palco do que na página. A lei de 2 de agosto de 1793 está sendo amplamente desrespeitada. Atualmente, apenas metade das novas peças produzidas pode ser classificada como "patriótica". Grande parte da outra metade é apenas o de sempre. A peça mais popular da década revolucionária é, de fato, *Les deux chasseurs et la laitière* ("Dois caçadores e uma leiteira"), de Anseaume, uma obra musical leve composta em 1763, com dois atores, uma atriz e um urso de pantomina. O teatro Ambigu-Comique no Boulevard du Temple a encenou no decorrer deste mês, provando que, mesmo neste momento de auge do entusiasmo republicano, os parisienses muitas vezes preferem o entretenimento à propaganda e o riso aos exemplos republicanos severamente austeros. Mais de cinquenta peças cujo título contém a palavra "Arlequim" foram produzidas desde 1792, e apenas duas com "Brutus". No teatro republicano, Arlequim supera Brutus. O mesmo vale para um urso de pantomina.

Ciente do problema, o governo demitiu seus dois censores teatrais por incompetência em março de 1794. Mas seus sucessores, Faro e Le Lièvre, da Administração Policial da Comuna, enfrentam os mesmos problemas. Isso porque não se trata apenas de um caso de maus autores e maus atores, como Payan gostaria, mas também de plateias "ruins", que expressam suas opiniões de maneiras que desafiam o censor. Os parisienses há muito têm uma propensão notória a encontrar nos escritos significados políticos ocultos que refletem o humor popular da época. Ao visitar a cidade em 1779, o viajante escocês John Moore observou que,

> pelo enfático aplauso que concedem a determinadas passagens das peças representadas no teatro, eles transmitem ao monarca os sentimentos da nação a respeito das medidas de seu governo.

Essa prática continuou desde o primeiro dia da Revolução e ainda está em vigor. Na verdade, às vezes se argumenta que o direito de reclamar está consagrado na Declaração de Direitos do Homem como uma forma de liberdade de expressão.

Três *causes célèbres* durante o período do Governo Revolucionário destacaram a sensibilidade do governo ao que ele enxerga como reações inadequadas do público a evocações do terror. A primeira dizia respeito a *Caius Gracchus*, de Marie-Joseph Chénier, apresentada pela primeira vez em 1792. Depois, em 1793, devido à reação inadequada do público à frase "leis, não sangue", ela foi tratada com severidade. O *Timoléon* de Chénier sofreu um destino semelhante no outono de 1793. Aqui, o gatilho para a indignação do governo foi identificado durante os ensaios, nas palavras "precisamos de leis e moral, não de vítimas". Também foi notado que um dos vilões da peça foi levado a ter uma semelhança deplorável com Robespierre. A peça foi retirada de cartaz e Chénier foi supostamente forçado a queimar o manuscrito de sua obra ofensiva nos escritórios do CSG. Talvez o caso mais notório tenha sido o das apresentações em agosto de 1793 da versão teatral de *Pamela*, romance de sensibilidade de Samuel Richardson adaptado para os palcos pelo ex-deputado François de Neufchâteau. O CSP tinha forçado o teatro em questão, nada menos que o velho Comédie-Française, a transformar os aristocráticos protagonistas da peça em plebeus, mesmo assim tinha um problema: a frase "Ah! Só os perseguidores devem ser condenados / E os melhores de todos são os tolerantes" recebeu aplausos estrondosos. Furioso com essa reação "pouco cívica", o CSP encerrou o espetáculo e prendeu o dramaturgo e os atores, a quem responsabilizou pela reação do público. Robespierre ficou particularmente ofendido com o caso *Pamela*, comparando as atrizes envolvidas a Maria Antonieta e pedindo que fossem tratadas com a mesma severidade (presumivelmente, pela guilhotina). Elas estão atualmente na prisão aguardando encaminhamento ao Tribunal Revolucionário. Mas os espetáculos continuam – e também as risadas e os aplausos.

Para Robespierre, o som das gargalhadas nos teatros parisienses deve ser uma reprovação ao governo. Às vezes, esse riso simplesmente expressa uma frivolidade de propósito fora de sintonia com estes austeros tempos republicanos. Mas o perigo adicional é o riso ser um sinal de oposição e crítica: não apenas uma admissão pungente das falhas da pedagogia republicana para transformar a imaturidade do povo, mas também um sinal preocupante da penetração da capital por inimigos do povo e conspiradores estrangeiros, desejosos de corromper a República.

A crítica de Robespierre aos jornais e teatros é frequentemente repetida por seus colegas no Governo Revolucionário. Couthon, Collot, Barère e Amar falaram abertamente sobre o assunto. No entanto, não há dúvida de que, de todos aqueles que estão no centro do governo, é Robespierre quem está mais preocupado com a questão. O ex-campeão da imprensa livre é agora seu pior inimigo e comunica suas ansiedades a seguidores importantes, como Payan. Suas opiniões sobre a prevalência de "notícias falsas" estão ligadas a suas convicções sobre a seriedade da Conspiração Estrangeira. Mesmo antes de desistir de ir às reuniões do CSP, observaram seus colegas, ele vinha pensando obsessivamente nessa questão. Todas as suas contribuições se concentram em "prisões, jornais e o Tribunal Revolucionário", reclamam seus colegas. Seu comportamento os deixou cada vez mais irritados com a aparente falta de vontade de assumir o comando do trabalho extremamente exigente do governo. No entanto, inversamente, o fracasso dos esforços consistentes de Robespierre durante a primavera e o início do verão para convencer os colegas apenas fortalece suas próprias convicções sobre o alcance dos tentáculos dos inimigos da França. Quando o destino de toda a Revolução está em jogo, a falta de vontade de levar a sério a Conspiração Estrangeira e suas maquinações está se tornando, aos olhos de Robespierre, uma ofensa contrarrevolucionária que só poderia ser tolerada por um inimigo do povo.

9H

Escritórios da Administração Municipal de Polícia, Mairie, Ile de la Cité (Révolutionnaire)

"A virtude está na ordem do dia!"

O comando emitido ontem por Claude-François Payan, agente nacional da Comuna e fervoroso partidário de Robespierre, deu às forças policiais da cidade as ordens de marcha de hoje em termos inequívocos. O comando não é uma agitação inicial dos movimentos políticos de Robespierre em direção a uma república de virtude. De modo muito mais banal, é um apelo a um melhor policiamento da prostituição.

A ideia da Comuna de limpar a cidade ignora a sujeira material das ruas para atingir o que considera poluição moral. O triunfo da virtude passa pela perseguição do vício, tanto no trabalho sexual como nas esferas políticas mais elevadas. Desde a derrubada do rei, a Comuna está determinada a reverter a atitude *laisser-faire* em relação ao sexo, evidente na primeira parte da Revolução. Payan está seguindo Chaumette, seu antecessor no cargo, ao defender um ataque à prostituição pública em todas as suas formas, desde a vagabundagem até o proxenetismo e a manutenção de bordéis, e abraçar questões de saúde pública e infecções venéreas.

O governo, tanto municipal quanto nacional, tem pouca paciência com mulheres desempenhando um papel na vida pública. As promessas de liberdade de expressão e a expansão da esfera pública depois de 1789 trouxeram mais mulheres para a esfera pública do que nunca. Mas, desde 1792 e 1793, esse movimento vem diminuindo. Os ataques à prostituição e à irregularidade sexual formam apenas a ponta de uma lança muito maior de intolerância sobre a presença de mulheres em qualquer forma de vida pública. A associação política feminina de maior destaque, a Sociedade de Mulheres Republicanas e Revolucionárias, foi banida no fim de 1793, e muitas das mulheres mais politicamente ativas sofreram cruelmente. Militantes da Sociedade, como Claire Lacombe e Pauline Léon, estão na prisão, enquanto Olympe de Gouges, autora da pioneira *Declaração dos Direitos da Mulher* (1791), acabou no cadafalso, assim como a *salonnière** girondina Madame Roland. Théroigne de Méricourt enlouqueceu com tudo isso e está perseguindo Saint-Just em cartas. Influenciadas pela cultura militar hipermasculina agora em evidência, as figuras políticas enfatizam uma complementaridade rousseauniana dos papéis de gênero que restringe as mulheres ao lar. Mesmo (e para algumas, especialmente) as mulheres que frequentam as galerias públicas da Convenção e do Clube Jacobino podem se ver duramente atacadas.

No entanto, está se mostrando mais fácil tirar as mulheres da vida pública do que das ruas, e Payan deve perceber que sua concepção de virtude como a ordem do dia ainda tem um longo caminho a percorrer antes de ganhar eficácia. Sem surpresa, as celas da polícia nesta manhã não estão lotadas de profissionais do sexo recém-abordadas. O alcance de seu objetivo também não é facilitado pela heterogeneidade das forças policiais da cidade e suas estruturas de subordinação. No nível local, o agente nacional pode trabalhar em questões de ordem pública por meio do comissário de polícia de cada seção, uma versão atualizada dos pré-revolucionários *commissaires du Châtelet* e, em teoria, um cargo eletivo. Esses funcionários trabalham junto com os Comitês Seccionais Civil e Revolucionário e também estão sob as ordens de várias outras autoridades, incluindo o CSG e o CSP. Além disso, a GN tem função de policiamento, notadamente em patrulhas noturnas pela cidade, das quais participam literalmente milhares de pessoas. A Guarda se reporta ao seu comandante, Hanriot, que recebe ordens da Comuna. Há também um juiz de paz eleito em cada seção, que é membro *ex officio* do Comitê Civil seccional.

* Dirigente feminina de salões culturais. [N.T.]

Para os comissários de polícia da cidade, as responsabilidades desta manhã são caracteristicamente monótonas. Às sete horas, por exemplo, o comissário de Droits-de-l'Homme descobriu que a leiteira Marguerite Thouin trouxera de Vincennes para a cidade nos alforjes de sua mula não apenas quantidades-padrão e permitidas de leite, ovos e manteiga, mas também peças de carne de qualidade destinadas a clientes particulares na seção das Tulherias. A polícia aponta que isso representa uma infração às leis do Máximo. Seus protestos de inocência não convencem. Às oito horas, há outro problema relacionado ao Máximo: carregamento ilegal de mercadorias na Ile Saint-Louis.

São igualmente mundanos outros assuntos matinais dos comissários de polícia. Em Gardes-Françaises, a copeira Antoinette Roque pediu que seu bebê de trinta meses fosse levado para o orfanato de enjeitados: ela não consegue lidar sozinha com a maternidade. Há um caso triste no Invalides: um jovem nadando no Sena foi para o fundo e se afogou. Em Bonne-Nouvelle, houve um problema com uma porta trancada que precisou do uso de força para ser aberta e permitir a coleta de salitre. O apodrecimento de uma carcaça de porco desarticulada é o problema que precisa ser resolvido nas seções do noroeste da cidade. Os moradores estão roubando pedaços para comer, com a impressão de que, como a carne ainda não está com larvas, está boa para o consumo.

No entanto, apesar das aparências de calma, as autoridades da cidade foram alertadas para a forte possibilidade de manifestações operárias ainda hoje contra o Salário Máximo que a Comuna promulgou em 23 de julho (5 Termidor). Hanriot colocou a GN em alerta no dia 25 de julho. Há a preocupação adicional de que os manifestantes possam aparecer amanhã e tumultuar as festividades em homenagem a Bara e Viala. Embora Hanriot originalmente menosprezasse as preocupações do prefeito Fleuriot-Lescot a esse respeito, afirmando pomposamente que a razão e o bom comportamento são necessários em festividades públicas, em vez de homens armados, Fleuriot está insistindo em uma presença mais forte da GN nesta manhã.

As manifestações operárias tornaram-se uma questão para a qual a própria Administração Policial da Comuna será arrastada. A sede desse serviço administrativo está localizada na Mairie, os gabinetes do prefeito na Ile de la Cité, na antiga residência do magistrado sênior (*Premier*

Président) do antigo Parlamento de Paris. Está incrustada em um emaranhado de antigas e estreitas ruas que a unem ao Quai des Orfèvres. Em 1792, o número de conselheiros nomeados para a Administração de Polícia era de quatro, mas o volume de trabalho que lhes foi apresentado levou a um aumento desse contingente. Atualmente, são vinte. Suas funções principais são a investigação de suspeitos (em conjunto com os Comitês Seccionais Revolucionários) e a supervisão das prisões, domínios intimamente conectados. Indivíduos considerados suspeitos podem ser presos em uma das centenas de prisões da cidade, que atualmente estão bufando sob a sobrecarga de prisioneiros. Três quartos dos 8 mil detentos são parisienses. A Lei dos Suspeitos de 17 de setembro de 1793 definia "suspeito político" de forma extremamente ampla, e a definição da Comuna delineada em outubro de 1793 era ainda mais ampla: "Indivíduos que, sem nada fazer contra a liberdade, também nada fizeram por ela". Em grande medida, a identidade de um suspeito político está nos olhos de quem vê. E isso pode ser perigoso se o observador for membro de um dos Comitês Seccionais Revolucionários encarregados da vigilância política.

A expansão do número de agentes policiais tem sido acompanhada por uma elevada rotatividade de pessoal. Isso se deve a uma mistura de rivalidades políticas e acusações comprovadas de corrupção. Houve uma grande limpeza na primavera, em parte como consequência de um expurgo anti-hebertista e em parte devido ao crescimento dos poderes do CSP à custa da autonomia da Comuna. Apenas um dos vinte homens atualmente no cargo foi nomeado antes de 1794, a saber, Etienne Michel, da seção de Réunion, e mesmo ele passou um breve período na prisão. Quase todos os recém-chegados foram nomeados pelo CSP e seguem o padrão geral de conter uma boa dose de indivíduos com ligações com Robespierre ou simpatia por ele. Eles representam um estrato bastante preciso da *sans-culotterie* parisiense. Um bom número tem experiência em negócios de luxo (incluindo três joalheiros, dois pintores, dois relojoeiros, dois alfaiates, um marceneiro, um gravurista e um artesão de espelhos), enquanto Michel é um fabricante de *rouge* que emprega meia dúzia ou mais de trabalhadores. Vários deles têm baixo nível de alfabetização. O sapateiro Martin Wichterich, nascido em Colônia (cujo confisco de fivelas de sapato de prisioneiros tanto impressionou seus pupilos), está entre os mais humildes e menos articulados. "Tenha paciência", disse ele a um grupo de prisioneiros em certa ocasião, com certeza délfica e em péssimo francês. "A justiça é justa, a verdade é verdadeira e essa duração não vai durar indefinidamente."

Os agentes policiais esperavam um dia agitado, com a nova guerra de Payan contra o vício e a ameaça de uma grande manifestação contra o Máximo Salarial. Mas ainda não há sinal de nada além do comum. O principal assunto durante o turno da noite foi a prisão de alguns suspeitos políticos. Às três da manhã, Faro e Teurlot, encarregados do plantão, enviaram um esquadrão para buscar um ferreiro e sua esposa na rua des Lavandières, no Muséum. A mulher tinha consigo uma moeda com a efígie do falecido tirano (também conhecido como Luís XVI), bem como algumas chaves de aparência suspeita: pessoas foram guilhotinadas por menos. Às quatro horas, os mesmos policiais enviaram um emissário com outro mandado de prisão, sob acusação não revelada. As horas de sono são bons momentos para fazer prisões discretas.

Os assuntos rotineiros desta manhã incluem o roubo noturno de um grande depósito de joias de uma loja perto de Saint-Roch, incluindo relógios, pulseiras de diamantes, correntes de ouro, colares e assim por diante, além de trinta a quarenta *bonnets rouges*. (O ladrão deve ser um patriota.) Os suspeitos devem ser interrogados, mas não é má ideia deixá-los cozinhar um pouco antes de começar a interrogá-los. Há prisões e transferências de prisão para resolver, e inspeções de prisão a serem iniciadas. Alexandre Vernet, que a GN encontrou dormindo do lado de fora de sua sala de guarda na rua de Birague no início desta manhã, é culpado não apenas de bebedeira e desordem, mas também por ter faltado em seu serviço de guarda em sua seção inicial, Lombards. Ele será enviado para a prisão de La Force, o que tornará o 9 Termidor um dia inesquecível para ele.

O administrador Teurlot fez uma visita antecipada à prisão de Abbaye para inspecionar o estado dos esgotos. Essa medida de higiene urbana, normal em outras prisões, foi interpretada por muitos detentos como um prelúdio para outra rodada de ataques no estilo Massacres de Setembro. O boato está correndo: os esgotos se tornarão o túmulo dos prisioneiros. No Bénédictins-Anglais, Mercier está tremendo na base. Mesmo assim, nada parece indicar que os rumores tenham fundamento.

9H45

Itinerário de Giot: rua de Hautefeuille (Marat), Panthéon (Panthéon), prisão de Temple (Temple)

Christophe-Philippe Giot ostenta um bigode muito elegante, do tipo que velhos soldados usam, como é apropriado para um veterano que se juntou ao exército em 1759 para lutar na Guerra dos Sete Anos. Expansivo, espalhando-se pelo rosto para se juntar a espessas suíças e deixando apenas o queixo nu, o bigode também se aproxima do estilo preferido pelos ardentes *sans-culottes*. Suspeitas foram levantadas recentemente de que os aristocratas têm usado esses bigodes para esconder suas opiniões políticas. Mas Giot é um artigo genuíno. Por suas valorosas ações em 14 de julho de 1789, ele foi oficialmente reconhecido como um "Vainqueur de la Bastille" e, desde então, tem participado de todas as grandes *journées* parisienses. Em 5 e 6 de outubro de 1789, 10 de agosto de 1792, 31 de maio de 1793 e 2 de junho de 1793, ele esteve lá, ajudando a garantir o sucesso das *journées*. Sua recompensa foi uma promoção em sua seção (Marat) ao posto de ajudante da 1ª Legião da Guarda Nacional.

A Guarda Nacional é uma das instituições mais importantes surgidas da Revolução de 1789. Desde os primeiros dias da Revolução, muita discussão política tendeu a se concentrar no comandante da GN de Paris, cargo inicialmente ocupado por Lafayette e hoje por François Hanriot. Abaixo dele há uma corporação impregnada de espírito democrático e patriótico. Sua história refletiu o desenvolvimento da própria Revolução, embora também tenha contribuído para essa história de maneiras significativas. Originando-se como a milícia burguesa que, na crise do verão de 1789, protegeu a cidade contra a ameaça monarquista e garantiu a manutenção da lei e da ordem, radicalizou-se no ritmo da Revolução. Durante o verão de 1792, enquanto a derrubada da monarquia se aproximava e com a sobrevivência da Revolução aparentemente em jogo, os apelos ao sufrágio universal masculino foram acompanhados pela abertura das fileiras da GN a todos os homens adultos (e não apenas para aqueles que atingiram os requisitos de um certo volume de propriedades). As *journées* de 31 de maio e 2 de junho de 1793 são frequentemente saudadas como uma conquista do povo de Paris; mas foram mais precisamente um triunfo para a GN, cujo cerco intimidatório da Convenção forçou os deputados a concordar com a expulsão dos deputados girondinos. O direito à insurreição, consagrado na Constituição de 1793, reluz a ideia de que esta se tornou uma das lutas inalienáveis do homem. Todos os cidadãos agora podem usar tanto armas quanto seus direitos.

Desde o final de 1792, a Guarda Nacional recorre com frequência aos 150 mil a 160 mil homens adultos de que uma cidade de 600 mil habitantes pode se orgulhar. Estão dispensados do serviço os adolescentes, bem como os maiores de sessenta anos. Assim, Floriban, de setenta anos, o burguês rentista da seção Mutius-Scévole obcecado por meteorologia e guilhotinas, paga regularmente por uma substituição quando chega a hora. E também há os funcionários do Estado e os membros dos comitês seccionais isentos do serviço, além dos homens que lutam na frente de batalha. Com essas subtrações, chega-se a um nível de força de 116 mil homens – quatro em cada cinco homens parisienses. Estes estão organizados em cerca de mil companhias, cada uma com cerca de 120 integrantes.

A estrutura da Guarda, em seções, espelha a organização administrativa da cidade. As companhias são agrupadas em 48 batalhões seccionais. (O número de companhias em um batalhão depende, portanto, do tamanho da seção.) Uma estrutura hierárquica para tornar a força mais gerenciável agrupa as seções em seis legiões, cada uma comandada por um chefe de legião e cada uma contendo oito seções. Por exemplo, a 1ª Legião, da qual Giot é adjunto, abrange as seções do Faubourg Saint-Marcel (Observatoire, Sans-Culottes, Chalier, Finistère), continuando ao longo da Rive Guache até a Pont-Neuf (Chalier, Marat) e as insulares de Fraternité (Saint-Louis) e Cité (incluindo Notre-Dame).

Além disso, há uma companhia de artilharia de até 120 homens em cada seção, com dois canhões. Os artilheiros têm uma estrutura hierárquica separada. São chefiados por um adjunto-mor de artilharia, atualmente o Cd. Fontaine. Os homens cultivam um senso de si mesmos como militantes da elite *sans-culotte*. Parte disso deriva do envolvimento anterior no *armée révolutionnaire* de Paris, notadamente em seu papel na conquista da cidade rebelde de Lyon na Revolta Federalista. Diz-se que um dos ajudantes de Fontaine, o oficial de treinamento, Instrutor (*Instituteur*) Cosme Pionnier, da seção Gravilliers, esteve envolvido nas *mitraillades* contra os rebeldes lyonenses.

Os comandantes dos batalhões seccionais se equiparam aos presidentes dos Comitês Civil e Revolucionário como figuras de importância seccional. De fato, nas eleições, o comparecimento é geralmente mais alto para cargos relativos à GN do que para órgãos civis. A erosão do princípio da eleição para cargos seccionais no Governo Revolucionário afeta menos os cargos da GN. A seção de Giot é altamente politizada, o que sugere que ele conquistou muito respeito. Ele mora na rua Hautefeuille e às oito da manhã de hoje deixou esposa e filhos em casa e caminhou até o QG da 1ª Legião, que fica perto do Panthéon. Lá ele checou os relatórios diários recebidos de cada uma das seções sob o comando de sua legião, assinando que tudo estava em ordem. Um aguaceiro pouco depois das nove horas pode tê-lo obrigado a atrasar a sua partida, mas, agora que as dez horas se aproximam, ele está a caminho do Quartel-General da GN, que fica nos fundos da Maison Commune, na Rive Droit. Aqui, às dez horas em ponto, ele recebe a ordem do dia.

Fauconnier, comandante de Giot e chefe da 1ª Legião, já está presente no QG, consultando os outros chefes de legião. Ao sair, informa a Giot que lhe atribuiu três tarefas para o dia. Primeiro, naquela manhã, ele deve organizar um sorteio dentro da legião para selecionar cerca de trezentos guardas que estarão presentes na Place du Panthéon no dia seguinte para garantir a boa ordem nas cerimônias de Bara e Viala. (Com isso, Hanriot enfim aceitou a preocupação de Fleuriot-Lescot a respeito do assunto.) Em segundo lugar, ele treinará e ensaiará os contingentes de jovens das companhias seccionais da GN em preparação para o festival. Seu desfile será no espaço aberto, do lado de fora da antiga catedral de Notre-Dame (agora o Templo do Ser Supremo). Em terceiro lugar,

Fauconnier instrui Giot a cumprir uma missão hoje na prisão de Temple; ele terá que encaixar seu treinamento de desfile em torno disso. Giot parte para a Temple, localizada na borda nordeste do Marais.

A sinistra torre gótica que é a prisão de Temple serviu de quartel-general da Ordem dos Templários na Idade Média, antes de ser adaptada para fins mais seculares. Em 1789, fazia parte de um complexo habitacional aristocrático, parte de zona manufatureira (cujos artesãos estavam isentos de restrições de guilda) e parte de prisão para devedores. No entanto, garantiu um lugar na mitologia revolucionária ao ser designada como a prisão onde Luís XVI foi mantido, junto com sua família, após a deposição em 1792. Desde então, graças à guilhotina, a família Bourbon foi diminuindo progressivamente: Luís XVI foi executado em janeiro de 1793, a rainha Maria Antonieta em outubro de 1793, e depois a irmã de Louis, a carola Madame Elisabeth, em maio de 1794. Restam agora apenas o jovem pretendente ao trono, Louis-Charles, de nove anos, e sua irmã mais velha, Marie-Thérèse, de quinze.

As duas crianças levam uma vida de solidão melancólica dentro das paredes da prisão. Deixada em grande parte por conta própria, a princesa se levanta de sua cama por volta do meio-dia, enquanto o ex-delfim foi submetido a um regime de reeducação política que, pode-se imaginar, deve causar dor e dificuldades a uma criança que já conhecera mais do que sua cota de sofrimento. Em julho de 1793, vários meses após a execução de seu pai, ele foi separado de sua mãe e irmã e colocado sob os cuidados de Antoine Simon, um sapateiro *sans-culotte* da seção de Marat. Simon estava sob instruções da Comuna para dar à criança uma vida que a fizesse perder seu senso de posição e direito. No entanto, ele e a esposa estão na casa dos cinquenta anos e não têm filhos, nem aparentemente fazem ideia do que seja uma educação normal, muito menos republicana. Ele pode, de fato, dever sua nomeação ao fato de ter trabalhado como herniotomista, já que Louis-Charles de fato requer uma cirurgia de hérnia. O fato de o menino ter sido engambelado a testemunhar, em outubro de 1793, diante do Tribunal Revolucionário que sua mãe o forçara a um relacionamento incestuoso mostra uma criança que perdeu completamente o rumo. Esse episódio parece tê-lo empurrado para o mutismo, o que aumenta seu isolamento. As coisas não são facilitadas pelo fim do acordo com Simon, que no início de 1794 decidiu se concentrar mais em suas responsabilidades para a seção Marat no Conselho Geral da Comuna. Desde então, Louis-Charles vive apenas na companhia de seus rudes carcereiros.

A Comuna e a Convenção parecem ter desistido de fazer um pequeno *sans-culotte* do ex-delfim. Mas eles estão cientes do valor dele e de sua irmã como moeda de troca em quaisquer acordos diplomáticos futuros. Também percebem que, se escapasse, ele seria um símbolo extremamente poderoso da contrarrevolução. Uma das palavras de ordem dos rebeldes Vendée no oeste da França é "*Vive Louis XVII!*". Os arranjos para encarcerá-lo são, portanto, extremamente minuciosos. O regime prisional é supervisionado pelo diretor da prisão, o ex-gravador François Le Lièvre. Seu irmão, Jacques-Mathurin, também ex-gravador, agora atua no Conselho Geral da Comuna para a seção Lombards. Ambos os homens mantêm um lado radical que remonta a 1793, quando defendiam ataques a comerciantes sem credenciais revolucionárias e ensinavam as mulheres a pilhar mercearias. (Talvez esta seja uma história complicada.)

Todos os dias, três membros do Conselho Geral da Comuna, que também são membros da Administração de Polícia, se revezam para supervisionar o prisioneiro. O arranjo não é popular. Louis-Pierre Tessier, por exemplo, um comerciante de produtos secos que representava a seção de Invalides, passou todo o 25 de julho resolvendo assuntos da seção e no dia seguinte atendeu a questões no hospital militar Gros-Caillou, de sua seção. Mas ele foi informado às sete da manhã de 26 de julho que também seria obrigado a fazer a ronda daquela noite na Temple. Saindo do trabalho naquela tarde, ele foi até sua casa para pegar uma bebida e um exemplar do *Moniteur* do dia e para se despedir de sua família, antes de atravessar a cidade e chegar à Temple um pouco depois das nove da noite. Ele ainda está lá quando se aproxima o meio-dia, quando Giot aparecerá para verificar as coisas. Um dos outros dois agentes de polícia neste turno é Joseph Soulié, um alfaiate pobre da seção Gardes-Françaises que, segundo se afirma, é analfabeto e só foi colocado na Comuna e na Administração de Polícia alguns meses antes por insistência do agente nacional Payan.

A primeira coisa que os agentes fazem ao assumir seu cargo é ver o ex-delfim e sua irmã, para garantir que ambos estejam presentes e em ordem. Eles também inspecionam a trupe da GN, contendo mais de duzentos homens, que foram enviados para guardar a prisão durante a noite. A Temple é um dos poucos pontos nevrálgicos da cidade – os outros são a Convenção, a Maison Commune, o Tesouro e o Arsenal – que exigem turnos de destacamentos diários da GN. Essas funções adicionais tendem a ser sorteadas, além do serviço regular que os guardas realizam.

É o comandante da GN em Paris, François Hanriot, quem tem a responsabilidade por essas prioridades da segurança urbana e nacional. Ao lado do prefeito de Paris, Fleuriot-Lescot (a quem se reporta), e do agente nacional Payan, ele é uma das três figuras mais importantes da vida da cidade. Ao contrário dos demais, ele pode se gabar da eleição em vez da indicação do CSP. Em uma disputa acirrada em julho de 1793, ele prevaleceu sobre a escolha da maioria dos políticos moderados, Nicolas Raffet, da seção de Montagne.

Apesar dessas credenciais democráticas, Hanriot divide a opinião parisiense. Sua ascensão-relâmpago desde 1793 parece confirmá-lo como um homem do povo, e ele tem um estilo de expressão elegantemente popular quando necessário. Filho de pai camponês e mãe criada doméstica de Nanterre, na periferia de Paris, serviu como baixo funcionário da alfândega nas barreiras da cidade até 1789, quando, segundo dizem, atuou no ataque popular aos postos de alfândega e foi brevemente preso por tais esforços. Estabelecendo-se posteriormente no canto sudeste da cidade, na seção Sans-Culottes dentro do Faubourg Saint-Marcel, uma das partes mais pobres e populosas de Paris, ele construiu uma reputação de radical e foi eleito comandante do batalhão da GN de sua seção. Ele fora escolhido a dedo pelos organizadores das *journées* de 31 de maio e 2 de junho de 1793 para comandar a Guarda Nacional de toda a cidade, tendo posteriormente vencido a eleição para o cargo.

Para seu crédito, Hanriot desempenhou um papel fundamental na manutenção da ordem durante o último e turbulento ano. Ele é um rosto bem conhecido nas ruas de Paris, visitando seções, verificando as salas da Guarda (ele é particularmente vigilante em apagar pichações nas paredes que infrinjam a modéstia) e tudo o mais. Seus alegres boletins diários, veiculados em muitos jornais, visam agradar às partes mais radicais da população trabalhadora. "Em um país livre", ele instrui seus homens, "a lei e a ordem devem ser mantidas não por lanças e baionetas, mas pela razão e pela filosofia." No entanto, seus apelos aos bons instintos dos *sans-culottes* pode chegar a limites pedantes e às vezes quase cômicos de fraseados, como em "Irmãos de armas, sejamos sempre sublimes e vigilantes!" ou "Nós, republicanos, queremos apenas uma cabana como nossa casa e apenas bons costumes, virtudes e amor à pátria como nossa riqueza". Ele tem algumas visões rousseaunianas sobre as mulheres: elas realmente não deveriam fazer barulho nas filas e seria melhor ficarem em casa, "preparando sopa e cerzindo meias".

Hanriot tem inimigos e também admiradores. Os políticos moderados se maravilham com a maneira como ele conseguiu evitar ser indiciado em março de 1793 pelos radicais hebertistas, com quem sempre manteve vínculos estreitos. (O apoio de Robespierre pode muito bem ter sido um fator nisso.) Sua ascensão ao posto de general de divisão causou alegria: essa figura atarracada, baixinha e de nariz arrebitado não era um soldado adequado e nunca lutara em uma única campanha. Mas ele adora uniformes coloridos e os cavalos velozes, nos quais galopa pelos bulevares externos com pouca atenção à vida e à integridade física dos pedestres, e ostenta sua posição na companhia de ajudantes de campo mal-encarados. Presumivelmente, foi para eles e suas amantes que ele alugou um camarote na Opéra Comique ao custo de 2 mil libras por ano (numa época em que o salário de um trabalhador braçal é de algumas libras por dia).

Hanriot gosta de impor seu poder por aí. Seu comando na GN está ligado ao posto de comandante da 31ª Divisão, que também lhe dá o comando de todas as forças armadas da cidade, incluindo a gendarmeria, uma mistura de tropas montadas e a pé, cerca de 2 mil homens espalhados pela cidade. Hanriot considera desleal o chefe do 29º Batalhão da Gendarmeria, Jean Hémart, e usou um descuido contábil como pretexto para mandá-lo temporariamente para a prisão. Hémart só reapareceu em 21 de julho. Serviu de lição para Hémart? Ou o sangue dele ainda está fervendo? Pode ser que descubramos hoje, mais tarde, já que Hémart foi convocado ontem à noite pelo CSP para garantir seu apoio a eles ao longo do dia seguinte, pois planejam remover Hanriot do comando.

Parece que a posição de Hanriot pode estar subindo à cabeça. Ele soube de uma denúncia sobre seu comportamento ao CSP por uma das seções (está tentando descobrir qual). Em 21 de julho, um velho conhecido lhe escreveu para dar um aviso amigável, mas firme, sobre aonde sua conduta poderia o estar levando:

> — A opinião pública está começando a julgá-lo desfavoravelmente. As pessoas não gostam de seus ajudantes de campo com aquelas dragonas. A insolência deles e sua maneira de falar com as pessoas e de se apresentar quando saem juntos desagradam até mesmo aqueles do CSP que querem protegê-lo. Seu tempo está chegando ao fim, e você deve salvar sua pele, se puder.

As "cidadãs lavadeiras" de seu Faubourg natal são bem mais diretas:

> — Seu maldito capanga de Robespierre. Você se atreve a nos dizer para sermos boas republicanas e a nos acostumarmos a ficar sem comida nem roupa de cama – que vocês e esses malditos deputados têm, vocês que não querem saber de nada e se dizem republicanos e *sans-culottes*. Você nos importuna com suas ordens, pode ir e ser enforcado junto com todos os Robespierres e sua merda de bandoleiros que estão matando nossos filhos de fome.

No entanto, se a popularidade de Hanriot pode estar diminuindo, ainda há respeito contínuo pela instituição que ele dirige. De modo geral, os parisienses se orgulham de pertencer a uma força com um conjunto tão ilustre de realizações em sua curta vida. Há murmúrios sobre as jornadas de trabalho, que normalmente ficam entre um e dois dias por mês, com jornadas adicionais, como a festa do Bara e do Viala. "Todos cumprem seu dever de guarda", observou Mercier, "os tolos e os sábios, os alheios e os atentos." É verdade que cada batalhão tem um pequeno número de substitutos em tempo integral. Ainda assim, a GN de Paris continua sendo uma das instituições mais democráticas da República.

A vitalidade e o espírito democrático dentro da GN de Paris contrastam com o estado atual de muitas das outras instituições municipais e seccionais. Nos últimos meses, o CSP em particular sugou muita energia e autonomia do movimento *sans-culotte*. O governo aprovou cabalmente o apoio que veio das seções na transição para o Governo Revolucionário em 1793; mas não quer que as seções se comportem, como disse Collot d'Herbois, como se fosse "cada qual como uma pequena república". Os clubes políticos estão moribundos ou sob a vigilância do Clube Jacobino. Os comitês seccionais foram politicamente filtrados por expurgos, e muitos chafurdam no partidarismo. As assembleias gerais foram muito enfraquecidas: elas só podem se reunir duas vezes por semana; há menos eleições dentro delas conforme a prática de seleção do CSP se tornou corrente; e estas muitas vezes parecem ser dirigidas por pequenos grupos de militantes locais, alguns dos quais ostentam agendas pessoais sob seus gorros vermelhos e em suas declarações ideológicas, e mantêm um olhar atento sobre as pessoas que falam fora de hora. A Comuna foi efetivamente neutralizada como uma força independente, sendo colocada firmemente sob o controle dos Comitês de Governo.

O núcleo *sans-culotte* do movimento popular está claramente sofrendo com as ações controladoras do Governo Revolucionário. No entanto, tais ações fracassaram significativamente em reprimir a opinião pública dentro da cidade. As conversas registradas por espiões da polícia em filas, bares e locais públicos demonstram isso. Por outro lado, apesar de estarem sob o controle dos censores, a imprensa e o teatro exibem desafiadoras centelhas de vitalidade. É uma questão de real importância, então, que ainda sejam bastante livres a conversa e o debate nas salas da guarda da GN, em bares adjacentes e em desfiles. A solidariedade é estimulada pelo fato de que as companhias costumam ser montadas topograficamente, de modo a reproduzir amizades e solidariedades de bairro. A Lei dos Suspeitos funciona contra críticas abertas ao governo. Mas os espiões pagos do governo não têm acesso às salas dos guardas da GN. Nem militantes seccionais e burocratas do governo que reivindicam isenção do serviço de guarda. Em um grau considerável, a Guarda Nacional manteve seu papel como um local de discussão e debate dentro de uma cidade que sente cada vez mais a pressão disciplinar e controladora do governo central.

10H

Tribunal Revolucionário, Palais de Justice, Ile de la Cité (Révolutionnaire)

Antoine-Quentin Fouquier-Tinville, promotor público junto ao Tribunal Revolucionário, estava ansioso pelo 9 Termidor. Não por causa de algum assunto oficial que ele tenha que tratar no dia, mas simplesmente pela data. No novo Calendário Revolucionário, o nono dia do mês (como os dias 19 e 29) precede um feriado decenal. Isso significa que esta noite ele não precisará se preparar para amanhã. As Comissões de Governo estarão preocupadas com os festejos a Bara e Viala. Amanhã Fouquier estará livre. Mais tarde, hoje, ele poderá começar a relaxar. E ele pretende relaxar. Três dias antes, enquanto comemorava a promoção de um colega, Fouquier conheceu o Cd. Vergne, que mora na Ile Saint-Louis, que agora forma a seção Fraternité. Vergne o convidou para uma refeição em sua casa hoje, junto com diversos vizinhos, que incluem colegas de Fouquier, o vice-presidente do Tribunal Pierre-André Coffenhal e o jurado (e fabricante de tamancos) Charles-Huant Desboisseaux.

Coffinhal e Fouquier pagaram o preço por sua notoriedade em Paris: quando saíram tarde da noite, cerca de um mês atrás, no Palais Royal, sofreram um desmoralizante ataque de uma patrulha da GN que fingiu não reconhecê-los. Um soldado agarrou Fouquier pelo pescoço e o sacudiu com força, enquanto outros guardas riam de seu desconforto. Fazer uma refeição na residência particular de Vergne é, portanto, provavelmente mais seguro. O encontro está marcado para o finzinho da tarde, quando Fouquier tem certeza de que já terá cumprido suas obrigações com responsabilidade, enviando para a guilhotina algumas carroças cheias daqueles indivíduos que neste momento tremem no banco dos réus, conforme ele se prepara para entrar no tribunal principal do Palais de Justice, na Ile de la Cité.

Se Fouquier está ansioso por momentos de lazer após os assuntos de hoje, a mente de René-François Dumas, presidente do Tribunal, está em outro lugar. Ontem à noite, no Clube Jacobino, ele liderou a torcida por Robespierre, lançando farpas amargas e ameaças a Billaud-Varenne e Collot d'Herbois, inimigos de Robespierre, enquanto os dois tropeçavam, humilhados e com raiva, para fora do Clube. Ele espera que esta manhã, na Convenção, Robespierre lidere um ataque contra esses e outros inimigos do povo. Um expurgo dos Comitês de Governo e da Convenção trará uma série de novas vítimas ao Tribunal, onde Dumas estará ansioso para fazer sua parte.

Há uma razão adicional para as esperanças de Dumas de que Robespierre entre em ação hoje de forma decisiva: o magistrado teme que sua própria vida esteja ameaçada. Sua maneira brutal e sádica de julgar e sentenciar deu a ele, como a Fouquier, uma fama sombria em Paris. Nas ruas, ele não se sente seguro contra quem queira lhe fazer mal ou se vingar de sentenças proferidas contra amigos ou familiares. Ele tem duas pistolas carregadas em sua mesa no Tribunal. Em sua casa, na rua de Seine (Unité), tem um olho mágico que lhe permite perscrutar os visitantes em busca de más intenções.

Além disso, Dumas soube que, alguns dias antes, inimigos políticos de seu departamento natal, Jura, testemunharam contra ele no CSG. Dumas, é o que se diz, foi conivente com a emigração do irmão. Os irmãos estavam mergulhados na corrupção antes da Revolução. E Dumas aceitou subornos de réus no Tribunal em troca de sua liberdade. Dumas está no Clube Jacobino lutando contra seus inimigos, que se infiltraram na burocracia do CSG. Mas corre sério risco de ser desmascarado como suspeito contrarrevolucionário. Ele não tem certeza se seu relacionamento com Robespierre lhe dá imunidade política. As coisas estão em situação delicada e o tempo está correndo. A ação rápida de Robespierre contra os inimigos de Dumas no CSG será uma bênção pessoal.

De sua parte, Fouquier deve ter ficado animado com a circulação desses rumores a respeito de Dumas, pois esses dois homens não morrem de amores um pelo outro. Eles são fisicamente muito diferentes.

Dumas, "o Vermelho", de rosto corado e cabelos cor de fogo, contrasta fortemente com Fouquier, que tem cabelos escuros, pele pálida e olhos penetrantes. Fouquier teve de lutar contra Dumas para impedir que ele o substituísse como promotor alguns meses atrás, e ele odeia a maneira como seu rival afaga flagrantemente Robespierre, que parece muito receptivo a seus sussurros invejosos. No entanto, Dumas e Fouquier têm mais em comum do que gostariam de admitir. Ambos são personagens imperiosos e irascíveis, habituados a fazer o que querem e relutantes em tolerar a ineficiência ou a lentidão de seus funcionários. Fouquier gaba-se de ter mandado um de seus escrivães para a guilhotina, ao menos *pour encorageur les autres*. Dumas grita com todos em seu tribunal e trata seus colegas juízes com desdém.

Ironicamente, os escritórios de Dumas no Palais de Justice dão para o apartamento de Fouquier e sua família. Na maioria das noites, quando Dumas volta para casa depois de trabalhar até tarde, Fouquier se deita em um colchão em seu escritório, em vez de voltar para seu apartamento, esposa e filhos, correndo o risco de esbarrar com Dumas. Ele janta com frequência no Café des Subsistances, a lanchonete ou *buvette* dentro do complexo do Tribunal, onde pode se encontrar com colegas para conversar e contar seus problemas aos funcionários. Também é aqui que ele se levanta cedo para o café da manhã. Ele já estava ansioso quando o presidente Dumas estava pronto para entrar no Tribunal para começar os procedimentos do dia.

Há duas sessões do Tribunal, que ocorrem simultaneamente, ambas começando às dez da manhã. Fouquier compôs a acusação para ambas. Os ajudantes dele e de Dumas estão se preparando para iniciar o processo na Salle de l'Égalité, localizada no antigo tribunal criminal do Parlamento de Paris. Dumas e Fouquier estarão na Salle de la Liberté, que fica na antiga Grand'Chambre, a casa cerimonial do antigo Parlamento. Esta agora está irreconhecível, com seus antigos ornamentos e insígnias substituídos por pôsteres da Declaração dos Direitos do Homem de 1793 e bustos de gesso dos Mártires da Liberdade Marat, Lepeletier e Brutus.

Dumas entra, seguido por três juízes subalternos, os Cds. Maire, Deliège e Félix. Os homens usam um gorro tricolor e uma faixa sobre mantos legais escuros, enquanto suas perucas são coroadas por enormes plumas negras. Maire e Deliège têm boa experiência, mas Félix é novo no cargo: embora nomeado pela Lei de 22 Prairial, só voltou a Paris há três dias, depois de fazer justiça republicana aos rebeldes de Vendée, em Angers, onde se diz que ele ordenou a execução de milhares destes. Ele deve se sentir mais do que em casa em seu novo alojamento.

De uma das extremidades, os juízes dominam a sala do Tribunal a partir de um tablado elevado. No fosso logo abaixo deles, em esplendor solitário, está sentado Fouquier, de frente para os bancos onde estão os funcionários do Tribunal. Antes da Lei de 22 Prairial, essas fileiras também eram ocupadas por "defensores não oficiais", pessoas físicas que se voluntariavam para assumir a função de defesa atribuída pela lei. Esses cargos foram abolidos como parte das disposições cuidadosamente concebidas para facilitar as condenações. À direita dos juízes, os réus, recém-saídos das imundas celas da Conciergerie, sentam-se docilmente em bancos que foram amplamente aumentados e inclinados para fazer frente ao número crescente de acusados em cada sessão. Em frente a eles estão bancos onde se senta um júri de nove membros, selecionados de um grupo de sessenta jurados nomeados pelo CSP. Enquanto os juízes do Tribunal têm formação jurídica e experiência em presidir tribunais subalternos, os jurados devem ser bons cidadãos patrióticos. Hoje, há dois carpinteiros e dois sapateiros entre eles. Todos têm histórico patriótico na política local.

Embora Fouquier seja obrigado por lei a supervisionar a seleção de júris por meio de sorteio, no caso de julgamentos politizados e de alto nível ele seleciona pessoalmente jurados "sólidos", com quem se pode contar para condenar, aconteça o que acontecer. Um bom número desses homens está associado a Robespierre: Maurice Duplay é seu senhorio, por exemplo, enquanto os jurados Nicolas, Didier e Renaudin e o juiz Garnier-Delaunay estão entre seus guarda-costas. Eles têm a reputação de gritar e ameaçar com denúncias de aristocracia qualquer jurado que possa se inclinar a enxergar o ponto de vista de um réu culpado. Hoje tais precauções não são necessárias e talvez o sorteio tenha de fato sido feito, pois os jurados são uma multidão aleatória e comum. Deve-se antecipar que a sessão será aberta e fechada.

No fundo da sala do Tribunal, atrás de uma grade na altura do peito, o público assiste de pé ao drama judicial prestes a se desenrolar.

Há na sala, deve-se dizer, muito menos entusiasmo do que antes. Multidões costumavam se acumular animadamente ao longo do dia, com um grande número de presentes para a sentença. Era melhor que teatro. Mas hoje em dia os acusados nem mesmo estão presentes nos estágios finais de seu próprio julgamento, roubando grande parte do drama do dia. Qualquer tensão restante relaciona-se menos com o processo judicial real do que com a certeza de que quase todos os réus vão subir os degraus do cadafalso. Há alguns meses, o Tribunal é "um tribunal de sangue", uma máquina projetada para produzir condenações capitais.

A Lei de 22 Prairial (10 de junho de 1794), aprovada às pressas por uma Convenção irritada e temerosa de Robespierre e Couthon, acelerou o procedimento do Tribunal, substituindo o que os proponentes da lei enxergavam como um formalismo mesquinho das ações do Tribunal até então e trazendo-o mais para perto do controle do CSP. "O tempo necessário para punir um inimigo do povo", declarou Couthon, "não deve ser maior do que o tempo necessário para reconhecê-lo." Os regulamentos que mudaram mais radicalmente a atmosfera no Tribunal são a negação do direito do acusado a um defensor público; a remoção da exigência de convocação de testemunhas e de depoimento oral em circunstâncias em que a culpa seja demonstrada pela convicção moral do júri (em vez de provas materiais); e a estipulação de que o Tribunal tem apenas duas sentenças a cumprir: liberdade ou morte.

A Lei de 22 Prairial tornou mais rápido e fácil identificar e condenar os "inimigos do povo", mas o aumento do número de pessoas que chegam ao Tribunal também tem outras causas. A legislação faz parte de um movimento mais amplo para centralizar a justiça revolucionária na capital: desde abril, todos os crimes contrarrevolucionários em toda a França devem ser julgados em Paris. Vagões de trens de todo o país agora trazem hordas de criminosos, agravando a já latente superlotação nas prisões da capital. Além disso, as Comissões Populares, criadas na primavera, embora ainda não totalmente operacionais, têm a tarefa de fazer uma triagem dos suspeitos presos e enviar ao Tribunal apenas aqueles que parecem obviamente culpados. Por fim, desde o início de junho, a Comissão de Administração Civil, Tribunais e Penitenciárias está autorizada a encaminhar suspeitos diretamente ao Tribunal. Isso foi feito a pedido de Martial Herman, amigo e admirador de Robespierre e chefe da Comissão, e com autorização explícita de Robespierre.

Desde que Robespierre aprovou as medidas que dão novos poderes a Herman, o número de prisioneiros encaminhados ao Tribunal aumentou rapidamente. Herman e seu igualmente zeloso segundo em comando, Emmanuel-Joseph Lanne, operam conscientemente sob as provisões da Lei de 23 Ventoso, introduzida por Saint-Just, que estipulava uma sentença de morte para prisioneiros que fugiam ou tentavam fugir da justiça. Organizar um plano de fuga (ou mesmo pensar nisso) parece ser o bastante. Deus sabe que muitos indivíduos mal-intencionados em relação ao Governo Revolucionário podem ser encontrados nas prisões parisienses. Existem planos de fuga reais também, e só ontem à noite dois detentos conseguiram escapar da prisão do Luxembourg. Mas Herman e Lanne usam a legislação existente contra qualquer um que pareça até mesmo desejar ser livre, gerando denúncias em massa de conspiração dentro da rede prisional, como evidenciado no número exponencialmente crescente de execuções.

No Tribunal, a pauta do dia começa com o presidente Dumas lendo a lista dos acusados para garantir que todos estejam presentes. Um nome na lista não é respondido. Dumas avança rapidamente para instruir o júri, que, com a mão direita levantada, faz o juramento solene de cumprir seu dever. Feito isso, ele pergunta a cada um dos acusados nome, idade, profissão e sua situação financeira antes e depois de 1789. O promotor Fouquier então se levanta para ler a acusação. Ele recebeu informações sobre os acusados de várias fontes: CSG, Herman, Comissões Populares e órgãos judiciais e policiais de toda a França. Fouquier é um defensor do processo legal e se orgulha de suas composições. No entanto, ele vem reclamando amargamente da falta de documentação útil, especialmente vindo das Comissões Populares. Deslizes burocráticos não são nada incomuns. Como exemplo, o homem que se pensava estar ausente entre os réus hoje foi na verdade julgado e executado várias semanas antes. O volume de réus aumentou mais rápido do que Fouquier e seus escrivães conseguem acompanhar, e documentos importantes muitas vezes se perdem em pilhas de papel. Os réus individuais só recebem sua acusação na noite anterior, na prisão, ou mesmo na manhã de seu julgamento. Isso prejudica o senso de profissionalismo de Fouquier: ele tem que escrever acusações com pouca ideia sobre os crimes alegados. Montanhas de cartas e petições permanecem sem resposta em sua mesa. Mas o grande problema na sua função de promotor é a falta crônica de documentação adequada para a função que lhe compete.

As acusações de Fouquier contra os 47 supostos inimigos do povo de hoje seguem a formulação legal padrão para crimes contrarrevolucionários em toda a sua ampla confusão. Eles conspiraram contra a República assinando decretos liberticidas para favorecer o federalismo, participando de conspirações organizadas pelo rei contra o bem-estar do povo, obstruindo o abastecimento de alimentos, mantendo correspondência e inteligência com inimigos estrangeiros e domésticos, emigrando, fazendo comentários contrarrevolucionários e tudo o mais, sempre nessa linha. Entre 40 e 45 minutos depois, na Salle de la Liberté, com a acusação fora do caminho, Fouquier se senta para permitir que o presidente Dumas conduza as perguntas, primeiro a cinco testemunhas que depõem sobre um punhado de indivíduos entre os réus, e depois para os acusados. Dumas tem pouca paciência para rodeios. Na verdade, ele não tem muita paciência para nada, e hoje ele tem razões pessoais adicionais para querer ir direto ao ponto. Seu questionamento do acusado é sempre superficial e intimidador. Aqueles que se atrevem a responder recebem gritos eivados de tanta fúria que às vezes até mesmo Fouquier estremece.

Atualmente, os julgamentos no Tribunal Revolucionário têm pouco a ver com o estabelecimento da verdade. Eles têm um ar mais ritualístico do que forense. Os jurados têm o direito de fazer perguntas aos réus, mas raramente o fazem, pois tendem a supor que os prisioneiros simplesmente não estariam aqui a menos que sua culpa já tivesse sido estabelecida por autoridades e tribunais subalternos. Um pedigree aristocrático ou uma carreira eclesiástica pregressa são motivos adicionais para presunção de culpa. Os jurados têm poucos escrúpulos com a prática atual do *fournée* ("fornada", como em uma fôrma de pães prontos para assar em um forno), agrupando em um único bloco réus de origens díspares e com acusações muito variadas contra seus nomes. Vários jurados também parecem distraídos durante os julgamentos, manifestando pouco interesse no assunto em questão. Os artistas Jean-Louis Prieur e Claude-Louis Châtelet, por exemplo, esboçam o acusado do outro lado do Tribunal. Mesmo assim, os jurados se consideram o coração e a alma de todo o edifício judicial: o fato de serem, afirma o jurado François Trinchard, "bons *sans-culottes*, homens de pureza, homens de natureza", é a melhor garantia imaginável da legitimidade da justiça revolucionária. O patriotismo supera as formalidades legais quando se trata de julgar crimes contrarrevolucionários.

Depois de algumas idas e vindas básicas, a tarefa de Dumas é retomar as questões sobre as quais o júri deve chegar a uma decisão. Feito isso, os jurados se retirarão para considerar seu veredito. Antes de 22 Prairial, as provas eram suficientemente complexas para que uma pausa para a refeição fosse feita às quinze horas, e o Tribunal recomeçava às dezoito. Faz tempo que isso não acontece. Apesar do crescimento do número de réus, as *fournées* tendem a ser julgadas com muito mais rapidez do que os julgamentos anteriores. O fato de Fouquier já ter combinado com os carrascos públicos para trazer seis carroças para o pátio da Conciergerie no início da tarde mostra algum grau de certeza sobre o resultado. Logo depois, Fouquier espera partir para aquela refeição, enquanto Dumas estará livre para participar dos eventos que estão prestes a se desenrolar na Convenção Nacional, onde, com os dedos cruzados, seus olhos (e suas esperanças) estarão fixos em Robespierre.

10H

Percurso de Thibaudeau: da rua Hautefeuille (Marat) ao Palácio das Tulherias

Algumas horas depois de Christophe-Philippe Giot, seu vizinho e adjunto na 1ª Legião da GN, sair para o trabalho, Antoine Thibaudeau, deputado do departamento de Vienne, sai de seu alojamento na rua Hautefeuille, no Marat. Ele está a caminho da sessão de hoje na Convenção, no Palais-National, antigo Palácio das Tulherias, do outro lado do Sena. É uma caminhada de 25 a 30 minutos.

Thibaudeau saiu da Convenção no início da noite de ontem, depois de ouvir o longo discurso de Robespierre, sentindo-se deprimido e ansioso com a situação política em que a Revolução se encontra. A noite foi longa e difícil. Ele rumina o que o dia de hoje trará. Embora habitualmente se sente na bancada montanhesa e contribua para o Comitê de Educação da Convenção, ele sempre valorizou sua independência e se sente um estranho na luta de facções que ocorre entre seus colegas deputados. Ele provavelmente não está a par da turbulenta sessão no Clube Jacobino da noite anterior.

Thibaudeau tem várias rotas possíveis para a Convenção, rotas que o levam ao coração do centro histórico da cidade. Em termos de direção, o mais fácil seria atravessar o rio pela Ile de la Cité – atravessando a Pont Saint-Michel para a Ile, e dali para a Rive Droit, entre o Tribunal Revolucionário e a prisão Conciergerie. Hordas de famílias e amigos dos réus no Tribunal já estarão se movimentando por aqui, tristes e emotivas. É um lugar sombrio, um lugar a ser evitado. Do outro lado do rio, além disso, bairros formados por casebres correm ao longo da margem do rio.

A quem atravessa a área, Mercier aconselha ser essencial tapar o nariz. Portanto, é mais provável que Thibaudeau escolha guiar seus passos para o oeste, através do Quartier Latin, em direção à Pont-Neuf. Embora a antiga estátua de Henrique IV tenha desaparecido, a ponte é famosa pelas pirâmides de laranjas que os vendedores erguem pitorescamente aqui e também pelos limpadores de sapatos, considerados os melhores de Paris na remoção da famosa e nociva lama da cidade. O deputado também poderia avançar um pouco mais a oeste e cruzar o rio pela Pont National (antiga Pont Royal), construída no final do século XVII para ligar os Faubourgs de Saint-Honoré ao norte e Saint-Germain ao sul. É uma rota totalmente mais fácil, mais tranquila, menos movimentada e menos barulhenta – pode ser melhor para refletir sobre o que o dia trará.

Como a maioria dos convencionais, imagina-se, Thibaudeau espera que o dia de hoje alivie, em vez de agravar, a situação após a turbulenta sessão de ontem. Estar fora das lutas entre facções o torna talvez mais otimista sobre uma solução para o impasse político em relação àqueles que estão no coração do governo. Não é certo que os membros dos comitês agora em desacordo estão alinhados o suficiente por interesses comuns, semelhanças ideológicas e solidariedades pessoais para, de alguma forma, encontrar uma maneira de lidar com essa crise? Poderão eles enxergar que o interesse nacional requer uma frente patriótica unida, acima das personalidades?

Thibaudeau se pergunta: se hoje vai mesmo ser um dia de vários deputados sendo expulsos da Convenção, como Robespierre parecia estar propondo ontem, então quem prevalecerá? Há pouco apreço entre Thibaudeau e Robespierre. De fato, Robespierre o enoja, e não só por causa de sua presunçosa conduta na Convenção. Thibaudeau não consegue perdoar a recusa de Robespierre em apoiar sua família em Poitiers quando, no ano passado, eles foram atacados por deputados em missão excessivamente zelosos. Ele reconhece que Robespierre é atualmente a maior figura política na assembleia e que seria difícil substituí-lo. Mas ontem Robespierre foi vigorosamente atacado, fracamente defendido e visivelmente abalado. Sua posição parece muito frágil, embora ele pareça ter grandes ideias em mente. O que Robespierre quer de fato?, Thibaudeau se pergunta. Que direção ele vai seguir? Onde ele vai parar?

10H45

Alojamento de Robespierre, rua Saint-Honoré, 366

O ferreiro Jean-Baptiste Didier está se juntando a Robespierre e aos Duplay no café da manhã em família da rua Saint-Honoré, 366, antes da partida de Robespierre para a Convenção. Didier é um rosto familiar aqui. Antes de se mudar para as antigas instalações do mosteiro da Conception, praticamente ao lado, é dito que ele teria morado aqui e até compartilhado o quarto de Robespierre. Ele se tornou um membro do grupo de guarda-costas de Robespierre. Deve ter sido pelas boas graças de Robespierre que Didier fora nomeado jurado no Tribunal Revolucionário, e lá ele tentou agir de acordo com os ideais de Robespierre. Ele é um dos jurados "sólidos" que gostam de garantir que os inimigos do povo não escapem da lâmina da justiça.

O apoio de Robespierre proporcionou a Didier um avanço profissional com impressionantes credenciais patrióticas. Mas sua admiração por Robespierre não se baseia apenas no interesse material. Assim como muitos que se consideram *sans-culottes*, os discursos de Robespierre e sua conduta no decurso da Revolução abriram novos horizontes e fortaleceram o compromisso político de Didier. Ele sente que, quando Robespierre fala de forma ressonante e comovente sobre justiça social e soberania popular, está se dirigindo a ele e a seus pares e estimulando seu engajamento. Ele exala um profundo sentimento de lealdade e gratidão por Robespierre ter aberto sua mente de maneiras que mudaram toda a sua visão sobre a vida, e esses sentimentos são fortalecidos ainda mais pelo que ele sabe sobre o "Bom Amigo" na acolhedora casa dos Duplay.

Nesta manhã, Didier já esteve no Tribunal Revolucionário, provavelmente para ver se ele seria necessário nos júris de hoje. Ele foi dispensado do serviço, mas uma chuva forte por volta das 9h15 atrasa sua partida da Ile de la Cité até dez ou dez e meia, quando ele parte em direção à residência dos Duplay. Ele conhece as rotinas de Robespierre e da família Duplay. Enquanto eles terminam o desjejum, ele toma uma xícara de café.

Depois de acordar cedo para trabalhar em seu quarto, Robespierre normalmente se veste e empoa o cabelo antes de enfrentar o dia e descer para os aposentos dos senhorios. Madame Duplay e a filha Eléonore satisfazem a predileção de Robespierre por café e seu gosto por laranjas. Isso pode ser tudo que ele consome nessa hora do dia, pois ele é notoriamente frugal. Ele então se prepara para a Convenção, juntando seus papéis e talvez dando uma última olhada nas anotações do discurso que pretende fazer após o discurso de Saint-Just, com o qual a pauta formal do dia começará. Então chega seu irmão Augustin, cujas acomodações ficam a poucos minutos de distância: ele acompanhará Robespierre à Convenção, oferecendo apoio moral e conselhos fraternos enquanto Maximilien se prepara para os debates.

Didier saberá que Saint-Just, o amigo de Robespierre, está planejando fazer um grande discurso hoje, mas é de se perguntar se ele sabe muito mais do que isso. Robespierre planeja mudar sua lealdade política primária para longe dos montanheses com os quais esteve até então associado. É um movimento ousado e arriscado. No entanto, ele parece ansioso para fazer parecer que este é só um dia como outro qualquer. De certa forma, hoje é um dia melhor do que ontem. Os eventos de ontem deram clareza à situação. Os conspiradores saíram à tona. Ele pôde ver a escala do problema que enfrenta. Ele é, sem dúvida, bastante sincero quando, ao sair de casa com Didier, procura aplacar o alarme que os Duplay têm manifestado sobre seu destino, tranquilizando mais uma vez seu senhorio:

— Não se assuste. A maioria na Convenção é pura; não tenho nada a temer.

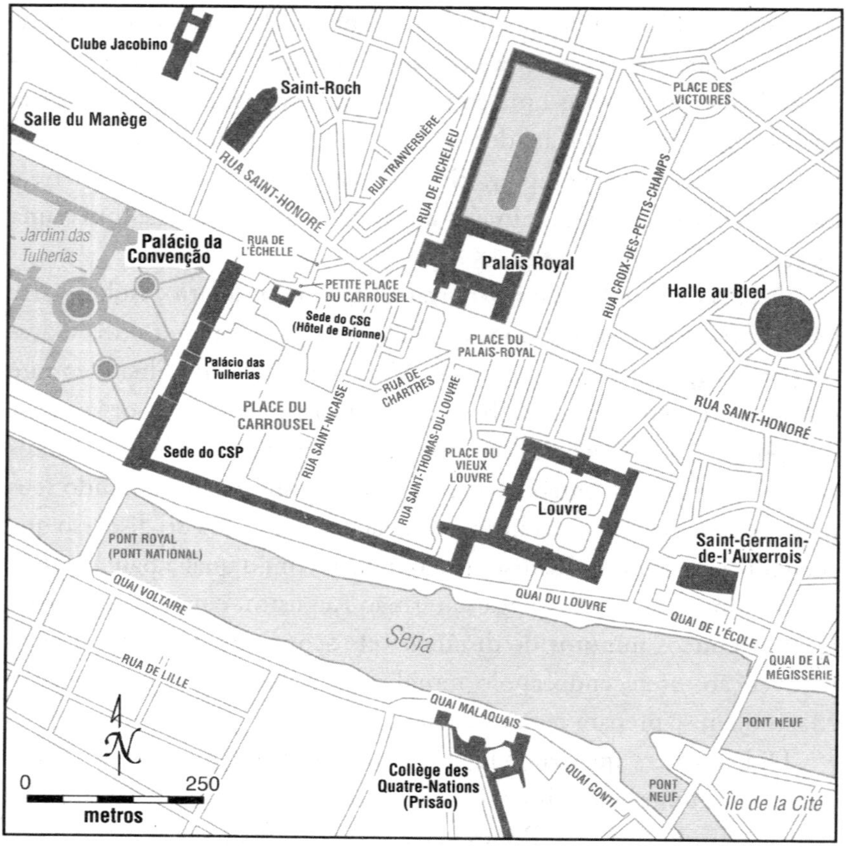

Mapa 4. Complexo das Tulherias

Não se trata de coragem temerária da parte dele. Nos dramas de ontem, os montanheses mostraram-se em suas cores verdadeiras, e Robespierre acredita que isso também deve ter sido observado pelos deputados da Planície, de quem ele agora busca apoio. Ele passou por um momento ruim na Convenção após seu discurso. Mas a ovação que recebeu no Clube Jacobino trouxe conforto e nova inspiração. Ele avalia que está em uma posição forte: seu amigo Hanriot comanda a GN parisiense; seus aliados Fleuriot e Payan administram a Comuna; ele goza de muito apoio nas seções de Paris. E hoje seu aliado próximo, Saint-Just, abrirá os debates e definirá o ritmo político de uma forma que funcionará bem com os planos de Robespierre. Sua posição está mais bem sustentada do que quando ele enfrentou a ameaça girondina no fim de 1792 e em 1793. Ele teve êxito então e terá êxito agora. Sua causa – erradicar os inimigos do povo no seio do governo – é das melhores.

Mais importante de tudo, seu triunfo no Clube dos Jacobinos na noite passada sugere que ele não perdeu nada de sua popularidade. O povo está do lado dele. Ainda é receptivo às suas palavras. Para Robespierre, isso é crucial. Sua ação hoje deve ser orientada – como foi na crise de 31 de maio a 2 de junho de 1793 – em torno da ação do povo parisiense em forçar a mudança. Ele será o profeta do povo, apontando o caminho a ser percorrido. É improvável que uma resolução seja alcançada neste dia: as pessoas precisam estar cuidadosamente preparadas para sua intervenção. Ainda há um caminho a percorrer. Diante de tudo isso, por que, de fato, ele se pergunta, Duplay deveria estar alarmado hoje? Não há nada a temer.

11H

Palácio e jardins das Tulherias

Sem dúvida ainda ruminando sobre o que o dia trará, o deputado Thibaudeau está se aproximando do antigo Palácio das Tulherias, onde a Convenção se reúne. As Tulherias são o palácio que os reis absolutistas nunca amaram de verdade. A partir do século XVII, Versalhes desfrutou das afeições reais, e, em Paris, os reis preferiam o Louvre. A promulgação da República ofereceu um novo começo ao edifício, pois a Convenção decidiu se mudar para cá, vindo da antiga escola de equitação (o Manège, algumas centenas de metros a oeste), onde as assembleias se reuniam desde outubro de 1789. Após alguns trabalhos de restauração, a Convenção mudou-se para lá em maio de 1793.

No acesso às Tulherias, no lado leste, há uma grande praça aberta, a Place du Carrousel, agora rebatizada de Place de la Réunion, cercada por habitações densas e degradadas, além de várias mansões aristocráticas nacionalizadas. Antes da batalha que ocorreu aqui em 10 de agosto de 1792, quando Luís XVI estava sendo destronado, havia três pátios separados ao longo do lado leste do palácio. As paredes foram em grande parte destruídas nos combates daquele dia, e os pátios agora estão separados uns dos outros simplesmente por grades e ruínas. Mas Thibaudeau pode estar se aproximando do palácio pelo oeste, pelos jardins. De fato, pode se perguntar se ele encontra os irmãos Robespierre, acompanhados pelo fiel Didier, também a caminho da assembleia por este caminho do jardim.

Projetados em meados do século XVII por André Le Nôtre, encarregado de jardinagem de Luís XIV, os jardins das Tulherias já tiveram dias melhores. As formas meticulosamente geométricas do design formal de Le Nôtre sofreram com o pisoteio de grandes multidões, quer engajadas em tumultos antimonárquicos em 1792, quer na aglomeração menos beligerante sobre os jardins durante cerimônias estatais, como a inauguração da Celebração ao Ser Supremo em junho de 1794. Le Nôtre pode muito bem estar se revirando em seu túmulo, ainda mais porque, de acordo com os desejos *sans-culottes* de cultivar as matérias-primas de primeira necessidade em detrimento da vegetação meramente decorativa, seus canteiros característicos foram despidos de flores e lotados de batatas. (Na verdade, essa é uma escolha vegetal bastante astuta, pois nenhum *sans-culotte* que se preze jamais as roubaria para comer. A dieta popular parisiense gira em torno de pão, e não de batatas roubadas.)

Apesar da reforma republicana, o próprio Palais-National, com pilares de mármore policromado, enormes candelabros e afins, não perdeu todos os traços da antiga suntuosidade real. Mas agora está totalmente ocupado por um governo empenhado no trabalho. A maioria das suítes abriga comitês governamentais e seus funcionários. A sede do CSP no antigo Pavillon Flore (Pavillon de l'Égalité) é onde ocorreram as discussões turbulentas da noite passada, em torno da mesa verde. Pendurado no topo do bloco central do palácio, anteriormente Pavillon de l'Horloge, agora Pavillon de l'Unité, há um enorme gorro vermelho com uma bandeira de quase dez metros de comprimento. No Unité Pavillon fica a entrada para os deputados – ou melhor, as entradas, pois se entra por um amplo corredor que liga o pátio a leste e os jardins a oeste. O acesso é vigiado por uma companhia de gendarmes e por guardas nacionais das seções de Paris, servindo em sistema de rotação. A troca da guarda é ao meio-dia, e neste momento homens do Panthéon se preparam para serem substituídos por uma companhia de Bonne-Nouvelle.

Entrando no corredor pelo oeste, Thibaudeau virará à esquerda na seção do palácio que leva ao norte. Subindo uma escada ornamental ricamente decorada em direção ao Palácio da Convenção, ele entrará por uma das duas antessalas em um pórtico, conhecido como Salle de la Liberté, assim chamado por causa da estátua da liberdade de três metros de altura colocada ali. É um local de sociabilidade cotidiana dos deputados, como atestam os numerosos pequenos comerciantes que aqui se instalaram. Há *buvettes*, vendedores de café, tabacarias, vendedores de livros e jornais e uma barraca que vende gorros tricolores e outras quinquilharias revolucionárias. Há também batedores de carteira à espreita. Deputados e populares precisam segurar firme suas carteiras e relógios. Hoje haverá furtos, como de costume.

Surpreendentemente, poucos dos deputados que agora começam a se aglomerar no palácio vivem mais longe das Tulherias do que Thibaudeau. Alguns já viviam em Paris antes de 1792 e continuam nas suas residências espalhadas pela cidade, mas a maioria se encontra num número limitado de bairros. A grande maioria dos 749 deputados tem alojamento e passa a maior parte de seus dias em duas das 48 seções de Paris, Tulherias e Montagne, em uma zona que abrange o Palais Royal, as Tulherias e o Clube Jacobino, e depois se estende para oeste ao longo da rua Saint-Honoré. Quase metade dos deputados tem endereços nessas duas seções, e cerca de cem deles na rua Saint-Honoré (fato que, na noite anterior, facilitou a tarefa de Tallien de preparar os deputados centristas para os eventos de hoje). Essa bolha política tinha uma das maiores concentrações hoteleiras no *Ancien Régime*, mas a disponibilidade de quartos de hotel não é o único fator dessa aglomeração, pois mais de três quartos dos deputados estão em alojamentos privados. O acesso rápido e fácil à Convenção, nas Tulherias, conta muito nas decisões dos deputados, assim como a proximidade com lojas, cafés, bares e restaurantes do bairro. A maioria dos deputados está em Paris sem as famílias, de modo que a infraestrutura de vida de solteiro está fortemente presente. A área inclui, apesar das carrancas austeras dos jacobinos mais espartanos, uma série de áreas controversas, com jogos de azar e prostituição também, como Palais-Royal. É também um movimentado centro de informações, com carruagens e mensageiros chegando de todo o país, entregando mensagens à burocracia do governo. Notícias, fofocas e inteligência sobre quem chega e quem parte são abundantes aqui, e há jornais em cada esquina. É fácil ficar informado.

Muitos deputados dividem o alojamento com amigos e aliados políticos, ou então com deputados do mesmo departamento. Mas não há um padrão. Muitos deputados vivem lado a lado e compartilham pelo menos uma escada com inimigos declarados. A bolha política gera tensões reprimidas e situações constrangedoras, mas também pode produzir sociabilidades inesperadas e companheirismo.

Além dessa bolha lotada, há uma penumbra externa de seções ao redor das Tulherias que também abriga muitos deputados – Piques (seção de Robespierre), Lepeletier e Guillaume-Tell a noroeste, Muséum, Gardes-Françaises, Halles-au-Blé e Lombards a leste. Há também um grande contingente na Rive Gauche, especialmente nas seções do antigo Faubourg Saint-Germain (Fontaine-de-Grenelle, Unité e Marat). Este era o bairro em que, antes de 1789, muitos da velha nobreza tinham seus *hôtels particuliers*, ou mansões particulares, mas agora existem poucos deles por aqui. Algumas residências foram transformadas em escritórios do governo e outras em prisões. A remoção em larga escala da aristocracia deixou um espaço que os deputados, bastante bem pagos, podem aproveitar. O tecelão Jean-Baptiste Armonville, provavelmente o único membro da Convenção de origem genuinamente operária, está hospedado no Hôtel de Taranne, que antes de 1789 era especializado em receber importantes cavalheiros e príncipes estrangeiros. Há surpreendentemente poucos deputados hospedados nas seções externas ou, ainda mais impressionante, a leste da rua Saint-Denis. Diz-se que muitos deputados atualmente estão dormindo longe de seus alojamentos, por medo de serem presos à meia-noite. Mesmo assim, um deputado que se relacione regularmente com o povo dos Faubourgs é uma ave raríssima. Embora a Convenção ressoe com infindáveis invocações do povo, os deputados têm muito pouca intimidade com a vida da maioria dos parisienses.

11H30

Antessala do Palácio da Convenção e arredores do Palácio das Tulherias

Embora a sessão da Convenção comece todos os dias por volta das dez horas, a ordem do dia propriamente dita só começa ao meio-dia. Antes disso, é lida e assinada a ata da reunião do dia anterior; pode haver alguns anúncios especiais; e então há um período em que mensagens de toda a França são lidas para a assembleia. Algumas serão aplaudidas, muitas receberão menções honrosas, e um bom número entrará para a ata. Nenhuma enseja debates. O quórum é de duzentos de um total de 749 deputados, um número que às vezes é menos fácil de alcançar do que se poderia imaginar. Mais de sessenta deputados, quase todos montanheses, estão atualmente trabalhando em missão por todo o país. Outros estão doentes, fingindo estar doentes ou simplesmente se mantendo em deliberada discrição. No momento, as reuniões somam em média quatrocentos deputados.

Os momentos iniciais do dia da Convenção podem ser enfadonhos, e pode-se perguntar se alguém está somando o número de deputados ou ouvindo as mensagens patrióticas. Essa pessoa terá percebido que as galerias públicas estão lotando cedo. Duplay está lá. Talvez ele tenha precedido Robespierre para conseguir um assento. Os membros da República são verificados na porta quanto à respeitabilidade social e ortodoxia política: um passe de entrada, uso do gorro tricolor, proibição de mendigos e bêbados e assim por diante. À medida que o público entra nas galerias, os recepcionistas limpam a câmara com vinagre (pode ficar muito fedorento por lá).

Os deputados na Salle de la Liberté, neste momento em maior número do que o habitual, estão ansiosamente buscando e trocando notícias antes do início dos assuntos formais. Como Thibaudeau, a maioria está em estado de perplexidade sobre o que está acontecendo. A conversa se concentra no que aconteceu na noite anterior, após a reunião da Convenção, quando Robespierre foi ao Clube Jacobino. Lá, contam as pessoas, ele não apenas releu seu discurso na Convenção, mas também fez comentários depreciativos adicionais sobre deputados e colegas. Ele disse que não esperava escapar das garras do grande número de homens maus que o queriam morto. Ele sucumbirá sem arrependimento e calmamente engolirá a cicuta se o mal prevalecer. (O pintor-político Jacques-Louis David, que ontem disse que faria o mesmo, de fato esta manhã engoliu um emético e está deitado em seu apartamento no Cour Carrée, no Palácio do Louvre. Dizem que Barère o alertou sobre os eventos de hoje.)

Deputados informados estão contando a história de que, no Clube Jacobino ontem à noite, Couthon propôs a expulsão do Clube de todos os deputados que votaram contra a impressão e a difusão do discurso de Robespierre. Isso é verdade? Se assim for, é um grupo muito grande. Couthon estava ameaçando todos eles ou apenas os líderes? Ele fez seus colegas, Collot e Billaud, serem expulsos do Clube como se fossem traidores. Alguém diz que uma nova *journée* de 31 de maio foi proposta. Também começaram a circular rumores sobre a furiosa briga que se seguiu ontem à noite na sede do CSP, lançando Collot e Billaud contra Saint-Just. E Cambon? Já chegou, para ver se o dia de hoje trará a morte de Robespierre ou dele próprio?

Muitos deputados, como Thibaudeau, viram as nuvens de tempestade se formando, mas permanecem no escuro sobre a forma exata que a luta terá ou seu resultado. Se fosse dado a isso, Thibaudeau poderia ser tentado a apostar dinheiro em Robespierre expulsando seus rivais agora, como fez com os dantonistas na primavera. Ele também se interessará em ver como o escorregadio Barère se sairá hoje: ele arrisca dizer que terá um discurso diferente em cada bolso, dependendo de como as coisas correrem.

Nem Thibaudeau nem a grande maioria da assembleia percebem que Tallien e seus contatos da noite anterior coordenaram secretamente seus planos, dando coragem temerária uns aos outros. Agora eles estão ansiosamente tentando nutrir os laços de sua nova solidariedade. Bourdon de l'Oise, um veterano anti-Robespierre, aperta calorosamente a mão do luminar de direita Durand-Maillane, com as palavras: "Ah! Os bons companheiros da direita!". Durand então inicia uma conversa com o radical montanhês Rovère, um nome provável na lista de Robespierre (supondo que ele tenha uma). Tallien se junta à conversa. Os deputados que ele viu ontem à noite parecem bastante dispostos, mas Tallien deve estar se perguntando se o pacto com os deputados da Planície e da direita que eles fecharam desesperadamente nas primeiras horas vai se mostrar confiável quando as coisas ficarem difíceis. Esses deputados não são conhecidos por sua coragem ou resiliência.

Os deputados que confraternizam estão cientes de que no Palácio da Convenção ainda correm assuntos de rotina. É uma câmara difícil de ser conduzida pelo presidente. O pé-direito é de cerca de vinte metros de altura e sua acústica é ruim: até mesmo Danton, com seu pulmão de fole, reclamava. As coisas ficam piores pela maneira como o local foi organizado. O espaço, com mais de quarenta metros de comprimento por cerca de quinze de largura, foi configurado com os assentos dispostos de forma a torná-lo extremamente amplo e bastante estreito. Dez fileiras de bancos longas e ligeiramente inclinadas, com almofadas verdes, estendendo-se por quase todo o comprimento da sala, estão situadas à esquerda quando Thibaudeau entra pela Salle de la Liberté. Assim, os deputados têm os jardins às costas. Um corredor largo no meio da sala divide as fileiras de bancos em duas. Ele leva a um corredor externo no térreo, do qual partem vários outros pontos de acesso ao corredor. Estes são os locais por onde o público entra, seja para acessar as galerias públicas, seja para o espaço onde se encontra a barreira da casa.*

Delegações de não deputados são recebidas com facilidade e comodidade nesse espaço. Há dois dias, por exemplo, a delegação do Clube Jacobino de Paris esteve aqui presente para fazer representações formais

---

* Por vezes uma barra metálica no chão, por vezes uma fita de tecido a meia altura, a *barreira* é um elemento simbólico presente em casas parlamentares de alguns países. Ela denota o início do local destinado aos representantes democráticos – as demais pessoas não podem atravessar aquele marco. [N.T.]

aos deputados. A barreira está voltada para a estrutura central de madeira em forma de palco do outro lado do corredor, no topo da qual se senta o presidente interino da assembleia, que preside os negócios em uma cadeira de seda bordada projetada por David. Ele é flanqueado de cada lado por mesas elevadas nas quais se sentam os secretários da Convenção, que redigem as atas. Os presidentes são eleitos entre os deputados a cada quinzena, enquanto o complemento de seis secretários, também deputados, está sujeito a um rodízio também quinzenal. Espalhados pelo palácio, recepcionistas uniformizados e com chapéus emplumados guardam essa estrutura. O palco de madeira com a cadeira do presidente contém também a tribuna do orador, à qual os deputados acedem por uma de duas escadas. Na parte de trás do assento do presidente há uma pequena sala. Os membros dos comitês dirigentes às vezes se reúnem aqui para que possam ouvir os procedimentos sem serem vistos. Acima da cadeira do presidente estão penduradas coloridas bandeiras inimigas apreendidas no campo de batalha, que recentemente começaram a ser exibidas aqui. Elas incluem os cinco estandartes apreendidos no final do cerco de Nieuport, na Bélgica, há dez dias, em 16 de julho, cuja chegada ontem provocou tantos aplausos enlouquecidos, após as amargas disputas que o longo discurso de Robespierre tinha instigado.

O palácio foi construído para acomodar até oitocentos deputados, o que lhe dá atualmente um ar de celeiro vazio. As galerias públicas no segundo andar são ainda mais espaçosas, acomodando até 1,4 mil espectadores, e agora parecem estar cheias. O público observa a assembleia de cima, a partir de bancos em cinco amplas galerias, separadas umas das outras por colunas gregas. Há mais uma galeria pública em cada extremidade do corredor, com almofadas azuis. Ao nível dessas galerias encontram-se estátuas de figuras que os deputados decretaram que também deveriam presidir suas atividades. Todos são heróis republicanos: do lado do jardim estão os gregos (Demóstenes, Licurgo, Sólon e Platão), enquanto do lado do pátio estão os romanos (Camilo, Públio Valério, Cincinato e Brutus).

O Brutus nessa galáxia romana é Lúcio Júnio Brutus, que derrubou a monarquia e estabeleceu a República Romana (século VI a.C.). Sua reputação na França foi endossada pela famosa pintura de David em 1789, *Os lictores trazem a Brutus os corpos de seus filhos*. No interesse do bem público, Brutus passou por cima dos sentimentos pessoais e dos laços familiares e ordenou a execução de seus filhos pelos crimes deles. Como os laços de família resistirão aos eventos de hoje?

No entanto, há também a estátua de outro Brutus, que representa uma forma bastante diferente de devoção à *res publica*. O descendente ainda mais célebre do primeiro Brutus, Marco Júnio Brutus, também está presente. Sua estátua fica atrás da cadeira do presidente, ao lado dos dois mártires da liberdade mais recentes, os ex-deputados Marat e Lepeletier, ambos assassinados por contrarrevolucionários no ano anterior. Marco Júnio Brutus liderou a conspiração para assassinar Júlio César em 44 a.C., quando este último parecia almejar poderes ditatoriais sobre o Senado Romano. Pode parecer uma figura muito apropriada para o 9 Termidor tanto quanto foi para os idos de março...

E, de fato, pelo menos um deputado, agora conversando sem freios, está cuidadosamente se preparando para entrar no Palácio da Convenção com uma adaga de assassino escondida consigo, aparentemente determinado a desempenhar o papel de Marco Júnio Brutus para o Júlio César de Robespierre: Jean-Lambert Talien.

11H45

Palácio da Convenção, Palácio das Tulherias

Agora, os deputados estão se aglomerando em maior número no Palácio da Convenção à medida que se aproxima o momento da abertura oficial da pauta, ao meio-dia. Os itens de rotina tratados desde as onze horas têm sido variados, como de costume. Mais de vinte missivas foram lidas. Além de anedotas e sermões sobre atos locais de patriotismo, há elogios abundantes para as leis da Convenção – sobre o Ser Supremo, sobre a mendicância, sobre a assistência aos pobres, sobre a recusa de fazer prisioneiros entre as tropas britânicas ou hanoverianas, e para as vitórias militares. A maioria das cartas foi enviada por sociedades populares baseadas em cidades e vilarejos de toda a França e é datada de cerca de um mês antes. O tom é uniformemente patriótico, superlaudatório e hiperentusiasmado. Elas incluem o final de uma enorme onda de mais de duzentas missivas ao longo do mês passado, expressando angústia pelas tentativas de assassinato contra Robespierre e Collot d'Herbois em 22 de maio e enviando votos de boa sorte a ambos. Que diferença faz uma distância de dois meses!

Uma característica regular dessas sessões é a recomendação de atos de generosidade patriótica. Hoje, três exemplos se destacam. A comuna de Préchac, na Gironda, está enviando 35 quilos de bandagens e uma grande quantidade de roupas velhas para hospitais militares no front. A sociedade popular em Sucy-en-Brie (agora renomeada Sucy-Lepeletier) está encaminhando para o Tesouro do Estado metais que eles arrancaram dos templos locais de fanatismo (também conhecidos como igrejas) junto com muito salitre raspado das paredes de celas. E, por fim, a sociedade Bois d'Oingy, no departamento de Rhône, inscreveu-se para equipar um rapaz local como cavaleiro para o front. Eles fornecem detalhes sobre o dote patriótico e uma descrição detalhada do voluntário (34 anos, 1,82 metro, cabelos e olhos castanhos, nariz arrebitado, rosto redondo e bronzeado etc.) e seu cavalo (1,50 metro de altura, estrela branca na testa, pelagem marrom, três cascos brancos etc.). Como costuma acontecer, essas três comunicações vêm de locais com uma população que beira os mil habitantes, ou menos. Tudo isso pode ser monótono. No entanto, mostra aos parisienses que a Convenção goza de renome e prestígio muito além dos limites da cidade e serve como um lembrete de quão longe o élan patriótico de 1793 e 1794 e o apoio à Convenção chegaram à sociedade francesa. É a democracia de base em ação rotineira. Hoje, isso é tudo que será rotineiro.

De seu lugar na bancada dos deputados, Thibaudeau sente certo nervosismo, uma sensação de iminência e expectativa. Os rostos dos deputados expressam uma gama de emoções. O ator Collot d'Herbois assumiu o lugar na cadeira de presidente. Barère está lá, sereno e afável como sempre. Saint-Just e Robespierre, que entraram juntos, aproximam-se da tribuna e parecem mostrar pouca reação aos acontecimentos de ontem. Este é um momento em que todos aqueles deputados cujo interior deve estar agitado precisam permanecer estoicamente calmos.

A agenda afirma que Saint-Just será o primeiro a falar. Ficou acordado que ele apresentará um relatório sobre o governo e o estado da opinião pública, seguindo os arranjos aceitos durante as negociações intragovernamentais de 22 e 23 julho. A ideia então era que ele hoje discorresse firmemente sobre o espírito de unidade dentro dos Comitês de Governo. Os deputados certamente vão querer saber como ele aborda essa questão depois de tudo o que aconteceu nos últimos dias – aliás, nas últimas horas. E, enquanto os deputados esperam que o presidente Collot dê início à reunião e convoque Saint-Just para ler seu relatório, este rabisca uma nota e a entrega a um mensageiro, que sai da sala.

11H59

Sede do CSP, Palácio das Tulherias

Enquanto a Convenção está passando pelos preparativos para a ordem do dia, a reunião conjunta do CSP e do CSG já está em andamento nos escritórios do CSP na outra extremidade do prédio. Convocada para as dez da manhã, ela conta com a presença da maioria dos membros atualmente em Paris, mas não de Collot d'Herbois, que no momento preside a Convenção, nem de Robespierre ou Saint-Just, que já estão na assembleia. O principal assunto da reunião é considerar o relatório de Saint-Just sobre a República, como foi acordado na sessão da noite passada. Também parece circular a ideia de que discutirão com Fouché as acusações contra ele. Fouché já está à disposição, mas não Saint-Just, que prometeu estar lá às onze horas.

Quando Couthon entrou na sede do comitê, a discussão se concentrava em prender ou não Hanriot. Couthon não compareceu às reuniões do CSP da noite passada, então isso deve ser novidade para ele. Desconsiderando a conversa, lançou-se imediatamente ao ataque ao deputado Dubois-Crancé, que em 25 de julho tinha se defendido habilmente na Convenção contra os ataques de Robespierre. Couthon apresentou um maço de papéis que afirmava serem provas irrefutáveis da culpa do deputado, presumivelmente sobre sua conduta no cerco de Lyon em 1793. Atacar Dubois-Crancé dessa maneira também permite que Couthon inclua Fouché em sua condenação, outro veterano do Lyon.

Couthon ameaça os outros membros do comitê de que, neste caso, não aceitará um não como resposta. Mas Carnot, engenheiro militar treinado, um homem que sabe uma ou duas coisas sobre a realização de cercos, interrompe seu caminho, e uma discussão cheia de insultos rapidamente começa:

> Couthon: "Eu sempre soube que você era o mais perverso dos homens!".
> Carnot: "E você o mais traiçoeiro".

A intervenção de Couthon afastou a conversa sobre o caso Hanriot, prolongou a reunião mais do que o previsto e exacerbou a divisão nas fileiras dos comitês. Também desviou a atenção dos membros do comitê da questão: onde está Saint-Just? Couthon ainda está no meio do discurso quando um mensageiro traz uma nota que ele lê, depois rasga e joga fora. Mas Philippe Ruhl, membro do CSG, conseguiu ler seu conteúdo. A carta é o bilhete que Saint-Just acaba de despachar da Convenção. Ela diz: "A injustiça afligiu meu coração; vou abri-lo completamente antes da Convenção".

Ontem à noite, Saint-Just prometeu fielmente que mostraria seu relatório aos comitês antes de entregá-lo à Convenção. Ele voltou atrás em sua palavra. Ruhl imediatamente sente o cheiro de traição. Couthon, ele teme, encenou deliberadamente essa tática diversionista para manter os comitês do governo longe de discutir a questão Hanriot, avaliar a ausência de Saint-Just ou comparecer à Convenção nesta hora crucial. Então, Robespierre e seus companheiros conspiradores mostraram a que vieram. Por causa do astuto ardil de Couthon, a agenda da Convenção está começando com um sinal de traição. Ruhl reage rapidamente:

> — Vamos, amigos. Vamos desmascarar os traidores ou apresentar nossas cabeças à Convenção.

Deixando para trás Couthon em sua cadeira de rodas, o grupo se apressa pelos corredores em direção à Convenção. Eles podem chegar lá em poucos minutos. A cortina de um drama histórico está subindo.

PARTE III

UM GOLPE PARLAMENTAR

(do meio-dia às cinco da tarde)

Agora, durante o dia, os parisienses estão agitados e alegres. Mas a elite política está entrando em terreno desconhecido, à beira de uma crise cuja forma e dimensões ainda está lutando para discernir. Os protagonistas assumem apressadamente os seus postos para o iminente drama que será encenado na Convenção Nacional. As coisas estão se movendo muito rápido. Os deputados não percebem que Saint-Just abriu seu discurso sem consultar seus colegas de governo. Isso mudou toda a situação.

Apesar da noite de tramas e contraenredos nervosos, este será um drama cujo roteiro ainda está sendo escrito. Ninguém tem um plano mestre, apenas uma variedade de esperanças, desejos, considerações e projetos fictícios que conflitam no essencial. Espontaneidade e improvisação parecem agora estar na ordem do dia.

Entre os inimigos de Robespierre, no entanto, pelo menos um homem está mais do que preparado para forçar o ritmo do dia. Sem o conhecimento dos amigos e inimigos de Robespierre, Jean-Lambert Tallien percebeu que o seu próprio destino e o de sua amante dependem da aposta que ele está prestes a fazer.

MEIO-DIA

Palácio da Convenção, Palácio das Tulherias

— Isso tem que acabar!

Os deputados reunidos no Palácio da Convenção para ouvir o discurso de Saint-Just sobre o harmonioso funcionamento do governo viram o pescoço e veem Jean-Lambert Tallien entrando na Salle de la Liberté, gritando a plenos pulmões enquanto apresenta uma furiosa questão de ordem contra Saint-Just.

Foi a reunião de reconciliação do CSP com o CSG de 22 e 23 de julho (4 e 5 Termidor) que decidiu que Saint-Just faria hoje um discurso à Convenção. A ideia era que ele enfatizasse o espírito de unidade reinante entre os Comitês de Governo. Desde então, muita água passou por baixo dessa ponte. Saint-Just optou por quebrar sua promessa de levar o discurso para seus colegas do CSP antes de sua fala. Seria inútil, ele concluiu: eles lhe negariam o direito de falar. Ele já enviou a Couthon uma mensagem sobre suas intenções, indicando o quanto seu encontro com Billaud e Collot na noite passada "afligiu seu coração" e o deixou desgostoso com eles. Sua raiva controlada, evidente no ar de estranheza e no olhar um tanto selvagem, se refletirá no conteúdo de seu discurso. Ele pretende defender Robespierre, com quem entrou na Convenção, e não vai esconder quão mal seus colegas de CSP trataram os dois. Ele será fiel aos seus valores, fazendo um discurso não de compromisso dentro do governo, mas como um ato pessoal de boa-fé, apoiando instituições revolucionárias e falando de coração, em nome da *patrie*. Saint-Just acredita na comunidade de afetos entre patriotas. Os corações de colegas deputados que são puros e patrióticos certamente estarão com ele. Para quem não for puro e patriota, ele tem outras ideias.

Ele inicia seu discurso:

— Não pertenço a nenhuma facção; eu combato todas as facções. Nada além de morte as aguarda pela ação de instituições que produzem certezas, que estabelecem os limites da autoridade e que obrigam o orgulho humano a dobrar os joelhos sob o jugo da liberdade pública. O curso das coisas fez com que esta tribuna para discursos se tornasse a rocha Tarpeia para quem viesse os informar de que os membros do governo se desviaram dos caminhos da sabedoria.

No entanto, antes que os deputados tenham a chance de descobrir o que Saint-Just está querendo dizer, Tallien invadiu o Palácio da Convenção, interrompendo-o com estrondo. Ele estava conversando do lado de fora com o fiel deputado montanhês Goupilleau de Montaigu quando percebeu o começo da sessão. "Agora é o momento de atacar Robespierre e seus cúmplices", disse ele a Goupilleau:

— Entre no Palácio e testemunhe o triunfo dos amigos da liberdade. Esta noite, Robespierre não existirá mais.

Há uma surpresa universal no corredor com o gesto barulhento e impetuoso de Tallien. De sua posição na cadeira, Collot, que, como seus colegas do CSP e do CSG, não conhece as intenções de Tallien, está tão surpreso quanto qualquer outro. Ele segue os protocolos da assembleia ao permitir que Tallien levante sua questão de ordem: Saint-Just deveria estar falando sobre a unidade do governo, mas na verdade, declara Tallien, ele está demonstrando e exacerbando suas divisões:

— O discursante começou afirmando que não pertencia a nenhuma facção. Eu digo o mesmo. Pertenço apenas a mim mesmo – e à liberdade. E é pela liberdade que vou fazer ouvir a verdade. [...] A divisão está em toda parte. Ontem, um membro se afastou do governo e fez um discurso em seu próprio nome. Hoje outro membro do governo faz o mesmo. Eles vieram aqui para assaltar a pátria, para agravar os problemas dela, para lançá-la no abismo. Eu exijo que o véu seja completamente rasgado.

Tallien recorreu a uma questão de ordem não apenas para silenciar Saint-Just, mas também para implicar Robespierre em seu ataque. A audácia desse ataque aberto surpreende a todos. Para Thibaudeau, parece que foi dado um choque elétrico nos presentes. A impressão se acentua quando esses comentários iniciais desencadeiam três rodadas orquestradas de aplausos de um grupo de deputados que Tallien claramente preparou para a ocasião. O investimento de seu tempo com Durand-Maillane e seus agregados na noite passada está dando seu primeiro resultado. Outros presentes estão bem cientes da existência de tensões no seio do governo, mas o sigilo sobre o que se passa em torno da mesa verde do CSP significa que eles não têm uma visão clara. Eles estão surpresos com o que está acontecendo do nada.

Saint-Just planejou atacar independentemente de Robespierre hoje. Mas a maioria dos deputados tem antecipado a voz do Seu Mestre, uma visão confirmada pelas palavras iniciais de Saint-Just. Eles sempre o enxergaram como o fiel e implacável capanga de Robespierre. Vendo Saint-Just e Robespierre entrarem juntos no palácio, e com Robespierre obviamente ansioso para seguir seu aliado até a tribuna, eles esperaram uma intervenção coordenada dos dois homens. A referência inicial e exagerada de Saint-Just a ser supostamente arremessado da Tarpeia feito um pária político da República Romana parece endossar isso, pois esse tipo de homenagem à sua própria morte é um toque muito à moda Robespierre. Mesmo que detestem Tallien (e vários detestam), muitos deputados preferem que ele mostre a Saint-Just que este não é tudo o que pensa ser.

É neste momento, com Collot fazendo o possível para manter alguma aparência de ordem, que os membros daquela interrompida reunião conjunta entre CSP e CSG, liderados por Ruhl, correm para o local da assembleia. Eles estão em estado de confusão e ressentimento sobre o que julgam ser as tentativas astutas e perniciosas de Couthon de mantê-los fora da assembleia neste momento vital e o que parece ser o engodo conspiratório de Saint-Just. A indignação deles contamina

Collot, na cadeira de presidente. Ele sabe que Saint-Just prometeu levar seu discurso com antecedência aos colegas do CSP. Ele deve ter presumido, naquele início da sessão, que isso tinha sido feito. Mas uma onda de gritos caóticos agora lança a assembleia em completa desordem. Parece que uma trama cuidadosamente planejada por esses três homens está sendo lançada. Parece que os três esperavam fazer na Convenção um ataque duplo contra Robespierre e Saint-Just, enquanto Couthon astuciosamente mantinha os principais oponentes dos três homens fora da assembleia. Astúcia ou coincidência? Há muitos deputados dispostos a acreditar no pior dos três homens, e que sua conversa interminável sobre conspirações tem sido um disfarce para suas próprias tramas.

Como Billaud, Collot tem uma opinião muito negativa de Tallien, encarando-o como um personagem baixo, grosseiro e traiçoeiro. No entanto, dadas as circunstâncias, ele fica mais do que feliz em ceder a palavra a ele. E no tumulto que se seguiu às salvas iniciais, com o "choque elétrico" de Thibaudeau ainda correndo erraticamente pela sala, Tallien deve ter observado que os partidários de Robespierre parecem ser poucos por ali. Ele continua:

> — Acabei de exigir que o véu seja rasgado. Estou encantado por ter visto isso ser feito agora, e que os conspiradores foram desmascarados e logo serão destruídos, e que a liberdade triunfará.

Tallien afirma ter ficado em silêncio no passado por medo do tirano e de sua lista de proscrição. No entanto, a sessão no Jacobino na noite passada o fez temer pelo país enquanto esse novo Cromwell reunia seu exército. Ele está aqui com uma adaga – sua mãe o viu de relance escondendo-a sob o casaco esta manhã, ao sair para a assembleia. Ele a brande para o alto:

> — Eu me armei com uma adaga para perfurar seu peito se a Convenção não tivesse coragem de decretar sua prisão.

Tallien está ecoando o assassino de Júlio César, Marco Júnio Brutus, cujo busto olha para ele no corredor. Mas é mais um gesto teatral do que uma ameaça. Ele não faz nenhum ataque físico a Robespierre e parece respeitar a legalidade republicana e o protocolo parlamentar.

Tallien ecoa Brutus, mas também está defendendo sua amante, a encarcerada Theresa Cabarrus. Sua devoção declarada ao bem público pode ser bastante genuína, mas também é infundida por animosidade pessoal, alimentada pelo antagonismo aberto de Robespierre contra ele e sua amante. Pode até estar correndo um boato de que foi Cabarrus quem lhe forneceu a adaga que brande neste momento – um cenário implausivelmente sentimental (e logisticamente difícil).

Saint-Just ficou mudo com o que está acontecendo diante de seus olhos. Ele pensou que hoje seria um dia de glória pessoal ao se retirar em definitivo da sombra de Robespierre. Em vez disso, tudo parece se resumir a Robespierre. O próprio Robespierre está evidentemente furioso e desse modo se esforça para levantar uma questão de ordem. Mas os aplausos para Tallien estão aumentando à medida que o espanto coletivo inicial dá lugar a aprovação e admiração. Expressões ruidosas de apoio estão sendo ouvidas em todo o palácio, a julgar pelas palmas orquestradas dos partidários de Tallien. A Convenção está descobrindo o quanto odeia Robespierre.

Tallien agora amplia o ataque. Robespierre, afirma ele, está no centro de uma vasta conspiração contra o bem público e está planejando outra *journée* que levará à condenação de todos os seus inimigos. Para prevenir o pior, Tallien exige que o comandante da Guarda Nacional, François Hanriot, seja preso. Aí então a Convenção pode voltar sua atenção para a Lei de 22 Prairial e seu único autor, Robespierre. Ações também precisam ser tomadas contra o presidente do Tribunal Revolucionário, Dumas. Os aplausos entusiasmados sobem à cabeça de Tallien. Na alegria de sentir que sua grande aposta está em alta, ele está perdendo o rumo.

Collot aprova a moção de Tallien para prender Hanriot, que está de acordo com as discussões do CSP de ontem à noite. Ele pode aceitar o ataque a Dumas, pois sabe que o CSG já o tem na mira por atividades contrarrevolucionárias. Mas ele está preocupado que Tallien possa agora partir para a ofensiva contra o próprio Tribunal Revolucionário. Todos se lembram de seu antagonismo à Lei de 22 Prairial. Para os membros do CSP, atacar o Tribunal Revolucionário está fora de questão, e, de fato, Collot teme que, se Tallien continuar nesse caminho, ele possa em breve ir além de atacar a justiça revolucionária para se opor ao CSP, que a administra. Ele precisa neutralizá-lo antes que vá longe demais, então pede ao recém-chegado Billaud-Varenne para intervir.

Pelo regulamento da Convenção, um orador contrário ao discurso anterior pode subir à tribuna. Com Saint-Just parecendo muito atordoado para assumir o posto, um furioso Robespierre está gritando que ele deveria ter o direito de responder. Collot não vai permitir que isso aconteça.

Enquanto Billaud se dirige à tribuna, um deputado ouve Barère exortá-lo *sotto voce* a concentrar seus ataques em Robespierre em vez de Couthon ou Saint-Just. Robespierre é (depois de Hanriot) o alvo principal: isolá-lo deve torná-lo ainda mais vulnerável. Tallien já mostrou os perigos de ampliar a lista de acusados. Barère também pode estar pensando que, com Robespierre fora do caminho, Couthon e até mesmo Saint-Just podem ser recuperados. É prudente manter o foco em Robespierre. Neste momento, ele é o único sendo considerado um "tirano".

Enfurecido com o que ele supõe ser uma trapaça combinada entre Couthon e Saint-Just, Billaud está descontrolado. Ele mal começa o discurso quando de repente afirma ter visto nas galerias públicas um dos indivíduos que o ameaçaram ontem à noite no Clube dos Jacobinos e insiste que este seja expulso e preso.

Depois que o homem é levado para fora, Billaud continua. Ele abre o coração aos deputados sobre os ataques a ele e as ameaças contra a Convenção que, na noite anterior, foram proferidas no Clube Jacobino e, depois, na sede do CSP. É um movimento significativo de sua parte, pois quebra o silêncio dos membros do comitê sobre o que acontece em torno da mesa verde do CSP. Billaud está surpreso, afirma ele, ao ver Saint-Just na tribuna depois que ele prometeu ontem à noite submeter seu discurso a ambos os comitês e retirá-lo caso eles o reprovassem. Como se isso não fosse o bastante, as ações diversionistas de Couthon nesta manhã expuseram uma conspiração nefasta. Billaud e os outros membros do CSP escaparam das artimanhas de Couthon e Saint-Just. Mas a Convenção está sob ameaça dos três homens.

Saint-Just não tem partidários e Robespierre não tem defensores na casa? O deputado Philippe Le Bas avança e reivindica o direito de falar por Saint-Just, o que de fato, de acordo com as regras processuais da Convenção, ele deveria ter. Le Bas, amigo íntimo de Saint-Just e genro de Duplay, senhorio de Robespierre, é membro do CSG, mas não esteve nas reuniões da noite passada. No contexto atual, porém, os deputados não o aceitarão, e, com gritos de "*Vive la République!*", ele é estapeado e ameaçado de ser levado à prisão de Abbaye. Muito rapidamente, as coisas ficaram bem desagradáveis.

Billaud agora ganhou ritmo e está intensificando o ataque a Robespierre. A Convenção corre perigo mortal. A Guarda Nacional está armando contra a instituição, e Hanriot, seu comandante, foi denunciado como traidor. Billaud ataca não apenas Hanriot, mas também seu estado-maior. Robespierre os defendeu contra seus colegas do CSP, mas todos são politicamente suspeitos. Além disso, quando solicitado a nomear colegas para missões nas províncias, Robespierre afirmou que não conseguia pensar em vinte deputados dignos do cargo. Ele também prendera bons e patrióticos *sans-culottes* nas seções de Paris sob sua própria autoridade. Depois de fazer tudo à sua maneira durante seis meses, distanciou-se dos colegas quando estes opuseram resistência à Lei de 22 Prairial. Ontem à noite, no Clube Jacobino, ele lançou ataques a Billaud e Collot que foram levados adiante por Dumas, presidente do Tribunal Revolucionário.

O discurso indisciplinado e disperso de Billaud, demonstrando os perigos que os deputados agora enfrentam vindo de Robespierre, atrai suspiros de indignação intercalados com aplausos. Um grito é ouvido: "Que os tiranos pereçam!". No entanto, Billaud, que não esperava fazer esse discurso, começou a perder o fio da meada. Ele dispara freneticamente, soltando novas acusações e lavando em público a roupa suja do CSP: Robespierre protegeu um secretário do CSP que roubou 14 mil libras; ele por muito tempo defendeu Hébert; ele atacou Billaud com raiva quando este começou a atacar Danton; ele tem um sistema de espionagem pessoal trabalhando contra os deputados...

As referências de Billaud ao expurgo das facções hebertistas e dantonistas na primavera fazem Robespierre reagir com raiva, mas sua corrida em direção à tribuna para responder é alvejada por gritos de toda a assembleia: "Abaixo o tirano!". Seu caminho está bloqueado em ambos os pontos de acesso à tribuna pelos contínuos da Convenção e também pelos secretários de hoje. Estes incluem Jean-Étienne Bar e André Dumont, com a ajuda de Louis Legendre e Jacques Brival. Dumont faz parte do grupo de deputados em que Robespierre está de olho, isso devido às políticas anticlericais radicais que Dumont implementou quando estava em missão nos departamentos do norte. Dumont também tem tentado (sem sucesso) fazer Robespierre ajudar seu irmão, preso injustamente. Ele fica muito feliz em bloquear o caminho de Robespierre.

Billaud encerra seu discurso dando voz ao que se tornou o clima da assembleia:

— Nenhum deputado desejaria viver sob um tirano!

A assembleia ruge uma aprovação. Induzidos pelas referências de Tallien a Júlio César e Oliver Cromwell, os deputados reconhecem que, no que diz respeito a Robespierre, eles estão de fato lidando com um tirano.

Charles Duval, um deputado montanhês ainda esfregando os olhos com o espetáculo que se desenrola diante dele, se vê pensando: o feitiço foi quebrado. A magia com que Robespierre, pelo simples poder da personalidade, da eloquência e do temor, manteve a Convenção dócil e respeitosa parece estar se desvanecendo aos olhos dos deputados. Da bancada montanhesa, o ex-soldado Jean-François Delmas (e é de se perguntar se ele sabe que os arquivos de Robespierre contêm ataques cruéis contra ele), juntamente com Jean-Pierre Couturier, advogado e companheiro Montagnard, avançam para levar o debate adiante, pedindo a prisão de Hanriot e a extensão do mandado para incluir seu estado-maior. Prosseguindo o debate, a Convenção esboça um decreto ordenando a prisão de Hanriot, Boulanger e outros ajudantes de campo, a cuja lista se acrescenta o nome do presidente do Tribunal Revolucionário, Dumas.

Bertrand Barère é agora convocado para falar. Ele recebe aplausos estrondosos quando os secretários Dumont e Bar empurram para o lado o enfurecido Robespierre, ainda nos degraus da tribuna, para permitir que ele passe. O palpite de Thibaudeau de que Barère tem dois discursos para as eventualidades de hoje é enganoso, já que Barère pode levar a maioria das coisas com calma. Mas a franqueza do ataque de Tallien a Robespierre e a resposta fervorosa que está provocando levaram as coisas a uma nova direção. Barère gosta de administrar e regular, e de não permitir que a espontaneidade leve a assembleia sabe-se lá para onde. Informado do teor das discussões de ontem à noite no CSP, ele também elaborou uma proclamação sobre os perigos atuais que serão decretados e publicados para conquistar o povo.

Barère está acostumado a se equilibrar na corda bamba da política. Ele é categórico ao dizer que a continuidade da existência do CSP é vital para a sobrevivência da República. Mas ele não alivia em um ponto: a divisão no governo está ajudando os inimigos da República. Os britânicos e os austríacos devem estar esfregando as mãos de alegria com os ataques feitos contra o Governo Revolucionário nos últimos dias – e até mesmo nesta sessão. A união tem sido crucial para o CSP esmagar os inimigos da República e manter viva a liberdade. Isso agora está sob ameaça.

> — Os Comitês de Governo são o escudo, o refúgio e o santuário do governo centralizado. [...] sua existência torna impossível que a realeza se recupere, que a aristocracia renasça, que o crime domine, que a República não triunfe.

No entanto, enquanto elogia o CSP, Barère também está protegendo seu lado. Ele está alerta para o perigo de que o ataque liderado por Tallien a Robespierre possa se transformar em um ataque generalizado aos poderes do CSP. Seus elogios exagerados ao comitê visam protegê-lo contra possíveis ataques.

Também de maneira significativa, Barère não faz nenhuma referência direta a Robespierre. Apenas dois dias antes, em 25 de julho, Barère foi generoso em seus elogios a Robespierre por este parecer se opor aos movimentos de expurgo da assembleia sob pressão popular. No entanto, mesmo que as últimas 48 horas – na verdade, os últimos 48 minutos – tenham mudado tudo isso, Barère ainda é cauteloso sobre os perigos de enfrentar Robespierre de frente. Embora ele provavelmente acredite em sua própria provocação de que Robespierre não poderia organizar sequer um curral (muito menos uma insurreição), ele percebe que os aliados de Robespierre não carecem de habilidades organizacionais ou experiência. Assim, enquanto fala vagamente de divisões internas, ele concentra as mentes dos deputados menos em Robespierre do que na ameaça representada pela GN de Paris. Não basta, afirma, simplesmente ordenar a prisão do comandante Hanriot e de seu estado-maior. A prática de ter um único comandante da GN de Paris deve ser suprimida no interesse da democracia. Portanto, aparentemente, não haverá substituto direto para Hanriot. A Convenção redigiu um decreto abolindo o cargo de comandante da GN e estabelecendo a prática mais democrática em que os seis chefes de legião desempenham a função em um rodízio semanal. Mas os deputados parecem voltar atrás no meio da confusão, decretando que Jean Hémart, comandante da gendarmeria, cuja lealdade o CSP garantiu no meio da noite anterior, deveria ser nomeado comandante interino da GN.

O decreto contra Hanriot e seus adjuntos também afirma que o prefeito de Paris e o agente nacional da Comuna devem neste momento cumprir seu dever. A segurança dos representantes do povo na Convenção está nas mãos deles, e eles devem lidar com qualquer turbulência que os partidos aristocráticos provocam em Paris. Hémart receberá a ordem de entregar essa mensagem pessoalmente na sede da GN, adjacente à Maison Commune.

Barère prossegue, propondo que sua proclamação seja divulgada e disseminada em todas as 48 seções de Paris e também enviada imediatamente a todas as comunas do país e a todo o exército. Ele fez algumas pequenas alterações nas margens do texto rascunhado, onde agora se lê:

> Cidadãos! Apesar das vitórias marcantes da República, um novo perigo a ameaça, ainda mais preocupante por ter enredado alguns elementos da opinião pública. [...] As paixões pessoais usurparam o lugar do bem público. [...] o Governo Revolucionário está sob ataque. [...] a aristocracia parece triunfar e os monarquistas estão prontos para ressurgir. [...] Cidadãos, vocês desejam perder em um único dia seis anos de Revolução, de sacrifícios e de coragem? Vocês desejam voltar para o jugo que quebraram?

O povo deve ser claro, ordena Barère: as ameaças aos ganhos que a República trouxe ao povo vêm dos militares (ele está pensando na GN de Hanriot), e é crucial que todo o povo se una para apoiar os comitês e frustrar os desígnios monarquistas e aristocráticos.

Uma notável omissão do texto é a ausência de qualquer referência direta a Robespierre. A aura de Robespierre pode ter sido irrevogavelmente danificada, mas Barère preferiu flutuar no reino do vago, um elemento no qual ele se destaca. Talvez aqueles acostumados a ler as entrelinhas vejam uma referência oblíqua a ele na evocação do papel das "paixões pessoais" na potencial usurpação. O medo que Robespierre inspirou não se dissipa facilmente. Esse, pode-se imaginar, é o poder dos tiranos.

13H

Palácio da Convenção, Palácio das Tulherias

"Tirano."

A palavra foi proferida, a acusação está aberta. Robespierre é um tirano. Um termo usado para Luís XVI agora está sendo empregado para descrever um deputado regicida. Ironicamente, foi Robespierre quem, junto com Saint-Just, delineou de forma mais convincente a definição e os parâmetros do termo durante o julgamento do rei. "Nenhum rei pode reinar inocentemente", proclamou Saint-Just, o que implicava que a própria instituição da monarquia era uma tomada de poder ilegítima e intolerável por um indivíduo que pisoteia os direitos dos concidadãos. Robespierre, abandonando sua antiga oposição a todas as formas de pena de morte, argumentou veementemente que a República francesa era obrigada a acabar com a vida do usurpador da liberdade coletiva do povo francês: "O rei deve morrer para que a República possa viver".

Como aconteceu com seus antecessores em 1789, os deputados formulam seu pensamento político de uma forma que reflita escritos de pensadores como Montesquieu, Rousseau e Mably. A idealização iluminista das cidades-Estado gregas e da era republicana de Roma continha um pressentimento sobre a fragilidade da condição republicana e sua vulnerabilidade à usurpação tirânica. Mas a história antiga também forneceu a noção de ditadura incorporada no exemplo épico de Cincinato, o patrício do século V a.C. convocado de suas propriedades para assumir o poder total durante uma crise de emergência do Estado, apenas para retornar ao seu arado uma vez que a crise estivesse resolvida. Nas muitas vezes caóticas circunstâncias militares de 1792 e 1793, com a sobrevivência da República parecendo altamente precária, a Convenção seguiu por esse caminho, entregando o poder não a único indivíduo, mas a uma coletividade: os Comitês de Governo. O decreto de Saint-Just de 10 de outubro de 1793, estabelecendo que o governo deveria ser "revolucionário até a paz", aceitava restrições aos direitos individuais e à normalidade constitucional em nome da sobrevivência da República até o fim da guerra. A Lei de 14 Frimário codificou esse estado de coisas, consagrando a concentração dos poderes Executivo e Legislativo nas duas Comissões de Governo, o CSP e o CSG. É importante ressaltar, no entanto, que a lei estipulava que "a Convenção é o único centro de decisões do governo" e que a assembleia tem o direito de alterar a composição dos Comitês de Governo à vontade. Embora a assembleia, desde setembro de 1793, tenha optado por não rotacionar os membros do comitê, esse arranjo mantém a noção de que a extensão dos poderes dos Comitês de Governo, que na maioria das outras circunstâncias seriam chamados de ditatoriais, é uma medida temporária. O CSP procurou ainda justificar seus amplos poderes apelando para as raízes do Legislativo na soberania popular. "O povo exerce a ditadura sobre si mesmo", disse Barère certa vez, por meio da Convenção. Robespierre foi mais longe, prenunciando um "despotismo da virtude" que o Governo Revolucionário encarna em nome da Convenção e de acordo com os interesses do povo.

No sentido de que a devoção à *res publica* supera qualquer ambição ou interesse pessoal, todo membro dos Comitês de Governo está comprometido com as virtudes patrióticas implicadas em, de alguma forma, "ser Cincinato" (cuja estátua adorna a Convenção). O exemplo de Cincinato quase certamente estava na mente de Saint-Just alguns meses antes, quando, em uma reunião do CSP, ele defendera a promoção de Robespierre a um papel superior, vagamente especificado dentro dos Comitês. Ele também pode ter sido influenciado pelo pensamento do jornalista radical Jean-Paul Marat, o "Amigo do Povo", que nos primeiros anos da Revolução incansavelmente pediu a instituição de um ditador que velasse pelo Estado francês em tempos difíceis. Na Convenção, ele tinha especificado que usava o termo no sentido de "um guia, um chefe, e não um mestre".

A resposta de Carnot à proposta de Saint-Just foi classificar de "ditadores ridículos" ele e Robespierre. Essa resposta raivosa destacou uma tendência crescente no discurso político de confundir as noções de ditador e tirano. Os aspirantes ao poder ditatorial mais citados são aqueles que Tallien evocou como tiranos no debate de hoje, a saber, Júlio César, que teve sucesso nesse papel, estabelecendo o sistema imperial, e, mais recentemente, Oliver Cromwell, que derrubou o rei inglês e depois o parlamento para estabelecer o poder único. Catilina, notoriamente atacado por Cícero por conspirar para derrubar a República, é outro que atrai os rótulos de "ditador" e "tirano". E, embora o discurso de Tallien não tenha tocado nesse ponto, há outro contexto para a tirania do qual muitos deputados estarão cientes. Relaciona-se com a figura do tirano ateniense do século VI a.C., Pisístrato. Como todo leitor de Plutarco na Convenção (portanto, todo deputado) saberá, Pisístrato tomou o poder como resultado de um ardil. Ele entrou no fórum exibindo ferimentos autoinfligidos, que alegou terem sido feitos por seus oponentes políticos, e, quando os atenienses permitiram que ele formasse uma pequena guarda para sua defesa, ele usou o grupo para dar um golpe e impor um governo pessoal. O discurso não proferido de Saint-Just hoje destilaria indignação sobre o fato de Billaud-Varenne ter tentado cair nas boas graças de Robespierre, embora recentemente o chamasse de Pisístrato pelas costas.

Já há algum tempo, Billaud vem de fato fazendo essa comparação maliciosa nos corredores do poder. A retórica conspicuamente martírica e de autossacrifício que Robespierre tantas vezes emprega tem semelhança metafórica com a exibição de feridas. Quando Marat foi morto em sua banheira, Robespierre manifestou algo semelhante a uma inveja do assassinato, enquanto na sequência do atentado frustrado contra sua própria vida (feito por Cécile Renault) ele se posicionou como se a exibir feridas que não tinha. A comparação também evoca uma acusação de pretensão patriótica que muitas vezes no passado foi levantada contra Robespierre: apesar de seu compromisso apaixonado com a transparência e a autenticidade e as invocações de sua própria vitimização, Robespierre foi frequentemente acusado de dissimulação, hipocrisia e atuação (bem como por ter um guarda-costas pessoal aramado com bastão). Portanto, além de ser Catilina, César e Cromwell, Robespierre também é Pisístrato.

Robespierre é "tirano" e ditador de uma maneira que, em alguns aspectos, ecoa a Antiguidade: ele constrói sua popularidade imitando a maneira como os tiranos da Antiguidade emulavam os *hoi polloi* ou os plebeus. Os oponentes de Robespierre há muito se escandalizam com a forma flagrante como ele se apresenta para as galerias públicas. No auge da polêmica entre montanheses e girondinos no final de 1792, ele foi atacado por Louvet por querer ser um ditador e exercer "um despotismo de opinião". A associação nunca se extinguiu de todo, embora, quando um orador ousou usar a frase contra ele no Clube Jacobino em fevereiro de 1794, Robespierre rasgou num piscar de olhos a matrícula dele.

Apesar da ressonância clássica para esse tipo de apoio popular, Robespierre é tido como um controlador de opinião de formas que eram desconhecidas na Antiguidade. Na verdade, os meios à sua disposição para influenciar a opinião são de uma ordem completamente diferente de qualquer coisa disponível no Mundo Antigo. Robespierre pode repreender os jornalistas por divulgarem "notícias falsas", mas na verdade ele é um mestre em usar em seu próprio benefício todos os registros de publicidade disponibilizados pelo desenvolvimento da cultura impressa ao longo do século XVIII e o surgimento da opinião pública como uma força a ser reconhecida e adulada.

A imprensa confere à autopromoção de Robespierre um vasto alcance por meio da publicação de seus discursos, como ele e seus colegas bem sabem. Ele exige que seus textos sejam impressos completos e corrigidos. Ele policia a publicação com o zelo de um revisor e destrói os editores que não atingem seus padrões. Ele ataca as "notícias falsas" divulgadas por jornalistas imorais. E, ao retocar tudo o que diz, já se antecipa às vozes críticas. Uma das razões pelas quais ele deve ter se sentido animado com a recepção rapsódica que recebeu no Clube Jacobino ontem à noite foi que ele sabia que repetir textualmente o discurso antes feito na Convenção garantiria cobertura nacional, levando-o aos olhos do povo, pois o texto chegará aos muitos afiliados provinciais do Clube na forma de brochura, bem como em reportagens de jornais; dessa forma, será lido por um grande número de militantes em todo o país. A máquina de imprensa jacobina compensará a recusa da Convenção em fazer circular o discurso fora da assembleia.

A popularidade excepcional de que Robespierre supostamente desfruta foi um fator importante para persuadir a reunião conjunta dos Comitês de Governo ontem à noite a adiar uma ação precipitada contra ele. As forças materiais que ele tem à sua disposição através da GN de Hanriot e da Comuna de Payan e Fleuriot-Lescot são muito consideráveis. A "celebridade exclusiva" de Robespierre (como diz Billaud) entre o povo de Paris e a "popularidade assustadora" (frase de Collot) são simplesmente grandes demais. Hoje, porém, quase por acaso, a Convenção parece ter tropeçado no meio mais eficaz de impedir que sua celebridade seja mobilizada. Está impedindo-o de falar.

— Então eu nunca vou poder falar?!

A súbita exclamação de Robespierre traz a atenção da Convenção de volta para sua pessoa. Barère está lendo a proclamação que redigiu ontem à noite com o objetivo de reunir o povo para oferecer resistência aos ataques armados à Convenção. Ele habilmente desviou os holofotes de Robespierre para a ameaça representada por Hanriot. Foi decretada a exoneração deste último e introduzida uma nova estrutura de comando na GN. No entanto, se Barère esperava ignorar a ameaça representada por Robespierre, é Robespierre em pessoa que se lança de volta aos holofotes com sua exigência de falar.

Como a mente de Robespierre está processando o que está acontecendo ao seu redor? Como ele deve responder? Ele está manifestamente surpreso com o que está acontecendo. Sua meia-ameaça de ontem sobre seus poderes – se ele fosse mesmo um ditador, ele argumentou, as pessoas estariam rastejando a seus pés – está voltando para assombrá-lo. Ninguém está rastejando a seus pés. Na verdade, ele está sendo brutalmente silenciado, seus apelos legítimos para ser ouvido sendo ignorados. Torcendo a faca, um deputado não identificado grita para ele:

— Você não quis que ouvíssemos Danton.

Há um cheiro bem evidente de vingança dantonista no que está acontecendo. A prisão de Danton e seus supostos aliados e seguidores na primavera foi feita sob o manto da escuridão, e, quando o CSP simplesmente anunciou as prisões na assembleia do dia seguinte, houve alvoroço, com Louis Legendre, amigo de Danton e açougueiro parisiense, exigindo que Danton e seu aliado Desmoulins tivessem permissão para falar em sua defesa. Foi Robespierre quem enfrentou essa ameaça, reduzindo Legendre a um naufrágio trêmulo por sua insistência fria e inflexível de que o caso estava agora nas mãos do Tribunal Revolucionário. Legendre já estava no meio da ação hoje, exercendo seu papel de secretário para impedir o acesso de Robespierre à tribuna, e agora grita:

— Se meus olhos fossem pistolas, eu te mandaria para o inferno.

Nesta conjuntura crítica, outro dos arqui-inimigos de Robespierre dentro dos Comitês de Governo recebe acesso à tribuna. É Vadier. Robespierre e ele têm uma longa e amarga história de suspeitas e altercações mútuas. Vadier agora acrescenta detalhes pitorescos às acusações já feitas: Robespierre foi responsável pela Lei de 22 Prairial; ele foi pessoalmente responsável pela prisão dos militantes patrióticos da seção Indivisibilité; ele tem um sistema de espionagem personalizado visando seus inimigos.

Os deputados estão pasmos por receber tantas informações sobre o que está acontecendo em torno da mesa verde do CSP – ainda mais quando Vadier aumenta sua contribuição concentrando-se no caso Catherine Théot, o que já havia colocado os dois homens em desacordo em junho. Misturando humor, sarcasmo e desprezo à raiva reprimida de seus ataques ao "tirano" (e ele é aplaudido por assim chamar Robespierre), ele enfatiza que foi Robespierre sozinho que forçou Fouquier-Tinville no Tribunal Revolucionário a desistir do caso, alegando que a pretensa profetisa tinha, escondida sob o colchão, uma carta para Robespierre que afirmava que sua missão foi predita por Ezequiel. (Essa referência um tanto arcana provavelmente equiparou a criação da Celebração ao Ser Supremo, patrocinada por Robespierre, com Ezequiel profetizando uma nova Jerusalém.)

Vadier está reprisando seu maior sucesso. O caso Théot dá aos deputados um alívio bem-vindo da atmosfera de alta tensão. As risadas não param. Ele continua:

— ... depois disso, recebi outra carta, de um indivíduo chamado Chénon, tabelião em Genebra e chefe de uma seita de Illuminés. Ele propõe a Robespierre uma Constituição sobrenatural.

A referência sardônica à celebração favorita de Robespierre provoca risos, e Vadier continua:

— Ao ouvir Robespierre falar, alguém pensaria que ele era o único defensor da liberdade; que ele está desesperado, que vai deixar tudo para trás; que ele é de uma rara modéstia (Risos) e seu refrão perpétuo é "Estão me oprimindo; não permitem que eu fale" [...]. Ele diz: "Fulano está conspirando contra mim e eu sou o amigo por excelência da República; portanto, ele está conspirando contra a República!". É uma lógica nova.

O deboche estridente estimula Robespierre, sempre sensível no que diz respeito à sua dignidade pessoal, a outro esforço furioso para ser ouvido. Mas novamente gritam para ele:

— Não ouvimos conspiradores!

Vadier recolocou Robespierre no centro do debate, mesmo assim há o risco de que seu humor contundente faça os deputados perderem o foco. Percebendo o que está acontecendo, Tallien volta à tribuna para instar a assembleia a voltar ao assunto. Robespierre exclama:

— Eu saberia como fazer isso.

O comentário soa como uma ameaça sombria e é recebido por murmúrios.

Robespierre: Meus inimigos estão abusando da Convenção Nacional!

Do outro lado da assembleia: Abaixo Robespierre!

Resistindo aos protestos de Robespierre e ciente da fragilidade das evidências da "tirania" dele, Tallien argumenta que os eventos do dia anterior por si sós são suficientes para condenar Robespierre por conspiração. O discurso de Robespierre, primeiro na Convenção e depois no Clube Jacobino, estava ligado a seus esforços nos bastidores para subverter a unidade dos comitês e aumentar seus próprios poderes por meio de sua atuação no sinistro Departamento de Polícia.

Enquanto Tallien está concluindo sua peroração, Robespierre se posiciona.

— Eu exijo ser executado.

André Dumont, que fez um excelente trabalho impedindo que Robespierre subisse as escadas até a tribuna, responde:

— Mil vezes você merece isso.

Robespierre: Liberte-me deste espetáculo criminoso.

Na cadeira de presidente, Collot luta para manter a ordem no tumulto resultante, com gritos de "Prendam-no!" ecoando por todo o ambiente.

Robespierre começa a despejar insultos contra os montanheses em seus bancos. Mas então ele toma um novo rumo. A rapidez dos ataques o fez esquecer completamente a estratégia com que entrou esta manhã na Convenção, a saber, um apelo aos deputados moderados na assembleia. Sua observação a Duplay antes de partir de seus aposentos mostra que é dessa parte que ele espera apoio neste momento de necessidade. Seus discursos de ontem prepararam o terreno para essa mudança, falando sobre *hommes de bien*. Voltando as costas para os montanheses para poder se dirigir ao resto da assembleia, ele fala:

— É a vocês, homens puros, homens de virtude, e não aos salteadores, que dirijo as minhas palavras.

Seu apelo é recebido com silêncio de pedra e olhares desviados. Os homens do centro e da direita, comandados pelos interlocutores noturnos de Tallien, se recusam a ajudá-lo. Eles foram muito bem preparados. Eles lavam as mãos. Apenas Durand-Maillane avança para declarar, em tom sepulcral:

— Vilão! A virtude que você invoca impele a humanidade a mandá-lo para o cadafalso!

Essa fulminação estrondosa, em combinação com a passividade deliberada dos deputados moderados, é um golpe poderoso contra Robespierre. Com exasperação, certamente agora misturada com medo e também com desafio, ele se volta mais uma vez para Collot na cadeira de presidente:

— Com que fundamento, presidente, o senhor está apoiando os assassinos?
Tallien: Você o ouviu. Ele nos trata como assassinos!

O secretário Dumont junta-se mais uma vez:

— Não queremos matá-lo; é você que quer matar a opinião pública.

Em sessões longas, é costume o presidente se retirar por um tempo, com outro deputado assumindo a presidência. Neste momento, Jacques-Alexis Thuriot está assumindo a cadeira de presidente de Collot. Robespierre está quase perdendo a voz. Para suas vociferações frenéticas, Thuriot comenta: "Você terá que esperar sua vez", comentário que desencadeia gritos de "Não! Não!" da assembleia. Robespierre não terá permissão para falar. O que começou como o plano combinado de uma pequena camarilha anti-Robespierre tornou-se o desejo aparentemente unânime de todos os deputados. Robespierre anda descontroladamente pelo espaço em frente à tribuna antes de despencar sobre um banco.

O deputado dantonista Garnier de l'Aube zomba dele:

— O sangue de Danton está te sufocando!

> Robespierre: Ah! Então é Danton que você está vingando! Covardes, por que então não o defenderam?

Thuriot toca a sineta presidencial para interromper esse tipo de diversionismo, e as tentativas desesperadas de Robespierre de falar são frustradas por mais toques de sinos presidenciais. Talvez alguns dos deputados se lembrem da história contada sobre o julgamento de Danton no Tribunal Revolucionário, quando o juiz presidente – era Martial Herman, na verdade, aliado de Robespierre desde os tempos de Arras – tocou seu sino com igual determinação para abafar as reclamações estrondosas de Danton. "Danton, você não ouviu o sino?", Herman admoestou, ao que Danton respondeu: "A voz de um homem que luta por sua vida deve se sobrepor ao toque de um sino".

Robespierre está sendo reduzido a um silêncio impotente. No entanto, o toque da sineta presidencial ainda deixa em aberto a questão-chave em consideração, a verdadeira questão do dia: o que deve ser feito com o tirano Robespierre?

13H30

Jardins das Tulherias

O ferreiro Jean-Baptiste Didier, guarda-costas de Robespierre, está mesmo muito agitado. Depois de acompanhar os irmãos Robespierre até a Convenção, ele aguardou um pouco no pórtico. Ele podia enxergar dentro da câmara e observou Tallien intervindo. Mas o abafamento da sala o atingiu, e, sem perceber a gravidade do que está acontecendo no Palácio da Convenção, ele deixou o local para tomar ar nos jardins das Tulherias.

Depois de um tempo, ele notou que os transeuntes estavam sendo atraídos pela barulhenta confusão da sessão da Convenção. No entanto, eles e Didier têm o acesso negado, pois os recepcionistas que regulam a entrada nas galerias ativaram a proibição de entrada e saída do palácio enquanto o drama se desenrola.

O pânico toma conta de Didier quando ele percebe o que está acontecendo: seu herói está sob ataque. E estão sendo negados a ele reforços populares. Isso está se configurando como um golpe parlamentar contra Robespierre – mas também contra a causa do povo que ele representa. O povo de Paris está sendo alienado desse ataque à sua soberania. Didier está fora de si de tanta ansiedade e perplexidade. O que ele pode fazer para apoiar Robespierre?

13H45

Galerias públicas, Palácio da Convenção, Palácio das Tulherias

Jean-Baptiste Van Heck não acredita no que está vendo e ouvindo. Van Heck é conhecido como um dos membros patrióticos mais enérgicos da seção Cité na Ile de la Cité. Ele tem sido muito ativo na política *sans-culotte*, tendo conquistado suas credenciais de patriota muito antes das *journées* de 31 de maio e 2 de junho de 1793, nas quais desempenhou um papel importante. Atualmente é um comandante eleito do batalhão Cité da GN.

Há algumas semanas, Van Heck notou o que lhe pareceu uma tempestade se formando sobre os patriotas que fizeram a Revolução. O que ele viu hoje com seus próprios olhos parece um grupo de moderados derrubando o mais celebrado de todos os patriotas, por quem ele tem profundo respeito. Para ele, as intermináveis sinetas de Thuriot são totalmente injustas. Robespierre não tem o direito de responder? Se Van Heck for um frequentador regular das galerias públicas – os *habitués* são numerosos –, ele também terá a sensação de que o zeloso ataque da Convenção a Robespierre está quebrando seu próprio regulamento. Chamar um colega de deputado de tirano é algo fora do comum na assembleia. As regras proíbem ataques pessoais em discursos. Essa é uma razão (há outras) pela qual Robespierre tende a não nomear os indivíduos que ataca. Os deputados estão lançando ataques pessoais cruéis sem serem admoestados e estão sendo encorajados a superar uns aos outros em vitupérios. As regras também estipulam que os oradores dos dois lados de um debate são ouvidos alternadamente. Nenhuma oposição ao ataque a Robespierre teve destaque. É uma via de mão única. Os turbulentos aliados de Tallien, o persistente toque de sinetas de Collot e Thuriot na presidência da assembleia e o habilidoso corpo a corpo de Dumont, Legendre e Bar ao redor da tribuna do orador combinaram-se para silenciar Robespierre, exceto por uma série de gritos furiosamente frustrados que nada fizeram para defender o seu lado. É duvidoso que alguém no corredor o tenha visto tão zangado, assustado e desesperado como está agora. Além disso, dada a aparente unanimidade que emana das bancadas dos deputados, ele começa a parecer culpado das acusações. Se uma votação acontecesse, Robespierre seria claramente declarado um tirano. Mas Van Heck está indeciso sobre onde exatamente está a tirania em tudo isso.

Van Heck tem dúvidas, mas não as expressa. De fato, uma das coisas mais marcantes sobre a sessão da Convenção em andamento é a ausência de manifestação de apoio a Robespierre nas galerias públicas. Robespierre é bem conhecido por ter apoiadores devotos. No entanto, eles se viram derrotados pelos inimigos de Robespierre. É possível que a ausência de Robespierre da Convenção nas últimas seis semanas tenha reduzido seus seguidores, com seus aduladores se concentrando no Clube Jacobino, onde ele é uma presença perene. Mesmo assim, esse silêncio é ensurdecedor. O esvaziamento da aura de Robespierre nesta única sessão foi notavelmente rápido e surpreendentemente completo. Ele abriu uma brecha para uma possibilidade nas mentes de seus colegas do CSP: a de que, apesar de suas preocupações com a extrema popularidade de Robespierre, seu fôlego como ídolo popular foi superestimado. Robespierre pode até estar em queda livre.

13H45

Pela cidade

Para permanecer nos picos da celebridade, talvez seja necessário alimentar a chama mais do que Robespierre tem feito recentemente. Apesar de atuar para as galerias públicas, muitas vezes ele parece desconfortável com as armadilhas da notoriedade, escondendo-se de seus próprios holofotes e dando a impressão de não querer polir sua reputação de maneiras que considera humilhantes. Sua autorremoção voluntária dos olhos do público não ajudou. É como se sua ausência da Convenção tivesse criado uma amnésia no coração de seus apoiadores. Mesmo alguns que simpatizam muito com Robespierre se perguntam o que ele está tramando. Lanne, seu aliado político na Comissão de Administração Civil, Prisões e Tribunais, acha que Robespierre está errado em não fornecer ao CSP os fatos por trás de suas alegações. Ele e seu superior, Herman, também concordaram que é imprudente da parte de Robespierre se ausentar das reuniões do CSP.

Enquanto Robespierre tem se concentrado em sua própria pureza de propósito, os oponentes encontram espaços nessa esfera pública mais ampla para encorajar dúvidas sobre seu caráter e suspeitas sobre suas intenções. Jornalistas e editores de jornais não gozam de liberdade de manobra para expressar abertamente o tipo de opinião que se ouve (e os espiões da polícia anotam) em filas, bares e espaços públicos. Mas eles se tornaram particularmente especialistas em usar maneiras sutis e negáveis de criticar Robespierre (ou "Roberspierre", como alguns, irritantemente para ele, insistem em chamá-lo).

Uma série de truques está em jogo, alguns deles engenhosamente tipográficos. Na última página de uma edição recente do jornal *Trois décades*, uma errata anuncia: "em vez de 'Robespierre e Vadier serão encaminhados ao Tribunal Revolucionário', lê-se 'os caluniadores de Robespierre e Vadier serão encaminhados ao Tribunal Revolucionário'". Então, novamente, em 3 Termidor, o editor do *Abréviateur universel* pediu desculpas por um erro de escrita que surgira no relatório de um dos discursos de Robespierre, no qual ele estava atacando seu arqui-inimigo Fouché: em vez de usar o verbo *taire*, o texto trazia *faire*. Assim, dizia o editor a seus leitores, o discurso de Robespierre deveria ser "Fomos nós que *silenciamos* as falsas denúncias", e *não*, eles enfatizaram, "Fomos nós que *fizemos* as falsas denúncias". E, na edição de hoje sendo apregoada nas ruas neste exato momento, o jornal faz um falso pedido de desculpas semelhante em relação ao relato do discurso da delegação pró-Robespierre do Clube Jacobino, na Convenção, em 25 de julho. O discurso implicava que seu objetivo era "ensanguentar ("*ensanglanter*") as páginas da história". O termo, ao que parece, deveria ser "representar" ("*représenter*").

Além das falsas erratas, artigos recentes na *Feuille de la République* revelam outros ataques políticos codificados destinados a cultivar um espírito de resistência a Robespierre no público em geral. O jornal seguia uma linha dantonista antes da proscrição de Danton. Críticas políticas abertas inexistiram a partir de então, mas o jornal manteve intacta sua fidelidade dantonista para aqueles que entendiam sua estratégia de resistência tipográfica ao governo. Em 23 de julho, o jornal publicou uma resenha sobre uma nova e muito aplaudida comédia em um ato do dramaturgo Antoine-Jean Dumanant, que acabara de ser apresentada no Théatre de la Cité-Variétés, intitulada "Hypocrite en révolution". Trata-se, explica o jornal, de

> um desses homens astutos que, com sua robusta oratória sob o manto do patriotismo, influenciam cidadãos incultos e assembleias populares, e por um tempo seduzem dignos *sans-culottes* que imprudentemente dão seu apoio a tais falsos patriotas. Pode-se observar tais indivíduos para que cada um de nós aponte os canalhas enganadores que usurpam uma falsa popularidade nas seções que desejam usar para derrubar a República.

Não é preciso muita imaginação para enxergar nisso um retrato do Incorruptível.

Então, mais uma vez, o *Moniteur*, o *Feuille de la République* e outros jornais anunciaram recentemente a publicação em tradução francesa de um tratado inglês do século XVII supostamente de autoria de William Allen, *A Political Treatise* [Um tratado político], que tinha sido escrito por "um inimigo da tirania de Cromwell". Era, na verdade, o notório *Killing No Murder* [Matar não é assassinar], de Edward Sexby, originalmente publicado em 1657 e reeditado por Allen em 1685. Esse apelo aberto ao tiranicídio agora era claramente direcionado a Robespierre, e não a Oliver Cromwell. Para aqueles que conseguem decifrar mensagens ocultas, há, ao que parece, um novo tirano à solta.

Provavelmente era preciso uma boa educação clássica e um olhar de detetive para captar algumas das referências na imprensa a Robespierre e às armadilhas da tirania. Tal educação, no entanto, está longe de ser rara na elite política e social. O público do teatro parisiense há muito mostra uma hipersensibilidade a alusões clássicas e históricas, um ouvido para assuntos atuais e um gosto por jogos de palavras que é amplamente distribuído, e não apenas em meio à elite. A arma dos fracos em Paris foi afiada em lutas semelhantes contra a monarquia absolutista antes de 1789. Até que ponto essa conversa secreta sobre tirania penetrou na opinião pública parisiense mais ampla e minou a credibilidade e a popularidade de Robespierre, preparando os parisienses para os eventos de hoje?

14H

Salle de l'Égalité, Maison Commune

A sessão do Conselho Municipal para a qual o escrivão Blaise Lafosse se preparava desde as sete da manhã de hoje está em andamento dentro da Maison Commune há cerca de meia hora. Lafosse está tomando notas.

Como o Tribunal Revolucionário, a Maison Commune tem sua própria Salle de l'Égalité [Salão da Igualdade]. No seu caso, trata-se da sala de reuniões anteriormente conhecida como Sala do Zodíaco, devido às esculturas renascentistas em madeira dos signos celestes. A Comuna tem sido mais tolerante com os símbolos astrológicos do que com os vestígios decorativos da realeza e da aristocracia. No final de 1793 e início de 1794, o conselheiro Daujon, um escultor, foi encarregado de vasculhar o edifício para apagar a cinzel todos os brasões, coroas e flores-de-lis ofensivos que infestavam este antigo centro pré-1789 de lealdade monárquica. Todos os retratos de magistrados, vestidos com grande pompa, foram igualmente removidos. Bandeiras tricolores e efígies de mártires da liberdade os substituíram.

Dos 48 conselheiros que integram o Conselho Municipal, apenas 22 estão presentes, mas há quórum para que os trabalhos se iniciem. Na cadeira, o prefeito Fleuriot ainda está imaginando por que fora convocado pelo CSP durante a noite, junto com o agente nacional Payan, e em vão: eles nem sequer tiveram uma audiência. Os dois homens estão ansiosos com as manifestações dos trabalhadores contra o Salário Máximo que ameaçam o dia, e compartilham preocupações de que elas possam se espalhar amanhã, para quando se planeja a panteonização de Bara e Viala.

Nem Fleuriot nem Payan estão sabendo dos eventos desta manhã na Convenção. Assim, eles obedientemente concentram a mente nos primeiros itens de sua pauta. É a eliminação de resíduos ou os novos uniformes para os bombeiros, pode-se perguntar, que está sendo discutido agora? Ou aquele artigo do conselheiro Avril sobre a reforma do cemitério?

14H

Tribunal Revolucionário, Palais de Justice, Ile de la Cité

Os julgamentos que ocorrem no Tribunal Revolucionário estão bem avançados. Em sua própria Salle de l'Egálité, ocorreram incidentes notáveis. Três dias antes, uma certa Madame Maillé estava para ser executada junto com seu filho de dezessete anos – este último por atirar peixe podre em um carcereiro. Quando os guardas chamaram o nome da mãe, sua homônima, Madame Mayet, deu um passo à frente por engano. O Tribunal logo percebeu que havia um erro, mas condenou a substituta do mesmo jeito, junto com o jovem, enviando ambos para a guilhotina. Hoje é a vez de Madame Maillé ser julgada. Contudo, ao entrar na sala do Tribunal esta manhã, ela vislumbrou os bancos em que seu filho tinha sido considerado culpado e de repente foi tomada por convulsões histéricas. Ela precisou ser carregada e medicada em uma sala adjacente. Quando começou a se recuperar, ficou claro que não poderia ser julgada hoje. O caso dela agora terá lugar somente amanhã.

Enquanto isso, na Salle de la Liberté, houve quem levantasse as sobrancelhas sobre o estado mental e físico do ex-financista Puy de Vérine, de 69 anos, cego e surdo, trazido para as docas por ter borrado as calças e que está em estado evidente de incapacidade mental e angústia. Mas os julgamentos não param por causa dessas ninharias, e, enquanto o processo continua, o presidente Dumas encontra tempo para assinar uma ordem instruindo que a princesa de Mônaco seja acrescentada à lista dos réus que vão para a guilhotina esta tarde.

Subitamente, porém, ocorre um incidente ainda mais marcante: um grupo de homens que se anunciam como agentes do CSP entra na sala do Tribunal, cerca o palanque e declara, em cumprimento a um decreto da Convenção que acaba de ser proferido, que o presidente Dumas está preso. Ele é levado às pressas para fora do prédio. Um bastante estupefato juiz subalterno Maire assume a função de presidente e o julgamento continua.

Enquanto ele é levado embora, Dumas é ouvido murmurando: "Estou perdido!".

O que os presentes acham desse evento extraordinário? A notícia do ataque a Robespierre e seus colegas ainda não chegou aos tribunais. Fouquier e outros devem presumir que Dumas está sendo detido por outros motivos. Podem ter conhecimento das investigações que o CSG está fazendo há vários dias sobre a sua conduta como juiz e também sobre as suas alegadas ligações com *émigrés*. Agora, ao que parece, o CSG pegou seu homem.

14H

Maison Penthièvre, Place des Piques (Piques)

Apesar de a Convenção proibir o movimento de entrada e saída de suas galerias públicas para permitir que os eventos dramáticos que se desenrolam no Palácio da Convenção continuem sem perturbações, o ataque a Robespierre está vazando para a cidade. Dentro do complexo das Tulherias, os peticionários do CSP e outros comitês do governo perceberam algo errado. Outro vetor de transmissão é a equipe de agentes e policiais que o CSP envia para tratar de seus assuntos. Collot d'Herbois já enviou mensageiros ao Comitê Revolucionário da seção das Tulherias para ficar *en permanence* em seus postos e os instruiu a colocar selos na propriedade de Robespierre e Couthon.

A Maison Penthièvre, um antigo *hotel particulier* na Place Vendôme, quase um quilômetro a noroeste das Tulherias, abriga a Comissão de Administração, Prisões e Tribunais do governo. Depois que os decretos da Convenção são devidamente autenticados por seus escrivães, eles são rotineiramente encaminhados para as gráficas daqui, onde Martial Herman, o chefe da Comissão, é responsável por assinar os decretos para impressão e distribuição.

Herman está em estado de choque. Nos últimos minutos, o procedimento de assinatura totalmente rotineiro de repente correu para bem longe da rotina. Pois ele viu o texto dos decretos ordenando a prisão de Hanriot e seu estado-maior, bem como de Dumas, seguido da proclamação de Barère. O mensageiro também deve ter passado a notícia de que Robespierre está sob ataque. Dois dias antes, Herman tinha confidenciado a seu colega Lanne que um patriota conceituado lhe contara em segredo que em poucos dias Robespierre faria "um discurso decisivo pela liberdade" que, com sorte, ampliaria seu poder. O que deu errado?

Herman agora teme por Robespierre – e por si mesmo. Isso porque ele se considera um amigo, e sua carreira deve tudo ao seu patrocínio. Na verdade, ele quase pode se considerar um leal tenente de Robespierre em questões penais, pois desempenha um papel fundamental na detecção de tramas nas prisões, fornecendo, assim, ao Tribunal Revolucionário "alimento para a guilhotina". O presidente Dumas os assume a partir daí. Se Robespierre estivesse tramando qualquer tipo de ação hoje, como seus inimigos na Convenção estão agora o acusando, ele não teria informado Herman, assim como seus outros tenentes-chave, como Payan e Fleuriot na Comuna e, de fato, Dumas? Herman instantaneamente se arrepende de sua carta a Robespierre, na qual falava de um juiz em potencial como sendo "digno de ser um de nós". A frase que tocou tão bem nas considerações contundentes de Robespierre sobre a humanidade não parecerá boa na ficha de acusação de Herman se sua proximidade com Robespierre for usada contra ele.

14H

Palácio da Convenção, Palácio das Tulherias

É difícil enxergar uma saída para Robespierre. Os deputados parecem estar reunidos para matar, enquanto as galerias públicas parecem firmemente do lado da Convenção. De seus lugares nas bancadas, os deputados observaram o rosto de Robespierre se transformar nas últimas horas, de pálido e tenso a completa e raivosamente desanimado. Ele suplicou, implorou e fez ameaças diretas na tentativa de ser ouvido, mas não teve sucesso. Agora parece estar determinado a alienar todós, exceto seus amigos e apoiadores mais próximos. Ele estava chamando abertamente seus companheiros de assassinos. Tallien está certo: a questão de o que fazer com Robespierre deve ser resolvida imediatamente.

O foco até agora tem sido neutralizar a ameaça da GN de Hanriot e fazer uma proclamação ao povo de Paris. Há muita conversa incidental sobre a prisão de Robespierre e muitos aplausos com a sugestão. Mas, para pegar o touro pelo chifre, uma moção e uma votação formal são necessárias. Por fim, possivelmente estimulado pelos insultos de Robespierre, o obscuro deputado Aveyron Louchet dá um passo à frente e declara:

— Exijo a prisão de Robespierre!

Inicialmente, o apoio ao *mise en arrestation* de Louchet demora a surgir, com palmas nervosas limitadas a lugares isolados do corredor, mas gradualmente cresce e se torna unânime. Assim, a Convenção parece estar finalmente dominando a fera e levando em consideração o que está em processo de fazer. Ou não? Outro deputado pouco conhecido, Lozeau, da Charente-Inférieure, vai um passo além de Louchet e solicita uma *mise en acusation*, um pedido de impeachment.

É provável que Lozeau tenha em mente o fato de que, na lei, a ideia de Louchet de um mandado de prisão (*mise en arrestation*) não necessariamente envolve encarceramento. Em 1793, vários deputados girondinos foram autorizados a permanecer em suas casas enquanto estavam detidos, fugindo posteriormente. Mas a diferenciação entre os dois mandados é bastante acadêmica no que diz respeito a Robespierre: ninguém pode imaginá-lo sendo autorizado a cumprir seu período de prisão *chez* Duplays. Ele irá para a prisão com um guarda a postos 24 horas por dia. Ironicamente, no entanto, os deputados estão se contradizendo sobre esse ponto da lei. A questão é que, nos debates sobre a Lei de 22 Prairial, Bourdon de l'Oise, Tallien e outros buscaram garantias de Robespierre de que a severa legislação não seria usada para gerar *mises en acusations* contra deputados. Robespierre os destruiu no debate. Sua intransigência de então dá um lustro adicional de legitimidade aos ataques de hoje contra ele, e certo *schadenfreude*.

A maioria dos deputados provavelmente pensa pouco no formalismo legalista no momento: eles só querem que Robespierre seja totalmente removido da vida política. É do jogo que isso implique o caminho para a guilhotina via Tribunal Revolucionário. No entanto, se eles se lembram do julgamento de Danton por sua eficiência implacável, muitas mentes também voltarão ao julgamento de Marat, que os girondinos determinaram em abril de 1793. Apesar das evidências convincentes contra ele, Marat foi absolvido e deixou o Tribunal carregado por seus partidários. Poderia Robespierre fazer o mesmo? Sua popularidade poderia influenciar o veredito a seu favor? Os membros do CSP sabem que, após as reformas de 22 Prairial, o banco de juízes e o grupo de jurados ficaram repletos de indicados por Robespierre, incluindo homens que fazem parte de seu grupo informal de guarda-costas. Pode-se contar com o Tribunal para essa condenação? Entre os deputados que estão evitando uma corrida desenfreada para o julgamento, existe o pensamento de que o atraso ensejado por um simples mandado de prisão beneficiaria a promotoria, pois permitiria que mais provas fossem reunidas contra

Robespierre. Pois a verdade é que, apesar de todo o alvoroço de hoje, são escassas as evidências contra Robespierre por "conspiração", além de altamente circunstanciais e sujeitas a interpretações contrárias.

Com os deputados refletindo sobre o melhor caminho a seguir nessa questão, o irmão de Robespierre, Augustin, vendo como as coisas estão evoluindo e a aparente inutilidade de qualquer forma de resistência, bravamente avança:

> — Sou tão culpado quanto meu irmão. Compartilho suas virtudes, desejo compartilhar seu destino. Exijo um mandado de prisão contra mim também.

Robespierre fica visivelmente comovido com a lealdade de seu irmão. Seus esforços para ser ouvido ainda são inúteis, mas ele ataca veementemente seus colegas deputados.

Ansioso para interrompê-lo, o Montagnard Charles Duval pergunta:

> — Presidente, um homem pode dominar a Convenção?
> Um deputado desconhecido retruca: Ele já faz isso há muito tempo!
> Fréron (entrando no debate pela primeira vez): Ah! Como é difícil derrubar um tirano!

Fréron tem razão: apesar de toda a gritaria e do claro consenso que surgiu em torno do status de tirano de Robespierre, os deputados ainda parecem surpreendentemente contidos em se livrar dele. O debate sobre o tipo de mandado a ser usado é incômodo. Depois de mais algumas conversas desbaratadas, Thuriot finalmente encerra a discussão procrastinadora sobre o mandado e apresenta à assembleia a moção para um mandado de prisão. Ela é aprovada por unanimidade.

Neste momento, Philippe Le Bas também dá um passo à frente. Seus amigos, querendo que ele desistisse de apoiar Robespierre (e talvez também preocupados com o filho de seis semanas de Le Bas), sub-repticiamente o puxam com tanta força que seu paletó se rasga. Mas Le Bas está determinado:

— Não desejo compartilhar o opróbrio deste decreto. Eu também gostaria de ser preso.

A conveniência de estender os mandados de prisão a outras pessoas no âmbito de Robespierre é subitamente considerada. Entra Élie Lacoste, membro do CSG, alegando ter ouvido Augustin Robespierre declarar o seguinte no Jacobino: "Eles dizem que os comitês não são corruptos; mas, se seus agentes são, então eles devem ser também!". Augustin certamente deve compartilhar o destino de seu irmão.

Fréron agora intervém para declarar:

— Colegas cidadãos: a partir de hoje a liberdade e a pátria sairão de suas ruínas!

Robespierre, tentando responder: Sim, os bandidos estão triunfando!

Fréron é encorajado pelo forte estrondo de reprovação após a exclamação de Robespierre. Possivelmente instigado por Tallien, ele agora busca ampliar as acusações para envolver não apenas Augustin Robespierre e Le Bas, mas também Couthon e Saint-Just. Os três homens, afirma Fréron, planejaram

— ... formar um triunvirato reminiscente das sangrentas proscrições de Sila, a ser erguido sobre as ruínas da República. [...] Couthon é um tigre pingando sangue da Convenção. Como um passatempo real, ele ousava falar no Clube Jacobino de cinco ou seis cabeças da Convenção. Mas isso era apenas o começo. Ele queria fazer de nossos cadáveres degraus para escalar ao trono.

Fréron está introduzindo no debate uma alegação nova, levemente sinistra, mas também um tanto ridícula. As alusões clássicas parecem um pouco forçadas, a referência à realeza ainda mais. Couthon agarra a oportunidade. Indicando incisivamente as pernas paralisadas, exclama com máxima ironia:

— Eu tinha o objetivo de escalar no trono...!

Um apelo tão feroz à simpatia pode impressionar muitos deputados, pois, apesar de sua proximidade recente com Robespierre, Couthon tem amigos naquelas bancadas. Mas Élie Lacoste age rapidamente para juntar os fios do debate de modo a fazer as coisas avançarem e a preservar o foco dos deputados. Como membro do Governo Revolucionário, ele via Robespierre de perto. Ele também, em um período como deputado em missão junto ao exército do norte em meados de 1794, foi presa de Saint-Just. E mais recentemente, como presidente do Jacobino, testemunhou pessoalmente as maquinações de Robespierre e Couthon. Onde Tallien ofereceu paixão, Billaud, raiva, Vadier, deboche, Fréron, cores improváveis; a abordagem de Lacoste é cirúrgica. Sua opinião é a de que o triunvirato formado por Robespierre, Couthon e Saint-Just tem frustrado por vários meses os esforços do governo, perturbado a tranquilidade pública e procurado minar a liberdade. Parece haver também um conluio com potências estrangeiras que corre o risco de dividir o governo (embora ele seja vago nesse ponto).

As intervenções de Fréron e Lacoste deram um novo impulso ao debate. Também trouxeram uma nova palavra: triunvirato. A referência clássica implícita é ao governo imperial de três homens no final da República Romana: Júlio César, Pompeu e Crasso. Por sugestão de Fréron, a Convenção vota formalmente pela prisão dos dois Robespierres, Couthon, Saint-Just e Le Bas.

14H

Escritórios da Administração de Polícia, Ile de la Cité e reuniões seccionais

A Administração de Polícia nunca dorme, mas faz pausas para refeições. Acompanhar a papelada dos assuntos noturnos e a vigilância preventiva de seções-chave, de modo a verificar as manifestações dos trabalhadores sobre o Salário Máximo, desencadeou um belo apetite. Todos os funcionários de Mairie fazem o intervalo para refeição entre as duas e as quatro da tarde. Eles saíram pouco antes de as notícias sobre os acontecimentos na Convenção naquela manhã se infiltrarem no edifício.

Os comitês seccionais que se reuniram esta manhã para tratar de assuntos de rotina também estão a caminho de suas refeições. Grupos de coletores de salitre estão trabalhando e comitês de bem-estar seccionais atendem a casos de necessidade. Os Comitês Revolucionários têm lidado com questões de policiamento-padrão. Desde as dez da manhã, a comissão do setor da Unité, na Rive Gauche, está reunida nas instalações do antigo mosteiro de Saint-Germain-des-Prés para continuar a discussão de ontem sobre indivíduos acusados de declarações contrarrevolucionárias sobre as vitórias da República nos Países Baixos. Também na Rive Gauche, porém mais a leste, o comitê de Chalier se reúne no antigo mosteiro de Mathurins. Aqui o dia começou às nove horas, com o caso de freiras de um pequeno hospital local que foram denunciadas por não fazerem juramento de lealdade à população e outros delitos. No Marais, o comitê de Réunion rejeitou o pedido do Cd. Barrois, tambor-mor da 6ª Legião da GN, de um *certificat de civisme* ("certificado de cidadania"); ele está com raiva porque isso pode deixá-lo politicamente exposto por conduta julgada "não cívica". O Comitê Revolucionário de Finistère, no distante Faubourg Saint-Marcel, está acompanhando a denúncia de uma mulher que foi flagrada contrabandeando frutas para a seção às três da manhã do dia anterior.

Além disso, uma série de seções tem acionado esta manhã um decreto do CSP de 20 de julho que as obriga a liberar todas as armas confiscadas de suspeitos, rebeldes e malfeitores que estão em sua posse. Elas serão colocadas em um depósito central no antigo Hôtel d'Elbeuf, na Place du Carrousel. Somente a seção das Tulherias apresentou uma lista de mais de trinta fuzis, mais ou menos quarenta pistolas, vinte sabres, cinco alabardas suíças e muito mais. As seções estão sendo desarmadas? Ou talvez a ideia seja apenas transferir as armas para os batalhões da GN?

14H

Pela cidade

É pesado o tom dramático na Convenção; mas a grande maioria da população parisiense está cuidando de seus assuntos rotineiros. Há distúrbios na cidade causados por assembleias de trabalhadores que protestam contra o Máximo Salarial, inclusive fora da Maison Commune, mas estes são pequenos. Os decretos da Convenção ainda estão sendo impressos, assim como os cartazes que começarão a ser espalhados pelo centro da cidade dentro de algumas horas. Pode-se perguntar: como os parisienses receberão as notícias do golpe parlamentar quando elas se espalharem mais amplamente?

A resposta depende em grande parte do estado atual da opinião pública parisiense em relação ao Governo Revolucionário e ao papel de Robespierre dentro dele. Ontem à noite, Rousseville, o espião do governo, estava tranquilizando Robespierre sobre a confiança dos parisienses na Convenção, e os colegas do CSP de Robespierre estavam adiando a adoção de medidas contra ele por causa de sua grande popularidade. É difícil saber no que acreditar.

Um incidente envolvendo François-Vincent Le Gray e seu amigo Jean-Claude Saint-Omer, membros do comitê seccional do Muséum e revolucionários ferrenhos, ilustra a questão. Após uma conversa ouvida há algumas semanas nos jardins das Tulherias, estes homens foram denunciados por terem lamentado a falta de enfeites e de alarido que o CSP permitira para a celebração da tomada da Bastilha em 14 de julho. Era uma demonstração de desrespeito pelos Direitos do Homem, os dois concordaram, pelos direitos individuais e pelo princípio de uma Constituição. A Revolução, eles continuaram, estava nas mãos erradas. Patriotas estavam sendo mandados para o cadafalso, com o Tribunal Revolucionário colocando patriotas e aristocratas na mesma carroça. Todo o Tribunal estava tomado pela corrupção. Barère e Saint-Just, responsáveis pela exclusão de nobres da cidade nos últimos meses, eram ex-nobres hipócritas. Os homens citaram (e isso pode ter sido efeito de bebida) panfletos e brochuras sendo produzidos contra o Governo Revolucionário dentro das seções.

O incidente ocorreu bem na porta da Convenção e atingiu um ponto nevrálgico do governo, que caiu com firmeza sobre os dois homens. Eles foram presos em seguida e estão destinados ao Tribunal Revolucionário. O governo concluiu que o incidente mostra sinais seriamente preocupantes de resistência organizada ao governo entre as classes populares. Robespierre aproveitou-se disso como prova da realidade das conspirações, tramoias e contrarrevolução contra as quais vem investindo há meses. Esse nível de ansiedade ganhou força devido ao fato de que, no fim de maio, uma petição baseada na Constituição de 1793 foi protocolada na seção de Montagne. Ela atraiu 2 mil assinaturas antes que o CSP forçasse seu fechamento com uma severa advertência sobre a ideia, que eles caracterizaram como um vestígio do hebertismo radical.

O governo está preocupado que a opinião esteja oscilando a favor da ativação da Constituição altamente democrática de 1793, suspensa desde a declaração em 10 de outubro de 1793 de que o governo permaneceria "revolucionário até a paz". Isso não está na pauta dos principais formuladores de políticas no centro do governo: Robespierre, Saint-Just, Barère, Billaud e outros estão priorizando instituições sociais inovadoras para criar a nova República. Eles minimizam a ideia de direitos individuais consagrados na Constituição.

A ansiedade no coração do governo é alimentada pelo fato de que ele não tem meios efetivos de julgar o estado da opinião parisiense. O aparato de repressão de que dispõe – a atmosfera de terror, as prisões, as carroças em direção ao cadafalso, a guilhotina, a presença policial, os espiões, os censores, os clubes políticos fechados etc. – oferece espaço de manobra suficiente para capacitá-los a esmagar os inimigos da República. Mas a panóplia do terror encoraja expressões superficiais de conformidade política. Esse tipo de dissimulação é um pesadelo para Robespierre e Saint-Just: eles condenam incessantemente os "embusteiros de gorro vermelho", contrarrevolucionários que escondem suas verdadeiras opiniões sob os sinais externos de obediência e conformidade.

O fortalecimento dos Comitês também sufocou as informações e opiniões que chegavam ao seio do governo pelas seções. A qualidade da inteligência das fontes de espionagem deteriorou-se acentuadamente desde abril, com a supressão dos ministérios. Além disso, o divisionismo venenoso que surgiu entre os serviços policiais do CSG e do CSP significa que as mensagens estão confusas e não há um quadro unificado do estado de opinião. Os informantes da polícia geralmente escolhem o caminho mais fácil e simplesmente dizem a seus chefes o que acham que eles querem ouvir. Por exemplo, o relato de Le Gray está cheio de lacunas – os homens provavelmente estavam bêbados e suas jactâncias sobre as publicações seccionais eram fruto de uma imaginação superaquecida. Mas a polícia não aponta isso para seus superiores. O cumprimento da pena, portanto, exacerba o problema e estimula uma atmosfera de medo e suspeita que alimenta a reação à crítica. Da mesma forma, embora os ataques do CSP a clubes populares e à liberdade de expressão em nível seccional na primavera passada tenham tido um efeito deprimente em muitos *sans-culottes*, tais ataques, longe de desfazer a dissidência, ajudaram a levá-la à clandestinidade. Há alguns meses, por exemplo, espiões da polícia captaram uma conversa sobre a guilhotina entre um aprendiz de tipógrafo e seus amigos, ocorrida na Place de la Révolution.

> — Se guilhotinarem as pessoas só por pensar [perguntou o aprendiz], quantas pessoas vão morrer?
> — Não fale tão alto [foi a resposta de um amigo]. Eles podem escutar e nos prender.

Seria fácil concluir dessa conversa *sotto voce* que as forças da repressão estavam esmagando as vozes populares e criando um conformismo cego com o governo central. No entanto, isso aconteceu? Quantos outros parisienses pensavam como esses jovens, que, embora cautelosos na expressão de suas opiniões, não negavam a si mesmos a chance de falar o que pensavam nos espaços de liberdade que restavam na cidade (mesmo que dessa vez fossem de fato ouvidos)?

É fácil esquecer que quase todas as figuras dominantes no governo central são novas no policiamento – e em Paris também. A maioria é composta de provincianos, cuja exposição à cultura política da capital francesa é recente e, na verdade, em alguns casos bastante superficial. Isso é importante porque Paris tem uma tradição longa e altamente distinta de dissensão e contestação, totalmente oposta à docilidade e conformidade agora esperadas dos parisienses. "O povo de Paris é naturalmente *frondeur*", proclamou Louis-Sébastien Mercier nos últimos anos do *Ancien Régime*, evocando o espírito despreocupado, irreverente e subversivo em relação à autoridade que os parisienses aprenderam nas guerras civis em Fronda (1648-1652). *Frondeur* ainda é indiscutivelmente a posição-padrão da opinião pública parisiense. "Eles riem de tudo", Mercier escreveu sobre os parisienses antes de 1789:

> — Eles repelem canhões por meio de *vaudevilles*, acorrentam o poder real por tiradas epigramáticas e punem seu monarca com silêncio ou o absolvem com seus aplausos.

É simplesmente impossível "para o governo amarrar a língua dos parisienses". As pessoas da cidade, advertiu ele, eram geralmente "gentis, bem-educadas, fáceis de conduzir; mas não se deve tomar sua leveza por fraqueza". Pode-se pensar que um motim em grande escala não aconteceria em uma cidade tão bem policiada. Na verdade, se tal evento acontecesse, escreveu Mercier, em pouco tempo ficaria completamente fora de controle. O parisiense "tem confiança suficiente em si mesmo para não temer o absolutismo despótico".

"O que as pessoas chamam de espírito de oposição", afirma Mercier, "é inato nos parisienses." Eles enxergam a política como uma espécie de espetáculo no qual são observadores críticos. Por outro lado, as reações conscientes do público nos teatros mostram que ele também enxerga o espetáculo como política. Essa atitude *frondeur* também está presente na "resistência tipográfica" que se encontra nas colunas dos jornais – bem como na economia moral da fila do pão e dos gracejos nos cafés. A tendência do governo em geral, mas de Robespierre em particular, de condenar todas essas reações como "contrarrevolucionárias" ou "aristocráticas" (ou mesmo "moderadas") realmente erra o alvo. Já há algum tempo que praticamente não existe mais a expressão aberta de pontos de vista pró-monárquicos dentro da cidade. Evidências de intervenção inimiga ou organização contrarrevolucionária na cidade são nulas. A reação exagerada de Robespierre a qualquer coisa que se assemelhe a uma crítica é, na prática, contraproducente. Gera estimativas falsas – e, na verdade, notícias falsas.

Há, realmente, algumas palhas ao vento sugerindo que nem tudo é paz e luz entre os parisienses. Tem havido decepção popular generalizada com a aparente relutância do governo em aceitar que o país colha os benefícios do sucesso militar pós-Fleurus. Parece ridiculamente reativa a repressão da Comuna ao movimento espontâneo do banquete fraterno que celebrava a vitória francesa. Há murmúrios também sobre o aumento do rigor revolucionário no momento em que as condições parecem estar prontas para tornar o terror menos necessário. Além disso, as recentes mudanças na política econômica do governo parecem ser preocupantemente desiguais: mudanças no Preço Máximo facilitam as coisas para agricultores e comerciantes, e não para os consumidores parisienses, enquanto o planejado Máximo Salarial parece ser um ataque brutal aos padrões de vida populares.

Apesar dessas áreas de tensão, a situação não parece sugerir que o governo e os parisienses estejam em rota de colisão. Não há uma massa fervilhante de ressentimento crescendo e pronta para explodir. De fato, Paris tem uma profunda base de boa vontade em relação à situação política que o governo parece determinado a subestimar. Afinal de contas, esse era o argumento do espião Rousseville em seu relatório de ontem à noite: o povo está "cheio de confiança na Convenção".

O Governo Revolucionário carregou consigo a população parisiense em um grau muito considerável. Os parisienses parecem especialmente entusiasmados com o esforço de guerra – veja a recepção dos *carmagnoles* de Barère – e patrioticamente dispostos a aceitar até mesmo a panóplia do terror e as muitas dificuldades que resultam da mobilização nacional. As atividades cotidianas e enfadonhas nas quais as autoridades seccionais têm operado esta manhã também são um lembrete da solidez contínua do pacto entre o governo e o povo de Paris, no qual se baseou o Governo

Revolucionário: a coleta de salitre destaca o engajamento patriótico, enquanto o trabalho dos comitês de bem-estar demonstra os novos níveis de solidariedade social implementados pelo governo. As atitudes *frondeur* e a irritação com algumas políticas não sugerem que os parisienses estejam se esforçando para romper os laços impostos pelo Governo Revolucionário sob a autoridade da Convenção. Mas eles têm algo a dizer e reivindicam o direito à opinião sobre o Governo Revolucionário, assim como sob o "absolutismo despótico" evocado por Mercier.

Se os parisienses geralmente apoiam o Governo Revolucionário, o que isso significa para Robespierre? Até que ponto as campanhas sussurrantes e as conversas sobre tirania dentro da elite política chegaram às seções? Robespierre está implicitamente incluído em elogios, mas também em comentários críticos dirigidos ao Governo Revolucionário em geral. As pessoas notam que Robespierre raramente parece animado com as vitórias no front: ele está preocupado demais com o despotismo militar iminente para saborear o sucesso no campo de batalha. Além disso, não há pouca preocupação com seu status de celebridade. O novo fenômeno da celebridade trouxe aduladores para adicionar aos muitos admiradores da coragem política de Robespierre, mas também multiplicou os difamadores. Os laços emocionais nos quais a celebridade é fundada vão contra as noções estabelecidas a respeito da racionalidade política. Os aduladores seguem as sugestões de suas emoções, afirma-se, e não as exigências da razão. O maior apoio de Robespierre, diz um jornalista, afiado, vem de "mulheres e pessoas de mente fraca".

Além disso, há uma justificação histórica cada vez mais forte para a desconfiança da celebridade, fundamentada na experiência da política revolucionária desde 1789. A primeira celebridade política da Revolução foi Mirabeau. Seu papel heroico nos primeiros dias da Revolução lhe rendeu a eleição para o Panthéon após sua morte, em 1791. No entanto, a descoberta de suas traiçoeiras negociatas secretas com o rei em 1792 fez seu valor despencar. Desde então, tem havido uma série de casos semelhantes em que a estrela em ascensão das celebridades políticas é seguida por uma queda catastrófica. Lafayette, o "Herói de Dois Mundos", abandonou seu comando em 1792 para se juntar aos aliados. Dumouriez, seu sucessor como generalíssimo, foi exaltado como um general patriota, antes de seguir o exemplo de Lafayette e abandonar seu posto em 1793. Esses exemplares políticos também foram empregados habilmente contra oponentes políticos no front doméstico. Assim, o Governo Revolucionário usou a fama de Danton e Hébert, críticos da política governamental, como argumento contra eles. Esses homens tinham procurado a fama, afirmava-se, para melhor conspirar contra a *res publica*.

"A Revolução", afirmou Robespierre perante a Convenção durante o julgamento de Danton, "está no povo, e não no renome dos indivíduos." Nenhum indivíduo, a despeito de suas conquistas para a causa revolucionária, está acima da lei e do respeito às instituições republicanas fundamentadas na soberania popular. As instituições republicanas devem sempre superar os indivíduos. Deve-se desconfiar instintivamente daquelas figuras políticas que se tornam celebridades. O *Journal historique et politique* relatou que os parisienses estavam enojados consigo mesmos por seguirem Hébert e Danton de forma crédula. Pelo menos, o jornal concluiu um tanto melancolicamente, o episódio "curou o povo de sua idolatria pelos indivíduos".

Os perigos da celebridade política tornaram-se, assim, um tropo-padrão do discurso público na medida em que existe um perigo real de Robespierre, o severo monitor da celebridade alheia, ser atingido por seu próprio petardo. Além disso, a aura de celebridade de que ele desfruta parece estar agora desaparecendo. A ênfase no caráter sacrossanto das instituições republicanas sobre qualquer fama individual efêmera criou raízes profundas na cultura política parisiense. Na primavera, um relatório da polícia mencionou que as pessoas de um grupo estavam elogiando Robespierre, mas observou que um membro do grupo opinou que,

> apesar de Robespierre ter prestado serviços à Revolução, se ele mudasse, então o dever de um republicano seria esquecer tudo o que fez e enxergar apenas seus crimes, exigindo que a lei o derrubasse.

Louis Martinet, membro do Comitê Revolucionário na seção das Tulherias, foi ainda mais direto: ele saiu por aí dizendo a seus colegas que o que ele chamava de "homomania" estava fazendo as pessoas perderem de vista a *salus populi*, e atacou Robespierre por "enxergar como um contrarrevolucionário todo aquele que não compartilhasse sua opinião".

Quão difundidos são tais pontos de vista? Será que Robespierre ainda é tão popular entre os parisienses quanto seus colegas do governo temiam? Os parisienses irão se unir à causa de Robespierre, a Vítima? A resposta deve ser visível nas próximas horas. Neste primeiro ato do drama anti-Robespierre, porém, as galerias públicas da Convenção sugerem que a popularidade de Robespierre parece ter sido superestimada.

15H

Quartel-General da Guarda Nacional, rua du Martroy (Maison-Commune)

— Ninguém recebe ordens que não sejam minhas ou da Comuna.

A voz raivosa é do comandante da GN de Paris, François Hanriot, e está sendo erguida no QGGN, o quartel-general central da Guarda Nacional na rua du Martroy, uma via lateral que margeia o lado sul da Maison Commune.

As notícias sobre o início da sessão matinal da Convenção finalmente chegaram à metade leste da cidade. Cd. Bazanéry, comandante do batalhão da GN na seção Maison-Commune (onde fica a prefeitura), foi enviado por um funcionário municipal de sua seção para descobrir o que está acontecendo. Ele encontra Hanriot furioso e gritando ordens para todos e também confabulando com o prefeito de Paris, Jean-Baptiste Fleuriot-Lescot e o agente nacional Claude-François Payan.

A resposta espontânea de Hanriot à notícia do decreto da Convenção que o exonera é seguir o caminho da resistência armada. Ele despacha Bazanéry para sua seção com ordens para tocar o *générale*, enquanto seus ajudantes de campo já estão se ocupando em divulgar o comando mais amplamente. O *générale* é o toque de tambor que convoca todos os guardas nacionais em serviço para se reunirem em seu posto seccional. Também alerta a população como um todo de que algo importante está acontecendo. No passado, isso muitas vezes levou os Comitês Civis a convocarem uma reunião de emergência de sua Assembleia Geral seccional.

Hanriot fica furioso por ter sido pego no cochilo. Esta manhã, ele encontrou um velho amigo que estava na cidade durante o dia e, quando perguntado se muita coisa estava acontecendo, Hanriot respondeu firmemente que não. Ele realmente não tinha previsto as coisas. Sua raiva de si mesmo e a fúria contra o mundo são ainda mais aguçadas com a chegada de Cd. Courvol, um dos oficiais de justiça da Convenção, para entregar aos homens cópias de uma missiva da Convenção exigindo que o prefeito e o agente nacional compareçam à barreira da assembleia para mostrar que estão assumindo a responsabilidade pela ordem pública na cidade à luz da mudança de comando na GN. Courvol pede ao prefeito um recibo pela entrega da mensagem, mas um furioso Hanriot toma a caneta das mãos de Fleuriot, exclamando para Courvol:

> — Ah, vá para o inferno. Você quer um recibo em um momento como este? Volte e diga a esses seus malditos canalhas que estamos aqui deliberando sobre um expurgo da Convenção e estaremos juntos para vê-los bem rápido.

Apesar de Courvol tentar se retirar, ele é preso e encarcerado. O mesmo destino está reservado para outro mensageiro da Convenção, François Héron, espião do CSP, que chega ao QGGN com uma pequena delegação portando o decreto formal que ordena a demissão de Hanriot. O comandante lança contra ele uma saraivada de insultos bastante vivaz, como é de costume, e ordena sua prisão imediata.

O tratamento de Courvol e Héron indica que a Comuna e a Guarda Nacional já tomaram a importante decisão de desafiar a Convenção. Além disso, a veemência de Hanriot conquistou o consentimento de Fleuriot e Payan no momento em que eles ainda recebiam as notícias. Os homens ouviram sobre os eventos de hoje na Convenção no meio de uma reunião monótona do Conselho Municipal, dentro da adjacente Maison Commune. Eles saíram correndo e agora se veem, com toda a urgência, voltando sua atenção da reforma do cemitério e de questões de drenagem para a organização da resistência armada. Todos os três líderes da Comuna não podem deixar de perceber o risco mortal que essa ação acarreta. Ao rejeitar consciente e impetuosamente o mandado do governo, eles estão atravessando o Rubicão para o terreno da ilegalidade formal. Estão invocando implicitamente o direito inerente do povo à insurreição. Esse é um dos Direitos do Homem pelo qual o movimento *sans-culotte* luta desde os primórdios da Revolução. Está consagrado na radical Declaração dos Direitos do Homem que prefacia a Constituição de 1793. Ainda que essa Constituição esteja suspensa durante o período do Governo Revolucionário, os direitos que ela especifica estão implicitamente ativos.

As apostas na crise que se aproxima são muito altas, aumentando os níveis de estresse. Hanriot pelo menos conhece as cordas da rebelião (embora a pressão pareça afetá-lo, pois sua caligrafia fica selvagem e trêmula enquanto ele rabisca suas ordens). No entanto, organizar uma *journée* é um território desconhecido para Fleuriot e Payan. A facilidade com que eles concordaram com Hanriot pode revelar inexperiência: afinal, ele está sendo enviado para a prisão, e não eles, então parece precipitado que arrisquem a sorte tão rapidamente. Ambos são novos na tarefa de liderar uma insurreição parisiense. Fleuriot foi um militante de longa data na seção do Muséum, então pelo menos viu *journées* pessoalmente, ainda que das fileiras. Payan tem certa experiência militar e o tipo de fria intrepidez útil em circunstâncias como essa. Mas ele tem apenas 27 anos e está na cidade há menos de um ano – na verdade, ele terá chegado há um ano amanhã: 28 de julho de 1793 foi quando Payan veio para Paris. Ele não testemunhou as clássicas *journées* parisienses. O Dia do Regador vai ser para ele um batismo e tanto.

Uma insurreição no estilo de 31 de maio está prestes a ocorrer. A Comuna organizará o povo de Paris e mobilizará a Guarda Nacional para conduzir um expurgo dos inimigos de Robespierre dentro da Convenção. Mas a implementação desse plano se torna mais desafiadora pelo fato de que os homens da Maison Commune ainda não sabem o que aconteceu na Convenção esta tarde e ainda não conhecem a identidade de seus oponentes. O ataque a Robespierre vem da esquerda da assembleia ou da direita? Eles acham que, depois do conflito no Clube Jacobino na noite passada, Billaud e Collot provavelmente estão envolvidos. E quem mais? Além disso, Hanriot lamenta que a Comuna ainda esteja em desvantagem. Os atos da Convenção os pegaram completamente de surpresa. Evidentemente, tem havido muita conversa sobre a possível eventualidade de uma *journée* no estilo de 31 de maio. Mas isso se manteve só na conversa. E, de fato, ainda hoje, na Convenção, o próprio homem que eles apoiam negará categoricamente o desejo de organizar tal movimento. Os líderes da Comuna estão, portanto, despreparados para esse ato repentino e imprevisto por parte da Convenção (o que não surpreende, pois os deputados estão igualmente surpresos com sua própria audácia espetacular). Eles agora precisam agir rápido para recuperar o terreno perdido.

Apesar do ar de confusão e preocupação, Fleuriot, Payan e Hanriot podem se consolar com o fato de que, se a situação realmente escalar para a luta armada, as probabilidades estão pesadamente a seu favor. Em seu próprio nome, a Convenção não pode convocar absolutamente nenhum elemento substancial das forças armadas dentro dos limites da cidade. O CSP manda no que diz respeito aos exércitos republicanos, é verdade: mas estes estão nas fronteiras, e nenhum está a menos de alguns dias de cavalgada da cidade. Soldados estão simplesmente fora da equação atual, desde que a Comuna aja rápido. Os guardas que protegem a Convenção compõem apenas algumas companhias de gendarmeria mais destacamentos dos batalhões seccionais da GN, totalizando algumas centenas de homens. Os batalhões servem em esquema de rodízio e respondem ao chefe de legião, e, em última análise, todos o fazem ao seu comandante, ou seja, Hanriot. Ao meio-dia de hoje, as forças do batalhão Bonne-Nouvelle, subordinadas a Julliot, chefe da 2ª Legião, substituíram os guardas da seção Panthéon sob o comando do chefe da 1ª Legião, Fauconnier. Existem escalas de serviço semelhantes e destacamentos simbólicos para a prisão de Temple, o Arsenal, o Tesouro e os tribunais na Ile de la Cité. Esses homens estão à disposição do comandante da GN e da Comuna, não da Convenção.

Os três líderes da Comuna sabem que, ao fazer seu apelo à resistência armada, conseguem uma mão forte. Eles também têm a história do seu lado. Afinal, foi a Comuna que gerou ação popular em todos os grandes dias revolucionários, de 31 de maio a 10 de agosto de 1792 e 14 de julho de 1789. Os homens também percebem que o que vai contar, como nos outros dias de ação, são os números nas ruas. Os líderes da insurreição de hoje precisam, acima de tudo, colocar o povo de pé, e rapidamente. No topo de sua agenda imediata está alertar toda a cidade de Paris para a situação crítica em que a República se encontra, obtendo reuniões de Assembleias Gerais seccionais e mobilizando forças armadas dentro da cidade para a causa. A mão de obra militar será essencial para proteger os deputados presos contra os decretos da Convenção; ainda mais se a Comuna levar a luta à Convenção.

Hanriot lidera a estratégia e a execução. Sua primeira ordem geral é dirigida aos seis chefes de legião: cada um deve enviar quatrocentos homens instantaneamente para a Place de la Maison Commune (portanto, cinquenta homens de cada seção). Eles também devem ordenar que seus comandantes de batalhão seccionais venham à Maison Commune e recebam ordens. Ele envia uma convocação também para o Cd. Fontaine, comandante da artilharia parisiense (os artilheiros têm uma estrutura de comando semiautônoma). Uma nota semelhante é enviada aos comandantes dos dois esquadrões montados da gendarmeria, Martin e Hémart. (Hanriot não percebe que o CSP já eliminou este último.) Por fim, a GN no anel externo de seções é preparada para garantir que todos os portões (ou barreiras) para dentro e para fora da cidade sejam fechados. Trata-se de um movimento clássico em todas as *journées*. Isso mantém as *journées* parisienses.

Mobilizar as forças armadas da cidade como prioridade única mostra a seriedade das intenções dos três homens da Maison Commune. Mas eles também estão cientes de que o engajamento ativo da cidade como um todo envolve conquistar as autoridades civis dentro das seções. Além disso, a tarefa é mais difícil do que foi em 31 de maio de 1792, já que os Comitês Revolucionários agora se reportam diretamente aos Comitês de Governo, e não à Comuna. Os Comitês Civis são gerenciados menos abertamente pela Maison Commune, no entanto, e são particularmente cruciais porque cada presidente de Comitê Civil tem o poder de convocar uma Assembleia Geral seccional extraordinária da qual todos os cidadãos podem participar. Isso pode ser determinante na escala da mobilização hoje.

Fleuriot já deu ordens aos conselheiros que se retirem da reunião desta manhã para dar andamento em suas respectivas seções, e a *générale* já está sendo tocada nas seções adjacentes de Homme-Armé e Droits--de-l'Homme. Apenas 22 dos 48 membros do Conselho estiveram presentes hoje, e uma parte deles continua nessa reunião. Outros meios de mobilização são, portanto, necessários. Assim, Hanriot envia ordens por meio dos seis chefes de legião para instruir o ajudante de cada batalhão seccional a alertar o presidente local do Comitê Revolucionário sobre o que está acontecendo e, além disso, convocá-los para virem à Maison Commune. Para acelerar as coisas, Hanriot está gritando suas ordens em vez de colocá-las por escrito.

Com Hanriot coordenando os aspectos militares de seus planos, Fleuriot e Payan também buscam legitimar sua ação não apenas ampliando o apelo à ação entre os civis, mas também convocando o Conselho Geral da Comuna. Quando esse corpo de 144 membros estiver em vigor, a Comuna será plausivelmente capaz de reivindicar a representação do povo em insurreição. O Conselho se reúne apenas no quinto e no décimo dia de cada semana de dez dias, e a logística de convocar uma reunião de emergência é desafiadora. As mensagens para as seções devem ser transcritas 48 vezes, e então transmitidas para as partes mais distantes da cidade. Hanriot ordena tambores dentro das seções para passar a mensagem.

Levará algum tempo para o Conselho se reunir, então o agente nacional Payan provavelmente pensa que é um bom momento para uma refeição. Ele mora a cerca de duzentos metros de distância, na rua des Arcis, no bairro dos Lombards. Talvez seja também neste momento de calmaria que Hanriot decida liberar o infeliz Courvol, para permitir que ele retorne à Convenção, com as palavras:

> — Não se esqueça de dizer a Robespierre para ficar firme; e diga a todos os bons deputados para não se preocuparem, que vamos nos apressar para livrá-los de todos os malditos traidores da pátria que estão sentados entre eles.

Quem Hanriot imagina serem os "bons" deputados e, igualmente importante, quem exatamente são os "malditos traidores"?

15H

Palácio da Convenção, Palácio das Tulherias

Os membros do CSP felicitam-se neste momento por terem estabelecido o controle sobre a Convenção. A tarefa que eles determinaram ontem à noite sob um ar de desespero geral foi executada com sucesso. A assembleia despachou Hanriot do comando da GN junto com seu estado-maior e instituiu uma forma mais democrática, ou ao menos ameaçadora, de organizar a força. Os deputados também emitiram a proclamação de Barère ao povo de Paris, instando-o a se reunir em torno dos Comitês de Governo.

Billaud, Collot e Barère lucraram mais do que poderiam imaginar com o ataque inesperado de Tallien a Robespierre. No final de sua reunião na noite passada, o medo da popularidade de Robespierre os deixou dispostos até mesmo a arriscar um trabalho com Saint-Just para construir um novo consenso dentro dos comitês. A intervenção de Tallien colocou Robespierre dramaticamente na linha de fogo e também revelou sua falta de apoio popular. Os líderes do CSP foram igualmente capazes de intervir a tempo no momento em que Tallien parecia estar ampliando seu ataque para incluir uma chamada para a reversão do terror. Tallien, o canhão solitário, foi efetivamente aproveitado. A prisão do presidente do Tribunal Revolucionário, Dumas, é uma concessão aceitável: ele é um dos mais leais apoiadores de Robespierre e provavelmente estava lambendo os beiços com a perspectiva de sentenciar a amante de Tallien, Theresa Cabarrus, à guilhotina. Além disso, as instituições do Governo Revolucionário não foram desafiadas. E mais: não apenas Robespierre estará preso mas também, como um bônus inesperado, seus dois principais aliados na Convenção, Couthon e Saint-Just, outros acólitos em Le Bas e o irmão Augustin. É tudo quase bom demais para ser verdade.

De volta à cadeira do presidente, Collot insiste que Saint-Just deveria entregar o discurso que estava prestes a fazer. Desde a primeira intervenção de Tallien, Saint-Just olhou para os acontecimentos com uma impassibilidade sonhadora, como se estivesse flutuando acima de toda a confusão. Se os outros deputados presos parecem intimidados e humilhados, no entanto, Robespierre ainda cospe fogo e continua a testar a paciência de seus antigos colegas. Collot se dirige a seus colegas deputados:

> — Cidadãos! Vocês acabaram de salvar a *patrie*. [...] Seus inimigos estavam querendo outra insurreição de 31 de maio. [...]
> Robespierre: Mentira!

Mas é mentira? Ontem, Robespierre certamente se manifestou de maneira contundente por um expurgo do governo e toda uma série de outras medidas. Seu discurso no Clube dos Jacobinos, a noite passada, pode ter sinalizado seu desejo de que o povo de Paris se mobilizasse em seu apoio, mas ele não fez exatamente nada nesse ínterim que pudesse atingir esse objetivo ou mesmo alertar seus confidentes sobre a natureza de seus planos. Além disso, a resposta confusa de Hanriot, Fleuriot e Payan na Maison Commune esta tarde sublinha quão longe de suas mentes estava qualquer tipo de mobilização popular. A Maison Commune está atualmente improvisando quase tão furiosamente quanto a Convenção.

Diante disso, então, Robespierre, em vez de Collot, parece estar certo, já que Robespierre não fez planos para uma *journée* hoje. Será que ele pensou que poderia alcançar seus objetivos pela pura força de suas palavras? Dada a longa história de antagonismo entre as partes não montanhesas da assembleia e ele próprio, parece ilusório para Robespierre imaginar que algum dia poderia obter uma maioria não montanhesa para apoiá-lo de forma duradoura. As palavras doces para *hommes de bien* no discurso de ontem e seus comentários a Duplay podem lhe render apoio suficiente para superar a crise atual. Mas não é uma solução de longo prazo.

Collot, Billaud e os outros testemunharam Robespierre trabalhando no passado. Eles percebem que ele não é um tribuno do povo ou um lutador de rua e, como observou Marat, empalidece ao ver um sabre desembainhado. Eles sabem que ele sempre procura se posicionar como conselheiro do povo, e não como seu líder. Ele apenas procura apontar o caminho para as pessoas agirem. Robespierre acredita que o povo tem o direito constitucional de supervisionar a representação nacional. Portanto, se o povo passar a ver os deputados se desviarem do que é esperado, tem o direito inerente de resistir à opressão.

A mentalidade particular de Robespierre no que diz respeito à supervisão e intervenção popular ficou muito evidente em sua conduta que antecedeu as *journées* de 21 de maio e 2 de junho. Nas semanas de preparação desde o início de abril, ele e Couthon promoveram a expulsão dos girondinos, divulgando seus argumentos pelo Clube Jacobino e pela imprensa, de modo a atingir militantes nas seções de Paris e também em todo o país. Eles também procuraram impedir o movimento de uma ação armada prematura, que arriscava ser um tiro pela culatra. Mas então, em 26 de maio de 1793, soou um toque de clarim no Clube Jacobino convocando para a insurreição popular, que também foi um exercício de autoanulação:

> — Convido o povo a entrar na Convenção em insurreição contra todos os deputados corruptos. [...] Deputados leais são impotentes sem o povo.

Com sua característica postura de mártir, ele disse estar "pronto para morrer com os republicanos, em vez de viver com os vencedores". Permaneceu fiel a essa abordagem, recusando escrupulosamente um papel para si mesmo no comitê organizador das *journées* dominadas pelos *sans-culottes* até os dias seguintes.

A conduta de Robespierre na crise atual parece estar de acordo com seu papel nas *journées* anteriores. O terror continua na ordem do dia, e os expurgos na elite política são essenciais para que as instituições sociais que ele vislumbra no horizonte possam carregar o povo nos caminhos da virtude. E é o povo que terá de agir se, como parece ser o caso, a Convenção resistir ao seu caminho para esses planaltos ensolarados.

Os deputados precisarão do povo para pressioná-los e, se necessário, expurgar os recalcitrantes, assim como fez em 31 de maio e 2 de junho de 1793.

Apesar desses fortes ecos de *journées* anteriores, os desenvolvimentos não atingiram a maturidade, e ainda há alguma distância do desenrolar final. Por exemplo, Robespierre e Couthon nem sequer chegaram ao estágio de citar nomes publicamente. De fato, o primeiro recusou expressamente a oportunidade várias vezes nos últimos dias, na Convenção e no Jacobino. Os parisienses ainda precisam ser trabalhados de maneira a trazer à tona as "pessoas virtuosas" e consignar às profundezas a "raça impura" dentro das classes populares que tanto incomodou Robespierre.

O que Tallien fez hoje foi confundir essa estratégia cuidadosa, forçando a questão quando nem Robespierre nem seus apoiadores por toda a cidade estavam prontos para isso. O tempo provou não estar do lado de Robespierre. Tallien tomou de surpresa o CSP e, na verdade, toda a Convenção.

Tanto o imprevisto quanto a magnitude dos acontecimentos de hoje são tamanhos que os deputados ainda não parecem estar muito preparados mentalmente para o que estão fazendo. Eles estavam com muito medo de enfrentar Robespierre. E agora precisam reunir coragem novamente para mandar os mensageiros tirarem os acusados dos bancos e levá-los à barreira da casa. Mas até mesmo os mensageiros parecem nervosos. Robespierre domina por tanto tempo dentro dessas paredes que eles hesitam em executar ordens explícitas contra ele. Couthon é levado para a barreira, mas os outros permanecem obstinadamente no lugar.

O presidente pede com veemência que o mais experiente dos mensageiros, Jacques-Auguste Roses, um homem de ascendência escocesa nascido na América do Norte, assuma a liderança. É um personagem durão, com experiência nas assembleias desde 1789. Ele desempenhou um papel corajoso na *journée* de 10 de agosto de 1792, guiando Luís XVI por entre uma multidão hostil no auge da ação. Hoje ele já está na atividade, trabalhando fisicamente com os secretários da assembleia para bloquear os esforços de Robespierre para obter acesso à tribuna. Quando estes agora avançam imponentemente para convidar os deputados a se dirigirem à barreira, os homens inicialmente não se mostram dispostos a isso. Com a assembleia hesitando sobre seu próximo movimento, o deputado Lozeau se anima para lembrar aos deputados que Robespierre e seus colegas despacharam os girondinos para a barreira quando os expulsaram em 2 de junho de 1793, então parece certo fazer o mesmo com os cinco deputados agora. Aos gritos altos de "Para a barreira!", os homens intimidados são finalmente forçados a se reunir na barreira da casa. Estes entregarão os homens ao espião mestre do CSG, Dossonville, que está presente para conduzir a próxima etapa da operação: ele os levará aos escritórios do CSG no Hôtel de Brionne de modo a aguardar as providências para que sejam despachados para a prisão. Os deputados parecem finalmente ter um senso de propósito e tomar pleno conhecimento do fato surpreendente: eles estão depondo Robespierre.

15H30

Pátio, Palais de Justice, Ile de la Cité

Seis carroças entraram no pátio da prisão da Conciergerie e estão sendo preparadas para levar os condenados de hoje à guilhotina. Eles estão sob a autoridade de Henri Sanson, carrasco público, e seus ajudantes (que são principalmente seus parentes: carrascos de dinastias familiares, e o envolvimento dos Sansons no *métier* remonta a 1684). No caminho para cá, Sanson notou grandes ajuntamentos de homens e um ar pesado pela capital, principalmente no Faubourg Saint-Antoine, por onde normalmente passa o comboio a caminho da Place du Trône. O carrasco aproxima-se de Fouquier para compartilhar suas impressões, mas este, que sabe das prováveis manifestações contra o Máximo Salarial, conclui precipitadamente que não é um problema a se preocupar. Ele interrompe seu interlocutor.

— Faça seu trabalho. O curso da justiça não deve ser obstruído.

Na verdade, o encontro de um homem com seu jantar também não deve ser adiado. Fouquier começa a se preparar para deixar o Palais de Justice e seguir para a Ile Saint-Louis, onde uma boa refeição e companheiros agradáveis o esperam *chez* Cd. Vergne.

15H30

Palácio da Convenção, Palácio das Tulherias

Bem quando os deputados presos enfim se dirigem sob coação para a barreira da casa, Thuriot, na cadeira do presidente, é informado de que Mulot, chefe da 5ª Legião da GN, chegou para receber ordens. Thuriot deixa a cadeira para falar com ele na pequena sala atrás da tribuna do presidente, passando a ele um mandado de prisão contra Hanriot.

Thuriot está ciente de que os seis chefes de legião são elos cruciais na cadeia de comando da GN e que precisarão estar alertas hoje. Eles se reportam ao comandante da GN, e o CSP vai querer garantir que os chefes saibam que Hanriot foi demitido do posto – e enviar essa mensagem rapidamente aos batalhões seccionais. Julliot, chefe da 2ª Legião, que está comandando a força de serviço na Convenção hoje, já foi atualizado, assim como o chefe da 4ª Legião, Chardin. Mas nem o chefe interino da 6ª Legião, Olivier, nem o chefe da 1ª Legião, Fauconnier, foram encontrados até o momento. Existe o perigo de que eles implementem as ordens de Hanriot sem perceber que ele foi retirado de seu comando. A ausência de Fauconnier é estranha, já que ele tinha sido o comandante de plantão na Convenção até ser substituído por Julliot, e esperava-se que ficasse por perto. Sua ausência é preocupante, já que, no sistema de rodízio para o comando da GN que a Convenção acaba de estabelecer, Fauconnier está na sequência para o cargo de chefe da 1ª Legião. Como ele não está presente, parece que a decisão de nomear Hémart para o cargo está prestes a ser tomada.

Chega o chefe da 3ª Legião, Mathis, e ele acompanha Mulot até a pequena sala de Thuriot. Mathis mostra a convocação, que acabara de receber de Hanriot, para enviar quatrocentos homens à Maison Commune. "Isso é exatamente o que queríamos evitar", murmura Thuriot, antes de enviar a cópia da ordem de Hanriot ao CSP para sua atenção urgente e imediata. De repente, as coisas não estão indo nada bem para a Convenção. Parece que Hanriot não vai ficar calado, e uma resistência armada pode estar se formando.

Enquanto isso, por sugestão de Collot, agora de volta à presidência, a Convenção concordou unanimemente que ninguém deveria deixar o palácio até que todos os mandados de prisão fossem assinados. Isso vai desacelerar a difusão das notícias pela cidade, o que é bom. Os aplausos das ainda lotadas galerias públicas e das bancadas dos deputados já são longos, ruidosos e prolongados, e redobram quando um dos secretários do CSG entra no local para informar aos membros do CSG que eles são esperados imediatamente para uma reunião. Eles saem do palácio como heróis conquistadores, sob aplausos arrebatadores.

Mal saem da sala e Thuriot recebe um decreto do CSP. O decreto confirma que, em face das ordens ilícitas de Hanriot, ele está oficialmente afastado de seu comando. Os chefes de legião estão proibidos de enviar homens para a Comuna. O CSP percebeu rapidamente a importância primordial de impedir a formação de uma cadeia de abastecimento de homens armados para a Comuna.

15H45

Andanças de Hanriot: as seções a leste

Paciência nunca foi o forte da Hanriot. A meticulosidade de Courvol, o emissário da Convenção, ao pedir um recibo da entrega de sua mensagem o enfureceu, e ele tem berrado ordens para seu estado-maior e para qualquer outra pessoa em sua presença para colocar as coisas em andamento. O tamborear do *générale* está levando os guardas a se reunirem em seus postos seccionais. O sinal também levou grupos aleatórios de parisienses, curiosos sobre o que está acontecendo, a reunirem-se na Place de la Maison Commune, na frente do prédio, juntando-se aos trabalhadores que protestavam contra o Máximo.

Neste exato momento, Hanriot provavelmente seria melhor aconselhado a permanecer no QGGN para aguardar a chegada dos chefes de legião que ele acabou de convocar para a Maison Commune e trabalhar com eles para coordenar a convocação da GN para a ação vindoura. Mas a imobilidade é um desafio para Hanriot. Ele pode suspeitar que alguns dos chefes são a favor da Convenção. Ele também pode querer verificar até que ponto suas ordens estão sendo obedecidas. Então, depois de enviar suas mensagens pela cidade, Hanriot decide que é sua missão sair e chamar o povo pessoalmente às armas.

Montando em seu cavalo e ordenando que três ajudantes de campo o acompanhem, Hanriot galopa para o leste ao longo da rua du Martroy até os fundos da prefeitura, na direção da Place de la Bastille e do Faubourg Saint-Antoine. Seu grupo montado percorreu apenas cem metros ou mais quando eles encontram, bem perto do local do olmo ancestral fora da igreja de Saint-Gervais, Cd. Blanchetot, um membro da gendarmeria ligada aos tribunais da Ile de la Cité. Hanriot cavalga até ele e, sacando sua pistola e colocando-a contra o peito de Blanchetot, grita com sua boca suja:

> — Seu maldito imprestável! Volte rapidamente aos tribunais e diga àquele comandante patife para reunir todas as suas tropas!

E ele então galopa excitado, gritando "Às armas, cidadãos!" ("*Aux armes, citoyens!*"), ordenando que o *générale* seja tocado por toda a cidade.

Abalado por esse encontro, Blanchetot cavalga às pressas para os tribunais no Palais de Justice, a fim de relatar o incidente ao Cd. Degesne, seu oficial superior, para que ele possa alertar o CSP sobre o comportamento de Hanriot. Parece importante que eles saibam exatamente o que Hanriot está fazendo.

15H45

Pela cidade: reuniões de comitês seccionais

No momento, parece que apenas dois dos seis chefes de legião da GN transmitiram as ordens de mobilização de Hanriot para seus batalhões seccionais. Isso significa que elas estão sendo atendidas por 16 das 48 seções. Seja por ignorância dos eventos ou simpatia pró-Hanriot, o chefe da 6ª Legião, Cd. Olivier, atendeu ao comando de Hanriot. Confusão e inaptidão reinaram sobre a 1ª Legião de Fauconnier, que estava ausente quando o CSP proibiu os chefes de legião de enviar homens para a Maison Commune, e, quando um emissário trouxe a ordem de Hanriot para sua casa, na Ile Saint-Louis, presumindo que ele poderia estar lá, sua esposa assumiu arrogantemente o papel de seu marido e instruiu que a mensagem fosse enviada às oito seções da Legião. A cidadã Fauconnier terá muito a explicar ao marido.

Mais além, no entanto, a ação precipitada de Hanriot e seus colegas está espalhando perplexidade e ansiedade e também encontrando resistência não apenas entre os comandantes da GN, mas também entre as outras autoridades seccionais. Os conselheiros municipais que levaram a sério a ordem emitida às catorze horas por Fleuriot para começar a se mobilizar tiveram dificuldade em despertar autoridades seccionais céticas. O Comitê Revolucionário Gravilliers, por exemplo, provou ser um defensor das formalidades legais: quando Ulrich, um ajudante de campo de Hanriot, trouxe a mensagem do comandante para enviar homens para a Maison Commune e soar o *rappel*, eles se recusaram categoricamente, alegando a necessidade de instruções por escrito antes de agirem. Será apenas às dezesseis horas, quando a mensagem chegar como é devido, que eles aceitarão enviar quarenta gendarmes à prefeitura. Mas eles se abstêm de mobilização seccional. Suspeitam do que Hanriot pode estar fazendo.

Reticência semelhante se evidencia em outros lugares. Na Ile Saint-Louis, o Comitê Revolucionário da seção Fraternité recusa com indignação as ordens de Hanriot, alegando que a Lei do Governo Revolucionário de 14 Frimário proíbe oficiais militares de dar ordens a autoridades civis. No Marais, Lasné, o comandante do batalhão Droits-de-l'Homme, silencia um tamborista que tocava o *générale* para reunir os guardas, supostamente sob o comando de Hanriot. Quando ele vê uma ordem escrita de Hanriot, apenas dá de ombros:

— Eu lavo minhas mãos.

Na Ile de la Cité, o Comitê Revolucionário da seção Révolutionnarie é mais categórico. Informados pelo funcionário municipal Alexandre Minier, que voltou apressado da Maison Commune, onde viu Hanriot, Fleuriot e Payan protestando contra a Convenção e enviando suas ordens, eles decidem imediatamente entrar em sessão permanente e declarar-se inequivocamente a favor da Convenção, acrescentando a ameaça:

— Este levantamento de escudos só pode ser o prelúdio para más intenções.

Uma história semelhante transcorre nas seções Panthéon e Unité, na Rive Gauche, onde os conselheiros que retornam procuram alertar as autoridades locais de maneiras que os posicionem contra a Comuna, mas obtêm uma recepção fria. Os planos de mobilização da Comuna não começaram da melhor maneira.

16H

Palácio da Convenção, Palácio das Tulherias

Robespierre e seus partidários estão esperando na barreira da casa, enquanto a papelada formal para sua prisão está sendo preparada. Os deputados estão mais do que cientes de que a pausa para uma refeição deve ser iminente, mas Collot está usando o momento para encerrar a sessão, criando uma narrativa do dia que os confortará com o que fizeram.

A Convenção frustrou uma grande conspiração. Um único evento, o discurso de Robespierre, seria o estopim da insurreição e da guerra civil. Os colegas deputados de Collot hoje não apenas se anteciparam a um golpe de Estado: eles realizaram sua própria insurreição contra a tirania incipiente, um ato que passará para os anais da história. Se Saint-Just tivesse permissão para falar, amanhã seria um dia de luto pela República.

A intervenção de Robespierre no 8 Termidor foi pensada para quebrar a unidade nacional e desmoralizar a assembleia. Quando ele, Collot, avisou o Jacobino mais tarde naquela noite, foi silenciado. Sem dúvida, ele afirma, trata-se de uma aberração de um clube que sempre respeitou a Convenção. (Assim, ele oferece um ramo de oliveira ao Clube dos Jacobinos, insinuando que eles foram enganados na noite anterior.) Ele relata o que ele e Billaud tiveram que suportar depois de serem expulsos do Clube Jacobino na noite passada, com a ameaça de exclusão de Couthon ressoando em seus ouvidos. De volta aos escritórios do CSP, Saint--Just, com expressões duras, era friamente antipático à situação de seus colegas. O discurso que ele estava escrevendo naquele momento estava cheio de mentiras, incluindo acusações de cumplicidade conspiratória com Fouché. Essas mentiras foram baseadas em relatórios mentirosos de espiões que Robespierre vinha acumulando nas semanas anteriores. Saint-Just indicou que alguns dos colegas de CSP estariam implicados no seu discurso, mas não diria nada além disso.

A conduta traiçoeira de Saint-Just nesta manhã é inacreditável. Ao deixar a sede do CSP, ele tinha prometido permitir que os comitês vissem seu relatório antes de apresentá-lo na Convenção. Ele concordara que Fouché deveria ser convocado para uma reunião a fim de discutir o relatório e explicar sua conduta. No entanto, com os comitês em sessão aguardando sua chegada, Saint-Just veio direto à Convenção para lançar seu ataque. Ele tinha conspirado com Couthon para que este criasse uma distração nos escritórios do CSP que abriria caminho para seu discurso. Parece também que ele estava planejando ler o discurso no Clube Jacobino esta noite para continuar a incitar sentimentos contra os Comitês de Governo. É de supor que os três homens planejavam usar o festival de amanhã, a homenagem a Bara e Viala no decêndio do 10 Termidor, para lançar um ataque terrível. Um dia de festa se transformaria em um dia de luto. Em vez disso, diz Collot, reforçando seu argumento, o 10 Termidor será um dia de triunfo sobre a tirania. Os comitês se reunirão para considerar a conspiração que Robespierre e seus cúmplices estão armando e, em seguida, apresentarão um relatório à Convenção.

Agora seria um bom momento para deixar esta curiosa mistura de fato e fantasia, com gritos de "*Vive la République!*" e "*Vive l'égalité!*" ecoando pelo palácio. Mas Collot não consegue resistir à oportunidade de fazer azedas críticas finais contra seus oponentes. Eles afirmam respeitar a lei, mas na verdade a infringem continuamente. Augustin Robespierre foi ordenado a ir como deputado em missão para o front, mas nunca o fez. Saint-Just foi chamado de volta do front em duas ocasiões por Robespierre, desafiando o resto do CSP para continuar sua conspiração. Quanto a Robespierre, não passa de um hipócrita intrigante. Ele sempre fala com reverência sobre Marat, a quem Collot afirma ter conhecido bem, mas, no funeral de Marat, Robespierre conseguiu fazer um discurso que não mencionou o nome do homem uma única vez. As pessoas enxergam tal hipocrisia: elas sabem que as virtudes públicas podem ser reconhecidas pelas virtudes da vida privada...

A sessão está acabando. As 16h30 se aproximam. Barère está lembrando que o cardeal de Retz (cujas memórias das guerras civis da Fronda, no século XVII, formam uma espécie de breviário da revolta parisiense conhecida por muitos deputados) certa vez observou ironicamente que os parisienses resistem a qualquer ação política, por mais importante que seja, se ela atrapalha a hora do jantar. Os deputados levaram a reivindicação ao limite, adiando para agora o intervalo para tratar dos assuntos urgentes em questão. A duração exagerada da sessão matinal, sem falar na excitação que ela gerou, abriu o apetite. Os deputados estão famintos, mas também embriagados pela vitória. Eles estão começando a perder o interesse.

As discussões estão se encaminhando para trivialidades. Um deputado se levanta para pedir que os arranjos sejam acelerados a fim de que sejam colocadas as cinzas de Marat no Panteão e arrancadas de lá as do traidor Mirabeau. O montanhês Fayau relata que se fala em armar com fuzis os jovens que amanhã participarão da festa de Bara e Viala. Nas circunstâncias, isso é proibido. E, na realidade, todo o festival será adiado. Mas os deputados mal estão ouvindo. A reunião acabou. Acorda-se tardiamente que haverá uma sessão noturna. As conversas sobre armas e festivais podem esperar, pelo menos por enquanto. Um dia memorável nos anais da Revolução está chegando ao fim. Hora do jantar.

16H15

Casa de Vergne, Ile Saint-Louis (Fraternité)

O jantar de Vergne está em pleno andamento. O anfitrião, Coffinhal, Desboisseaux e uma variedade de esposas estão ajudando Fouquier--Tinville a relaxar após os últimos nove dias de provações incessantes. Animá-lo não está sendo fácil. Afinal, naqueles dias ele mandou quase 350 indivíduos para a guilhotina. Comentários taciturnos e encharcados de bebida ouvidos recentemente tarde da noite por funcionários do Café des Subsistances sugerem que ele tem tido dificuldades de lidar com a pressão de seu trabalho. Ele tem dito a uma garçonete que o CSP está exigindo que ele faça cinquenta ou mais condenações por dia. As pessoas pensam que ele é um lacaio de Robespierre, mas ele tem conflitos intermináveis com o homem. O sistema como um todo já está esgarçando. "Quanto tempo isso vai durar?", ele grita para sua cerveja. Ele de fato preferiria ser um simples lavrador. Mas está amarrado ao cargo, e se tentasse deixar seu posto agora, seria visto como um contrarrevolucionário aristocrático.

A casa de Vergne fica na ponta oeste da Ile Saint-Louis, em um local tranquilo e relativamente isolado da movimentação tanto da Rive Gauche quanto da Rive Droit. Para chegar lá, Fouquier optou por não cruzar para a Rive Droit, onde foi informado de que os manifestantes anti-Salário Máximo estão se reunindo; em vez disso, pegou uma rota pelos arredores de Notre-Dame, cruzando a Pont-au-Double para a Rive Gauche e depois cruzando de volta para a Ile Saint-Louis sobre a Pont de la Tournelle. Isso significa que quando, depois de um tempo, o jantar capta o som distante de tambores tocando o *générale*, eles não têm ideia do que isso pode ser. Vergne envia um de seus servos para descobrir o que está acontecendo. Ele volta para dizer que ouviu dizerem ter a ver com trabalhadores protestando contra o Salário Máximo na Rive Droit. Ele volta para a mesa de jantar.

16H15

Prisão de La Force

A impetuosa cavalgada de Hanriot pelas seções do leste não foi um grande sucesso. Ele sem dúvida está satisfeito em ouvir o *générale* sendo tocado em várias seções, mas seus estridentes apelos às armas parecem estar produzindo entre os parisienses mais ansiedade do que adesão militante. Sua aparição no Boulevard du Temple, à beira do Faubourg Saint-Antoine, deixou em pânico os proprietários dos muitos teatros de lá, que estão pensando em cancelar as apresentações desta noite, que deveriam começar às cinco ou cinco e meia da tarde. Pelo menos sua cavalgada trouxe um sucesso: a libertação de Payan das garras da gendarmeria.

Parece provável que, depois de sair da Maison Commune para uma rápida refeição, Payan não tenha chegado a sua casa, na seção Lombards. Agentes do CSG o localizaram e o prenderam, e ele foi escoltado por gendarmes até a prisão de La Force, na seção Indivisibilité do Marais, a leste da Maison Commune. A carruagem que o levava acaba de o descarregar nos portões da prisão quando, por acaso, Hanriot e sua trupe desceram sobre eles. Hanriot ordenou aos gendarmes que escoltavam Payan que o soltassem, colocando uma pistola contra a garganta de seu líder:

— Se não o soltar, vou explodir seus miolos!

A ameaça produziu efeito. Com Payan livre, Hanriot prendeu a escolta gendarme. Depois de recuperar o equilíbrio em uma mercearia próxima, o agente nacional está voltando com Hanriot para a Maison Commune.

16H15

Pátio da Conciergerie, Palais de Justice, Ile de la Cité

Os acusados de hoje estão sendo removidos para a Place du Trône-Renversé, rumo à execução. Obrigados a deixar o Tribunal no momento em que o júri se retira, eles permanecem do lado de fora até o final do julgamento. Lá dentro, quando os jurados voltam, o juiz Maire, substituto de Dumas, pede a cada um deles seu veredito. Ele então prossegue com a sentença. Os réus que circulam do lado de fora no pátio da Conciergerie ouvem aplausos do Tribunal, mas não sabem se sua própria morte está sendo anunciada. É somente depois que o julgamento chega ao fim que os guardas da Conciergerie passam por entre o grupo e anunciam quem será executado. Parece que uma pessoa em cada um dos dois julgamentos foi absolvida. Isso significa que 44 indivíduos de hoje serão executados, além da princesa de Mônaco, remanescente do dia anterior. Fouquier acredita que cada carroça deveria, por questões humanitárias, levar apenas sete indivíduos. Há seis carroças no aguardo: a pequena discrepância pode se dever ao fato de ele esperar mais algumas absolvições. Ou pode ser simplesmente que, desde o recente decreto do CSP requisitando cavalos e carroças parisienses para o esforço de guerra, o transporte esteja sendo escasso.

Os inimigos do povo condenados devem agora se preparar para o cadafalso. Os guardas da Conciergerie levam os homens e as mulheres, um a um, para o pequeno aposento conhecido como *salle de la toilette* (o "vestiário" seria uma tradução em qualquer outra circunstância). Os guardas removem deles quaisquer pertences e bens pessoais que não tenham conseguido passar secretamente para seus companheiros de prisão, removem suas roupas exteriores até as camisas e, em seguida, rasgam as camisas e cortam o cabelo de homens e mulheres até a nuca. Pescoços nus não oferecerão resistência à lâmina da guilhotina. Suas mãos estão amarradas nas costas e eles são empurrados rudemente por uma pequena porta para o pátio adjacente, o Cour de Mai, onde Sanson e seus homens estão prontos para colocá-los nas carroças.

Os condenados são um bando heterogêneo, como de fato sempre são essas *fournées*, sendo em sua maioria compostos por indivíduos que não se conhecem. Há menos mulheres do que o normal, mas todos os níveis sociais estão representados. Grande parte das evidências que Fouquier citou em sua acusação na Salle de la Liberté relacionava-se a três homens enviados do departamento de Allier, onde já tinham sido amplamente investigados por delitos econômicos. Eles dividiram os bancos dos réus com seis nobres, todos com ligações e simpatias monarquistas e aristocráticas. Misteriosamente, Fouquier também concedeu status nobre ao casal Loison, empresários que dirigiam um teatro de marionetes na Champs-Élysées. Eles fizeram comentários escandalosos contra Marat, ao que parece. (Um rumor de que eles encenaram o assassinato de Marat por Charlotte Corday como uma comédia não foi apresentado como evidência.) Um *valet de chambre* das tias do rei (ambas já emigradas em segurança), dois oficiais do exército, um dos quais tinha fugido da prisão, e um punhado de indivíduos da elite financeira e administrativa compõem o contingente das "classes privilegiadas", como são chamados desde 1789. Há também dois operários, um que trabalhara na fábrica nacional de vidro da rua de Reuilly e o outro um fabricante de latas de status indeterminado. Há um professor de escola, um acadêmico de astronomia que espionou para os príncipes alemães e alguns outros que fraudaram finanças.

Na Salle de l'Égalité há o mesmo tipo de mistura, embora em proporções diferentes. Mais da metade é formada por nobres, vários da mais alta elite da corte, enquanto um, de Rouvière, apareceu na casa de um deputado com armas escondidas e agiu de forma suspeita. (Estranhamente, não se afirma que o deputado em questão tenha sido Maximilien Robespierre.) Há um punhado de padres, enquanto o antigo Terceiro Estado é representado por um grupo misto, incluindo um florista com ligações fayettistas, um chapeleiro de Marselha, um fazendeiro de Dampierre que protestava contra o fechamento de igrejas, um marceneiro que enriquecera com negócios corruptos em propriedades nacionalizadas e um dono de bar que tentara impedir o recrutamento de voluntários para lutar na Vendeia. Os inimigos do povo têm muitas feições.

A força equalizadora da lei está agora reunindo os condenados. Alguns presos, no entanto, ainda buscam marcas de distinção. A princesa de Mônaco teve o cuidado de aplicar um pouco de *rouge* para sua última viagem. Ela está determinada a não se deixar abater diante da zombaria da multidão nas ruas, já esticando o pescoço para ver através das grades do pátio. Ela não quer que pensem que sua palidez indica medo.

Sanson, o carrasco durão, já viu tudo isso antes. A gama de reações à morte iminente vai do mais puro terror à despreocupação deliberada. A última amante de Luís XV, Madame du Barry, fez uma performance espetacular de gritos e soluços, enquanto outros indivíduos vão rindo e brincando no cadafalso como se estivessem indo para uma festa de casamento. No entanto, até mesmo Sanson admite sentir admiração pela maneira como esse sangue-frio estoico se tornou a conduta-padrão nesses momentos. De maneira estranha e perturbadora, ele descobre que muitos de seus encarregados, lutando para dominar seus sentimentos, sorriem enquanto ele faz o que tem que ser feito. Apesar do exemplo da Cd. du Barry, isso é especialmente verdadeiro para as mulheres. Sorrisos femininos gentilmente benignos combinam *sprezzatura* aristocrática com a sensibilidade aprendida na leitura de *La Nouvelle Héloise*, de Rousseau, ou na visualização dos retratos de Madame Vigée-Lebrun. Há uma "emulação de boa morte" à qual muitos aspiram. No caminho para a guilhotina, o sorriso tornou-se uma arma silenciosa de resistência simbólica.

16H15

Sede do CSP, Palácio das Tulherias

Enquanto o discurso de Collot amarra as pontas soltas do dia na Convenção, as pessoas sentadas ao redor da mesa verde na sede do CSP estão ocupadas trabalhando na sessão conjunta CSP-CSG. Agentes do CSG estão sendo preparados para fazer prisões de indivíduos-chave ligados a Robespierre ou conhecidos por estarem em sua *entourage*. Toda a família Duplay deve ser trazida, assim como o criado de Saint-Just. Depois, há o criado de Hanriot; uns poucos membros das Comissões Populares; Rousseville, o espião favorito de Robespierre; os guarda-costas Nicolas e Renaudin, e outros. Começa uma busca para localizar a irmã de Robespierre, que compreensivelmente se assustou com o que está acontecendo e buscou refúgio com um amigo, voltando a usar o nome de solteira de sua mãe, Carraut.

A prisão de Dumas no Tribunal Revolucionário foi realizada de forma eficaz, mas Hanriot é um osso duro de roer, abrigado como está no QGGN ao lado da Maison Commune. Ontem à noite, os comitês conquistaram Jean Hémart, um dos comandantes da gendarmeria da cidade, e o escolheram para a tarefa. Entregaram uma ordem que especifica que ele irá com um esquadrão montado ao QGGN e fará a prisão.

Os comitês também enviam ordens instruindo os Comitês Revolucionários das seções Arcis e Indivisibilité a dispersar as multidões que eles ouviram estar se reunindo nos arredores da Place de la Maison Commune. Não é certo se se trata de manifestantes do Máximo Salarial ou apoiadores de Robespierre. O Comitê está tendo a impressão de que a notícia da prisão de hoje não foi recebida com alegria unânime em Paris. O *générale* está sendo tocado em algumas seções, então uma mensagem é enviada imediatamente para que as seções parem com isso. Por meio de ordens interceptadas, eles também estão percebendo o que a Comuna está fazendo. Decretos foram enviados aos seis chefes de legião para reverter o despacho de quatrocentos homens para a Place de la Maison Commune e o fechamento dos portões da cidade, ordenados por Hanriot. Eles esperam que essa série de medidas tomadas às pressas corte a insurreição pela raiz.

16H30

Place de la Maison Commune (ou Place de Grève) (Arcis)

Enquanto Hanriot voltava para a Maison Commune, ele deve ter percebido canhões sendo carregados para a Place de la Maison Commune, onde as multidões estão se aglomerando. Embora o CSP tenha agido rapidamente para preparar os chefes de legião contra Hanriot e para conquistar os comandantes da gendarmeria para sua causa, eles ignoraram a estrutura de comando paralela desfrutada pelos artilheiros. Fontaine, comandante de artilharia da cidade, seguiu as ordens de mobilização de Hanriot com entusiasmo. Ele alcançou artilheiros em muito mais do que as 48 seções da 1ª e 6ª Legiões. Meia dúzia de seções já estão no local e prontas para a ação.

Hanriot está de volta ao Place quando vê uma tropa de gendarmes da 29ª Divisão Montada cavalgando, liderada por Hémart. Hanriot mandou uma mensagem para Hémart sem saber que a lealdade dele já mudara. Por isso, fica surpreso ao ver que ele está usando a insígnia de comandante da GN de Paris que era de Hanriot enquanto lê o mandado de prisão.

Hanriot está pensando rapidamente enquanto ouve Hémart, e calmamente sugere que ele o acompanhe até o QGGN. Uma vez lá, fora da vista de sua tropa de gendarmes, ele ordena a seus homens que prendam Hémart, peguem sua espada, tirem seu uniforme, amarrem-no e o coloquem sob guarda armada.

Prender o nomeado pela Convenção como comandante da GN é um golpe e tanto. Mas Hanriot sente que não pode se dar ao luxo de descansar sobre os louros, pois o incidente de Hémart mostra que as forças armadas da cidade provavelmente estarão divididas em sua lealdade. Hanriot tem refletido sobre seu próximo passo. Suas mensagens para as áreas leste de Paris tiveram pouco impacto. Ele precisa tentar outra coisa, a fim de retomar a dianteira. De repente, uma ideia: ele liderará uma missão montada para resgatar de debaixo do nariz da Convenção os deputados presos. De volta a seu cavalo, ele discursa à multidão na Place de la Maison Commune:

> — Cidadãos! Quarenta assassinos querem matar Robespierre, [...] o virtuoso e patriótico Robespierre, Couthon, Saint-Just e Hanriot tiveram mandados de prisão expedidos contra eles – os patriotas são oprimidos, os traidores triunfam, eles me querem morto. [...] aqueles que ordenaram as prisões são canalhas pagos por Pitt e Cobourg. Vamos partir e libertar nossos amigos. Não temam, Hanriot está marchando à sua frente. Não vamos derrubar sangue, mas os traidores devem ser presos.

Ele convoca seus ajudantes de campo para segui-lo e eles galopam a toda a velocidade ao longo do cais na direção do Louvre e das Tulherias, seguidos por quarenta ou cinquenta dos gendarmes montados de Hémart, que em sua maioria ignoram o golpe que Hanriot aplicou no comandante deles. O plano de resgate de Hanriot tem o potencial de virar o dia dramaticamente a favor da Comuna.

16H30

Mairie e QG da Administração de Polícia, Ile de la Cité

Se as seções às quais chegou a notícia da prisão de Robespierre até agora parecem bastante letárgicas em suas reações, há um oásis de apoio à Maison Commune que trabalha arduamente em sua causa: a saber, a Administração de Polícia localizada em Mairie, na Ile de la Cité. Chegou há pouco a notícia de que Dumas fora destituído de sua cadeira de presidente no Tribunal Revolucionário no início da tarde, quando a maioria dos funcionários da Administração estava fazendo sua pausa para a refeição. Os escrivães da polícia, devidamente alimentados, voltaram para suas mesas e descobriram que seus chefes tomaram uma atitude ousada. Os escrivães recebem instruções urgentes para trabalhar na cópia de despachos a carcereiros de cada uma das cem prisões da cidade, uma ordem que os proíbe de permitir a entrada ou soltura de qualquer indivíduo sem a aprovação oficial da polícia. É importante que isso seja feito com rapidez: os deputados presos ainda não foram encaminhados para seus respectivos presídios, de modo que as iniciativas da Convenção ainda podem ser embargadas. Parece que todos estão se preparando para uma longa noite.

16H45

A incursão de Hanriot: da Maison Commune ao Palácio das Tulherias

A audaciosa incursão de Hanriot para resgatar Robespierre tem uma boa chance de sucesso. Ele conhece os hábitos dos deputados: eles não gostam de se estender muito na Convenção antes do jantar. Ele poderá pegá-los desprevenidos enquanto Hémart, a escolha dele para o comando da GN, mofa nas celas da Maison Commune. No entanto, à medida que o grupo invasor de Hanriot avança, o retorno que ele recebe das seções pelas quais passa reflete a mistura de incompreensão, apatia e até mesmo hostilidade que marcou sua cavalgada anterior.

As notícias que vazaram da Convenção já alertaram alguns cidadãos para serem cautelosos com Hanriot. Uma torrente de gritos de "*Aux armes, citoyens!*" parece cair em ouvidos surdos, mas também avisados. Perto da Pont-Neuf, Deschamps, ajudante de campo de Hanriot, avista o Cd. Savin, um dos secretários do CSG, e o prende imediatamente, puxando-o pelos cabelos para depositá-lo no Comitê Revolucionário da seção do Muséum. No entanto, uma vez que Deschamps volta ao seu líder, o Comitê se dirige a Savin:

— Preso por Hanriot? O cidadão está livre!

Ao se aproximarem do palácio das Tulherias, o grupo de invasão de Hanriot dirige-se do cais em direção à rua Saint-Honoré, onde encontram um grupo de trabalhadores consertando a rua. Hanriot os chama às armas, gritando: "Sua pátria está em perigo". Os trabalhadores abaixam as ferramentas para ouvi-lo, gritam "*Vive la République!*" e retomam a seus trabalhos como se nada tivesse acontecido.

Logo ao sul do Palais-Royal, a rua Saint-Honoré se estende até a Place du Palais-Royal, a apenas algumas centenas de metros do Palácio das Tulherias. Aqui, Hanriot vê o deputado Merlin de Thionville emergindo da rua de Saint-Thomas-du-Louvre, onde estão localizados seus aposentos. No 8 Termidor, Merlin estava em Versalhes, supervisionando práticas de artilharia com o deputado montanhês Léonard Bourdon e um membro da Comuna responsável pelos armamentos. Ele provavelmente estava ausente no discurso de Robespierre. Não importa: Hanriot presume que é um dos inimigos e se lança violentamente sobre ele, brandindo sua pistola e ordenando que seja preso e levado para as celas locais da GN. Hanriot grita que deputados patriotas estão sendo assassinados, mas uma voz da multidão responde:

> — Não dê ouvidos a ele. Ele é um patife, está te enganando. Há um mandado de prisão contra ele. Devemos prendê-lo.

Membros da escolta montada de Hanriot perseguem o homem, mas ele busca refúgio atrás de uma pilha de madeira e arremessa toras como mísseis para manter os soldados montados afastados. A façanha dramática de Hanriot corre o risco de se transformar em farsa.

Hanriot consegue levar Merlin para a sala de guarda da GN da seção Montagne (onde ele é quase instantaneamente solto assim que Hanriot vira as costas). Hanriot se desvencilha com alguma dificuldade de uma multidão que está se tornando cada vez mais amotinada por causa de suas ações. Boulanger, um de seus ajudantes de campo, que chega um pouco atrasado com a intenção de se juntar a seu comandante, é parado pela multidão, que o puxa do cavalo e o arrasta para longe.

Quando Hanriot e seus homens se aproximam dos escritórios do CSG, onde os deputados estão detidos, eles são vistos por dois deputados, Edme-Bonaventure Courtois e Louis-Antoine Fiobin, que estão jantando. Os dois homens representam o Aube, o antigo departamento de Danton, então provavelmente estão brindando à memória de Danton tanto quanto à derrubada de seu inimigo. Eles reconhecem uma figura como Hanriot quando o veem e sabem muito bem o que ele pode estar fazendo. Uma crise está claramente se aproximando. Eles pagam a conta, e, enquanto Courtois se dirige ao Palais-Royal para garantir o apoio do batalhão da GN de Montagne, Robin corre para os escritórios do CSG no Hôtel de Brionne.

16H45

Escritórios do CSG, Hôtel de Brionne (Tulherias)

O grupo de ataque de Hanriot saiu da rua Saint-Honoré em direção à estreita rua de l'Échelle. Ela se abre para uma pequena praça em frente ao elegante Hôtel de Brionne, onde estão os escritórios do CSG. Seus homens desmontam e entram no prédio, sabres na mão, e vasculham ruidosamente as instalações em busca dos deputados presos. Arrombam a porta da sala onde habitualmente se reúnem os funcionários do CSG e saem agarrando pelo colarinho um dos membros do comitê – deve ser André Amar –, xingando-o de todos os palavrões possíveis e exigindo que diga onde estão Robespierre e os outros. O burburinho traz tropas para fora da sala da guarda, lideradas pelo brigadeiro Jeannolle. No impasse que se segue, Amar consegue escapar e sai correndo, passando pelo deputado Robin em seu caminho.

Sem dúvida alertado pela balbúrdia, Ruhl, membro do CSG, também acaba de emergir. Saltando sobre uma mesa, ele ordena que os leais guardas de Jeannolle puxem suas espadas contra os intrusos. Na luta, o grupo invasor parece estar levando vantagem, até que reforços, convocados por Courtois, chegam a cavalo, liderados por Julliot, chefe da 2ª Legião. Consternados com o incidente de Merlin de Thionville, muitos da pequena força montada de gendarmes da 29ª Divisão chefiada por Hanriot perdem o apetite pela luta e prontamente mudam de lado. A luta logo termina e, com os deputados Courtois e Robin o celebrando, Julliot manda o soldado Jeannolle comprar uma corda para amarrar os prisioneiros.

O CSP estava preocupado com sua incapacidade de rastrear e prender Hanriot. Mas Hanriot caiu no colo deles. Isso significa que tanto a Comuna quanto a Convenção alcançaram o objetivo de prender o comando da GN. Pode-se perguntar: quais são as implicações disso para o conflito mais amplo?

PARTE IV
UMA *JOURNÉE* PARISIENSE
(das cinco da tarde à meia-noite)

No final desta sessão épica, os deputados da Convenção Nacional param para jantar, confiantes de que o trabalho está feito. Robespierre e seus aliados foram identificados, presos e aguardam seu destino. A crise acabou. O blefe de Robespierre foi desmontado. Ele é um tigre de papel.

Enquanto os deputados se dirigem aos seus alojamentos ou a restaurantes vizinhos, no entanto, o governo municipal de Paris, a Comuna, está iniciando uma insurreição motivada pela prisão de Robespierre. Está enviando comandos enquanto a Convenção delibera. Começou a reunir forças armadas para trazer suas demandas da Maison Commune até o Palácio da Convenção. Até agora, coisas fora do comum neste Dia da Amoreira estavam confinadas à elite política. Não mais. Os parisienses estão sendo chamados a se mobilizar para a ação por autoridades concorrentes, a Convenção e a Comuna, cada uma reivindicando legitimidade. A data de 9 Termidor será um dia que envolverá toda a população da cidade. Depois de mais lances de dados, cidadãos comuns serão obrigados a fazer uma escolha fundamental em relação não apenas ao destino de Robespierre, mas também ao futuro da Revolução.

17H

Théâtre de la République, arredores do Palais-Royal (Montagne)

A maioria das apresentações teatrais começa às cinco ou cinco e meia da tarde, e o público está ocupando seus lugares. Apesar do susto que Hanriot, ao perambular pelo leste da cidade há cerca de uma hora, causou aos proprietários de teatros em sua tarde selvagem, os teatros estão abertos.

As peças desta noite são uma representação justa do repertório atual. O Théâtre de l'Égalité apresentará o patriótico *Guillaume Tell* de Lemierre, aprovado pelo governo. No outro extremo do espectro estilístico, o Anfiteatro Astley, no Faubourg du Temple, especializado em entretenimentos de estilo circense, estará ensaiando um espetacular hipodrama. Os clássicos também estão em exibição: *Armide*, de Quinault – libreto 1686, com música de Gluck (1777) –, será apresentada na Opéra nacional. O gosto persistente pela comédia leve também está representado. O Théâtre du Vaudeville, em frente ao Palais Royal, na rua de Chartres, onde muitos deputados se alojam, foi advertido pelo governo por frivolidade, mas persiste na veia mais leve, e três peças curtas estão programadas para esta noite.

O Théâtre de la République, perto do Palais-Royal, apresentará a fábula clássica e edificante de Legouvé, *Epicharis et Néron, ou Conspiration pour la liberté*, apresentada pela primeira vez no início de fevereiro. A peça é o relato de uma conspiração para derrubar o imperador Nero, um tirano, é claro. Ela passou pelo censor, pois é facilmente compreendida como um ataque à "tirania" absolutista dos Bourbon. Mas é de se perguntar quantos na plateia estão a par dos eventos do dia. As reações desta noite mostrarão que agora eles equiparam o imperador Nero a outro "tirano" mais contemporâneo?

– *Tremble, tremble, Néron, ton empire est passé!**

* Trema, trema, Nero, teu império acabou! [N.T.]

17H

Ruas da cidade

Os 144 membros do Conselho Geral da Comuna começam a chegar à assembleia convocada pelo prefeito Fleuriot-Lescot e pelo agente nacional Payan. O quórum ainda não é grande. Algumas horas atrás, o prefeito enviou colegas que chegaram ao Conselho Municipal para reunir apoio em suas seções e depois retornar com todos os colegas conselheiros para um Conselho Geral completo. Ao mesmo tempo, Hanriot tem tentado fazer com que os chefes de legião da GN reúnam tropas fora da Maison Commune. Isso cria uma infinidade de mensagens, orais e escritas, que atravessam a cidade. As missivas ainda não chegaram a muitas seções externas. A convocação se torna mais problemática pelo fato de que muitos possíveis participantes ainda estão em seus locais de trabalho, e não em seus endereços residenciais. É uma tarefa difícil dizer a eles para largar tudo e vir para a Maison Commune, mesmo supondo ser possível localizá-los.

A delegação da seção Indivisibilité, nos arredores, já está indo para a Maison Commune com uma festiva impressão de que as seções foram convocadas

> para que todos fossem em massa com eles à Convenção Nacional a fim de parabenizá-la pelos decretos da sessão vespertina e por terem prendido os tiranos que ameaçam nossa liberdade.

A maioria dos conselheiros que convergiram para a Maison Commune, no entanto, ainda não ouviu notícias das prisões. A ignorância e a incerteza são generalizadas. Um pequeno mas significativo grupo de cerca de vinte membros integrou a Comuna Insurrecional de agosto de 1792, enquanto cerca de metade do atual Conselho atuou durante as *journées* de 31 de maio e 2 de junho de 1793. Nem tão desinformados assim, eles sabem que, segundo os regulamentos do governo, o Conselho Geral só se reúne no quinto e no décimo dia de cada decêndio. Assim, convocar uma reunião como essa não é apenas incomum, mas também pode ser ilegal. No entanto, nas revoluções surgem situações de emergência em que a *salus populi* só pode ser assegurada entrando em uma zona de ilegalidade. Esses homens sabem que, como diz o conselheiro Jean-Jacques Chrétien, a Comuna é onde, "em tempos tempestuosos, o dever chama qualquer magistrado do povo". Compreensivelmente, alguns conselheiros optaram por se fingir de mortos ou alegar doença.

17H

Quartel-General da Administração de Polícia, Mairie, Ile de la Cité

O gravurista Cd. Degouy, membro do Comitê Revolucionário da seção Panthéon, foi até o QG da Polícia para ver seu amigo Claude Bigaud, administrador e pintor. Ele ouviu que a Comuna está convocando representantes das seções para virem à Maison Comunne, enquanto o comandante da GN, Hanriot, também está se mobilizando. Certamente, afirma ele, essas ações infringem explicitamente a Lei de 14 Frimário do Governo Revolucionário. A resposta:

> — Não se trata agora de uma lei revolucionária. Estamos nos levantando para proteger os interesses do povo, que hoje retoma seus poderes. Se você e seu comitê forem bons patriotas e bons revolucionários, você voltará e fará com que eles também se levantem.

Bigaud termina a peroração colocando os braços em volta do pescoço de Degouy e dando nele o beijo da fraternidade.

A maior parte dos membros da Administração de Polícia, como Bigaud, manifestou-se resolutamente a favor da Comuna, contra a Convenção. No entanto, apesar do ar rubro de entusiasmo de Bigaud, há reservas e vozes discordantes. Étienne Michel, membro mais antigo da Administração de Polícia, é proeminente entre os receosos. Famoso por sua postura radical na maioria dos assuntos (por exemplo, ele proclamou o desejo de que o último advogado fosse enforcado com as entranhas do último padre), ele entra no QG da Polícia para dar a boa-nova (em sua opinião) sobre a prisão de Robespierre, que ele testemunhou pessoalmente no Palácio da Convenção. Lá ele encontra entre oito e dez deles, todos usando suas faixas tricolores, anunciando sombriamente a decisão coletiva de apoiar a Comuna. Para ele, nada de abraço fraternal. Ele denuncia furiosamente a decisão como ilegal, mas seus colegas o atacam. É

> — ... um contrarrevolucionário. Está traindo seu distintivo municipal, é um covarde por deixar os verdadeiros representantes do povo serem oprimidos e está abandonando o Incorruptível.

Ele é agarrado com violência e, após uma luta acirrada, jogado numa cela de prisão, onde pouco depois se junta um colega, o alfaiate Jean Benoit, da seção Halle-au-Blé, que também resistiu ao curso da ação. Outro colega, o professor Jean-Guillaume Guyot, é tratado com mais indulgência. O pintor Jean-Léopold Faro, que se destaca como um dos mais enérgicos administradores da polícia desta noite, afirma que ele é "inadequado" para as atividades da noite e ordena que vá ver o que se passa na Maison Comunne, com a qual os administradores procuram estabelecer uma ponte. A Comuna tem um aliado e um bastião na Ile de la Cité. "Estamos firmes em nosso cargo", escrevem ao prefeito Faro e Jacques-Mathurin Le Lièvre, um colega na administração. "A República triunfará."

17H30

Place de la Maison Commune

A multidão que começou a se formar na Place de la Maison Commune a partir das duas da tarde aumentou consideravelmente. O fato de os seis chefes de legião da GN terem sido rapidamente comunicados sobre o decreto da Convenção que dispensava Hanriot e proibia a Guarda de seguir seu comando não impediu que as ordens de Hanriot chegassem a seções suficientes para levantar uma força armada considerável ao lado de muitos civis curiosos ou engajados e de manifestantes contra o Máximo Salarial. Na verdade, foi útil o fato de as ordens que Hanriot enviou terem sido distorcidas. Ele pediu aos chefes de legião que enviassem quatrocentos homens cada um para a Comuna, cinquenta homens por seção. No entanto, algumas seções entenderam que as ordens significavam que elas mesmas deveriam contribuir o mais próximo possível de quatrocentos. O tamborear do *générale* em seções próximas à Maison Commune teve um efeito mobilizador particularmente impressionante, com contingentes consideráveis de Arcis, Lombards e Réunion agora presentes. Do outro lado do Sena, a seção do Panthéon também está ocupada, mobilizando uma força que se aproxima de 1,2 mil homens.

Acaba de chegar um destacamento de duzentos homens e dois canhões da seção Homme-Armé, sob a liderança do presidente de seu Comitê Revolucionário, Claude Chalandon. Essa seção foi colocada em alerta algum tempo depois das duas da tarde pelo barulho do *générale* sendo tocado na seção vizinha de Droits-de-l'Homme. O pintor

Pierre-Alexandre Louvet, vereador da seção, tinha estado presente no Conselho Municipal. Ele atendeu ao chamado de Hanriot e Fleuriot para partir e mobilizar as seções, gritando pelas ruas: "A virtude está sendo oprimida! Precisamos de outro 31 de maio!". Seus esforços para persuadir à ação Cd. Goujon, presidente do Comitê Civil, falharam por não haver ordens escritas para mostrar a ele. Louvet ficou furioso e saiu com lágrimas escorrendo pelo rosto. Mas ele encontrou um ouvido mais disposto em Chalandon, sapateiro, homem de negócios e militante. Ouvindo que Hanriot, na Maison Commune, clamava por apoio, Chalandon percorreu a seção entre quatro da tarde e sete da noite com um tambor, tocando o *générale*. Sob a orientação de Louvet, ele agrupou os homens que responderam à convocação no pátio do Hôtel de Soubise, na rua des Francs-Bourgeois. A companhia de artilharia Homme-Armé está em serviço fora de Paris, mas seus canhões ainda estão por ali, e Chalandon, como ex-artilheiro, sabe como prepará-los para a ação. Dá trabalho: tais armas são consideradas como canhões leves, mas pesam 2.840 quilos cada e precisam de oito guardas vestidos em arreios para puxá-las pelas ruas.

No momento em que Goujon chegou ao local, por volta das dezesseis horas, para descobrir o que estava acontecendo, ainda havia pouca clareza entre os homens mobilizados sobre a natureza da aparente emergência. Alguns diziam que tinha a ver com a prisão de Robespierre, enquanto outros afirmavam que era para combater os distúrbios de trabalhadores contra o Máximo Salarial de 23 de julho. (O Comitê Civil acabava de receber cópias adicionais desse decreto, o que pode ter iniciado o boato.) Também circula um rumor de que trabalhadores começaram a atacar prédios públicos. As enérgicas opiniões pró-Robespierre de Chalandon são bem conhecidas na seção, e ele já prendeu um colega por alegar que Robespierre é um contrarrevolucionário. Quando seu direito legal de agir é questionado, ele responde: "Não precisamos de ordens em 10 de agosto de 1792!". Ele acaba sabendo que Hanriot quer que metade da guarda seccional venha à Maison Commune com os canhões de ambas as seções. Assim, às cinco da tarde, ele leva os dois canhões do Hôtel de Soubise, com um fósforo aceso na mão. Desafiado novamente por agir sem ordens escritas, ele grita:

— Quando não há ordens nem líder, saímos sem líder. Eu estou no comando hoje. Vamos! Quem quiser, é só me seguir! E que caia sobre a minha cabeça!

17H30

Escritórios do CSG e do CSP, complexo do Palácio das Tulherias

Julliot, chefe da 2ª Legião e o oficial graduado de plantão na Convenção para hoje, despachou Livin, ajudante do batalhão Bon-Conseil, para informar ao CSP que ele acabou de capturar Hanriot e colocá-lo na prisão. Os contratempos no Hôtel de Brionne que levaram à prisão de Hanriot atraíram uma grande multidão de homens e mulheres, mas eles pareciam apoiar fortemente a Convenção. Julliot os repreende, exortando-os a retornar às suas seções e fazer os preparativos para defender a assembleia.

O deputado Robin, que foi fundamental na captura de Hanriot, ainda está nervoso e leva o general, com os braços amarrados nas costas, até a sede do CSP, onde encontra Billaud-Varenne, Barère e outros. Ele explica o que aconteceu e sugere uma ação imediata contra seu prisioneiro. Billaud pergunta o que ele tem em mente, ao que Robin responde:

> — Se você não punir esse traidor imediatamente, é bem possível que ao anoitecer o vilão e seus aliados cortem sua garganta na assembleia.

Barère parece estranhamente imperturbável com a proposta drástica. "Você quer que estabeleçamos uma comissão que possa executá-lo por julgamento militar?", ele pergunta despreocupadamente. "Isso", Billaud, também estranhamente distante, intervém, "seria demasiadamente enérgico." No final, os homens decidem que Robin deve levar Hanriot de volta ao CSG. Eles tomarão uma decisão após a avaliação necessária.

Robin mal consegue acreditar que os membros do CSP estão encarando a situação de maneira leviana. Eles estão se comportando como se fossem cúmplices de Hanriot, ou pelo menos como se estivessem evitando o uso da força em legítima defesa. Certamente, este é um momento para o governo agir com o máximo de energia contra seus inimigos. De outro modo, podem se arrepender.

17H30

Place de la Maison Commune

O irritadiço Chalandon, com seus canhões e seu destacamento de Homme-Armé, chegou agora à Place de la Maison Commune. Mas seu espírito fanfarrão está se esvaindo. Ao longo do percurso, seus homens voltam a questionar a falta de ordens escritas para essa medida drástica, fazendo-o começar a ter dúvidas sobre a conveniência do que está fazendo. O lugar está em um estado de caos e confusão total. Deixando seus homens na praça, ele entra na Maison Commune para buscar ordens e esbarra em Pierre-François Vincent, um funcionário sênior do QGGN. Vincent discutiu com Hanriot no passado e tem uma opinião desfavorável sobre seus talentos.

> — Uma tempestade está se formando [ele diz a Chalandon]. O general é um verdadeiro *jean-foutre*, um idiota incorrigível, e você faria bem em ir para o prédio do Tesouro Nacional.

Chalandon recebe o aviso e assume a missão com entusiasmo. Um quarto de hora depois de chegar ao local, ele e sua trupe se dirigem ao Tesouro para mantê-lo a salvo – se de trabalhadores amotinados ou de deputados conspiradores, ele ainda não tem certeza.

17H30

Câmara do Conselho da Maison Commune

Fleuriot e Payan não escondem a impaciência com os atrasos para a reunião do Conselho Geral. Às cinco e meia eles julgam que entre 25 e 30 conselheiros presentes (de um total de 144) formam o quórum, e assim as tratativas oficiais começam. A Câmara do Conselho está localizada na metade norte do extenso corredor do primeiro andar, que se estende ao longo do lado oeste do prédio com vista para a Place. Há espaço para o público se reunir na parte sul desse espaço, mas também há uma passagem externa ao redor da Câmara onde a população pode supervisionar os eventos. Não há muita gente.

Fleuriot começa com uma declaração solene: foi aqui que a pátria foi salva em 10 de agosto de 1792 e em 31 de maio de 1793, e é aqui que a pátria será salva hoje. Tendo colocado os eventos de hoje no contexto de uma série de insurreições populares, ele lê os decretos da Convenção relativos a Payan, Hanriot e a si próprio, decretos, explica ele, que os homens rejeitaram com raiva.

— A pátria está em perigo! Somos nós aqui que vamos salvá-la!

Despregando da parede uma cópia da Declaração dos Direitos do Homem, Fleuriot entoa:

— Quando o governo viola os direitos do povo, a insurreição é, para o povo, o mais sagrado e indispensável dos deveres.

Fleuriot então pede a todos os presentes que se levantem e façam um juramento de lealdade à Comuna neste momento de emergência nacional.

Payan e François-Louis Paris, um jovem escritor que representa a seção Panthéon (e que passou a manhã na Maison Commune celebrando casamentos), são designados para escrever a seguinte proclamação ao povo de Paris:

> — CIDADÃOS! Mais do que nunca, a pátria está em perigo. Os vilões são ditadores oprimindo a Convenção. Eles estão perseguindo ROBESPIERRE, o homem que estabeleceu o princípio do Ser Supremo e a consoladora doutrina da imortalidade da alma; SAINT-JUST, esse apóstolo da virtude que acabou com a traição entre os exércitos do Reno e do Norte, e que, junto com LEBAS, conduziu os exércitos da República à vitória, junto com COUTHON, esse cidadão virtuoso cujas únicas partes vivas, sua cabeça e corpo, ardem de patriotismo; e ROBESPIERE, O JOVEM, que presidiu as vitórias do Exército na Itália. E quem são seus inimigos? AMAR, nobre que vive de 50 mil libras em aluguéis, e o visconde DUBARRAN junto com outros de sua estirpe: COLLOT d'HERBOIS, partidário do famigerado Danton, que como ator roubou os ganhos de sua trupe; BOURDON de l'OISE, que ameaça incessantemente a Comuna; e BARÈRE, que pertenceu sucessivamente a todas as facções e fixou os salários dos trabalhadores em um nível que os deixa morrer de fome. Esses são os vilões que o Conselho da Comuna denuncia a você. POVO, LEVANTE-SE. Não devemos perder os frutos de 10 de agosto e 31 de maio. Devemos expulsar todos esses traidores.

Como um convite para uma insurreição, isso não funciona muito bem. Os autores pelo menos sabem a identidade dos presos, mas claramente têm pouca ideia sobre a identidade dos instigadores do ataque a Robespierre. Onde está Talien? Billaud? Amar certamente está envolvido nas ações do dia até agora, mas Dubarran não está de jeito nenhum. Bourdon de l'Oise é um espinho perpétuo para a Comuna, mas não teve um papel de liderança. Existem várias observações questionáveis também. Será mesmo o apoio de Robespierre à imortalidade da alma algo de valor para os parisienses? Responsabilizar Barère pelo Salário Máximo de 23 de julho é simplesmente errado. Trata-se de uma tentativa evidente de cooptar o protesto dos trabalhadores e desviar a atenção do fato de que é a Comuna, e não o CSP, que tem aplicado vigorosamente o decreto. Quão convincente isso parecerá? Os manifestantes contra o Máximo estão se reunindo do lado de fora da Maison Commune, e não da Convenção, indicando quem eles responsabilizam. Para ter o povo de Paris do seu lado, a Comuna precisará se esforçar mais.

17H30

Sede do CSG, Hôtel de Brionne

Abatido e humilhado, com as mãos amarradas às costas, Hanriot entra na sede do CSG, onde os deputados presos estão sendo mantidos enquanto os preparativos estão em andamento para levá-los a diferentes prisões pela capital. Os deputados estão comendo. O CSG abriu o cofre para o front alimentício, proporcionando um banquete e tanto para os prisioneiros, que, no fim das contas, ainda são representantes do povo. À sopa seguem-se pedaços de carneiro assado e frango capão cozido, com pão e duas garrafas de vinho para acompanhar. Os guardas de repente percebem que Hanriot está tentando estabelecer uma comunicação secreta com os deputados por meio de estranhas expressões faciais. Então decidem separá-los.

17H30

Casa de Vergne, Ile Saint-Louis

Os convidados do jantar de Fouquier-Tinville estão ouvindo o toque do *générale* ficar mais alto, mais próximo e mais insistente. Apesar de seu estado pós-refeição, Fouquier-Tinville está alerta o suficiente para perceber que algo desagradável está acontecendo na cidade. Enfim chega a notícia: Robespierre, Couthon e Saint-Just foram presos na Convenção. Não se trata mais de protestos salariais dos trabalhadores. O que... está acontecendo? Ninguém tem certeza.

Vergne e alguns dos outros convidados acham prudente se reportar à sede de sua seção: Vergne é secretário da Assembleia Geral na seção Fraternité. Coffinhal se reveste com a faixa tricolor e dirige-se à Maison Commune para saber o que se passa por lá, levando consigo o conselheiro Desboisseaux, também um comensal. Fouquier dirige-se para casa e local de trabalho: o Tribunal Revolucionário do Palais de Justice. No caminho, correndo ao longo do Quai des Ormes, na Rive Droit, antes de cruzar de volta para a Ile de la Cité, ele encontra outro magistrado também ciente da situação e se apressando de volta ao seu posto para o que parece ser uma grande crise a caminho.

18H

Câmara do Conselho, Maison Commune

A Maison Commune tornou-se um caldeirão fervilhante de atividade insurrecional. O apaixonado discurso de abertura de Fleuriot-Lescot gerou um eletrizante espírito de compromisso ao redor da sala. O número de participantes ainda não é grande, mas está crescendo. Os recém-chegados são obrigados a jurar "salvar a pátria, exterminar todos os tiranos e impor respeito, e até mesmo exterminar todos aqueles que se opõem às ordens da Comuna". Na multidão agitada e barulhenta, porém, o juramento é simplificado e feito para parecer banal e sem foco: salvar a pátria e exterminar os tiranos é o beabá dos patriotas. Muitos estão confusos sobre os motivos de todo esse alarido.

A chegada ao Conselho de Jean-Jacques Lubin, um dos dois deputados de Payan como agente nacional, dá um novo sentido de urgência à assembleia. Ele esteve na Convenção durante toda a sessão da manhã e regalou os presentes com o relato das prisões. Lubin teve momentos radicais no passado recente, mas sua nomeação ao CSP, em abril de 1794, fez dele um firme defensor de Robespierre. (Talvez estar perto do centro do poder seja um meio de proteger sua família, já que um irmão mais novo trabalhou para Fargeon, o perfumista favorito de Maria Antonieta, e outro irmão, Jean-Baptiste, foi ontem levado ao Tribunal Revolucionário. Em momentos como este, é um parentesco perigoso.) Lubin se prepara para uma noite enérgica.

Pode muito bem ser Lubin quem, neste momento, afirma que um tempo precioso está sendo desperdiçado com palavras quando é de ação que se precisa. Existe alguma verdade nisso, pois há muito a planejar e organizar. Hoje cedo, Robespierre negou categoricamente que estava instigando uma *journée* no estilo de 31 de maio; mas, sob a pressão das circunstâncias, é exatamente isso que seus seguidores por toda a cidade estão fazendo. Os líderes da Comuna podem não ter clareza a respeito do nome de seus antagonistas na Convenção, mas estão bem cientes do curso de ação em que embarcaram. Eles se encaminharam tranquilos rumo a um roteiro de insurreição popular que, como proclama o manifesto, vai além de 31 de maio de 1793 e 10 de agosto de 1792. O roteiro estipula que as barreiras da cidade devem ser fechadas (conforme já ordenado por Hanriot); representantes de cada uma das seções serão convocados para a Maison Commune; os batalhões da GN serão preparados para a ação; e Assembleias Gerais serão convocadas em cada seção "para deliberar sobre os perigos contra a pátria" (um tropo habitual em tais circunstâncias). Levantando-se em insurreição, o povo parisiense reivindicará legitimidade política. Nesse espírito, eles colocam sob a guarda do povo todos aqueles indivíduos que a Convenção mandou prender; e também negam formalmente o status legal dos decretos da "chamada Convenção" (como diz Fleuriot), e ordenam que seus agentes e emissários sejam presos imediatamente.

Essas mensagens precisam ser enviadas com rapidez, coordenando todos os meios à disposição da Comuna. É dada a ordem de subir ao campanário da Maison Commune e tocar o sino. O enorme canhão de alarme na Pont-Neuf, cujo disparo em 31 de maio sinalizou aos parisienses que a pátria estava em perigo, deveria ser posto em ação. Payan também dita uma ordem para o Comitê Revolucionário da seção Cité, que inclui o Templo do Ser Supremo (antiga catedral de Notre-Dame). O grande sino da Notre-Dame, o *bourdon*, tem sido usado para sinalizar grandes eventos, famosos e infames, na história da cidade, desde nascimentos e mortes reais até o Massacre de São Bartolomeu em 1572 e além. Payan quer vê-lo dobrando hoje:

— Patriotas! Em 31 de maio vocês reuniram patriotas tocando o alerta – e salvaram a pátria. Hoje a pátria está novamente em perigo, e vocês não hesitarão em fazer ressoar o *bourdon*. É o meio seguro de reunir a massa do povo e salvar a liberdade.

Saudações e fraternidade!

Dois delegados também são enviados ao Clube Jacobino, aliado crucial para o curso de ação que está sendo iniciado. O Clube geralmente se reúne por volta das dezenove horas, mas a Comuna tem muita esperança de que, após a sessão emocionante da noite passada, os membros cheguem cedo aos seus lugares. Também é preciso fazer contato com a Administração de Polícia em Mairie. Já por ali, dois delegados são escolhidos para ir à Place em busca de conscientizar a crescente multidão.

Blaise Lafosse, escrivão da Comuna, está no prédio desde as sete da manhã. Ele e seus colegas fizeram uma pausa para refeição antes da reunião do Conselho, mas agora estão de volta e, pegando no batente, rabiscam com fúria ordens e decretos para todas as seções de Paris. Eles têm dado prioridade a mensagens que, destinadas a autoridades das 48 seções, ordenam a convocação de todos os seus cidadãos a uma Assembleia Geral, e que depois convoquem os presidentes dos Comitês Revolucionários e Civis de cada seção e o comandante de cada batalhão seccional para virem à Maison Commune de modo que, juntos, façam um juramento de lealdade. Todos estão a postos na missão de salvar a vida de Maximilien Robespierre.

18H

Alojamento de Fouquier-Tinville, Palais de Justice, Ile de la Cité

Fouquier entra em seu escritório e encontra seus funcionários fervilhando com as novidades. Pouco depois das quatro da tarde, eles ouviram que Dumesnil, o comandante da gendarmeria ligado aos tribunais, foi preso pela Comuna. Meia hora depois chegou a notícia da prisão dos deputados da Convenção. Seguiu-se cerca de uma hora de rumores amalucados de todos os tipos. Para coroar tudo, o prefeito Fleuriot-Lescot, que deve ter deixado o agente nacional Payan no comando da Maison Commune, chegou de repente para ver Fouquier em pessoa. Antes de ser nomeado prefeito em abril de 1794, Fleuriot serviu sob Fouquier no Tribunal Revolucionário. Essa amizade íntima (eles eram como marido e mulher, diziam os trocistas) permanece intacta. Mas Fleuriot está sem tempo e volta correndo, sem conseguir ver Fouquier. Ele deixa uma mensagem solicitando que seu amigo vá imediatamente à Maison Commune. A Comuna deve estar procurando sinais de legitimação. O convite de Fleuriot a Fouquier sugere que o município busca acionar o Tribunal Revolucionário para proferir sentenças capitais contra os inimigos de Robespierre?

Fouquier está fazendo alguns cálculos mentais apressados. Ele agora enxerga que a prisão de Dumas, que ele testemunhou na sessão do Tribunal no início da tarde, deve estar ligada à prisão de Robespierre, e não a qualquer outro suposto delito. Esses homens não morrem de amores um pelo outro. Quaisquer que sejam os sentimentos de Fouquier por Fleuriot, por que ele deveria jogar sua sorte com um colega hiperambicioso como Dumas, com quem é incrivelmente difícil trabalhar? Ou mesmo com um político como Robespierre, que desconfia dele e quer sua substituição? Além de sua hostilidade pessoal para com os dois homens, ele é movido por considerações pessoais mais amplas. Esse promotor público de 47 anos deve à Revolução o sucesso que teve na vida. Ela deu a ele uma segunda chance. Sua carreira jurídica estava em frangalhos em 1789; agora ele é uma figura nacional. Além disso, ele sempre foi um defensor da lei. A decisão vem fácil. Ele despacha um de seus secretários para o CSP com uma mensagem simples: Fouquier está em seu posto; ele aguarda suas ordens.

18H15

Place du Carrousel (Tulherias)

Um conjunto de carruagens está sendo preparado do lado de fora do Hôtel de Brionne, onde Robespierre e seus colegas presos foram mantidos. É o transporte que levará os homens para a prisão. Estão despachando cada preso para um local diferente. Augustin Robespierre irá para a prisão de Saint-Lazare, no norte; Le Bas para La Force, no Marais; enquanto os demais serão enviados para locais distantes ao sul do rio. Couthon é designado para a prisão de Port-Libre (o antigo convento de Port-Royal, no extremo sul da cidade), e Saint-Just, para o antigo mosteiro de Écossais no Faubourg Saint-Marcel. Para Robespierre, eles escolheram a prisão do Luxembourg, um quilômetro e meio ao sul. Aqui, muitas figuras da elite do *Ancien Régime* foram alojadas no passado, mas também foi o local de prisões recentes. A ideia é incitar Robespierre a ações imprudentes? Ou manchar sua reputação, colocando-o em meio a um grupo de aristocratas? Foi também para lá que Danton, Desmoulins e os demais foram enviados quando foram presos quatro meses antes. Talvez a decisão de enviar o inimigo de Danton para o mesmo lugar seja um pequeno ato de vingança, servido frio.

Os homens presos entram nas carruagens designadas. Cada um será acompanhado por um agente do CSG, portando o mandado de prisão, e um par de gendarmes. À saída do Hôtel, grupos de curiosos que apreciam o espetáculo optam por seguir as carruagens até seus destinos.

O envio dos prisioneiros ocorre sem problemas. Mas o CSP permanece alerta para a possibilidade de a situação se desenrolar de maneira imprevista. Eles prepararam uma ordem a ser enviada ao Comitê Revolucionário de cada seção: os membros do comitê devem permanecer em seus postos e de hora em hora enviar ao CSP relatórios sobre o que está acontecendo em suas jurisdições. Eles precisam ficar de olho em como Paris vai reagir.

18H15

Place du Trone-Renversé

Com o caminho liderado pelo Cd. Debure, oficial montado da gendarmeria, as carroças que carregam o grupo de prisioneiros de hoje finalmente chegaram ao local da execução. Prudente, Debure optou por evitar a rota usual ao longo da rua du Faubourg Saint-Antoine por causa dos relatos de tumultos causados por trabalhadores, preferindo pegar o caminho do cais. No enorme matagal aberto do local da execução, a guilhotina permanece totalmente visível contra o céu noturno. Apesar da queda no público nas últimas semanas, há uma multidão, pois hoje é o último dia da *décade*, e muitos trabalhadores (ou pelo menos aqueles que optaram por não se manifestar contra o Máximo Salarial) receberam o salário, tendo dinheiro para gastar e também algum tempo de lazer à sua disposição no fim da semana.

Alguns presos podem ter recebido conforto espiritual de um dos poucos padres refratários que costumam acompanhar a procissão clandestinamente, procurando chamar a atenção dos presos e oferecer-lhes um discreto sinal de absolvição. Hoje é domingo, além do mais, embora eles sejam uma presença perene. Os padres devem ter cuidado: os clérigos que recusaram um juramento de lealdade à Revolução ficaram tão intimamente conectados à contrarrevolução aristocrática que qualquer exibição aberta de crença religiosa corre o risco de condenação e possível prisão como suspeito político. Em tese, a Constituição de 1793 e a Celebração ao Ser Supremo preveem a liberdade religiosa. No entanto, quase todas as igrejas parisienses estão fechadas. Além da conversão da

Notre-Dame em Templo do Ser Supremo, muitos edifícios religiosos funcionam agora como escritório do governo ou fábricas. A Sainte-Chapelle é um armazém de farinha, por exemplo, a capela do Oratório é um depósito de armas, e há forjas e um depósito de salitre na igreja abacial de Saint-Germain-des-Prés.

Na plataforma elevada onde a guilhotina está instalada, o carrasco público Charles-Henri Sanson aguarda o lote de vítimas de hoje. Ele está elegantemente vestido como um *Ancien Régime petit maître*. A história conta que, quando Maria Antonieta acidentalmente pisou no pé dele ao subir na plataforma no dia de sua execução, ela deixou escapar "Perdão, *monsieur*", como se o infortúnio tivesse sido um acidente trivial na Galerie des Glaces em Versalhes. Sanson está, no entanto, lutando para manter as aparências: ele reclamou amargamente ao CSP que está perdendo dinheiro. Ele não pode usufruir dos bens do executado, que agora vão para o Estado; e o aluguel de cavalos e carruagens está cada vez mais caro. Mesmo assim, ele faz o seu melhor. Ele é um profissional. Seu pai executou para o rei e, de fato, executou o rei. Agora ele executa para os Comitês de Governo...

O estoicismo de alguns dos prisioneiros é duramente testado à medida que se aproximam do local de sua execução. Sanson e sua equipe agem com a eficiência da prática, tirando rapidamente os prisioneiros das carroças, agrupando as mulheres pelos braços e colocando todos em fila. Normalmente, para manter o interesse da multidão, o mais distinto ou hediondo do grupo é executado por último. Quem será hoje? Os homens de Sanson já estão se movendo pelo grupo, conduzindo-os para a plataforma. A guilhotina está pronta. A lâmina foi elevada. Cada vítima é colocada de barriga para baixo em uma prancha, com a cabeça na abertura da máquina. A metade superior é fechada em volta do pescoço. Mal se passa um instante quando a lâmina cai e mais uma cabeça vai para o cesto. Há alguns gritos de "*Vive la République!*". O cadáver sem cabeça é rapidamente removido e um novo corpo é lançado à frente. A lâmina cai de novo e de novo... Em outubro passado, os Sansons despacharam os 22 deputados girondinos em precisamente 37 minutos, e quinze dantonistas em dezessete minutos. O evento de hoje, com suas 45 vítimas, não deve levar mais de uma hora.

18H30

Câmara do Conselho, Maison Commune

O Cd. Fauconnier, chefe da 1ª Legião, entra na reunião do Conselho Geral da Comuna para informar que foi nomeado comandante da GN de Paris. Ele deve seu cargo às disposições do decreto da Convenção que institui um sistema de rodízio para o comando. Ele é o chefe da 1ª Legião; portanto, logicamente, o primeiro encarregado. No entanto, sua ausência do centro dos acontecimentos em um momento-chave anterior fez com que o CSP colocasse a responsabilidade inicial nas mãos de Hémart, comandante da gendarmeria. Depois disso, porém, Hémart foi preso por Hanriot, que agia como se ainda fosse o legítimo comandante da GN (isso até sua própria prisão no complexo das Tulherias). Mas Fauconnier entrou na cova dos leões. Ele paga o preço: é preso na mesma hora. Sua aparição presunçosa é tão ingênua quanto a de Hémart.

Após esse curto desvio, Payan está tentando impor ordem e objetivos à causa da Comuna. No entanto, está rouco por ter sido mantido acordado pelo CSP na noite anterior e, depois, tido que suportar a detenção e a ameaça de prisão esta tarde. Ele aproveita uma pausa nos procedimentos para colocar o estômago em dia, já que a comida e o vinho são fornecidos com abundância. Enquanto come, ele é confrontado por Jean Richard, comandante do batalhão seccional de Réunion, que com impaciência relata ter recebido instruções do CSP para não obedecer a Hanriot; só que não apenas Hanriot está na prisão agora, mas também seus sucessores, Hémart e Fauconnier. A quem ele deve obedecer? Olhando sem rumo ao redor da sala, Payan tem uma ideia:

— Cidadãos! Temos entre nós um veterano do exército, um verdadeiro *sans-culotte* e um bom cidadão. Proponho o nome dele como nosso comandante geral provisório!

Às pressas, a proposta é posta em votação e instantaneamente aprovada. O substituto interino de Hanriot é o totalmente incauto ajudante da 1ª Legião, Christophe-Philippe Giot.

Giot está absolutamente surpreso, chocado mesmo. Após um dia rotineiro de serviço, ele retornou à sua seção por volta das quatro da tarde para assistir aos preparativos da festa de Bara e Viala. O toque do *générale* alertou-o para a emergência a caminho. Contudo, não totalmente informado sobre o decreto da Convenção contra Hanriot, ele procurou a orientação do evasivo Fauconnier, seu chefe de legião, e o acompanhou até Maison-Commune.

A multidão agora grita para Richard:

— Você não precisa mais se preocupar. Aí está o seu general!

A primeira observação de Payan sobre a nova nomeação é: "*Mon brave*, qual é o seu nome?". Ele pode tê-lo visto de relance no Clube Jacobino. Uma testemunha, porém, acha que Payan escolheu "o homem do bigode" por causa da ferocidade cada vez mais magnífica dos pelos faciais de Giot. Se à primeira vista ele parece estar à altura, uma segunda olhada faz Payan perceber que ele pode ter escolhido com muita pressa: então ele rapidamente nomeia como ajudante de campo de Giot seu próprio irmão, Esprit, um soldado de carreira que por acaso está em Paris, naquela sala.

Giot pode parecer adequado, mas certamente não se sente à altura do que tal metamorfose exige dele. Em uma ronda inaugural na Place de la Maison Commune logo depois, um amigo o parabeniza pela promoção. Fazendo uma pequena mesura, ele exclama com autoironia:

— Eu! Eu! Estou mais para a merda de um Comandante das Batatas!

Extraordinariamente, segue-se à missão fracassada de Fauconnier a chegada de mais um chefe de legião à Câmara do Conselho, em teoria leal à Convenção. É Olivier, chefe interino da 6ª Legião, que também assumiu de forma independente a tarefa de informar a Comuna sobre a ordem de prisão da Convenção contra Hanriot e seus ajudantes de campo.

A essa altura, Fleuriot e Payan estão percebendo o potencial teatral de sua rejeição à legitimidade da Convenção para estimular o entusiasmo no salão. Com a voz cheia de ironia, Fleuriot lê o decreto. Payan é mais explícito: o documento revela, ele afirma, o complô para destruir os patriotas. "Podemos prevenir isso tomando medidas rigorosas." Ele passa a expressar "um horror infinito da Convenção Nacional" em contraste com a Comuna, que agora é "a primeira e única representante do povo". Agarrando o decreto da mão de Olivier, ele o pisoteia, repreendendo seus portadores como "vilões e imprestáveis que abandonam a causa do povo para servir à causa dos bandidos". O que a Convenção está fazendo, ele grita, é equivalente à "abominável 'Comissão dos Doze'". Ele está evocando o comitê estabelecido pelos girondinos em abril e maio de 1793 para investigar a potencial força insurrecional da Comuna. A revolta que isso despertou no movimento popular contribuiu para produzir a *journée* de 31 de maio.

Payan ordena a prisão de Olivier e sua comitiva. Pouco depois, ele acrescenta Degesne ao grupo, um oficial da gendarmeria que ousa trazer o comunicado da Convenção ordenando à Comuna que vá à barreira da casa; ele é tratado como traidor por tal ato. No entanto, no burburinho, Olivier consegue escapar e voltar com seus seguidores para a seção Lombards, onde emite um comando imediato a todas as seções da 6ª Legião para recusar as ordens de Hanriot. É um pouco tarde para isso.

18H30

Mairie e Administração de Polícia, Ile de la Cité

Os administradores da polícia estão cientes de que a municipalidade está fazendo o possível para reunir uma força armada com guardas nacionais na Place de la Maison Commune. Mas eles estão preocupados que seu próprio QG precise ser defendido. Há multidões se reunindo no Quai du Marché Neuf, próximo ao Quai des Orfèvres, e, embora possam ser manifestantes contra o Salário Máximo, a situação continua volátil. Eles também sabem que o Comitê Revolucionário da seção Révolutionnarie, local de sua sede, já declarou seu apoio à Convenção.

O administrador de polícia Ponce Tanchon, um gravador de profissão, faltou ao serviço na prisão de Temple esta noite para ficar a par de tudo. Ele conhece pessoalmente Jean-Baptiste Van Heck, o comandante do batalhão da GN na seção vizinha de Cité. Tanchon envia uma mensagem a Van Heck solicitando-lhe formalmente que traga uma força armada para Mairie.

Van Heck esteve presente na Convenção para o debate desta manhã, e, enquanto outros aplaudiam e gritavam, ele saiu com sérias reservas. Ele sentiu que algo estava profundamente errado e ficou chocado ao ver que foi negado a Robespierre o direito de falar em sua defesa, conforme exigido processualmente e justificado pelas exigências da justiça natural. É difícil para ele simplesmente abandonar o profundo respeito que tem por Robespierre, então ainda está indeciso. No início da tarde, ele recebeu um apelo de Hanriot para levar cinquenta de seus homens à Place de la Maison Commune. Embora tenha testemunhado a aprovação do decreto da Convenção ordenando a prisão de Hanriot, ele respondeu positivamente ao apelo. Mas então a ordem de Tanchon o faz pensar se ele está se envolvendo demais em algo que não pode controlar.

Depois de consultar seus oficiais superiores, Van Heck decide manter sua artilharia dentro da seção, em alerta total, mas enviar um destacamento de tropas para Mairie sob as ordens do comandante Berger. Quando este último pergunta o que deve fazer quando estiver lá, Van Heck responde: "Você vai seguir Tanchon". Berger e seus homens estão se afastando quando Van Heck, aparentemente por impulso, decide acompanhá-los. Os homens entram no pátio da Mairie, e um Tanchon com ar muito satisfeito sai, pega Van Heck pelo braço e o conduz até a delegacia. Ele está ansioso para ter seu apoio.

18H30

Prisão de Talaru (Montagne) e rede prisional

— Grande prisão de Catilina Robespierre e seus cúmplices!

O ouvido dos prisioneiros na prisão de Talaru, logo ao norte do Palais-Royal, de repente desperta com o grito do jornaleiro na rua lá fora. Os guardas da prisão correm para silenciar o grito, de modo a impedir que os presos se alarmem.

> — Vão se foder! [os presos ouvem a resposta do vendedor]. As pobres pessoas lá dentro precisam saber o que está acontecendo.

Em toda a rede prisional, uma sensação de pavor entorpecente se espalhou aos poucos durante todo o dia. No Bénédictins-Anglais, onde muitos dos pró-girondinos "73" estão alojados, Louis-Sébastien Mercier e seu colega deputado, o bretão Honoré-Marie Fleury, começaram a sentir no início da tarde que algo inesperado estava acontecendo na cidade. Os carcereiros também pareciam nervosos. Eles confinavam os prisioneiros em suas celas, faziam verificações regulares dos presos e proibiam o contato com estranhos.

A notícia da prisão de Robespierre é um deleite. Mas o que vem depois? Será de fato um triunfo para os radicais que vêm promovendo um massacre na prisão? Então, mais uma vez, os Collots, os Billauds, os Barères, os Vadiers do mundo são tão entusiastas do terror quanto Robespierre parece ser. E, de fato, em alguns setores, prisioneiros aristocráticos, assim como muitos dos deputados pró-girondinos, consideravam Robespierre seu protetor – até mesmo seu Deus, como alguém afirmou. Depois de Robespierre, quem?

O medo muito real em meio à população prisional de que um derramamento de sangue está para acontecer é ainda mais alimentado pelo som do *générale* sendo tocado em muitos bairros no fim da tarde e início da noite. De sua cela no Luxembourg, a irmã da Caridade Théotiste (condessa de Valombray em uma vida anterior) vislumbra cavaleiros avançando de um lado para o outro, tendo conversas recortadas cujo conteúdo é difícil de entender, mas que parecem marcadas por raiva, medo e outras emoções fortes. Ainda não se pode saber o que está acontecendo. Seja o que for, os prisioneiros temem por suas vidas.

18H45

Rua Saint-Guillaume (Fontaine-de-Grenelle)

O deputado moderado François-Jérome Riffard Saint-Martin está jantando em um restaurante na rua Saint-Guillaume, em seu bairro, Faubourg Saint-Germain. Ele está muito satisfeito com o andamento da sessão da Convenção. Acredita que o dia acabou, que a missão está completa agora que Robespierre e seus aliados foram escoltados para fora do palácio. Muitos deputados, com a barriga roncando, deixaram a sessão por volta desse horário rumo a seus jantares. Eles não ouviram uma decisão sendo tomada no final dos debates: realizar uma nova sessão noturna a partir das dezenove horas.

Riffard de repente ouve um emissário da Maison Commune passando pela janela aberta, pois a noite está quente, gritando que o povo deveria pegar em armas e correr para a Maison Commune

> — ... para defender Robespierre, o pai de todos nós, que foi preso por aqueles canalhas da Convenção e enfrenta a morte.

É uma notícia surpreendente para o deputado. Notícia muito ruim, na verdade. Sem perder tempo, ele sai correndo, atravessando o rio para se informar com seus colegas da Convenção sobre o que está acontecendo.

19H

Place de la Maison Commune

A Comuna tem uma bela força de combate à sua disposição. Com homens armados ainda chegando, atualmente há mais de 3 mil guardas nacionais preparados para a ação no local. Um contingente considerável da gendarmeria montada jurou lealdade e uma grande quantidade de artilharia no ponto. O comandante da artilharia da cidade, major adjunto Fontaine, enviou com eficiência suas ordens a todas as 48 companhias de artilharia no início da tarde. Além de se beneficiarem da estrutura de comando semiautônoma da artilharia, os artilheiros notoriamente ativos e entusiasmados se orgulham de aproveitar qualquer chance para mostrar seu patriotismo. Muitos passaram por cima das preocupações das outras autoridades seccionais ao atender à chamada, em alguns casos nem se preocupando em informá-los de sua ação. Embora as transferências para o front de artilharia da GN, feitas por Carnot, tenham reduzido o número de companhias na cidade, os homens deixaram seus canhões para trás. Atualmente, existem entre vinte e trinta peças na Place, colocando uma poderosa força à disposição da Comuna.

As primeiras companhias de infantaria seccionais a aparecer esta tarde foram as mais próximas da Maison Commune, onde a ação foi mais aparente, mas desde as cinco da tarde companhias para além da Rive Gauche, bem como da Rive Droit, também têm aparecido. Embora apenas dois dos seis chefes de legião tenham passado a ordem de Hanriot para batalhões seccionais, isso ainda significa que 16 de 48 a receberam. Essas dezesseis seções cobrem grande parte dos populosos bairros operários de Saint-Antoine e Saint-Marcel. No geral, eles representam mais de 40% da população de Paris. Como o número de companhias está diretamente relacionado à população seccional, isso significa que quase metade da Guarda Nacional da cidade poderia ser convocada para apoiar Robespierre. Eles representam uma enorme ameaça militar à Convenção, cujas forças de defesa, em contraste, parecem pateticamente escassas.

19H

Palácio da Convenção, Palácio das Tulherias

O deputado Riffard Saint-Martin correu atabalhoado rumo à Convenção para descobrir como a assembleia está se preparando para o que parece estar por vir. Apenas quarenta ou cinquenta de seus colegas estão presentes, com poucos mensageiros à disposição. Todos parecem desconhecer os perigos que os confrontam e dão a impressão de acordar com dificuldade de uma profunda soneca pós-jantar.

Sintomático da complacência que existe dentro e ao redor da Convenção é o fato de que Julliot, chefe de legião e comandante de plantão nas Tulherias, acabou de afastar uma grande força de guardas do batalhão seccional de Maison-Commune que havia chegado às Tulherias, disseram eles, para defender os deputados da violência das forças que eles testemunharam se reunindo na Place de la Maison Commune. Julliot informa que tudo está bem e que eles devem simplesmente voltar para sua seção, fazer patrulhas e aguardar ordens, relativas às prisões da tarde, que estão sendo impressas. A ignorância de Julliot sobre o que está acontecendo cerca de um quilômetro a leste é quase total. Os deputados e seus defensores não percebem quão frágil é sua posição. A prisão de Hanriot não impediu a Comuna de mobilizar a GN. As unidades de artilharia e infantaria de rotina estão em serviço do lado de fora do Palácio da Convenção, mas seu número, um total de algumas centenas de homens, é pequeno diante das forças reunidas na Maison Commune.

Os deputados presentes começaram a trocar histórias, notícias e rumores sobre o que está acontecendo no bairro. Eles descartaram qualquer ameaça de Robespierre. Ele parecia totalmente arrasado pelo que passara na Convenção esta tarde; de fato, estava derrotado. Alguns deputados também estão relatando o inglório fim do ataque quixotesco de Hanriot ao CSG. No entanto, notícias do que está acontecendo mais longe na cidade são mais difíceis de encontrar. Se houver perigo, ele parece vir das classes populares, instigadas pela Comuna e pelo Clube Jacobino.

Não há assuntos burocráticos ou correspondências para a sessão noturna, de modo que, uma vez instaurada e à medida que mais deputados entram, a assembleia vai direto ao assunto em questão. Collot d'Herbois está ausente: sem que seus colegas saibam, ele está apagando incêndios no CSP, pois começaram a chegar notícias da crescente resistência à Convenção em Paris.

Na ausência de Collot, Jean-Jacques Bréard, um nativo de Quebec que se orgulha de ser o único canadense a ter votado pela morte do rei, é quem preside. Ele convoca Bourdon de l'Oise para se dirigir aos deputados. Esta tarde, a Comuna escolheu Bourdon como um de seus alvos principais e ele retribui com o fígado àqueles ataques:

> — Cidadãos! Na manhã de hoje, a Convenção tomou as medidas de segurança exigidas pelas circunstâncias; todos os bons cidadãos as aplaudiram. No entanto, corre o boato de que a Comuna, aliada ao Clube Jacobino, está instigando uma insurreição. (*Expressões de indignação.*) Tal resolução seria perigosa para qualquer um, exceto para o povo de Paris; com ele não há motivo para preocupação. Lembro à Convenção que nesses casos ela confraterniza com o povo e com sua presença acalma a efervescência popular. Embora eu não acredite que tal medida seja necessária, é útil tê-la à mão. Exijo, portanto, que a Comuna seja imediatamente convocada à barreira da Casa para receber as ordens da Convenção.

É instantaneamente aprovado que tanto a Comuna quanto as autoridades do departamento do Sena devem ser convocadas.

Apoiando a moção de Bourdon, Merlin de Thionville aproveita a oportunidade na tribuna para contar sua experiência durante a tarde, ou seja, seu encontro com Hanriot e quarenta de seus homens, a pistola colocada contra seu peito, a ameaça de golpes de sabre na sequência, sua prisão na guarita do Palais-Royal e posterior libertação pelas mãos de bons patriotas da seção Montagne. Parece claro para Merlin que uma conspiração foi tramada e que a própria liberdade está em perigo. O astuto conspirador (Robespierre) que por seis meses se escondeu atrás da máscara da virtude para massacrar cidadãos pode agora, Merlin acredita (erroneamente), estar na Comuna.

Tallien (que não sabe das prisões de Hémart e Fauconnier) acaba de voltar do Clube Jacobino. Ele aumenta a temperatura ao dar crédito a rumores que dão a entender que o Clube está de fato coordenando a resistência da Comuna contra a Convenção. A Comuna, ele conclui, está fora dos trilhos. Precisa de um expurgo.

Apesar dessas notas de alarme, há muitas idas e vindas indecisas, com os deputados confusos, aparentemente relutantes em aceitar a realidade do perigo que estão enfrentando. Thuriot anuncia que foram interceptadas as ordens de Hanriot aos chefes de legião para trazer quatrocentos homens para a Place de la Maison Commune, enquanto Amar, membro do CSG, toma a palavra para confirmar a prisão de Hanriot e passa a descartar qualquer ameaça real das classes populares parisienses. A GN está agora em alerta máximo, diz ele aos deputados, com o povo os apoiando com entusiasmo. "Em suma", ele conclui presunçosamente, "a lei e a ordem reinam em Paris." Outros deputados o seguem na tentativa de abafar o pânico. Poultier tem uma história reconfortante para contar: quando expôs suas opiniões sobre Robespierre a um irado apoiador da Comuna na rua, a multidão ao redor deles gritou: "Viva a Convenção! Abaixo Robespierre e os conspiradores!". O dantonista Legendre diz a seus colegas deputados que eles inequivocamente podem contar com o povo, mesmo que a Comuna declare uma insurreição. Felizmente, ele diz,

> — Não é fácil fazer o povo se rebelar se ele estiver bem instruído. No futuro, o povo não vai idolatrar ninguém.

Assim como a Convenção, declara Legendre, o povo é inteiramente montanhês, resistirá à influência de um indivíduo sozinho e permanecerá firmemente apegado aos princípios. Lequinio tem palavras igualmente reconfortantes. E, quando Rovère se levanta para dizer que viu um manifesto emitido em nome da Comuna pelo agente nacional Payan, Merlin o interrompe para dizer que Payan foi preso, o que Barère confirma.

Merlin não deve saber que Payan também foi libertado e voltou a liderar os desenvolvimentos na Comuna. A atual complacência da Convenção contrasta notavelmente com a energia que emana da Maison Commune.

19H

Maison Commune

O número de membros do Conselho Geral que se apresentam para o serviço aumentou bastante; quase cem estão presentes, um bom quórum. Eles até se sentem em uma posição forte o suficiente para afastar Jean Guyot, o administrador de polícia evitado por seus colegas em Mairie, dizendo-lhe para voltar apenas quando estiver usando a faixa tricolor oficial do município. Com os números também crescendo do lado de fora, o Conselho Geral toma uma decisão ousada. Eles enviarão uma expedição ao Palácio das Tulherias, recrutada pelas forças da Place de la Maison Commune e lideradas por Louvet e Jean-Baptiste Coffinhal. Vice-presidente do Tribunal Revolucionário, Coffinhal é abençoado com um físico imponente e uma voz estrondosa à qual é fácil se submeter. Seu objetivo será libertar Robespierre, Couthon, Hanriot e os outros.

Coffinhal se junta ao prefeito Fleuriot para ir até o local e estimular o entusiasmo em meio à multidão de guardas e civis para esta missão-chave. Coffinhal clama à multidão:

> — A pátria está em perigo, os melhores patriotas foram presos, bem como o estado-maior da GN de Paris. Membros do CSP e do CSG viraram traidores. Devemos puni-los. Devemos obedecer a Hanriot e nenhum outro!

Fleuriot, em sua farda municipal completa, vai direto para as companhias de artilharia do famoso e radical Faubourg Saint-Antoine e fala aos artilheiros da seção Popincourt:

> — Será que os homens de 14 de julho, 10 de agosto e 31 de maio perderiam de vista que o 9 Termidor é necessário para salvar seu país e o povo? Que é necessário que o povo se levante em massa? O povo está sendo oprimido. [...] O que você quer: liberdade ou tirania?

Fleuriot não tem exatamente a resposta que esperava. Os homens gritam "Viva a República!", mas, depois, "Viva a Convenção!". A mensagem da Comuna não foi compreendida direito.

Há uma incerteza semelhante dentro do salão da Comuna. Os conselheiros municipais rondam a entrada do edifício à espera de homens da sua seção, delegados das comissões revolucionária e civil ou então comandantes de batalhão da GN para os confrontar de imediato com a prestação de juramento e a inclusão dos seus nomes na lista de participantes. Trata-se de uma forma de cimentar o apoio de todos os presentes. No entanto, na pressa de obter apoio, pouco cuidado é tomado para garantir que os homens saibam para o que estão se inscrevendo. Muitos são novatos em reuniões do Conselho Geral e presumem que esse é um procedimento de rotina. Com o ruído ambiente e os níveis de excitação, nem todos compreendem bem o que está acontecendo. Nem todos enxergam sua própria presença como significando hostilidade em relação à Convenção.

No entanto, o que é preocupante para a causa, alguns detectam as intenções dos líderes da Comuna e fazem o possível para fugir e voltar correndo para suas seções com a notícia. Outros são mais circunspectos. Jean-Antoine-Gaspard Forestier, cirurgião-obstetra, está muito disposto a aceitar um chamado para ir fazer o parto de alguns bebês, por exemplo, e depois ver o que acontece do lado de fora. Por volta das sete da noite, aliás, constatou-se o desaparecimento da lista de presença. Será que isso significa ter ficado claro para os delegados no que a Comuna está embarcando? O medo se espalhou por entre eles? De qualquer forma, uma nova lista de presença foi iniciada. Jean-Nicolas Hardon, que acaba de trazer um grupo da GN da seção Finistère, no Faubourg Saint-Marcel, será o primeiro a assinar a nova folha de presença (conforme ele sai e se gaba para seus homens do lado de fora).

A Comuna teme que espiões do governo estejam mantendo o CSP e o CSG informados sobre os procedimentos, mas também há preocupação com uma sangria do apoio de algumas delegações seccionais. Assim, eles instituem um *consigne* (ou proibição de saídas), para afastar a possibilidade de diminuição do número e inibir a coleta de informações pelos espiões da Convenção.

19H

Clube Jacobino (Montagne)

As pessoas estão do lado de fora do Clube Jacobino, esperando a sessão da noite começar. A notícia das prisões na Convenção foi recebida com raiva e consternação. O mau humor é generalizado: afirma-se que Le Bas foi esfaqueado enquanto tentava se defender no Palácio da Convenção. A conspiração contra a qual Robespierre alertou ontem, e que gerou grande expectativa sobre a sessão desta noite, pôs a cabeça para fora.

No entanto, a incerteza sobre os acontecimentos do dia está causando divergências mesmo entre as mulheres que se tornaram famosas por sua presença pró-Robespierre nas galerias públicas. A maioria está furiosa com o que está acontecendo. Mas algumas não, incluindo a ex-secretária da Sociedade para Mulheres Revolucionárias, Marie Dubreuil, que quer arrastar a Comuna de volta à beira da guerra civil. Há um relato de que Julie Couprye, outra frequentadora regular do Clube dos Jacobinos, aplaudiu a prisão de Robespierre. Ela merece ser assassinada, afirmam alguns colegas jacobinos. Na confusão do lado de fora do clube, alguém – de novo, provavelmente uma mulher – é ouvido dizendo: "Temos que marchar contra a Convenção e salvar Robespierre". A resposta é imediata:

> — O povo não é livre. As galerias públicas do Clube estão fomentando a contrarrevolução. As mulheres ali são um bando de *bougresses*. São escravas desse homem, assim como eram de Lafayette e Orleans.

Quem fala é Jean-Baptiste Loys, da seção Bon-Conseil. Um radical com histórico de atividade terrorista em sua terra natal, Arles, assim como em Paris, ele não é amigo de Robespierre. Na verdade, estava entre a minoria do clube ontem que tentou se levantar contra ele e seus apoiadores com gritos de "Abaixo os escravos de Robespierre! Abaixo o tirano!". Ele se opõe a Dumas, presidente do Tribunal Revolucionário (a quem uma vez denunciou ao CSG por ter dito em sua presença que todas as pessoas da inteligência deveriam ser guilhotinadas).

Loys agora continua:

> — Todos os bons cidadãos devem apoiar a Convenção, que acaba de salvar o país pelas providências que tomou. Por muito tempo houve um movimento para enganar o povo. A galeria do Clube é um instrumento involuntário do déspota. Não queremos mais ídolos. Robespierre foi favorecido em demasia no passado. Ele deve estar sujeito às leis da Convenção como qualquer outra pessoa.

Mas há murmúrios contra as opiniões fortes de Loys e seus ataques a "idólatras". O funcionário municipal Joseph Fénaux, um sapateiro da seção de Bondy a caminho da reunião, intercepta Loys antes que ele consiga fugir, o prende e o envia às autoridades da seção.

No entanto, por que Fénaux está aqui? Como conselheiro, ele deveria estar na Comuna. Na verdade, apesar de sua bravata, o ardor de Fénaux está esfriando. Já faz um tempo que ele deseja nunca ter sido eleito para a Comuna ou nomeado jurado no Tribunal Revolucionário, mas ele sabe que é muito perigoso renunciar. Esta noite, de qualquer modo, ele vai ficar bem longe da Maison Commune.

Dentro do Clube, na ausência de Élie Lacoste, presidente do Jacobino e membro do CSG, compreensivelmente ocupado em outro lugar, é o vice-presidente Nicolas-Joseph Vivier que preside os trabalhos. Oficial de justiça, um homem sem distinção e com pouca experiência, Vivier é uma escolha pouco inspiradora para presidente do Clube em um dia como esse, quando os principais oradores estão ausentes por causa de suas prisões.

O primeiro assunto da sessão ajuda a concentrar as mentes. É uma carta do CSG exigindo que o Clube envie imediatamente o discurso que

Robespierre havia feito na noite anterior e que o Clube decretara com entusiasmo que deveria ser impresso. Vivier rejeita o pedido: eles não têm documento nenhum para entregar. As paixões aumentam quando dois conselheiros enviados da Comuna, o ex-padre Jacques-Claude Bernard e o advogado Edme-Marguerite Lauvin, entram para contar aos jacobinos reunidos que o Conselho Geral da Comuna declarou estado de insurreição. Os dois homens convidam formalmente os jacobinos a entrar em correspondência com a Comuna Insurrecional. Sob muitos aplausos, aclama-se essa proposta de colaboração, o Clube declara-se em sessão permanente e todos os presentes prestam juramento, prometendo morrer em vez de viver sob a Convenção. O crime está tentando derrubar a virtude, proclama um orador, ecoando o discurso de Robespierre na noite anterior. Eles não se dispersarão até que os planos dos traidores sejam frustrados.

Alguns deputados jacobinos da Convenção, talvez sem saber que está ocorrendo uma sessão noturna da assembleia, ou então querendo trazer o Clube de volta aos caminhos da retidão política após os excessos da noite anterior, vieram dar as caras. Eles tiveram uma recepção fria. Tallien optou por voltar imediatamente à Convenção para contar aos deputados sobre o clima no Clube. Vivier questiona outro deputado, Jacques Brival, sobre como votou na Convenção no início do dia. Brival dificilmente pode negar que votou contra Robespierre, já que, como um dos secretários da assembleia, sua assinatura está em alguns dos decretos. Vaias enchem o ar. Brival é imediatamente eliminado da lista de jacobinos e forçado a entregar seu cartão de membro. Prosper Sijas, inimigo declarado de Pille, nomeado para o alto escalão de Carnot na burocracia do exército, começa um longo discurso contra Carnot.

Pierre-Jacques Chales, colega de Brival, também passa por maus bocados. Apesar de não ser Fouché, Chales está entre os deputados acusados de desmandos durante uma missão nos departamentos. Em seu retorno, ele fez sua defesa na Convenção andando de muletas, por causa de ferimentos sofridos enquanto lutava no front norte no final de 1793. Ele conversou com uma multidão no pátio do lado de fora da assembleia, explicando que Robespierre pensava que todos os generais e todos os membros do governo fossem traidores. Ele é ouvido por Jean-François Lagarde, companheiro jacobino que tem defendido Robespierre e atacado Collot d'Herbois dentro do Clube. Lagarde aproveitou uma pausa no processo para sair e comprar tabaco. Ele contradiz Chales, e, quando este se posiciona e tenta corrigi-lo, Lagarde o insulta, chamando-o de mero padre (Chales era um cônego da catedral de Chartres antes da Revolução). Chales arranca vigorosamente o cartão de membro jacobino de Lagarde de sua lapela e o ameaça de prisão, e então abre raivosamente as próprias roupas para mostrar ferimentos cruentos sofridos em lutas pela República.

Os dois homens levam sua briga para dentro do Clube dos Jacobinos, mas aqui a simpatia por Chales é escassa, principalmente quando o deputado os informa de que o voto contra Robespierre na Convenção foi unânime. Jean-Charles Riqueur, um dos secretários interinos da reunião – um homem cuja reputação de "idolatria" a Robespierre o levou a ser chamado de "o Robespierre da seção Guillaume-Tell" –, grita que Chales é "um tartufo e um canalha".

Os esforços dentro da reunião do Clube para identificar os inimigos de Robespierre na Convenção foram enormemente prejudicados pelas notícias da escala esmagadora de oposição a ele naquela manhã. As *journées* de 31 de maio e 2 de junho de 1793 levaram à expulsão de 22 deputados girondinos. No entanto, ouvir que Robespierre não tem apenas 22 inimigos, mas todos os deputados, teve um efeito opressor sobre os jacobinos reunidos.

Apesar dos vínculos estabelecidos com a Comuna, os jacobinos hesitam. A reunião é confusa e apagada. Vivier, na cadeira de presidente, parece incapaz de despertar paixão, dinamismo ou pensamento estratégico. Sintomaticamente, a reunião tem dúvidas sobre a expulsão de Brival. A proposta de que não apenas Brival, mas todos os deputados que votaram contra Robespierre devem ser excluídos do Clube não foi posta em votação. Então eles decidem reintegrar Brival e enviar um mensageiro à Convenção para lhe devolver seu cartão de membro. Não há a liderança vinda dos jacobinos esta noite: o Cd. Portières provavelmente não é o único membro a sair e rasgar publicamente seu cartão de membro, frustrado com os equívocos da reunião.

19H15

Prisão do Luxembourg (Mutius-Scévole)

Jean Guyard, carcereiro da prisão do Luxembourg, é um *mouton* e um "criador de listas": isto é, ele é um informante que compõe listas de supostos conspiradores contrarrevolucionários em sua prisão, enviando-os ao Tribunal Revolucionário – e depois à guilhotina. Murmúrios amotinados contra ele, emitidos pelos presos, aumentaram à medida que as notícias dos eventos na cidade adentravam os muros e o toque do *générale* foi ouvido em toda a Rive Gauche. Guyard acaba de receber a ordem de que os carcereiros não permitam nenhuma admissão ou soltura de prisioneiros sem a aprovação da polícia. A ordem foi entregue pelo administrador de polícia Wichterich e um de seus colegas. Eles ainda estão presentes, e com Guyard começam a ouvir sons de uma multidão de ruidosos parisienses subindo a rua Tournon, bem em frente à entrada da prisão. Foi assim que começaram os Massacres de Setembro de 1792...

A multidão, que Guyard calcula ter entre 2 mil e 3 mil pessoas, acompanha uma carruagem que leva Maximilien Robespierre. Gritando apoio ao Incorruptível? É difícil discernir o tom. Há a mesma probabilidade de serem insultos, pode-se supor. Filleul, agente do CSG encarregado daquela carga humana, apresenta a ordem de prisão, enquanto Guyard ouve vozes na multidão exigindo a abertura dos portões da prisão. É a última coisa que Guyard deseja: isso pode desencadear um massacre ali dentro. Ele também está ciente da ordem da Comuna que proíbe a entrada de quem não tem autorização, e não quer infringi-la

– afinal, é a Comuna que paga seu salário. Ele sugere timidamente que o comboio deveria tentar outra prisão.

Wichterich, administrador de polícia ainda presente, reconheceu o homem na carruagem e exige imperiosamente que o veículo seja redirecionado para o QG da Administração de Polícia em Mairie, na Ile de la Cité. Ele irá acompanhá-lo pessoalmente. Os gendarmes que estavam guardando Robespierre são presos e levados junto. Enquanto a carruagem parte com a multidão atrás, Guyard dá um grande suspiro de alívio. Ele salvou sua própria pele e, possivelmente, a vida de seus presos também.

19H45

O ataque de Coffinhal: rua Saint-Honoré (Tulherias)

No crepúsculo, Coffinhal está liderando um impressionante exército de vários milhares de homens armados, rumo ao Palácio das Tulherias, em sua missão de resgate. Desboisseaux, companheiro de jantar de Fouquier, e o conselheiro Louvet são seus tenentes improvisados. Além da cavalaria da gendarmeria, a seção Amis-de-la-Patrie está particularmente bem representada, com quatrocentos soldados de infantaria na força, enquanto há companhias de artilharia, puxando entre quinze e vinte canhões, de toda a cidade: de Bon-Conseil e Marchés na zona central da Rive Droit, de Popincourt e Quinze-Vingts no Faubourg Saint-Antoine e de Fontaine-de-Grenelle na Rive Gauche. No caminho, cruzou na Pont Notre-Dame com uma multidão de 1,2 mil homens que vinham da seção Panthéon para a Place de la Maison Commune, respondendo às ordens vespertinas de Hanriot. Esses homens seguem Coffinhal. A Convenção não tem ideia do que está por vir.

19H45

Quartel-General da Administração de Polícia, Mairie, Ile de la Cité

O administrador de polícia Wichterich está conduzindo a carruagem que leva Maximilien Robespierre para o pátio da sede da Administração de Polícia, em Mairie. A multidão que o segue tem dificuldade de passar pela apertada entrada do pátio e fica parada ao longo do Quai des Orfèvres.

Robespierre não está bem. Insultos populares, bem como expressões de apoio, devem estar ecoando em seus ouvidos após seu itinerário de uma hora através da cidade. Ele não está acostumado a esse nível de imersão nas classes populares parisienses. Apesar das garantias de Wichterich, a turbulência e os dramas do dia chegaram ao deputado.

Três administradores de polícia, com suas faixas tricolores, saem correndo de seus escritórios. Alguém abre a porta da carruagem e vê Robespierre dando uma cotovelada em seus companheiros para que saiam primeiro. Ele tem o olhar vago e segura um lenço na boca enquanto salta, cambaleante, para o chão. Então se vira para a carruagem, de costas para a multidão que o recebe. Está pálido e abatido.

Os administradores prontamente prenderam os gendarmes que os acompanhavam, dizendo que lhes custaria caro a temeridade de levantar um dedo contra o pai do povo. Para o próprio Robespierre, sorriem para tranquilizá-lo. Alguém do grupo pega seu braço. Outro coloca o braço em volta de seus ombros e o abraça enquanto o acompanham até o escritório.

— Não se preocupe. Você não está entre amigos?

Mas são rostos desconhecidos. Robespierre conhece alguém por ali? Pode confiar nessas pessoas?

19H45

Pela cidade

Ainda há uma crença generalizada pelas ruas de que a desordem pública de hoje esteja ligada a protestos contra o Salário Máximo de 23 de julho. De fato é assim, em alguns casos. Na fábrica de pólvora em Grenelle, nos limites a extremo sudoeste da cidade, os trabalhadores da construção protestaram vigorosamente contra a medida e exigiram a rescisão de seus contratos. No intervalo para o jantar, alguns foram até a Maison Commune e viram uma multidão se reunindo lá para protestar contra o Máximo Salarial.

Em Popincourt, na extremidade leste da cidade, duas explicações estão sendo oferecidas para a ordem de mobilização: ou é sobre o Máximo Salarial ou decorre de um incidente na Convenção no qual, segundo se afirma com confiança, alguns deputados planejaram matar Robespierre. "Vilões tramaram para assassinar patriotas e fazer uma contrarrevolução", o major-ajudante de artilharia Fontaine adverte os artilheiros de Popincourt.

É uma situação confusa. Só agora as autoridades de algumas das seções externas – Champs-Elysées e République, no noroeste, Observatoire, no sul, Faubourg-du-Nord, no norte, e Montreuil, no leste – estão recebendo a primeira comunicação da Comuna. Em muitos casos, a primeira ordem escrita é o comando para fechar os portões da cidade. Algo que denota algum tipo de emergência. Mas não está claro qual.

Uma vez alertadas para a existência de uma crise, essas seções externas aguardam os acontecimentos, mas enquanto isso prosseguem com os assuntos normais. Quase uma dúzia de seções se ocupa com a distribuição a charcuteiros da carne de porco recebida do departamento municipal de abastecimento. Em Faubourg Saint-Martin, a descoberta do extravio de uma caixa de carne de porco deixa os Comitês Civis das seções de Poissonnière e Faubourg-du-Nord muito envolvidos. Na verdade, na última hora, as mulheres correram pela vizinhança reivindicando a carne de porco, relatam as autoridades, e fazendo um estardalhaço generalizado. A turbulência continua mesmo quando, por volta das 19h30, chegaram as notícias das prisões na Convenção. Jornais da noite estão ajudando a divulgar a notícia da prisão, com os vendedores de jornal gritando as manchetes no volume máximo. O que é menos evidente é uma noção do que exatamente isso significa para a Revolução. Nem a Comuna nem a Convenção conseguiram ainda chegar a uma narrativa plausível que explicasse e legitimasse plenamente suas ações.

20H

Quartel-General da Administração de Polícia, Ile de la Cité

Mal Robespierre sai de sua carruagem, os administradores de polícia estão escrevendo uma mensagem transmitindo a notícia de sua chegada segura ao meio da Comuna. Um deles, Jacques-Mathurin Le Lièvre, foi encarregado de transmitir a missiva. Afirma que Robespierre já concordou com eles sobre a necessidade imperiosa de prender jornalistas. Os jornais não devem se tornar uma central de notícias falsas divulgadas pela Convenção. É certo que se trata de um tema familiar para Robespierre, mas é possível se perguntar se foi uma proposta dele. Afinal, o que a nota não revela é que, no novo ambiente em que se encontra, Robespierre parece totalmente desconcertado.

É altamente improvável que Robespierre já tenha posto os pés em Mairie. Por mais que ele possa figurar na mente dos administradores de polícia, eles provavelmente são desconhecidos para Robespierre, embora ele possa ter vislumbrado um ou dois deles no Clube Jacobino. Nos últimos anos, ele viveu pela e para a alta política. Foram poucas suas incursões fora do triângulo dourado do Palácio da Convenção, sede do CSP e Clube Jacobino e para além do casulo protetor que as mulheres da família Duplay fornecem; e elas foram direcionadas menos para o coração da cidade do que para os jardins públicos e os prados verdejantes e alegres a oeste. De modo geral, os indivíduos que desejam ver Robespierre vêm até ele, e não o contrário. No novo mundo da política municipal e *sans-culotte* em que foi lançado, ele está completamente fora de seu ambiente. Quem são esses novos e autointitulados "amigos"?

Os administradores de polícia liderados por Tanchon e Faro estão fazendo o possível para acalmá-lo e restaurar seu ânimo. Eles escolheram a dedo o comandante da GN de Cité, Jean-Baptiste Van Heck, para se encarregar pessoalmente de sua proteção, e há uma tropa da GN dessa seção esperando abaixo, no pátio do QG. A escolha parece perspicaz, dado o histórico de patriotismo e ação direta de Van Heck, e as dúvidas que ele nutre sobre a legalidade do silenciamento de Robespierre pela Convenção esta manhã.

Tanchon agora orgulhosamente conduz Van Heck para a sala onde eles colocaram Robespierre e acena para o deputado enquanto se dirige a Van Heck:

> — Você sabe quem é esse? Seu patriotismo comprovado e sua conhecida energia nos levaram a escolhê-lo para comandar a GN que garantirá sua segurança. [...] Meu amigo, devemos nos unir, pois a Convenção quer destruir a liberdade. Um novo pântano se formou dentro dela, um pântano que espalha tantos vapores mortais quanto sua encarnação anterior. Veja Robespierre aqui. Nós o salvamos das mãos daqueles que querem sua destruição. Você é o homem certo para protegê-lo.

A resposta de Van Heck a esse convite é surpreendentemente direta.

> — Eu sei que um mandado de prisão foi expedido contra ele e que ele ainda não respondeu às acusações. Eu não desejo nem sou capaz de aceitar este cargo. [...] Além disso, eu trouxe as forças armadas para a Mairie para proteger os interesses da República, não de um indivíduo.

Essa impressionante reverência à imparcialidade e ao Estado de direito sobre as celebridades empalidece Robespierre:

> — Bom Deus! Em que mãos você iria me colocar? Este homem não passa de um aristocrata e de um contrarrevolucionário!

Van Heck é levado rapidamente para fora da sala, seus ouvidos zumbindo com acusações. Colocado sob custódia, cerca de uma hora depois ele está saindo, enquanto os administradores de polícia redobram suas palavras reconfortantes para Robespierre, ainda se recuperando de seu encontro com alguém da "raça impura".

20H15

Escritório de Fouquier-Tinville, Palais de Justice, Ile de la Cité

Debure, oficial da gendarmeria, entra no escritório do promotor público Fouquier-Tinville para relatar que os guilhotinamentos noturnos transcorreram sem problemas. Ele encontra Fouquier em uma conversa concentrada com alguns colegas seniores do Tribunal. Não há mais nada a fazer a não ser sentar e esperar. Fouquier deve estar se perguntando se fez a coisa certa ao arriscar a sorte com o CSP. Robespierre será implacável se prevalecer. Mas Debure oferece pelo menos algum consolo: as execuções ocorreram em uma atmosfera de grande tranquilidade. Talvez a notícia da prisão de Robespierre ainda não tenha chegado aos confins do Faubourg Saint-Antoine. Fouquier sente que provavelmente está certo em se colocar do lado da Convenção. Ele ficará em seu lugar no Palais de Justice. Não é uma noite para se aventurar do lado de fora. O amigo Fleuriot terá que se virar sozinho.

20H15

Maison Commune

Não demorou muito para que o emissário da polícia Le Lièvre viesse à Maison Commune com a notícia da chegada de Robespierre à Mairie. Ele entra na câmara do Conselho no momento em que Fleuriot e Payan estão repreendendo um mensageiro da Convenção que ordenou que o Conselho Geral viesse à barreira da casa. O Conselho de fato irá à Convenção, Payan ameaça, "mas também todas as pessoas armadas", e ele passa a reclamar ferozmente contra Collot d'Herbois e o CSP. Mas então tudo se interrompe para Le Lièvre fazer sua entrada com um anúncio dramático.

— Robespierre está livre!

Os aplausos são ensurdecedores. Mesmo assim, há certa perplexidade sobre como isso aconteceu. Será que Robespierre foi libertado pela expedição de Coffinhal? No entanto, parece que ele está atualmente em Mairie. Então o que está acontecendo com a força expedicionária despachada para as Tulherias?

Essas perguntas terão que esperar. Nesse ínterim, a posição de Robespierre deve ser assegurada. Ordens são imediatamente dadas para enviar a Mairie o bigodudo Giot, comandante provisório da GN, para reforçar suas defesas. Uma vez no local, Giot diz a seus homens: "Cidadãos, Robespierre está aqui. Vocês estarão defendendo um homem que busca apenas fazer o bem ao povo".

No entanto, Payan e Fleuriot não têm intenção de permitir que Robespierre permaneça em Mairie por muito tempo. Eles percebem que sua icônica presença física entre o Conselho Geral dará um grande impulso à causa da Comuna. Colocar Robespierre do lado deles também é a melhor garantia que se possa imaginar para a segurança física de Fleuriot e Payan.

Já existem planos para trazer Robespierre para a Maison Commune. Le Lièvre desceu para a Place e está energicamente reunindo uma trupe para liderar a Mairie, a fim de escoltar Robespierre de volta à Comuna. Ele encontra tropas das seções de Sans-Culottes e Faubourg-du-Nord dispostas a agir e está no processo de complementá-las com homens de sua própria seção, Lombards, quando o segundo em comando do batalhão de Lombards, Quevreux, chega com uma ordem do chefe da 6ª Legião, Olivier, para devolver todos os homens à sua seção. Le Lièvre fica furioso quando Quevreux declara que está apenas seguindo as ordens do chefe da legião:

— Hoje não são os chefes de legião que mandam, é o povo.

Ele então sai com seus seguidores improvisados na direção de Mairie.

20H15

Palácio da Convenção, Palácio das Tulherias

O clima na Convenção está mudando. Apesar de todos os endossos à fidelidade e devoção do povo parisiense, o pinga-pinga de notícias, boatos e histórias sugere que as coisas são menos cor-de-rosa do que os deputados têm imaginado. E eles certamente podem ouvir, cristalino, o zumbido cada vez maior das pessoas reunidas na Place du Carrousel, do lado de fora de suas janelas. Alguns deputados podem até ser capazes de distinguir o guincho das rodas do trem dos canhões sendo trazidos em massa. A complacência está dando lugar à apreensão.

Vindo da sede do CSG, o deputado montanhês Goupilleau de Montaigu acaba de retornar ao Palácio da Convenção, onde diz aos deputados que encontrou multidões de cidadãos ostentando a bandeira tricolor. Um homem ali perguntou quem ele era e, quando ele respondeu que era um representante do povo, o homem zombou: "Você é desprezível". Ele conclui que o homem em questão era o representante de Dumas no Tribunal Revolucionário, que teria dito que a Convenção receberá um golpe poderoso esta noite e que não há nada mais vil do que um membro da Convenção.

O perigo está à porta da assembleia. Um deputado grita que o homem que Goupilleau encontrou é Louvet, cuja prisão é decretada imediatamente. (Na verdade, era Coffinhal.) Como as autoridades municipais não responderam ao chamado dos deputados para prestarem contas no Palácio da Convenção, isso deve ser considerado um desacato à assembleia. O prefeito Fleuriot deve ser preso imediatamente. Diz-se que ele simplesmente rasgou as ordens da Convenção.

Courvol, o mensageiro temporariamente preso pela Comuna no meio da tarde, voltou à Convenção agora e se aproxima da cadeira do presidente com más notícias: o grupo que Goupilleau encontrou aumentou de tamanho e está se esforçando para libertar Hanriot da sede do CSG. Eles apontaram seus canhões para o palácio, especificamente para a cadeira do presidente. Louvavelmente, Bréard mantém a calma, respondendo tranquilamente a Courvol, com não pouco sangue-frio, para não dar essa notícia aos deputados:

— Não devemos causar alarme. Se vamos perecer, serei o primeiro a partir. Vejamos como a coisa se desenrola. Mantenha-me constantemente informado sobre o que está acontecendo.

Apesar dessa atitude estoica, a Convenção está percebendo os perigos que a confrontam.

Billaud-Varennes, membro do CSP, voltou à assembleia e começa a falar de maneira tranquilizadora. A boa notícia é que Payan está preso e o prefeito logo fará companhia a ele (o que é falso, é claro), e a Comuna rebelde será sitiada pelas forças do governo em vinte minutos (idem). Aplausos irrompem com essas inverdades involuntárias, mas então há uma mudança abrupta de humor quando Billaud continua mais sombriamente e, de fato, com mais precisão:

— Os satélites de Hanriot correram pelas ruas de sabre na mão. [...] Sijas está atualmente no Clube Jacobino fomentando inquietação.

Tudo piora:

— Há um fato que não posso esconder de vocês. Uma companhia de artilheiros, desencaminhada por Hanriot, tentou apontar seus canhões para a Convenção (*Movimentos de indignação.*). A Guarda Nacional se opôs a eles. (*Vivos aplausos.*) São necessárias medidas vigorosas, e devemos estar dispostos a morrer em nossos postos. (Sim, sim! Todos os deputados gritam, todos morreremos; *aplausos nas galerias públicas.*) Este é o momento de resistir e lutar. Os Comitês de Governo apresentarão a vocês medidas para salvar a *pátria*.

20H30

Place du Carrousel

O Cd. Pellerin, ajudante de artilharia da seção Popincourt, chegou à Place du Carrousel, a leste do Palácio das Tulherias, encontrando ali um extenso grupo de canhões alinhados dentro das grades de ferro que protegem o palácio. Quando a força de Coffinhal deixou a Place de la Maison Commune, Pellerin ficou para trás. Mas ele ficou preocupado com o fato de Coffinhal marchar tão agressivamente sobre a Convenção, com uma força repleta de lanças, fuzis, gendarmes montados e comboios de artilharia. Então ele decidiu que poderia cumprir melhor seu dever ao lado de seus companheiros e correu atrás deles.

Inicialmente, ele fica feliz ao ver que os canhões de Coffinhal na Place du Carrousel estão apontando para fora, desviando do próprio palácio. Eles podem estar impedindo o acesso a qualquer força de socorro, mas pelo menos não estão ameaçando diretamente os deputados. Os canhões também cobrem a rua de l'Échelle, ao norte, bloqueando assim qualquer suposta força de socorro vinda da rua Saint-Honoré. No entanto, ele então distingue outro grupo de canhões, incluindo peças do batalhão Mutius-Scévole, que se espalharam em direção à sede do CSG no Hôtel de Brionne, na borda norte da Place, e esses canhões estão, de fato, voltados para o edifício. Eles, portanto, parecem ter como alvo tanto o Hôtel de Brionne quanto o adjacente Palácio da Convenção, onde estão os deputados. Além disso, os instrutores de artilharia da cidade, Pionnier e Brizard (superiores hierárquicos dos comandantes de seção), ordenaram que os homens carreguem suas armas com metralha, uma arma devastadoramente letal de controle de multidão. Os artilheiros querem ação.

Coffinhal e seus camaradas estão atualmente vasculhando o Hôtel de Brionne, em busca dos prisioneiros. Eles passaram pela guarda da Convenção por saberem a senha do dia (que o CSP não teve o cuidado de mudar). De sabre na mão e gritando o nome de Robespierre, Coffinhal insultou o deputado Goupilleau *en passant*, mas agora está concluindo que Robespierre e seus cúmplices já foram despachados para suas prisões individuais. Como os membros do CSG se juntaram a seus colegas no Palácio da Convenção, o prédio está deserto neste momento. Coffinhal finalmente tropeça na sala em que Hanriot está detido. Ele e seus homens dominam facilmente o gendarme. As cordas que prendem Hanriot são cortadas, e um dos presentes, Jean-François Damour, um juiz de paz na seção Arcis, agarra as cordas cortadas e as brande no alto como um troféu.

Julliot, o oficial no comando da atual guarda de serviço da Convenção, chegou galopando. Na confusão, ele também é preso e amarrado junto com seus ajudantes. Hanriot salta sobre uma mesa para proclamar que a partir de agora a Comuna de Paris deve ser obedecida. Os vencedores então saem do Hôtel de Brionne. Um dos secretários do CSG ouve Desboisseaux se vangloriar na partida: "Muito bom", acenando para Hanriot. "E ainda pegamos esse."

Os artilheiros de Mutius-Scévole estão de pé ao lado de seus canhões carregados, no meio da multidão, quando Hanriot emerge do lado do Hôtel de Brionne, acompanhado pelos ajudantes de campo recém-libertados e dezenas de gendarmes. O instrutor de artilharia Pionnier sinaliza para os artilheiros prepararem seus canhões, prontos para abrir fogo contra qualquer força perseguidora.

O aplauso que saúda o surgimento de um Hanriot cheio de si neste espaço confinado é alto o suficiente para ser ouvido da entrada do pátio na Place du Carrousel. As forças ali reunidas pensam que o que estão ouvindo é a aclamação da Convenção e suas galerias públicas pela libertação do general. Soa o grito: "*Vive la République!* Hanriot foi absolvido por decreto da Convenção! Nosso bravo general foi absolvido!".

Ainda assim, Cosme Pionnier continua apontando suas armas para a porta do Palácio da Convenção.

20H30

Palácio da Convenção, Palácio das Tulherias

Collot corre e rapidamente assume seu papel de presidente para exclamar:

> — Cidadãos, este é o momento de morrer em nossos postos. Canalhas armados investiram contra o CSG e o tomaram.

Os membros recuam horrorizados com a ameaça iminente. Fréron não será o único deputado a reconhecer neste momento um eco sublime dos senadores romanos confrontados pelos bárbaros. (Eles conhecem seu Tito Lívio: estão pensando no saque de Roma pelos gauleses, sob Breno, no século IV a.C.) No entanto, morrer em seus assentos logo perde seu apelo. Eles preferem morrer lutando. Acima do burburinho, ouve-se a voz de Goupilleau:

> — Devemos tomar as providências necessárias para salvar a liberdade! Se quisermos derrubar os conspiradores, devemos ser mais ágeis que eles.

A galeria pública entrou no espírito do momento e muitos cidadãos correm com determinação, para aplauso geral dos restantes.

Quando Collot retorna aos escritórios do CSP, Thuriot avança para presidir em seu lugar. Agora ficou claro, afirma ele, que por volta das nove da manhã de hoje um complô foi arquitetado para mobilizar a GN contra a Convenção. Se for bem-sucedido, não haverá um cidadão virtuoso vivo dentro de 24 horas. No entanto, bem quando Thuriot está reunindo os deputados, Goupilleau corre com mais notícias:

— Hanriot escapou e está sendo conduzido em triunfo!

Um deputado questiona por que os recém-nomeados comandantes da GN não são mais ativos. Alguém aponta que Julliot, comandante da guarda local, acaba de ser preso pelas forças de Coffinhal, enquanto Hémart e Fauconnier estão definhando nas celas da Comuna. Dauminval, um capitão de companhia da seção local das Tulherias, confirma o estado lamentável das defesas, e Thuriot ordena que ele corra em busca do comandante de seu batalhão para garantir armas e homens. Ele assim o faz imediatamente, mas o comandante de seu batalhão se recusa a agir, alegando exigir uma ordem escrita, em vez de verbal. A Convenção está indefesa.

20H45

Place du Carrousel

— Eles me declararam fora da lei, mas vamos dar um jeito nisso com os canhões!

Irritado e liberto das amarras, Hanriot emergiu do Hôtel de Brionne parecendo ter o coração cheio de vingança. A resposta imediata que recebe dos artilheiros da seção Amis-de-la-Patrie o faz pensar:

— Você pode ser um fora da lei, mas nosso canhão não é!

Não é um bom começo. E a perplexidade de Hanriot aumenta quando ele vê alguns membros da 29ª Divisão da Gendarmeria que o acompanharam em seu ataque anterior algumas horas atrás para então mudar de lado, prendendo-o no Hôtel de Brionne. Alguns dos homens garantem a ele que agora estão de novo do seu lado, mas outros recusam lealdade. Furioso, ele comanda que canhões carregados sejam apontados para os resistentes. Um duelo. Mas Hanriot pisca primeiro:

— O CSG reconheceu minha inocência. Eu ainda sou general de vocês! Nem uma gota de sangue será derramada. A liberdade triunfará mais uma vez.

Ele está mentindo pela causa, enquanto luta para entender uma situação que mudou consideravelmente desde sua prisão.

Hanriot não sabe que tem uma Convenção praticamente indefesa à sua mercê. Na verdade, é extremamente difícil para ele avaliar o estado caótico das forças dentro e ao redor da Place du Carrousel, especialmente com a multidão saindo das galerias públicas e aumentando a confusão. A noite está caindo (o sol se pôs às 19h37), e os apertados arredores do Hôtel de Brionne fazem a escuridão insidiosa parecer mais profunda do que na realidade. A baixa luminosidade jogaria qualquer ação militar aqui ao deus-dará. Poderia muito bem causar derramamento de sangue indiscriminado e até mesmo mudar a sorte para o lado da Convenção. O desejo declarado de Hanriot de evitar derramamento de sangue também não é uma promessa vazia. As vitórias de 31 de maio e 2 de junho foram alcançadas sem mortes de nenhum dos lados — por que não valeria o mesmo para o 9 Termidor?

Hanriot esteve trancado a sete chaves por mais de três horas. Ele deve ter notado, pela disposição do canhão na Carrousel, que seus libertadores esperam resistência dos parisienses leais à Convenção. Ele tem pouca ideia de como estão as coisas na Maison Commune ou mesmo em Paris. As forças de Coffinhal vieram até aqui para libertar Robespierre, mas ao que parece Robespierre está preso em outro lugar. A situação se complicou, e Hanriot peleja para entender todos os tópicos. Não há como ele ter certeza de quem está a favor e quem está contra ele. E, de fato, parece que muitos dos homens que circulam estão tão confusos quanto ele em relação a suas simpatias. Pode ser melhor ficar longe da Place du Carrousel antes que sua recém-pensada alegação de que ele foi libertado por um decreto da Convenção ou um ditame do CSG seja posta à prova. Um ato imprudente nesta fase poderia arruinar toda a estratégia que Hanriot, junto com Payan e Fleuriot, estavam desenvolvendo no meio da tarde.

De repente, por impulso, ele grita:

— *Vive la République!* Meus amigos, sigam-me! Para a Comuna!

A decisão impulsiva de Hanriot de retornar à Place de la Maison Commune deve confundir homens como o oficial de artilharia Pionnier, que estava bem preparado para um ataque sangrento à Convenção. Mas essa não é a intenção de Hanriot. Ao deixar o pátio, ele passa pelos guardas da Amis-de-la-Patrie, a quem diz, em tom conciliatório: "Amigos, se seguirem seus magistrados, sangue nenhum será derramado". Hanriot lidera uma grande força em direção ao cais e é saudado calorosamente pela multidão em sua passagem. As outras forças tomam a rota de rua Saint-Honoré.

O desejo de evitar derramamento de sangue é louvável. Um reflexo de como Hanriot está vendo a insurreição de hoje sob os termos das mobilizações de 31 de maio e 2 de junho. Mas também é sempre possível que sob a bravura externa de Hanriot bata um coração covarde. Provavelmente uma peça única entre os generais de divisão da República, Hanriot nunca viu um campo de batalha, muito menos se envolveu em um conflito armado. Ele ficou muito abalado por suas experiências desta tarde. Portanto, o caminho da prudência parece muito convidativo: voltar à Maison Commune, refletir, reagrupar, possivelmente reagendar as coisas — e recuperar a coragem.

20H45

Palácio da Convenção, Palácio das Tulherias

Na Convenção, onde os deputados ainda desconhecem a decisão de Hanriot, as más notícias não param de chegar. Élie Lacoste, membro do CSG, entra para anunciar que vários dos deputados enviados à tarde para as prisões foram libertados. Robespierre, em particular, foi impedido de entrar na prisão do Luxembourg, sendo levado para a Comuna, onde está sendo recebido e abraçado por funcionários municipais que desrespeitam descaradamente o decreto da Convenção. Isso é factualmente incorreto (pois Robespierre está em Mairie), mas o boato produz uma reação imediata:

> — Exijo [conclui Lacoste] que esses funcionários sejam declarados fora da lei.

Há concordância universal, que ganha maior precisão com o anúncio de que Hanriot ainda está na praça do lado de fora da assembleia, desfilando com sua cavalaria e dando ordens. Parece improvável que sejam ordens de retirada.

Como um só homem, a assembleia grita: "Fora da lei! Fora da lei!".

Amar entra para dar mais informações e inflar suas próprias credenciais patrióticas. Hanriot tem instigado os artilheiros seccionais contra a Convenção, mas Amar se ergueu para abordá-los, apelando ao seu senso de patriotismo para apoiar a assembleia.

— Um dos ajudantes de campo de Hanriot me ameaçou com um sabre; mas os artilheiros me protegeram. Se pudermos esclarecer tudo para as pessoas, podemos evitar qualquer perigo.

Féraud corre sem fôlego para confirmar que os artilheiros não estão obedecendo às ordens de Hanriot. Parece haver tanta confusão fora quanto dentro do Palácio da Convenção.

Thuriot agora toma a iniciativa. Da cadeira presidencial, ele declara:

— Todos os conspiradores agora estão banidos. Matá-los é o dever de todo republicano. O Panthéon aguarda o homem que trouxer a cabeça de Hanriot!

Esse anúncio, colérico e apressado e feito em um momento de catástrofe iminente, tem grandes consequências. Um decreto de proscrição está em um nível muito mais elevado e proibitivo do que um mandado de prisão ou uma *mise en accusation*. Indivíduos apontados proscritos são formalmente considerados inimigos do povo. Quando capturados, não têm direito a julgamento. Na simples identificação, eles podem ser detidos e executados. Esse tipo de tratamento teve origem na lei de 19 de março de 1793, dirigida aos rebeldes da Vendeia capturados com armas nas mãos. Foi refinado pela Lei de 23 Ventoso (13 de março de 1794), introduzida por nada menos que Saint-Just, que incluiu na categoria de proscritos os indivíduos em fuga da justiça. A grande emoção do momento acaba de facilitar a execução de supostos conspiradores contra a Convenção. Afinal, a categoria inclui aqueles que fogem da justiça ou resistem à prisão. E isso não inclui Maximilien Robespierre?

20H45

Sede do CSP, Palácio das Tulherias

Ao redor da mesa verde no comitê, na extremidade sul do Palácio das Tulherias, os membros do CSP estão trabalhando duro. Quando foi diferente? Os deputados podem saborear o jantar, mas são curtos os intervalos para alimentação do CSP, de modo a não interromper os trabalhos.

Com dois membros do CSP em missão fora de Paris e três agora presos, a tarefa de gerência foi assumida pelos seis membros restantes. Mas o CSG oferece alguns braços bem-dispostos. Le Bas está na prisão e David em seu leito de doente, enquanto Jagot relatou estar passando mal e Lavicomterie está incrivelmente deprimido. Mas os outros membros do CSG estão ativamente engajados nas operações do dia. Alguns também estão baseados em seus escritórios no Hôtel de Brionne, embora apenas Amar e Ruhl pareçam estar lá quando Hanriot, às cinco da tarde, fez sua incursão. Vadier, que se afastou dos holofotes após seu ruidoso ataque a Robespierre na Convenção, é uma presença mais persistente na mesa verde. Ele e Voulland estão de cabeça baixa e mangas arregaçadas enquanto se esforçam para administrar a crise.

Quando as decisões são tomadas, os membros do comitê não ditam as ordens à equipe. Em vez disso, eles as escrevem à mão e as passam ao redor da mesa para assinatura de quem estiver por ali, antes que as fileiras de escriturários façam cópias e busquem mais assinaturas. Momentos frenéticos vêm e vão de acordo com o ciclo de relatórios que chegam. Às vezes, os procedimentos burocráticos são negligentes. Para dar a certos decretos a impressão de unidade e força do governo, presume-se que as assinaturas seriam certamente conseguidas. Um ou dois chegaram a sair com a assinatura do acamado David. A maior parte do trabalho policial é feita pelo CSG, mas o CSP acrescenta seu peso para algumas ordens, no mais das vezes aleatórias. O 9 Termidor não é um dia para policiamento meticuloso das fronteiras intragovernamentais. Toda a força de trabalho disponível está em ação.

Há algum vaivém entre a sala do comitê, a sede do CSG e, desde as sete da noite, o Palácio da Convenção, onde os deputados precisam ser mantidos informados e com o moral elevado. Com Collot cumprindo ao trancos seus deveres como presidente da assembleia, Barère e Billaud continuam com seu papel habitual de burros de carga do comitê. Os "especialistas" do CSP desviam tempo das tomadas de decisão coletivas para gerenciar suas áreas. Lindet, por exemplo, trabalha com o afinco habitual no abastecimento de alimentos, encontrando tempo para dar ordens sobre o pagamento do aluguel de mulas no front alpino, abastecer Paris com carne fornecida por açougueiros, produzir alpargatas para as tropas e sobre o uso de algas marinhas da Bretanha para produzir sódio para a indústria.

Há algumas horas, no entanto, ficou claro para os Comitês de Governo que o sucesso do dia não foi tão completo nem tão certo quanto parecia às quatro e meia da tarde, quando a sessão da Convenção terminou. A reação inicial deles foi que, uma vez que os deputados presos fossem despachados para suas prisões, só seria necessário garantir que os principais decretos da Convenção fossem impressos e divulgados rapidamente pela cidade. Algum trabalho policial de rotina para prender apoiadores e contatos dos homens presos completaria a tarefa.

O governo provou ser ingênuo em muitos aspectos. Primeiro, enviou o destacamento da GN da seção Maison-Commune de volta para seus quartéis no momento em que eles se ofereciam para defender a Convenção contra a ameaça iminente da Comuna, cuja efervescência tinham visto com os próprios olhos ao redor do prédio da Comuna. Em segundo lugar, eles esperavam que Hanriot se rendesse sem resistência quando fosse preso. Em terceiro lugar, foi também uma esperança excessiva da parte deles achar que a Comuna aceitaria a prisão de Robespierre sem protestos. Os comitês podem ter pensado que a própria plenitude de sua vitória no Palácio da Convenção (o voto para a prisão de Robespierre e seus colegas foi unânime) obrigaria o respeito e a obediência da Comuna. Eles não previram a impetuosidade precipitada de Fleuriot, Payan e Hanriot. Para complicar as coisas, eles estão enviando para Mairie um novo grupo de administradores de polícia, esperando que os que estão no cargo capitulem – quando, na verdade, esses mesmos administradores estão prestes a ser presos.

Como se tudo isso não bastasse, em sua complacência, os Comitês de Governo fracassaram em priorizar a impressão e difusão do decreto que Barère patrocinou junto à assembleia no início da sessão da manhã. É possível que Martial Herman, um apoiador de Robespierre na gráfica da Convenção, tenha deliberadamente diminuído sua circulação como forma de dar à Comuna mais tempo para transmitir sua mensagem. Ou a impressão e a difusão podem simplesmente não ter sido enxergadas como algo importante depois que as prisões ocorreram. A incursão de Hanriot e a súbita constatação, depois das sete da noite, de que nem tudo estava bem pela cidade levaram o CSP a ordenar a divulgação imediata do documento. Mesmo assim, ele demora a ser levado às Comissões Civis de toda a cidade e a ser afixado em muros e árvores. Já são quase nove horas da noite e apenas um punhado de Comitês Civis recebeu de fato o documento, e muito menos o proclamaram. O CSP enfim assumiu a tarefa recém-proposta por Amar na Convenção: eles devem "esclarecer tudo ao povo" sobre o que está acontecendo. A difusão da informação será crucial. Há muito o que fazer.

A experiência da última hora mais ou menos também revelou claramente aos Comitês de Governo que eles carecem de uma estratégia decente para a própria defesa. Eles foram mesmo pegos no contrapé. O que imaginavam ser uma questão administrativa de rotina tornou-se agora um grande dilema militar do qual depende o futuro da República, para não falar de suas próprias vidas. Foram um rude alerta a impulsiva incursão de Hanriot à sede do CSG para garantir a libertação de Robespierre e, em seguida, o súbito aparecimento de Coffinhal, seguido por milhares de furiosos guardas nacionais e a maior parte da artilharia de Paris. A inteligência do CSP e do CSG espalhada pela cidade não forneceu alertas. A crise desta noite expôs a fragilidade patética das forças em torno das Tulherias diante de uma força insurrecional. Pelo menos eles tiveram o bom senso de enviar ordens aos Comitês Revolucionários algumas horas atrás, ordenando que permanecessem em seus postos e fornecessem relatórios de hora em hora. Mas a maioria dessas missivas ainda não chegou ao seu destino, que dirá ser posta em prática.

Percebendo o erro de seus métodos, os dois comitês agora fazem convocações desesperadas a Guillaume-Tell e Bonnet-Rouge, seções vizinhas que eles supõem permanecerem leais, pedindo reforços da GN. Mas essa não é mais do que uma medida paliativa. Os comitês estão trabalhando a todo vapor e não parecem estar preparados para assumir sozinhos a tarefa pela frente. Eles precisam de reforço; mas a fonte desse reforço é discutível. Pelos relatórios que receberam sobre o estado da Comuna na Place de la Maison, parece que quase toda a GN de Paris apoia a Comuna. A confusão da Convenção no início do dia – quem exatamente era o novo comandante das forças armadas de Paris, o candidato do CSP, Hémart, ou o candidato do sistema rotativo, Fauconnier? – foi agravada pelo fato de que não apenas um, mas os dois homens foram detidos e encarcerados. Há várias horas, a GN de Paris não tem um comandante. Perder um comandante pode ser considerado um infortúnio. Perder dois começa a parecer descuido. Uma solução provisória seria nomear Julliot, hoje comandante de plantão na Convenção, que já prestou excelentes serviços. Mas Julliot também foi aprisionado pelas forças de Coffinhal (embora, na verdade, esteja se libertando). Carnot, de dentro do CSP, seria outra escolha possível: ele tem experiência militar genuína e é muito respeitado no meio militar. No entanto, o antagonismo de Robespierre e Saint-Just em relação a ele nos últimos meses tem sido tão grande que ele não tem como garantir uma passagem fácil nas seções, que é onde o governo agora precisa de apoio. De toda forma, o CSP está em condições de prescindir de sua capacidade na mesa verde?

A gravidade da situação obriga a um pensamento radical. Foi vertiginosa a queda do governo em questão de horas. Eles e a Convenção agora lutam por suas vidas. Pensar fora da caixa tornou-se uma necessidade imposta pelas circunstâncias excepcionais do momento. Surge a pergunta: devem eles nomear um comandante de campo de dentro das fileiras da Convenção, um que reúna batalhões leais da GN, defenda o Palácio da Convenção e até mesmo saia pela cidade levando a batalha para a Comuna?

Seria uma decisão muito importante, abrindo um terreno político inteiramente novo. Desde o início da Revolução, o município de Paris teve o monopólio legal de garantir a segurança da cidade. O comandante da GN sempre se reportou ao prefeito, nunca ao Legislativo ou Executivo nacional. No passado houve debates tempestuosos sobre os erros e acertos da assembleia nacional quando esta buscava recrutar força militar. A assembleia sempre fracassou em demonstrar respeito duradouro pela noção de que a legislatura não deveria ter poderes policiais e militares. Logo após as *journées* de 31 de maio e 2 de junho de 1793, foi Robespierre quem bloqueou qualquer ideia de revisitar a possibilidade de a Convenção requisitar forças armadas para si própria. Isso explica em parte por que ele fica tão bravo quando é acusado de formar um corpo pessoal de guarda-costas, como se não pudesse confiar na GN, a própria emanação da soberania popular. Obviamente Robespierre não está mais na assembleia; mesmo assim a ideia de um deputado se tornar generalíssimo das forças armadas de Paris ainda é uma ruptura audaciosa com a tradição constitucional, algo de tirar o fôlego. Mas, francamente, nas circunstâncias atuais, a necessidade impera.

Se os Comitês de Governo vão tomar essa decisão, quem eles devem nomear para o cargo? Alguém distante do governo e com um histórico de competência militar daria conta do recado? Quem eles devem escolher?

20H55

Palácio da Convenção, Palácio das Tulherias

No Palácio da Convenção, Voulland e vários de seus colegas do CSG e do CSP estão amontoados na pequena sala por trás da cadeira do presidente. Fréron vem se juntar a eles.

> Voulland para Fréron: Como podemos salvar a Convenção?
> Fréron: Só existe um jeito de fazer isso. A Convenção deve nomear deputados para comandar as forças armadas de Paris.

Voulland, que acabou de deixar a mesa verde do CSP, onde tal solução foi considerada, é todo ouvidos. Fréron tem uma sugestão: seu ex-colega de missão no Midi, Paul Barras.

Voulland imediatamente emerge do cubículo, assume a tribuna e proclama:

> — Cidadãos, precisamos de um chefe para a Guarda Nacional. Mas esse homem deve ser um de vocês, escolhido entre suas fileiras. As duas comissões propõem o nome de Barras. Ele terá a coragem de aceitar.

21H

Palácio da Convenção, Palácio das Tulherias

Sob grande aplauso dos deputados, Barras está sendo aclamado chefe das forças armadas parisienses. Paul Barras, ou visconde de Barras antes de 1789, é um soldado de carreira e oficial da marinha de Provença. Eleito pelo departamento de Var em 1792 depois de causar impacto na política local, ele provou ser um montanhês convicto na Convenção. Também pode se orgulhar de um excelente histórico no campo de batalha e experiência em cercos desde 1778, quando esteve em ação na Índia, defendendo Pondichery contra os ingleses, mas os deputados terão mais em mente seu notável sucesso na missão ao lado de Fréron durante o cerco de Toulon, em 1793. Isso é pertinente porque agora ele está assumindo um papel que, em essência, é o de deputado em missão para a cidade de Paris.

Barras aceita o cargo, mas tem uma confissão a fazer aos colegas deputados:

> — Sou sensível à honra que a Convenção me concedeu. Não trairei essa confiança. No entanto, como não conheço a geografia de Paris, solicito que me sejam dados assistentes.

É um mau começo. O ex-fuzileiro naval sente-se à deriva na Paris revolucionária. Dado seu extenso serviço em missões nas províncias, ele viveu aqui apenas por alguns meses, fechado na bolha de Saint-Honoré. É de perguntar se os Comitês perceberam a deficiência de Barras quando propuseram seu nome – eles já tiveram mais do que seu quinhão de problemas com os comandantes hoje.

A Convenção concede-lhe de bom grado o seu desejo: concorda-se em fornecer a ele adjuntos provenientes das fileiras da assembleia, inicialmente seis deputados e depois, após uma rápida reflexão sobre a escala da tarefa pela frente, doze. Para sublinhar o seu papel de delegados em missão, os homens devem ser equipados com o uniforme aprovado para estes, desenhado por David em 1793 e composto por faixa tricolor, plumas, gorro, sabre e pistolas.

Os ajudantes de Barras são uma mistura heterogênea, unidos em sua hostilidade a Robespierre, mas representando uma gama de perspectivas políticas, muito parecida com a coalizão multipartidária que expulsou Robespierre esta tarde. Montanheses estão lá em peso (Fréron, Léonard Bourdon, Rovère, Merlin de Thionville, Goupilleau de Fontenay), e alguns dantonistas são incluídos também (Legendre, Bourdon de l'Oise), assim como deputados da Planície e até da direita (Auguis, Bollet, Beaupré, Camboulas, Féraud). A experiência prévia de carreira no exército é sem dúvida um fator na decisão dos deputados em apresentarem-se a esse serviço (Auguis, Delmas, Rovère), mas a função de deputado em missão, notavelmente junto dos exércitos, também está bastante em evidência, quer à esquerda ou à direita. O moderado Féraud, por exemplo, vem de uma origem mercantil no Maciço Central, mas mostrou grande bravura como deputado em missão na fronteira dos Pirineus, liderando tropas no front (e, como resultado, suportando períodos em hospitais militares). A coragem física é provavelmente o elemento comum mais forte para os voluntários. Surpreendentemente, considerando as razões que Barras deu para querer ajuda, menos da metade dos adjuntos é parisiense, embora alguns tenham morado na cidade por vários anos. Terá sido uma escolha sábia da Convenção?

21H

Arredores do Palácio das Tulherias

As poucas companhias de GN que permanecem nos arredores da Convenção parecem incomodadas com o que acaba de acontecer. As ordens anteriores de Cosme Pionnier, instrutor de artilharia – carregar o canhão da seção Mutius-Scévole com metralha em preparação para o conflito –, chocaram os homens. O cabo Levasseur tem fama de radical, mas mesmo para ele isso foi um ato excessivo. Quando Pionnier estava distraído, Levasseur usou seu lenço para apagar o fósforo e agora expressa seu descontentamento a seus camaradas sobre todo o rumo dos acontecimentos.

Assim que chegou a ordem de evacuar a Carrousel, Levasseur e sua trupe ainda reclamavam. O general-ajudante de artilharia Fontaine veio dizer a eles que se preparassem para partir, ao que Levasseur respondeu que estava mais do que pronto para servir ao bem público. "Quando a Comuna dá ordem para marchar", afirmou Fontaine, "nós marchamos." Levasseur respondeu: "É pela Convenção que nos reunimos, e nós só marchamos sob suas ordens". Um irritado Fontaine, que pessoas no local julgam estar bêbado, parte para tentar a sorte com outras companhias de artilharia, deixando os homens de Mutius-Scévole resmungando sombriamente sobre o que parece estar acontecendo e praguejando sobre a cumplicidade de seus oficiais em algo que simplesmente não parecia correto.

Os artilheiros de Mutius-Scévole não estão sozinhos em suas preocupações. Em outra parte da Place, homens da seção Panthéon que seguiram a procissão da Comuna rumo à Convenção também discutem acaloradamente. Ouviram a respeito das ordens de prisão contra Hanriot, que acabaram de ser acordadas nas Tulherias, e a notícia de que um dos chefes de legião está preso na Comuna também chegou até eles. Eles decidem enviar um emissário ao CSP para pedir esclarecimentos e orientações. Os guardas nacionais estão começando a pensar que precisam de informações mais confiáveis sobre o que está acontecendo do que as fornecidas por seus líderes.

21H

Place de la Maison Commune

Há um ar de tédio, incompreensão e até mesmo raiva na Place de la Maison Commune. Muitos guardas nacionais estão à toa por aqui há quatro ou cinco horas. Eles estão recebendo pouca informação sobre o que está acontecendo. Quando chegam, seus oficiais os deixam para se apresentar na Câmara do Conselho de Maison Commune e não voltam. O embargo do Conselho às saídas – o *consigne* – impede que os oficiais desçam para se juntar a seus homens e mantê-los atualizados. Os homens descobrem que seus colegas de outros batalhões seccionais também estão no escuro. Todos aguardando notícias.

21H

Câmara do Conselho, Maison Commune

Joseph Bodson é o caçula de três irmãos, todos os quais se tornaram comprometidos militantes na seção Révolutionnaire (anteriormente Pont-Neuf), na Ile de la Cité. Pintor e gravador por profissão, Joseph, assim como seu irmão joalheiro, Louis-Alexis, é membro do Comitê Revolucionário seccional. Na verdade, ele acaba de voltar ao posto após um período na prisão como suposto apoiador de Hébert. Ele foi solto há dez dias e combinou de se encontrar em Paris esta tarde com amigos do vilarejo vizinho de Villetaneuse para sair e comemorar com algumas doses e algumas cachimbadas.

No entanto, os planos de Bodson são interrompidos. Quando, por volta das três da tarde, ele e seus colegas no Comitê Revolucionário ouviram que Fleuriot e Payan, na Comuna, estavam falando mal da Convenção, sua primeira reação foi pensar que isso era um mau presságio. A seção enviou Bodson e outros para observar a Comuna (em vez de expressar apoio) e descobrir o que estava acontecendo.

Na frenética Câmara do Conselho, Bodson e seus amigos já testemunharam inúmeras delegações de guardas, gendarmes e artilheiros prestando juramento. Eles observaram a Comuna ignorando de modo afetado as ordens do CSP e os decretos da Convenção, prendendo os mensageiros. Viram Payan, Fleuriot e outros convocando vingança popular contra membros específicos da Convenção (Collot, em particular, parece uma *bête noire**). Agora, para surpresa dele e de seus amigos, Bodson vê a chegada, com uma recepção arrebatadora, do Robespierre mais novo, Augustin, que é conduzido à câmara do Conselho pelo conselheiro municipal e administrador de polícia Joseph Lasnier.

Duas horas antes, a escolta de Augustin o levara à prisão de Saint-Lazare. Mas o problema da superlotação é tamanho que a prisão não tinha instalações para mantê-lo em confinamento solitário conforme ordenado, então ele foi transferido para a prisão de La Force, onde o carcereiro se mostrou mais complacente. A notícia dessa chegada foi levada à Maison Commune, a cerca de meio quilômetro de distância, e em pouco tempo surgiu uma força de sessenta cavaleiros comandada por dois oficiais municipais, Lasnier e Pierre-Jacques Legrand, que insistiram em tomar o prisioneiro em suas próprias mãos, dizendo ser "em nome do povo que o exigiam". Eles e um guarda nacional de apoio dominaram o carcereiro indignado, e o grupo de escolta arrastou Augustin até uma carruagem destinada à Maison Commune.

De fato, "arrastado" é a palavra, pois Augustin estava relutante em ser tirado da prisão por indivíduos que ele nunca tinha visto e que estavam fazendo afirmações sobre as ações da Comuna que ele deve ter tido dificuldade de aceitar. Ele passara o tempo sentado em sua cela, preparando-se para a morte. Ele não tem ilusões sobre o futuro: espera ser guilhotinado com o irmão amanhã. Ambos, ele acredita com orgulho, morrerão como homens livres, inocentes de todos os crimes.

Muitos na Câmara do Conselho não reconhecem Augustin quando ele é trazido, pois ele não é muito conhecido nas ruas parisienses. Alguns o confundem com seu irmão, o que lhe é favorável. A multidão reunida começou a expressar uma ruidosa aprovação. Chamado a discursar, Augustin invoca a virtude e o patriotismo ao agradecer aos presentes pela sua libertação. Ele está encantado, diz, por estar entre homens que desejam liberdade e segurança pública. A tarefa mais importante e urgente agora para a Comuna, ele continua, é "unir-se a seu irmão". Maximilien saberá o que fazer. Quanto a si mesmo, ele está em dúvida sobre como reagir. Apesar do ambiente, ele tem a estranha sensação de que deveria

---

* "Alvo preferencial" é uma tradução possível para a expressão "*bete noire*" (*besta negra*, literalmente).

estar defendendo a própria Convenção que o prendeu esta tarde. Ele equipara o CSP à "Comissão dos Doze", o comitê girondino criado para identificar conspiradores dentro do movimento popular e cuja criação foi um dos fatores que instigaram a *journée* de 31 de maio. Mesmo assim, insiste, a Convenção Nacional deve ser respeitada e tratada com consideração. Caso contrário, tudo estará perdido. A Convenção foi desencaminhada por uma quadrilha de conspiradores, mas como um todo continua empenhada na tarefa de salvar a pátria. Não deve ser destruída.

Não está claro como essa mensagem de reconciliação atinge a assembleia. O sentimento pró-Convenção não combina bem com o clamor, expresso de modo mais pungente por Payan, de que agora é a Comuna "a única e solitária representante do povo". Mas Augustin volta ao assunto com seus companheiros quando começa a descarregar sua raiva contra os membros dos Comitês de Governo. Esses traidores o enganaram todo o tempo. Eles precisam ser confrontados. A Comuna deve marchar sobre a Convenção.

Os holofotes, porém, já estão se afastando de Augustin. É por volta de 21h30 agora, e chega a notícia de que a força expedicionária de Coffinhal garantiu a libertação de Hanriot, que está sendo trazido de volta à Maison Commune. O nível de entusiasmo é alto, e é ainda mais incensado pela chegada inesperada de Cd. Lerebours, que ocupa um cargo de alto nível na burocracia pública nacional. Ele brande, depois beija, uma maleta: nela, declara, estão elementos-chave da "teia armada contra os patriotas de 10 de agosto e 31 de maio". É este o momento em que a burocracia do governo vai para as mãos da Comuna? A expectativa é alta.

O gesto de agrado de Lerebours à plateia é suficiente para a assembleia elegê-lo para um novo "Comitê de Execução" (*Comité d'exécution*) que se encarregará da organização da insurreição, nos moldes das *journées* anteriores em que a Comuna assumiu a vanguarda. Outros que foram atuantes durante a última noite também são eleitos: ao lado de Payan estão as três figuras mais proeminentes da bem-sucedida expedição para resgatar Hanriot – Coffinhal e seus tenentes, Louvet e Desboisseaux. Três outros – o pintor Châtelet, um dos "sólidos" jurados do Tribunal Revolucionário, mais os fabricantes de papel de parede Arthur e Grenard – são de Piques, seção de Robespierre. Encerra a lista Pierre-Jacques Le Grand, administrador de polícia que supervisionou a libertação de Augustin Robespierre. Nove ao todo, o mesmo número – algo deliberado? – que organizou a *journée* de 31 de maio.

O novo Comitê decreta imediatamente que nomeará 24 outros conselheiros, encarregados de executar suas ordens em toda a cidade. Mas só o que há são recusas absolutas de assumir os cargos, e é surpreendentemente difícil conseguir voluntários entre os indivíduos que ainda estão sentados nos bancos. Eles têm que se contentar com doze adjuntos. Essa reação retardatória não é um bom sinal.

No momento, Joseph Bodson já viu o bastante. Com todas essas notícias sensacionais, Bodson se desvencilha da Câmara e, depois de blefar para burlar o *consigne*, volta correndo para sua seção a fim de relatar o calamitoso estado de coisas. Ao sair, ele pode muito bem passar pelo carcereiro de La Force, fazendo uma severa advertência sobre o tratamento dado a Augustin Robespierre.

21H

Pela cidade

Apesar do evidente clima caótico dentro e ao redor da Maison Commune, a Comuna ainda está à frente do jogo. Recuperou da liderança que a Convenção detinha no início da tarde. Foi de grande efeito a combinação dos enormes esforços da Comuna ao longo do final da tarde e início da noite, mais o boca a boca, o efeito do *tocsin* e o toque do *générale*. Uma impressionante presença militar está reunida na Place de la Maison Commune. Atualmente, iguala e pode até ultrapassar os 3 mil mais que estavam lá às sete da noite. A expedição de Coffinhal levou mil ou mais homens do local, dos quais nem todos retornaram, mas há novas chegadas tomando seus lugares. A força teria sido ainda mais substancial se quatro dos seis chefes de legião da GN não tivessem ciência da continuidade ilegal de Hanriot no posto e se recusassem a circular suas ordens de mobilização.

Mesmo assim, a Comuna está percebendo ser problemática a logística para consolidar sua posição. Simplesmente juntar mensageiros aos montes enquanto cuidam de outros assuntos está se mostrando um problema. Os mensageiros acabam se demorando pelas várias seções, diminuindo a velocidade da transmissão, especialmente agora que está escuro. Dentro da Maison Commune, Fleuriot teve que ordenar aos funcionários do Conselho (incluindo Blaise Lafosse) que não saíssem de suas mesas: é dever deles lidar com as montanhas de papelada envolvidas na elaboração de estratégias para a insurreição. Eles serão estocados por baioneta, dizem, se tentarem sair. Os problemas da Comuna são agravados pelo fato de ela não ter uma gráfica disponível. Para imprimir o Salário Máximo alguns dias antes, eles contaram com as máquinas do guarda-costas de Robespierre, Charles-Léopold Nicolas, mas elas estão localizadas perto da casa de Robespierre, dificilmente um local seguro no momento (e Nicolas foi preso, estando atualmente na prisão de Pélagie). Em contraste, grande parte das impressões da Convenção esta noite está sendo feita logo ali, em uma oficina na Place du Carrousel.

Algumas horas antes, a Administração de Polícia da Comuna, supostamente com o apoio de Robespierre, instou a prisão de jornalistas importantes para controlar a narrativa do dia. Há planos de ir às redações dos jornais às cinco horas de amanhã para fazer prisões e lacrar as impressoras. Esta noite, em torno da Maison Commune, eles prenderam alguns vendedores de jornal por comercializar notícias sobre os atos da Convenção. No entanto, tudo isso é muito pouco e veio muito tarde. Enquanto Lafosse e seus amigos escrevem furiosamente para dar uma resposta, hordas de cartazes impressos anunciando o decreto que ordena a prisão de Hanriot e traz também a proclamação de Barère estão finalmente começando a aparecer nas seções centrais. Além disso, os jornais da noite estão sendo anunciados de forma mais ampla, permitindo que a narrativa da Convenção chegue aos canais de notícias e reivindique legitimidade. Esta noite, há perigo de a impressão superar o boca a boca e os manuscritos, que é praticamente tudo com o que a Comuna pode contar.

Inseguras sobre o que exatamente está acontecendo e quais são os problemas, muitas autoridades seccionais buscam orientação lendo em voz alta os relatos dos jornais vespertinos sobre as prisões da Convenção. Essas autoridades também estão se tornando ainda mais resolutas em querer cumprir a letra da lei. Exigem ver ordens assinadas e seladas, não apenas comandos orais, antes de levantarem um dedo. Mesmo quando os protocolos das cartas são devidamente cumpridos, os problemas permanecem. Quando convocado para o juramento da Comuna, o Comitê Civil de Lombards, por exemplo, informa ao mensageiro que a ordem parece ser ilegal sob o Artigo 2º da Seção 6, e também pela Seção 3, Artigo 16, da Lei de 14 Frimário do Governo Revolucionário. Existem recusas motivadas de forma semelhante em algumas outras seções. Todos os funcionários das seções foram instruídos a levar consigo uma pequena versão impressa da Lei de 14 Frimário de modo a consultá-la o tempo todo diante da mínima confusão. Eles têm o Estado de direito em seus bolsos.

Um bom número de comitês demonstra sua incerteza e preocupação simplesmente encaminhando as ordens que recebem da Comuna diretamente ao CSG para consideração urgente, pois julgam muito facilmente que a Comuna está jogando fora das regras. Isso e a maneira arrogante como a Comuna está tratando as formalidades legais estão inibindo a mobilização. Está sendo difícil convencer os parisienses de que a legitimidade está do lado da Comuna.

Foram dois os modos pelos quais os rebeldes de 31 de maio deram à cidade uma noção dos perigos enfrentados pela pátria; a saber, o toque do grande sino da Notre-Dame e o disparo do canhão de alarme na Pont-Neuf. No entanto, a eletrizante missiva de Payan pedindo à seção de Cité que tocasse o antigo *bourdon* de Notre-Dame caiu em ouvidos moucos: o Comitê Civil rejeitou o convite de pronto e ainda confiscou as chaves das torres para evitar aborrecimentos. A seção Révolutionnaire, ajudada por um destacamento da gendarmeria chefiado pelo Cd. Dumesnil (que se livrou de uma prisão mais cedo), também parece estar se opondo aos guardas pró-Comuna que tentam disparar o canhão de alarme na Pont-Neuf.

Apesar da alta energia e das vibrações otimistas na Câmara do Conselho Comunitário, o município está encontrando dificuldades para impor sua vontade mesmo em seções ali perto. A seção Droits-de-l'Homme, que fica ao norte, e que se avizinha do edifício pelo lado norte, foi uma das primeiras em Paris a tocar o *générale* e começar a mobilizar homens. No entanto, Étienne Lasne, comandante do batalhão, foi desde o início muito resistente à ação da Comuna, e Mulot, chefe da 5ª Legião, o advertiu sobre se envolver em atividades insurrecionais. Desde então, houve um intenso disse me disse entre a seção e a Comuna a respeito do envio de homens e canhões para a Place de la Maison Commune. Os artilheiros da seção estão totalmente mobilizados e ansiosos para levar seus canhões para junto da Comuna, mas os guardas nacionais da seção e as autoridades civis estão simplesmente bloqueando a saída de seus quartéis. Houve uma correspondência frustrante durante toda a noite entre a Comuna e Lasne. Na mais recente recusa em reconhecer as ordens da

Comuna e em insistir em sua obediência à Convenção, o emissário do município deixa o local resmungando que, se não os reconhecer logo, a cabeça de Lasne vai rolar.

21H15

Palácio da Convenção, Palácio das Tulherias

Barras e sua dúzia de adjuntos – isto é, os deputados prestes a se aventurar pela cidade com a missão de propagar a mensagem da Convenção – estão se preparando para a tarefa. Enquanto estão fora do palácio, o comandante Barras decide que uma ordem deve ser enviada a todos os comandantes de batalhões seccionais da GN, com a assinatura dele e de dois de seus mais intrépidos auxiliares, Goupilleau de Fontenay e Féraud. A ordem afirma que os comandantes de batalhão devem reunir seus homens: metade deles deve patrulhar as ruas e garantir a defesa de todos os prédios públicos, enquanto a outra metade deve vir para defender a Convenção, onde o comandante de plantão, Julliot, que escapou de sua detenção de mais cedo, está de volta ao posto e ainda comandando o espetáculo.

Os adjuntos agora entram no palácio – causando certa surpresa. A ideia vinha sendo que eles usassem a farda oficial completa de deputados enviados em missão aos departamentos ou ao exército. No entanto, em maio de 1794, David também exibiu para a Convenção um conjunto de uniformes para cidadãos e legisladores, de sua autoria. Os adjuntos parecem ter dado com o guarda-roupa e encontrado os protótipos projetados para deputados. Léonard Bourdon – e talvez outros – começam a gostar desse novo traje, de inspiração clássica. Os collants e as botas até a panturrilha são um item e tanto, embora Bourdon evite o exótico barrete de penas de David, preferindo o capacete emplumado, mais convencional, de deputado em missão. De bota e espora, os homens farão de sua missão algo como uma performance, como encarnações ambulantes da soberania popular. De sabre na mão, eles juram salvar a *patrie* e então marcham para fora do palácio, recebendo aplausos unânimes. Do lado de fora, pegam os cavalos dos gendarmes que guardam o Palácio da Convenção. Alguns gendarmes montados restantes irão se somar à sua missão, deixando os demais em guarda.

Ainda há retardatários da expedição de Coffinhal ao redor do palácio, e Barras convoca alguns dos guardas de Fontaine-de-Grenelle para acompanhá-lo em suas rondas. Enquanto os homens se aventuram em uma cidade cada vez mais envolta em escuridão, os deputados encontram os arredores das Tulherias assustadoramente vazios. Muitos dos guardas da GN de plantão hoje na Convenção pegaram o rumo da Comuna junto com os alegres Hanriot e Coffinhal. A total indefensibilidade da assembleia sinaliza quão temerosa é a tarefa de Barras.

21H30

Maison Commune

O Conselho Geral da Comuna tem trabalhado na composição e na posse de seu novo Comitê de Execução. De repente, o entusiasmo no Conselho transborda quando outro dos deputados presos – desta vez Philippe Le Bas – é conduzido à assembleia. Ele foi solto quase por acidente. Ao receber uma reprimenda do prefeito pelo tratamento ignóbil dado a Augustin Robespierre, o carcereiro de La Force confessou que tinha deixado as chaves das celas dentro da prisão. Três funcionários municipais, incluindo Le Grand, que tinha requisitado a libertação de Augustin Robespierre, foram enviados para pegá-las. Para sua surpresa, descobriram que Le Bas também estava detido na prisão.

A força de Le Grand chegou à prisão nesta segunda vez no momento em que a jovem esposa de Le Bas, acompanhada por sua cunhada Henriette Duplay, chegou lá em uma carruagem, carregando uma cama de campanha, um colchão e um cobertor que seu marido tinha requerido. Le Bas estava prevendo a possibilidade de passar algum tempo na prisão enquanto as acusações contra ele eram produzidas. Depois que os homens de Le Grand burlaram a vigilância de Dossonville, espião do governo que estava escoltando Le Bas, as duas mulheres acompanharam o jovem deputado enquanto ele, solto de sua cela, caminhava em direção à Maison Commune. Le Bas não tem ilusões sobre o que o espera como resultado dos eventos de hoje. Sua soltura é artificial, pois seus passos o levaram a um reino de ilegalidade formal. Ele conhece as prováveis consequências. Seu pessimismo anterior sobre a situação foi confirmado. Não haverá final feliz. Ele insta sua esposa a voltar para casa e criar seu bebê de modo que este não odeie aqueles que estão prestes a matar seu pai.

— Amamente-o em seu peito; inspire nele o amor pela pátria; diga a ele que seu pai morreu por esse amor; *adieu*, Elizabeth, *adieu*!

E, conforme se distancia dela:

— Viva pelo nosso querido filho; inspire nele sentimentos nobres; você é capaz disso! *Adieu! Adieu!*

21H45

Quai de Gesvres (Arcis)

Joseph Lasnier, o oficial municipal da seção Mutius-Scévole que resgatou Robespierre *jeune* e o trouxe para a Câmara do Conselho Comunal, tem uma nova tarefa em mãos. Ele está liderando uma delegação de seis homens com ordens de escoltar o Robespierre mais velho de Mairie para a Maison Commune. A mensagem afirma, de modo direto:

> — O Comitê de Execução, autorizado pelo Conselho Geral da Comuna, precisa de seu bom senso. Venha rápido.

O mensageiro é instruído a deixar claro para Robespierre que "ele não pertence mais simplesmente a si mesmo, que ele pertence por inteiro à *patrie*, ao povo". Os nomes do Comitê estão listados, e a presença de três indivíduos de sua própria seção de Piques (Arthur, Grenard e Châtelet) o deixará tranquilo de que ele não estará se colocando nas mãos de completos estranhos, como tem sido o caso em Mairie.

Alguém se pergunta se o apelo no despacho de Lasnier realmente conseguirá tirar Robespierre de seu nicho em Mairie. A delegação da Maison Commune liderada por Le Lièvre há mais de uma hora não conseguiu convencê-lo a ceder. A força que Giot, comandante provisório da GN, levou para Mairie algum tempo depois também não teve resultados, e Giot se contentou em simplesmente enviar tropas para defender os escritórios.

Robespierre pode se sentir seguro na Mairie: oito canhões da GN bloqueiam todas as entradas. No entanto, trata-se de mais do que defesa armada: Robespierre também está ciente de que está à margem da legalidade e precisa se recompor. Ele não tem certeza se deve acreditar nos administradores de polícia (que ele não conhece) quando falam da forte posição da Comuna. Estarão eles exagerando? Se ele permanecesse aqui e se a Convenção prevalecesse, os deputados provavelmente ainda o enviariam ao Tribunal Revolucionário. Do jeito que as coisas estão, ele poderia enquadrar sua remoção, do Luxembourg para Mairie, como um sequestro policial, e, de fato, é mesmo verdade que ele pouco tinha a dizer sobre o episódio. Ele pode muito bem imaginar ter chance de não ser condenado (e pensaria de forma diferente sobre essa opção se soubesse do decreto ilegal da Convenção). O Tribunal Revolucionário está lotado de patriotas. Ele bem sabe: ajudou a colocá-los lá. Mas, se ele aceitar o convite da Comuna para ir à Maison Commune, estará infringindo irremediavelmente a lei. Ele teria então apostado tudo em uma solução essencialmente militar: a Comuna esmagar violentamente a vontade da Convenção.

À medida que a delegação de Lasnier passa ao longo do Quai de Gesvres, na Rive Droit, ele se encontra com líderes da cavalaria montada de Hanriot, bem como com forças da GN em triunfante retirada da Place du Carrousel. Segue-se uma breve negociação entre os dois homens, e Hanriot concorda em oferecer proteção à delegação enquanto ela segue em direção a Mairie, e talvez adicionar a voz do comandante às súplicas a Robespierre feitas pela Maison Commune. Seria seu primeiro grande ato como comandante reintegrado da GN, substituindo o incompetente Giot.

Para apoiar o comando em Paris, a Comuna quer Robespierre como o cabeça. Ele não precisa se envolver na organização da resistência: sua figura icônica a encarna. Ele não é mais sua própria pessoa; como disse o Conselho Geral, Robespierre "pertence ao povo". É assim que Robespierre enxerga as coisas?

22H

Quartel-General da Administração de Polícia, Mairie, Ile de la Cité

Hanriot, Coffinhal e Lasnier estão conduzindo seus homens para um pátio dos escritórios em Mairie, na Ile de la Cité, onde uma grande multidão se reuniu.

> — Está tudo resolvido [eles gritam para a multidão]. Robespierre foi libertado, Hanriot também está livre e ainda é nosso comandante.

Eles não querem complicar as coisas levantando suspeitas sobre o status oficial de Hanriot – fora da lei.

Um Hanriot superenérgico, recém-libertado das Tulherias e aparentemente convencido de que Giot havia agido para usurpar seu comando desaba sobre ele com desprezo furioso. Agarrando o cabo da espada de Giot como se fosse desarmá-lo, Hanriot grita que Giot é um moderado que entregaria todos ao inimigo:

> — Afaste-se, seu canalha. Não tente esconder sua indignidade. A guilhotina espera por você. Aqui (*indicando sua escolta militar*) estão seus juízes.

Giot mantém sua dignidade o suficiente para entregar a Hanriot sua espada e cassetete, curvando-se ao seu comando.

Hanriot então se junta aos outros para subir e se encontrar com Robespierre e os administradores de polícia. O tempo passa, e então

Lasnier desce, sozinho, e parte a cavalo. Mais tempo passa. Então, de repente, há grande agitação e uma grande delegação surge apressada e monta nos cavalos. Hanriot, mais calmo agora, faz uma brevíssima pausa e restaura Giot ao seu comando com estas palavras:

— Está tudo certo aqui. Siga as ordens que receber e ame seu país!

E então Hanriot e a escolta galopam animadamente em direção à Comuna, gritando:

— Cidadãos! Atenção! Temos um representante do povo conosco!

Ao que a multidão responde:

— *Vive* Hanriot! *Vive* nosso bravo general!

22H

Maison Commune

O clima na Câmara do Conselho continua animado após a chegada de Augustin Robespierre e Le Bas. O irmão Maximilien é esperado em breve, enquanto Saint-Just e Couthon também estão a caminho. Há confiança suficiente na força da posição da Comuna para decidirem suspender o *consigne*, o embargo de saída que vigorou a maior parte da noite. O medo era que as informações vazadas pudessem comprometer a causa da Comuna. Agora, o Conselho sente que não enfraquecerá sua posição se permitir que o embargo seja levantado. As pessoas que testemunharam os agitados debates na Maison Commune poderão circular pela cidade, ampliando os esforços de mobilização. Em particular, o Comitê de Execução preparou seus doze adjuntos para ir à cidade e acompanhar as Assembleias Gerais que o Conselho Geral convocou no início da noite para fortalecer a causa da Comuna entre o povo de Paris.

Deve-se dizer que, apesar da animação geral, muitos cidadãos dentro da Câmara do Conselho estão bem satisfeitos em poder sair. Alguns tentavam isso havia algum tempo. Muitos estão famintos, com sede e gratos por um pouco de ar fresco. É uma noite quente. Alguns dos desistentes partem imediatamente para suas seções, mas outros, antes de decidir o próximo passo, descem para conversar com amigos e colegas na Place. Um bom tanto vai tomar uma bebida no bar do Belhomme, na rua du Mouton, na esquina noroeste da Place, que está prosperando nos negócios.

O que eles descobrem ali é sensacional. A notícia que agora começa a se espalhar pela Place é que Hanriot foi declarado fora da lei. O mesmo, diz o rumor, vale para os membros da Comuna. E também vai acontecer, segundo os boatos, com Robespierre e os outros deputados presos. Isso dá uma nova e assustadora feição à noite.

Os que estão saindo também ficam sabendo que algumas seções estão pressionando suas forças armadas na Place e até mesmo, na medida do possível, seus colegas na Câmara do Conselho para retornarem às suas seções. O comandante do batalhão de Réunion, Jean Richard, que cruzou espadas com Payan no início da noite, está sob instrução seccional para remover seus duzentos homens, o que ele está fazendo por pelotões para evitar levantar suspeitas. Os 1,2 mil homens da seção do Panthéon também receberam ordem de voltar para casa e estão atualmente enfrentando tropas pró-Comuna que tentam impedi-los de cruzar a Pont Notre-Dame sem a permissão de Hanriot. Com o destacamento de um bom corpo de tropas para proteger Mairie e a dispersão de algumas das forças de Coffinhal, essas deserções estão fazendo a Place de la Maison Commune parecer muito menos lotada do que antes.

Com os rumores correndo soltos no local, os homens que ainda restam questionam sua presença por lá. Homens do Amis-de-la-Patrie eram um componente importante da força expedicionária de Coffinhal. Muitos ficaram surpresos ao descobrir que tinham sido enviados para libertar Hanriot e, embora tenham retornado à Place de la Maison Commune após a libertação dele, repreenderam Thiéry, comandante de batalhão, sobre a legalidade de suas ações. "Todos nós vemos agora que este não é o nosso lugar", um dos homens lhe diz. Thiéry recomenda apenas seguirem as ordens por enquanto, mas envia uma mensagem de volta à sua seção para obter conselhos sobre o que deve fazer. Se ainda existe grande entusiasmo entre os organizadores do movimento insurrecional desta noite, surgem sinais preocupantes de que a base está começando a desmoronar.

22H15

Pela cidade

Os emissários da Comuna estão deixando a Maison Commune e se espalhando pela cidade. Buscam reforçar a lealdade das Assembleias Gerais seccionais cuja convocação a Comuna ordenou no início da noite. A grande maioria das seções está realizando ou convocou assembleias. Fato encorajador, pois significa que elas estão seguindo as ordens da Comuna. Apenas nove das 48 seções, localizadas principalmente em áreas centrais próximas à Convenção, recusaram frontalmente a instrução da Comuna e se posicionaram fortemente a favor da Convenção.

Fleuriot, Payan e Hanriot perceberam desde o início que estavam envolvidos em uma disputa por números e que a reivindicação de legitimidade da Comuna se basearia em um engajamento maciço dos parisienses nas ações deles. Assim, à primeira vista, o fato de a frequência na maioria das assembleias ser muito maior do que há pouco tempo é um ponto positivo para a causa da Comuna. Quanto mais, melhor. Na verdade, o aumento da participação nas assembleias gerais está tendo o efeito de mudar o panorama político de maneiras que os líderes da Comuna não previram. Nos últimos meses, os Comitês Revolucionários controlaram de perto as pautas de muitas seções, reduzindo o papel decisório das assembleias. Com as reuniões correndo o risco de se tornarem meras formalidades dominadas por panelinhas radicais com uma base de poder dentro do Comitê Revolucionário, o quórum caiu. A natureza às vezes desagradavelmente pessoal e ameaçadora das disputas nas reuniões também dissuadiu muitos cidadãos de comparecer. Esta noite, no entanto, o frenético tumulto nas ruas pôs em ação uma grande parte da população. Os parisienses querem se envolver. De repente, parece fazer sentido vir a uma Assembleia Geral.

As assembleias, portanto, em comparação ao que foram por muito tempo, estão representando mais genuinamente a opinião parisiense, em vez das opiniões de camarilhas radicais locais muito dedicadas. Algumas dessas panelinhas devem estar preocupadas com essa invasão de quem consideram moderados, mas no momento a questão mais urgente é tomar a decisão política certa para que as seções atravessem a crise.

Na seção Bon-Conseil, Jacques-Louis Ménétra está conduzindo a Assembleia de volta aos retos caminhos pró-Convenção. Ele estava de plantão na GN mais cedo, quando esbarrou em seu amigo Auguste Jemptel, que apenas algumas semanas antes o havia derrotado nas eleições para a Comuna. O conselheiro Jemptel o leva para tomar uma dose em um café próximo para lhe dizer que agora se arrepende amargamente de seu sucesso. Ele sabe o que a Comuna está fazendo e tem sido impotente para impedir que a artilharia da seção se junte à aglomeração na Maison Commune. Deixando o sombrio Jemptel com sua bebida, Ménétra volta à seccional para declarar:

> — Cidadãos, nosso canhão foi levado para a Maison Commune às cinco da tarde. No entanto, nossa devoção cívica é pela Convenção. Vamos imediatamente nomear comissários para trazê-lo de volta e descobrir se nossos artilheiros apoiam a Convenção (como deve ser).

Aplausos estrondosos saúdam suas palavras e parte do batalhão vai para a Maison Commune trazer os homens de volta.

Em outros lugares, a tomada de decisão não é ajudada pelo fato de que informações contraditórias e conflitantes sobre o que está acontecendo ainda estão circulando. O comentário de Legendre na Convenção esta noite, de que "não é fácil fazer o povo se rebelar se ele estiver bem instruído", é muito correto. Mas no momento ninguém está "bem instruído". A assembleia tem sido incrivelmente lenta em espalhar informações pela cidade. As assembleias seccionais, em particular, estão cientes de que carecem de informações concretas sobre o que está acontecendo. Para muitos, ficar com um pé em cada canoa parece a melhor opção. Um número substancial de seções envia delegados e, em alguns casos, simplesmente observadores, tanto para a Comuna quanto para a Convenção. Indivisibilité e Poissonnière também enviaram observadores ao Clube Jacobino. É o tipo de situação, disseminada por toda a cidade, que a Comuna espera que seus adjuntos mudem, conquistando as assembleias para o seu lado.

Cobrindo toda a cidade, a escuridão aumenta os níveis de ansiedade e nervosismo em muitos dos grupos que se reúnem para decidir sobre o curso de ação adequado, tornando mais difícil a coleta de informações concretas. A situação é mais premente nas áreas periféricas, nas quais as notícias são mais escassas e onde há pouca iluminação pública. Mais do que ver, as pessoas escutam os indícios de insurreição. É óbvio que se trata de uma grande crise, mas as pessoas temem tomar uma atitude decisiva quando amigos e familiares podem estar do outro lado. Nessas circunstâncias, terá uma grande vantagem o lado que puder divulgar suas mensagens mais amplamente e inspirar mais confiança em seus pronunciamentos.

22H15

Palácio da Convenção, Palácio das Tulherias

Barère está prestes a falar na Convenção. A retirada de Hanriot, Coffinhal e da expedição armada em direção à Comuna deu fôlego aos deputados. Eles tiveram sorte, muita sorte mesmo. Agora devem aguardar pacientemente para ver se Barras e seus homens terão algum efeito sobre o povo de Paris. Enquanto isso, eles ouvem Barère.

Barère é perfeito para uma situação como esta. Ele sabe melhor do que ninguém como manejar a Convenção. É especialista em jorrar perorações pelo bem-estar, desfazer sobrancelhas preocupadas, amenizar situações, estabilizar o navio, celebrar sucessos, preencher o tempo. Agora, ele está dizendo aos deputados que os acontecimentos das últimas horas indicam a existência de uma conspiração há muito alimentada contra a *res publica*.

> — Todos os preparativos para esta contrarrevolução foram feitos, todas as disposições estão prontas. [...] Enquanto vocês aprovavam uma legislação salutar, Hanriot espalhava nas ruas de Paris o boato de que Robespierre tinha sido assassinado. Histórias das mais infames foram levantadas contra vocês. Cartuchos foram distribuídos aos gendarmes com ordens de atirar nos deputados.

Suas declarações têm como base rumores que circulam nas seções mais próximas das Tulherias. Mas ele também está sendo um pouco fantasioso sobre supostos preparativos conspiratórios.

Ele vai em frente. Hanriot continua agindo como se ainda comandasse a GN. Ele revogou os mandados de prisão do CSG contra Boulanger e outros ajudantes de campo, prendeu os enviados da Convenção, convocou guardas nacionais para a Maison Commune e soou o *tocsin*, além de fechar os pontos de barreira da cidade. Antes de ser preso, ele andava pela rua gritando: "Estão assassinando os patriotas! Às armas, contra a Convenção!". A Comuna declarou-se em aberta insurreição contra a Convenção e, quando convocado por um enviado da Convenção para vir à barreira da casa, um dos oficiais municipais gritou: "Sim, nós vamos lá – mas com o povo ao nosso lado!".

> — Como é evidente, a conspiração mais atroz, uma conspiração militar, uma conspiração forjada com uma amplitude, uma astúcia e um sangue-frio que nem mesmo Catilina ou Pisístrato poderiam rivalizar!

Muitas seções se declararam partidárias da Convenção, embora algumas, relata Barère, estejam erroneamente resistindo. A tarefa da Convenção agora é reconquistá-las para o lado certo. Com coragem e virtude, a Convenção prevalecerá. Enquanto isso (Barère está trabalhando nesse sentido), a Convenção deve fazer o seguinte:

> — Declarar fora da lei todos aqueles que pegarem em armas contra a assembleia ou derem ordens que visem revogar a Convenção! E também qualquer indivíduo que se recuse a aceitar um mandado de prisão ou detenção contra eles! [...] A pátria está vigiando Paris, e a Convenção saberá julgar os bons cidadãos.

Voulland se prepara para apoiar Barère. Os decretos originais de proscrição eram contra Hanriot e conspiradores da Comuna. Essa proposta é um avanço significativo em relação aos debates desta manhã sobre *mise en arrestation* e *mise en accusation*. A moção é estrondosamente aplaudida. O que deixa claro que Robespierre é o alvo, pois ele de fato se recusou a aceitar um mandado de detenção e fugiu da prisão do Luxembourg. A Lei de 23 Ventoso significa que a morte de Robespierre está repentinamente no topo da pauta.

22H15

Clube Jacobino

Pierre Burguburu, um oficial da manufatura de guerra de Paris baseado na seção Gardes-Françaises, não está tendo a lua de mel que imaginou. Ontem ele se casou e esta noite trouxe sua nova esposa ao Clube Jacobino, onde ouviu que Robespierre estaria revelando uma grande conspiração. Para sua consternação, ele soube não apenas que Robespierre foi atacado, mas também que mandados de prisão foram emitidos para companheiros jacobinos admirados por ele que são supostos idólatras de Robespierre. As vítimas incluem nada menos que seu recém-cunhado, Prosper Sijas, que usou a tribuna jacobina esta noite para atacar Carnot e seu acólito, Pille. Temendo que a crise provoque um cisma no Clube, Burguburu acredita que a Comuna deveria ser a bússola para as seções de Paris e até para os jacobinos.

Os jacobinos desempenharam um papel fundamental em muitas *journées* parisienses. Mas esta noite eles apenas ouvem as notícias, em vez de serem a fonte delas. Sob a direção pouco inspiradora de Vivier, o Clube está se mostrando muito pouco dinâmico e aguarda relatórios produzidos por outros. Burguburu admite não entender exatamente o que está acontecendo, não estando sozinho nisso. Já houve várias delegações discretas à Comuna para expressar solidariedade e esclarecer a situação. Em uma visita, os delegados exigiram retoricamente onde "estavam localizados os verdadeiros representantes do povo", o que permitiu ao prefeito responder com grandiloquência que "amanhã, a esta hora, os facciosos terão sido aniquilados".

Agora, o Clube recebe uma delegação enviada pela municipalidade para dar conta do ritmo acelerado dos acontecimentos. Os delegados informam a seus irmãos de armas que o CSP não existe mais e que o poder legítimo agora reside no recém-criado Comitê de Execução, saído do Conselho da Comuna. Este último será doravante denominado "Conselho Geral de 10 de Agosto". O povo está a postos, declaram os delegados. O sino da liberdade – o *tocsin* em Maison-Commune – está dobrando.

É verdade que o *tocsin* da Maison Commune ainda está sendo tocado, mas e quanto a pessoas estarem a postos? Na verdade, as mensagens que já chegam à Comuna descrevem um quadro menos otimista. E no Clube dos Jacobinos, as galerias públicas também não estão cheias. Muitos membros jacobinos observaram o *générale* e o *tocsin* em suas diferentes seções e agora estão vestindo seus uniformes da GN e se apresentando para o serviço em sua sede seccional. Outros, assustados, correram para casa.

O Clube está sendo ignorado pelos eventos. Toda a estratégia de Robespierre parece ter girado em torno de o Clube dos Jacobinos ser capaz de alcançar o povo de Paris e difundir entre ele a necessidade de agir pelo interesse da nação. Mas a flacidez de suas ações esta noite sugere que eles são carta fora do baralho.

Para ao menos demonstrarem alguma disposição, os jacobinos ainda presentes nomeiam uma delegação de cerca de uma dezena de membros para visitar a Comuna e fraternizar com eles. Entre o grupo estão o locatário de Robespierre, Maurice Duplay, e seu amigo guarda-costas, Jean-Baptiste Didier, ambos preocupados com o que acontecerá com Robespierre. Desde que o abandonou à própria sorte na Convenção, no início da tarde, Didier estava angustiado sobre o que fazer. Pelo menos agora há uma missão. Mas não há razão para pensar que esse novo movimento produzirá algo além de vapor, o qual não faltou por todos os lados esta noite. A delegação parte como um grupo – mas quantos chegarão ao seu destino? Sentindo o clima das ruas, Didier decide que o melhor para ele é desistir por completo e ir direto para casa, deixando seu herói por conta própria.

22H30

Palácio da Convenção, Palácio das Tulherias

Élie Lacoste, membro do CSG, está chamando a atenção dos deputados para uma nova ameaça. Necessita-se urgentemente garantir a lealdade dos jovens cadetes que servem na École de Mars, na planície de Sablons, perto de Neuilly. O perigo de eles serem influenciados a apoiar os conspiradores é amplificado pelo fato de Le Bas, juntamente com Jean-Pascal Peyssard, seu colega montanhês, ser o responsável pelo acampamento. A École pode ser composta só por meninos, mas eles podem bem estar em posse de um arsenal.

De uma forma ou de outra, nesta tarde, Le Bas conseguiu enviar uma mensagem ao diretor da instituição, o veterano repleto de cicatrizes Bertèche:

> Uma conspiração terrível acabou de estourar, e eu estou entre os deputados leais que os conspiradores prenderam. Minhas suspeitas sobre as intenções de usar a escola foram confirmadas. Cabe a você opor-se a ela marchando sob a bandeira dos traidores. O povo está observando. Mantenha-se leal.

Na verdade, Le Bas está completamente errado ao pensar que os oponentes de Robespierre planejam recrutar o poderio militar da École, que teria um papel de destaque no Festival de Bara e Viala planejado para o 10 Termidor. Na verdade, eles descartaram isso por completo.

Billaud-Varennes intervém no debate para observar que Bertèche, o comandante da École, está preso há quatro horas (aliás por motivos bem diferentes). Mas ele aceita a realidade da ameaça que os cadetes podem representar se seguirem as instruções de Le Bas. A assembleia adia indefinidamente as festividades de Bara e Viala, programadas para amanhã. Por sugestão de Tallien, três deputados, Brival e Bentabole, junto com Peyssard, são instruídos a cavalgar até a École e protegê-la.

Enquanto os deputados tiveram que esperar para ver o impacto que Barras terá em neutralizar a ameaça política dentro de Paris, houve algumas brisas encorajadoras. Jean Devèze, membro do Conselho Geral da Comuna, chega à barreira da casa para declarar sua total oposição à Comuna e seu apoio eterno à Convenção. Passo importante para alguém que, no passado, foi um convicto defensor de Robespierre e um *sans-culotte* radical na seção République, que se descreve como "um carpinteiro que se diverte fazendo cabeças rolarem". Devèze é seguido por um artilheiro do Faubourg Saint-Antoine que anuncia, um tanto oracular, que o Faubourg "está de pé, mas não de um modo preocupante". Não preocupante para a Convenção, espera-se. Em seguida, um delegado do Comitê Civil da seção Unité também relata sua rejeição aos avanços da Comuna. São bons sinais. Ao que parece, estão mudando de ideia muitos dos que, menos de 24 horas atrás, se pensaria estarem totalmente enfeitiçados por Robespierre.

22H30

Maison Commune

Jean-Philippe Charlemagne, um jovem professor da seção Brutus, assumiu as funções de presidente na Câmara do Conselho. A nomeação do Comitê de Execução eliminou muito do burburinho de mais cedo pelo edifício. O fim do *consigne* – a proibição de sair da reunião – significa que os delegados podem agora andar pela cidade para divulgar a voz da Comuna. Aqui, a maior parte do tempo parece ser dedicada a administrar o juramento dos recém-chegados. Pelo menos há recém-chegados – embora não tantos quanto se poderia esperar. Assim como na Convenção, onde os deputados aguardam impacientemente notícias sobre o impacto de Barras na cidade, a Comuna está esperando para saber sobre o impacto causado pelos doze adjuntos do Comitê de Execução enviados às seções para obter o apoio de parisienses de toda a cidade.

Nesse clima um tanto reservado e discreto, um desapontado Lasnier está declarando aos reunidos que sua missão de persuadir Robespierre a vir para Maison-Commune falhou e que ele decidiu permanecer em Mairie. Mas, de repente, com Lasnier ainda no meio da frase, o homem em pessoa entra na sala, flanqueado por Hanriot e Coffinhal.

— *Vive* Robespierre!

Não está claro como Hanriot conseguiu arrancar Robespierre de seu nicho em Mairie; mas ele foi arrancado.

A multidão agora pode ver que o grande homem está falando e fazendo gestos, mas a agitação é tão barulhenta e intensa que não se ouve o que ele diz. Algo sobre a necessidade de apoiar a liberdade, talvez? É bem provável que seja evidente o quanto a experiência do dia abalou Robespierre. Ele parece muito menos disposto do que seu irmão a agitar as multidões.

Enquanto os reunidos celebram delirantemente a nova adição às suas forças, Payan reafirma a recusa da Comuna em aceitar a legitimidade da Convenção. De repente, porém, uma voz vinda do chão se faz ouvir:

> — Só os canalhas pensam assim. Os patriotas devem se reunir em apoio à Convenção.

É François-Louis Juneau quem está falando. Um negociante de roupas de segunda mão, ele está aqui como um membro da marcha vinda da seção Amis-de-la-Patrie, presente à Câmara do Conselho para ver o que está acontecendo. Os colegas de batalhão lá embaixo compartilham sua falta de entusiasmo em apoiar a Comuna, e na verdade muitos estão desertando de volta para a seção.

Os conselheiros reagem rapidamente, e guardas e gendarmes saltam sobre Juneau, espancando-o e arrancando-lhe o chapéu e o casaco (gastei 150 libras neles, pensa Juneau, fiel ao seu ofício). Robespierre ganha vida ao testemunhar a luta, gritando: "Derrube-o! Derrube-o!". Juneau é controlado e enviado às celas em Mairie para aguardar seu destino.

Sem se deixar abater por esse pequeno incidente, Hanriot e Coffinhal começaram a receber os aplausos. Para além da chegada de Robespierre, a Comuna tem de volta o seu comandante da GN, exulta Coffinhal. Coffinhal resgatou o agora envaidecido Hanriot das garras de "vilões, ex-espiões da polícia, inimigos do povo e tiranos conspiradores" (ele quer dizer o CSG e o CSP). Há um apelo para que todas as vítimas da ira da Convenção sejam resgatadas e levadas à Maison Commune para se juntarem aos três deputados presentes. Couthon e Saint-Just, assim como Dumas, do Tribunal Revolucionário, são agora a prioridade, enquanto o retorno de Hanriot é um lembrete de que seu estado-maior também deve ser trazido de volta.

Talvez seja revelador que o discurso de Coffinhal tenha destacado a libertação de Hanriot, em vez da de Robespierre. Talvez este de fato parecesse um homem quebrado quando entrou. Ele parece ter passado rapidamente dos holofotes da Câmara do Conselho para a Salle de l'Égalité, onde Payan e Fleuriot estão avançando com a ação. Payan elaborou uma nova proclamação para liberação imediata. Nela, uma lista revisada de nomes dos supostos inimigos do povo na Convenção:

> — A Comuna Revolucionária de 9 Termidor, criada pelo e para o povo para salvar a pátria e a Convenção Nacional dos ataques de conspiradores inúteis, decreta que Collot d'Herbois, Amar, Léonard Bourdon, Fréron, Tallien, Panis, Carnot, Dubois-Crancé, Vadier, Javogue, Dubarran, Fouchet, Granet e Moise Bayle serão presos para libertar a Convenção da opressão em que esses homens a mantêm.

Uma coroa cívica será concedida a qualquer cidadão que fizer as prisões.

É uma lista de inimigos curiosa. Não inspira confiança que o Comitê de Execução compreenda direito o que está acontecendo no Palácio da Convenção, ou mesmo que esteja abordando seus assuntos insurrecionais de maneira metódica. Apenas dois membros do CSP são citados (e não é Billaud, ou sequer Barère! Pode-se perguntar se esta última omissão foi obra de Robespierre); quatro membros do CSG; e depois uma mistura de radicais e moderados envolvidos no *coup de théâtre* desta manhã. É um balaio de gatos, unido menos por considerações ideológicas do que pelas animosidades pessoais dos que elaboram a lista. Alguns dos supostos inimigos que Robespierre e Couthon têm atacado estão lá, mas o fato de o nome de Fouché estar escrito errado sugere que o envolvimento de Robespierre foi exíguo.

Mesmo assim, com Robespierre e Hanriot agora de volta, os líderes da Comuna estão convencidos de que têm o vento a seu favor. Eles arregaçam as mangas para a ação, emitindo uma ordem ao comandante Hanriot "para lançar o povo contra os conspiradores que oprimem os patriotas e livrar a Convenção Nacional da opressão dos contrarrevolucionários". Nota-se aqui ecos da proclamação de Payan. Nota-se também que o desejo de repressão da mídia noticiosa, almejado por Robespierre ainda em Mairie, no início da noite, saiu da lista de prioridades.

De volta ao batente, Hanriot está ansioso para agir. Ele informa o Cd. Pellerin, artilheiro do batalhão Popincourt, que ele deveria se preparar para levar seiscentos homens e dez canhões de volta à Place du Carrousel. Ele então escreve aos ajudantes dos seis chefes de legião (ele parece ter desistido dos próprios chefes de legião) ordenando a cada um deles que mantenha cem homens na reserva e prontos para a ação. Agora também é emitida uma ordem para que os guardas nacionais que defendem a Convenção venham para o lado da Comuna. Todos os indivíduos encontrados fazendo a proclamação da Convenção devem ser presos de imediato. E então, por fim, uma nova ordem é formulada:

> — As seções são ordenadas a salvar a pátria, tocar o *tocsin* e o *générale* em Paris e unir forças na Maison Commune, onde receberão ordens do general Hanriot, que o povo soberano acaba de libertar da prisão junto com todos os outros deputados patriotas.

Uma nova *journée* está entrando em ação. E Hanriot terá a chance de se redimir após a humilhação que enfrentou no início do dia.

22H45

Seção Guillaume-Tell e pela cidade

Pierre-Louis Moessard, um fabricante de perucas, está presidindo a Assembleia Geral da seção Guillaume-Tell, aberta às 22 horas. Ele está atualmente se redimindo por suas ações no início da noite. Por volta das cinco da tarde, ele testemunhou Hanriot sendo preso do lado de fora da sede do CSG, e, enquanto outros na multidão gritavam "Ele é um canalha! Prenda-o", Moessard foi apertar a mão de Hanriot e dizer: "Vamos, Hanriot, não tenha medo. Nós vamos apoiá-lo". Pouco depois, Moessard ficou chocado ao descobrir que a prisão de Hanriot tinha sido decretada pela Convenção, de modo que sua ação o colocou em uma situação de erro total. Determinado a agora brandir simpatias pró-Convenção com todas as suas forças, ele exorta sua seção em assembleia a se unir em torno da Convenção:

> — Indivíduos estão querendo tomar o poder supremo no momento em que nossos exércitos triunfam em todas as frentes.

Com uma evocação transparente de Robespierre, conclui que é sempre melhor "estar apegado às coisas do que aos indivíduos". Fréry, um dos representantes da seção no Conselho Geral da Comuna e um esquentadinho membro da Maison Commune, tem tentado persuadir a assembleia a se unir à Comuna. No entanto, a assembleia não aceita nada disso e, quando alguém grita que ele deveria ser preso por estar fora da lei, Fréry inteligentemente desaparece. Resistindo à tentação de queimar as mensagens recebidas da Comuna, a assembleia decide também que estas sejam enviadas aos Comitês de Governo.

No Faubourg Saint-Antoine, a seção Quinze-Vingts também está neste momento dominada por divisões seccionais. No início da noite, as autoridades aqui estavam tão confusas com as ordens conflitantes recebidas que escreveram uma carta à Convenção buscando orientação diante do que consideravam truques e armadilhas criadas pela Comuna. Neste momento, os militantes pró-Comuna do Comitê Revolucionário, liderados por Etienne Pellecat, funcionário da burocracia municipal, estão fazendo o possível para influenciar a opinião local em favor da Comuna. Em resposta à juventude dos colegas que o pressionam para apoiar a Convenção, em vez da Comuna, Pellecat responde:

> — Vocês ainda são jovens na Revolução e não se dão conta do que é uma Comuna quando ela toca o *tocsin* e o *générale*. Uma vez que nossos representantes (na Convenção) não estavam cumprindo o dever, a Comuna tem o direito de demiti-los e expulsá-los.

Ele encontra apoio em François-Louis Fournerot, um anão corcunda com um brilhante currículo de radicalismo que inclui participação ativa em *journées* revolucionárias desde 1789, bem como no serviço burocrático, culminando em um cargo em uma das Comissões Populares, onde ele mostrou pouca misericórdia para com os inimigos da República. Agora ele aborda sua seção:

> — Cidadãos, a Comuna foi salva e agora tem vantagem; Robespierre e Hanriot escaparam das garras dos canalhas e amanhã desarmaremos a gendarmeria. O Conselho Geral acaba de nomear uma Comissão de Execução.

Talvez esse tipo de discurso tivesse caído bem nas reuniões mais recentes da Assembleia Geral. Esta noite se dá o oposto, com os concidadãos de Fournerot mostrando ceticismo sobre a legitimidade da ação da Comuna. Na verdade, as intervenções de Pellecat e Fournerot têm o efeito de antagonizar ativamente seus ouvintes. O consenso se fortalece ainda mais pouco tempo depois, quando o comandante do batalhão

Quinze-Vingts, François Bourbault, que no início da noite ajudou a supervisionar as guilhotinas de hoje na Place du Trône-Renversé, retorna da observação da Maison Commune para contar aos seus concidadãos que a Comuna estava agora aprovando decretos que são francamente, ele declara, "liberticidas". A Comuna quer matar a liberdade do povo. Parece que os doze adjuntos que o Comitê de Execução da Comuna enviou para reunir o povo de Paris terão um trabalho difícil em suas mãos.

ANTES DAS 23H

Prisões de Paris

— Cale a boca, Robespierre! Vá deitar!

A tensão nervosa desenfreada no sistema prisional se espalhou para os carcereiros e seus cães de guarda. O carcereiro da prisão de Pélagie, na Margem Esquerda, está tendo dificuldade em impedir que Robespierre, seu mastim favorito, lata descontroladamente, o que torna difícil ouvir os ruídos da cidade.

Com o cair da noite, as prisões mais próximas do centro registraram a intensificação da ação nas ruas, com o ar rasgado por gritos, choque de armas, galope de cavalos, rangidos de comboios de artilharia e marchas de companhias da Guarda Nacional. Muitos prisioneiros no Luxembourg testemunharam o imbróglio sobre a não admissão de Robespierre na prisão e sua fuga por pouco (assim eles sentem) do massacre. Soeur Théotiste descobre um pouco mais quando um projétil lançado de fora na rua cai no chão de sua cela. Ao redor da pedra há uma mensagem:

> — Robespierre acaba de ser proscrito pela Convenção. Ele e seus satélites estão juntos no Hôtel de Ville; mas numerosos batalhões estão cercando o prédio.

Ela e seus amigos correm para contar aos outros colegas de presídio. Será verdade? Ou é apenas a projeção de um desejo?

A prisão do Luxembourg está mais bem informada do que a maioria. Em outros lugares, a ignorância ainda é a regra, e o medo da possibilidade de uma reprise dos Massacres de Setembro se espalha pelo ar. Na prisão de Port-Libre, a resposta do carcereiro Haly à notícia das detenções foi preocupantemente emotiva: dando um tapa em sua própria testa, gemeu que Robespierre é o timoneiro e, se ele morrer, a República estará perdida. Ele vai descontar seus sentimentos ruins nos presos? Na prisão de La Force, no Marais, onde Theresa Cabarrus está detida, os presos improvisaram defesas para o caso de uma multidão a invadir: há agora barricadas de camas nas portas das celas e os presos se armaram com pernas de cadeira e quaisquer facas que tenham escapado da coleta oficial de objetos pontiagudos. Suas emoções foram distorcidas pela notícia de que o próprio Robespierre foi admitido naquela prisão (na verdade era Augustin, não Maximilien), e ainda mais quando ele foi libertado e partiu para a Maison Commune.

Atos de legítima defesa semelhantes ocorrem em outras prisões. Na Plessis, crianças são pressionadas a recolher cinzas e brasas para serem jogadas nos olhos de supostos agressores. Na Bénédictins-Anglais, os guardas fazem visitas frequentes às celas e carregam seus fuzis ostensivamente. O colega de Mercier, Fleury, e outros deputados ouvem seus carcereiros conversando entre si de uma forma que sugere que haverá um assassinato em massa à meia-noite. “Não é para escapar ninguém”, eles ouvem. Laurenceot, também colega e deputado, recebe a notícia com resignação cansada e simplesmente se deita em sua cama e vai dormir com o rosto voltado para a parede. Fleury fica fora de si de medo e sacode o colega para acordá-lo. Laurenceot continua resignado:

> — Se começarem a matar pelo térreo, me avise que eu me matarei pulando pela janela.

A agitação frenética de Fleury é mais típica do humor da prisão do que a calma de Laurenceot. As prisões, e toda a cidade, estão com os nervos à flor da pele.

23H

Salle de l'Égalité, Maison Commune

O Comitê de Execução da Comuna conseguiu cópias da proclamação da Convenção que Barère redigiu hoje cedo. Eles as levaram consigo em sua marcha. Agora, porém, eles recebem cópias do decreto de proscrição da Convenção. Isso os abalou e não foi pouco. O decreto sublinha a luta de vida ou morte na qual eles estão engajados.

O Comitê decide emitir uma contraproclamação, um ato de desafio que reunirá seus próprios apoiadores, atrairá os indecisos e amedrontará aqueles que apostaram na Convenção. O fato de ser a terceira missiva desse tipo em uma hora sugere preocupações reais de que suas palavras não estejam tendo o impacto que gostariam e de que eles não estão conseguindo acompanhar a velocidade dos acontecimentos.

> — Em nome da segurança do povo, a Comuna Revolucionária ordena a todos os cidadãos que a compõem que não reconheçam outra autoridade senão a si mesma, prendam todos aqueles que abusam do título de Representante do Povo e fazem proclamações pérfidas que proscrevem seus defensores; e declara que aqueles que não obedecerem a esta ordem suprema serão tratados como inimigos do povo.

Numa versão dirigida aos habitantes da vila de Choisy, acrescenta:

> — Os amigos da liberdade estão em marcha contra os conspiradores. A Comuna é o ponto de encontro de todos os patriotas. Marche com seu canhão, suas armas e suas esposas e filhas republicanas.

A Comuna tem sido mais antagônica do que a maioria em relação ao envolvimento das mulheres na vida política e pública. Querer que "esposas e filhas" se juntem à força soa decididamente desesperado.

Payan percebe que a notícia sobre o decreto de proscrição adentrou a Câmara do Conselho, e então ele volta para reforçar o desafio da assembleia. Ele se alegra com o rótulo de fora da lei:

— Sim, somos conspiradores, contrarrevolucionários e monarquistas *fora da lei*, e *dentro da lei* pela Liberdade e Igualdade!

No entanto, Payan arruína o efeito de sua linguagem ousada cometendo uma grande gafe. Isso porque ele diz à assembleia que eles podem presumir que qualquer um que apoie a Comuna nesta hora pode esperar ser incluído na lista dos foras da lei da Convenção – já que, de fato, a redação do decreto da Convenção visa auxiliadores e cúmplices. É uma declaração intimidante para a assembleia, que Payan acredita de verdade que redobrará o compromisso das pessoas. No entanto, embora haja alguns rotineiros aplausos iniciais, não demora muito para que as implicações da mensagem sejam absorvidas. Se a Convenção prevalecer, qualquer um dos presentes pode ser levado e fuzilado. A galeria pública, já menos povoada depois do levantamento do *consigne*, diminui rápida e acentuadamente. As pessoas querem salvar a própria pele. A causa da Comuna não parece valer a aposta.

Não é apenas o público que reage dessa forma à súbita ameaça às suas vidas. O conselheiro Charles Ballin, que teve dificuldade para entender os eventos desta noite, sente que a revelação de Payan o atinge como um raio, do nada. Ele corre para casa, na seção Quinze-Vingts, em busca do consolo da esposa, convencido de que sua morte está próxima. A assinatura do Cd. Fleury, funcionário da Comuna anteriormente conhecido como Bourbon, para de aparecer nos decretos da Comuna por volta dessa hora. Fleury-Bourbon deu no pé. É uma tendência preocupante. O pânico está se instalando na Maison Commune.

23H

Café des Subsistances, Palais de Justice, Ile de la Cité

Dumesnil, o comandante da gendarmeria ligado aos tribunais, conseguiu se desvencilhar da Comuna depois de ter sido detido por várias horas. Voltando aos tribunais, ele encontra Fouquier-Tinville não em seus escritórios, mas na *buvette*, também conhecida como Café des Subsistances. Fouquier gosta de beber. Em circunstâncias como essas, ele provavelmente sente que precisa de uma dose. Desse quartel-general improvisado, ele vem recebendo notícias, envia funcionários para avaliar o clima nas ruas e despacha mensagens ocasionais ao CSP, assegurando-lhes sua fidelidade contínua. Enviados da Maison Commune vêm dando um jeito de chegar à *buvette*, tentando transferir sua lealdade da Convenção para a Comuna. Mas Fouquier não aceita nada disso, embora esteja longe de ser claro sobre o padrão do dia: "Não sei o que está acontecendo nem o que isso significa", ele diz a seus anfitriões na *buvette*. Talvez tenha chegado a ele a notícia de que a Comuna enfim abandonou seus esforços para conquistá-lo para o lado deles: o rumor é que eles decidiram que amanhã cedo vão fazer com que Jean Hémart, escolhido pela Convenção como suposto sucessor de Hanriot, fosse fuzilado por um pelotão, presumivelmente na Place de la Maison Commune. O que exatamente Fouquier fará amanhã ainda não está claro; mas a Comuna evidentemente deseja começar a *journée* de 10 Termidor com um estrondo.

23H
Pela cidade

A Comuna está apostando fortemente no sucesso dos adjuntos do Comitê de Execução em acelerar a radicalização das seções. Pode-se perguntar se eles se dão conta disso, algo muito difícil de responder. O fracasso em garantir 24 voluntários para a função sugere que, mesmo na atmosfera então efervescente da Câmara do Conselho, a tarefa deles é assustadora. Além disso, eles estão partindo muito tarde da noite. Muitas seções convocaram Assembleias Gerais, mas não receberam informações adequadas da Comuna. O *consigne* – outro erro cometido por Payan e Fleuriot-Lescot – manteve dentro das paredes da Câmara do Conselho militantes que poderiam ter retornado a suas seções para defender a causa da Comuna. Na sua ausência, as assembleias seccionais têm recebido mais informações e reclamações por fidelidade da Convenção. O atraso provocado pelo *consigne* significa que os adjuntos estão indo para assembleias que, muitas delas, já decidiram apoiar a Convenção.

Os doze adjuntos escolhidos representam apenas nove seções bastante aleatórias entre as 48 da cidade. Os níveis de competência e comprometimento variam. Aubert, um carpinteiro de pouca instrução e ainda menos a par do que está acontecendo esta noite, simplesmente volta para sua seção, Poissonnière, conta às autoridades o que a Comuna está tramando e se entrega à sua misericórdia. Michée e Leleu parecem ter simplesmente sumido na noite, em vez de arriscar voltar para suas seções. Jault e Dhazard, sabendo que suas seções – Bonne-Nouvelle e Gardes-Françaises, respectivamente – abriram assembleias gerais tarde da noite e estão se decidindo fortemente pró-Convenção, escolhem outro alvo. Juntamente com Mercier de Finistère, eles devem visitar a seção Arcis, estrategicamente importante, na qual a Place de la Maison Commune está localizada. Cochois tentou a sorte na Bonne-Nouvelle, mas seus apelos não comoveram ninguém. A história foi semelhante com Simon, ex-governador do jovem "Luís XVII" na seção de Temple, que considerou a seção de Marat decidida demais para mudar. Após sua expressão de sentimentos pró-Comuna, Simon e seus colegas conselheiros Warmé e Laurent foram presos. Gibert e Barelle também tinham poucas chances de vencer em Faubourg-du-Nord: quando chegaram lá, a seção tinha se declarado a favor da Convenção e estava retirando suas tropas da GN da Place de la Maison Commune.

Os conselheiros Gencey e Delacour mostraram um pouco mais de capacidade em Finistère e Brutus, respectivamente. Gencey, fabricante de barris em Faubourg Saint-Marcel, chegou a prender membros do Comitê Revolucionário por suas opiniões pró-Convenção. Porém, quando ele foi à Assembleia Geral para justificar seus movimentos e tentou fazer ainda mais prisões, foi calado e terminou a noite na prisão. Na seção Brutus, o notário Pierre-Louis Delacour vinha trabalhando desde o início da noite com um grupo de apoiadores da Comuna no Comitê Revolucionário para abalar o crescente consenso pró-Convenção dentro da seção. Em particular, eles procuraram influenciar Charles Chardin, chefe da 4ª Legião. Embora Chardin tenha obedecido anteriormente à Convenção e rejeitado a ordem de Hanriot de enviar quatrocentos homens para a Place de la Maison Commune, ele posteriormente recebeu uma mensagem de que a Comuna queria nomeá-lo um dos ajudantes de Hanriot. Chardin vacila. Membro leal dos Cordeliers e um dos julgados pelo Tribunal Revolucionário por suas supostas simpatias hebertistas (foi absolvido), ele percebe agora muitos de seus aliados *sans-culottes* alinhados com a Comuna. Embora na assembleia ele defenda a Convenção, ao sair, logo após dez da noite, afirma que espera ser preso por um lado ou por outro. Mesmo assim, Delacour continua tentando suborná-lo, sussurrando para um dos assessores de Chardin na GN:

> — Se você ama Chardin, se é amigo dele, vá e o convença a abandonar a Convenção, e vocês dois mandem suas tropas para a Comuna.

> Temos Robespierre, Couthon, Saint-Just, Dumas e Le Bas e não reconhecemos mais a Convenção.

Apesar das palavras doces, o movimento progressivo da seção em direção à Convenção deixa Delacour em apuros. Ele volta rápido para a Maison Commune, com o rabo entre as pernas. Ali, a conclusão só pode ser, conforme as notícias chegam, que o uso de adjuntos pelo Comitê de Execução para galvanizar a opinião parisiense em favor da Comuna provou ser um completo fracasso. Eles falharam por completo em deter a mudança pró-Convenção das seções.

Decerto, tudo isso é demais para Chardin. Apesar de sua alta posição na GN, ele agora joga tudo para o alto e deixa seu posto para passar a noite com uma amiga e uma garrafa de vinho. Pela manhã ele verá em que tudo isso vai dar.

23H

Palácio da Convenção, Palácio das Tulherias

Para grande aclamação, Barras e vários de seus assessores voltam para a Convenção. Barras apresenta seu relatório sobre o estado da cidade:

> — Eu cobri grande parte da cidade, acompanhado pelos artilheiros da seção Fontaine-de-Grenelle, e encontrei pessoas em todos os lugares preparadas para a liberdade e gritando "*Vive la République! Vive la Convention nationale!*" à nossa passagem. Ordens militares foram dadas e um enorme bando de republicanos cercou a Convenção para fazer sua defesa. Acabei de prender um gendarme enviado pela Comuna a Bertèche, na École de Mars.

Acompanhado de Fréron, Barras deixa então o palácio para se reportar aos Comitês de Governo, deixando seu assessor Féraud para continuar com as boas-novas:

> — Passei por diversos pontos de Paris. Onde quer que eu tenha passado, encontrei verdadeiros republicanos prontos para morrer pela Convenção. [*Nós também morreríamos!, gritam cidadãos na galeria pública.*] Prendi um emissário da Comuna que tentava fazer a Guarda Nacional em torno da Convenção se retirar.

Satisfeitos com o trabalho da noite e com o notável sucesso do uso de adjuntos, Barras e Fréron entraram no CSP e encontram

Billaud-Varenne estendido em um colchão. Sua exaustão é compreensível, e ele está cheirando rapé para se animar um pouco. Como é usual, não está muito impressionado com o que foi alcançado até agora. Há um boato de Robespierre ter dito que marchará sobre os deputados dentro de duas horas. Billaud afirma nitidamente:

— Você precisa marchar em direção à Comuna e cercá-la. Você está dando tempo para Hanriot e Robespierre virem aqui e cortarem nossa garganta.

Fréron deixa Barras para discutir o assunto com Billaud, retornando depois ao Palácio da Convenção, e molda ainda mais o debate ao enfileirar as conquistas do governo. Foi frustrada a trama de uso da École de Mars que o traidor Hanriot e o Catilina Robespierre planejaram. Cinco bravos artilheiros seguiram para a Place de la Maison Commune para tentar reconquistar seus colegas para a causa do povo. Assim que as pessoas percebem o verdadeiro estado das coisas, elas passam para o lado da Convenção. A Pont-Neuf finalmente está nas mãos da Convenção, e os deputados têm 1,5 mil soldados guardando-a.

Fréron espera que o povo de Paris esteja à altura da ocasião:

— O tempo é crucial, e, com Barras agora coordenando as ações com os Comitês de Governo, o resto de nós está pronto para marchar contra os rebeldes.

Quanto ao resto:

— Vamos convocar os aliados equivocados de Robespierre na Comuna para entregar os traidores. Se eles se recusarem, reduziremos a Maison Commune a pó! [*Sim! Sim!* e muitos aplausos]

Tallien assumiu a cadeira de presidente, aparentemente por aclamação por suas ações de hoje, e contribui para o ar de urgência:

— Convido meus colegas a partirem imediatamente para que o sol não nasça antes que os conspiradores sejam expulsos de seu covil e punidos.

A Convenção está passando freneticamente de uma postura de defesa para uma de agressão ativa. Embora haja necessidade de defender a Convenção militarmente, a melhor forma de defesa será o ataque.

— Devemos derrotar Robespierre. E só dormiremos quando os traidores forem aniquilados.

Surgem gritos de "Às armas! Às armas!". Isso tem um impacto imediato na galeria pública, pois os homens saem em massa, deixando apenas as mulheres para trás. Mas Tallien exorta a massa de deputados presentes a permanecer em seus postos enquanto os colegas designados para a tarefa sob o comando de Barras avançam contra o inimigo.

A causa da Convenção está indo bem. Além das delegações de seções leais que foram ouvidas, há delegações que se alinham à saída da assembleia para serem admitidas na barreira. Legendre, outro membro da trupe de Barras, relata que esteve na própria seção Sans-Culottes, de Hanriot, no Faubourg Saint-Marcel. Mesmo lá, todos estão se unindo à causa da Convenção.

23H

Seção Lombards e pela cidade

Na seção Lombards, a vendedora de jornais Jeanne Jouannes, *femme* Deschamps, ainda está gritando a notícia da prisão de Hanriot quando é agredida por um indivíduo que rasga seu estoque do *Messager du Soir*. O indivíduo, que é preso por transeuntes, acaba identificado como Charles Joly, trabalhador de uma fábrica de papel de parede. Ele esteve na Comuna, onde testemunhou vendedores de jornais sendo trazidos e repreendidos por promoverem propaganda. Ele pensou que estava prestando um serviço público ao impedir que as "notícias falsas" do governo fossem divulgadas.

A Comuna de fato perdeu a batalha do noticiário esta noite. Payan falhou em desenvolver uma estratégia para combater o fluxo de informações da Convenção, e nem seus agentes nem a Administração de Polícia demonstraram muita energia em verificar a difusão da narrativa impressa da Convenção pela cidade. Os administradores de polícia têm um plano para investir contra gráficas, editores e jornalistas às cinco da manhã. No ritmo de progresso de agora, será tarde demais.

A imprensa está desempenhando um papel importante esta noite, ajudando a mudar a maré nas seções de Paris para apoiar a Convenção em uma corrida gadarena.* A confusão da noite foi consistentemente

* Referência bíblica sobre a vara de porcos que, em alta velocidade, se atirou de um penhasco depois que Jesus transferiu para os animais demônios que infestavam a população de Gadarena. [N.T.]

impulsionada em função dos boatos e pela ausência de informações concretas não apenas sobre as apostas políticas em questão, mas também sobre fatos muito básicos a respeito do que aconteceu e do que estava acontecendo. Mas agora estão chegando informações mais sólidas, ou pelo menos a versão da Convenção a respeito delas. A edição noturna dos jornais traz as manchetes e uma boa quantidade de detalhes sobre a primeira sessão da Convenção. Relatos jornalísticos são lidos em voz alta em comitês e assembleias seccionais. Isso estimula as pessoas a comparecer à assembleia de sua seção. A maioria das seções cuja assembleia se reúne após as 22 horas declara imediatamente apoio à Convenção, o que é revelador. Quanto mais informações concretas houver, menos convincente será a causa da Comuna.

A mudança no clima em favor da Convenção é acelerada por dois documentos impressos cruciais que estão chegando às mãos de comitês e assembleias seccionais, a saber, a proclamação de Barère e o decreto da Convenção que declara fora da lei aqueles que resistem à Convenção e à lei. Chega a um fim o atraso na difusão do discurso vespertino de Barère, atraso causado seja por inadvertência ou por negligência deliberada de Herman e Lanne, aliados de Robespierre. A proclamação está sendo distribuída não apenas em formato de jornal, mas também em cartazes colados pela cidade. Cópias do discurso são lidas em voz alta nas Assembleias Gerais, provocando invariavelmente altos e entusiásticos aplausos, e decisões são então tomadas para proclamar o documento *viva voce* nas principais vias e esquinas da seção. O Clube Jacobino é um lugar previsível de renegação: "Estamos cagando para a sua proclamação", gritam mulheres jacobinas quando os oficiais da seção das Tulherias passam pelo Clube. Uma exceção.

Foi o decreto de proscrição que mudou o jogo. Revelador sobre seu impacto é o modo como muitos, assustados com a leitura de Payan do decreto na Câmara do Conselho, levantaram de seus assentos e voltaram para casa. Não se trata apenas de um impedimento destinado a assustar as pessoas em direção à obediência. O decreto é reconhecido como uma declaração legal crucial, que coloca os oponentes da Convenção no mesmo nível que os inimigos do povo contra quem o Governo Revolucionário dedicou suas políticas de terror no ano passado.

23H30

Seção Révolutionnaire

A proclamação da Convenção chegou por volta das 22h30 à seção Révolutionnaire, no lado oeste da Ile de la Cité. As autoridades seccionais reconheceram sua importância e nomearam comissários (incluindo dois dos irmãos Bodson) como responsáveis por sua difusão. Durante a última hora, o grupo, portando tochas, leu o decreto em mais de uma dúzia de locais dentro de sua seção, incluindo a estrategicamente importante Pont-Neuf.

A Ile de la Cité ainda está dividida sobre as ações desta noite. Enquanto a seção Révolutionnaire é claramente pró-Convenção, a Administração de Polícia em Mairie ainda está entre os apoiadores mais entusiasmados da Comuna. Mais cedo, uma leitura da proclamação de Barère ocorreu a uma distância que permitia ouvi-la em Mairie, situada na divisa com a seção Cité. Uma enorme gangue de Mairie, liderada pelo administrador de polícia Bigaud, atacou o grupo e fez várias prisões, alegando que a proclamação não era autêntica. As autoridades de Révolutionnaire comunicaram o fato aos Comitês de Governo e nomearam substitutos para os homens presos, de modo a continuar com as proclamações longe da divisa com a Cité. Pouco depois, ao tentarem obter acesso ao pátio da Sainte-Chapelle (mais uma vez, perto da divisa com a Cité), encontraram o caminho bloqueado por um grande grupo de guardas nacionais que o ex-comandante Giot tinha trazido de Mairie. Quando começaram a ler a proclamação em voz alta, Jacques-Claude Bernard, membro do Conselho da Comuna, armado até os dentes e usando sua faixa tricolor, adiantou-se entre as tropas para proclamar solenemente:

— Estejam presos, em nome do povo reunido na Maison Commune e do Comitê de Execução. Trago comigo duzentos homens prontos para executar minhas ordens se vocês resistirem.

Em seguida, um dos oficiais de Révolutionnaire, indiferente à ameaça, agarrou Bernard pela garganta e contra-atacou:

— E eu prendo você em nome da Convenção Nacional.

A delegação de guardas nacionais de Giot recua e permite que Bernard seja levado para as celas seccionais, onde, sem cerimônia, ele é despojado de sua faixa, pistola, cartuchos e baioneta.

No entanto, a Convenção ainda não trouxe toda a Ile de la Cité para sua causa. A Pont-Neuf, que permite o acesso àqueles que, vindos da Rive Gauche, buscam avançar nas Tulherias, ao norte, é tanto um ponto estratégico crucial para uma cidade em insurreição quanto um grande gargalo. Fréron afirmou na Convenção que o controle da ponte está agora nas mãos do governo, mas isso está longe de ser evidente no nível do chão, com remanescentes de uma variedade de batalhões circulando. De fato, logo após o incidente com Bernard, Mathis, chefe da 3ª Legião, que teve um dia muito desgastante ao manter seus batalhões seccionais fiéis à causa da Convenção, atravessou a ponte para visitar batalhões localizados na Rive Gauche. Na Ile de la Cité, ele tropeçou em bandos de homens das seções Marat e Sans-Culotte que professavam lealdade à Comuna. Quando esses homens perceberam que Mathis não era pró-Comuna, voltaram-se contra ele com sabres e lanças; Mathis e seu cavalo saíram feridos. Ele tentou fugir ao longo do Quai des Orfèvres, mas uma dúzia de tiros foi disparada e ele caiu ferido. Os guardas o levaram, coberto de sangue, para as celas da Administração de Polícia em Mairie.

23H30

Place Saint-Sulpice (Mutius-Scévole) e pela cidade

Uma fresta deve ter sido aberta na persiana de uma casa na esquina da rua des Canettes, onde reside o diarista Guittard de Floriban. Toques de tambor em alto volume despertaram a vizinhança para o fato de que na adjacente Place Saint-Sulpice dois deputados a cavalo estão presidindo a leitura pública da proclamação da Convenção, com autoridades seccionais e gendarmes uniformizados observando tudo solenemente.

A presença dos deputados resulta em considerável pompa quando a luz das tochas faz resplandecer o tom tricolor brilhante de suas faixas, plumas e gorros. Estar por ali também permite aos deputados atualizar um documento que Barère elaborou ontem à noite em circunstâncias muito particulares. Ele foi obrigado a ser cuidadosamente vago nos detalhes. Agora a especificidade é a ordem do dia. Os deputados podem acrescentar o decreto de proscrição àquela manifestação. Eles improvisam um pequeno discurso: a Comuna está em estado de rebelião e não deve ser obedecida. Hanriot foi declarado fora da lei. Uma bela recompensa aguarda aquele que matar o traidor.

Essas leituras cerimoniais improvisadas que acontecem por toda a cidade estão tendo o efeito de colocar em ampla circulação a narrativa da Convenção sobre o dia. Com uma presença impositiva, eles conseguem uma legitimidade muito mais convincente do que qualquer coisa que a Comuna esteja fazendo. A Administração de Polícia decide enviar agentes para combater as leituras, mas não tem mão de obra suficiente para que isso tenha algum efeito. Muito mais declarações da Comuna acabam em lixeiras ou são encaminhadas aos Comitês de Governo do que lidas em público.

A dúzia de adjuntos de Barras está planejando trabalhar durante a noite, cobrindo toda a cidade. Sua presença é notada a oeste, nos Champs-Elysées e na área de Neuilly; mas também em Arsenal e Popincourt, a leste. Eles estão em Marat, bem como em Mutius-Scévole, na Rive Gauche, e tanto em Gravilliers quanto em Faubourg-Montmartre, na Rive Droit. Por estarem a cavalo, os deputados percorrem mais terreno, inclusive nas seções externas, em menos tempo do que os mensageiros a pé enviados pela Comuna. Em geral, produzem um efeito tranquilizador, reforçando a tentativa das autoridades seccionais de produzir calma e resolutividade na população. A cidade foi varrida por ondas de ansiedade e temores pelo pior. A firmeza da Convenção parece ser valorizada. Traz segurança, clareza e inspira comprometimento. Na seção Unité, quando o leitor da proclamação de Barère para a Convenção chegou à parte em que Barère pergunta retoricamente "Você quer perder em um instante o fruto de seis anos de trabalho?", a multidão reunida gritou de volta em uníssono: "Não! Não!".

Os deputados a cavalo estão também garantindo que as autoridades seccionais receberam e estão implementando a mobilização das suas forças da GN. Ao sair em expedição logo após as nove da noite, Barras ordenou aos comandantes de batalhão da GN que convocassem seus homens e, mantendo metade deles patrulhando as ruas e garantindo a defesa de todas as prisões e prédios públicos de sua seção, enviou a outra metade à Place du Carrousel para defender a Convenção. A recente decisão da Convenção de direcionar em massa as forças da GN contra Maison-Commune acrescentou uma nova urgência à mensagem. Paris está em marcha.

DAS 23H À MEIA-NOITE

Place de la Maison Commune e Place du Carrousel

O enredo da noite está começando a gravitar em torno de duas praças: a Place de la Maison Commune, que está se tornando progressivamente deserta, e a Place du Carrousel, que está se enchendo. Essas mudanças determinarão o resultado da *journée*.

A Carrousel é um espaço aberto suficientemente extenso para conter um número muito grande de pessoas, como de fato aconteceu em vários momentos de agitação desta noite. Mas um teste severo está sendo aplicado a essa considerável capacidade, já que um grande número de guardas nacionais está entrando na praça, muitas vezes acompanhados de seus canhões, enquanto transeuntes e curiosos fazem o possível para sair do caminho. Os recém-chegados se reportam a Julliot, chefe da 2ª Legião, que ainda está atuando como comandante de plantão após suas aventuras anteriores. Ele decerto está fazendo hora extra esta noite, pois, além de comandar novos destacamentos, também recebe um fluxo constante de informações das seções, despachadas a cada hora, conforme exigido pelo CSP.

Julliot descobre que está ficando sem nichos para os recém-chegados à Carrousel. Eles já estão enchendo as ruas de acesso à Place – rua de l'Échelle, rua Saint-Nicaise, trechos da rua Saint-Honoré e assim por diante. Ele colocou alguns batalhões do outro lado do palácio, no jardim das Tulherias, e alguns na reserva, na Place de la Révolution. Eles também estão no cais, e, para evitar muito refluxo em direção ao ponto de passagem da Pont-Neuf, batalhões estão estacionados a leste, subindo o Quai du Louvre em direção ao Quai de l'École.

Enquanto a Place du Carrousel está superlotada, a Place de la Maison Commune está sendo progressivamente esvaziada de pessoas e vitalidade. Por volta das dez da noite, as forças de lá começaram a receber ordens para retornar às suas seções. O grupo de Bon-Conseil, cuja retirada tinha sido pedida anteriormente por Jacques-Louis Ménétra, atendeu às demandas seccionais para se retirar. No momento, a lista dos batalhões que permanecem é menor do que a lista dos que saíram. O capitão Voyenne, um comandante de companhia da GN do Muséum, que tem sessenta homens guardando a escadaria principal dentro da Maison Commune, resistiu até agora à pressão de sua seção para retornar. Do lado de fora, forças substanciais de Lombards, Finistère, Quinze-Vingts e Popincourt permanecem na Place, bem como alguns retardatários de outras unidades. A força de Mutius-Scévole está no processo de retirar seus homens do local, incluindo Lasnier, que cerca de uma hora antes tinha liderado a delegação para trazer Robespierre de Mairie para a Maison Commune. As atitudes rígidas do Comitê de Execução podem tê-lo feito virar a casaca.

A Comuna não pode contar nem com as seções que se avizinham à Maison Comuna e à Place. A artilharia da seção Droits-de-l'Homme foi mantida em quartéis a maior parte da noite por Lasne, comandante do batalhão. A seção como um todo se declarou a favor da Convenção depois das dez da noite, mas uma enorme força da Comuna acabou afastando guardas pró-Convenção para permitir que os artilheiros saíssem de suas instalações e marchassem para a Place de la Maison Commune. Uma vez lá, na mais rápida das reviravoltas, seu comandante os conduziu à Place du Carrousel para apoiar a Convenção.

A seção Arcis, que tem a Place de la Maison Commune dentro de seu perímetro, demorou um pouco mais para aparecer. Estava prestes a declarar-se pela Convenção quando, pouco depois das 22 horas, o juiz de paz da seção, Jean-François Damour, que tinha passado o dia controlando as manifestações dos trabalhadores contra o famigerado Salário Máximo (e havia bebido muito), entrou anunciando que estava de volta da expedição que resgatara Hanriot. Ele segurava com orgulho as cordas com as quais Hanriot fora amarrado. Mas isso não impressionou a assembleia como um todo, e ele foi duramente criticado por seu apoio à Comuna (e a Robespierre em particular). Um homem afirmou:

> — Marat foi levado ao Tribunal Revolucionário e saiu inocente e sem incitar uma insurreição. Se Robespierre for inocente, o povo estará com ele para garantir o triunfo da justiça.

Damour então começou uma briga com seu interlocutor legalista, acenando com o distintivo de seu cargo. Mas não adiantou. Ele foi preso e despojado de suas insígnias e armas.

Algum tempo depois das onze da noite, conselheiros dentro da Maison Commune notaram que havia dois indivíduos, ambos da seção Arcis, lendo a proclamação da Convenção em voz alta para observadores e guardas. Enxergar o movimento foi facilitado por uma decisão prévia de acender as tochas da fachada da Maison Commune. Os homens foram presos e identificados como Cds. Tugot e Dehureau, que na verdade estiveram na Câmara do Conselho no início da noite e até assinaram a folha de presença. Eles são "canalhas, monarquistas, contrarrevolucionários e patifes", dizem, e são mandados para as celas. Examinando uma cópia da proclamação, o Comitê notou que o nome de David está listado como signatário: eles triunfantemente proclamam que é uma falsificação. O Comitê instruiu três de seus adjuntos nomeados, Jault, Dhazard e Mercier, a irem imediatamente à seção Arcis "para informá-la sobre os verdadeiros interesses do povo e os perigos para a *patrie*". Na chegada, os três homens são presos: a seção está resoluta.

A seção Homme-Armé, também no Marais, resistiu aos esforços de Jean-Étienne Forestier, membro do Conselho Geral, para declarar apoio à Comuna – algo que, segundo ele, todas as outras seções estavam fazendo – e permaneceu solidamente pró-Convenção. Pouco depois das dez horas da noite, "cidadãos com a flâmula tricolor e uma escolta respeitável" leram a proclamação da Convenção. Ao mesmo tempo, a assembleia da seção decidiu não apenas enviar uma delegação com uma mensagem de apoio à Convenção, mas também enviar 24 delegações de dois homens de suas fileiras a cada uma das 47 outras seções para compartilhar sua lealdade com elas. Na mensagem, eles declaram

> ... que não desejam reconhecer nenhuma autoridade que não a da Convenção Nacional, que nunca se desviarão desse princípio e que os habitantes que compõem o setor farão de seus corpos uma muralha contra os golpes que possam ser dirigidos contra a Convenção Nacional.

Antes da meia-noite, dois novos movimentos parisienses estão começando a ocorrer. Primeiro, uma série de delegações, todas expressando sua lealdade eterna à assembleia, está sendo recebida na barreira da Convenção. Em segundo lugar, a mensagem interseccional concebida pela seção Homme-Armé ganha tração e, com uma velocidade surpreendente, se transforma em um grande fenômeno. Antes da meia-noite, torna-se evidente que o processo de confraternização está tendo um impacto significativo na mobilização da cidade como um todo para um apoio incondicional à Convenção. Os primeiros imitadores do gesto de Homme-Armé são Guillaume-Tell, Bonne-Nouvelle e Droits-de-l'Homme, mas a prática logo se espalha por toda parte. Há algumas hesitações iniciais. A seção Fraternité descobriu que era má ideia visitar o Clube Jacobino, por exemplo. Mas, com pouquíssimas exceções, a recepção das delegações fraternas é calorosa e entusiástica.

Essas mensagens fraternas chegam rapidamente às Assembleias Gerais, onde são lidas sob gritos de entusiasmo e aplausos. A preponderância do apoio tem por efeito precipitar a decisão dos vacilantes e estimular conversões políticas. Durante a noite, uma seção típica receberá mais de vinte delegações seccionais, um número considerável tendo em conta que os movimentos das forças da GN nas ruas restringem a mobilidade, especialmente para além da Maison Commune.

As delegações difundem a narrativa da Convenção, respaldando a proclamação. A expressão peculiar da seção Homme-Armé, sobre homens fazendo "de seus corpos uma muralha", é repetida em várias moções e mensagens seccionais para a Convenção. As delegações também se veem sendo bombardeadas por informações concretas em seções onde isso infelizmente tem faltado. A confraternização está se mostrando a melhor forma de deixar o povo "bem instruído" sobre os acontecimentos da noite, para usar o termo do deputado Legendre.

Não é nova essa prática de confraternização iniciada pela seção Homme-Armé. Foi usada com muita força no final da primavera e no verão de 1793 como meio de esmagar as maiorias pró-girondinas em algumas seções. Tampouco, vale ressaltar, é legal. De fato, o Governo Revolucionário reprimiu duramente esse tipo de sociabilidade política interseccional, que é expressamente proibida pela Lei de 14 Frimário, que muitos setores estão usando esta noite como sua bíblia. Também parece vincular-se ao espírito mais ecumênico demonstrado por muitas seções do movimento dos "banquetes fraternos" durante o Messidor. À época, Robespierre e Payan atacaram o fato furiosamente. Mas ninguém está atacando o espírito de confraternização esta noite. A Convenção certamente não está reclamando. Pois isso faz com que ela ganhe para a assembleia a batalha pela opinião pública.

23H30

Maison Commune

Nicolas-Paul Hugot e um concidadão da vila de Bercy, situada às margens do Sena, próximo à borda sudeste de Paris, vieram à Comuna com uma carta de sua comuna perguntando quando os portões naquele lado da cidade iriam reabrir. Há aldeões que precisam entrar na cidade com seus carrinhos de frutas e vegetais, e outros que precisam voltar ao local de trabalho amanhã cedo.

A entrada na Maison Commune está menos restrita do que no início da noite, e os homens entraram facilmente na Câmara do Conselho, onde ficaram surpresos ao ouvir um decreto do Comitê de Execução da Comuna ordenando que Jean Hémart, chefe de legião que está definhando nas celas desde o final da tarde, deveria ser executado publicamente por um pelotão de fuzilamento ao amanhecer. Eles mostram seus papéis a Fleuriot, que está presidindo a sessão, e ele lhes dá acesso ao Comitê de Execução, reunido na Salle de l'Égalité. Lá, um membro do comitê chamado Arthur sai para cumprimentá-los calorosamente:

— Ah, aqui estamos nós! A pátria está salva mais uma vez!

Arthur então pega a carta e escreve:

> Patriotas de Bercy! Venham imediatamente e em armas ao seio da Comuna de Paris para apoiar os direitos da liberdade e a causa dos patriotas oprimidos pelos conspiradores! *Vive* a República!

Hugot está perplexo, então Arthur continua:

— Você não sabia que Robespierre, Saint-Just e os outros deputados patriotas foram presos por uma facção conspiratória? Bem, o povo os libertou e eles estão aqui, neste comitê.

Arthur abriu mais a porta para que os homens pudessem ver o trabalho do comitê, antes de pedir-lhes que saíssem rapidamente.

Os homens são obrigados a prestar juramento no andar de baixo, e, quando buscam esclarecimentos sobre a quem devem obedecer, o conselheiro Lubin, adjunto de Payan, está por perto para dizer-lhes categoricamente:

— À Comuna. A Convenção agora é formada apenas por alguns facciosos. O povo tomou as rédeas do governo. A Convenção emite as proclamações deles e nós emitimos as nossas.

Os homens são conduzidos ao vizinho QGGN, onde Hanriot os cumprimenta calorosamente e instrui sua equipe a dar-lhes poderes ilimitados. Enquanto examinam seus novos papéis, Hanriot continua:

— Se você receber algo da Convenção, pegue e não mostre a ninguém. E se você vir policiais liderando patrulhas que fazem proclamações, prenda-os e confisque suas papéis. Firmeza, energia – e a causa do povo triunfará!

Antes que tenham tempo de sair, entra um jovem que eles ficam surpresos ao descobrir que é Saint-Just. Ele foi libertado da prisão de Écossais pelas forças da Comuna, e agora afirma, com um sorriso irônico:

— Sou eu o suposto dominador de toda a França, o novo Cromwell.

Desde a primeira hora desta manhã, Saint-Just está repetindo a acusação de Tallien contra ele. Então, menos sardônico, ele comenta:

— Tudo isso é o último golpe da conspiração estrangeira. Mas o véu logo será rasgado – na verdade, já foi!

Alguém se pergunta se ele também está refletindo sobre seu próprio papel na legislação ilegal, da qual ele é um alvo atual. A Lei de 23 Ventoso, que ele impôs, estabelece inequivocamente que aqueles que resistem ao processo judicial devem ser proscritos e considerados inimigos do povo. O dia 9 Termidor, Ano II, foi suficiente para transformar Saint-Just, Robespierre, Couthon e seus aliados em inimigos do povo.

Os homens de Bercy deixam Saint-Just em um mundo só dele quando voltam para casa. A Place de la Maison Commune está semideserta, mas, conforme eles se afastam, encontram as ruas escuras da cidade surpreendentemente lotadas e animadas para esta hora da noite. Há cidadãos a caminho das Assembleias Gerais; deputados escoltados por gendarmes em seus itinerários por toda a cidade; numerosas delegações de companhias da GN realizando suas patrulhas intrasseções; outras voltando da Place de la Maison Commune ou marchando em direção à Place du Carrousel. Ainda existem alguns manifestantes contra o Salário Máximo, para agravar a confusão. E, por fim, as muitas equipes de delegações confraternizadoras zanzando pelas seções. A cidade está mobilizada para a ação – ação pela Convenção e pelo Estado de direito, e contra a Comuna e outros fora da lei.

PARTE V

MEIA-NOITE, PERTO DA MEIA-NOITE, DEPOIS DA MEIA-NOITE

MEIA-NOITE

Salle de l'Égalité, Maison Commune

O Dia da Amoreira, 9 Termidor, deu lugar ao dia 10, o Dia do Regador. Robespierre está sentado no Comitê de Execução da Comuna. Na Maison Commune há pouco mais de uma hora, ele finalmente concordou em arriscar sua sorte com a insurreição que Hanriot, Fleuriot e Payan lançaram no meio da tarde. Para convencê-lo a sair da sede da Administração de Polícia, Hanriot terá contado a Robespierre a história que os emissários da Comuna estão tentando espalhar pela cidade: a Comuna está sendo apoiada por dezenas de seções; a Place de la Maison Commune está cheia de tropas; e os níveis de entusiasmo são altos. Quanto mais o tempo passa na Maison Commune, porém, mais essa história parece exagerada. O Comitê de Execução da Comuna também parece hesitar em relação à sua estratégia.

De que maneira Robespierre está contribuindo para as discussões? O tipo de trabalho estratégico e logístico – os *como, quando e o quê* discutidos ao seu redor – certamente não é seu forte. Os deputados sabem – e os membros da Comuna estão descobrindo – que ele não é um homem de ação ou um lutador de rua. O relato de Marat de que ele se encolhe ao primeiro sinal de turbulência e empalidece ao ver um sabre desembainhado pode ser bem próximo à realidade. Um homem que nunca foi chamado para administrar dificilmente será capaz de administrar uma insurreição. No passado, ele foi mais marcado por sua ausência do que por sua visibilidade nos grandes dias de ação, como o 10 de agosto de 1792 e o 31 de maio e 2 de junho de 1793, como seus inimigos sempre o lembravam. Ele é certamente corajoso, mas de uma forma negativa, caracterizado por força moral e resistência obstinada, em vez de ação enérgica ou capacidade física.

É difícil não imaginar a mente de Robespierre divagando, enquanto o Comitê de Execução se esforça para chegar a um acordo sobre o âmago da organização insurrecional. Hoje decerto foi uma experiência de aprendizado para ele, uma da qual ele pode tirar algum consolo, ainda que um conforto azedo. Porque a experiência provou que ele, sem sombra de dúvida, estava certo o tempo todo. Há uma enorme conspiração contrarrevolucionária para se livrar dele e levar a República a um terreno contrarrevolucionário desconhecido. As provas ainda não estão à mão, mas devem estar vinculadas à Conspiração Estrangeira sendo executada em Londres e Westminster. E claramente se estende até o coração do Governo Revolucionário do qual ele fez parte. O envolvimento do dissidente Tallien hoje foi muito menos revelador do que o fato de que foram os colegas mais próximos de Robespierre no governo que se juntaram aos traidores no palácio para pegá-lo de jeito. Em última análise, para Robespierre, sua humilhação hoje foi uma justificativa absoluta e confirma a correção de seus pontos de vista sobre tudo.

Decerto Robespierre também deve estar refletindo sobre quão longe ele chegou desde a noite passada. Uma boa noite de sono foi seguida de uma manhã cheia de preparativos para um dia difícil na Convenção. Ele tinha percebido as dificuldades envolvidas em mudar de aliados – dos montanheses para os deputados da Planície. Robespierre confiava que com essa manobra ele poderia negociar um meio de sobreviver ao ataque montanhês que antecipava. Mas então um raio caiu do nada sobre a Convenção, frustrando seus planos por completo. Se ele fosse um estrategista militar, poderia ter em mente o ditado de que nenhum plano sobrevive ao contato com o inimigo. Mas ninguém poderia prever que Tallien condensaria sua inimizade contra Robespierre em um míssil de força tão mortal. Além disso, o que o confundiu totalmente, ainda mais do que o *coup de théâtre* de Tallien, foi o apoio extremamente entusiástico que este instantaneamente ganhou da Convenção, encorajada pelos Comitês de Governo. Robespierre não contava com isso. Ele há muito se preocupa com as conspirações que acredita estarem sendo arquitetadas por toda a classe política. Conspirações, prisões, jornalistas pérfidos e o Tribunal Revolucionário têm sido sua *idée fixe* por meses, como seus colegas do CSP sabem muito bem, em detrimento de sua contribuição para governar o país. Mas ele permaneceu confiante de que poderia pairar acima de tudo e manipular facções na assembleia de um modo que garantisse sua sobrevivência. O que o surpreendeu foi a audácia recém-descoberta da Convenção, sua unanimidade intratável e sua antipatia aparentemente sem limites por sua própria pessoa e, portanto, pela causa do povo que ele encarna.

Robespierre percebe que a sessão da Convenção em 8 Termidor deu muito errado e representou um revés, bem como uma espécie de mortificação pessoal. Mesmo assim, a unanimidade e a intensidade absoluta da reação de seus colegas deputados à sua presença hoje foram totalmente esmagadoras, especialmente para alguém com um *amour-propre* tão frágil. Seu silenciamento foi brutal. Foi também, ele bem sabe, ilegal, antiparlamentar e violou seus direitos naturais. A Convenção usou a irregularidade processual para negar ao povo os benefícios das "verdades úteis" que o discurso de 8 Termidor de Robespierre tinha oferecido.

Essa sessão torturante acabou sendo apenas o começo das provações e tribulações de Robespierre. Primeiro, ele foi obrigado a enfrentar a notável falta de entusiasmo por sua defesa na galeria pública do Palácio da Convenção. Em seguida, foi detido como um prisioneiro comum, antes de ter sua carroça seguida pelas ruas por uma multidão grosseira gritando seu nome. Tudo isso já era ruim o suficiente. Seguiu-se o pior: a infeliz experiência na sinistra prisão do Luxembourg; a transferência para Mairie, com administradores de polícia que ele não conhecia tratando-o como um irmão havia muito perdido; e então ele foi levado para a Maison Commune, de modo a não apenas entrar no terreno da ilegalidade formal, mas também se tornar um líder insurrecional, uma perspectiva que ele não aprecia. Ainda mais porque as belas palavras sobre a vitalidade da insurreição com que Hanriot e outros o alimentaram se mostraram vazias: a Comuna não é de forma alguma o brilhante farol popular que ele foi levado a esperar.

A situação de Robespierre foi destacada logo após sua chegada à Maison Commune, quando ele foi conduzido ao Comitê de Execução.

Sugeriu-se que fizessem uma exortação exclusiva à seção de Piques. Afinal, é aqui que vivem Robespierre, assim como três outros membros do Comitê, o pintor Châtelet e os magnatas do papel de parede Arthur e Grenard. Todos são bem conhecidos nos círculos seccionais de lá. Uma carta é esboçada:

> Coragem, patriotas da seção Piques! A liberdade triunfa. Já estão livres aqueles cuja firmeza os tornou ameaçadores em relação aos traidores. Em todos os lugares o povo mostra seu verdadeiro caráter. O *rendez-vous* é na Comuna. O bravo Hanriot levará a cabo as ordens de seu Comitê de Execução, que foi criado para cumprir as ordens da Comuna.

A carta é passada em volta da mesa para assinaturas. Chega a Robespierre. Ele pega a caneta. "Ro..." Não, ele não assina. Ele não pode assinar. Assinar significaria que ele era um membro pleno da Comuna Insurrecional. Isso significaria que ele tinha desistido do status formal de representante do povo, eleito para a assembleia nacional. Faria dele um agente da insurreição, em vez de uma vítima injustiçada da mendacidade contrarrevolucionária. A carta parte de qualquer maneira, com sua assinatura inacabada no final. Ela terá algum impacto?

A escala de sua derrota na Convenção hoje o distanciou ainda mais profundamente da Convenção como um todo. Em seu discurso no 8 Termidor, ele previu um expurgo de seus inimigos (e também inimigos do povo) entre os deputados. Mas a unanimidade da assembleia em forçar sua exclusão deve estar fazendo com que ele pondere se o problema não é o Legislativo como um todo, e não um conjunto circunscrito de deputados. Essas ponderações estão alinhadas a ideias semelhantes discutidas na Comuna. Em vez de seguir o modelo de expurgo nos moldes das *journées* de 31 de maio e 2 de junho, a abordagem adotada na *journée* de 10 de agosto de 1792 pode ser mais apropriada. Nesse dia, a derrubada de Luís XVI foi acompanhada pela completa desmoralização da Assembleia Legislativa, exigindo a eleição de uma nova legislatura (a Convenção). A retórica dos líderes da Comuna, amplificada dentro do Comitê de Execução, tornou-se violenta o suficiente para sugerir que eles começaram a pensar em si mesmos como uma contra-Convenção, cuja legitimidade deriva da encarnação da soberania popular. Eles até se deram o título de "Comuna de 10 de agosto" (embora ninguém pareça estar usando o título).

Se os pontos de vista de Robespierre podem estar convergindo com os da Comuna em relação aos objetivos da noite, ele deve ter reservas sobre este ser o momento oportuno da ação pretendida. O Comitê de Execução fala sério quando diz querer dar início à ação no meio da noite? Ao redor da mesa, a adrenalina está correndo, mas as pessoas parecem exaustas e precisam descansar. Dado o adiantado da hora, adiar a mobilização total para amanhã, quando mentes e corpos estarão mais frescos, parece o caminho sensato a seguir. Aí então a Comuna terá mais tempo para transmitir sua narrativa ao povo de Paris.

Além disso, só de olhar pela janela, Robespierre deve ter a impressão de que o povo de Paris está atualmente muito menos comprometido com a causa da Comuna do que o Comitê de Execução tem afirmado. A Place de la Maison Commune viu-se esvaziada de guardas nacionais, mesmo no curto espaço de tempo desde sua chegada. A Comuna está cada vez mais dando a impressão de generais que estão perdendo rapidamente seus soldados de infantaria. Menos seções do que parece saudável em Paris permanecem em contato com o Comitê de Execução. O fato de esse comitê ter instruído Hanriot a fornecer-lhes rifles, pistolas e munição não parece um sinal de autoconfiança.

Além disso, quanto mais Robespierre ouve sobre a recém-encontrada coragem e resolução da Convenção, menos ele gosta dela. De fato, em vez de contemporizar, há um poderoso contra-argumento sendo discutido, o de que, se as forças da Comuna não atacarem primeiro, será a Convenção a fazê-lo, e com um efeito mortal. Podem estar chegando nesse momento relatos de que as forças da GN da Convenção começaram a avançar para Maison Commune. Os deputados estão se mostrando sob uma nova luz, como uma força de guerra.

Olhando ao redor da Salle de l'Égalité, Robespierre deve se perguntar se esse punhado de indivíduos sortidos tem de fato o calibre necessário para ganhar o dia – isso sem falar de imaginar um novo tipo de futuro para a República. Ele está bem ciente de que é a figura mais significativa na sala, mas, embora seu valor icônico seja bom para o moral entre as forças da Comuna, ele conhece sua própria nulidade na mobilização popular. Seu irmão Augustin, Le Bas e Saint-Just têm registros louváveis como deputados em missão; mas algum deles realmente foi talhado para brigas de rua? Saint-Just, além disso, parecia em estado de choque e atordoamento desde o momento em que Tallien o desafiou, ao meio-dia. Payan e Fleuriot parecem suficientemente competentes, mas têm pouca centelha ou visão, e a falta de clareza deles no que diz respeito à estratégia não inspira confiança. À sua maneira, os colegas da seção de Piques são sólidos, mas são *sans-culottes* incomuns, que ficariam mais felizes dirigindo uma fábrica de papel de parede do que organizando uma insurreição. O recém-chegado Dumas, presidente do Tribunal Revolucionário, saiu da prisão algum tempo depois das 23 horas e também não é um homem das ruas (na verdade, ele é muito odiado nas ruas). Coffinhal e Hanriot são os membros mais enérgicos do comitê, mas os dois parecem discordar: Coffinhal acha que Hanriot é um bêbado e um incompetente. Pode ser que o comandante esteja embriagado de excitação, mas seu comportamento certamente está se tornando cada vez mais errático. Anteriormente, falava-se de nenhum sangue ser derramado. Agora, além das ameaças de tiros ao amanhecer e de uma montanha cada vez maior de palavrões, Hanriot acrescentou a perspectiva de enforcar alguém usando as cordas com as quais Robespierre fora amarrado mais cedo.

Robespierre tem que contemplar a possibilidade real da vitória de seus inimigos – e seus inimigos, é claro, são os inimigos do povo. Além disso, a sombria experiência do dia confirmou sua ideia, que vinha crescendo em sua mente nos últimos meses, de que às vezes o pior inimigo do povo pode ser o próprio povo. Geralmente, Robespierre prefere o povo como uma abstração retórica em vez de uma realidade concreta, e muito menos como uma coleção de indivíduos a quem ele precisa apelar se quiser sobreviver às agruras. Ele não desfrutou de sua imersão forçada na população geral, tão diferente da vida protegida de que ele gozava recentemente, transitando entre as Tulherias, o Clube Jacobino e seu aposento na residência Duplay. A palavra *peuple* [povo] está sempre em sua boca, mas encontros físicos próximos como o de hoje mancham a querida imagem que ele tinha das pessoas, alimentada pela distância, e não pela proximidade. As classes populares que se reúnem na Convenção não são seu "povo virtuoso", mas sim a "raça impura", de cuja existência ele se tornou cada vez mais ciente. E agora ele enfrenta a perspectiva real de obliteração vinda das mãos delas.

Pode-se perguntar se, enquanto ele examina a decoração ao redor, o antigo "plano do Zodíaco", seu olho pousa em Touro, seu próprio signo de nascimento, frio e seco. Mas não, Robespierre considera ridículos esses determinismos supersticiosos. Mais provável estar em mente o pensamento de que um caminho a ser seguido neste momento fatídico é representar o cenário que ele evocou tantas vezes em seus discursos nos últimos anos, e que de fato já estava na mente de seu irmão e de Philippe Le Bas esta noite. Ou seja, a morte por suas próprias mãos. Nos últimos anos, Robespierre evocar a própria morte não foi apenas um tropo retórico, um distintivo de insinceridade, como afirmam seus inimigos mais virulentos. É um pensamento que ronda sua mente sem parar.

Se Robespierre tem que perder tudo, tirar a própria vida certamente seria preferível à guilhotina, na qual seria humilhantemente submetido à vingança (e pior, ao riso desdenhoso) de seus inimigos. Seu suicídio não significaria que tudo o que ele lutou foi em vão: ao contrário, abriria espaço para a posteridade. Robespierre tem menos respeito pelas chamadas lições da história antiga do que a maioria de seus colegas deputados. Sua visão está firmemente direcionada ao futuro. A Revolução e o advento da República marcaram uma verdadeira mudança de época na história da humanidade. Ele ainda acredita totalmente nas ideias que defendia nos primeiros dias da Revolução: justiça social, valores democráticos, liberdade individual, tolerância religiosa, instituições humanas, fim da escravidão, direitos para as mulheres. Muitos deles tiveram que ser arquivados temporariamente em tempos de guerra civil e contra o estrangeiro, mas a luta em que a República está engajada se dá justamente para preservar a possibilidade desses ganhos para as gerações futuras. E, se falhasse essa batalha na campanha mais ampla por justiça, haveria de fato, afinal, um motivo para se submeter à morte de um mártir. Ele morreria, como disse na Convenção há dois dias, como "escravo da liberdade, mártir vivo da República, muito mais vítima do que inimigo do crime". A fama que ele acumularia seria muito mais substancial do que a celebridade fugaz e rampeira que desfrutou em sua vida. Sua morte significaria que Robespierre viveria como um nome e uma inspiração nos anais dourados da posteridade.

PERTO DA MEIA-NOITE

Alojamentos privados, Quai de l'École (Muséum)

Marguerite Barrois esperava que o 9 Termidor fosse um dia normal. Ela chegou de seu vilarejo no leste da França alguns dias atrás, em busca de trabalho, provavelmente no serviço doméstico. Marguerite esperava contar com a ajuda de uma rede de emigrantes de sua aldeia. Um primo que é comerciante de roupas de segunda mão no Quai de l'École, na margem do rio perto do Louvre, concordou em hospedá-la. Mas, nova na cidade, ela se perdeu hoje. Incapaz de encontrar a residência de seu primo, ela aceitou a oferta de uma cama de um lojista nas proximidades. Durante a noite, porém, ela recebeu a visita do ajudante de loja de seu anfitrião, Charles Miquet, um rapaz de sua região, que dormia no corredor. Talvez fosse para confortá-la, já que os guardas nacionais que lotavam o cais de madrugada deviam estar fazendo barulho. Não havia nada a temer, sussurrou o rapaz, não havia perigo, e de qualquer maneira os dois sempre poderiam voltar para casa e se casar. Ele voltou duas vezes naquela noite à cama dela e ela realmente não conseguiu impedi-lo. No fim da noite ela estará grávida. A vida vai continuar. E daqui a nove meses Marguerite Barrois terá algo para se lembrar do 9 Termidor.

Palácio da Convenção, Palácio das Tulherias

Ao deixar os arredores das Tulherias fortemente defendidos, Barras liderou uma grande coluna de guardas nacionais em direção à Maison Commune. Ele tem Bourdon de l'Oise e dois outros adjuntos marchando com ele. Eles seguirão o curso do rio: Quai du Louvre, Quai de l'École, depois o Quai de la Mégisserie e o Quai de Gesvres, levando à Place de la Maison Commune pelo sul. Eles estão bem equipados com canhões, incluindo as peças da artilharia da seção Droits-de-l'Homme, que causou tantos problemas no início da noite, protestando a favor da Comuna.

Barras também decidiu formar uma segunda coluna, que fará um percurso mais ao norte até a Place. Ele teve o bom senso de nomear para seu comando o adjunto Léonard Bourdon. Bourdon é um personagem interessante e complexo, com uma paixão pela pedagogia que o levou a abrir uma escola patriótica, a Jeunes Français, sediada na seção Gravilliers. Mas ele também tem a reputação de ser um homem firme, e já fez muita coisa esta noite visitando seções a leste das Tulherias para alertá-los sobre a crise. Em Réunion, ele estimulou Jean Richard, comandante do batalhão da GN, a enviar 2,5 mil homens e dois canhões como reforço para a Convenção, e fez o mesmo nas proximidades de Bon-Conseil e Halle-au-Blé. Bourdon também tem a grande vantagem, do ponto de vista de Barras, de ter um conhecimento prático inestimável do terreno, já que mora nesta parte do nordeste de Paris, bem longe da bolha política em torno da rua Saint-Honoré que a maioria dos deputados habita. De fato, ele viveu no antigo convento de Saint-Martin-des-Champs por vários anos e tem muitos seguidores populares na seção Gravilliers, na qual o edifício está localizado.

Imponente e garbosamente vestido com o protótipo do traje de David para legisladores, Bourdon conduz para fora da Place du Carrousel o que deve ser a princípio uma força bastante pequena. Sua intenção é levá-la para o leste, ao longo da rua Saint-Honoré, e pegar a rua de la Verrerie, atraindo recrutas adicionais de seções ao longo de seu caminho. Ele então fará uma parada temporária no cruzamento entre a rua de la Verrerie e a rua Saint-Martin, e seguirá para o norte para visitar a assembleia da seção Gravilliers, que se reúne no ex-priorado onde ele mora.

As duas colunas se preparam para partir dos arredores das Tulherias por volta da meia-noite. Neste momento, dentro do próprio Palácio da Convenção, a sessão está se tornando um desfile da vitória antes que a vitória seja declarada; na verdade, antes mesmo que as forças de combate tenham sido totalmente formadas e a batalha travada. Pouco está sendo feito, mas muito está sendo dito, sob muitos aplausos. Deputado após deputado mantém uma retórica triunfalista que dá por garantido que um bom resultado emergirá da noite.

O moral dos deputados é elevado pela copiosa multidão de cidadãos que fazem fila na barreira da casa para declarar seu amor imperecível pela Convenção e seu desejo de condenar a Comuna e tudo quanto ela faz. Às vezes a coisa se resume a dois ou três indivíduos, mas muitas vezes há entre oito e doze delegados, enquanto algumas seções trazem mais de vinte. Eles vêm de longe: do oeste (Champs-Elysées, République), das seções centrais pelas quais Bourdon vai marchar (Halle-au-Blé, Gardes-Françaises, Contrat-Social, Lombards, Réunion), das ilhas (Cité, Fraternité etc.) e da Rive Gauche (Unité, Marat, Fontaine-de-Grenelle). Também existem seções ao norte e a leste da Maison Commune (Arsenal, Homme-Armé, Indivisibilité, Faubourg-du-Nord etc.). Apenas as seções do extremo sudeste e leste dos Faubourgs Saint-Antoine e Saint-Marcel não estão representadas – ainda.

As delegações seccionais relatam informações valiosas sobre o estado da cidade aos deputados: demandas que receberam da Comuna, prisões, reações locais, patrulhas, ações de sinalização de indivíduos e assim por diante. Mas também passaram a manifestar o seu apreço pela Convenção, único ponto de convergência da República, pela qual estão dispostas a derramar sangue e a “fazer de seus corpos uma muralha” (uma das expressões da noite, copiada seguidamente da petição da seção Homme-Armé) para repelir as conspirações arquitetadas pelos inimigos da liberdade. Essas frases são usadas a todo momento. As declarações dos delegados seccionais também concordam com os sentimentos expressos na proclamação de Barère. Por que eles deveriam querer colocar em risco os ganhos que o povo teve em seis anos de Revolução? O efeito de eco produzido na linguagem das delegações as faz parecer banais, estereotipadas e muitas vezes altamente apelativas. Mas a força do sentimento que elas expressam parece mais do que sincero.

Place de la Maison Commune

Os guardas nacionais que defendem a Maison Commune estão ficando mal-humorados e ressentidos. Muitos deles estão aqui há horas, sem provisões e, ainda mais irritante, sem qualquer noção real do que está acontecendo. Muitos chegaram aqui sem perceber que sua presença na Maison Commune era um ato anti-Convenção. O prefeito não tinha sido encarregado de manter a lei e a ordem na cidade? Não houve um problema com os manifestantes contra o Máximo Salarial? Os guardas foram deixados por conta própria, enquanto seus oficiais superiores estiveram na Câmara do Conselho da Maison Commune deliberando, mas não tiveram permissão para sair. O *consigne* acabou, mas tão grande foi a desordem desenfreada da reunião da Comuna que nem todos os que saem da reunião professam qualquer certeza sobre o que foi decidido. Se sabem, não estão dizendo. A libertação de Hanriot causa mais confusão, pois é amplamente aceito que ela ocorreu por instrução do governo, uma visão que ele encoraja. O que fazer, então, com o decreto de proscrição que a Convenção impôs primeiro a Hanriot e depois à Comuna em geral? O decreto e a proclamação da Convenção, que muitos na Place terão ouvido ser lidos em voz alta, dão um pouco mais de clareza. Mas é uma clareza que desencadeia ansiedade e medo. Cresceu a percepção de que de fato parece haver dois lados agora. E que o preço por escolher o lado errado será muito alto.

Voyenne, o comandante da companhia, sua força da seção Muséum, parados na escadaria da Maison Commune, resistiram aos esforços no início da noite para fazê-los retornar à seção. No entanto, quando ouve o decreto de proscrição, Voyenne percebe que é questão de tempo para eles partirem. Após novos contatos com sua seção, ele começará a evacuar seus homens por volta da uma e meia da manhã.

A Guarda Nacional não é um exército: é uma milícia de cidadãos. Embora os guardas respeitem a disciplina, eles não são as peças de xadrez autômatas das guerras do *Ancien Régime*. Com muita dedicação, eles assumem o papel de defender e proteger a República. Seus oficiais estão ansiosos para seguir as ordens dos superiores, mas os homens sabem que, antes de tudo, eles elegeram os oficiais, que todos são concidadãos. Eles falam, debatem e discutem.

Na Place, os guardas do batalhão de Finistère estiveram muito ativos esta noite. Um grupo deles contribuiu para a libertação de Augustin Robespierre e depois de Le Bas da prisão de La Force. Mas já faz horas que eles conversam animadamente entre si e transmitem suas queixas aos seus superiores. "O que estamos fazendo aqui?", pergunta Cd. Ouy, um gráfico. A pergunta não é retórica. De fato, um grupo da força deixou seu posto mais cedo, desgostoso, depois que um de seus oficiais relatou ter ouvido o Conselho Geral aplaudir a ideia de atirar em um homem preso por ser espião da Convenção, bem como uma proposta para começar a massacrar prisioneiros. A maioria, porém, permanece, em um clima de submissão e ressentimento. Algum tempo depois da uma da manhã, eles conseguem persuadir seu comandante, o capitão Vian, a sair dali. Mas ele sente que deve informar o prefeito primeiro. Na sala do Conselho, ele explica que os homens lombardos e também a maioria dos gendarmes estão saindo. Fleuriot esboça uma fraca tentativa de convencê-lo a ficar: "Se os homens de Finistère não quiserem fazer o juramento de salvar a *patrie*, então o destacamento pode se retirar".

A companhia de artilharia de Lombards está igualmente desencantada com o que está acontecendo. Eles estão aqui no Place desde por volta das quatro da tarde. Dois dos homens apertaram as mãos e abraçaram Hanriot quando ele reapareceu após sair do cativeiro, mas o humor deles e de seus colegas mudou quando ficou definido o status de fora da lei de Hanriot. Um forte consenso surgiu de que todos deveriam sair e voltar para a seção. Eles viram fluxos de outros destacamentos fazendo isso. Chegaram a colocar seu canhão de volta nos trilhos para retirada. O capitão da companhia, Gigue, porém, hesita em ir embora: quer saber o que está acontecendo na seção. Ele tem brigado sobre isso com Cosme Pionnier, que, como instrutor da força de artilharia da cidade, é seu superior. Pionnier está pedindo que ele fique. Mas, depois de algum tempo na dúvida, Gigue cede ao sentimento da maioria e ordena a retirada. Pionnier ainda está insatisfeito e declara que o prefeito deve ser informado. "Tudo bem, faça isso você mesmo!", diz Gigue enquanto se afasta. Pionnier enfim aceita a decisão democrática e relutantemente se junta à trupe que está se retirando.

Depois que os homens de Finistère partiram, um oficial de estado-maior correu atrás deles, alcançando-os em Port au Blé, a leste da Place de la Maison Commune. Os homens notaram que ele estava tremendo. Não é de admirar: nenhum destacamento regular da GN permanece na Place, apenas grupos dispersos de entusiastas da Comuna e vagabundos e observadores avulsos. Le Grand, capitão da companhia, explica ao oficial: "Este destacamento é formado inteiramente por operários; eles precisam comer". Eles estão indo para casa. Outro emissário do Comitê de Execução tenta impedir seu progresso, dizendo-lhes que o general Hanriot está oferecendo dinheiro para comida e bebida. Mas esses trabalhadores estão acima de tais considerações mercenárias, retruca Le Grand:

> — Os homens não reconhecem nem a Comuna nem o general, que é um fora da lei. E eles não são soldados de aluguel.

Mairie, Ile de la Cité

Desde que saiu pela porta da frente esta manhã às oito horas, Giot passou o dia inteiro sendo o homem errado no lugar errado. Selecionado por capricho pelo agente nacional Payan, após a prisão de Hanriot, para comandar as forças armadas da Comuna, ele demonstrou um nível embaraçosamente alto de incompetência.

Algum tempo depois das 21 horas, Giot era o líder nominal das forças da Administração de Polícia dentro de Mairie, onde protegia Robespierre. Ele está ficando cada vez mais deprimido. Giot testemunhou o incidente entre guardas no entorno de Mairie, que envolveu o conselheiro Bernard. Mais tarde, ele viu o chefe da 4ª Legião Mathis, trazido pingando sangue para ser colocado nas celas. Ele aguentou Hanriot quando este o destratou gratuitamente. E agora precisa lidar com uma crescente onda de descontentamento dos homens sob seu comando, principalmente aqueles de sua própria seção, Marat, sob o segundo em comando do batalhão, Vincent Typhaine. Eles, como seus colegas da Place de la Maison Commune, estão ficando descontentes com sua posição. Diante de comandantes ausentes, presos, incompetentes ou traidores, eles têm reavaliado sua situação como grupo. Quando, depois da meia-noite, Typhaine veio dizer a Giot que estava cedendo aos desejos de seus homens e se retirando, Giot não pôde mais do que responder sombriamente:

— Pode fazer o que você quiser. Não tenho cabeça para nada disso. Não sei o que tudo isso significa.

O comandante que não entende o que tudo isso significa fica no posto, enquanto os homens de Marat voltam para sua seção para se juntar às forças anti-Comuna sob o comando de Typhaine, que já planeja a denúncia que fará ao CSG contra seu colega oficial.

Prisão de Temple

Nos presídios da cidade, os encarcerados têm a nítida sensação de que envelheceram oitenta anos em um único dia. Às nove e meia da noite, na troca da guarda do plantão dos administradores de polícia na prisão de Temple, eles já podiam ouvir ao longe o incessante *tocsin* na Maison Commune. Um dos três homens do grupo de rendição do administrador de polícia não apareceu: de fato, é Ponce Tanchon, que tem estado ocupado em Mairie oferecendo apoio a Robespierre. Tessier, da seção Invalides, azarado no sorteio, foi obrigado a passar mais uma noite ali. Ele não tinha certeza do que estava acontecendo na cidade, e um pedido de informações ao prefeito não obteve resposta. Com uma força de mais de duzentos guardas estabelecidos na prisão, é improvável que a Temple seja alvo de um massacre. Seus custodiados, os dois últimos sobreviventes da família real em Paris, são particularmente valiosos. Eles não sabem que tanto a Comuna quanto a Convenção estariam circulando histórias de que o outro lado planejava capturar o jovem "Capeto" ("Luís XVII").

Os funcionários da prisão se recolheram à meia-noite, mas foram acordados por volta das três da manhã por fortes batidas no portão externo. Era uma força de cerca de trezentos homens do batalhão da GN de Temple exigindo entrar para oferecer reforço. Eles mostraram uma ordem de Barras capacitando-os para tanto. Mas os administradores de polícia relutavam em aceitar: só recebiam ordens diretas da Convenção. O que não aconteceria até as seis da manhã, quando um furioso Barras chegasse ao local, e então eles abririam os portões para seus defensores. A essa altura, qualquer perigo já tinha passado, e aqui e em toda a cidade os prisioneiros poderão dar um suspiro de alívio.

Maison Commune

Em um momento de calmaria na Câmara do Conselho, o conselheiro Pierre-Louis Paris, que passou esta manhã realizando cerimônias de casamento no edifício e o início da tarde redigindo a primeira proclamação da Comuna, está escrevendo para o Comitê Revolucionário da seção de Panthéon, onde mora:

> — Meus irmãos, tive o prazer de ver uma delegação da seção Panthéon. Gostaria de dizer a ela que sempre deveria haver alguém aqui para manter a seção *au courant.** A maioria das seções veio apoiar as medidas que tomamos hoje. Robespierre *jeune* e Le Bas estão aqui e Couthon está livre, assim como os velhos Robespierre e Hanriot. As diferentes tarefas que tive e a distância da seção da Maison Commune me impediram de ir vê-los.
>
> Bom dia e boa noite
>
> 10 Termidor, meia-noite e meia.

Deve ser pouco depois disso que Cd. Paris se anima para testemunhar e se juntar aos aplausos para Couthon, que está sendo carregado para a Câmara do Conselho por um de seus gendarmes de plantão. Tal como os outros deputados detidos, Couthon tem se mostrado reticente em abandonar sua prisão: todos os detidos hoje percebem que resistir ou contornar a prisão legal os identifica como inimigos do povo, nos termos da Lei de 23 Ventoso. Couthon vinha dizendo que entrou na prisão por decreto da Convenção e precisa sair do mesmo modo. Mas, no fim, ele cedeu às súplicas de seus amigos:

---

* Termo que significa "a par" em francês. [N.T.]

— Couthon, todos os patriotas foram declarados fora da lei, todo o povo se levantou. Seria uma traição a eles não vir para a Maison Commune, onde estamos.

Ao fazer esse apelo ao colega, Robespierre e Saint-Just jogaram a cartada do povo e venceram. Mas é para prejuízo de Couthon e, na verdade, deles próprios. Isso porque, apesar da energia que Hanriot tem gasto, a mensagem que agora chega ao Comitê de Execução da cidade é que eles estão falhando em todas as frentes. O povo está se levantando de fato: mas não pela Comuna e não por Robespierre. O pedido de Hanriot para que o *tocsin* soe nas seções foi quase totalmente ignorado; os sinos permaneceram em silêncio. O apelo às forças em torno da Convenção para virem à Comuna foi interceptado antes de sua chegada; as ordens enviadas aos ajudantes de legião foram ignoradas; todas as suas proclamações em série parecem ter sumido sem deixar vestígios; sua própria Câmara do Conselho está se esvaziando e o clima na sala está ficando cada vez mais cabisbaixo. Hanriot esteve na Place, conversando com o número cada vez menor de artilheiros e guardas, tentando levantar o moral. Isso não impediu que o número nas tropas sangrasse de volta para suas seções.

Talvez o Comitê de Execução esteja em negação, mas está claro o suficiente que a Convenção tem a vantagem. É a proclamação de Barère, não da Comuna, que está sendo lida em toda a cidade, até mesmo pelos militantes de Arcis, na porta da Maison Commune. A Convenção está atraindo a lealdade dos parisienses, e o Comitê soube recentemente que a Convenção vem marchando contra eles. Tudo o que a Comuna está ouvindo produz consternação e uma sensação de desesperança. Não é de admirar que Arthur tenha ficado tão satisfeito em ver os apoiadores de Bercy esta noite. Com os parisienses tão resistentes às mensagens da Comuna, talvez as aldeias periféricas possam trazer recursos adicionais. Porém, francamente, hoje tudo envolve Paris e tudo será resolvido dentro de Paris, pelos parisienses.

A chegada de Couthon à Comuna neste momento de virada da maré está sendo observada por Pierre-Honoré-Gabriel Dulac, espião do CSP. Dulac teve um dia agitado. Sua principal preocupação nas últimas semanas tem sido gerar listas de conspiradores para levar à guilhotina, em números cada vez maiores, os detidos nas prisões parisienses. Hoje ele acompanha a ação pela cidade e relata aos seus mestres. Por volta da meia-noite, ele e seu colega espião Dossonville tentaram repetir o desempenho dos bravos militantes de Arcis encenando uma leitura pública da proclamação da Convenção na Place de la Maison Commune, na porta da Comuna. Eles estavam sob pressão, pois Hanriot estava à espreita; então, para economizar tempo, Dossonville foi direto ao ponto, gritando a plenos pulmões:

> — Vocês são franceses. A Assembleia Nacional os chama a vir defendê-la. A Convenção decretou que o homem a quem vocês estão obedecendo é um fora da lei. Aqueles de vocês que defenderem a assembleia serão recompensados; a morte aguarda os conspiradores e seus cúmplices. Eu ordeno em nome dos deputados que marchem pela Convenção.

Os dois homens então se esconderam para evitar a prisão.

Depois de ser policiado com tanto rigor no início da noite, o acesso para entrar e sair do edifício está completamente livre agora que o *consigne* foi retirado. Dulac conseguiu se infiltrar na Maison Commune e então seguir Couthon e sua escolta gendarme até a Câmara do Conselho, onde encontrou os dois Robespierres e Le Bas. Com Couthon a reboque, eles voltaram para a Salle de l'Égalité e Dulac os seguiu, acompanhando um grupo de curiosos que pareciam capazes de entrar sem controle.

Couthon abraçou seus companheiros. Um dos homens da comitiva de Couthon se dirige a Robespierre:

> — Que bom ver você. Não está tão abalado como quando saiu de sua carruagem no pátio de Mairie.

(Robespierre parece ter retomado um pouco de sua serenidade aqui, onde há pessoas que ele conhece e estima.)

Não há tempo a perder, e Couthon imediatamente se dirige ao Comitê:

> — Devemos escrever imediatamente para o exército.

Robespierre não rejeita a sugestão, mas indaga:

— Em nome de quem?
Couthon: Em nome da Convenção. Não é com quem ainda estamos? A ralé é só um punhado de conspiradores que nossas forças armadas irão dispersar e dar sua justa paga.

Couthon está, portanto, aceitando que a Convenção não tem direito à sua atual existência e deverá ser substituída (em vez de meramente expurgada). A proposta dá uma pausa a Robespierre. Chamar o exército é exatamente o oposto do que ele defendera em qualquer crise política desde 1789. Ele sempre enxergou o povo de Paris como o principal protagonista em defesa da República. Agora, aparentemente, não se pode contar com o povo de Paris e é necessário apoio armado. Robespierre vai até o irmão, sussurra em seu ouvido e então afirma:

— Minha opinião é que devemos agir em nome do povo.

Mesmo quando o povo – ou pelo menos o povo de Paris – está manifestamente se voltando contra ele, para Robespierre tudo ainda se resume ao povo. É como uma folha de figueira que, ele espera, vai conferir respeitabilidade a um pedido de ajuda militar.

No entanto, Robespierre não desistiu completamente do povo em ação e se volta para o fiel gendarme de Couthon:

— Bravo gendarme, sempre valorizei e estimei o seu apoio físico. Continue a ser leal a nós. Vá lá fora e faça o que puder para voltar o povo contra os conspiradores.

O gendarme e os seus acompanhantes afirmam que têm ordem para permanecer, mas asseguram-lhe que os administradores de polícia estão bem informados e que não há nada a temer quanto à segurança.

Enquanto isso, Couthon está com uma caneta na mão escrevendo:

— Os traidores perecerão! Ainda há humanos na França e a virtude triunfará!

Mas a continuidade da conversa é interrompida pelo barulho de uma briga vindo da Câmara do Conselho. Ao investigar, revela-se ser a interceptação de dois espiões do governo, Longueville-Clémentières e Morel. Mais ou menos uma hora atrás, os dois homens fizeram a audaciosa aposta de que iriam à Comuna, encontrariam Hanriot e atirariam nele. Afinal, há um preço pela cabeça dele. Eles entraram na Câmara do Conselho (mais uma vez destacando a péssima segurança), mas logo foram descobertos. São detidos e conduzidos à reunião do Comitê de Execução. Além dos nove membros do Comitê, talvez haja uns tantos outros indivíduos presentes, incluindo Robespierre e Le Bas. Sentindo uma oportunidade, Morel pega sua arma, mas é imediatamente agarrado e desarmado. Coffinhal toma a frente:

> — Por que você fez isso?
> Morel: Para atirar nos inimigos do povo.
> Coffinhal: Aqui está outro agente do CSG que, sem dúvida, veio para nos espionar. Segurem com firmeza esse inseto. Vamos mandar fuzilá-lo. Mas vamos revistá-lo primeiro e pegar seus papéis.

Os bolsos dos dois homens contêm seus documentos de identidade, chaves de casa e algumas cópias do *Journal du Soir* anunciando a prisão de Robespierre, mas não muito mais. Coffinhal debocha de seus esforços de resistência:

> — Ora, você não vai precisar desses papéis. Em duas horas você será baleado.

É óbvio que os dois homens foram enviados pelo CSG com o assassinato em mente, conclui Coffinhal. Robespierre comenta desdenhosamente:

> — Não me surpreende: eu não esperava menos deles.

Tudo está de acordo com a análise de Robespierre. O uso do assassinato como arma política pelos conspiradores coincide totalmente com suas ideias sobre a Conspiração Estrangeira. Com raiva, Le Bas concorda que os homens devem ser fuzilados. Mas isso pode esperar, pois eles devem primeiro ser interrogados para se obter informações. Depois, eles serão enviados para as celas da Maison Commune, onde poderão se consolar com Hémart, ex-comandante da gendarmeria, e mais uma dúzia de outros como eles, todos nervosos, esperando o pelotão de fuzilamento ao amanhecer.

Seção Gravilliers

Passa um pouco da meia-noite quando dois deputados a cavalo, Léonard Bourdon e Simon Camboulas, adentram o terreno do convento de Saint-Martin-des-Champs, onde se realiza a Assembleia Geral da seção Gravilliers. Cerca de 6 mil cidadãos desta que é uma das seções mais populosas e mais operárias de Paris estão prontos, aguardando, e em armas. Camboulas, deputado pelo departamento de Aveyron, é um rosto novo na multidão, mas Bourdon já era uma presença conhecida na seção muito antes de ser eleito para a Convenção.

Os dois deputados deixaram a maior parte de sua coluna de ataque na rua de la Verrerie, mas Bourdon optou por fazer um desvio de meio quilômetro porque sabe que pode contar com o apoio de sua seção. Imediatamente, ele agita a multidão:

> — Cidadãos, a Maison Commune é o covil dos conspiradores. Devemos marchar sobre ela. Não deixemos o sol brilhar sobre esses tiranos!

Ele e seus ajudantes organizam os homens em uma coluna de marcha e colocam na vanguarda uma companhia de jovens rapazes da escola Bourdon para Jeunes Français.

Será meio imprudente permitir que esses adolescentes liderem a força na batalha? Bourdon pode ter ouvido falar que houve um pequeno atrito na Maison Commune por volta da uma da manhã, quando militantes da GN da seção Arcis, alinhados no Quai de Gesvres, foram instigados pelo deputado Jean-Augustin Penières (que parece ter estado nas proximidades por acaso) a tentar chegar à Place de la Maison Commune pelo curso do cais. Eles, no entanto, rechaçaram a tentativa, mostrando que ainda havia forças pró-Comuna a enfrentar. No entanto, a inteligência desde então terá estabelecido que a Place de la Maison Commune está cada vez mais vazia. Bourdon também tem um trunfo adicional e muito considerável. Ele conseguiu a senha que Hanriot criou esta tarde para os batalhões da GN seguirem suas ordens. Ela veio de Ulrich, um dos ajudantes de campo de Hanriot. Ulrich acompanhou Hanriot em sua incursão ao CSG esta tarde, mas desde então admitiu estar errado em suas ações. Ele passou o código para seu amigo Jean-Paul Martin, da seção Gravilliers, que também está tentando recuperar sua reputação após apoiar mais cedo a Comuna na seção. A senha de Hanriot, descobre Bourdon, é "Justiça", seguida de "Inocência" – basicamente o resumo do resumo da causa da Comuna. A senha que Barras criou é semelhante, embora misteriosamente reveladora: é "Convenção Nacional" e "Povo".

Pela cidade

O que está acontecendo na cidade depois da meia-noite é ainda pior para a Comuna do que temia o Comitê de Execução: não apenas uma força armada está mobilizada em grande número e se aproximando dela, mas, nas ruas e em toda a cidade, os parisienses aceitaram a narrativa sobre o dia sustentada pela Convenção.

Em muitos setores da cidade, entre cerca de onze da noite e duas ou três da manhã, houve tentativas finais e desesperadas de militantes pró-Comuna de persuadir seus concidadãos de que eles estavam do lado errado. Em casos raros, como Gencey, em Finistère, e Delacour, em Brutus, eles vieram de adjuntos do Comitê de Execução nomeados após as nove da noite. Outro grupo de conselheiros assumiu a responsabilidade de retornar às suas seções para angariar apoio pró-Comuna, às vezes acompanhado por cidadãos simples que continuam entusiastas da causa da Comuna, como o recém-casado Pierre Burguburu, que deixou o Clube dos Jacobinos por volta de 23 horas a fim de tentar influenciar o debate em sua própria seção de Gardes-Françaises.

Alguns desses emissários ainda falam em termos de expurgo da Convenção, mas outros são mais enfáticos, refletindo a mudança de pensamento dentro do Comitê de Execução. O serralheiro-conselheiro

Jean-Nicolas Langlois choca seus concidadãos em Mont-Blanc ao afirmar que "não era a Comuna que estava em insurreição, mas parte da Convenção Nacional é que estava sendo contrarrevolucionária ao oprimir os patriotas". Em Contrato Social, Nicolas Le Pauvre, um jovem professor de matemática que no início da noite desempenhou um papel importante em fazer a seção enviar delegados à Comuna, voltou perto da meia-noite e, disseram, falou "não com sangue-frio, mas com uma ferocidade que era claramente contrarrevolucionária (se não maluca)". Em Lepeletier, Bertrand Arnauld foi igualmente enfático ao retornar à sua seção. A seção deveria se apressar, pois não seria bom ficar do lado perdedor. Ele afirmou que já havia entre 39 e 40 seções leais à Comuna e mais de 6 mil homens na Place, além de 1,2 mil cavaleiros. A cifra de quarenta seções pró-Comuna (uma ficção completa) foi citada por outros e está sendo divulgada também no Clube Jacobino.

Essa ação de retaguarda nas seções das forças pró-Comuna apenas atrasou, em vez de reverter, as decisões coletivas de apoio à Convenção. A falta de informações concretas durante a maior parte da noite permitiu que rumores e incertezas se espalhassem, e encorajou o adiamento de decisões firmes. A seção Droits-de-l'Homme, nas barbas da Comuna, afirmou ter recebido nada menos que sete ordens diferentes de sete indivíduos ou entidades diferentes entre quatro da tarde e oito da noite antes de receberem uma única missiva da Convenção. As coisas não desaceleraram depois disso. Perto dali, a seção de Indivisibilité concordou: "Todos os diferentes relatórios que recebemos foram mutuamente contraditórios".

Embora a rede de comunicações da Convenção esteja longe de ser perfeita, ela certamente se mostrou muito mais capaz e eficiente do que qualquer coisa que a Comuna tenha sido capaz de inventar ou improvisar. Os Comitês de Governo têm experiência diária de contato e coordenação entre as seções, enquanto a Comuna perdeu muito desse poder após a Lei de 14 Frimário. O lado leste da cidade tem tido mais problemas de comunicação do que o oeste, enquanto o rio também é um fator, no que diz respeito às seções da Rive Gauche, pois a vigilância de pontes importantes interrompe a comunicação. Não foi por acaso que as últimas quatro seções a se declararem do lado da Convenção estavam todas na Rive Gauche. À uma da manhã, quando as assembleias de Panthéon e Bonnet-Rouge enfim passaram para a Convenção; apenas Chalier e Observatoire ainda resistiam.

A principal causa para o atraso dessas seções em se declarar favoráveis à Convenção parece ter sido a distância do Palácio da Convenção, e não qualquer compromisso ideológico particular da parte delas. A lentidão no tráfego de informações parece ter sido crítica. Explicando por que o Comitê Revolucionário da seção do Observatoire estava tão hesitante durante a noite, Jean-Baptiste Goulart, da GN, observou que

> o Comitê, abatido pelo peso e pelo número de relatórios, um mais alarmante que o outro, acreditou perceber uma espécie de complô sendo tecida contra o povo, mas não conseguiu localizar nem o fio condutor nem o objetivo.

O marceneiro Jean-Louis Lefebvre, seu colega no Comitê que depois alegou ter recebido o decreto de proscrição da Convenção só às sete da manhã, concordou: "Naquela noite, nos vimos abandonados à nossa própria sorte e em estado de ignorância, já que os relatórios que recebemos eram discordantes". Era como entrar em "um labirinto de incertezas", comentou Charles Ballin, da seção igualmente periférica de Quinze-Vingts.

A incerteza gerou medo das consequências. Lefebvre, no Observatoire, falou por outras pessoas nas seções quando observou sua situação ao fazer uma escolha:

> — Eu disse a mim mesmo que não poderia decidir com base no que ouvi e que deveria ficar calmo e esperar, e que as ordens nos seriam enviadas, e que a menor imprudência de minha parte poderia desencadear uma guerra civil.

Se a Comuna prevalecesse, a situação poderia levar o governo nacional a sitiar Paris, como fizeram em Lyon durante a Revolta Federalista de 1793. A Convenção desabou sobre a cidade em uma terrível vingança, e Lefebvre temia que o mesmo pudesse acontecer com Paris. No auge das lutas entre girondinos e montanheses em 1793, o deputado girondino Isnard ameaçou uma retribuição tão grande a Paris que, no futuro, "as pessoas vasculharão as margens do Sena em busca de vestígios da cidade". Se a Comuna vencesse, Lefebvre agora concluía, "a miserável previsão de Isnard seria realizada". O futuro de Paris e o destino da Revolução passam a depender da derrota de seu município.

Acampamento da École de Mars, Plaine des Sablons

Hyacinthe Langlois está de guarda no perímetro do acampamento da École de Mars. Embora seus colegas cadetes estejam dormindo profundamente em suas tendas, Langlois pode ouvir o fraco *tocsin* do sino das igrejas e os tambores tocando o *générale*, ambos indicando que algo extraordinário para esta hora da noite está acontecendo a cerca de um quilômetro e meio de distância no coração de Paris.

De repente, ouve-se o som de cascos, e os deputados Peyssard, Brival e Bentabole entram pelo portão principal. Com tambor e trombeta, soa o alarme e os jovens entram na formação de batalha a ser comandada pelos deputados. Os deputados desnudaram a conspiração de Robespierre e dos outros. O comandante dos meninos, Bertèche, já está preso em Paris. (Isso parece ter sido feito silenciosamente, apesar do apoio declarado de Bertèche à Convenção.) Le Bas, o administrador da École que divide a supervisão da École com Peyssard, também está sob custódia. Os cadetes devem se armar e estar prontos para defender a Convenção, se necessário.

Os cadetes estão muito entusiasmados com esta aventura à meia-noite. Eles percebem que sentirão falta do papel principal que teriam nas cerimônias canceladas de Bara e Viala. Mas, se a Convenção prevalecer, eles terão seu momento de glória. Enquanto isso, entre gritos de "Viva a Convenção!" e "Abaixo Le Bas!", eles esperam ser convocados para a ação.

Eles não se dão conta, mas, da última semana até os debates desta noite na Convenção, sua instituição foi acusada de intenção violenta por ambos os campos políticos, pró e anti-Robespierre. Eles são inocentes de todas as acusações. Ninguém parece saber disso neste momento, mas os estoques do acampamento estão quase completamente sem munição.

O trajeto de Guyot: da Maison Commune à seção Sans-Culottes

Este não foi o dia que Jean-Guillaume Guyot esperava. Assumindo seu cargo na Administração Policial no fim da tarde, ele não tinha antecipado a mobilização de seus colegas em apoio à Comuna e ficou consternado quando eles o expulsaram de seu meio e sugeriram que fosse para a Maison Commune. Isso ele fez, de fato, e, quanto mais a noite avançava, mais ele percebia que suas simpatias se afastavam da Comuna em direção à Convenção. A multidão na Câmara do Conselho era tamanha que ele mais ouvia do que enxergava o que estava acontecendo. Ele ouviu um dos irmãos Robespierre – sem ter certeza de qual – regalando uma multidão entusiasmada com histórias de uma facção que desejava escravizar o povo, assassinar patriotas e tirar o jovem Capeto de sua prisão. Ele testemunhou o tratamento desdenhoso que Fleuriot dispensou aos emissários da Convenção que trouxeram da assembleia o decreto de proscrição. Sim, afirmou ironicamente, somos todos bandidos, conspiradores, contrarrevolucionários e monarquistas. Havia um punhado de traidores, afirmou outro orador – Guyot escolheu os nomes de Collot-d'Herbois, Bourdon de l'Oise, Amar, Dubarran e Ruhl –, que usaram os nomes da Convenção para esconder seus próprios planos de prender patriotas e proclamam decretos "liberticidas", extinguindo a liberdade do povo. Eram eles, como ele entendeu ser o argumento do orador, que precisavam ser expurgados, e não a própria Convenção (que alguns oradores elogiaram). O debate fica cada vez mais selvagem e Guyot decide escapar dali. Quando chega ao lado de fora, ele fica surpreso ao ver a Place de la Maison Commune, tão cheia e efervescente em sua chegada umas poucas horas antes, quase completamente deserta.

Com um furacão dentro da cabeça, Guyot percebe que é um homem marcado. Como membro do Conselho Geral, acaba de ser declarado fora da lei. Ele conclui que não tem alternativa a não ser se entregar às autoridades. Mas, primeiro, ele deve ver sua amada esposa, agora grávida de seu quarto filho. É uma caminhada e tanto até sua casa na seção Sans-Culottes, no Faubourg Saint-Marcel, e Guyot faz uma rota tortuosa para evitar inúmeras verificações de identidade da polícia. Ele tem que mostrar sua *carte de sûreté* para várias patrulhas, alegando ignorância sobre os acontecimentos da noite. Ele enfim chega em casa, para os braços da esposa, e em breve os dois partem para a sede seccional da seção Maison-Commune, onde ele se entregará e esperará por um milagre. Se Guyot ficou surpreso com a rapidez com que a Place de la Maison Commune se esvaziou enquanto ele pelejava para acompanhar os debates, agora, ao contrário, apesar da hora tardia, ele observa que as ruas da cidade estão movimentadas. Toda Paris, ele reflete, está armada, armada para defender a República...

A expedição de Bourdon: da seção Gravilliers à Place de la Maison Commune

Léonard Bourdon e sua força baseada em Gravilliers chegaram à rua de la Verrerie. A interseção com a rua Saint-Martin é o ponto de encontro deles com o restante da força, vinda de Bourdon, mas eles também encontram aqui a artilharia da seção Lombard, saindo da Place de la Maison Commune a caminho de casa. Bourdon pergunta pelo comandante e, na ausência de um, aceita Cosme Pionnier, instrutor de artilharia, como oficial graduado. A decisão pode ser influenciada pelo fato de que Pionnier vem da seção Gravilliers, e os dois homens provavelmente já se conhecem. Vocês querem lutar pelo tirano?, Bourdon pergunta às tropas. Os homens gritam de volta: não, eles querem lutar contra o tirano. Não são necessários nomes: todos sabem, Robespierre é o tirano. Os homens estão no ponto que Bourdon quer. No mesmo momento ele coloca os dois canhões de Lombards como a guarda avançada de sua força e eles se movem para a Place de la Maison Commune. Eles reduzem o ruído para manter o nível de surpresa ao entrarem na praça, de fato deserta. Furtivamente, os homens fecham todos os pontos de acesso à Place e, em seguida, compõem um semicírculo na frente do prédio, em formação de batalha. O uso da senha de Hanriot ajuda: os poucos homens que guardam a entrada principal vêm imediatamente para o lado deles. A um sinal, as forças na praça quebram o silêncio com um enorme "*Vive la Convention!*". Liderando um grupo de elite de cinquenta fuzileiros, os dois deputados, Bourdon e Camboulas, passam sem serem desafiados pelos guardas na entrada principal da Maison

Comuna. Pionnier tem sua artilharia preparada para o caso de as coisas correrem mal. Eles aguardam o resultado.

E assim aconteceu que Cosme Pionnier, instrutor de artilharia de Paris, reputado participante das *mitraillades* de Lyon, que poucas horas antes tinha mirado seu canhão no Palácio da Convenção e na sede do CSG na Place du Carrousel, e que minutos antes tinha demonstrado respeito irrestrito pela Comuna insurrecional, agora está aqui, alerta e comandando as forças de artilharia da Convenção na Place de la Maison Commune, pronto para derrubar a Comuna, completando assim um dia de muitas ironias e muitas mudanças de opinião, um dia que testemunhou a queda de Robespierre.

DEPOIS DA MEIA-NOITE

Em algum momento, pouco depois das duas da manhã do 10 Termidor, o deputado Léonard Bourdon, rápida mas furtivamente, conduziu seu esquadrão expedicionário pela escada principal da Maison Commune. O grande contingente de sua coluna de marcha parada do lado de fora estava sendo reforçado pela coluna principal de Barras, entrando na Place de la Maison Commune ao longo do cais. A gendarmeria montada estava presente para o caso improvável de haver necessidade de cavalaria, enquanto o instrutor de artilharia Cosme Pionnier comandava habilmente o canhão. Em uma noite de várias mobilizações, esta foi a demonstração de força mais impressionante até então.

O conflito acabou, exceto pelos gritos. Ainda que os quadros da Comuna Insurrecional estivessem no prédio para oferecer resistência, faltava força armada para resistir. Nem um tiro foi necessário.

Os primeiros sons de canhões sendo arrastados para a Place desencadearam uma rodada inicial de *sauve-qui-peut** na Câmara do Conselho. Vendo que as principais forças da Convenção vinham da direção noroeste, os conselheiros e os poucos membros remanescentes do público correram para o outro lado, para sair na Arcade Saint-Jean e na rua du Martroy. Como a barulhada de Bourdon e seus homens podia ser ouvida na escada, as reuniões do Conselho Geral e do Comitê de Execução terminaram em desordem e pânico. Se eles pudessem ir além dos

* Termo que significa "salve-se quem puder" em francês. [N.T.]

arredores da Maison Commune e remover a faixa tricolor que agora os demarcava, os conselheiros poderiam conseguir escapar completamente. Juntando-se às fileiras daqueles que fugiram no último momento estavam quatro dos nove homens do Comitê de Execução: Grenard, Lerebours, Desboisseaux e Coffinhal. O último gesto de Coffinhal antes de alçar voo foi lançar Hanriot pela janela para um pátio interno, furioso com seu triste e bêbado desempenho como comandante. A maioria das pessoas ainda por ali sabia que a morte estava chegando.

Na Câmara do Conselho, o conselheiro e parteiro Jean-Antoine-Gaspard Forestier de repente acordou de cara com um pesadelo. Ele estava cochilando após uma longa noite em que estivera fora, fazendo o parto de dois bebês. Enquanto as forças de Bourdon abriam as portas da Câmara, Forestier fugiu. Ele passou pelos escritórios da Secretaria (o escrivão Blaise Lafosse já tinha conseguido escapar), depois subiu uma pequena escada nos fundos do prédio esperando encontrar um esconderijo. Mas todas as portas estavam trancadas. Ele tentou as latrinas, mas não tinha lugar, pois quatro colegas trêmulos já estavam encolhidos em um cubículo. Ele continuou sua busca imprudente, precipitada e em pânico, ouvindo os guardas da Convenção encontrarem os refugiados das latrinas atrás dele enquanto fugia. No momento em que estava ficando sem esperança, esbarrou em um colega em fuga que conhecia melhor a planta do prédio. Ele o conduziu escada para cima, até o sótão da Maison Commune. Lá os homens passariam os próximos dias escondidos juntos, acompanhados por outros fugitivos sortudos. Tocos de velas e água estagnada de um tamanco de madeira velho seriam sua dieta principal.

Dulac, espião do CSP, estava na coluna de Bourdon quando ele e seus homens invadiram a câmara principal do Conselho e encontraram uns trinta e tantos remanescentes. Dulac agarrou Charlemagne, que estava na cadeira principal, fazendo-o largar a campainha em estado de choque. Outros ficaram perplexos e desanimados com sua situação. Enquanto as prisões eram feitas, Bourdon, Dulac e seus homens verificaram a localização do ponto de encontro do Comitê de Execução.

Cerca de duas horas depois, Léonard Bourdon contaria para uma Convenção extasiada como ele e Barras levaram o povo de Paris a uma vitória gloriosa sobre a conspiração de Robespierre e da Comuna. E ele elogiaria o jovem gendarme ao seu lado, Charles-André Merda, que, segundo ele, era o autor de um tiro de pistola que perfurara a bochecha de Robespierre em um encontro no Comitê de Execução da Maison Commune. A Convenção passou as últimas 24 horas silenciando Robespierre; um tiro de pistola completou a tarefa. Robespierre não diria mais uma palavra sequer. Teria sido o tiro de Charles-André? As ruas de Paris naquela noite estavam repletas de notícias de que Robespierre tentara acabar com a própria vida, sem nenhuma menção a um gendarme, heroico ou não.

Foi um Comitê de Execução ultradizimado e totalmente desmoralizado que permaneceu *in situ*. Robespierre ainda estava vivo, embora em agonia causada pelo ferimento no rosto, mas Le Bas tinha atirado em si mesmo e caído morto no chão. Fleuriot, Payan e Dumas estavam presentes, o último supostamente escondido debaixo de uma mesa. Couthon foi encontrado no final de uma escada, com sangue escorrendo de um ferimento na cabeça. Teria ele caído, sido empurrado, ou ele e seu companheiro gendarme estavam simplesmente procurando uma saída? Hanriot não foi localizado, embora na verdade estivesse deitado, atordoado e incólume, em uma pilha de esterco no pátio interno onde Coffinhal o tinha arremessado. Saint-Just também estava presente, ainda estoico e passivo. Em contraste com aqueles ao seu redor, suas roupas permaneciam limpas, arrumadas e sem manchas de sangue. Augustin Robespierre tinha subido a um dos andares superiores com vista para a Place, e os espectadores boquiabertos ficaram se perguntando se ele estava tentando escapar ou cometer suicídio. Ele tinha tirado os sapatos e os carregava em uma das mãos. Depois de alguns momentos perigosos, ele perdeu o equilíbrio e despencou de cabeça na multidão abaixo, caindo em cima e ferindo gravemente o guarda nacional Claude Chabru, além de causar a si mesmo fraturas, cortes e hematomas graves.

As forças de Bourdon começaram rapidamente a fazer prisões em massa de qualquer um que encontrassem no prédio lacrado, amarrando-os de dois em dois, prontos para serem transferidos para a sede do CSG. Jacques-Louis Ménétra, do Bon-Conseil, estava do lado de fora e estremeceu ao ver o prefeito Fleuriot, com quem tinha bebido apenas uma semana antes, amarrado a seu amigo Antoine Jemptel, conselheiro de sua seção. Ménétra tinha perdido recentemente a eleição para a Comuna de Jemptel por um mero punhado de votos. Pelo visto, um livramento...

Enquanto isso, na Ile de la Cité, também ocorria a captura de Mairie, o outro reduto da Comuna. Como na Place de la Maison Commune, os arredores de Mairie sofreram muitas deserções da GN, o batalhão Marat sendo o mais recente, e Giot, seu comandante, não mostrava nenhum pingo de liderança. A essa altura, a maioria dos homens restantes estava mais propensa à Convenção do que à Comuna. Eles não ofereceram resistência quando, em algum momento depois das duas da manhã, Merlin de Thionville, o ajudante de Barras, chegou com cerca de sessenta gendarmes montados para reforçar os guardas da seção Révolutionnaire. A força cercou e submeteu Mairie e o QG da Polícia, prendendo dez (dos vinte) administradores de polícia presentes, que foram colocados em celas de onde foram retiradas as suas próprias vítimas recentes. Entre eles estavam os administradores Michel e Benoit e Mathis, o chefe de legião ferido. Havia também quatro dos substitutos nomeados pelo CSP para a Administração de Polícia que chegaram muito cedo e foram presos.

Foi também pouco depois das duas da manhã que o Clube Jacobino caiu nas mãos do governo. Foi o centro final da resistência liderada pela Comuna, embora "resistência" dificilmente seja uma descrição apropriada, dado seu torpor durante a noite. A comunicação entre o Clube e a Comuna foi ficando cada vez mais insubstancial à medida que a noite avançava. A troca de delegações durou a noite toda, mas não produziu ações concretas. O deputado Louis Legendre decidiu fechar o Clube à força e deixou o Palácio da Convenção com um pequeno grupo de patriotas determinados. A chegada deles ao Clube interrompeu a sessão, embora Vivier, que presidira a noite toda, tenha conseguido escapar na confusão. Legendre evacuou a câmara e trancou as portas, voltando triunfalmente para a Convenção balançando as chaves. A Convenção aplaudiu a ação e proscreveu Vivier. Afastar os temidos jacobinos foi uma tarefa simples.

Estranhamente, nesta noite, quando a possibilidade de uma guerra civil se agigantou ameaçadoramente, muito pouco sangue foi derramado. Os deputados adjuntos de Barras não encontraram nada além de multidões entusiasmadas por toda a cidade e facilmente controlaram casos isolados de resistência, muito ajudados pela confraternização das seções, o movimento de delegações itinerantes que uniam as seções na causa da Convenção. Ao longo da noite, a luta entre os lados raramente foi muito além de socos. A agressão física a Mathis, chefe da 3ª Legião, foi o que de pior aconteceu. À tarde, Hanriot e sua equipe expedicionária foram presos sem danos físicos, exceto por algumas queimaduras de corda. O ataque frontal de Coffinhal à Convenção, com a metralha de Pionnier em punho, foi evitado assim que Hanriot decidiu se render. A Comuna tinha ameaçado seus próprios prisioneiros com fuzilamentos ao amanhecer; mas o amanhecer não chegou. Do outro lado, também, Léonard Bourdon acabara de tomar a Maison Commune quase sem disparar um tiro. A história era a mesma em Mairie e no Clube Jacobino.

A violência foi contida, pelo menos por enquanto, mas a Convenção estava se preparando para punir exemplarmente Robespierre, seus colegas e a Comuna em um grande derramamento de sangue. Do sangue que correria nos dias seguintes, uma única morte se destacou: a de Maximilien Robespierre. Após o ataque de Bourdon, ele estava ferido e em estado de choque na Maison Commune. Foi então transportado para a sede do CSP e colocado em uma mesa onde foi submetido a insultos cruéis dos observadores – "Olha só, que belo rei", "Senhor, Vossa Majestade está sofrendo?" – antes de ser levado na maca para a sede do CSG. Foi proposto à Convenção que seu corpo pudesse realmente ser levado ao Palácio da Convenção; mas Thuriot falou por todos ao afirmar que tal ato, em vez de engrandecer, mancharia o dia:

> — O cadáver de um tirano carrega consigo apenas a peste. O lugar que ele merece é a Place de la Révolution!

A Place de la Révolution tinha presenciado a execução do tirano Luís XVI; seria um local apropriado para a morte do tirano Robespierre.

Logo se juntando ao corpo agonizante de Robespierre nos escritórios do governo estavam Payan, junto com Saint-Just e Dumas. O delegado Thibaudeau avistou Saint-Just, que manteve o ar altivo, ao mesmo tempo que tentava parecer um batedor de carteiras pego em flagrante. Não passou despercebida por ele a ironia do fato de estar sendo alvo das severas práticas de justiça revolucionária que eles ajudaram a criar. Percebendo uma cópia do ato constitucional fixada na parede da área de espera, ele comentou com um de seus guardas: "Isso foi obra minha [...]. E o Governo Revolucionário também". A chegada de Élie Lacoste, membro do CSG, o trouxe de volta à terra. Lacoste ordenou que todos os homens fossem enviados à Conciergerie para passar pelo Tribunal Revolucionário.

Lacoste estava preocupado com o fato de que o estado de Robespierre o tornava mais necessitado de exame médico do que legal. Ele estava de fato em péssimas condições, a camisa ensopada de sangue, os calções meio desabotoados e as meias de seda nos tornozelos. Sua boca horrivelmente mutilada produziu apenas grunhidos quando ele estendeu a mão pedindo caneta e papel, que lhe foram negados. Não querendo que sua condição de deterioração impedisse uma execução pública completa, Lacoste chamou cirurgiões para inspecionar e limpar a mandíbula quebrada. Eles enrolaram uma bandagem em volta da cabeça para manter tudo no lugar.

A Convenção encerrou sua gigantesca sessão de 9 Termidor às seis da manhã, mas uma nova sessão começou apenas algum tempo depois, às nove horas de 10 Termidor, ou 28 de julho de 1794. O promotor público Fouquier-Tinville esperava na barreira da casa. A aposta de Fouquier na noite anterior tinha valido a pena. Ficar firme, permanecendo leal, mantendo-se dentro dos limites da legalidade e negligenciando seu velho amigo Fleuriot-Lescot no momento de necessidade deste último, tinha feito com que ele sobrevivesse. Ele percebeu que seu dia de descanso decenal estava fora de questão: hoje ele ficaria excepcionalmente ocupado. Mas ele estava diante de um dilema que só teria ocorrido a um defensor da letra da lei: ele seria incapaz de seguir os procedimentos de identificação prescritos para foragidos, já que isso exigia a presença de dois oficiais municipais, e, na atual situação de proscrição coletiva da Comuna, estes não seriam encontrados. Graciosamente, ainda que perplexa, a Convenção permitiu que ele prosseguisse sem observar a formalidade, com a instrução de que as execuções deveriam ocorrer até o final do dia.

— O solo da República [afirmou Thuriot, da cadeira] deve ser expurgado de um monstro que já estava preparado para se tornar rei.

O suicídio de Le Bas o afastara das humilhações de hoje. (Ele fora enterrado durante a noite no cemitério de Saint-Paul, no Marais. Seu cachorro de estimação choramingaria por três dias em seu túmulo.) Aos outros deputados – os dois Robespierres, Couthon, Saint-Just – juntaram-se no Palais de Justice outros chefes capturados, principalmente Payan e Dumas, além do defenestrado Hanriot, que tinha sido descoberto recentemente, o corpo coberto de sujeira. Ele estava em um estado lamentável: ou em sua queda ou ao longo de seu caminho para o Hôtel de Brionne, seu olho tinha sido arrancado e pendia para fora da órbita. Ele mantinha a companhia de seu ajudante de campo Lavalette, que saíra da prisão de Pélagie por volta da meia-noite com Dumas e viera para a Maison Commune. O presidente do Clube dos Jacobinos, Vivier, escapou das garras de Legendre no fechamento do Clube, mas foi pego em sua casa na seção do Muséum. O prefeito Fleuriot também estava presente. Uma transferência desordenada dera a ele a oportunidade de fugir, mas ele foi recapturado depois de um alarido perto da Pont-Neuf.

De certa forma, era apropriado, e muito de acordo com a prática atual do Tribunal Revolucionário, que a *fournée* destinada à guilhotina em 10 Termidor incluísse indivíduos bastante desconhecidos entre si. O grupo de Robespierre conhecia Vivier através do Clube dos Jacobinos, mas não a cerca de uma dúzia de militantes seccionais que estavam destinados às mesmas carroças. A "conspiração" de Robespierre estava cheia de estranhos. Adrien-Nicolas Gobeau, conselheiro de Bonnet-Rouge, tentou cometer suicídio com um canivete quando os homens de Bourdon tomaram a Maison-Commune e foram levados para o Hôtel-Dieu para tratamento. Remendado, ele foi despachado para a Conciergerie junto com Couthon. Augustin Robespierre, também gravemente ferido, foi trazido mais tarde. Além de Gobeau, havia apenas outro membro do Conselho Geral preso na Maison Commune, Christophe Cochefer. Curiosamente, em seu bolso estava a pequena edição da Lei de 14 Frimário sobre o Governo Revolucionário, cujas estipulações ele tinha infringido zelosamente a noite toda. Os outros homens, que incluíam vários adjuntos malfadados do Comitê de Execução, foram presos e entregues por autoridades seccionais leais.

Os procedimentos de identificação exigidos pela Lei de 23 Ventoso começaram no final da manhã. Para cada um dos 22 fora da lei examinados ao longo do dia, foi chamado um conjunto de particulares, dois por suspeita, para fazer a devida identificação. A maioria era de funcionários do Tribunal ou pessoas que viviam nas imediações dos tribunais. Scellier, vice-presidente do Tribunal, era o magistrado presidente, com Maire e Deliège (que se sentara ao lado do condenado Dumas no dia anterior) como juízes subalternos. Fouquier estava presente, mas deixou a câmara quando chegou a vez de Fleuriot, seu ex-amigo do peito.

No fim da tarde, os 22 homens identificados passaram pela *salle de toilette* e foram amontoados em três carroças preparadas para eles. Por volta das seis da tarde, eles partiram rumo à Place de la Révolution para o encontro com o carrasco público Sanson e sua equipe. Sanson havia executado *por* Luís XVI, depois *o* executara. Ele tinha executado em nome de Robespierre. Agora estava prestes a despachá-lo também.

Uma multidão enorme e entusiasmada se reuniu enquanto os homens se dirigiam ao local da execução, seguindo a antiga rota ao longo da rua Saint-Honoré. Uma história posterior dizia que as carroças pararam do lado de fora da residência de Duplay e as mulheres fizeram uma pequena dança da alegria ao redor da carruagem de Robespierre. Um grito de "Foda-se o Máximo!" foi ouvido – provavelmente era direcionado a Payan e Fleuriot, e não a Robespierre. De qualquer forma, muito mais do que salários causou o 9 Termidor. A carroça de Robespierre avançava lentamente em meio à multidão de pessoas gritando insultos, ameaças, comentários sarcásticos e palavrões grosseiros. Eles chegaram um pouco antes das sete da noite. Sanson começou a trabalhar imediatamente, iniciando com o deficiente Couthon e o ferido Augustin Robespierre. Gritos de alegria saudavam cada cabeça que caía. Fleuriot estava reservado para o fim: afinal, como prefeito, a *journée* estava sob seu comando. Antes dele foi Maximilien Robespierre. Um dos ajudantes de Sanson puxou a bandagem em torno de seu rosto e, quando foi empurrado para a frente para a lâmina, ele emitiu um grito animalesco de gelar o sangue.

A resistência a Robespierre havia tido como objetivo impedir um expurgo da Convenção ou coisa pior. A *journée* terminou com o pretenso purgador espetacularmente condenado à morte. Além disso, as 22 execuções em 28 de julho foram seguidas por outras 71 no dia 29 e 12 no dia 30. Com alguns retardatários, no total foram proferidas cerca de

108 sentenças capitais de acordo com os decretos de proscrição. Desse número, 87 eram de conselheiros entre os 91 que assinaram a folha de presença. A maioria dos que fugiram do ataque de Bourdon, como o fabricante de papel de parede Grenart, foi presa na cidade. Na companhia de Coffinhal, Desboisseaux foi tropeçando de um lugar a outro no sudeste da cidade antes de retornar a Ile Saint-Louis para ver sua esposa, e ali foi preso em um bar. Coffinhal, que seria instantaneamente reconhecível nos portões da cidade por causa de sua altura, avançou para oeste e passou alguns dias, isolado e faminto, entre a matéria fecal na Ile des Cygnes, a oeste do Champ de Mars, antes de ser capturado. Poucos conseguiram se safar: entre estes estavam o secretário Bourbon-Fleury, o burocrata estadual Lerebours e o irmão mais velho de Payan, Joseph. Payan conseguiu coletar uma pilha de talheres dos aposentos de seu irmão antes de fugir da cidade.

Um bom número de membros da Comuna se livrou da execução por outros meios. Três conselheiros colocaram-se à mercê da Convenção em sua sessão de 9-10 Termidor, enquanto outros defenderam sua causa perante suas autoridades seccionais. Aos olhos destes últimos, o histórico de adesão e principalmente de serviço à causa da Convenção naquela noite foi um fator atenuante. Pierre Lestage esteve apenas brevemente na Maison Commune e voltou à seção de Montagne para lutar pela Convenção: ao liderar uma delegação à Convenção nas primeiras horas, ele chegou a receber um elogio fraterno do presidente da assembleia. Em Lepeletier, Pierre-Nicolas Vergne não participava de um Conselho Geral havia mais de quinze dias por causa de uma doença, mas levantou-se de seu leito para presidir a Assembleia Geral da seção, pedindo apoio à Convenção e lutando contra a resistência do emissário da Comuna, Arnauld. Os conselheiros que tinham se revezado prestando serviço em Temple naquela noite dificilmente poderiam ser responsabilizados pelos caprichos da Maison Commune. Nem os administradores de polícia Benoist e Michel, que passaram a noite inteira nas celas da polícia em Mairie. Então, novamente, a seção Lombards aceitou o apelo de Pierre-Henri Blandin de que seu grave problema de bexiga o impedia de ficar parado e prestar atenção durante a noite na Comuna. Pierre-Jean Renard, de 68 anos, tinha deixado a reunião da Comuna depois de um curto período de tempo e passou a maior parte da noite vagando pelas ruas, totalmente desconsolado, até finalmente se entregar às autoridades de sua seção, que o protegeram. Talvez os exemplos mais marcantes de misericórdia tenham sido Cosme Pionnier, a quem Léonard Bourdon nomeou encarregado da artilharia na Place de la Maison Commune, mas que algumas horas antes tinha apontado suas armas para o CSG e para a Convenção; e Claude Chalandon, de Homme-Armé. Este último, à tarde, tinha levado o canhão de sua seção para a Place de la Maison Commune, mas no final da noite juntou-se a outros membros de seu Comitê Revolucionário para prender os apoiadores da Comuna.

Em setembro, um grupo de cerca de quarenta indivíduos de uma dúzia ou mais de seções que assinaram a folha de presença da Comuna foi absolvido perante o Tribunal Revolucionário. Assim, o Tribunal reconheceu que muitos daqueles que apoiaram a Comuna eram culpados apenas por terem sido enganados. Tugot e Dehureau, da seção Arcis, por exemplo, assinaram a folha de presença da Maison Commune, mas depois voltaram para suas seções e arriscaram suas vidas indo até a Place de la Maison Commune nas primeiras horas do 10 Termidor para ler a proclamação da Convenção.

De modo geral, os parisienses não ofereceram resistência ou hostilidade às execuções em massa de seus representantes eleitos logo após a *journée* do 9 Termidor. Mesmo o grito final de Robespierre não impediu que a enorme multidão que veio ver sua execução em 28 de julho voltasse para casa feliz. Em toda a cidade, o clima era alegre e positivo. Durante toda a tarde e noite de 10 Termidor, o Comitê Revolucionário de Muséum observou,

> a mais perfeita tranquilidade reinava na seção. [...] No momento em que o tirano Robespierre passou com seus agentes, conspiradores e canalhas a caminho de expiar seus crimes, houve gritos de *Vive la République!* e *Vive la Convention!*. Isso foi um sinal para a alegria de todos os patriotas pela morte dos traidores que furtivamente forjavam correntes para os prender. A intenção era alegremente manter seu juramento e se reunir em torno da Convenção.

Perto do final da noite do 9-10 Termidor, o deputado montanhês François-Omer Granet tinha proposto uma moção, unanimemente aprovada pela Convenção, de que "a Convenção afirma sua opinião sincera de que as seções de Paris nunca deixaram de merecer o bem da pátria". A moção expressava o poderoso sentimento em toda a cidade de que a *journée* de 9 Termidor tinha sido essencialmente uma coprodução harmoniosa entre a Convenção que expurgara Robespierre e o povo de Paris. Um fato perfeitamente retratado na constatação de que o código exigido pela GN no estágio final e vitorioso da *journée* do 9 Termidor tinha sido "Convenção Nacional", com a réplica "O Povo".

Louis-Sébastien Mercier ainda estava na prisão, então ele mesmo não tinha testemunhado o dia e as comemorações que se seguiram, embora certamente tenha ouvido algumas delas. Olhando para trás, para a enorme onda popular de celebração que varreu Paris na execução de Robespierre, ele foi firme em seu julgamento sobre a *journée* e seu significado:

> 14 de julho de 1789 e 9 Termidor, Ano II: dois dias de unanimidade entre franceses e francesas sobre sua Revolução. Em ambos os dias, o povo se uniu como uma só coisa. A soberania que ele estabeleceu foi marcante e decisiva. [...] Em 14 de julho, o povo francês disse: quero liberdade. Em 9 Termidor, ele disse: quero justiça.

O abate da Comuna em 28 e 30 de julho sugeriu que qualquer justiça seria bastante dura. E também estava por ver de que outra forma a Convenção reconheceria a longo prazo as pessoas que se arriscaram por ela.

POSFÁCIO

9 Termidor, de longe

> Escrever a história da Revolução será uma tarefa quase impossível até meio século depois. Isso porque seus agentes são ainda mais móveis que suas emoções e muitas vezes escapam até mesmo do olhar mais atento; e vê-se que os princípios que regiam o dia anterior diferem dos do dia seguinte.

Escrevendo em 1789, Louis-Sébastien Mercier confessou ser um observador da Revolução, e não seu historiador, um papel que sua própria mortalidade impedia. Sua abordagem "em detalhes" da Revolução era essencial, argumentou ele, para obter algum tipo de controle sobre seu curso imprevisível e rápido. Mas apenas os futuros historiadores poderiam afrouxar o foco nas lentes históricas – "a ótica", em seu vocabulário – para obter a perspectiva em grande-angular necessária para entender o significado de um fenômeno tão complexo.

O desafio de Mercier lançado aos historiadores que escrevem "de longe" em vez de "em detalhes" é ainda maior quando estamos afastados não apenas a cinquenta anos, mas bem mais de duzentos do 9 Termidor, Ano II, ou 27 de julho de 1794. A importância do dia sempre foi reconhecida. Desde o início, foi encarado como um dos grandes momentos simbólicos e fulcrais da Revolução Francesa, estatuto que partilhou com 14 de julho de 1789 e 10 de agosto de 1792. As três datas receberam um festival nacional anual em sua homenagem: para o resto dos anos 1790, 14 de julho marcou o advento da liberdade, 10 de agosto, o nascimento da igualdade, e 9 Termidor, o triunfo sobre a tirania. Todas as três foram *journées* em que a ação direta decisiva nas ruas de Paris garantiu a Revolução e seus ganhos. Cada uma foi frequentemente descrita como uma revolução em si mesma. Elas se tornaram os três marcos em torno dos quais os historiadores desde então construíram suas narrativas dos anos 1790.

Se a importância do 9 Termidor estava clara o suficiente, entretanto, seu significado completo era menos imediatamente evidente do que no caso dos outros dois dias marcantes. Em 1789, os Estados Gerais já tinham estabelecido uma assembleia nacional e o princípio de uma monarquia constitucional semanas antes de 14 de julho. Depois, mais uma vez, por causa da crise militar que assolou o regime na primavera e no verão de 1792, o rei estava sendo ignorado politicamente meses antes de sua derrubada em 10 de agosto. Em contraste, como demonstrei, o 9 Termidor chegou de surpresa, como um choque, e isso atrasou a compreensão do impacto total. Inicialmente, estava longe de ser certo o que a derrubada de Robespierre e daqueles julgados por terem apoiado sua resistência à Convenção implicava para o regime e a direção da política. Ao contrário das outras grandes *journées* simbólicas, 9 Termidor foi um dia que teve que esperar que seu significado fosse estabelecido. Esse processo ocorreu durante o que veio a ser chamado de período Termidoriano, que durou da queda de Robespierre até a abertura do novo regime do Diretório, em novembro de 1795. Nessa época, a atmosfera política alterou-se de um modo que influenciou fortemente a maneira como as pessoas pensavam sobre o que acontecera antes.

As duas principais impressões que surgiram da *journée* como a descrevi foram, primeiro, que era um dia de ação para remover um homem e não um regime; e segundo, que foi uma vitória conjunta dos deputados eleitos e dos parisienses. Barère, sempre o homem com o *mot juste*, destacou como fatores-chave na derrubada de Robespierre, "o tirano", "o poder do povo, a energia da Convenção e o patriotismo das seções de Paris". O mote da parceria e da confiança mútua – nitidamente encarnado na senha da GN, "Convenção"–"Povo", para a noite do 9 Termidor – foi incessante e rapsodicamente evocado nas dezenas e dezenas de delegações apresentando suas felicitações à assembleia ao longo das sessões de 10, 11 e 12 Termidor e além. Também foi repetido em discursos e panfletos de deputados.

Essa visão manteve-se em campo por apenas um curto período, no entanto. Dentro de um ano, a história seria completamente transformada e o significado do dia visto de forma muito diferente. De fato, em 8 Termidor, Ano III (26 de julho de 1795), o deputado dantonista Edme-Bonaventure Courtois, a quem a Convenção tinha contratado para relatar a *journée* de 9 Termidor, apresentou suas conclusões a seus colegas. Surpreendentemente, seu *Rapport sur les événements du 9 thermidor an II* ampliou o ataque para que visasse não apenas um tirano, mas também uma tirania, uma forma de governo mortal para a liberdade dirigida por um grupo de supostos "usurpadores do poder supremo", alegadamente sob a liderança de Robespierre. Além disso, rejeitou completamente o modelo de coprodução, evidente um ano antes. Para Courtois, havia apenas um herói naquele dia, e este era a Convenção, que tinha derrubado o tirano e seus companheiros conspiradores. O povo de Paris estava sob o domínio da Comuna, então, implicitamente, a derrota da Comuna foi uma derrota para os parisienses e para a política popular.

O relatório de Courtois espalhou-se como fogo em capim seco. Endossando o que tinha se tornado pensamento corrente nesse ínterim, ajudou a estabelecer um modelo para a compreensão do 9 Termidor que durou muito além dos anos 1790. O Governo Revolucionário do Ano II foi doravante concebido como "o Terror" – termo definidor do regime (artigo definido, com T maiúsculo) datado de depois do 9 Termidor. Considerando que o Governo Revolucionário tinha implantado tanto violência intimidatória quanto terror ao lado de outras políticas, incluindo mobilização de guerra e reforma social, agora o "Terror" foi essencializado, fazendo com que outras características das políticas do Governo Revolucionário perdessem importância. Robespierre era enxergado como o ambicioso tirano em formação que conspirava para tomar poderes ditatoriais no 9 Termidor, auxiliado e instigado por "terroristas" e "robespierristas" (termos cujo uso também disparou). Em 9 Termidor, a Convenção quebrou as pernas de Robespierre e do "Terror".

Neste livro, propus-me deliberadamente pesquisar o dia crucial de 9 Termidor sem recorrer ao vocabulário analítico e ao esquema interpretativo que foram desenvolvidos no período Termidoriano após a queda de Robespierre, antes de ser endossado por Courtois e levado adiante por gerações de historiadores. Para dar um único exemplo: evitei o termo "o Terror" como um anacronismo inútil. Pesquisar e escrever sobre o Termidor "em detalhes", do modo defendido por Mercier, permite-nos explorar e analisar o evento em termos contemporâneos a ele.

Neste Posfácio, primeiro apresentarei um breve panorama das mudanças na atmosfera política em Paris no período Termidoriano, para dar uma ideia de como a interpretação da coprodução da *journée* foi apagada e seu significado estendido para além do remoção de um tirano, Robespierre, para incorporar a remoção de um sistema de tirania, o Terror. Continuarei apresentando a interpretação do dia que surgiu a partir da abordagem que adotei e da pesquisa que a sustentou. A maior parte do meu argumento está implícita no relato que forneci; mas trazê-lo à tona e explicitar as linhas-mestras do argumento permitirá aos leitores estabelecer descobertas no contexto do estudo mais amplo da Revolução, e também considerar o que foi ganho para um historiador escrevendo "de longe" ao observar o 9 Termidor "em detalhes".

Contra o povo

Nos meses seguintes ao evento, o apagamento da noção do 9 Termidor como uma coprodução entre o povo de Paris e a Convenção foi consequência do colapso da relação entre os dois protagonistas no período Termidoriano. Esteve intimamente ligado a movimentos para ampliar o ataque a Robespierre, de modo a incorporar outros elementos e outro pessoal dentro do Governo Revolucionário no Ano II.

No rescaldo do dia, os artesãos da queda de Robespierre na Convenção no 9 Termidor, mais notavelmente Barère, Billaud-Varenne e Collot d'Herbois, deleitaram-se nos reflexos da própria glória. Mas eles logo ficaram na defensiva, pois descobriram que muitos de seus aliados parlamentares naquela noite queriam livrar o regime não apenas de Robespierre, mas também das políticas de terror que ele e eles vinham promovendo. Alguns queriam se livrar também do regime como um todo. Os três líderes do CSP queriam que o Governo Revolucionário funcionasse de forma mais eficiente a partir da remoção de seu difícil colega, em vez de ter suas asas cortadas de alguma forma. Eles pensaram que as políticas do Governo Revolucionário, incluindo o terror, simplesmente continuariam sob uma administração menos dividida. Outros deputados, no entanto, perceberam uma chance de fazer mudanças muito maiores. Os eventos de 9 Termidor ainda não haviam tirado o "Terror" dos trilhos – longe disso. O trabalho ainda estava por ser feito, mas a oportunidade de efetuar mudanças mais substanciais estava na pauta.

O principal entre os primeiros oportunistas era Tallien, cuja conduta naquele dia lhe rendeu grande capital político. "Ascendendo desde as ruínas de Robespierre", como observou Thibaudeau, ele se tornou uma das figuras definidoras do período Termidoriano, atacando veementemente o "sistema de terror" pré-Termidoriano, pedindo um relaxamento das políticas de repressão que ele considerava quintessencialmente "robespierrista" e fazendo campanha pela liberdade de imprensa e pela libertação de presos políticos detidos injustamente. Isso prejudicou muito suas relações com Billaud-Varenne, Collot d'Herbois e Barère, cuja posição foi ainda mais enfraquecida pela intervenção nos debates do deputado dantonista Laurent Lecointre. Apesar de resmungar sobre seu ódio homicida por Robespierre, Lecointre não participou dos acontecimentos do 9 Termidor. A partir do outono de 1794, porém, ele voltou à briga com a acusação de que não era apenas Robespierre, mas também seus outros colegas do Governo Revolucionário, os responsáveis pelo "Terror". No começo essa abordagem foi amplamente ridicularizada, e Lecointre teve a sanidade questionada: parecia ridículo ver como cúmplices de Robespierre membros do CSP como Billaud-Varenne, Collot d'Herbois e Barère quando estes foram os homens que lideraram sua derrubada.

No entanto, Lecointre lutou sem medo, e seus argumentos começaram a ser mais bem recebidos conforme o humor do público mudou. O julgamento de Jean-Baptiste Carrier, no outono de 1794 – ele tinha cometido atrocidades como deputado em missão em Nantes –, resultou em repulsa pública pelo que tinha ocorrido sob a vigilância do Governo Revolucionário. A maior liberdade de imprensa permitiu a ampla difusão de tais relatos. Causou impacto particular uma onda de memórias da prisão retratando as prisões do Terror como locais de crueldade gótica e impiedosa. A revogação da Lei de 22 Prairial endossou a rejeição entusiástica das práticas de justiça revolucionária – ela mais tarde seria seguida pela abolição total do Tribunal Revolucionário. Na primavera de 1795, o promotor público Fouquier-Tinville foi para o cadafalso, enquanto Collot, Billaud e Barère, junto com Vadier, robusto membro do CSG, foram indiciados por crimes passados sob o que agora é universalmente considerado como "o Terror". Eles seriam condenados à deportação.

A essa altura, a própria Convenção tinha mudado de forma significativa. Em dezembro de 1794, foi acordado que os "73" apoiadores girondinos presos (Mercier incluído) deveriam ser readmitidos na assembleia. Em março de 1795, foi a vez dos sobreviventes do expurgo girondino de 1793. Um repatriado sintomático foi Maximin Isnard, cujos comentários antiparisienses tanto enfureceram os *sans-culottes* em maio de 1793. A derrubada de Robespierre tinha sido arquitetada pelos montanheses, mas estes se reduziram a um pequeno grupo de cerca de setenta deputados. Uma forte maioria de direita surgiu na Convenção, favorecendo fortemente um afastamento decisivo de políticas e instituições de terror. Além das mudanças no CSP para reduzir sua autoridade e da abolição do Tribunal Revolucionário, o Clube dos Jacobinos foi fechado e as políticas sociais e econômicas de terror foram abolidas. O problemático Máximo Salarial de 23 de julho (5 Termidor) fora retirado já em 30-31 de julho (12-13 Termidor); a isso se seguiu, em dezembro de 1794, a abolição do Máximo Geral, o brilhante símbolo do pacto montanhês-*sans-culotte* do Ano II.

Mercier observou que a *journée* de 9 Termidor foi caracterizada por um desejo de justiça. Desde o primeiro dia, o que emergiu do evento parecia mais vingança do que justiça. A política formal na assembleia e nas publicações foi cada vez mais complementada nas ruas pela retaliação violenta por gangues juvenis – as *jeunesse dorée* ou *muscadins*, lideradas por "terroristas traidores", Tallien e Fréron. Estes assediaram violentamente os "homens do Ano II", com o que se referiam essencialmente a qualquer um que tivesse estado em uma posição de poder sob o "Terror". Aliás, essa pressão extraparlamentar era ainda mais intensa nas províncias, onde o "Terror Branco" opunha-se ao "Vermelho".

A Convenção já estava no caminho de "despopularizar" a Revolução, como disse um jornalista. Os deputados fizeram do povo de Paris o alvo particular de sua busca por vingança. Os parisienses podem ter ajudado a derrubar Robespierre; mas, no fim de contas, para começo de conversa foi ele quem lhe delegou poderes, e por isso tinham que ser punidos de uma forma que impedisse que tal coisa acontecesse de novo. O brutal expurgo da Comuna nos dias seguintes ao 9 Termidor foi seguido não pela reforma do município e pela substituição dos conselheiros expurgados, mas por sua total abolição. O Conselho Municipal e o cargo de prefeito foram simplesmente extintos. Os serviços municipais até então supervisionados pela Comuna foram colocados sob a autoridade do governo central. A Administração de Polícia foi expurgada, recebeu novas nomeações e passou a se reportar à Convenção sob orientação do CSG. Em vez de eleitos, os comissários de polícia seccionais passaram a ser nomeados. O comando da Guarda Nacional manteve-se como um cargo rotativo, de acordo com o decreto anti-Hanriot do 9 Termidor, enquanto os "homens do Ano II" foram expulsos dos batalhões da Guarda Nacional. Os 48 Comitês Revolucionários seccionais foram reduzidos a doze Comitês de Arrondissement, mais uma vez subordinados diretamente ao governo. O sistema eleitoral no centro do governo municipal, presente em toda a França desde 1789, agora tinha uma exceção parisiense.

Se a Convenção Termidoriana do Ano III não era mais a Convenção dos dias do Ano II, o povo parisiense do Ano III também não era o povo do Ano II. A unidade popular da noite do 9-10 Termidor logo começou a desmoronar. O abrandamento do terror e a concessão de maior liberdade de imprensa permitiram a emergência de uma maior diversidade de pontos de vista, com a libertação de prisioneiros alimentando um espírito de vingança tanto em nível local quanto nacional. Além disso, a estabilização da situação militar pós-Fleurus e, em seguida, a melhora acentuada nas fortunas internacionais da França pareciam reduzir a necessidade do regime de aplacar o movimento popular.

Durante grande parte do Ano II, a opinião pública parisiense foi dominada pelas visões radicais do movimento *sans-culotte*. Este estava em declínio vários meses antes do 9 Termidor, e a *journée* liberou uma onda de energia crítica que estava reprimida fazia algum tempo. Os meses seguintes viram um reequilíbrio da opinião parisiense. As aspirações igualitárias implícitas nas políticas sociais e econômicas do Ano II do Governo Revolucionário foram submetidas a ataques fulminantes. A elite Termidoriana favoreceu a diferenciação social e fomentou a desigualdade. Como resultado, a opinião pública parisiense tornou-se irremediavelmente fraturada e abriu-se um fosso cada vez maior entre os que tinham e os que não tinham.

Essas tensões tiveram uma trégua trágica durante inverno excepcionalmente rigoroso de 1794 para 1795. O Sena ficou congelado por mais de um mês, prejudicando o abastecimento e gravando "Nonante-cinq" ("noventa e cinco") na memória popular por décadas. Com a abolição do Máximo Salarial, o retorno ao mercado livre, juntamente com a inflação descontrolada e a depreciação do *assignat*, tornaram as condições para os consumidores urbanos excepcionalmente desafiadoras. Além disso, o ataque da Convenção à autogovernança parisiense significava que não havia políticas de bem-estar que honrassem o nome, capazes de amortecer o golpe, e nem uma Comuna, nem um Clube Jacobino, nem uma forte delegação Montagnard na Convenção para defender, canalizar ou encorajar as demandas populares. As filas do pão se alongavam enquanto a fome assolava as massas de uma forma que tinha sido esquecida, enquanto o regime parecia indiferente ao sofrimento. No início de 1795, evocações nostálgicas do nome de Robespierre começaram a ser ouvidas nas ruas de Paris.

> — Sob Robespierre [como um relato afirma ter sido dito], o sangue fluía e não tinha falta de pão; hoje já não corre sangue e não temos pão. O sangue deve correr se quisermos ter pão...

Os militantes seccionais remanescentes também começaram a falar com carinho da altamente democrática mas nunca implementada Constituição de 1793.

A crescente crise social atingiu o auge em duas explosões populares desesperadas: as *journées* de 12 Germinal e depois 1-4 Prairial, Ano III (1º de abril e 20-23 de maio de 1795). Manifestações em massa visavam a Convenção, tendo como slogan "Pão e a Constituição de 1793". Em 1º Prairial, uma multidão sitiando a Convenção (mais uma vez no modelo 31 de maio/2 de junho de 1793) se descontrolou, atacando e decapitando o deputado Féraud, um dos mais valentes adjuntos de Barras na noite de 9 Termidor. A repulsa generalizada da assembleia contra esse ato sem precedentes levou a uma maior repressão antiparisiense, com mais de 2 mil prisões e dezenas de execuções. Os deputados também agiram com dureza impressionante em relação a seis deputados montanheses tidos como apoiadores dos objetivos sociais dos rebeldes prairiais após o assassinato de Féraud. Os homens foram encaminhados a uma Comissão Militar constituída para sentenciar os desordeiros e, após uma tentativa coletiva de suicídio, foram executados em 17 de junho de 1795.

As *journées* prairiais definiram o contexto para a visão sobre o povo parisiense veiculada no relatório de Courtois a respeito do 9 Termidor. Também abriu caminho para a criação da nova Constituição, que completou a "despopularização" do poder. A violência do episódio prairial levou a Convenção a rejeitar a ideia de uma eventual implementação da Constituição democrática de 1793 defendida pelos rebeldes. Em vez disso, a Constituição do Ano III (1795), que instituiu o regime do Diretório a partir de novembro de 1795, era uma carta liberal, e não radical. Sintomaticamente, o sufrágio universal masculino garantido pela Constituição de 1793 foi substituído pelo vínculo entre voto e propriedade.

Levou algum tempo, mas o 9 Termidor iniciou um processo pelo qual o povo foi privado de direitos e os radicais parisienses foram silenciados. Nessas circunstâncias, a ideia de que o povo de Paris tinha desempenhado um papel fundamental na queda de Robespierre parecia inaceitável, intragável e, de fato, implausível. À custa do povo, a ascensão da direita mudou o significado de *journée*. Em um duplo paradoxo, os líderes montanheses, que organizaram a queda de Robespierre dentro da Convenção, e o povo de Paris, que liderou a derrubada nas ruas da cidade, foram enxergados como os facilitadores de uma figura sujeita a difamação cada vez maior.

Os ataques iniciais a Robespierre na Convenção após a *journée* o desacreditavam livremente, comparando-o a tiranos da Antiguidade (Pisístrato, Catilina, Júlio César, Nero) ou de safras mais modernas (Cromwell). Coletando comentários esporádicos ouvidos em debates, e após a descoberta fortuita de um selo com um desenho de flor-de-lis* em buscas nos escritórios da Comuna, Barère acrescentou outro comparativo: Robespierre aspirava a ser rei. A ideia era um estratagema um tanto

* Símbolo da monarquia francesa. [N.T.]

desesperado para atrair a ampla população que, eles acreditavam, seria mais versada na história recente do que nas lições da Antiguidade.

Em um ou dois meses, uma nova perspectiva se abriu, com os críticos de Robespierre mudando a estrutura de suas acusações da história antiga e moderna para a história natural. Focalizando a suposta aparência física de Robespierre, jornalistas e panfletários o compararam a um vampiro, um monstro, uma esfinge, um camaleão, um lobo e, principalmente, um tigre, animal notório por seu apetite irracional por sangue. Merlin de Thionville, adjunto de Barras, foi o autor de um *Portrait de Robespierre* muito copiado e amplamente divulgado, que destacava a aparência felina e tigresa de Robespierre; logo, cartuns e caricaturas copiavam o retrato. A imagem do tigre circulava cada vez mais, dando apoio e parecendo justificar a reputação de Robespierre como um *buveur de sang* ("bebedor de sangue"). Ela recebeu reforço de um subgênero de panfleto destinado a expulsar os partidários de Robespierre da vida pública, baseando-se na ideia zoomórfica de cortar o rabo do tirano (*la queue de Robespierre*). Comparar Robespierre a um tirano histórico sugeria uma dimensão tragicamente humana ao seu desejo de dominar. Em contraste, torná-lo um espécime monstruoso, bestial e demoníaco o coloca fora do alcance da humanidade ou da racionalidade.

A Lenda Sombria da monstruosidade política de Robespierre provou-se incrivelmente resiliente e duradoura. Ela ainda aparece em histórias e biografias em nossos dias. Além disso, desde os debates Termidorianos, a Lenda Sombria de Robespierre foi associada a uma difamação semelhante e não menos depreciativa do movimento popular parisiense. Não só Robespierre era um *buveur de sang*, cujo discernimento tinha sido fatalmente prejudicado por suas paixões interiores; esse também passou a ser um bordão reservado a qualquer uma das classes populares que se envolveram na política no Ano II. Foi o apoio apaixonadamente inflamado a Robespierre que tornou possível sua popularidade e seu monstruoso poder: o inimigo de Robespierre na noite do 9 Termidor foi transmutado em seu líder de torcida. Somente quando um movimento democrático emergiu dos anos 1830 é que começaram a ser desafiadas a imagem do *buveur de sang* e a lenda sombria que unia Robespierre e o povo de Paris.

Conspiração contra Robespierre: um mito?

Do próprio dia em diante, o 9 Termidor foi inundado de conversas sobre conspiração. Robespierre sentia que era vítima de conspirações, enquanto seus oponentes justificavam sua ação contra ele pela ameaça da conspiração que ele arquitetara para tomar o poder. A visão "em detalhes" desafia essas narrativas em todos os níveis. É muito discutível se havia substância em qualquer uma dessas supostas "conspirações". Na época do Termidor, Robespierre certamente atraía muita hostilidade da elite política. Muitos deputados, sem dúvida, desejavam ardentemente sua remoção e morte. Mas imaginar não é o mesmo que fazer, e a evidência de uma conspiração séria e organizada contra ele é exígua e amplamente descartável.

O agrupamento "conspiratório" mais substancial dentro da assembleia, em torno de Laurent Lecointre e Bourdon de l'Oise, certamente falou alto (e ainda mais depois do acontecido). Mas eles não fizeram nada de concreto e seu tipo de oposição não resultou em nada que se assemelhasse a um planejamento logístico. Fouché às vezes é visto como parte do grupo, e suas próprias memórias o retratam como um dos principais conspiradores no período que antecedeu o dia. No entanto, as poucas evidências que temos sugerem que ele não fez nada além de se envolver em circular propaganda anti-Robespierre entre seus colegas. Tallien fazia parte do grupo Lecointre, é verdade. Mas as evidências sugerem que ele agiu como um lobo solitário, procurando apoio menos com seu comparsa Lecointre do que entre novos aliados na luta, que ele recrutou poucas horas antes da ação do dia.

Lecointre falou de um grupo de conspiradores chegando a quarenta ou cinquenta deputados. O fato de esse número ser tão pequeno – a quantidade total na assembleia era de 749 deputados – destaca que muitos deputados eram ambíguos em relação a Robespierre. Em muitos casos, o ódio genuíno foi temperado pelo medo: o destino brutal infligido aos girondinos e dantonistas os encorajou a se fingir de mortos. Além disso, porém, houve alguns deputados da Planície e até mesmo na direita que sentiram que a remoção de Robespierre marcaria uma guinada à esquerda que poderia piorar ainda mais a situação para eles.

Robespierre encorajou esse pensamento ao oferecer uma defesa ostensiva dos "73" presos, os deputados moderados pró-girondinos.

Na maioria das vezes, então, os deputados simplesmente concordavam com o status quo, por mais desagradável que o considerassem. Foi somente quando o discurso de Robespierre no 8 Termidor sugeriu que ele queria uma intensificação imediata e dispersa do "Terror" que eles ficaram receosos por suas vidas. Tallien jogou perfeitamente com essa ansiedade em suas conversas noturnas entre 8 e 9 Termidor: Robespierre estava fora de si, ele argumentou, e nenhum colega de esquerda ou direita estava seguro. O número de deputados que Tallien recrutou foi provavelmente muito pequeno: a maioria dos deputados ficou tão surpresa com o que estava acontecendo na Convenção no 9 Termidor quanto o atônito Thibaudeau.

No jogo de culpa sobre "o Terror", que Tallien e especialmente Lecointre iniciaram após o 9 Termidor, os ex-colegas de Robespierre no CSP e no CSG procuraram se isentar da responsabilidade enfatizando a autoridade monstruosa de Robespierre e também reivindicando um crédito proporcional na conspiração contra ele. Mas aqui também houve exageros grosseiros. Havia muita insatisfação e até mesmo ódio por Robespierre em torno da mesa verde do CSP nos meses anteriores ao Termidor, e, por parte de Carnot e Vadier, em particular, uma boa dose de negociação por baixo dos panos e o uso de Robespierre como isca. Não é de surpreender, já que ele tinha se tornado um colega muito difícil. No entanto, se, como o grupo Lecointre, alguns membros dos Comitês provavelmente conversavam entre si sobre o afastamento de Robespierre, pouco ou nada fizeram de concreto a respeito. Eles não apenas não conspiraram como se esforçaram ativamente para dissuadir outros de fora do Comitê (principalmente o grupo de Lecointre) de tentar um movimento prematuro contra Robespierre. A reticência deles se devia em parte ao medo de que Robespierre fosse simplesmente poderoso demais e que sua popularidade o tornasse impossível de remover, pelo menos até aquele momento. Alguns também podem ter nutrido a vaga esperança, expressa por Robert Lindet, de que, se alguém desse corda suficiente a Robespierre, ele poderia se enforcar.

Além disso, é difícil resistir à sensação de que os colegas de Robespierre mantinham um senso de lealdade a um Governo Revolucionário unificado e recusavam a ideia de divisões, que prejudicariam o esforço de guerra. Durante as negociações do 4 e 5 Termidor (22 e 23 de julho), quando Billaud procurou conquistar Robespierre dizendo "Chegamos tão longe juntos...", ele não estava simplesmente lançando uma conversa bajuladora. Era de verdade. Os objetivos domésticos de longo prazo de todos os homens ao redor da mesa verde do CSP não eram muito diferentes. Os membros do núcleo estiveram do mesmo lado em todas as questões importantes ao longo da Revolução. Todos aceitaram a necessidade de continuar a usar o terror e muitos priorizaram o funcionamento das instituições sociais em detrimento do retorno à Constituição de 1793. Isso era verdade tanto para Collot, Billaud e Barère quanto para Robespierre e Saint-Just. Muito do que separava os dois lados se resumia a questões de personalidade, e não a diferenças ideológicas.

Houve divergência sobre a maneira como algumas das instituições poderiam funcionar, com os colegas de Robespierre notavelmente ansiosos sobre o papel que ele parecia estar dando a si mesmo na Celebração ao Ser Supremo. Mas apenas muito à frente se desentenderam de verdade. O fato de estarem abertos a trabalhar com ele até quase o meio-dia do 9 Termidor sugere que ele estava longe da imagem de ditador monstruoso que eles mais tarde criaram. Tampouco eram inspirados matadores de dragões, como se imaginariam posteriormente.

Na atmosfera Termidoriana em que negociar com Robespierre era equiparado a jantar com o Diabo, os membros do CSP minimizaram essas semelhanças anteriores e ocultaram sua disposição de cooperar com Robespierre. As coisas parecem diferentes quando vistas em detalhes. As negociações com Robespierre e Saint-Just parecem ter sido um esforço genuíno para encontrar um terreno comum e sanar as divisões. No entanto, mesmo quando essa trégua rota estava se desfazendo, os colegas de Robespierre ainda nutriam uma esperança persistente de que ele pudesse ser trazido de volta. Apesar de sua conduta altamente provocativa desde o 5 Termidor (23 de julho), eles determinaram antecipadamente não atacá-lo no 9 Termidor, mas sim remover Hanriot do comando da Guarda Nacional, privando assim Robespierre, eles calcularam, de sua capacidade de fazer algum mal. É notável que a proclamação que Barère redigiu naquela noite não fez nenhuma menção a Robespierre. Além disso, os homens basicamente concordaram em adiar qualquer outra ação até que Saint-Just voltasse para as discussões antes da reunião da Convenção, na manhã seguinte. Foi só quando ele não apareceu para o encontro que desistiram de vez de Robespierre e Saint-Just.

Se houve uma conspiração para derrubar Robespierre, ela começou por volta da meia-noite, com as visitas noturnas de Tallien aos deputados da direita e do centro. Deve-se enfatizar que Tallien não estendeu esses apelos aos Comitês de Governo. Mesmo àquela hora tardia, não havia uma conspiração unificada para derrubar Robespierre. As reações no Palácio da Convenção, ao meio-dia, mostram que Tallien não apenas pegou Robespierre de surpresa como também pegou o governo de surpresa.

O sucesso do CSP naquele dia deveu-se muito à maneira como Billaud, Collot e Barère exploraram o início brilhante que Tallien lhes dera, pivotando e improvisando de uma forma que unificou completamente a Convenção. Eles fizeram isso não apenas contra Robespierre, mas também – de um modo que ninguém tinha previsto – para implicar seus dois aliados, Saint-Just e Couthon, e seu irmão e Le Bas. O que aconteceu no 9 Termidor foi uma aula magna sobre improvisação ministrada pelo CSP.

O aspecto improvisado da Convenção e o papel do CSP na queda de Robespierre também ficaram evidentes no fim do dia, na forma como o governo superou o perigoso ataque militar da Comuna às nove horas daquela noite. A assembleia lutava com a perspectiva real de perder o dia por completo, com as forças da Comuna lideradas por Hanriot e Coffinhal rosnando à porta, e com o artilheiro Cosme Pionnier apontando seu canhão já carregado contra a assembleia. Foi nesse momento que a Convenção deu o passo importante de nomear como comandante das forças armadas da cidade um dos seus, Barras. Crucial para o resultado do dia, esse decreto unia os poderes Legislativo, Executivo e Militar para criar uma espécie de legislador a cavalo. A Guarda Nacional de Paris reportava-se a um comandante nomeado pela Comuna desde 1789. Desde 1790, a legislação colocou toda a responsabilidade pela lei e ordem nas mãos dos municípios. O decreto da Convenção foi, portanto, não só um passo vital para garantir o sucesso do dia. Foi também um sinal de ruptura com o passado – e totalmente não planejado, decorrente do calor do momento e da saia justa em que a Convenção se encontrava.

Além disso, nasceu uma tradição política desse ato de improvisação inspirada. Nas *journées* finais do período Termidoriano, os protestos parisienses seriam reprimidos da mesma forma, pela Convenção nomeando um deles para atuar como generalíssimo. Para os distúrbios Prairial, o posto coube a Delmas, um dos adjuntos de Barras no 9 Termidor. A mesma linha de defesa foi oferecida em outubro, quando a assembleia enfrentou um ato final de resistência parisiense à nova Constituição, na *journée* de Vendemiário (5 de outubro de 1795). Os deputados voltaram a usar Barras, cujo sucesso foi imensamente auxiliado pelo uso de seu jovem protegido, Napoleão Bonaparte, um legislador a cavalo em formação, talvez o maior de todos.

Robespierre conspirador?

Sugerimos que a ideia de maquinações conspiratórias contra Robespierre antes do 9 Termidor era em grande parte um mito, fabricado na atmosfera pós-Termidoriana de acusação e justificação. Pode-se dizer o mesmo da "conspiração" de Robespierre, na qual se baseou sua queda? Desde aquela tarde, só se falava sobre sua conspiração. No entanto, está longe de ser fácil identificar quais eram os objetivos e intenções de Robespierre no 9 Termidor. Ele não apenas manteve suas cartas incógnitas como foi silenciado na Convenção e fez poucas declarações durante o dia. A partir da meia-noite, o ferimento no rosto o impediu de falar e seu desejo por papel e caneta não foi atendido.

A questão das intenções de Robespierre é muitas vezes confundida por alegações de que seu comportamento no final de sua vida manifestava alguma forma de doença mental ou física. Esse cenário é implausível, no entanto, quando visto "em detalhes". Decerto ele estava sob estresse, mas, francamente, nos círculos governamentais na primeira década do Termidor, quem não estava? Quando doente no início do ano, sua saúde foi amplamente divulgada e até comentada por ele mesmo. Não havia nada disso próximo ao 9 Termidor. Ele faltou às reuniões da Convenção e do CSP, mas era um assíduo frequentador do Clube Jacobino. Também foi argumentado que a linguagem do martírio e da vitimização, evidente em seu discurso no 8 Termidor, sugere algum tipo de crise mental. Mas tal linguagem não era excepcional nem sintomática. Na verdade, era o tropo de assinatura de Robespierre. Ele o tinha usado literalmente dezenas de vezes dessa maneira antes. Não deve ser tomado literalmente como um desejo sério de morte ou como um objetivo planejado, mas sim como um símbolo de sua disposição estoica de morrer pela causa.

Além disso, com base nesse discurso, é difícil argumentar que ele pretendia iniciar um afastamento do terror, e, sobretudo, Robespierre delineou objetivos que estavam totalmente alinhados com suas posições anteriores. Eles giravam em torno de extensos expurgos – no CSG, CSP e no Comitê de Finanças de Cambon, limpando a burocracia do governo, especialmente os espiões do CSG, e a remoção de pelo menos alguns de seus oponentes dentro da Convenção. Em associação com esses expurgos, seu discurso defendeu categoricamente as principais instituições e práticas de terror – Comitês de Governo, Tribunal Revolucionário, Departamento de Polícia do CSP, repressão da imprensa, execução de ingleses capturados no campo de batalha, adiamento da Constituição de 1793, e assim por diante.

É verdade que os discursos de Robespierre nos últimos meses de sua vida permitiram ao seu público um vislumbre tentador de um mundo melhor no futuro que prescindisse da necessidade de terror e caracterizado por instituições sociais ainda a serem definidas. Mesmo assim, parece haver pouca dúvida de que ele reconheceu que haveria necessidade de violência para chegar lá: em suma, uma intensificação em vez de um relaxamento do terror. Ele certamente imaginou maior clemência e benevolência sendo estendida aos patriotas; mas, em sua visão maniqueísta, isso tinha que ser acompanhado por uma campanha impiedosa contra todos os contrarrevolucionários, onde quer que estivessem. Dada a gama de alvos que o discurso do 8 Termidor indicou, o número de vítimas potenciais seria muito maior do que os "cinco ou seis" prometidos por Couthon. Como observou o historiador Alphonse Aulard, seus ouvintes do 8 Termidor pensaram que ele soava menos como um homem determinado a morrer pela causa do que como um homem que queria matar. E um homem que queria matar profusamente, pelo visto.

Os ataques pessoais que Robespierre lançou no 8 Termidor, com intenção manifestamente mortífera, não foram dirigidos a colegas por quererem continuar o Terror. Ele queria isso também, talvez mais do que alguns deles. Os ataques foram dirigidos a indivíduos que, a seu ver, eram corruptos. Para erradicar a corrupção, o Terror tinha que continuar. Seu discurso no Termidor, que deixou isso muito claro, foi de certa maneira uma volta à forma. Sua missão ao longo da vida foi como crítico do poder e como denunciante contra qualquer movimento em direção à corrupção no seio do governo. Visto "em detalhe", parece que esse permaneceu seu objetivo até a morte, embora ele tenha compartilhado pessoalmente o poder por um ano.

Se aceitarmos que o objetivo de Robespierre era expurgar todas as partes do Governo Revolucionário, como ele conseguiria isso? É concebível que ele pensasse que apenas a força de suas palavras no 8 Termidor poderia dar conta. No entanto, dada a sua recepção no 8 Termidor, isso parece implausível. Também é difícil imaginar que ele pudesse formar uma aliança estratégica duradoura com os *hommes de bien* moderados, cujos favores planejava bajular no 9 Termidor como uma forma de manter afastados seus inimigos montanheses. Isso pode ter lhe dado algum fôlego no curto prazo, mas ele deve ter percebido que a maior parte da direita e do centro o odiava intensamente, enquanto a inclusão deles em sua lista de alvos de inimigos de deputados centristas como Cambon e Dubois-Crancé, no 8 Termidor, dificilmente lhes inspirava confiança em qualquer moderação recém-descoberta de sua parte.

O cenário provável que Robespierre imaginou foi um exercício de pressão popular sobre a assembleia, na linha das *journées* de 31 de maio e 2 de junho de 1793. Quando Billaud o acusou de planejar esse golpe para o 9 Termidor, ele respondeu com uma negação veemente. Mas, como sugeri, isso provavelmente se explica pelo fato de ele não estar de fato planejando o movimento para aquele dia, mas para uma data posterior. Como vimos, não existe nenhuma evidência de maquinações conspiratórias com outras pessoas para realizar seus planos no 9 Termidor. Não temos evidências de que aqueles posteriormente vistos como seus supostos companheiros de conspiração e que provavelmente teriam desempenhado papéis principais em qualquer golpe – os irmãos Payan, Dumas, Herman, Hanriot e outros – estavam envolvidos em preparativos de qualquer tipo. Além disso, o discurso não proferido de Saint-Just no dia, por exemplo, sugere que até mesmo seu aliado político mais próximo estava saindo de sua órbita e mentalidade imediatos. E, depois de sua apoteose no Clube Jacobino no 8 Termidor, Robespierre não passou a se envolver em conversas noturnas. Ele foi para casa, tranquilizou seu senhorio e dormiu a noite toda.

Além disso, a total confusão de Robespierre no 9 Termidor e a barafunda que Hanriot, Payan e Fleuriot-Lescot fizeram da insurreição sugerem, de forma semelhante, uma ausência de qualquer tipo de planejamento ou coordenação prévia por ele ou por seus principais apoiadores. A surpresa, a consternação e a perplexidade que suas ações causaram nas seções e no Clube Jacobino confirmaram que nem Robespierre nem seus partidários tinham realizado um trabalho logístico entre o povo de Paris na preparação de algum tipo de golpe no 9 Termidor. Os "conspiradores" improvisaram ao longo do dia.

Tudo aponta para Robespierre em busca de uma intervenção popular para expurgar a Convenção em data posterior. Sugerimos que seu comportamento nas semanas anteriores ao 9 Termidor indica fortemente que ele enxergava as *journées* de 31 de maio e 2 de junho de 1793 fornecendo o roteiro a seguir para atingir seu objetivo. Não só porque essas *journées* foram bem-sucedidas, mas também porque se conformavam à noção que Robespierre tinha de sua relação com o povo. O povo, para Robespierre, era a fonte fundamental da soberania, o alfa e o ômega do poder legítimo. Suas últimas palavras conhecidas na Maison Commune, nas primeiras horas do 10 Termidor, associaram seu próprio destino ao deles. Ainda que o povo delegasse poderes a representantes eleitos, Robespierre sustentava ter poderes de fiscalização e vigilância em relação à assembleia nacional. Se o povo perdesse a confiança em seus representantes, ele então poderia e deveria resistir à opressão, como era constitucionalmente seu direito.

Robespierre considerava seu papel não como um líder popular em potencial – ele era tudo menos um ativista de rua –, mas sim como um patriota que poderia usar sua oratória para recontar "verdades úteis" (para citar o discurso do 8 Termidor) sobre o estado da política para as pessoas. Era sua maneira de falar a verdade ao poder – o poder legítimo do povo. Sua tarefa era, portanto, conter o desencadeamento da força popular até o momento em que o povo tivesse compreendido seu papel de ator histórico e estivesse pronto para se mover. O tempo era vital para o sucesso. Alguns dias antes do 9 Termidor, ele avisou que ainda não era o momento certo. Algo que ecoou exatamente sua conduta em abril e início de maio de 1793. O povo ainda precisava de tempo, paciência e da atividade de Robespierre. A data de 9 Termidor, portanto, não marcaria o desfecho de uma trama profunda. Pelo contrário, era uma etapa de um processo cujo fim ainda estava um pouco distante. Ele só tinha lido metade do roteiro. O dia foi uma surpresa total para ele, que o pegou desprevenido quando ainda tinha os olhos em um horizonte mais distante.

Se o planejamento de Robespierre tivesse funcionado, se um expurgo popular do Governo Revolucionário tivesse sido realizado em um futuro próximo, o que aconteceria? Devemos descartar a alegação de Barère, logo após o 9 Termidor, de que Robespierre estava se preparando para a realeza. Robespierre também rejeitou veementemente a ideia de que queria ser um ditador. "Se eu fosse o ditador", afirmou Robespierre no 8 Termidor, enquanto procurava contradizer seus inimigos, "eles estariam rastejando aos meus pés." Ele estava intensamente irritado com as acusações sobre suas ambições, que o perseguiam desde o outono de 1792. Ele parece ter sustentado que nenhum candidato a ditador desistiria da ação e encorajaria o povo a ser o protagonista principal quando o destino da Revolução estivesse em jogo. Sua dedicação sincera à causa do povo o isentava de qualquer pretensão de ditadura – pelo menos aos seus próprios olhos. Outros enxergavam de forma bastante diferente, como ele percebeu. Ele colocou a culpa pelas acusações na propaganda inglesa, cujo alvo em sua pessoa parecia fazer parte daquela Conspiração Estrangeira de cuja existência ele estava tão convencido. O fato de Carnot lançar a provocação de "ditadores ridículos" na cara dele e de Saint-Just ao redor da mesa verde terá apenas confirmado sua ansiedade sobre os tentáculos da Conspiração Estrangeira entrando e corrompendo o governo do qual ele fazia parte.

Não é difícil enxergar como os colegas de governo de Robespierre temiam suas ambições. Sua conversa obsessiva sobre seus últimos meses de "prisões, jornais e o Tribunal Revolucionário" e seu comportamento errático fizeram com que eles também duvidassem cada vez mais de seu discernimento. Eles se preocupavam com o poder que ele, Couthon e Saint-Just estavam construindo por meio do Departamento de Polícia

– uma avaliação bastante equivocada de uma instituição sem brilho. No entanto, se os expurgos de seus inimigos no governo, na legislatura e na burocracia que ele pediu no 8 Termidor tivessem sido realizados, ele alcançaria um nível de autoridade – provavelmente de dentro de um CSP renovado, uma Convenção expurgada de seus inimigos e da mídia rapidamente subjugada – que nenhum indivíduo tinha desfrutado desde 1789. Ele também não parecia estar enxergando esse nível de poder como uma mordomia temporária no estilo de Cincinato, um nome que ele parece nunca ter usado. Depois de alcançar essa autoridade pessoal, parecia não haver estratégia de saída. Para seus colegas, isso parecia representar um cenário para demarcar com expurgos o caminho para alguma forma de poder pessoal, que com prazer eles chamavam de tirania.

A Comuna e o povo

A Comuna de Paris serviu como a vanguarda da ação popular parisiense, da crise de julho de 1789 até a derrubada da monarquia, em 1792, e além. A noite do 9 Termidor acabou de uma vez por todas com esse papel dentro da Revolução. Quando a situação se desencadeou, o povo de Paris recusou-se a seguir as ordens de marcha da Comuna. A enorme contramobilização que a Convenção conseguiu reunir no final da noite destacou a aclamação popular pela autoridade nacional sobre a municipal. Envolveu todas as 48 seções, e os números envolvidos diminuíram a capacidade das forças que se reuniram fora da Maison Commune no início da noite. O feito foi ainda maior por ter sido realizado à noite, sob o manto da escuridão. O nível de entusiasmo demonstrado no dia seguinte pela execução de Robespierre sublinhou a ampla popularidade de sua derrubada.

Esse rebaixamento histórico da Comuna na vida política parisiense deve muito ao senso estratégico superior da Convenção. Além disso, deve-se notar também o péssimo desempenho da Comuna naquele dia. A liderança da Comuna na insurreição foi muito deficiente. Recuperando-se de um início lento, a Comuna construiu uma força poderosa no início da noite, com contingentes representando quase metade da população da cidade. Mas uma liderança incompetente arruinou suas chances. Hanriot, comandante da GN, era extremamente errático, foi preso desnecessariamente por excesso de impetuosidade e perdeu a chance de tomar a Convenção quando ela estava à sua mercê. O prefeito Fleuriot e o agente nacional Payan, ambos novos no comando insurrecional, estavam bem fora de seu alcance. Suas decisões táticas ruins e erros organizacionais são numerosos demais para serem listados. As principais gafes incluíram concordar com uma maior força expedicionária de Coffinhal no final da noite (cujo único resultado foi a libertação do ineficaz Hanriot), a política irresponsável do *consigne* e sua reação imprudente ao decreto de proscrição.

De fato, a Comuna nunca tentou formular uma estratégia. Eles iriam começar a insurreição no local ou no dia seguinte? Eles iriam expurgar a Convenção de líderes no modelo das *journées* de 31 de maio/2 de junho – ou removê-la completamente do poder, ao estilo de 10 de agosto de 1792? Que nível de violência ela antecipou: o objetivo era um golpe incruento para tomar o poder ou um banho de sangue iniciado por tiroteios na madrugada? As respostas a essas perguntas são tão obscuras para os historiadores quanto parecem ter sido para os participantes da *journée*. Com esse nível de confusão em suas fileiras, não é de admirar que tenha sido impossível para a Comuna encontrar meros 24 conselheiros para andarem pela cidade na madrugada e transmitir sua mensagem. O desempenho dos doze adjuntos que conseguiram angariar foi lamentável quando comparado com os doze deputados adjuntos de Barras.

Em retrospecto, provavelmente o mais flagrante dos erros em série que a Comuna cometeu na noite de 9 Termidor foi sua decisão de convocar assembleias gerais seccionais. Essas assembleias tornaram-se conversas pouco inspiradas nos últimos meses. No entanto, uma vez convocados por *tocsin* e *générale*, elas foram instantaneamente transformadas em um fórum aberto no qual a opinião seccional poderia se expressar. A Comuna pagou o preço por liberar a voz do povo parisiense, que estava semiadormecida, pois essa voz se expressou de forma esmagadora a favor da Convenção.

No rescaldo da *journée*, os radicais alegaram que as assembleias seccionais tinham sido invadidas pela opinião "moderada". Sem dúvida, há um elemento de verdade nisso, embora se deva notar que "moderado" era um termo usado indiscriminadamente por militantes *sans-culotte* para designar aqueles que não compartilhavam suas opiniões. Mas isso ignora o fato de que muitos recém-chegados (e também os que retornavam) às assembleias eram tanto de esquerda quanto de direita. Os expurgos seccionais nos meses anteriores tinham como alvo a opinião heterodoxa em ambas as extremidades do espectro político. As assembleias continham radicais, bem como moderados e, de fato, em todas as fases da noite encontramos indivíduos com credenciais impecáveis de *sans-culotte* fazendo contribuições fortes e baseadas em princípios para a causa da Convenção – de Van Heck, da seção Cité (a quem Robespierre chamou de contra-aristocrata revolucionário na cara dele), aos irmãos Bodson, de Révolutionnaire, de Étienne Michel, de Réunion, a Jean-Baptiste Loys, da seção de Montagne, e a muitos outros. A coalizão na Convenção que derrubou Robespierre era um agrupamento multipartidário liderado pelos montanheses. Da mesma forma, a contribuição popular para sua queda veio de indivíduos de todo o espectro político.

Opinião pública rediviva

A *journée* do 9 Termidor demonstrou que a opinião pública não estava tão morta e enterrada sob o Governo Revolucionário como às vezes se afirma. Os Comitês de Governo tinham silenciado as forças monarquistas e contrarrevolucionárias na cidade e silenciado as opiniões da ala de direita, mas se mostraram incapazes de apagar todo o debate na esfera pública. Uma análise "em detalhes" revela que, apesar da repressão do governo às instituições *sans-culottes*, os parisienses fizeram uso gratuito das armas dos fracos desenvolvidas antes de 1789, que estavam à sua disposição. Eles ainda eram de uma resiliência obstinada sob medidas que limitavam a liberdade de expressão e permaneceram fiéis à sua herança frondosa, que Mercier tinha celebrado. Muitos debates e dissidências públicas tinham passado para a clandestinidade – mas ainda estavam lá, se soubesse como e onde procurá-las – em filas, bares, reuniões em locais públicos e também, para quem pudesse decifrar os códigos, em jornais, panfletos e teatros, locais privilegiados para a frondosa sagacidade e o espírito de luta parisienses. Além disso, ainda existiam alguns espaços de liberdade, onde as opiniões podiam ser expressas abertamente. Fora das casas, o mais proeminente entre eles eram as companhias e quartéis da Guarda Nacional. Foi essa milícia civil que formou a vanguarda do apoio popular à Convenção e oposição a Robespierre e à Comuna na noite do 9 Termidor.

Os guardas nacionais tornaram-se muito mais representativos da opinião parisiense do que as instituições seccionais, cuja autonomia tinha enfraquecido sob pressão do governo. Talvez, no entanto, os historiadores tenham tomado muito literalmente as alegações *sans-culottes* de "representar" o povo de Paris. Na verdade, apesar de seu status semi-hegemônico em partes de 1793, a "opinião *sans-culotte*" nunca foi mais do que um subconjunto dentro do espectro mais amplo da opinião parisiense. *Sans-culottes* politicamente ativos nunca formaram maioria na cidade. Além disso, a política do ano anterior de realizar expurgos políticos de autoridades seccionais, clubes e associações políticas, incentivada pelo governo, significou que eles foram cada vez mais domesticados em conformidade com as opiniões do governo, perdendo assim muito de sua capacidade de refletir as opiniões da rua.

Como sugere a mobilização política em toda a cidade no 9 Termidor, os parisienses podem ter se cansado de Robespierre, mas não se cansaram da vida política. Os parisienses permaneceram, nas palavras de um panfleto que descrevia a *journée*, "os generosos e intrépidos atletas da liberdade", bastante ansiosos para mobilizar seus músculos em defesa da República. Está totalmente errada a tendência entre muitos historiadores de enxergar a noite como aquela em que os parisienses revelaram indiferença política. Ao comparecer em tão grande número para apoiar uma assembleia nacional votada pelo sufrágio universal masculino contra um governo municipal cada vez mais distante do povo que deveria representar, eles enviaram uma mensagem política imensamente poderosa. Além disso, embora não devamos subestimar o impacto de Barras e seus adjuntos por toda a cidade para garantir o sucesso da Convenção, não devemos perder de vista o movimento de confraternização transversal que surgiu espontaneamente na noite, fora das revitalizadas assembleias seccionais, e tornou a vitória popular e da Convenção muito completa. O movimento foi fundamental para atualizar as seções sobre o que acontecia na cidade e alinhá-las com a causa da Convenção.

Muitas emoções foram exibidas ao longo das rápidas horas da *journée* do 9 Termidor, com sentimentos fortes intensificados pela falta de informações concretas no contexto de uma situação extremamente tensa. Não planejado e inesperado, o dia foi repleto de boatos e rumores que geraram ainda mais ansiedade e medo. Medo do ataque a indivíduos que muitos consideravam patriotas exemplares. Medo de um dia de ação popular que poderia sair do controle e acabar com assassinatos nas ruas e massacres nas prisões. Medo de que o terror judicial aumentasse. Medo de que pudesse haver uma guerra civil. Medo de que Paris pudesse ser alvo da violência exterminadora com que Isnard a ameaçara em maio de 1793 e que o Governo Revolucionário impusera à federalista Lyon. Medo, especialmente à medida que a noite avançava, de que alguém pudesse acabar do lado perdedor da batalha e estar sujeito a uma punição severa.

Sem dúvida, o medo que mais contava nas ruas da cidade era de que a contrarrevolução estivesse à espreita em algum lugar, ameaçando as conquistas da Revolução desde 1789. Barère, além disso, tinha brilhantemente transformado essa ansiedade em um grande agente mobilizador para a Convenção. "Cidadãos", admoestava sua proclamação, lida e relida em voz alta por toda a cidade durante a noite, "vocês desejam perder em um único dia seis anos de Revolução, de sacrifícios e de coragem? Desejam voltar para o jugo que vocês quebraram?"

As palavras jogavam com o forte apego popular à Convenção que existia em Paris para salvaguardar os ganhos da Revolução. Escrevendo a Robespierre e ao CSP na véspera do 9 Termidor, o espião Rousseville não estava errado: "o povo mantém a confiança na Convenção". Áreas de discórdia ainda existiam, mas as pessoas se lembravam de como era Paris antes de 1789. A Revolução trouxe melhorias em muitos aspectos de suas vidas cotidianas: a abolição do feudalismo e da antiga ordem de status e o advento das liberdades pessoais e econômicas, práticas democráticas, governo representativo e todo o resto. No nível seccional, paralelamente às manobras políticas, novas formas administrativas – comitês civis, juízes de paz, comitês de beneficência – prestavam um serviço local significativo. Os ganhos revolucionários podem ser muito atenuados sob o Governo Revolucionário, e os parisienses achavam que tinham todo o direito de criticar. Mas eles também aceitaram que o governo estava defendendo a Revolução e defendendo a França contra forças aliadas que ameaçavam um retorno ao *Ancien Régime*. Era uma guerra que tinha de ser vencida, e o Governo Revolucionário estava vencendo. Nesse momento, os parisienses ainda estavam dispostos a dar algum crédito ao Governo Revolucionário.

A escolha do povo: instituições acima de personalidades

Se os parisienses no 9 Termidor expressaram sua confiança preexistente na Convenção, eles também demonstraram oposição à pessoa de Robespierre. Isso se devia às habilidades de improvisação do CSP. Ao apresentar Robespierre como um conspirador hipócrita contra a Revolução, o CSP jogou conscientemente com um tropo que tinha importância significativa na cultura política popular: de Mirabeau, passando por Lafayette e Dumouriez, até Hébert e Danton, a ideia pregava que, algumas vezes, as mais aparentemente patrióticas figuras políticas é que eram de fato as mais suspeitas. Ironicamente, essa crítica à adoração de heróis políticos deu uma lição de pedagogia republicana que Robespierre, mais do que muitos, popularizou. Suas denúncias contra celebridades políticas desde o início da Revolução, combinadas com seu papel em explicar a suposta traição de dantonistas e hebertistas na primavera de 1794, enfatizaram a necessidade de estar vigilantes contra patriotas que escondiam suas más intenções e corrupção sob um falatório de patriotismo. Essa carapuça foi facilmente moldada para caber no próprio Robespierre, tornando a acusação de conspiração muito plausível. Um tema defendido com muita firmeza nos comentários que as delegações setoriais fizeram à Convenção naquela noite foi a prioridade que precisava ser dada às instituições republicanas, e não às pessoas. O mesmo discurso permeou discussões e debates a noite toda. A "homomania" era inaceitável para a República; assim, a celebridade de Robespierre tornou sua própria conspiração muito crível.

Embora necessariamente assumisse formas codificadas, expressões de hostilidade e resistência a Robespierre já circulavam na esfera pública antes do 9 Termidor. "Conversas sobre tiranos" estavam no ar. Seu distanciamento do governo era intrigante e aberto a interpretações que não o lisonjeavam. Mesmo alguns de seus admiradores mais fervorosos, como Herman e Lanne, tinham dificuldade de entender que jogo ele estava jogando. Além disso, havia uma desconfiança residual em relação ao novo fenômeno da celebridade política: a "idolatria", acreditava-se amplamente, era o terreno das "mulheres e pessoas de mente fraca". Também é verdade que o próprio Robespierre mostrou uma compreensão não mais que parcial das regras emergentes da celebridade. As celebridades não ficavam de mau humor em seu alojamento por seis semanas sem perder muito de sua aura. A vida e a opinião pública seguiram em frente. No 9 Termidor, ambos tinham se movido além de Robespierre. Os parisienses estavam demonstrando aversão ao risco ao se recusarem a seguir um único indivíduo que os levaria sabe-se lá para onde, e ao depositar sua confiança nas instituições republicanas. Confiar na celebridade era um caminho perigoso a seguir, como de fato Robespierre sempre lhes dissera. De certa forma, a queda de Robespierre foi autoinfligida – e foi sua maior contribuição para a democracia.

Os eventos do 9 Termidor mostraram a aceitação popular da visão da Convenção de que a defesa da República dependia da queda de Robespierre. A ação naquela noite não foi, portanto, um ataque ao sistema de governo vigente – ou "o Terror", como foi posteriormente chamado. É claro que havia muitos na direita – tanto na Convenção quanto nas ruas da cidade – que se alegravam em atacar o sistema como um todo (embora alguns temessem que o que se seguiria a Robespierre pudesse ser ainda pior). Mas o denominador comum, a justificativa para a mobilização armada e o fio condutor através dos altos e baixos da noite foi defender a República ao salvar a Convenção ameaçada, em vez de substituí-la.

A *journée* do 9 Termidor não marcou o clímax de um acúmulo de ressentimento popular contra o "Terror" (para usar um termo que ainda não era corrente). Certamente houve hostilidade em relação a algumas políticas do Governo Revolucionário. O Máximo Salarial era uma fonte de discórdia, embora fosse a Comuna, e não a Convenção, e Payan e Fleuriot, e não Robespierre, os responsáveis por ele. O compromisso cada vez menor do governo com o igualitarismo na política social também teve um impacto prejudicial, enquanto havia uma onda crescente de desconforto público sobre algumas das coisas que aconteciam no Tribunal Revolucionário. Curiosamente, talvez o sintoma mais revelador da discórdia tenha sido a manifesta reação exagerada de Robespierre, Barère, o Jacobino e a Comuna sobre o movimento do banquete fraterno desencadeado pela vitória em Fleurus. O movimento se originou e se espalhou de forma espontânea e totalmente independente das estruturas do governo central ou local. Essa independência de espírito por parte dos parisienses parecia extremamente ameaçadora para os homens no poder. Era um lembrete dos limites da capacidade do governo de controlar a opinião parisiense. Os parisienses não precisavam de instruções do governo para serem fraternalmente patrióticos com as vitórias na frente de batalha – assim como não precisavam de permissão para iniciar o movimento de confraternização nas seções durante o 9 Termidor.

Os parisienses se mobilizaram no 9 Termidor para defender a Convenção e a República contra uma conspiração, embora, como sugeri, houvesse um forte elemento imaginário na "conspiração" de Robespierre. Houve pouco ou nenhum planejamento logístico antes daquele dia, tanto por Robespierre quanto por seus oponentes. O dia não foi pré-planejado. Simplesmente aconteceu. Após o evento, ele parecia que tinha que ter acontecido – mas isso como o resultado combinado de uma visão retrospectiva aguçada e da agenda ideológica que se moldou rapidamente ao longo do período Termidoriano que delineei. O que aconteceu no 9 Termidor não foi um movimento para derrubar um sistema de governo, mas para defendê-lo contra supostos conspiradores. Seria apenas a passagem do tempo que reescreveria o roteiro de tal forma que o dia seria considerado um ataque a um homem e ao sistema de governo que ele administrava.

O sistema de governo não se recuperou do impacto do 9 Termidor. Nesse sentido, a *journée* merece manter seu lugar central nas histórias da Revolução. Mas, em última análise, o "Terror" só foi derrubado pelo regime Termidoriano que cunhou o termo. Ao esmagar o que chamaram de Terror, os termidorianos também destruíram muito da promessa democrática e das políticas socioeconômicas progressistas que também caracterizaram o período de Governo Revolucionário anterior ao 9 Termidor. A ironia final foi que a pessoa que, no início de sua carreira, expressou a crença nesses valores de maneira mais luminosa – e de uma forma que ainda pode nos tocar – foi Maximilien Robespierre, o grande perdedor do 9 Termidor.

NOTAS

Abreviações

AAG Archives administratives de la Guerre
ADP Arquivos departamentais de Paris
AHRF *Annales historiques de la Révolution française*
AP *Archives parlementaires de 1787 à 1860 recueil complet des débats législatifs et politiques des Chambres françaises.* Múltiplos editores, 102 volumes atualmente, Paris, 1867-presente (Volume 93, salvo indicação em contrário).
APP Arquivos de polícia da prefeitura, Paris
Atlas *Atlas de la Révolution française, 11: Paris,* Émile Ducoudray, R. Monnier, & D. Roche, orgs. Paris: ÉHESS, 2000.
BHVP Bibliothèque historique de la ville de Paris
BNF Bibliothèque nationale de France
B&R *Histoire parlementaire de la Révolution française,* P. J. B. Buchez & P. C Roux, orgs. 40 vols. Paris: Paulin, 1834-8.
Caron *Paris pendant la terreur. Rapports des agents secrets du ministre de l'Intérieur, publiés pour la Société d'histoire contemporaine,* P. Caron, org. 7 vols. Paris: Picard, 1795.
Courtois I E. B. Courtois, *Rapport fait au nom de la commission chargée de l'examen des papiers trouvés chez Robespierre et ses complices.* Paris, Imprimerie nationale des lois, 1795.
Courtois II E. B. Courtois, *Rapport sur les événements du 9 thermidor, précédé d'une préface en réponse aux détracteurs de cette mémorable journée.* Paris, Imprimerie nationale, 1795.
CSP *Recueil des actes du Comité de salut public avec la correspondance officielle*

	des représentants en mission et le registre du Conseil exécutif provisoire, A. Aulard org. 28 vols. Paris: Imprimerie nationale, 1889-1951 (Volume xv, salvo indicação em contrário).
d.	dossiê
DHRF	*Dictionnaire historique de la Révolution française*, A. Soboul, org. Paris: Presses universitaires de France, 1989.
FHS	French Historical Studies
Hamel	E. Hamel, *Histoire de Robespierre: d'après des papiers de famille, les sources originales et des documents entièrement inédits*. 3 vols. Paris, A. Lacroix, Verboeckhoven, & Cie, 1865.
Jacobins	*La Société des Jacobins. Recueil des documents pour l'histoire du Club des Jacobins de Paris*, A. Aulard, org., 6 vols. Paris: Jouaust, Noblet, e Quantin, 1889-97. (Volume vi, salvo indicação em contrário).
NG	National Guard
NP	L. S. Mercier, *Le nouveau Paris*, org. J.-C. Bonnet. Paris, Mercure de France, 1984.
OCR	Maximilien Robespierre, *Œuvres complètes*, E. Hamel, org. 11 vols. Paris: Société des Etudes Robespierristes, 1910-67.
Papiers	*Papier inédits trouvés chez Robespierre, Saint-Just, Payan, etc supprimés ou omis par Courtois*. 3 vols. Paris, Baudouin frères, 1828.
pi.	Document number *pièce*
pl.	plaque (conjunto de documentos)
pr.	dias atuais
S&M	A. Soboul & R. Monnier, *Répertoire du personnel sectionnaire parisien en l'an II*. Paris, Publications de la Sorbonne, 1985.
SCD	P. Sainte-Claire Deville, *La Commune de l'an II: vie et mort d'une assemblée révolutionnaire*. Paris, Plon, 1946.
TP	L. S. Mercier, *Le Tableau de Paris*. 2 vols. org. J.-C. Bonnet. Paris, Mercure de France, 1994.

Para reduzir o espaço, não indiquei a localização dos manuscritos nos Arquivos nacionais. Todas as indicações de entrada de manuscrito são, portanto, dos Arquivos nacionais, salvo indicação em contrário.

Introdução: A queda de Robespierre em detalhes (p. 23-31)

p. 23 **"De perto, as coisas são diferentes"**: Capítulo 248, "Tout est optique" em *NP*, p. 881 (escrito do ponto de vista privilegiado de 1798). Para informações biográficas sobre Mercier, ver o excelente material editorial de Jean-Claude Bonnet em suas edições de *Tableau de Paris* (1780-8) e *Le Nouveau Paris* (1799) (ambos de 1994). Ver também Béclard (1903).

p. 23 **O tempo pareceu acelerar em 1789:** O discurso de Boissy d'Anglas na Convenção em 23 de junho de 1795 é citado em Perovic (2015), p. 180. Esse senso de aceleração do tempo em fins do século XVIII é explorado por Koselleck (1985) e Hunt (2008). Para discussões sobre esse tópico, ver também Jonathan Sachs (e ver Sachs [2019]).

p. 24 **por não fornecer a hora exata:** Por exemplo, ver o testemunho do Cd. Gouin, GN no batalhão Fraternité, sendo o segundo em comando, em seu relatório no AFII 47 pl. 365, pi. 8.

p. 24 **"se pode escrever tal história":** *NP*, p. 881. São estas as palavras de Mercier na parte final da citação: "Car tel événement a été produit d'une manière si inattendue [qu']il semble avoir été créé et non engendré [...]".

p. 24 **Calendário Revolucionário francês:** Ver Shaw (2011) e Perovic (2015).

p. 26 **"movimento popular":** Obras clássicas sobre o movimento popular e os *sans--culottes*: Soboul (1958), Cobb (1987), Rudé (1959) e mais recentemente Burstin (2005, 2013) e Sonenscher (2008).

p. 27 **espaço democrático:** Woloch (1994).

p. 27 **"Revolta Federalista":** Ver Hanson (2003); e, sobre como isso acarretou no período de Governo Revolucionário, ver Biard & Linton (2020).

p. 28 **Comitê de Segurança Pública:** A melhor introdução continua sendo o clássico Palmer (1941).

p. 28 **Maximilien Robespierre:** Para estudos-chave sobre Robespierre, ver Nota sobre as fontes, p. 623.

p. 29 **"Paris é tão grande":** *NP*, p. 644.

p. 29 **não houve chance de os arredores:** Algumas vilas na periferia da cidade (e que agora se enquadram na circunscrição de Paris) ouviram falar do que estava acontecendo durante o dia (principalmente Bercy, Montmartre e Belleville). Mas permaneceram alheias à ação. Para a ligeireza da conclusão, ver Baczko (1989).

p. 30 **documentação de arquivo:** As fontes para estudo são revisadas de modo breve por Jones (2014); e p. 623, Nota sobre as fontes.

p. 30 **"Um fato que parece menor":** Barras comandou forças armadas dentro da cidade na noite de 9 Termidor. Há um exemplo da ordem em W 501 d. 3. Ver também abaixo, p. 30.

p. 30 **um relatório sobre esse dia:** Trata-se de E. B. Courtois, *Rapport fait au nom de la commission chargée de l'examen des papiers trouvés chez Robespierre et ses complices* (Paris, 1795).

p. 31 **"ao mesmo tempo terríveis e singulares":** *NP*, p. 446.

p. 31 **Mudar nosso foco habitual:** A respeito dessa abordagem, através da micro--história e *jeu d'échelles* (mudança de escalas, mudança de foco), ver esp. Revel (1996) e Ghobrial (2019).

Prelúdio: Por volta da meia-noite (p. 35-50)

p. 35 **Pierre-Henri Rousseville aluga um quarto:** Embora a maioria dos residentes em Paris por volta de 1794 tivessem números em suas casas, estes eram baseados num sistema arbitrário impossível de decifrar. No entanto, sabemos que a residência de Robespierre, no número 366, corresponde ao atual Saint-Honoré, 398, enquanto a de Rousseville estava a cerca de meio quilômetro naquela rua, a leste, no número 297. Ambos os locais estão no atual Ie., bem como a Place de la Révolution, atual Place de la Concorde. Sobre o local da residência e as carroças, ver Hillairet (1997), ii, p. 439, e uma referência ao alojamento em ADP A20 (prisões). Há breves biografias de Rousseville em Caron (1914), i, p. XLII-XLVI; e Calvet (1941), p. 62-5. Escrita no fim dos anos 1790, a diatribe anônima *Aperçus sur la conduite en politique de Rousseville, inspecteur général de la police* tem informações biográficas úteis. (Cópia em ADP, 1AZ74.) Os volumes Caron têm relatórios de Rousseville ao ministro do Interior datados de 1793-4. Para seu trabalho fora de Paris, ver Cobb (1975), especialmente p. 89-138. A maioria dos relatórios nos quais Cobb se baseia está localizada em F7 47811-4 e F7 3688. O relatório discutido pode ser encontrado em F7 4781 d. Auteuil & Passy. Ver também seu dossiê pessoal em F7 4775/3. Nele, ele nega trabalhar individualmente para Robespierre, mas suas cartas ao CSP eram enviadas por meio do Departamento de Polícia, que Robespierre integrava. Os arquivos do departamento contêm resumos dos relatórios de Rousseville: ver especialmente F7 3882. Ver também abaixo, p. 160-1.

p. 37 **denunciando Dossonville:** F7 4680 d. Dossonville (embora se note que o conteúdo do arquivo foi disperso por toda a caixa). Ver também arquivos em F7 6318B e F7 4774/75 d. Pigasse ou Pigace. D'Hauterive (1928) é uma biografia proveitosa. O nome de Dossonville surge frequentemente pelos arquivos alfabéticos policiais, F7 4557-4774 (bem como o de Rousseville e Héron). Para um delineamento de seus poderes, em uma carta do CSG à seção de Bonne-Nouvelle, datada de 18 Pluvioso II, ver F7 4680, no qual está também a denúncia de Amis-de-la-Patrie.

p. 37 **o Departamento de Polícia:** Ording (1930) é a fonte-padrão. Ver também abaixo, p. 122-4. Para Couthon e Saint-Just, ver abaixo, p. 78-9 e p. 117-8.

p. 37 **Rousseville é um legítimo patriota:** Usando o Index e outros índices suplementares do CSP (e observando que Aulard por vezes escreve o nome de Rousseville errado), pode-se observar uma alta incidência de atos relacionados a Rousseville, registrados ou com a letra de Robespierre ou assinado por ele – muitas vezes só por ele.

p. 38 **um discreto assobio de alerta:** Caron (1914), i, p. 3.

p. 38 **relatando os malfeitos contrarrevolucionários:** Essa passagem se baseia em F7 4781-4; F7 4775/2 d. Rousseville; e Cobb (1975), p. 98-138. A Lei de 27

Germinal II (16 de abril de 1794), proposta por Saint-Just, aliado de Robespierre, baniu aristocratas de Paris.

p. 38 **"ver como é a cara de um tirano":** AP 91, p. 32-3.

p. 38 **fazer prisioneiros de guerra britânicos:** Para um contexto mais amplo sobre a lei, que não foi aplicada de modo generalizado, ver Jones & Macdonald (2018).

p. 39 **"confia totalmente na Convenção":** F7 47811: "l'esprit public de Paris: le peuple est plein de confiance en la Convention".

p. 39 **sinais de giz:** Ver a carta enviada à Comuna, 29 Messidor: BHVP, ms. 741, pi. 157. Agradeço a Simon Macdonald por essa referência. De acordo com o *Almanach national*, mais de vinte deputados residiam na rua Traversière. A rua foi absorvida pela Avenue de l'Opéra (atuais Ie. e IIe.) no século XIX. Os outros incidentes foram percebidos na Convenção mais cedo naquele Termidor: ver AP, p. 368-70 (2 Termidor), 450-3 (5 Termidor) e 514-5 (7 Termidor). As notícias foram dadas também pelo *Moniteur* e outros jornais. Sobre as filas do pão, ver abaixo, p. 138-9 e, sobre "banquetes fraternos", p. 147-8.

p. 40 **Alexandre Vernet:** O dossiê sobre Vernet está localizado nos arquivos da polícia, APP A70 (Arsenal). A rua, renomeada em 1817, é atualmente rua de La Reynie (Ie. e IVe.). A Place du Trône-Renversé é atualmente Place de la Nation (XIe. e XIIe.).

p. 40 ***sans-culotte*:** Cf. Wrigley (2002), p. 183-227. Para uma história do termo, Sonenscher (2008), p. 57-63. Para o rigor indumentário de Robespierre, ver Thompson (1968 ed.), p. 273-4; e Ribeiro (1988), p. 70. Deputados vestindo ostensivamente trajes *sans-culottes* incluíam Chabot, Granet e Thibaudeau: Baudot (1893), p. 108.

p. 40 **homens de seu tipo social:** Ver o ainda clássico Soboul (1958); e Burstin (2005b). Para uma representação do comércio de luxo entre militantes *sans--culottes*, ver S&M, p. 11-2 e 15.

p. 41 **Faubourgs de Saint-Antoine e Saint-Marcel:** O Faubourg Saint-Marcel (*grosso modo*, cobrindo as partes exteriores dos atuais Ve. e XIIIe.) foi bem analisado por Burstin em dois trabalhos soberbos (1983, 2005b). Para o Faubourg Saint--Antoine (*grosso modo*, XIe. e XIIe.), ver Monnier (1981).

p. 41 **o local da guilhotina:** Da invenção da guilhotina, em 1792, até maio de 1793, as execuções aconteceram na Place du Carrousel, em frente ao Palácio das Tulherias. A guilhotina foi realocada quando a Convenção se mudou para a Salle des Spectacles, no palácio. Houve um breve experimento na Place de la Bastille, 9 a 13 de junho de 1793.

p. 41 **peça moral austera:** Arasse (1989) fornece detalhes da crítica direcionada à Place de la Révolution: esp. p. 107-11. Sobre aspectos da performance, ver também Friedland (2012), esp. p. 239 ss. Sobre penas capitais pré-1789, ver a famosa descrição de Foucault (1975), p. 3-5.

p. 42 **o número foi muito maior:** Godfrey (1951), p. 137. Cf. Jones (1988), p. 121.

De início de seu uso em 6 de abril de 1793 até 10 de junho de 1794, a guilhotina executou 1.231 indivíduos; e, entre 10 de junho e 9 Termidor, 1.376.

p. 42 **pessoas de origem humilde:** Ver W 433 d. 972 para uma lista incluindo as profissões. Jornais fornecem listas de nomes, mas nem sempre as profissões.

p. 42 **"o ano dos patriotas":** Cf. F7 4708 d. Florian ("ano dos patriotas"); [Sanson], *Journal de Charles-Henri Sanson* (2007), p. 249 ("Deixem as crianças em paz"). Provavelmente apócrifas, essas memórias são suficientemente bem lastreadas para o seu uso. Sobre as Carmelitas, ver Bernet (2008).

p. 43 **rua de Birague:** Rue de Birague, atual IVe.

p. 43 **"capaz de realizar o meu sonho":** Bourquin (1987), p. 217 (a carta é datada de 7 Termidor). Bem fundamentada em pesquisas, essa biografia dupla de Cabarrus e Tallien lamentavelmente quase não tem notas de rodapé. Sobre Tallien, ver também Harder em Andress (2013). A prisão de La Force estava localizada na atual rua Pavée (IVe.).

p. 44 **Revolta Federalista:** Ver acima, p. 27.

p. 44 **ele conheceu Theresa Cabarrus:** Sobre Tallien em Bordeaux, ver Forrest (1975), p. 229-37.

p. 44 **comportamentos não recomendados para um deputado em missão:** Mathiez (1925), baseado em *Mémoire du Citoyen Héron au peuple français* (sem data). Um raro exemplar pode ser encontrado em F7 4403 d. Héron.

p. 44 **agora se acreditava que ela estava em Paris:** Ver os relatórios de Jullien em Courtois I, docs. LXXIII e CVII (a-m), p. 244-5, 333-64. OCR, iii contém muitas dessas mesmas cartas. Sobre Rousseville, ver F7 4782 d. Chatenay.

p. 44 **Servais-Beaudoin Boulanger:** Ver esp. Cobb (1987), p. 65-6 e outros; e Calvet (9141), p. 57-8. Robespierre o tinha defendido publicamente contra acusações de radicalismo e corrupção. Sobre Hanriot, ver abaixo, p. 57 e 203-6.

p. 45 **registro de admissões:** Cf. Bourquin (1987), p. 211. Essa descrição pode ser comparada ao lisonjeiro retrato feito dela, no cárcere, por Laneuville (1796), acessível em Freund (2014), esp. 127-59.

p. 45 **usasse um espelho:** Bourquin (1987), p. 214. Essa impressionante história pode ser apócrifa.

p. 46 **revoltado com esses incidentes chocantes:** OCR, ix, p. 93 (uma passagem que merece a leitura). Para evidências da revolta pessoal de Robespierre, ver McPhee (2012), p. 130.

p. 46 **"Tallien é um desses indivíduos":** AP, p. 549; e OCR, x, p. 496. Para uma discussão completa sobre a lei, ver abaixo, p. 210-2.

p. 46 **assustadoramente intimidante:** Sobre Bourdon de l'Oise, ver Lecointre, *Les crimes* (1795), p. 90n., 97n. Sobre o encontro, ver AP, p. 546-8 e OCR, x, p. 493-5. Sobre o rumor de assassinato, ver F7 4587 d. Baroy. Sobre Tallien, ver Papiers I, p. 115-7 e, sobre a expulsão, *Moniteur*, 1º Messidor, p. 2. Não há menção a esse respeito no Clube Jacobino. A rua de la Perle está no atual IIIe.

p. 46 **vigilância sobre os movimentos de Tallien:** Courtois I, doc. XVIII, p. 130,

132-3, 135. A exemplo dos relatórios de Rousseville, estes são dirigidos ao CSP como um todo, mas com a expectativa de que Robespierre os lesse. De alguma forma, eles foram parar nos documentos privados de Robespierre.

p. 47 **"o tirano será derrubado":** Bourquin (1987), p. 229 ("seja tão prudente"); e também as memórias do banqueiro Laffitte: Laffitte (1932), p. 42 ("até o fim da semana").

p. 47 **Alojamento de Legracieux:** W 79 d. Legracieux. Ver também seus arquivos policiais em F7 4774/13 (dossiê marcado como Le Granois) e F7 4558 d. Gracieux. Sobre sua casa em Bureaux des lois, ver a lista em AFII 23B. A rua Denfert era um prolongamento ao sul da rua de la Harpe (Ve.), construída sobre o atual Boulevard Saint-Michel.

p. 47 **Virtude personificada:** W 79. Extratos completos em SCD, p. 195-6. Saint-Paul-les-Trois-Châteaux está no atual departamento de Drôme. Ver abaixo para Fleuriot e Payan, p. 170-2.

p. 48 **o famoso Clube Jacobino de Paris:** A pesquisa sobre o tema tende a se concentrar na rede nacional de clubes ou o discurso do Jacobino, e o Clube Paris tem sido preterido, exceto como *locus* de discursos (notavelmente os de Robespierre). O estudo mais focado no Clube em si é Walter (1946). Ver também Brinton (1930); Kennedy (3 volumes, 1982, 1988, 1999); e Higonnet (1998). A fonte impressa primária fundamental é o Jacobino. O Clube estava localizado na atual Marché Saint-Honoré (Ie.). Para o discurso de Robespierre, ver AP, p. 530-6 (inclui os discursos contrários); e OCR, x, p. 542-87. Ver abaixo a discussão a respeito deles, nas p. 65-7.

p. 48 **mantém um diário:** [Guittard de Floriban], *Journal* (1974). A seção sobre o 9 Termidor está nas p. 433-6. Informações diárias sobre o nascer do sol estão impressas em vários jornais e no *Almanach national*. A rua des Canettes está no atual VIe. Eu também consultei os registros meteorológicos do Observatório de Paris.

p. 49 **em 27 de julho não choverá:** Arquivos do Observatório, AF 1-14. Vale a pena citar essa informação à luz do mito de uma violenta tempestade no fim do dia.

PARTE I: ELEMENTOS DA CONSPIRAÇÃO
(da meia-noite às cinco da manhã)

Meia-noite, 9-10 Termidor (p. 53-70)

p. 53 **"Não espero nada dos montanheses":** B&R, 34, p. 3. Alegadamente, a citação tem origem na família Duplay. O testemunho sobre o horário em que Robespierre foi para a cama é de Duplay, em interrogatório policial, 3 Ventoso III: W 79 d. Duplay.

p. 53 **Robespierre repetiu seu discurso da Convenção:** Para Legracieux, ver acima, p. 47. Para o discurso no Clube Jacobino, ver Jacobins, p. 246-81, e, abaixo,

p. 72-3. O adiantado da hora é endossado por Billaud-Varenne, colega de Robespierre no CSP, *Réponse de J. N. Billaud-Varenne* (1795b), p. 36 (presente no Clube até quase meia-noite). Para o Clube em geral, ver nota acima, p. 48, e a nota "o famoso Clube Jacobino"; para os afiliados, ver Boutier, Boutry & Bonin (1992), esp. p. 15.

p. 54 **A força teórica da Convenção**: Brunel (1989), p. 11 para essa estimativa. Muitos deputados não eram frequentadores regulares.

p. 54 **Ele respeita aniversários**: Para suas comemorações anteriores do 10 de julho, ver Scurr (2006), p. 212. Ela passou o 14 de julho de 1794 de um modo bem diferente: no Clube Jacobino, propondo a expulsão de Fouché. Ver OCR, x, p. 526-9. O discurso do rei em 5 de maio de 1789 abriu o assunto dos Estados Gerais, fazendo do 6 de maio o primeiro dia de resistência total.

p. 55 **um mastim chamado Brount**: Sobre Brount e seus passeios, ver Hamel (1865), iii, p. 295-6.

p. 55 "**Deputado Populomaníaco**": OCR, viii, p. 91 (2 de janeiro de 1792); e, para os ataques monarquistas: ibid., vi, p. 507; vii, p. 339 (prepare-se para as risadas).

p. 55 "***je suis peuple***": OCR, viii, p. 89. É uma frase difícil de traduzir: "Eu sou do povo" ou "Eu encarno o povo".

p. 55 "**Fuga para Varennes**": Sobre esse episódio, ver Tackett (2003). Sobre o consequente Massacre do Campo de Marte, ver Andress (2000).

p. 56 **acomodações que proporcionariam maior proteção**: Há diversos relatos sobre como Robespierre foi parar na residência dos Duplay. Ver, por exemplo, Hamel (1865), iii, p. 284-5. A rua Saintonge (atual IIIe.) está a quase três quilômetros de Manège, dentro do complexo das Tulherias, então o local de reunião da assembleia.

p. 56 **o advento da Assembleia Legislativa**: Robespierre, de fato, propôs o chamado decreto de abnegação, que proibia os deputados da Assembleia Constituinte de participar da Assembleia Legislativa. A Assembleia durou de outubro de 1791 a setembro de 1792, momento em que foi substituída pela Convenção Nacional. Toda atividade jornalística de Robespierre está disponível em OCR, vols. iv e v. Para o período em geral, ver Leuwers (2014), cap. 15, p. 215 ss.; e, para a *journée* de 10 de agosto, ver Reinhard (1969).

p. 57 **girondinos ou brissotinos**: Sobre Girondins/Brissotins, ver Sydenham (1961); Kates (1985); Soboul org. (1980); e Tackett (2015).

p. 57 **Massacres de Setembro**: Sobre o tema, ver abaixo, p. 106.

p. 57 **Maximin Isnard**: AP 65, p. 302.

p. 57 **80 mil guardas**: Slavin (1986).

p. 58 **quão longe a França avançara**: AP, p. 510-5.

p. 58 **A cidade perdeu até mesmo sua identidade**: Edmonds (1990) e Biard (2013).

p. 58 "**um novo 31 de maio**": AP, p. 510-1.

p. 59 **conspiradores financiados por estrangeiros**: Sobre o Complô Estrangeiro,

Mathiez (1918) continua sendo um bom começo. Ver também Hampson (1976).

p. 59 **importunou os colegas do CSP**: Ver *Réponse des membres des anciens comités* (1795), p. 101-2.

p. 60 "**raça impura**": OCR, x, p. 476-7.

p. 60 **que não buscou ativamente**: OCR, x, p. 65 (11 de agosto de 1793). No mesmo discurso (p. 75), ele também relatou que ficou chocado com os colegas. Para algo similar, ver seu discurso no 13 Messidor, em OCR, x, p. 515.

p. 60 **seria incapaz de cozinhar um ovo**: Michelet aceitou essa citação, que, no entanto, é contestada pelo hagiográfico Ernest Hamel: Hamel (1865), iii, p. 84. Um comentário de Rosalie Jullien, amiga de Robespierre, no começo de 1793 traz algo similar: "il est propre à être chef de parti comme à prendre la lune avec les dents". [Jullien] (2016), p. 23. Ver também o comentário de Barère, abaixo, p. 81-2.

p. 61 **seu conhecimento especializado**: McPhee (2012) é uma boa fonte sobre a inexperiência administrativa de Robespierre. Sobre conhecimento especializado em assuntos internacionais, ver a deliciosa anedota citada em OCR, vi, p. 231 (11 de fevereiro de 1790); sobre assuntos militares, ver o comentário de Simon Duplay em seu interrogatório, W 79; e, sobre salários, ver C 2443/2. Ao que parece, Simon Duplay recebeu o salário para Robespierre por quase todo o Ano II. Ver também Garmy (1962-3: duas partes); e Baudot (1893), p. 264.

p. 61 **entusiasmo de um neófito**: Sobre suas ideias administrativas, ver "Organisation du comité" na mão dele, em AFII 23A.

p. 61 "**empalidece ao ver um sabre desembainhado**": Citado em Gauchet (2018), p. 88n.

p. 61 "**o mais puro dos princípios**": F7 4599 d. Billaud-Varenne. O caudaloso conteúdo desta caixa é uma bagunça, então nenhuma indicação mais clara de localização é possível.

p. 62 "**idólatras**": Sobre as mulheres, ver Fleischman (1908); McPhee (2012), p. 137-40; Sepinwall (2010); e Shusterman (2014). Sobre culto à celebridade, ver Lilti (2014), e abaixo, p. 155-6.

p. 62 **ele pode lançar um feitiço**: Ver abaixo, p. 243-4, para o feitiço. Os principais discursos políticos de Robespierre incluem intervenções em 1793, em 17 de novembro (27 Brumário), sobre o estado da República; em 5 de dezembro de 1793 (15 Frimário); em 25 de dezembro (5 Nevoso), sobre os princípios do Governo Revolucionário; e, em 1794, em 5 de fevereiro (17 Pluvioso), sobre os princípios da moral política. A etiqueta "república da virtude" deriva especialmente deste último. Ver também o discurso de 7 de maio (18 Floreal), estabelecendo a adoração do Ser Supremo.

p. 62 **compreensão de detalhes**: Sobre a lei de 14 Frimário, ver AP 80, p. 624-35. O texto também foi publicado como um folheto para uso prático: ver abaixo,

p. 412. Para os chamados *carmagnoles* chauvinistas de Barère anunciando vitórias, ver abaixo, p. 143. Notavelmente, Barère introduziu a Lei de 22 Floreal/11 de maio sobre o bem-estar público e também propôs a criação da École de Mars.

p. 63 **"O terror sem a virtude é destrutivo"**: OCR, x, p. 357. Para a história do uso da palavra "terror" antes de 1793-4, ver Schechter (2018), além de uma perspectiva mais ampla em Edelstein (2009); e Biard & Linton (2020), esp. p. 31-49.

p. 63 **Jean-Jacques Rousseau**: Ver esp. Manin (1988), p. 872-87.

p. 64 **seu tropo de assinatura**: Sobre a narrativa sentimental, ver Reddy (2001) e Andress (2011). Seria uma tarefa considerável listar todas as vezes em que Robespierre evocou sua própria morte ou o perigo mortal em que se encontrava. Uma amostra de 1791 em diante inclui: OCR, vii, p. 590; vi, p. 310, 523; p. 375; viii, p. 157, ix, p. 150, p. 523; x, p. 514. Para um exemplo antigo do tropo de mártir, ver a brochura Dupaty em OCR, iii, p. 166 (embora sua autoria desse texto tenha sido questionada).

p. 64 **não ser um orador nato**: Ver discussão em Jordan (1985), esp. p. 64-79; e Leuwers (2014), p. 152-3. Sobre o medo da ribalta, ver Étienne Dumont, citado em Jacob (1938), p. 88.

p. 64 **Roberts-pierre**: Ver abaixo, p. 261. Sobre Damiens, ver Van Kley (1984).

p. 65 **Catherine Théot**: Sobre o caso Théot, ver Eude (1969). Ver a excelente tese de doutorado não publicada de Zobkiw (2015): sobre falta de risos, p. 211-3, e, em geral, p. 5.

p. 65 **"Deixe-me falar ou então me mate"**: OCR, ix, p. 174 ("deixe-me falar"); ibid., p. 48 ("defensor da liberdade"). Sobre a encarada, ver ibid., p. 73. Sobre a referência à Medusa, Jacobins, p. 344. Ver também suas intervenções sobre a Lei de 22 Prairial dirigida a Bourdon de l'Oise e Tallien, discutida acima, p. 46. Exemplos de jogar para a torcida também são numerosos para listar.

p. 65 **associá-los à sua suposta vitimização**: Para essa tática, ver Zobkiw (2015), p. 85.

p. 65 **Robespierre apresentou suas observações**: O discurso pode ser consultado na íntegra em AP, p. 530-2; OCR, x, 542-76 fornece uma versão mais completa. O manuscrito do discurso, com as emendas e correções de Robespierre, passou recentemente para o *Archives nationales* e pode ser consultado na Coleção Robespierre 683 AP 1 d. 12. Ver Geffroy (2013). É um discurso muito difícil de resumir. O excelente relato de Leuwers (2014), p. 356-61, é o primeiro a levar em conta a versão manuscrita. A ausência de seis semanas é citada na p. 565.

p. 66 **desvendar conluios e denunciar conspirações**: OCR, x, p. 546 ("abrir o coração"); p. 543 ("verdades úteis"); p. 546-8 ("sistema de terror"); p. 548 (já não dormem); ibid., p. 531 ("rastejando aos meus pés").

p. 66 **mãos corruptas e aristocráticas**: Ibid., p. 546 (iniciar acusações); p. 557, 560-1

(Festival do Ser Supremo, "emigrados e bandidos"); p. 558-9, 563-5, 570-1 (acusações contra as comissões).

p. 67 **embora Robespierre geralmente evite citar nomes**: Ibid., p. 568 ("leveza acadêmica"); p. 572-3 ("despotismo militar"); p. 562 (Vadier e Théot: ver também ataques a Amar e Jagot em uma parte excluída do discurso na p. 552n.); p. 552n., 568, 572-3 (celebração de sucessos, despotismo militar); p. 570 (unidades de artilharia); p. 567 (Catilina). Para o riso ressentido de Robespierre provocado pelas vitórias, ver Zobkiw (2015).

p. 67 **a captura de prisioneiros de guerra britânicos**: Ibid., p. 547, 548 (Tribunal Revolucionário); p. 568 (prisioneiros de guerra). Sobre esta última questão, ver abaixo, p. 187.

p. 67 **"escravo da liberdade"**: Ibid., p. 554 ("ditador"); p. 556 ("escravo da liberdade"); p. 576 (governasse criminalmente).

p. 68 **alguma palavra indicando conspiração**: Robespierre amontoou quinze *conspirações*, dezesseis *conspiradores*, dezoito *conjurados*, uma *conjuração*, cinco *complôs*, cinco *tramas* e quarenta *facções*, totalizando cem palavras relacionadas a conspiração em 120 minutos. Minha contagem inclui um punhado de usos em seções possivelmente apagadas.

p. 68 **um homem que quer matar**: não consegui localizar esse brilhante aforismo na obra publicada de Alphonse Aulard. Ele pode ser encontrado em suas notas de aula na Houghton Library, Harvard University, Aulard Collection, Cours 1899-1900.

p. 68 **lista precisa de demandas**: Em sua maioria, estão resumidas na p. 632.

p. 68 **um dilema**: O relato a seguir das reações na Convenção foi extraído de AP, p. 532-5; e OCR, x, p. 583-6.

p. 68 **inimigos ferrenhos de Robespierre**: Sobre Lecointre e Bourdon, ver abaixo, p. 92-3.

p. 69 **"É hora de dizer toda a verdade"**: Ibid., p. 533. Sobre o conflito Cambon-Robespierre, ver Hincker (1994).

p. 70 **deputado Joseph Fouché**: Ibid., p. 554. Sobre Fouché, ver abaixo, p. 90-2.

p. 70 **Louis-Stanislas Fréron**: Sobre Fréron, ver abaixo, p. 88-9. Outros oradores nessa linha foram Bentabole, Charlier e Thirion.

p. 70 **Jean-Baptiste Mailhe**: Baudot (1893), p. 123.

Uma da manhã (p. 71-86)

p. 71 **sala de reuniões do CSP no Palácio das Tulherias**: Sobre a sede do CSP, ver Lenôtre (1895), p. 117 ss. Lenôtre extrai muitas das informações do relato de um funcionário do CSP, Jean-Gabriel-Philippe Morice, que foi testemunha auditiva de uma disputa: de Broc (1892), p. 453-98. Sobre as Tulherias, ver abaixo, p. 222. O melhor guia para os acontecimentos da noite no CSP são os relatos de vários membros do CSP e CSG após o evento, particularmente quando, no Ano III, Barère, Billaud-Varenne, Collot d'Herbois e Vadier estavam sob ataque por seu papel de liderança no Terror. Embora a passagem do tempo e a lógica subjacente da autojustificação tornem essas fontes cruciais sujeitas a cautela, elas fornecem detalhes muito mais úteis do que a maioria dos trabalhos secundários existentes. Laurent Lecointre, o deputado que liderou os ataques, também forneceu vários relatos da noite. O discurso não proferido de Saint-Just no 9 Termidor também oferece insights.

p. 71 **conversas sobre assuntos confidenciais do governo**: *Réponse des membres des anciens comités* (1795), p. 109. A reunião foi sobre a Lei de 22 Prairial.

p. 72 **ataques ao governo**: Embora existam algumas assinaturas de Robespierre nos decretos do CSP após 11 Messidor, é provável que sua política de ausência pessoal datasse dessa época. Ver Leuwers (2014), p. 345.

p. 72 **reuniões conjuntas entre o CSP e o CSG**: Meu relato das negociações de alto nível do 4 e 5 Termidor sugere que elas produziram uma ampla medida de acordo, com concessões de ambos os lados. Essa negociação talvez tenha sido subestimada pelos historiadores porque o curso dos eventos após o 9 Termidor tornou politicamente inconveniente (até mesmo prejudicial) para os oponentes de Robespierre na *journée* insinuar que chegaram perto de um acordo com ele alguns dias antes. A melhor análise ainda é o capítulo de Mathiez em seu *Girondins et Montagnards* (1930). Ver também o importante relato da reunião do 5 Termidor por Ruhl, membro do CSG, em F7 4775/5 d. Ruhl. O relatório é reproduzido por Cobb (1955): ver esp. p. 111. Ruhl afirmou que Robespierre foi específico em seus ataques a indivíduos, mas confirma que o acordo foi alcançado ao final da reunião.

p. 73 "**Somos seus amigos**": A citação vem do relato de Saint-Just sobre o encontro em seu discurso não proferido no 8 Termidor: AP, p. 561.

p. 73 **ideia de um expurgo da Convenção**: Embora outros relatos não incluam este último ponto, ele foi especificamente mencionado por Barère em seu discurso no 7 Termidor.

p. 73 **Comissões Populares**: Para uma avaliação recente das Comissões Populares, ver Jourdan (2016). A decisão sobre as Comissões foi tomada na reunião do 4 Termidor, que o Tribunal decreta no 5 Termidor. O último não trazia muitos detalhes, sugerindo que era provisório ou possivelmente até uma espécie de esboço. Ver CSP, p. 375.

p. 73 **Saint-Just aquiesceu com a proposta de Carnot**: Herlaut (1951). Seus dados são considerados e atualizados em Cobb (1987), por exemplo, nas p. 610-3, sugerindo pouca malícia da parte de Carnot. Para o pedido, ver CSP, p. 375. As seções envolvidas foram Chalier, Champs-Élysées, Gravilliers e Montreuil.

p. 74 "**cujas mãos estão pesadas de riqueza**": Jacobins, p. 238.

p. 74 "**cinco ou seis criaturas turbulentas**": Ibid., p. 239 sobre Couthon; sobre Robespierre, OCR, x, p. 539. Os editores, notando a ausência desse extrato no volume VI dos Jacobins de Aulard, sugerem que a declaração indica a prontidão de Robespierre para agir.

p. 75 **artilheiros da GN sendo levados de Paris**: Jacobins, p. 236. O título completo da comissão de Pille era *de l'organisation et du motion des armées de terre*. Sijas tinha feito ataques anteriores a 28 Messidor e 3 Termidor: Jacobins, p. 223, 236. Pille deu sua versão da história em *Réponse de L. A. Pille* (1794). Ver também Brown (1995), p. 136-8.

p. 75 **um estratagema para fazê-lo parecer ridículo**: Para o caso Magendie, ver Jacobins, p. 240, 243. Um pouco de contexto é fornecido por seu arquivo policial em F7 4774/28 d. Magenthies (sic), e em W135 e W153. Nenhuma menção é feita à intervenção de Robespierre contra Magendie em OCR ou Aulard: mas ver menção a isso no *Journal de Perlet*, 9 Termidor (impresso e difundido antes da sessão da Convenção naquele dia).

p. 76 **Ambos olharam furiosamente para Gouly**: Gouly, *A ses collègues* [1794], p. 4. Gouly afirmou que a omissão do episódio em atas ou jornais se deveu ao controle que Robespierre tinha sobre a imprensa.

p. 76 "**notório pelo patriotismo**": AP, p. 504. Mais tarde, Barère afirmou de forma não convincente que estava sendo irônico. Barère, *Observations sur le rapport du 12 ventôse* (1795), p. 8-9. Ver também AP, p. 510-5 (discurso) e p. 504-5 (delegação).

p. 77 **um intrincado complexo de corredores e salas**: Além do relato de Morice (de Broc, 1892), temos um vislumbre da sala em várias memórias de deputados. Sobre todos os assuntos organizacionais, ver Matta-Duvigneau (2013), e, para os outros comitês e seu trabalho, id. (2012). Sobre pessoal, ver Gainot (1990) e Palmer (1941). Para a expansão dos escritórios do CSP, ver esp. AFII 23B: a caixa também inclui informações detalhadas sobre o tamanho e os salários do pessoal do CSP. Ver o *Almanach national* do Ano II, p. 105 para uma listagem indicativa (mas um pouco desatualizada) dos locais dos comitês.

p. 77 "**Deus me livre**": OCR, x, p. 203.

p. 77 **reuniões plenárias formais**: Para um relato pessoal dos procedimentos de Prieur de la Côte d'Or, membro do CSP, ver Bouchard (1946).

p. 78 **engenheiro militar Lazare Carnot**: Sobre Carnot, ver H. Carnot (1907) e Reinhard (1950-2); sobre Prieur, Bouchard (1946); e sobre Lindet, Montier (1899).

p. 78 **Saint-Just**: Saint-Just atraiu três biografias muito diferentes: Gross (1976), Vinot (1985) e Hampson (1991). Para Couthon em geral, ver (1983); Bouscayrol (2002); Arquivo policial de Couthon em F7 4656 (incluindo informações sobre o banhos); e W 501 (Fouquier-Tinville sobre as ausências noturnas de Couthon).

p. 79 **Barère, Billaud-Varennes e Collot d'Herbois**: Sobre Barère, ver Gershoy (1962); e, sobre Collot, Biard (1995). Não há nenhuma biografia acadêmica moderna de Billaud, mas ver suas memórias (edição de 1893). Também vale a pena consultar o enorme arquivo relativo ao seu julgamento em 1795 em W499, assim como seu arquivo policial em F7 4599. Ver também Billaud--Varenne (1992) e Klemperer (2018).

p. 79 **antecedentes burgueses e/ou profissionais**: Alguns tinham um quê de nobreza: Saint-Just era filho de um oficial militar enobrecido; o pai de Prieur ocupou um cargo financeiro enobrecedor; e a mãe de Barère era nobre.

p. 79 **pressão do trabalho**: Matta-Duvigneau (2013), p. 257. Ver também [Billaud], *Réponse de J.N. Billaud* (1795), p. 57 (alegando que assinava pessoalmente até trezentas por dia). Ver Lenôtre (1895), p. 120 (camas). Para as anedotas de Carnot, ver [Carnot], *Opinion* (1795), p. 3-4 (confiança) e Faure, *Sur le procès*, p. 4n. (restaurador).

p. 80 **jovem Philippe Le Bas**: Sobre Le Bas e Augustin Robespierre, ver Cousin (2010).

p. 80 **com indisfarçável desprezo**: Sobre o relatório de Amar a respeito do escândalo da Compagnie des Indes em Ventoso, ver OCR, x, p. 379-85; e, sobre o relato de Vadier sobre o caso Catherine Théot, ver acima, p. 64-5. Para o CSG em geral, ver os artigos de Michel Eude no *AHRF* (1933-8). As notas que Eude coletou para seu planejado, mas nunca concluído, *thèse d'état* estão localizadas na Biblioteca do Institut de la Révolution française, na Sorbonne. Eu os consultei com a gentil permissão de Pierre Serna. Ver também Cádio (2012).

p. 80 **padrões complexos em relação à política, procedimentos e personalidades**: Amar, Voulland e Grégoire Jagot, membros do CSG, também estiveram envolvidos na seleção de suspeitos nos lotes da prisão de maneiras que irritaram Robespierre.

p. 80 **Celebração ao Ser Supremo**: Sobre a celebração, ver Smyth (2016). Há um cruzamento entre os dois grupos: o protestante Ruhl tornou-se ateu e quebrou o frasco do sagrado crisma em Rims, com o qual gerações de reis da França haviam sido coroadas.

p. 81 **sessão conjunta do CSP e do CSG desta noite**: Presenças do CSP durante essa sessão noturna: Barère, Collot, Billaud, Carnot, Prieur de la Côte d'Or, Lindet. Presenças no CSG: Lacoste, Dubarran, Vadier, Amar, Louis du Bas--Rhin, Bayle, Vadier e Voulland. Ver também Montier (1899), p. 249 (para o testemunho de Lindet sobre Saint-Just). Há uma quantidade de relatos de episódios durante a sessão no Jacobino, mas nenhuma descrição geral. Jacobins, p. 282-9, fornece uma útil compilação de relatos importantes (principalmente de Billaud, Courtois, o deputado Toulongeon e Buchez & Roux).

p. 81 **jacobino provincial Legracieux**: Ver acima, p. 47.

p. 81 **"vocês têm calúnias contra nós em seus bolsos"**: *Réponse des membres des anciens comités* (1795), p. 106. Neste capítulo, as citações desta reunião vêm, salvo indicação em contrário, desse relato (especialmente p. 103-9). Também útil é [Billaud-Varenne]. *Réponse de J. N. Billaud* (1795), reimpresso em Jacobins, p. 282-7. O texto do discurso de Saint-Just no 9 Termidor refere-se a Billaud e à ansiedade dos demais sobre o dia seguinte. Para a presença de Javogues, Dubarran e Bentabole no Clube, ver Thibaudeau (2007), p. 112. O radical Loys também se descreveu mais tarde como atacando Robespierre: ver F7 4774/26 d. Loys (declaração em 3 Brumário III).

p. 82 "**Nem uma chácara vocês poderiam administrar**": Cf. acima, p. 59, e nota sobre "cozinhar um ovo".

p. 82 **conceito considerável nos círculos jacobinos:** Em parte, esse conceito era um vestígio do apoio que ele atraiu sobre a tentativa de assassinato de Ladmiral contra sua vida. Ver acima, p. 39.

p. 82 "**os inimigos da pátria**": *Réponse*, em Jacobins, p. 282. Observe a equação característica de Robespierre com os inimigos da República.

p. 82 "**dominadores no Clube dos Jacobinos!**": Leuwers (2014), p. 361, baseando-se em *Conservateur décadaire*, 20 Frutidor.

p. **83** "**Se você beber cicuta**": Tradições observadas por B&R, 34, e citadas em Jacobins, p. 287. No debate da Convenção sobre a conduta de David no 13 Termidor, David afirmou que Robespierre considerava repulsivo o contato físico e que nenhum abraço ocorreu. AP 94, p. 22-3.

p. 83 "**Eu também estava sob a faca do assassino!**": F7 4764 d. Lanne. Lanne esteve presente na sessão.

p. 84 "**Vamos cortar essa gargalhada deles!**": AP, p. 557. Essa parte da noite baseia-se na peroração de Collot na Convenção na sessão noturna do 9-10 Termidor. Ver abaixo, p. 81-2.

p. 85 "**Nenhuma usurpação fica impune**": *Réponse des membres des anciens comités*, p. 106.

p. 85 **junto ao deputado radical Joseph Fouché:** AP, p. 557.

p. 85 **Não há tempestades a caminho:** Ibid. Percorrendo as entrelinhas de seu discurso no dia seguinte, então composto de raiva, percebe-se com clareza o esforço de Saint-Just para aplacar a reunião.

p. 85 **uma carta a um grupo de patriotas:** Mathiez (1927c), p. 175-9. Uma carta é datada de 8 Termidor, enquanto uma segunda, datada de 9 Termidor, foi escrita tarde da noite de 8 Termidor ou na manhã seguinte.

Duas da manhã (p. 87-99)

p. 87 **Laurent Lecointre está escrevendo uma mensagem urgente:** Lecointre, *Robespierre peint par lui-même* (1794), p. 5. Como observado antes, no que diz respeito às ações dentro e ao redor do CSP esta noite, estou me baseando fortemente nos panfletos pós-Termidor de Laurent Lecointre (que frequentemente se repetem) e nas respostas dos membros do CSP que ele atacou.

p. 88 **não têm acesso ao comitê:** Lecointre, *Robespierre peint par lui-même*, p. 4-6. Sobre Fleuriot-Lescot e Payan, ver abaixo, p. 170-3.

p. 89 **"eu ou Robespierre estaremos mortos":** Duval-Jouve (1879), p. 188n. Para a intervenção de Cambon contra Robespierre, ver acima, p. 68. Ver Saumade (1939) para sua riqueza.

p. 89 **deputados enviados em missão:** Biard (2002) oferece uma excelente visão geral do fenômeno. O pai de Fréron, Élie-Catherine, foi um crítico literário e um renomado antifilósofo.

p. 89 **Napoleone Buonaparte:** Gueniffey (2015), p. 137-45. Para Toulon, ver Crook (1992).

p. 89 **permitir que saíssem:** Fréron, citado por Jacob (1938), p. 157-60 (um relato muito parcial e possivelmente não confiável, é claro, mas que, no entanto, captura a arrogância habitual de Robespierre).

p. 90 **Couthon passou um período em Lyon:** Couthon serviu na expedição a Lyon, em agosto a outubro de 1793. Ele deveria realizar outra missão no início de julho de 1794, mas não deu certo, presumivelmente por causa de sua paralisia progressiva. Biard (2002), p. 484.

p. 90 **seu irmão mais novo, Augustin:** Cousin (2010) e (para detalhes de suas missões) Biard (2022), p. 576. Para a correspondência entre Augustin e Maximilien, ver Courtois I, docs. XLII e LXXXIX, p. 177-9, 293-4, e OCR, iii.

p. 90 **Marc-Antoine Jullien:** Para a correspondência entre os dois, ver acima, p. 45.

p. 90 **Joseph Fouché:** Tulard (1997) é, provavelmente, a melhor biografia recente.

p. 90 **ele o detesta cordialmente:** Charlotte Robespierre (1835), p. 106-10.

p. 91 **descristianização:** Ver Vovelle (1991), p. 126-9; e Cobb (1987), cap. 6, p. 442--79.

p. 91 **Robespierre o castigou pessoalmente:** De acordo com a irmã de Robespierre, Charlotte: Robespierre (1835), p. 108.

p. 91 ***sans-culottes* radicais de Lyon:** Os chamados "amigos de Chalier" incluíam homens como Renaudin, Gravier, Fillion e Achard, que se colocaram sob as boas graças de Robespierre e alimentaram seu ódio por Fouché. A disputa Fouché-Robespierre pode ser seguida em Jacobins.

p. 92 **"tábulas da morte" de Robespierre:** Fouché usa a frase em suas *Mémoires* (1946), p. 45; e ver acima, p. 67-8. Nos debates que se seguiram ao discurso de Robespierre no 8 Termidor, seu nome foi sugerido como alguém que provavelmente estaria na lista de Robespierre. OCR, x, p. 583.

p. 92 **a iminente derrubada de Robespierre:** AFII 47, pi. 1-8. As cartas foram apreendidas por Bo, deputado em missão. Elas só chegaram a Paris depois do 9 Termidor.

p. 92 **Joseph Lebon:** Não está claro quanto Robespierre apoiou Lebon. Este último foi chamado de volta de sua missão no 10 Termidor, sugerindo que Robespierre pode ter sido um obstáculo para que isso acontecesse antes. CSP, p. 484.

p. 92 **Robespierre detesta todos eles:** Sobre Léonard Bourdon, ver Sydenham (1999), p. 150-66. Biard (2002) apresenta um bom argumento para o papel do boato e da calúnia por trás de muitas das acusações contra os deputados em missão. Mas nesse momento eram os boatos o que importava. Para as missões dos deputados citados, ver ibid., p. 474, 496, 533, 579, 588; e, no geral, caps. 4 e 5. O melhor relato do trabalho de um deputado em missão centra-se em Javogues: Lucas (1975).

p. 92 **aterrorizados**: A ideia do "terror do político" constitui um argumento-chave de Linton (2013).

p. 93 **Robespierre tinha sido enganado:** AP, p. 505-6. Ver as notas particulares de Robespierre sobre Dubois-Crancé em Courtois I, doc. LI, p. 189-90.

p. 93 **"Eu te desprezo tanto quanto te odeio":** Lecointre, *Robespierre peint par lui--même*, p. 3n., 16 ("derrubar tiranos"); ibid., p. 3 (Amar & Bayle). Ele afirmou ter até cinquenta apoiadores na assembleia: id., *Les crimes des sept membres du comité de salut public et de sûreté générale* (1795), p. 72. Ver também Baudot (1893), p. 5; e OCR, x, p. 560.

p. 93 **ele falou com Robert Lindet:** Aparentemente, isso aconteceu em 24-25 de julho. Lecointre, *Robespierre peint par lui-même*, p. 3-4. Ele também abordou Carnot anteriormente e obteve uma resposta semelhante. Reinhard (1950-2), p. 471.

p. 94 **ex-apoiadores descontentes de Danton:** O termo é de Courtois, que editou os documentos de Robespierre e escreveu o relatório oficial sobre o 9 Termidor para a Convenção. Lecointre já tinha preparado um texto ou manifesto para o golpe, intitulado *Robespierre opposé à lui-même* que Guffroy iria publicar. Guffroy, deputado de Arras como Robespierre, também publicava um jornal *Rougyff* (um anagrama de seu nome). As notas de Robespierre sobre Delmas e outros estão publicadas em Courtois I, doc. LI, p. 190-3.

p. 94 **dantonista Bourdon de l'Oise:** Bourdon consultou o advogado Berryer: [Berryer] (1839), esp. 228-9.

p. 94 **um segredo aberto:** Ver acima, p. 68-9 e nota. Carta de Scellier a Robespierre, citada em Lecointre, *Les crimes des sept membres*, p. 181-2n.

p. 94 **o comportamento covarde que Lecointre mostrou:** OCR, p. 532. A declaração posterior de Lecointre sobre sua conduta, de que seu ataque seria contra todo o CSP e não apenas Robespierre, soa muito inconvincente. Lecointre, *Les crimes des sept membres*, p. 73.

p. 95 **um grande lote de papelada:** *Opinion de Carnot* (1795), p. 4.

p. 95 **enviou um mensageiro:** Para a intimação ao irmão de Lecointre, ver CSP, p. 461-2. Aqui, indica-se o horário de uma da manhã, mas Lecointre mais tarde registrou como sendo quatro da manhã. Para a convocação de Hémart, ibid., p. 462; e Birembault (1959), p. 305.

p. 96 **os alojamentos dos deputados serem muito concentrados:** Jones (2020), esp. p. 264-5. Os interlocutores de Tallien estavam baseados da seguinte forma: Boissy na rua du Bouloi (Ie.), Durand na rua neuve de l'Égalite (parte da atual rua d'Aboukir, IIe.) e Palasne na rua Saint-Honoré (Ie.). Ver o relato dessas discussões em Durand-Maillane (1825), p. 199. Sobre Tallien no teatro, ver F7 4710 d. Fourcade. É provável que Payan também estivesse lá.

p. 97 **os "73":** De acordo com algumas estimativas, na verdade eram 75 os deputados presos. Mas o termo "os '73'" pegou.

p. 97 **e de lá, sem dúvida, para a guilhotina:** Ver esp. OCR, x, p. 133-6, 376-9.

p. 97 **expressando sua gratidão:** a correspondência de Robespierre contém quase uma dúzia de tais cartas, mais uma carta coletiva de 31 deputados, datada de 3 Messidor: OCR, iii, p. 299. Cf. Hamel (1865), iii, p. 157-8.

p. 97 **Robespierre parecia ter se distanciado:** OCR, x, p. 550. Interessantemente, Ruhl registra a impressão de que Robespierre estava mudando sua atitude em relação aos "73". Cobb (1955), p. 112.

p. 97 **"Você está na lista! Eu também!":** Fouché (1946), p. 46. As memórias autoengrandecedoras de Fouché exageram seu papel na organização da *journée*. Não temos nenhuma evidência, exceto sua própria declaração posterior de que ele estava reforçando as ações de Tallien durante a noite. Ver a suposta lista de 47 deputados citados em Walter (1974), p. 91-2.

p. 98 **ele não parece estar doente:** Quando ele estava doente em fevereiro e março, houve grande preocupação pública. Ver, por exemplo W 112 d. 1 e Courtois I, docs V-VIII, p. 104-6. Não há indicação de que alguém tenha atribuído suas ausências antes do Termidor a doenças. Neste ponto, discordo de McPhee (2012).

p. 99 **todos homens respeitados:** Ver acima, p. 96.

p. 99 **o chamado *amalgame*:** Essas reformas militares são discutidas em Bertaud (1979), p. 96-9 e 158-60.

p. 99 **Ninguém deu um passo à frente:** Ver acima, p. 92.

Três da manhã (p. 100-15)

p. 100 **habitantes das horas escuras:** O famoso autor e caminhante noturno Restif de la Bretonne sustentava que a caminhada noturna era menos comum nessa época.

p. 100 **Jules Messidor:** A maior parte do *état civil* de Paris foi destruída nos incêndios da Comuna em 1871. Os poucos vestígios reconstituídos que restam estão localizados nos Arquivos de Paris, onde são consultáveis em microfilme. O horário das três da manhã é indicado em ambos os casos citados aqui. Também nasceu nesse dia o apropriadamente nomeado Pierre François Termidor Lefebvre. Outros exemplos demográficos são da mesma fonte.

p. 100 **24 mil nascimentos:** Esse e outros dados demográficos do *Atlas*, p. 94-5. Números presentes em jornais fornecem, para Messidor, a quantia de 74 mortes e 65 nascimentos, próxima a essas médias.

p. 101 **cerimônias em torno de nascimentos, casamentos e óbitos:** BNF NAF 2690 ("lúgubre"); ADP VD*7 724 (tricolor); *Journal historique et politique*, 23 Nevoso/12 de janeiro de 1794 (túnica). Seria interessante saber quão amplamente isso foi observado.

p. 101 **25 casamentos:** O *Messager du soir* informa 22 casamentos e 9 divórcios no dia.

p. 101 **"o casal está unido em casamento":** ADP D3U1 30. O processo teve início na seção Guillaume-Tell, Rive Droit, para onde o marido se mudou. Para outro caso de divórcio nesse dia, ver ADP D3U1 42 (Poissonnière). Parece que 75% dos divórcios franceses nos períodos revolucionário e napoleônico foram pedidos por mulheres: Phillips (1980), p. 96.

p. 102 **enormes cestos:** de Bohm (2001), p. 79; Bijaoui (1996), p. 160. Ver APP AA220 (cal sendo trazida pela seção Quinze-Vingts até o cemitério).

p. 103 **princesa de Mônaco:** Blanc (1984), p. 92-3. Sobre sua prisão, ver APP AA148; e, sobre seu julgamento, W 434 d.972. Para a declaração de gravidez, Berthiaud (2014) atualiza a literatura existente sobre o assunto, mas ainda há material anedótico útil em Billard (1911).

p. 103 **nomeado por Robespierre:** OCR, iii, p. 168 (maio de 1793), carta a Fouquier Tinville. Thiéry não atuou na junta da princesa.

p. 103 **pouco tempo para certezas médicas:** Berthiaud (2014), p. 10-1, n. 51.

p. 104 **"não estou grávida":** W 431, pi. 968. Também Blanc (1984), p. 92-3. Meus agradecimentos a Stephanie Brown pelas conversas sobre esse caso fascinante.

p. 104 **"mas era teu meu pensamento":** Citado em Guillois (1890), p. 312 (Tradução para o inglês do autor).

p. 105 **Prisão Bénédictins-Anglais:** A prisão fica no atual. Ve. Sobre Mercier, estou me baseando nas cartas para sua esposa citadas na íntegra na Introdução ao *NP*, p. XXXV-CLVI. Para sua alegação de sono profundo nessa noite, ver *NP*, p. 198. Sobre os Bénédictins-Anglais em geral, ver de La Laurencie (1905). Existe uma literatura muito rica sobre as prisões parisienses sob o Terror. Houve uma manifestação particular no Ano III/1794-5, quando os escritos sobre a prisão quase se tornaram um novo gênero literário. Ver Brown (2018), p. 132-3. É necessário cuidado ao usar esses relatos, alguns dos quais sensacionalistas. Um pioneiro no campo foi P. E. Coittant, que compôs quatro volumes de relatos diferentes em 1795, que foram em grande parte obtidos com as vítimas. Ver [Coittant], *Almanach des prisons*; [id.] *Tableau des Presions de Paris*; [id.] *Second Tableau des Presions*; e [id.], *Troisième Tableau des prisons*. Outras compilações incluem Nougaret (1797); Riouffe (1795); e Proussainville [= Pierre Roussel] (1815). Além desses, usei especialmente em Delahante (1881); La Chabeaussière (1795); e Soeur Théotiste [Christine de Saint-Vincent comtesse Valombray] (1875); bem como edições mais recentes de relatos de prisão, incluindo Billecocq (1981); de Bohm (2001); Lacroix de Lavalette (1992); e Maussion (1975). Bijaoui (1996) fornece uma visão geral útil. Sobre Sade nas Madelonnettes, ver F7 4436 d. 3, pi. 61.

p. 105 **uma visita:** Documentação sobre o tema em Courtois I, docs. XXXIII (a-e), p. 146-54; e F7 4435 d. 6). Sobre o balde de lixo, ver Blanqui (1794), p. 72--3. Para corroboração sobre as condições, ver F7 4659 d. Dabray. Ver também *TP*, i, p. 35 (rua Saint-Jacques).

p. 105 **o órgão da capela:** Ver AFII 22A.

p. 106 **o arrancou rudemente:** F7 4774/42 d. Mercier fornece detalhes sobre a prisão. Ver também o registro da prisão em BB 30 (dossiê sobre apoiadores girondinos presos).

p. 106 **Massacres de Setembro:** Os trabalhos-padrão sobre os Massacres de Setembro são Caron (1935) e Bluche (1986). A ideia tenebrosa de um massacre dentro das prisões ganhou mais força depois do 9 Termidor, mas há evidências que sugerem que havia uma espécie de pânico sobre esses buracos sendo cavados dentro das prisões nessa época. Ver F7 4768 d. Lannay (administrador de polícia Teurlot inspecionando tal cova na prisão de Abbaye no 9 Termidor); Audouin (1795), p. 36 (abertura de *fossées d'aisance*); F7 4594 d. Berryeter (compra municipal de terrenos para enormes fossas funerárias).

p. 106 **"os perpetradores dos massacres":** *NP*, p. 785-8.

p. 107 **"inexpressivo na Convenção":** Roland (1905), i, p. 189; *NP*, i, p. XVI (citando Fleury).

p. 107 **casamento de Camille Desmoulins:** Leuwers (2018), p. 173-4. Danton também esteve presente entre uma estrelada lista de convidados. Cfr. *NP*, p. LVII.

p. 107 **a petição dos "73":** O embate em discussão pode ser seguido em OCR, ix, p. 580-1.

p. 107 **reféns de Robespierre:** Ver acima, p. 105. Mercier foi um dos 31 signatários de uma carta de prisioneiros datada de 3 Messidor, e enfatizou visivelmente o princípio da justiça em vez da gratidão: OCR, iii, p. 299. Sobre a visita a Madelonnettes, ver *NP*, p. 198. Cf. F7 4336 d. 6; e Courtois I, docs. XXXIII (a-e), p. 146-54.

p. 108 **"governo dos tolos":** *NP*, p. 36; e F7 4774/42 d. Mercier: ver a carta do Germinal III ("multidão equivocada", "governo dos tolos" etc.); *NP* e outros.

p. 108 **cem prisões:** Sobre a rede prisional, *Atlas*, p. 70, 112-3.

p. 108 **Jacques Belhomme:** Sobre a instituição Belhomme, ver esp. Lenormand (2002). Após um escândalo em janeiro de 1794, ele fechou, mas voltou a funcionar no Termidor.

p. 108 **manchados pelo sangue de suas vítimas:** *NP*, p. 26-7. Ver também Coittant, *Tableau des prisons*, p. 54.

p. 109 **a princesa de Lamballe:** *NP*, p. 98-9. A veracidade desse relato é contestada. A brutalidade é, no entanto, inquestionável.

p. 109 **algumas centenas de homens selvagens:** *NP*, p. 88 (Mercier afirmou que trezentos indivíduos estavam envolvidos).

p. 109 **"Sejamos nós a exercer o terror":** "*Soyons terribles, pour dispenser le peuple de l'être*": AP 60, p. 63.

p. 109 **"Setembrização":** Blanqui (1794), p. 27.

p. 109 **Os prisioneiros se sentem odiados:** Caron (1914), v, p. 332 (ressentimento com a comida dos presos); Audouin (1795), p. 23 (canibalismo).

p. 110 **novas listas de conspiradores da prisão:** F7 4594 d. Pierre-Guillaume Benoist. Os números aqui são derivados de Wallon (1880-2), iv e v. São instrutivos os dossiês pessoais de *moutons* específicos em F7 4557 a 4557/53: ver sob os nomes Armand, Beausire, Benoit, Leymarie, Manini, Rohan etc.

p. 110 **notória Lei de 22 Prairial:** Ver abaixo, p. 210-2.

p. 110 **"purgar as prisões de uma só vez":** F7 4436 pl. 1, pi. 10. Na margem, Robespierre escreveu "*approuvé*". Observe que a transcrição de Aulard não menciona Robespierre: CSP, p. 518.

p. 111 **"um de nós":** *Papiers*, i, p. 279-80. A conversa privada foi registrada por Lanne, colega de Herman: F7 4764.

p. 111 **a população carcerária:** *Atlas*, p. 70. Nomes e números de prisioneiros foram publicados no *Moniteur* e em todos os jornais importantes. A deterioração das condições carcerárias é lugar-comum nos relatos carcerários citados na nota da p. 74.

p. 111 **jornada cansativa pela cidade:** Ver, por exemplo, de Bohm (2001), p. 62-3; e Riouffe (1795), p. 25. A lei de centralização foi aprovada em 16 de abril/27 Germinal, mas de fato alguns tribunais continuaram funcionando, notadamente em Orange, Arras e Cambrai.

p. 112 **as pequenas necessidades de sua vida:** Ver *NP*, "Lettres de prison" e outros; e esp. *NP*, p. CLIIII ("Eu viverei") e XC ("Estou chorando").

p. 112 **"palavreado enigmático e ambíguo":** F7 4436; Courtois I, doc. XXXIII (d), p. 152.

p. 112 **objetos pontiagudos e cortantes:** A mudança de regime foi pior em alguns lugares do que em outros. Sobre palitos de dente, ver Coittant, *Tableau*, p. 175; e alfinetes para fraldas, Audouin (1795), p. 21. Ver Nougaret (1797), ii, p. 329, 336 (animais de estimação); Proussainville (1815), p. 313 e Coittant, *Tableau*, p. 96 (Wichterich). Ver também Coittant, *Troisième Tableau*, p. 30 (refeições) e Périer de Féral (1955), p. 188 (barbas etc.).

p. 113 **"nosso único ponto de contato com a humanidade":** de Bohm (2001), p. 134.

p. 113 **vendedores de jornais:** Nougaret (1797), iii, p. 3.

p. 113 **ameaçados com tiros a esmo:** Foignet, *Encore une victime* (sem data), p. 25.

p. 113 **Guyard, o novo carcereiro:** Bitaubé (1826), p. 13. Para mais sobre guardas, ver Nougaret (1797), iii, p. 200, e de Bohm (2001), p. 106 ("une véritable ménagerie"); [Duras], *Journal* (1889), p. 150; Coittant, *Troisième Tableau*, p. 36; F7 4597 d. Bertranon ("forragem de guilhotina" ou *gibier de guillotine*); F7 4738 d. Haly (favores sexuais).

p. 114 **Ferrières-Sauveboeuf:** Beugnot (1866), p. 211-3; Coittant, *Troisième Tableau*, p. 73. Ver também Blanc (1987), p. 19-21. Após o Termidor, Ferrières foi julgado pelo Tribunal Revolucionário, mas foi absolvido: W 494.

p. 114 **tiques nervosos:** Coittant, *Tableau*, p. 73.

p. 115 **a nova norma:** Beugnot (1866), p. 226; Rouy, *Assassinats commis* (sem data) e outros (por volta de 6 Termidor); [Duras] *Journal*, p. 115; Périer de Féral (1955), p. 150-7. Sobre o Couvent des Oiseaux, ver Coittant, *Tableau*, p. 5 ss.

p. 115 **prisão de Talaru:** Coittant, *Troisième Tableau*, p. 65.

Quatro da manhã (p. 116-33)

p. 116 **Saint-Just está trabalhando à luz de velas:** É possível dar sentido aos eventos no CSP após a briga inicial entre Collot e Saint-Just usando o conteúdo do discurso não proferido de Saint-Just para o dia seguinte. Estou me baseando na transcrição em AP, p. 558-62. Estou presumindo que seu pensamento foi influenciado pelas horas recentes: de fato, ele afirmou isso explicitamente em suas observações iniciais ("*quelqu'un cette nuit a flétri mon coeur*"*): AP, p. 558, geralmente atribuído a Collot.

p. 116 **reuniões conjuntas nessa trégua conciliatória:** Ver acima, p. 72-4. AP, p. 559 (um relato breve e parcial das reuniões entre 4-5 Termidor e da questão Magendie).

p. 117 **ideia nova na Europa:** "Le bonheur est une idée neuve en Europe" (1793), um dos aforismos mais famosos de Saint-Just.

p. 117 **A pedido do CSP:** Gross (1976), p. 331 (sugestão de Couthon).

p. 117 **"comunidade de afetos":** Estou citando com bastante precisão o comentário de Saint-Just sobre *la communauté des affections*. Ver Gross (1976), p. 544. A ideia de uma "comunidade emocional" é desenvolvida na obra de Barbara Rosenwein (2006).

p. 117 **"Saint-Juste":** Isso é especialmente perceptível em suas assinaturas de decretos do CSP, notadamente relacionados a assuntos policiais em F7 4436. As ideias de Saint-Just para a reforma são encontradas em várias passagens desconexas, conhecidas como "Fragments républicains". Ver a publicação dos Fragments em 1831, em *Oeuvres* (1908), ii, p. 492-530.

p. 118 **"você é um grande homem":** OCR, iii, p. 87-8. Para um contexto algo desagradável, ver F7 4701 d. d'Evry.

p. 118 **novos e sucintos aforismos:** Walzer (1974) discute os discursos nas p. 61-9 e 70-4.

p. 118 **cicatrizes medonhas no pescoço:** Duval (1844), p. 191 (citando também Camille Desmoulins).

p. 119 **Théroigne de Méricourt:** Segundo Courtois II, p. 131-2, uma missiva enlouquecida aguarda Saint-Just em sua casa. Ver também Roudinesco (2010), p. 200-1.

---

* "Ontem, alguém magoou meu coração". [N.T.]

p. 119 **falado dele como um tirano:** AP, p. 559, 561. Para a alcunha de tirano, ver Jones & Macdonald (2018). Ver também abaixo, p. 249-50.

p. 119 **relacionadas à ideia de conspiração:** Ver acima, p. 68, e nota, "relacionadas a conspiração" para Robespierre. O faccionalismo é denunciado ao longo do discurso de Saint-Just, que começa com "Je ne suis d'aucune faction". * Mas eu não contei mais que uma *conjuré*, e uma meia dúzia de *faction* ou *factieux*. A dispersão é evocada com muito mais força do que a conspiração.

p. 120 **ele não pode simplesmente ignorar:** AP, p. 559-62.

p. 120 **Saint-Just e Carnot:** Ver a admirável biografia de Carnot (1950-2), de Reinhard, assim como Gross (1976); Bertaud (1990); e H. Carnot (1907).

p. 121 **"Ele entregaria a própria cabeça":** Levasseur (1829-31), i, p. 324.

p. 121 **"um missionário armado":** OCR, ii, p. 81.

p. 122 **O conflito entre Carnot e Saint-Just:** Os relatos dessa série de incidentes são fragmentários e *ex post facto*, o que torna difícil esboçar sua cronologia e conteúdo exatos. Os principais relatos de disputas vêm de membros do CSP pós-9 Termidor, notadamente: Réponse, p. 106 ("ditadores ridículos") e p. 108 (Prairial); *Discours de C.A. Prieur de la Côte-d'Or, 3 Germinal III* (sem data, III?), p. 4; e, sobre Carnot, H. Carnot (1907), i, p. 536-7. Ver também Baudot (1893), p. 206; Reinhard (1950-2), ii, p. 463-4; e o testemunho de Deschamps em F7 4333, pi. 56.

p. 123 **um feudo privado:** Robespierre iria direto ao Departamento de Polícia, brotando na sala principal do comitê para fazer algumas assinaturas no final do dia: ver *Réponse des membres des anciens comités*, p. 61.

p. 123 ***Soirée du Camp***: A produção inicial do jornal é notavelmente inócua.

p. 123 **a conduta de Robespierre sempre foi irrepreensível:** AP, p. 559; mas, novamente, na p. 562, na qual Saint-Just considera o discurso de Robespierre no 8 Termidor: "il ne s'est plaint non plus des comités",** uma falsidade manifesta. Não há indícios de ditadura no discurso, e Saint-Just é um tanto condescendente com seu aliado.

p. 124 **pelo menos seis signatários:** AP, p. 562.

p. 124 **prelúdio para um expurgo sangrento:** Num anticlímax, o discurso conclui sobre os denunciados: "je désire qu'ils se justifient et que nous devenions plus sages"***. AP. 562.

p. 124 ***jours de gloire***: Cf. "Ils ne sont point passés, les jours de gloire":**** AP, p. 558.

p. 125 **A concepção de Billaud:** Billaud-Varenne (1992) e Klemperer (2018) destacam sobreposições em seu pensamento. Ver também Gauchet (2018), p. 189.

---

* "Não sou de nenhuma facção." [N.T.]

** "Ele sequer reclamou dos comitês." [N.T.]

*** "Quero que eles se justifiquem e que nos tornemos todos mais sábios." [N.T.]

**** "Os dias de glória não estão no passado." [N.T.]

p. 126 **"instituições sociais":** Sobre Saint-Just, ver *Oeuvres* (1908), p. 492-508.

p. 126 **"estamos à beira de um vulcão":** Sobre a frase de Billaud, ver o discurso não proferido de Saint-Just, AP, p. 599. Para o relatório do Vesúvio, ver por exemplo *Courrier républicain*, 1 Termidor.

p. 126 **mais credibilidade:** O uso de tropos de morte por Robespierre é extenso: ver acima, p. 63, e nota "seu tropo de assinatura".

p. 127 **exceto homens de quem ele não gosta:** *Réponse de Billaud-Varenne* (1795), p. 26.

p. 127 **esperando as derrotas:** Ibid., p. 24.

p. 128 **lealmente ao lado de Robespierre:** Ver seu discurso no 24 Prairial, AP 91, p. 549-51. Mais à frente, ele também o apoiou na questão dos banquetes fraternos. Ver abaixo, p. 147-8.

p. 128 **A demanda de cabeças por Robespierre parece insaciável:** Lyons (1975b), p. 140 (citando Vilate).

p. 128 **"cavando a própria sepultura":** Lindet, citado por Walter (1974), p. 95n.

p. 129 **para expulsar Danton:** Sobre a prisão e suas consequências, ver esp. Hampson (1991), p. 155-74.

p. 129 **um relatório de acusação contra Danton:** OCR, xi, p. 429-49. Nenhum alarido foi feito pelo fato de que Robert Lindet realmente se recusou a assinar o mandado de prisão.

p. 130 **submissão indefesa:** Ver acima, p. 57.

p. 130 **alguns pequenos passos:** Para esses movimentos, ver esp. *Réponse des anciens membres des comités*, p. 107. Ver também acima, p. 94.

p. 132 **Fala-se de Fouché estar lá:** A maioria dos relatos não menciona Fouché, e sua presença pode ter sido deixada em aberto.

p. 132 **os representantes da nação:** Conforme observado no início de seu discurso: AP, p. 558.

p. 132 **a *gens de bien*:** Sentimentos favoráveis aos jacobinos em AP, p. 561. Ele invoca a "*gens de bien*" no início de seu discurso. Uma nota de rodapé sugere que ele pode ter pensado "*melhores* gens de bien": p. 558.

PARTE II: PREPARATIVOS DE UM DRAMA
(das cinco da manhã ao meio-dia) (p. 137-234)

Cinco da manhã (p. 137-50)

p. 137 **"onde Morfeu nunca borrifa seu pó de papoula":** *TP*, i, p. 877. Os *TP* e *NP* de Mercier são fontes essenciais para os horários do dia parisiense: ver esp. *TP*, p. 873 ss., "Les heures du jour". Delattre (2004) também é útil. Les Halles não era o único grande mercado da cidade no final do século XVIII: ver *Atlas*, p. 46. A muralha de Farmers-General foi construída como uma barreira alfandegária. Na verdade, construída principalmente em madeira, tinha 4,5 metros de altura e 24 quilômetros de comprimento. Para especialidades alimentares, ver Abad (2002), esp. p. 660-6.

p. 137 **estrita proibição ao barulho:** Mercier Wake, *TP*, i, p. 876. Clamart está no atual XIIe. Ver também Delattre (2004), p. 216-7 ("chicote na mão").

p. 138 **garis municipais:** Ibid., p. 240-1; e, sobre os animais na cidade, ver Serna (2017), esp. 32-5. Sobre os gatos, ver *TP*, i, p. 914, e, mais geralmente, ibid., p. 240-1.

p. 139 **tabernas e cafés:** Mercier, *TP*, i, p. 878 e ii, p. 206. Ver também Roche (1985). Sobre mercado de trabalho, ver Delattre (2004), p. 255-6. A Pont-au-Change (atuais Ie. e IVe.) junta-se à Rive Droit na Ile de la Cité.

p. 139 **filas:** APP AA (Montblanc), para o início. O prefeito Fleuriot-Lescot tentou proibir as filas, sem sucesso. Pierre Caron (1914) contém extensos relatórios de espionagem do Ministério do Interior sobre filas, desde o final de 1793 até a primavera de 1794. Sobre o período após a abolição dos ministérios em abril de 1794, há relatórios de espionagem do CSP e CSG menos copiosos (por exemplo, ver acima, sobre Rousseville, p. 35-40). Há muito na série F7, entretanto, enquanto muitos jornais captam conversas de rua e rumores.

p. 139 **um *émeute*:** Para a extensão do vocabulário, ver Nicolas (2002), p. 19-25.

p. 139 **"Fila" é uma palavra recém-cunhada:** Ver discussão sobre a palavra no jornal *Courrier de l'égalité*, 4 Prairial II. Ela encontra eco no *Courrier républicain*, 2-4 Prairial e nas *Nouvelles politiques, nationales et étrangères*, 7 Prairial.

p. 139 **Constituição de 1793:** Um decreto de 10 de outubro de 1793, introduzido por Saint-Just, determinava que o governo seria "revolucionário até a paz". A Constituição de 1793 foi aprovada, mas não foi implementada.

p. 139 **um trato implícito:** Esse é um dos pontos centrais da tese clássica de Albert Soboul (1958). Sobre "mercadorias imprestáveis", ver OCR, ix, p. 275-6.

p. 140 **Jacques Roux:** Sobre Roux e os *enragés*, além de Soboul, ver Rose (1968).

p. 140 **o Preço Máximo:** Além de trabalhos mais antigos de Mathiez (1927d) e Calvet (1933), ver vários ensaios recentes de Dominique Margairaz, notavelmente (1991), (1193: com Philippe Minard), (1994) e (2008).

p. 140 **ação efetiva contra a aristocracia:** Calvet (1933) para os comissários; e Cobb (1987) para as *armées révolutionnaires*.

p. 141 **Robert Lindet:** Montier (1899) refere-se e cita memórias não documentadas de Lindet. Ver também abaixo, p. 49XXX.

p. 141 **confiscar bens acumulados:** APP AA240 (Temple), 7-8 Termidor. Para um caso semelhante na seção Droits-de-l'Homme, ver APP AA136, 9 Termidor.

p. 142 **"O cadeado da liberdade":** AP 74, p. 535 e ibid., 72, p. 578. Sobre a indústria bélica, ver Alder (1997), esp. p. 253-91 (que atualiza o ainda valioso Richard [1922]), e Le Roux (2011), esp. cap. 4, p. 167-213.

p. 142 **principal centro de manufatura militar:** Além de Alder, Le Roux e Richard, ver Gillispie (2004), p. 424; e, sobre a geografia da manufatura de guerra, *Atlas*, p. 73. Sobre sujeira das ruas em geral, ver Mercier, *NP*, p. 645 e Saddy

(1977). É um *leitmotiv* constante nos relatórios de espionagem em Caron (1914) e outros. Também houve condenação universal à piora da iluminação pública.

p. 142 **"Teríamos que ser verdadeiros sodomitas":** Caron (1914), iii, p. 279. Courtille ficava na periferia da cidade, na área agora coberta por Belleville (atuais XIXe e XXe).

p. 143 ***carmagnoles* de Barère:** Os discursos *carmagnole* devem ser distinguidos da jaqueta *carmagnole* usada pelos *sans-culottes*.

p. 143 **a sede popular por vitórias militares é insaciável:** Ver os comentários de Barère a esse respeito em *Observations de Barère* (25 Ventoso III), p. 8-10. Sobre essa ocasião, AP, p. 536. Sobre os *carmagnoles*, ver Gershoy (1962), p. 217-21.

p. 144 **encorajar o comércio, e não matá-lo:** AP 86, p. 80 (4 de março/14 Ventoso).

p. 144 **infratores econômicos:** Calvet (1933), p. 36; e Greer (1935), que mostra que menos de 1% das acusações foi por crimes econômicos. Ver também Jones (1988), p. 120.

p. 144 **trabalhadores ainda sentiram o arrocho:** Para esses distúrbios e seu contexto, ver Soboul (1958), p. 932-51, e Eude (1936). Ver também, sobre os gráficos, Cohen (2011), p. 143-9.

p. 145 **prende grevistas:** Ording (1930), p. 78-9.

p. 145 **o *assignat*:** Sobre o *assignat*, ver Spang (2015). Sobre o valor em dinheiro do *assignat* ao longo do tempo, ver Jones (1988), p. 237. Sobre a fogueira, ver *Moniteur*, 10 Termidor (publicado no 9). O convento dos Capuchinhos estava localizado na rua Saint-Honoré.

p. 145 **as impressoras de *assignat*:** Martial Herman, aliado de Robespierre, fez com que todos os impressores em greve fossem jogados na prisão, onde ainda estavam definhando. Ording (1930), p. 79; F7 4708 d. veuve Fontenas; e SCD, p. 176-7. Sobre uma tentativa de roubo em 1793 com o objetivo de se apoderar de enormes pilhas de *assignats*, ver Cohen (2011), p. 100.

p. 146 **"se todos compartilhassem a mesma carência":** Caron (1914), v, p. 29. Ver também ibid., iii, p. 82; v, p. 4; v, p. 21 (mercado negro) e v, p. 158 (restaurantes).

p. 146 **uma transformação do comportamento do consumidor:** Ver a obra clássica de Daniel Roche (1987); e Jones & Spang (1999).

p. 146 **primeiro ato de Robespierre:** OCR, x, p. 9-10. Sobre distúrbios alimentares, ver Rudé (1959), p. 115-9.

p. 147 **A raiva leva ao protesto:** Para a cultura da fila, ver esp. Caron (1914) e outros; Alder (1997), p. 272 ("discursos bonitos"); e Caron, iv, p. 317 ("República de merda").

p. 147 **a melhor maneira de trazer de volta a abundância:** F7 4594 d. Beryetter. O comentário foi feito por um militante da seção Unité.

p. 148 **"banquetes fraternos":** Para uma importante visão geral, ver Aberdam (2013). Ele corrige Soboul (1958), p. 980-5. O longo ataque de Payan aos banquetes como uma trama aristocrática em um discurso na Maison Commune (28 Messidor) foi amplamente citado nos jornais: ver por exemplo *Messager du soir*, 30 Messidor. Sobre Robespierre, ver OCR, x, p. 533-5. Cf. Soboul (1958), p. 983n. e 984. Para exemplos da repressão em nível local, ver APP AA49 (Amis-de-la-Patrie) e AA70 (Arsenal).

p. 148 **"um primeiro rascunho da imagem":** *Correspondance politique de Paris*, 22 Messidor. Sobre "raça impura", ver acima, p. 59.

p. 149 **Salário Máximo:** O documento em si é bastante raro: consultei uma cópia em F12 1544/30. Ver também BNF NAF 2663 (documentos da seção Lepeletier). A discussão com a Comuna foi iniciada por Carnot e Prieur de la Côte d'Or, os dois especialistas militares do CSP. Observou-se que tal medida causaria grandes reduções salariais que precisariam ser tratadas com cuidado. DXLII/11 d. Comuna de Paris.

p. 149 **salário do agente nacional Payan:** O salário de Payan foi aumentado de 4 mil para 5 mil libras: AFII 65. Ver AFII 23A para o CSP.

p. 149 **"eles vão trabalhar":** F7* 2482 (Faubourg-Montmartre), entrada para 9 Termidor.

Seis da manhã (p. 151-64)

p. 151 **casa de Maurice Duplay:** O relato da vida doméstica de Robespierre baseia-se especialmente nas descrições de Elizabeth Le Bas (Duplay quando solteira), filha de Maurice, em Stéfane-Pol (1900). Sobre o quarto, ver ibid., p. 149-50. Ver também Charlotte Robespierre (1835), esp. p. 84-5; Hamel (1865), i, p. 518-21 e iii, p. 281-99; e Lenôtre (1895), p. 15-64 (contém ilustrações e descrições da casa e do pátio). A preferência de Robespierre pelo antigo calendário é sugerida por sua descrição de seu tempo ausente do CSP como seis semanas, em vez de quatro *décades*: OCR, x, p. 565.

p. 152 **A madeira para essas construções:** F1c 84 d. "Fêtes messidor et thermidor". Há o relato de uma conta de 7.515 libras para "Duplay menuisier", relativo a despesas incorridas, com indicações de que seus homens trabalharam até a noite do 9-10 Termidor, no festival de Bara e Viala.

p. 152 **Antoine Auzat:** F7 4589 d. Auzat. Ver também Auzat, *Pétition* (1795).

p. 152 **Philippe Le Bas:** Sobre Le Bas, ver Cousin (2010). Os olhos azuis são mencionados em Langlois (1836), p. 17, descrevendo um encontro na École de Mars. A rua de l'Arcade está no atual VIIIe.

p. 152 **Simon, sobrinho de Maurice Duplay:** Membros dos Duplay têm um arquivo policial em F7 4694. O arquivo sobre Simon é longo. Ver também os interrogatórios de familiares em W79 d. Duplay. Simon negou ser secretário de Robespierre. No entanto, os arquivos de cobrança de contracheques de deputados mostram "Duplay *fils*" recebendo mensalmente o salário de Robespierre entre Pluvioso e Prairial. Presumi que Jacques-Maurice Duplay era jovem demais para essa tarefa e que deve ter sido Simon. C 2443/2. Ver também Garmy (1962-3). Simon entrou na burocracia do CSP no final de Floreal: AFII 24 pl. 192.

p. 153 **uma vida familiar aconchegante:** Embora pareça que alguns deputados visitavam socialmente *chez* Duplay, isso diminuiu nos últimos meses. Saint-Just e Le Bas ainda eram frequentadores regulares.

p. 153 **ambiente doméstico harmonioso:** Sobre a infância de Robespierre, a respeito da qual há relatos altamente conflitantes, ver McPhee (2012), p. 1-12; e Leuwers (2014), p. 17-32. Sobre o "Bon-Ami", ver Stéfane-Pol (1901), p. xxii, 120, 131 etc.

p. 153 **momentos de lazer:** Choisy, de onde vinha Mme. Duplay, era um refúgio favorito. Ver os dossiês sobre contatos de Robespierre lá em W 79.

p. 154 **irmão mais velho para Augustin:** Tratamentos biográficos em Luzzatto (2010), sobre Augustin, e Cousin (2010), sobre Augustin e Le Bas.

p. 154 **"Muito pulmão, pouco cérebro":** Courtois (1887), p. 940.

p. 154 **planos para uma ofensiva militar:** Barrier (2019) fornece uma excelente discussão recente sobre o episódio.

p. 155 **"Eles me amam tanto...":** Charlotte Robespierre (1835), p. 87.

p. 155 **"não tem uma gota de sangue":** OCR, ii, p. 293. Ricord viveu na rua neuve Saint-Eustache (atual rua Aboukir, IIe.). Augustin havia se mudado para lá da rua Saint-Florentin (atual Ie.)

p. 155 **um tanto severa Eléonore:** Hamel afirma que ela e Robespierre estavam noivos, com base no testemunho da família Le Bas: Hamel, iii, p. 293. Foi dito em Choisy que os dois viviam "em concubinato": F7 4769 d. Lauveaux. Sobre Danton ("colhões"), ver Riouffe (1795), p. 75. Observei que esse comentário obsceno não está presente em todas as cópias de Fiouffe. Consultei uma versão na Biblioteca Houghton, da Universidade de Harvard (que pertencera a Arthur Young). Ver também Mantel (2000), uma análise impressionante.

p. 156 **Robespierre se tornou uma celebridade:** Sobre Robespierre, mulheres e celebridades, ver Fleischmann (1909) e Shusterman (2014). Sobre a proposta de casamento, ver OCR, iii, p. 292. Lilti (2014) é fundamental para o estudo da celebridade nesse período. Ele não atribui a descrição a Robespierre, mas minha impressão é que sua estrutura analítica combina bem com ele.

p. 156 **"repetem seu nome de forma bombástica":** OCR, ii, p. 262.

p. 156 **gravuras e bustos:** Menções a isso são encontradas em descrições de visitas aos Duplay pelos colegas deputados La Révellière-Lépeaux, Fréron e Barbaroux. Ver Leuwers (2014), p. 245-7. Sobre o comércio de reproduções de imagens de deputados, ver Freund (2014). Sobre as cartas, ver de Baecque (1994), p. 166-8.

p. 156 **cartas de patriotas provincianos:** Sobre nomes, ver F7 4774 13 d. Le Gentil (caso Le Gentil); F7 4775/48 d. Vicente e Courtois I, doc. XIV, p. 111 (Deschamps, padrinho); ibid., p. 111-2; F7 4336 pl. 6 (filhos chamados Maximilien); F7 4774/40 d. Mauvage (filha Maximilienne); OCR, iii, p. 292 (pedido de casamento); e, sobre animais de estimação, ver abaixo, p. 441.

p. 157 **"Tigre coberto com o mais puro sangue da França":** Courtois I, doc. LX, p. 224. Ver também a discussão de Bell & Mintzker (2018), p. 124-8.

p. 157 **incidentes suspeitos:** Para o incidente de Renault, ver AP 91, p. 32-3. Rouvière, outro suposto assassino, foi guilhotinado no 9 Termidor: F7 4775/3 d. Rouvière e W433. Para outro exemplo de importunação suspeita, ver F7 4775/8 d. veuve Ruvet. Também houve um incidente envolvendo Saint-Just: ver CSP, xii, p. 399; xiii, p. 311-2, 339, 388; e também um envolvendo Collot em [Saladin], *Rapport au nom de la Comission des 21* (III), p. 8.

p. 157 **"medo estampado no rosto":** F7 4755 d. Lacombe. Para sua doença anterior, ver acima, p. 98, e W 501 para a citação de Fouquier.

p. 157 **outra linha de defesa:** Edme-Bonaventure Courtois, editor dos documentos de Robespierre, cita como membros da "corte" de Robespierre Nicolas, Garnier Delaunay, Didier, Girard e Châtelet: Courtois I, LIX, p. 223. Dos três envolvidos no caso Renault, sobre Didier, ver F7 4676 e W 501. A irmã de Robespierre, Charlotte, afirmou que Didier serviu como secretário de seu irmão: F7 4774/94 (interrogatório no 13 Termidor). Há um relato de Didier dormir na mesma cama que Robespierre: F7 4676 d. Didier. Ver também os interrogatórios de Didier em W500 e W501. Sobre a conexão Choisy, ver acima, p. 152. Para Châtelet, ver Higonnet (2011), esp. p. 251-4. E, sobre Boulanger, ver esp. Cobb (1987), p. 65-6; Calvet (1941), p. 57-8. Seu registro do exército está em AAG 8YD201.

p. 158 **outros membros do grupo de guarda-costas:** Sobre François-Pierre Garnier Delaunay, ver F7 4716 d. Garnier Delaunay; sobre Charles-Léopold Renaudin, ver F7 4774/90 d. Renaudin; e, sobre Pierre-François Girard, ver seu interrogatório em W 501. Ver também S&M, p. 83, 87, 123; e Calvet (1941), p. 65, 75.

p. 158 **benefícios econômicos:** Sobre o caso de Nicolas, ver S&M, p. 83; Calvet (1941), p. 74. Ver também F7 4774/80, W 434 e T 1684. Para vislumbres de sua carreira como editor durante o Terror, ver F7 4774/80 d. Potier; AFII 66; e OCR, x, p. 465, n. 1, e p. 587, n. 4. Ver também W 500 (interrogatório de Girard); OCR, iii, p. 262 (7 Ventoso II); e abaixo, p. 411-2.

p. 159 **"eu explodiria os miolos dele":** Stéfane-Pol (1900), p. 136. Ver também acima, p. 150.

p. 160 ***Messager du soir*:** O jornal é citado em OCR, p. 576, n 3. Sobre os relatórios incorretos, ver abaixo, p. 187-8, 261-3.

p. 161 **Departamento de Polícia do CSP:** A melhor cobertura do trabalho do departamento ainda é fornecida por Ording, 1930. Ver também Walter (1989), p. 581-91. O que resta do arquivo pode ser recuperado em F7 3821-2 e F7 4437. Sobre o papel de Simon Duplay, ibid., p. 42. Ver também, acima, a discussão sobre Rousseville, espião do CSP: p. 35-9. Ording, p. 47, 101, sugere que o Departamento lidou com cerca de 4 mil itens individuais em 4.747 casos. O secretário Lejeune sem dúvida exagerou ao afirmar que havia 20 mil casos: Bégis (1896), p. 18.

p. 161 **o pessoal sob as ordens:** AFII 23B pl. 191; ver também Ording (1930), p. 36-9.

p. 161 **trabalhar com o CSG:** Ording (1930), esp. caps. V, VI, p. 87 ss.

p. 162 **um gendarme na entrada:** CSP, xiv, p. 519-20.

p. 162 **fecha comitês seccionais:** De fato, houve acusações de peculato e corrupção levantadas contra os indivíduos, mas Robespierre julgou isso menos importante do que os insultos pessoais. As tentativas de Robespierre de expurgar uma série de comitês seccionais (e a resposta do CSG) podem ser seguidas em AFII 57. Ver também Soboul (1958), p. 966-74.

p. 162 **a escala de seu envolvimento:** Em uma passagem sublinhada no discurso (OCR, x. p. 565), ele falou de seu envolvimento "momentâneo" e "curto período de gestão" estendendo-se a cerca de trinta casos de um "corpo fracamente organizado". Isso está claramente incorreto. Cf. o testemunho de Lejeune em Bégis (1896), p. 15.

p. 162 **Catherine Théot:** Ver acima, p. 64.

p. 163 **marginália:** Ver esp. Walter (1989), p. 581-91.

p. 164 **Robespierre livrou-se de Louvet:** Ver Louvet (1792) e as trocas em OCR, IX, pp. 63-7 (29 October) e 77-101 (15 November 1792). Houve muitos impasses na carreira de Robespierre.

Sete da manhã (p. 165-80)

p. 165 **Blaise Lafosse:** F7 4758 d. Lafosse. Ver também W 79 (lista de funcionários municipais presos após o 10 Termidor).

p. 165 **A pauta do dia:** O registro do governo municipal desse período desapareceu nos incêndios da Comuna de 1871. Mas, após a prisão de Payan, descobriu-se que sua pasta continha relatórios sobre os assuntos listados, presumivelmente para consideração de hoje. Ver AFII 48 d. 369.

p. 165 **Jean-Baptiste Avril:** F7 4583 d. Avril. Ver também W 79 d. Avril e F7 4430. F7 4332 pl. 2, pi. 19 mostra que o festival foi discutido.

p. 166 **estrutura seccional:** Mellié (1898) mantém o seu valor para detalhes da organização seccional. Ver também *Atlas* (2000), p. 14-5 e 132 (com o mapa a seguir, que inclui mudanças de nome).

p. 166 **Comuna de Paris:** Para uma visão geral do município, ver "Commune de Paris/Département de Paris", de Emilie Ducoudray, em *DHRF*, p. 265-71. Sobre a formação da Comuna em 1789, ver Godechot (1965). Sobre o período sob a Convenção, ver SCD e outros; Braesch (1911); e Eude (1933 a 1936). Sobre a composição do Conselho Geral, ver SCD, p. 98-102 e p. 361-79. Sobre Bernard, ibid., p. 100; e F7 4595 d. J. P. Bernard.

p. 168 **até relativamente humildes:** SCD, p. 361-79 e outros; F7 4774/89 d. Renard; e F7 4582 d. Aubert. As idades de mais de 90% são conhecidas. A repartição é a seguinte: vinte anos, 7%; trinta, 33%; quarenta, 35%; cinquenta, 18%; sessenta, 6%.

p. 168 **Escritores e profissionais:** SCD, p. 361-78 para uma visão geral das ocupações, com detalhes adicionais de arquivos policiais individuais. Sobre Paris, ver acima, p. 100, e, sobre pintores, ver esp. Dowd (1948) sobre David, e seu arquivo policial, em F7 4663. Sobre Châtelet, ver acima, p. 157, e Calvet (1933), p. 75. Ver também W 80 d. Cietty e F7 4702 d. Faro.

p. 168 **Jean-Jacques Arthur:** Arthur era filho de um relojoeiro inglês que chegou a Paris em 1750, e desde os anos 1770 trabalhava em parceria com Grenard no setor de papel de parede. Arthur *fils* tinha um interesse crescente no comércio e a partir de 1791 formou sociedade com François Robert quando a antiga parceria se desfez. Ver Velut (2005) e outros, e F7 4581 d. Arthur. Grenard parece ter se aposentado em 1789. A rua Louis-le-Grand está no atual IIe.

p. 169 **Jean-Guillaume Barelle:** F7 4586 d. Barelle. Mais tarde ele explicou sua ausência referindo-se a este ser seu dia de pagamento.

p. 169 **o antigo Hôtel de Ville:** Sobre o governo municipal antes de 1789, Chagniot (1988), p. 93-151; Williams (1979) e Milliot (2011). A Place de la Maison Commune é agora a Place de l'Hôtel de Ville (IVe.). Sobre a relação com o rio, ver Backouche (2000), esp. p. 112-21.

p. 170 **nunca fizeram tanto barulho:** *NP*, p. 916. O *Bulletin républicain* relatou em 25 Floreal que a catedral tinha sido renomeada (desde 1793 vinha sendo o Temple de la Raison).

p. 170 **canhão de alarme:** O canhão foi disparado durante a *journée* de 31 de maio de 1793 e também no Festival do Ser Supremo, em junho. Todas as estátuas de governantes foram derrubadas, sendo a maioria derretida para canhões.

p. 171 **princípios democráticos:** Para uma visão geral, ver esp. o resumo clássico na parte 3 de Soboul (1958), p. 681 ss. Cf. SCD, p. 146 ss.; e Eude (1934a e b).

p. 171 **conselheiros existentes:** SCD, p. 98-117.

p. 171 **prefeito Jean-Baptiste Fleuriot-Lescot:** SCD, p. 160-1; e "Lescot-Fleuriot", em *DHRF*, p. 669. Por alguma razão, essa inversão da ordem dos nomes era bastante frequente. Sobre o comentário a respeito do pai, ver F7 4774/9 d. Leclerc (Muséum).

p. 171 **Claude-François Payan:** F7 4774/65 d. Payan. Ver também W 79 (dossiê relativo ao departamento de Drôme); seus documentos particulares em T 528; e as cartas e outra documentação em *Papiers inédits*, ii, p. 347-405. Sobre a "Robespierrização" da Comuna, ver Eude (1935a).

p. 172 **"cuidem-se, poupem os inocentes":** *Papiers*, ii, p. 371.

p. 172 **mais com Robespierre:** O termo "robespierrista" só se tornou corrente depois do 9 Termidor. Esses homens eram *robespierristes avant la lettre*. Sobre a comunicação de Payan, ver F7 4437 pl. 6, pi. 49, copiado em Courtois I, doc. LVI, p. 212-7.

p. 173 **patriotas comprovados:** Sobre o grupo como um todo, ver SCD, p. 153-4; Courtois I, doc. XXIX, p. 139-42. Os originais podem ser vistos em F7 4335, pl. 5. O único historiador que deu muita atenção a esse importante documento foi Hardman (2000), embora difiramos na interpretação.

p. 174 **"marchando em direção a uma ditadura":** F7 4436 d. 1, pi. 21. Ver também ibid., pi. 17 (especialmente o testemunho de Lamaignère); SCD, p. 112 (irmão de Lubin). Sobre Charlemagne, ver F7 4639 d. Charlemagne. Bourbon foi incluído na lista de patriotas de Robespierre: Courtois I, doc. XXIX, p. 140. Ver também DXLII 11 d. "Comunne de Paris".

p. 174 **uma visita ao teatro:** F7 4710 d. Fourcade. Fourcade afirmou que viu Payan no teatro naquela noite.

p. 175 **a construção da arquibancada:** F1c 84 d. "Fêtes messidor et thermidor". Ver acima, p. 150. e nota "madeira".

p. 175 **representações relacionadas com Bara e Viala:** A pintura de David nunca foi concluída. Ver também Guillaume (1891), iv, p. 850 (poemas); APP AA60, 7 Termidor (gravuras).

p. 175 **gestão do evento:** No 8 Termidor, o horário de início foi alterado das três da tarde para as nove da noite: Guillaume (1891), iv, p. 856. A ordem de Fleuriot em AFII 48 d. 374 é frequentemente reproduzida em minutos seccionais durante o 8 Termidor. Exemplos de preparações no 8 Termidor incluem AFII 47 pl. 364 (Brutus: com contribuição de Gossec); e F7 4432 pl. 7, pi. 32 (Cité).

p. 175 **diretor de cortejos:** O dossiê policial de David em F7 4663 contém uma carta de desculpas à professora de seus filhos por ele não poder comparecer ao festival do 10 Termidor, além da receita de seu emético. Sobre o aviso de Barère a David, ver Kuscinski (1916), p. 180.

p. 176 **presidente da Convenção:** Como presidente, ele teria o mesmo papel de liderança que Robespierre teve no Festival do Ser Supremo.

p. 177 **sistema de racionamento de carne de porco:** O sistema é estabelecido no BNF NAF 2703 (Mutius-Scévole). Aparece como um item em muitas contas seccionais em AFII 47 e F7 4332. O hospital La Salpêtrière está localizado no XIIIe.

p. 177 **Funcionários seccionais e comitês:** Sobre seções e vida seccional, ver esp. Soboul (1958), p. 581 ss. Ver também "Comités civils", *DHRF*, p. 256-7. Para um levantamento seccional aprofundado, ver Slavin (1984), p. 214-43. Sobre Moulin, ver F7 4774/54 d. Moulin. Ver também Adrien Binon, que alegou estar sem trabalho como alfaiate, pois teve todas as suas ex-clientes aristocráticas guilhotinadas! F7 4601 d. Binon.

p. 177 **Jacques-Louis Ménétra:** Roche (1986): ver esp. p. 124-5 (Dauphin); 127, 180, 194 (Sanson); 181-6 (Rousseau); 192-4 (Condé). É geralmente aceito que a ostentação de Ménétra é excessiva. Há um suplemento a esse documento sobre

Ménétra em BHVP ms. 768. Ele abrange o período revolucionário mais de perto.

p. 178 **um cidadão exemplar:** Roche (1986), p. 217-38, sobre o período revolucionário.

p. 178 **Comitês de Beneficência:** Ver um estudo aprofundado sobre o Comitê de Beneficência de Droits-de-l'Homme em Slavin (1984), p. 278-311. Sobre os aspectos filantrópicos da vida nas seções, ver também Woloch (1986); e Weiner (2002).

p. 179 **o que a Revolução alcançou:** Embora o relato de Ménétra enfatize o lado ruim do Terror, ele deu boas-vindas a 1789, e "o efeito quase sobrenatural [da Revolução] revigorou todos nós" (p. 217).

p. 179 **Comitê Revolucionário:** Ver "Comités de surveillance", *DHRF*, p. 258 para uma visão geral. Ver também Slavin (1984), p. 244-77.

p. 179 **seção Bonnet-Rouge:** Ver F7 4774/75 d. Pigeau (um importante dossiê sobre corrupção seccional). A pequena corrupção é tamanho *leitmotiv* em relatos sobre as prisões que é improvável ser pura invenção. Lutas de poder locais de longa data constituem um tema forte na obra de Cobb (1970).

p. 180 **não recusar nenhum cargo:** Roche (1986), p. 225 (essa foi a frase que Ménétra usou). Sobre rivalidades internas, ver p. 225-9. O tema do medo é explorado por políticos nacionais em Linton (2013). Ver também o exemplo de Mailhe acima, p. 69.

Oito da manhã (p. 181-93)

p. 181 **École de Mars**: Sobre a École, ver o arquivo da instituição em AFII 199; e Langlois (1836). Chuquet (1899) baseia-se fortemente na última fonte, mas nem sempre é confiável. Sobre o envolvimento da École no 9 Termidor, Guillaume (1891), iv, p. 857-9, é excelente. Ver relatórios de Robespierre sobre educação, de julho de 1793, e, com base em um relatório do deputado assassinado, Lepeletier de Saint-Fargeau: OCR, x, p. 10-41. Ver também Palmer (1985), p. 137-42.

p. 181 **crianças entram na brincadeira:** *NP*, p. 545-9.

p. 182 **Louis-Florentin Bertèche:** Frequentemente escrito errado, como la Breteche ou Bretache. Ver Chuquet (1899), p. 34-7 e 41-2; F7 4596 d. Bertèche. Ver Guillaume (1891), iv, p. 859 para sua posição vulnerável.

p. 182 **vivaz mistura à *opéra-comique*:** Sobre o uniforme, ver Langlois (1836), p. 12-3 e Chuquet (1899), p. 76-8. Sobre os cortes de cabelo, ver Langlois (1836), p. 6-7.

p. 182 **refúgio para aristocratas:** F7 4783 (relatório de Rousseville, datado de 2 Termidor). Ver também a petição posterior ao CSG dos "citoyennes" de Neuilly que estavam entre os 114 indivíduos presos na vila em 16 Messidor: F7

4774/57. Eles aparecem em de Bohm (2001), p. 115-24 (sua estada na prisão de Saint-Lazare).

p. 182 **"nostalgia":** Dodman (2018). Sobre insalubridade, ver Langlois (1836), p. 22--3. Sobre disciplina e outras características, ver entrevistas com funcionários durante o Frutidor em F7 4774/72 d. Peyssard.

p. 183 **acordados desde a madrugada:** Ver Chuquet (1899), p. 90; Langlois (1836), p. 18-9. Sobre a programação diária, ver também AFII 199; CSP, p. 80-1.

p. 183 **um lugar de honra:** Guillaume (1891), iv, p. 854.

p. 183 **um homem magro e pálido:** Langlois (1836), p. 16-7. (Chuquet [1899] é cético quanto à identificação.)

p. 183 **Joseph Souberbielle:** Sobre Souberbielle, ver Chuquet (1899), p. 86.

p. 184 **canhões de cerco:** Jacobins, p. 239-40. Le Bas defendeu a École contra essas acusações.

p. 185 **os jornais desta manhã:** Sobre a localização de gráficas, *Atlas* (2000), p. 80. Sobre a imprensa em geral, ver esp. Popkin (1990); Gough (1988); e Darnton & Roche (1989). Sobre o período do Terror, cf. Bertaud (1994). Sobre a *cris de Paris*, ver Milliot (1995), esp. p. 181-91, e Mercier, *TP*, i, p. 1050-1.

p. 185 **liberdade de imprensa:** Números de títulos vêm de Bertaud (2000), p. 302. Em setembro de 1789, o número total de vendedores de jornais foi fixado em trezentos, mas isso não foi observado. Ver Gough (1988), p. 51, 203-4, 224-5. Popkin, em Darnton & Roche (1989), p. 147, sugere que só o popular *Journal du Soir* tinha duzentos vendedores.

p. 186 **ampliaram massivamente os parâmetros do debate democrático:** Ver esp. Popkin (1990) sobre a contribuição da imprensa para a cultura política revolucionária. Sobre a indústria gráfica, ver Hesse (1989), p. 92. O diário pré--1789 era o *Journal de Paris*, fundado em 1777. Sobre espaço democrático, ver Woloch em Baker (1994). Sobre as canções, ver Jones (1988), p. 261, e Mason (1996). O Ano II provou ser o auge da produção musical ao longo da década. *Atlas* (2000) lista 38 teatros: p. 81, 115-6. Estimativas exatas são dificultadas porque os cinemas mudaram de nome, fecharam ou mudaram de local de maneira aleatória. Listas de jornais sugerem que mais de uma dúzia estava aberta no 9 Termidor. Sobre o teatro em geral, ver esp. Tissier (1992, 2002); d'Estrée (1913); Maslan (2005); e Hemmings (1994).

p. 186 **por departamentos distantes da capital:** Brissot foi eleito pelo Eure-et-Loir, por exemplo, Carra por Saône-et-Loire e Fauchet por Calvados. Para um panorama, ver Popkin (1990); e Kennedy (1988), p. 322.

p. 187 **Jornalistas que viram o cadafalso:** Ver esp. Gough (1988), p. 103-4, e Bertaud (2000). Mercier foi editor do popular *Annales patriotiques et littéraires* de 1789.

p. 187 **linha estritamente jacobina:** Vale ressaltar que apenas os jornalistas aprovados pelo Clube Jacobino tinham acesso à galeria de jornalistas no Palácio da Convenção.

p. 187 **"o menor erro de relatório":** *Correspondance politique de Paris et des departe-*

ments, 8 Prairial II. A edição do dia seguinte trazia um relato literal do discurso de Robespierre e dizia que fariam o mesmo com o de Barère quando estivesse disponível. Esse tipo de cautela é onipresente nos jornais consultados. Ver também o caso do 8-9 Termidor, acima, p. 159. Subsidiar a imprensa começou para valer sob o ministério girondino de Fooland, em 1793. Os títulos que receberam subsídios mudaram ao longo do tempo. No Termidor, os editores deveriam estar na lista de aprovações do Clube Jacobino.

p. 188 **tentou o jornalismo:** Ele repetiu o exercício com *Lettres à ses commettants*, do final de 1792. Para o conteúdo de ambas as revistas, ver OCR, iv e v.

p. 188 **"em tempos tranquilos":** Essa expressão foi usada em reportagens no *Feuille de Paris* e em alguns outros jornais. A redação do *Moniteur* era menos categórica, embora pedisse a prisão de "jornalistas infiéis" como "os piores inimigos da liberdade". OCR, ix, p. 370-1 e n. 14. Ver também Courtois I, doc. XLII, p. 180 (caderno de anotações).

p. 188 ***"brûler n'est pas répondre"*:** Para essa famosa resposta, ver OCR, x, p. 309.

p. 188 **"Como pode ser permitido":** Citado por Bertaud (1994), p. 301. Datado de dezembro de 1793.

p. 189 **"é um fato muito evidente":** OCR, x, p. 503. Sobre o confronto no Clube Jacobino, ver OCR, x, p. 310-1; e, para contexto, Leuwers (2018), p. 302-3.

p. 189 **não satisfez Robespierre:** OCR, x, p. 502.

p. 189 **"enganar a opinião pública":** Ibid., p. 502-3.

p. 189 **Conspiração Estrangeira:** Como diz seu aliado Couthon, "Pitt tem um gabinete em Paris, assim como em Londres", *Réimpression de l'ancien Moniteur*, xxi, p. 66.

p. 189 **Um decreto da Convenção de 2 de agosto de 1793:** Darlow (2012), p. 152-4; e d'Estrée (1913), p. 6-7.

p. 190 **"Os jornais são como os teatros":** Gough (1988), p. 109.

p. 190 **A peça mais popular da década revolucionária:** Tissier (2002), p. 488. Sobre a popularidade de determinadas peças, ver ibid., p. 488-9 (baseado em toda a década).

p. 191 **dois censores teatrais:** Darlow (2012), p. 173.

p. 191 **viajante escocês John Moore:** Hemmings (1994), p. 123.

p. 191 **uma forma de liberdade de expressão:** Maslan (2005), p. 23-4; sobre a atenção cerrada dos espiões, ver Caron (1914), esp. iii, p. 80; v, p. 31, 130, 380 etc.

p. 191 **A peça foi retirada de cartaz:** Courtois I, doc. LV, p. 212 e F7 4435 d. 4, pi. 53. Ver também d'Estrée (1913), p. 133-6, 214-6, 393.

p. 192 **o caso *Pamela*:** Neuchâteau foi membro da Assembleia Legislativa, mas recusou a eleição para a Convenção. Para o incidente *Pamela*, ver Poirson (org.) (2007). Para os ataques imoderados de Robespierre às atrizes, ver OCR, x, p. 1401.

p. 192 **"prisões, jornais e o Tribunal Revolucionário":** *Réponse des membres des anciens comités*, p. 104.

Nove da manhã (p. 194-207)

p. 194 **"A virtude está na ordem do dia!":** APP AA95 (Montagne). Sobre prostituição em geral, ver Plumauzille (2016: a ordem é reproduzida nas p. 247-8) e Conner (1995).

p. 194 **mulheres desempenhando um papel na vida pública:** Para uma literatura de fôlego sobre o assunto, ver esp. Levy, Applewhite, & Johnson (1979); Godineau (1988); Landes (1988); e Jarvis (2019).

p. 195 **comissário de polícia:** A principal fonte sobre os comissários é a tese inédita de Vincent Denis (2017). Agradeço a ele por me permitir consultá-la. Sobre a Guarda Nacional, ver abaixo, p. 159-201; para JPs, Andrews (1971); e sobre os Comitês Civis e Revolucionários, ver acima, p. 76-8.

p. 196 **as responsabilidades desta manhã:** APP AA136 (Droits-de-l'Homme); AA254 (Fraternité). Para crimes de contrabando semelhantes, ver AA163 (Lombards) e AA173 (Montreuil).

p. 196 **outros assuntos matinais:** Sobre esses assuntos, ver APP AA153 (Gardes-Françaises); AA159 (Invalides); AA77 (Bonne-Nouvelle), AA228 (République).

p. 196 **uma presença mais forte da GN:** AFII 47 d. 367, pi. 14 (Montagne); AFII 48 d. 374, pi. 10; e BNF Fonds français 8607 (Homme-Armé).

p. 197 **investigação de suspeitos:** Boulant (1990) e Matharan (1986) fornecem visões gerais. Ver também "Suspects", *DHRF*, p. 1004-8 (de Matharan), SCD e outros. O dossiê policial de Michel está em F7 4774/45 d. Michel. O número de cem prisões inclui 48 celas seccionais da polícia.

p. 197 **Martin Wichterich:** Ver acima, p. 113. Para sua citação, ver SCD, p. 157. Note-se que alguns dos administradores policiais nomeados já eram conselheiros, prescindindo da necessidade de uma nova eleição.

p. 198 **o turno da noite:** APP AA201 (Panthéon), AA140 (Maison-Commune).

p. 198 **um grande depósito de joias:** F7 3774/67 d. Perinat.

p. 198 **Alexandre Vernet:** APP AB3 26. Ver acima, p. 40-2.

p. 199 **Giot ostenta um bigode muito elegante:** Existem excelentes relatos de Giot e seu dia em seus arquivos policiais: F7 4725 d. Giot e W79 d. Giot. Sobre o uso de um bigode estilo *sans-culotte* por aristocratas, ver F7 4627 d. Bunou.

p. 199 **A Guarda Nacional:** A Guarda Nacional de Paris foi tristemente negligenciada pelos historiadores, pelo menos em parte porque os arquivos existentes são muito escassos. A melhor descrição do ponto de vista desta seção é Monnier (1989). Ver também os capítulos dedicados ao período revolucionário em Dupuy (2010) e Bianchi & Dupuy (2006).

p. 200 **Floriban:** Ver acima, p. 48-9.

p. 200 **Uma estrutura hierárquica:** Ver o *Almanach national* para o Ano II, p. 416-20.

p. 201 **Cosme Pionnier:** F7 4774/76 d. Pionnier (e também F7 4774/72 em "Piaunier"). Sobre a revolta de Lyon e a *armée révolutionnaire*, ver acima, p. 90 e 141.

p. 201 **princípio da eleição:** Monnier (1989), p. 149-50.

p. 201 **rua Hautefeuille:** Atual VIe. Sobre o clima, ver Archives de l'Observatoire, AF1/14.1. Ver acima, p. 49.

p. 202 **Louis-Charles:** É muito difícil reconstruir a vida do antigo delfim com algum grau de precisão. Narrativas fictícias do final dos anos 1790 descreviam um esquema de crueldade sádica por parte dos Simon e outros carcereiros. No entanto, há poucas evidências concretas para provar que isso seja algo mais do que fábulas contrarrevolucionárias. Ele provavelmente sofreu mais de negligência severa do que de crueldade aberta. A doença que o matou em meados de 1795 provavelmente não era evidente em meados de 1794. Sobre as horas de vigília de Marie-Thérèse, ver AP 94, p. 68 (discurso de Barras, 27 Termidor).

p. 202 **Antoine Simon:** Beauchesne (1825), ii, p. 493, sobre a treliça. Ver também a referência incomum na carta-diário de Catherine-Innocente de Rougé, duquesa d'Elbeuf, F7 4775/1 (entrada de 5 de julho de 1793) para as habilidades de herniotomia de Simon. Sobre as reivindicações de incesto, ver Hunt (1991).

p. 203 **François Le Lièvre:** F7 4774/4 d. Le Lièvre.

p. 203 **três membros do Conselho Geral da Comuna:** F7 4775/26 d. Tessier; F7 4775/21 d. Soulie. Ver também materiais importantes sobre eles em F7 4774/90 d. Renaudin.

p. 204 **destacamentos diários da GN:** F7 4391 (240 homens). F7 4779 tem uma coleção de ordens que quantifica assim os guardas em serviço de um dia normal: Prisão de Temple, 200 homens e artilheiros; Convenção, 240 homens; Arsenal, 50; Place de la Maison Commune, 120; Palais de Justice, 40. As principais prisões também tinham destacamentos da GN junto com alguns gendarmes.

p. 204 **François Hanriot:** F7 4738 d. Hanriot. Não há biografia decente, e ele tanto sofreu nas mãos dos biógrafos pós-Termidorianos que é difícil entender o homem. Ver, entretanto, Moreau (2010).

p. 204 **Seus alegres boletins diários:** Moreau (2010) está repleto de citações dos boletins de Hanriot nos quais me baseio aqui. Sobre outras ordens, ver AFII 47 pl. 368, pi. 33; e Moreau (2010), p. 40 ("cerzindo meias").

p. 205 **uniformes coloridos:** AFII 47 pl. 368, pi. 30-9. Ver também Caron (1914): i, p. 72 (espiões localizam os ajudantes de Hanriot na Opéra); e iv, p. 225 (cavalgadas de Hanriot).

p. 205 **Jean Hémart:** Ver acima p. 94. Birembault (1959) fornece uma visão geral sobre Hémart (ver esp. p. 315). Sobre as forças da gendarmeria dentro de Paris, ver Chambon (1793).

p. 205-6 **um velho conhecido:** AFII 47 pl. 368, pi. 36. Ibid. sobre seus esforços para descobrir qual seção estava reclamando.

p. 206 **"cidadãs lavadeiras":** Ibid., pi. 37.

p. 206 **"Todos cumprem seu dever de guarda":** *TP*, p. 144. Uma reunião do Conselho Militar do batalhão Bon-Conseil sugere que houve 44 substituições no total para o batalhão da seção. Biblioteca da Sorbonne, ms. 117 fol. 16. Faltam-nos outras provas.

p. 207 **"cada qual como uma pequena república"**: Jacobins, p. 129 (15 maio/26 Floreal).

p. 207 **reproduzir amizades e solidariedades de bairro:** Ver Burstin (2005b), p. 480n.

Dez da manhã (p. 208-21)

p. 208 **Fouquier-Tinville:** Não existe uma biografia adequada sobre Fouquier. Ver, no entanto, Dunoyer (1913), que contém longas citações literais do julgamento de Fouquier; Labracherie (1961); e T 28 (seu testamento).

p. 208 **Fouquier conheceu o Cd. Vergne:** A menos que indicado, os detalhes sobre o jantar de Vergne vêm da documentação do julgamento de Fouquier, W 500 e W 501. Os memorandos que ele escreveu para sua própria defesa foram publicados em Fleischmann (1911). Sobre Coffinhal, ver seus documentos em T 1611 (principalmente pré-1789) e seu arquivo policial em F7 4650. Observe que o relato canônico de Courtois mistura esse Vergne com um Vergne completamente diferente, da seção Lepeletier: Courtois II, p. 131. Sobre Desboisseaux, outro habitante da Ile Saint-Louis, ver F7 4671 d. Desboisseaux.

p. 208 **ataque de uma patrulha da GN:** F7 4710 d. Fouquier-Tinville; F7 4662, d. Daubenton; F7 4774/13 d. Legrand; W 116; e APP AB353. O incidente ocorreu na seção Montagne. Os homens pareciam estar bêbados e a polícia estava tentando lidar com hordas de prostitutas do Palais-Royal ao mesmo tempo.

p. 209 **no tribunal principal:** Sobre o Tribunal Revolucionário, ver Boulant (2018), que atualiza Lenôtre (1908), que, embora forte em material de arquivo, muitas vezes é enganoso na historiografia e interpretação. Ibid., p. 125 para detalhes sobre Dumas. Godfrey (1951) fornece uma visão geral do funcionamento do Tribunal. Ver também Wallon (1880-2) e Fairfax-Cholmeley (no prelo).

p. 209 **humilhados e com raiva:** Ver acima, p. 83.

p. 209 **uma fama sombria em Paris:** Lenôtre (1908), p. 275-6. Houve outras denúncias de Dumas também, notadamente por Loys (F7 4774/26 d. Loys) e F7 4768 d. Lauchet (uma secretária de alto nível do CSG).

p. 209 **inimigos políticos de seu departamento natal, Jura:** W 79 d. Dumas; F7 4687; F7 4768 d. Lauchet; e material espalhado em W 500, W 501. Ver também seu testamento em T 715. Ver os contra-ataques altamente motivados de Dumas contra o pessoal do CSG no Jacobino, 6 Termidor. Jacobins, p. 232-3.

p. 209 **não morrem de amores:** Sobre a antipatia de Fouquier por Dumas, a quem ele afirmava ter considerado seu "inimigo mortal", ver Fleischmann (1911), p. 241 e outros. *NP*, p. 587, sobre diferenças físicas.

p. 210 **afaga flagrantemente Robespierre:** Lenôtre (1908), p. 272-3.

p. 210 **personagens imperiosos e irascíveis:** Essas caracterizações emergem fortemente nas declarações das testemunhas no julgamento de Fouquier: W 500, W 501. Sobre a história do escrivão (Legris), ver Wallon (1880-2), v, p. 59.

p. 210 **escritórios de Dumas:** Lenôtre (1908), p. 120-1 (mapa dos tribunais), p. 2 (colchão).

p. 210 **Café des Subsistances:** W 500, 501. Sobre o papel do funcionário do bar, ver as declarações do proprietário do café, Morisan, e sua esposa e filha. A documentação do julgamento no 9 Termidor está localizada em W 433 d. 975.

p. 211 **Félix é novo no cargo:** F7 4704 d. Félix; SCD, p. 150-3.

p. 211 **bons cidadãos patrióticos:** Godfrey (1951), p. 42-52, sobre juízes e jurados. Os jurados de hoje estão listados no registro do julgamento (W 433).

p. 211 **jurados "sólidos":** Ver acima, p. 176. A expressão "jurados 'sólidos'" vem do jurado Trinchard, citado em Wallon (1880-2), iv, p. 113. Desboisseaux, companheiro de Fouquier na Ile Saint-Louis, também era um jurado "sólido". A continuidade na composição do júri mostrada nos julgamentos dos hebertistas e dantonistas, o agrupamento heterogêneo de seus seguidores e o julgamento de Madame Elisabeth, irmã do rei Luís XVI, excluem categoricamente a possibilidade de sorteio.

p. 212 **"um tribunal de sangue":** "*Tribunal de sang*" foi uma expressão usada por Robespierre para reconhecer uma perspectiva do Tribunal da qual ele discordava. Ver OCR, x, p. 558. É o título de uma seção em Campardon (1862), i, p. 328. Sobre o número de execuções, ver o clássico Greer (1935), resumido em Jones (1988), p. 120-1.

p. 212 **Lei de 22 Prairial:** Sobre a lei de 22 Prairial, ver AP 92, p. 482-7. Sobre a citação de Couthon, ver AP 91, p. 546.

p. 212 **centralizar a justiça revolucionária:** No entanto, houve exceções, notadamente os tribunais estabelecidos em Orange e Arras.

p. 213 **Martial Herman:** Sobre Herman, ver F7 4743 d. Herman, F7 4764 d. Lanne e W 501 (dossiês sobre Herman e Lanne). Sobre o Departamento de Polícia do CSP, ver acima, p. 159-62. Sobre seu papel em relação aos prisioneiros, ver Jourdan (2018), p. 265-8.

p. 213 **um plano de fuga:** F7 4598 d. Biancourt.

p. 213 **denúncias em massa de conspiração:** A historiografia das conspirações prisionais é obscura. Pode-se ter uma noção do que estava em jogo a partir dos depoimentos legais em F7 4437. Há uma cobertura útil, embora datada, em Wallon (1880-2), v, p. 53-177. Ver mais recentemente Jourdan (2018), p. 271-7.

p. 213 **o homem que se pensava estar ausente:** Wallon (1880-2), v, p. 171.

p. 214 **falta crônica de documentação adequada:** Esse é um tema recorrente nos depoimentos no processo de Fouquier, W 500, W 501. Ver também F7 4335 d. 6.

p. 214 **razões pessoais:** Ver acima, p. 209.

p. 214 **às vezes até mesmo Fouquier estremece:** Várias referências a isso em W 500 e W 501.

p. 214 **que sua culpa já tivesse sido estabelecida:** Ver o comentário explícito a esse respeito pelo jurado Trinchard em W 500. *Fournées* foram mais numerosas depois do 22 Prairial, especialmente com as prisões.

p. 215 **"bons *sans-culottes*":** B&R, 35, p. 102. Ver também Roberts (2000), p. 61-2 (esboço).

p. 216 **Antoine Thibaudeau:** Ver acima, p. 201. As memórias de Thibaudeau foram publicadas em 1825 e novamente em 1827. No entanto, ele as revisou depois extensivamente, e François Pascal publicou uma versão revisada em 2007. Thibaudeau oferece um relato muito completo do dia, geralmente considerado justo e preciso.

p. 217 **Mercier aconselha:** *TP*, p. 1075.

p. 217 **Pont-Neuf:** Ibid., p. 932 (laranjas), 1256 (limpadores de sapatos).

p. 217 **encontrar uma maneira:** Thibaudeau (2007), p. 111-2.

p. 217 **Robespierre o enoja:** Ibid., p. 77-86 (sobre disputas familiares); e p. 67-70, 111-3 (pensamentos durante o dia).

p. 218 **ferreiro Jean-Baptiste Didier:** Ver acima, p. 157.

p. 219 **ver se ele seria necessário:** Estou me baseando especialmente em dois interrogatórios de Didier em W 501. Ver também W 79 d. "Notes et renseignements relatifs à differens prévenus"; e F7 4676 d. Didier.

p. 219 **ao sair de casa com Didier:** B&R, 34, p. 3. Às vezes se afirma que Saint-Just visitou Robespierre depois de deixar a sede do CSP nas primeiras horas. Não há nenhuma evidência para isso. Os dois homens podem ter chegado ao mesmo tempo.

Onze da manhã (p. 222-34)

p. 222 **antigo Palácio das Tulherias:** Sobre o palácio, ver Boulant (2016), Carmona (2004) e Sainte-Fare & Jacquin (1989). Eles atualizam Lenôtre (1895), p. 67--138. Ver também acima, p. 76.

p. 223 **lotados de batatas:** A Comuna decidiu por esse uso para as hortas após as manifestações populares de 4 e 5 de setembro de 1793. Ver Spary (2014), p. 167.

p. 224 **haverá furtos, como de costume:** Furto de carteiras registradas no dia: APP AA250 (Tulherias), AA127 (Mont-Blanc) e F7 4764 d. Lanoy.

p. 224 **A grande maioria dos 749 deputados:** Ver Jones (2020) para uma análise dos discursos dos deputados.

p. 224 **alojamentos privados:** Ibid.; e sobre a vizinhança em geral, ver Roche (2000), p. 120-41 (especialmente mapa III.3 na p. 131 para o parque hoteleiro); Coquéry (2011); e Spang (2000) (compras e refeições).

p. 224 **jogos de azar e prostituição:** Plumauzille (2016), esp. p. 94-114. Isso mostra continuidade com a imagem do *Ancien Régime* descrita em Benabou (1987).

Ver F7 4335 d. 1 (caso de Virolle, que tratou infecções venéreas de convencionais).

p. 225 **remoção em larga escala da aristocracia:** Roche (2001), p. 147. Sobre Armonville, ver Laurent (1924).

p. 225 **ordem do dia:** O regulamento da reunião está contido no "Règlement de la Convention nationale", aprovado em 28 de setembro de 1792. Ver AP 52, 205-9.

p. 226 **as reuniões somam em média:** A estimativa de quatrocentos deputados vem de Brunel (1989), p. 81. Detalhes das missões em Biard (2002) sugerem que cerca de sessenta deputados estiveram em missão nesse dia, nos departamentos ou com os exércitos. Licenças especiais também eram necessárias para ausências de longo prazo. Os registros sugerem menos de seis dessas ausências nesse momento: C 312-13. O número não incluía Chales, que estava presente, mas teve um período de convalescença no 1 Termidor: F7 4637 d. Chales. Além de David, Jagot, membro do CSG, também afirmou estar doente nesse dia. AP 94, p. 29-30.

p. 226 **Duplay está lá:** Thibaudeau (2007), p. 112-3.

p. 226 **verificados na porta:** A observância das regras de admissão era fiscalizada por um comitê especial de inspetores do salão. Ver Cohen (2011), esp. p. 98-9.

p. 227 **em maior número do que o habitual:** Ver o relato sem título (e em grande parte desconhecido) do dia feito pelo mensageiro Jacques-August Rose (muitas vezes grafado Roze) nos documentos de Merlin de Thionville em BNF NAF 244. Ele afirma que mais deputados do que o normal estiveram presentes a partir das dez horas. C 2456 mostra a compra extensiva de vinagre para fins de limpeza.

p. 227 **engoliu um emético:** O dossiê policial de David em AN F7 4663 contém a receita do emético e outros materiais relacionados. Ver também acima, p. 207. (alegado alerta de Barère).

p. 227 **expulsão do Clube:** Isso certamente foi dito, mas, no registro fragmentado da reunião que temos não fica claro se foram palavras de Couthon.

p. 227 **Cambon:** Ver acima, p. 88.

p. 227 **Robespierre expulsando seus rivais:** Thibaudeau (2007), p. 111-2; id. (1827), p. 88.

p. 227-8 **coordenaram secretamente seus planos:** Durand-Maillanne (1834), p. 199.

p. 228 **no Palácio da Convenção:** Ver referências na p. 222 sobre o leiaute da sala. O relato de Lenôtre é particularmente útil para se basear em descrições contemporâneas.

p. 228 **seu pulmão de fole:** Boulant (2016), p. 150.

p. 228 **delegação do Clube Jacobino de Paris:** Ver acima, p. 75.

p. 229 **seis secretários:** Os atuais secretários foram eleitos na reunião do 1 Termidor. AP, p. 323.

p. 229 *Os lictores trazem a Brutus os corpos de seus filhos*: A pintura está atualmente no Louvre.

p. 231 **itens de rotina:** Além do relato em AP, p. 541-50, baseei-me nos originais em C 314. A ordem dos assuntos menores do dia é estabelecida em C 311. Não contém nenhuma menção a Saint-Just, mas os principais discursos políticos geralmente receberam prioridade. Ver Simonin (2008), p. 285-8.

p. 231 **duzentas missivas:** De Baecque (1994), p. 165-6, para as estatísticas.

p. 232 **certo nervosismo:** Thibaudeau (2007), 112-3.

p. 232 **um relatório sobre o governo:** Ver acima, p. 73.

p. 233 **a reunião conjunta do CSP e do CSG:** Recorro aqui particularmente ao relato de Ruhl, membro do CSG, em F7 4775/5. Ver Cobb (1955) para uma transcrição e um breve comentário.

p. 233 **mas não Saint-Just:** A presença de Fouché parece incerta, apesar das evidências de que ele foi convocado para a reunião. Assim como acima, p. 132 e nota, "fale com Fouché", ver *Réponse des ancien membres des comités*, p. 8.

p. 234 **"o mais perverso dos homens":** Ibid., p. 108.

p. 234 **"A injustiça afligiu meu coração":** Para o relato de Barère em 13 Frutidor sobre o episódio da Convenção, ver AP 96, p. 121.

PARTE III: UM GOLPE PARLAMENTAR: (do meio-dia às cinco da tarde) (p. 235-321)

Meio-dia (p. 237-41)

p. 237 **"Isso tem que acabar!":** Para o relato das duas sessões da Convenção no 9 Termidor, estou seguindo o registro reconstruído no AP, p. 541-58. Por razões políticas, a conta oficial só foi acordada muito mais tarde, no ano IV (final de 1795). A AP recorre a esse relato corrente, mas também a outros, nomeadamente nas atas das sessões e nas primeiras reportagens dos jornais. Ver também a seção relevante em OCR, x, p. 588-613. Como Françoise Brunel (1989), também me baseio no relato inicial de Charles Duval (III). Existem algumas diferenças francamente insolúveis entre os diferentes relatos, particularmente no que diz respeito à ordem de alguns dos discursos. Além disso, algumas memórias de deputados também são úteis para as sessões, notadamente as de Thibaudeau. Para a exclamação de Tallien, ver Thibaudeau (2007), p. 113.

p. 237 **Sua raiva controlada:** Sobre o comportamento de Saint-Just, ver Duval (Ano III), p. 3. Seu discurso não proferido pode ser consultado em AP, p. 558-62.

p. 238 **"Entre no Palácio":** Relato de Courtois II, p. 39n.

p. 238 **não conhece as intenções de Tallien:** Sou diferente da maioria dos historiadores por não enxergar a ação dessa sessão como o desenrolar de uma única trama. Não há evidências de colaboração anterior, e é muito mais provável que os planos de Tallien fossem desconhecidos do CSP e também não tenham ido longe dentro do grupo Lecointre (poucos dos quais se juntaram ao decorrer dos eventos do dia).

p. 239 **um choque elétrico:** Thibaudeau (1827), i, p. 82. A frase vem da versão anterior das memórias.

p. 239 **fiel e implacável capanga de Robespierre:** Ver acima, p. 118.

p. 239 **da Tarpeia:** O discurso parece ambíguo sobre quem seria de fato arremessado da rocha Tarpeia.

p. 240 **Astúcia ou coincidência?:** É impossível saber se houve de fato conluio entre Robespierre, Saint-Just e Couthon nos procedimentos do dia. Não é implausível, mas de todo modo não há nenhuma evidência. Vale a pena ter em mente como os três foram geralmente desorganizados ao longo do dia. Mas a forma como os acontecimentos transcorreram convenceu muitos deputados da realidade de uma conspiração entre os três.

p. 240 **uma opinião muito negativa de Tallien:** Ver a crítica de Billaud a Tallien nos debates sobre a lei de 22 Prairial: AP 91, p. 549. Sobre Collot e Tallien, ver [Tallien], *Collot mitraillé par Tallien* (1795).

p. 240 **"com uma adaga":** AP, p. 551. Ver também acima, p. 49. Sobre a adaga, Ruault (1976), p. 359-60.

p. 241 **forneceu a adaga:** Ver Bourquin (1987), p. 236-7. Não há evidências de que Tallien tenha visitado Cabarrus na prisão, enquanto pegar uma adaga e enviá-la para fora da prisão de La Force parece um cenário implausível. As memórias de Ruault (1976) sobre esse ponto parecem suspeitas.

p. 241 **diante de seus olhos:** Ver acima, p. 209.

p. 241 **antagonismo à Lei de 22 Prairial:** Ver acima, p. 46-7.

p. 242 **regulamento da Convenção:** Ver "Règlement de la Convention nationale" (28 de setembro de 1792): AP 52, p. 205-9. Principais estipulações: quórum de 200 (206); ordem do dia a partir do meio-dia (206), discursos normalmente na tribuna (207), alternância entre proponentes e opositores (207), sem ataques pessoais (207).

p. 242 **concentrar seus ataques:** Este foi Espert (Arège), de acordo com Courtois II, p. 39. Para o discurso de Billaud, ver AP, p. 551-3. (Não é colocado na ordem em que parece ter sido dado.)

p. 243 **patrióticos *sans-culottes*:** Esse era o Comitê Revolucionário da seção de Indivisibilité. Ver Soboul (1958), p. 973-4. Robespierre também lidou com disputas políticas com autoridades seccionais em Finistère, Unité e Marat: ibid., p. 968-70, 971 e 977-8. Existem materiais relativos a esses casos em AFII 57.

p. 244 **secretários de hoje:** Nenhum dos relatos publicados traz os nomes dos secretários. Segundo AP, p. 323, eram Bar, Levasseur de la Meurthe e Portiez. Os decretos listados em C 312 mostram Bar desempenhando um papel importante, auxiliado principalmente por Dumont e Legendre, que tinham completado uma rodada de serviço no fim do Messidor. Outros signatários dos decretos incluem Brival, um secretário substituto no fim do Messidor, e Thuriot, que presidiu ao lado de Collot no dia. Sobre a hostilidade de Robespierre em relação a deputados como Dumont, ver acima, p. 91. Ver também F7 4687 d. Dumont. Embora sua assinatura não estivesse presente, Portiez também era um secretário designado, e a coleção Portiez de l'Oise na coleção Archives de l'Assemblée nationale mostra Legendre como signatário do cartaz de proclamação de Barère.

p. 244 **o feitiço foi quebrado:** Duval (III), p. 7.

p. 244 **Jean-François Delmas:** Courtois I, doc. LI. 190.

p. 244 **a cuja lista se acrescenta:** Outros nomes no decreto, além desses, são Daubigné e Prosper Sijas, embora os adjuntos de Hanriot tenham sido citados genericamente.

p. 244 **dois discursos:** Ver acima, p. 181XXX. Thibaudeau (1827), p. 88.

p. 246 **ameaça representada pela GN de Paris:** Ele faz uma referência passageira ao discurso de Robespierre, 8 Termidor, em AP, p. 556.

p. 246 **Jean Hémart, comandante da gendarmeria:** Ver acima, p. 94. Não há sinal em C 311-12 do decreto Hémart mencionado em vários dos relatos. Isso reflete um momento da sessão que parece ter sido muito confuso.

p. 246 **algumas pequenas alterações:** Há alterações manuscritas no texto em C 311. Para o texto final, ver AP, p. 543.

Uma da tarde (p. 248-63)

p. 248 **durante o julgamento do rei:** Walzer (1974), pelos principais discursos do debate. Ver também, sobre o julgamento, Jordan (1985) e Soboul (1973).

p. 248 **das cidades-Estado gregas e da era republicana de Roma:** Esse truísmo é frequentemente citado, embora estudos aprofundados que o explorem sistematicamente sejam surpreendentemente raros. Ver Parker (1937) e Bouineau (1986). Eu me beneficiei das conversas com a dra. Ariane Fichtle sobre esse ponto.

p. 248 **Cincinato:** Dois períodos de ditadura foram atribuídos a Cincinato (c 519--c.430), em 448 e 439 a.C. Sobre a ideia de "ser Cincinato", ver Linton (2013), p. 185-200 (capítulo 5: "Being Cincinnatus: the Jacobins in power").

p. 249 **"único centro de decisões do governo":** Sobre a Lei de 14 Frimário, ver AP 80, p. 629-35.

p. 249 **"O povo exerce a ditadura sobre si mesmo":** As palavras de Barère vieram de seu discurso em 5 de abril de 1793: ver AP 61, p. 343. Ver OCR, x, p. 357 ("despotismo da virtude").

p. 250 **"um guia, um chefe, e não um mestre":** Discurso de Marat, 3 de junho de 1793, no Jacobino: Jacobins, v, p. 226. Ver também Gottschalk (1967).

p. 250 **"ditadores ridículos":** Ver acima, p. 121.

p. 250 **aspirantes ao poder ditatorial:** A conspiração de Lúcio Sérgio Catilina (63 a.C.) é mais conhecida pelas famosas denúncias de Cícero. O papel de César em relação à República Romana e o de Cromwell nas guerras civis inglesas e no Protetorado eram bem conhecidos na França. Ver as discussões sobre a ditadura de Parent e Leuwers em Biard & Ducange (2019); e por Leuwers, em Cottret & Grillard (2017).

p. 250 **o chamasse de Pisístrato:** Ver Jones & Macdonald (2018); e acima, p. 118-9.

p. 250 **inveja do assassinato:** Cf. OCR, ix, p. 623 (reivindicando "a honra da adaga" ao lado de Marat); e ibid., x, p. 649-53 (colocando sua própria tentativa de assassinato no mesmo nível da de Collot).

p. 251 **"um despotismo de opinião":** AP 53, p. 174, Deuxième Annexe (discurso de Louvet); Aulard, *Jacobins*, v, p. 346.

p. 251 **afiliados provinciais:** Boutier & Boutry (1986); Biard & Linton (2002), p. 172.

p. 252 **"celebridade exclusiva":** *Réponse de J. N. Billaud*, p. 93; Collot, *Réflexions rapides*, p. 8.

p. 252 **quase por acaso:** Embora haja evidências das operações de uma claque organizada por trás de Tallien, não houve discussão de tal tática de silenciamento na reunião do CSP/CSG, até onde podemos dizer.

p. 252 **uma nova estrutura de comando na GN:** AP, p. 542-3.

p. 252 **se ele fosse mesmo um ditador:** OCR, x, p. 554. Ver acima, p. 65.

p. 253 **"Se meus olhos fossem pistolas":** BNF NAF 244 (testemunho de Rose nos documentos de Merlin de Thionville).

p. 253 **no caso Catherine Théot:** Ver acima, p. 64-6. Robespierre aludiu ao caso em seu discurso do dia anterior: OCR, x, p. 562.

p. 255 **"Liberte-me":** A fala de Dumont não aparece em AP ou Duval; está registrada na edição de 10 Termidor do *Journal des hommes libres*. Parece plausível.

p. 256 **"A virtude que você invoca":** Fala observada por Baudot (1893), p. 206 (incluindo a frase "homens de virtude" na observação de Robespierre). Baudot não estava presente de fato.

p. 256 **Robespierre anda descontroladamente:** Duval (III), p. 18-9, tem uma boa descrição dessa cena.

p. 257 **"Então é Danton que você está vingando!":** B&R, 34, p. 32 para esse diálogo, que AP não inclui. Levasseur (1829-31), iii, p. 147, afirma que os oradores foram Tallien e Legendre. Mas Levasseur não estava presente no dia.

p. 257 **"A voz de um homem":** Sobre esta anedota, ver Nougaret (1797), ii, p. 285.

p. 258 **Jean-Baptiste Didier:** Esse panorama do dia de Didier é baseado em suas respostas ao interrogatório em W 501.

p. 259 **Jean-Baptiste Van Heck:** Parece que seu nome verdadeiro era Gratin, embora a maioria dos documentos se refira a ele como Van Heck (ou Gratin Van Heck). Ver S&M, p. 408. Seu arquivo policial (F7 4775/39 d. Van Heck) inclui um impressionante currículo escrito por ele mesmo.

p. 259 **uma tempestade se formando sobre os patriotas:** O texto aqui se baseia em suas declarações em sua seção no final da noite.

p. 259 **seu próprio regulamento:** Sobre as regras, ver acima, p. 241 e nota, "regras de procedimento".

p. 260 **Van Heck está indeciso:** Houve outros críticos dos procedimentos da Convenção: ver por exemplo F7 4667 d. Delepine d'Andilly; e F7 4682 d. veuve Dubois.

p. 261 **Lanne, seu aliado político:** F7 4764 d. Lanne. A primeira conversa supostamente ocorreu esta manhã.

p. 261 **"Roberspierre":** Ver acima, p. 37; e Leuwers (2014), p. 182. A charge foi repetida até 1793: ver McPhee (2012), p. 144. Para uso mais recente, "Roberspierre" em *Trois décades*, edição de 17 Frimário. Outros jacobinos receberam tipografia desrespeitosa também (por exemplo, "Barrère", "Couton", "Javoc" (Javogues) e "Jambon" (também conhecido como Jean-Bon Saint-André). A natureza deliberada do erro de impressão é destacada pela velocidade com que a maioria dos jornais imediatamente e quase uniformemente voltou a usar o nome deformado após o 9 Termidor.

p. 263 **um retrato do Incorruptível:** *Feuille de la République*, 5 Termidor II. Sobre a peça, ver Tissier (2002), p. 436. Vários meses depois, Dumanant também escreveu uma peça mais explicitamente anti-Robespierre com uma narrativa "tirânica": *La Journée du 9 au 10 thermidor ou la Mort du tyran* (Paris, III). Ver Tissier (2002), p. 441.

p. 263 **"um inimigo da tirania de Cromwell":** *Moniteur*, 9 Termidor; *Feuille de la République*, 29 Messidor II. Olivier Lutaud dedicou um livro às edições do texto (1973), mas afirma que a versão publicada na Revolução foi em 1793, relacionada a Luís XVI. Essa evidência complica a história (assumindo que essa é uma nova edição, e não a de 1793).

p. 263 **arma dos fracos:** Estou me baseando nesta seção nas noções de "arma dos fracos" e "transcrições privadas" desenvolvidas na obra de James C. Scott (2000, 2004). Os exemplos citados são os seguintes: *Trois décades*, 21 Pluvioso II (um jornal conhecido por suas simpatias criptorrealistas, fechado no final da primavera. Ver Popkin [1979]); *Abréviateur universel, ou Journal sommaire des views, productions et nouvelles publiques*, 3 Termidor II; ibid., 9 Termidor II.

Duas da tarde (p. 264-84)

p. 264 **escrivão Blaise Lafosse:** Ver acima, p. 163.

p. 264 **conselheiro Daujon:** F7 4662 d. Daujon. Cf. SCD, p. 106-7.

p. 264 **22 estão presentes:** A lista de presença pode ser consultada em F7 4430, fol. 15. A Administração de Polícia não teve representante.

p. 265 **reforma do cemitério:** Ver acima, p. 163.

p. 266 **não poderia ser julgada hoje:** Madame de Maillé se beneficiou da *journée*, nunca foi julgada e depôs no julgamento de Fouquier. Ver seu depoimento em W 501.

p. 266 **ex-financista Puy de Vérine:** Wallon (1880-2), v, p. 169; Lenôtre (1908), p. 278, e W 501.

p. 266 **princesa de Mônaco:** Ver acima, p. 103.

p. 267 **Maire assume a função de presidente:** Conforme observado pelos autos do Tribunal em W 434. Há testemunhos inconsistentes sobre a hora em que isso ocorreu. Em seu depoimento no julgamento de Fouquier, o oficial de justiça Wolff colocou o evento por volta do meio-dia, o que não coincide com o horário dos eventos na Convenção. Wolff e outros também questionam se Fouquier permaneceu tão no escuro quanto afirmava. W501, depoimento Wolff. Minha sensação é que o testemunho de Fouquier parece geralmente sólido. SCD (p. 199) sustenta que a prisão de Dumas foi votada na Convenção por volta de 12h45, o que confirma esse horário.

p. 267 **"Estou perdido!":** Lenôtre (1908), p. 281. Ver também SCD, p. 199.

p. 268 **para ficar *en permanence*:** AFII 47 pl. 364, pi. 30; F7* 2472 (Comitê Revolucionário, seção das Tulherias, atas).

p. 268 **em estado de choque:** SCD, p. 200, n. 1. Ver AN F7 4775/43 d. Véret (sobre o horário das quinze horas).

p. 269 **"um discurso decisivo pela liberdade":** F7 4743 d. Herman (declaração de Lanne).

p. 269 **"digno de ser um de nós":** *Papiers* I, p. 279-80. Ver acima, p. 112.

p. 270 **se torna unânime:** B&R, 34, p. 34 para esse detalhe.

p. 271 **a diferenciação entre os dois:** Ver Biard (2015) esp. p. 84-8, para alguma clareza nessa área obscura. Agradeço também a Mette Harder pela orientação sobre o assunto.

p. 271 **Marat foi absolvido:** Gottschalk (1967), p. 157-62.

p. 271 **grupo informal de guarda-costas:** Ver acima, p. 157.

p. 272 **a moção para um mandado de prisão:** Abster-se de uma *mise en accusation* pode ser interpretado de várias maneiras.

p. 272 **o puxam com tanta força:** Louis Blanc (1861), xi, p. 2303 e Hamel (1865), iii, p. 760. Ambas as histórias foram aparentemente contadas pela família Le Bas.

p. 273 **Entra Élie Lacoste:** Lacoste foi eleito presidente do Clube na primeira quinzena do Termidor e desempenhou esse cargo no 3 Termidor. Não consegui encontrar palavras semelhantes a essas em relatos de debates recentes nos quais Augustin interveio.

p. 274 **amigos naquelas bancadas:** Apesar de sua estreita associação com Robespierre, Couthon começou perto dos girondinos e tem muitos amigos e admiradores dos primeiros dias da Convenção.

p. 274 **triunvirato:** Referência a 60-53 a.C. Houve um "Segundo Triunvirato" após a morte de César, envolvendo Otaviano (mais tarde imperador Augusto), Marco Antônio e Lépido, entre 43 e 33 a.C. O traço comum era que eles marcaram o rescaldo da República e o advento do Império.

p. 275 **assuntos de rotina:** Sobre o recolhimento de armas, ver F7* 2472; e F7* 2480 (Lepeletier). Sobre outros trabalhos de comitês seccionais citados, ver F7* 2783 (coleção salpetre, Lombards); F7* 2507 (Unité); F7* 2511 (Chalier); F7 4587 d. Barrois (Réunion); F7* 2519 (Finistère). O ponto de encontro de Chalier ficava perto do atual Musée de Cluny, Ve.

p. 277 **cartazes:** Sobre cartazes, F7 4432 pl. 3, pi. 15 sugere que eles estavam sendo fixados por volta das cinco da tarde.

p. 277 **François-Vincent Le Gray e seu amigo Jean-Claude Saint-Omer:** Os arquivos policiais dos dois homens – em F7 4774/14 e F7 4775/11 d. Saint-Omer – contêm quase todas as evidências relevantes, muitas das quais são reproduzidas em "L'Affaire Le Gray" em Mathiez (1930).

p. 278 **exclusão de nobres:** A Lei de 27 Germinal, de Saint-Just, obrigou todos os nobres a deixar a cidade. Ver acima, p. 38.

p. 278 **sinais seriamente preocupantes de resistência organizada**: Mencionados no discurso de 7 Termidor de Barère e no discurso de 8 Termidor de Robespierre. Saint-Just planeja mencioná-lo hoje também. Ver acima, p. 122-3. Para a petição montanhesa, ver Soboul (1958), p. 979-80.

p. 279 **"embusteiros de gorro vermelho"**: Saint-Just (1831), p. 46.

p. 279 **dizem a seus chefes:** Essa é a teoria vigorosamente defendida em Richard Cobb (1970), parte I. Ela é exagerada, como confirma o próprio uso intenso de tais relatórios por Cobb.

p. 279 **"Eles podem escutar e nos prender"**: Caron (1914), v, p. 13.

p. 280 **provincianos:** Os dois Robespierres, Saint-Just e Carnot vieram de Artois-Picardia, Couthon de Auvergne, Barère dos Pirineus, Billaud de La Rochelle, Lindet da Normandia, etc. etc. Collot e Mercier são raças relativamente raras entre proeminentes convencionais, por serem nascidos e criados em Paris.

p. 280 **"Eles riem de tudo"**: Sobre essas visões, ver esp. três discussões em *TP*:, i, p. 75-6 ("Caractère politique des vrais Parisiens"); i, p. 1273-6 ("Emeutes") e ii, p. 419-28 ("Gouvernement"). Ver também *TP*, ii, p. 215 ("amarrar a língua").

p. 280 **"espírito de oposição"**: *NP*, p. 506.

p. 281 **o argumento do espião Rousseville:** Ver acima, p. 40.

p. 282 **"mulheres e pessoas de mente fraca"**: *Chronique de Paris*, 5 de novembro de 1792 segundo Leuwers, em Cottret & Galland (2017), p. 140.

p. 283 **"não no renome dos indivíduos"**: OCR, x, p. 418.

p. 283 **"curou o povo de sua idolatria"**: *Journal historique et politique*, 15 Germinal/4 de abril de 1794.

p. 283 **"a lei o derrubasse"**: Caron (1914), vi, p. 221.

p. 283 **"homomania"**: F7 4774/37 d. Martinete.

Três da tarde (p. 285-302)

p. 285 **"Ninguém recebe ordens que não sejam minhas":** Bazanéry em AFII 47 pl. 367, pi. 38. Sobre a raiva de Hanriot, ver também a declaração feita às sete da noite pelo secretário municipal Alexandre Minier na seção Révolutionnaire: F7 4432 pl. 9, pi. 30.

p. 286 **pego no cochilo:** Ver o testemunho de Jean Masset de Villetaneuse (perto da aldeia natal de Hanriot, Nanterre), em F7 4774/38.

p. 286 **"Você quer um recibo em um momento como este?":** Courtois II, doc. XXXIV, p. 199.

p. 286 **saraivada de insultos bastante vivaz:** F7 4743 d. Heron; SCD, p. 203-4; AFII 47 pl. 366, pi. 29 (e não 368, como afirma o SCD).

p. 286 **reunião monótona do Conselho Municipal:** Relatório de Michel Bochard, concierge da Maison Commune, sobre os horários: Courtois II, doc. XXXVI, p. 200. A reunião continuou: ver F7 4578 d. Lafosse (que indica as 16h30 como horário de encerramento) e Lasnier em F7 4432 pl. 9, pi. 1.

p. 287 **sua caligrafia fica selvagem e trêmula:** As ordens assinadas podem ser vistas em AFII 47 pl. 368. Cf. SCD, p. 203 e n.

p. 287 **eventualidade de uma *journée* no estilo de 31 de maio:** Ver acima, p. 59.

p. 288 **escalas de serviço semelhantes e destacamentos simbólicos:** F7 4779.

p. 289 **comandantes dos dois esquadrões montados:** Ver acima, p. 94. As ordens estão agrupadas em AFII 47 pl. 368, pi. 30-9.

p. 289 **continua nessa reunião:** O funcionário municipal Lafosse indica que ela durou até 16h30, pelo menos. F7 4758 d. Lafosse.

p. 290 **liberar o infeliz Courvol:** Courtois II, doc. XXXIV, p. 199. Courvol afirma que isso ocorreu duas horas e meia após sua prisão, mas isso não condiz com os movimentos de Hanriot à tarde. Para o endereço de Payan, ver T 528 d. Payan.

p. 292 **entregar o discurso:** É o discurso citado na íntegra em AP, p. 558-62.

p. 292 **pela pura força de suas palavras:** Esse é o argumento em Gauchet (2018), ver esp. p. 229: o discurso do 9 Termidor como "un 31 mai par la seule puissance de la parole". Mas Gaucher não considera o fator tempo e o apelo mais amplo discutido aqui.

p. 293 **empalidece ao ver um sabre desembainhado:** Ver acima, p. 60.

p. 293 **"Convido o povo":** OCR, ix, p. 526-7.

p. 294 **Couthon é levado para a barreira:** Relato da sessão no *Messager du soir.*

p. 294 **Jacques-Auguste Rose:** Ver acima, p. 226, e nota "em maior número".

p. 296 **Seis carroças:** Há contradições nas evidências sobre o momento do envio dos prisioneiros. Wallon prefere um momento anterior para acomodar uma façanha de Hanriot para a qual não há confirmação: Wallon (1880-2), v, p. 439-2. As carroças saíam normalmente entre cinco e seis da tarde. Uma testemunha ocular que as viu partirem afirmou que foi por volta das 18h30: ver Courtois

II, doc. VI, p. 91-2 (Foureau, seção Mutius-Scévole). Mas isso provavelmente seria muito bom para o comandante do comboio estar de volta ao Palais de Justice por volta das oito da noite. Ver abaixo, p. 382. Uma consideração possível é que o julgamento de Fouquier terminou antes do outro – e, de fato, o testemunho sugere que ele continuou até 16h30 ou mais tarde. Haveria, portanto, um intervalo considerável entre a partida de Fouquier, que ele mesmo colocou entre catorze e quinze horas (embora provavelmente tenha sido mais tarde), e a partida das carroças. [Scellier], *Précis de la vie* (sem data) – de um juiz no outro julgamento (16h30) e W 501, depoimento de Girard, de um jurado (17h30).

p. 296 **Henri Sanson:** Ver os depoimentos do clã Sanson em W 501.

p. 296 **"Faça seu trabalho":** W 501: Depoimentos de Wolff, Simonet e Comtat. Cf. Lenôtre (1908), p. 281-2.

p. 297 **Mulot, chefe da 5ª Legião da GN:** Mulot foi alertado sobre a situação em sua casa na rua du Plâtre (Réunion). Ver seu depoimento em AFII 47 pl. 367, pi. 42. As complicadas manobras envolvendo os chefes de legião são abordadas no SCD, p. 204-12.

p. 298 **O decreto confirma:** Aulard, CSP, p. 457.

p. 299 **reunirem-se na Place de la Maison Commune:** As seções em questão incluem Arcis e Lombards (nos quais Payan pode ter desempenhado um papel) e Homme-Armé: AFII 47, pl. 366.

p. 300 **"Volte rapidamente aos tribunais":** O relatório de Blanchetot é o doc. XXVIII em Courtois II, p. 128-9.

p. 300 **alertar o CSP:** Ibid. O documento afirma que a carta de Degesne foi escrita às quatro da tarde.

p. 301 **dificuldade em despertar autoridades seccionais céticas:** Ao que parece, menos de meia dúzia de conselheiros tentaram mobilizar suas autoridades seccionais em favor da Comuna no meio da tarde. Exemplos positivos incluem Talbot na seção de Temple, Louvet em Homme-Armé (ver abaixo, p. 331-2), Vaucanu em Maison-Commune e Delacour em Brutus. Outros conselheiros, que podem ter deixado a reunião antes da chegada das notícias da Convenção, foram pró-Comuna em fóruns seccionais no final da noite. Ver também AFII 47 pl. 365, pi. 4 (Fraternité); e a deposição de Gosset em W 501 para um argumento na seção Marat. Parece que, ao saber de sua promoção a comandante, Fauconnier partiu para visitar vários batalhões seccionais, deixando a Convenção altamente exposta. Sobre a intervenção de Madame Fauconnier, ver F7 4774/11 d. Lefebvre.

p. 302 **batalhão Droits-de-l'Homme:** AFII 47 pl. 366, pi. 42. Isso foi por volta das 15h30 ou depois.

p. 302 **declarar-se inequivocamente a favor da Convenção:** F7 4432 pl. 9, pi. 30.

p. 302 **seções Panthéon e Unité:** Na seção Unité, o conselheiro era Pacquotte, e seu relatório levou as autoridades seccionais a se pronunciarem imediatamente em apoio à Convenção. Ver SCD, p. 274; Soboul (1958), p. 970-1; e F7* 2507 (Comitê Revolucionário de Unité).

Quatro da tarde (p. 303-21)

p. 303 **uma narrativa do dia:** Aqui, como antes, estou acompanhando o relato de AP para todos os assuntos relativos à Convenção.

p. 304 **funeral de Marat:** Ver acima a rivalidade de Robespierre com Marat, p. 251.

p. 305 **As 16h30 se aproximam:** Duval (III), pontua o fim da sessão às cinco e meia da tarde, e outras fontes por volta das cinco. No entanto, eu sigo SCD acreditando que um horário muito anterior é o correto. SCD, p. 205, n. 3.

p. 305 **cardeal de Retz:** Ver Barère (1842), ii, p. 225. Cf. Jones (1981).

p. 305 **embriagados pela vitória:** A frase é usada por Thibaudeau (1827), i, p. 83.

p. 306 **funcionários do Café des Subsistances:** Numerosas testemunhas no julgamento de Fouquier o representaram como um frequentador assíduo da *buvette* e que reclamava do número de vítimas que ele parecia obrigado a produzir: W 501, depoimentos de Wolff, Tavernier, Laucher etc. A esposa do proprietário da *buvette* registra Fouquier bebendo cerveja. (Sua família tem origem perto da fronteira belga.) Sobre conflitos com Robespierre, além de W 501, ver Eude (1985).

p. 306 **isolado da movimentação:** Danos causados por tempestades no início dos anos 1790 na ponte que ligava a Ile de la Cité à Ile Saint-Louis significavam que não havia ligação direta entre as ilhas. Em seus depoimentos antes do julgamento, Fouquier fez questão de afirmar que tinha passado pelo Cloître Notre-Dame em sua jornada para *chez* Vergne: W 501, sugerindo que ele seguiu a rota delineada aqui.

p. 308 **proprietários dos muitos teatros:** SCD, p. 215n., citando um relatório policial de 13 Termidor, F7 4432 pl. 1, pi. 48.

p. 308 **"vou explodir seus miolos!":** Há pouca documentação sobre a prisão de Payan. Ver a discussão desse incidente em SCD, 216n., que lista as testemunhas que se referem ao incidente. Eles costumam dar horários diferentes. O comandante da gendarmeria Dumesnil afirmou que Hanriot estava prendendo gendarmes nas prisões desde as onze da manhã, mas não há evidências que corroborem isso, e é mais provável que ele esteja se referindo à prisão e encarceramento da escolta gendarme de Payan. Parece ser esse o incidente referido em Aulard, CSP, p. 460, ponto 15.

p. 309 **requisitando cavalos e carroças parisienses:** Para uma discussão sobre o número ideal de indivíduos por carroça, ver W 501 (testemunho de Fouquier). O tempo que atribuí a esses eventos é um cálculo baseado em relatos muito vagos e conflitantes. Ver as obras-padrão sobre o Tribunal Revolucionário: esp. Lenôtre (1908) e Boulant (2018).

p. 310 **um bando heterogêneo:** W 433. A lista dos acusados também pode ser vista em Fleischmann (1911), p. 27 ss. A pesquisa de Greer sugere que, no geral, cerca de 10% dos executados eram mulheres. Ver Jones (1988), p. 120.

p. 310 **casal Loison:** Ver seus arquivos policiais em F7 4774/26 d. Loison. A história das marionetes pode ser uma invenção termidoriana.

p. 310 **de Rouvière:** Ver o arquivo de Rouvière em F7 4775/3 d. Rouvière.

p. 311 **aplicar um pouco de *rouge*:** Coittant, *Troisième Tableau*, p. 157.

p. 311 **sentir admiração:** [Sanson], *La Révolution française vue par son bourreau*, p. 188. Sobre Madame du Barry, em contraste, ver ibid., p. 106-9.

p. 311 **"emulação de boa morte":** Jullian (1815), p. 174, e mais amplamente Jones (2014), p. 147-9.

p. 312 **prisões de indivíduos-chave:** Para a prisão de Rousseville (com outros), ver AFII* 255. A maioria das prisões, como essa, foi organizada pelo CSG. As ordens do CSP estão registradas em Aulard, CSP, p. 457-61.

p. 312 **Carraut:** F7 4592 d. femme Béguin; F7 4594 d. Charlotte Robespierre.

p. 314 **prontas para a ação:** AFII 47 pl. 364, pi. 47 (Lombards); AFII 47 366, pi. 20 (Arcis). Este último seguiu ordens escritas recebidas de um ajudante de Hanriot às 14h30.

p. 314 **liderada por Hémart:** Esse incidente é registrado por Hémart, em suas próprias palavras, em Birembault (1959): ver esp. p. 317. O relato não era conhecido por SCD. A passagem refere-se a um decreto da Convenção que o torna comandante da GN, do qual não resta nenhum vestígio (p. 317). AFII 47 pl. 368, pi. 29 inclui a ordem para colocá-lo na prisão da rua de Bouloi, o que de fato não ocorreu.

p. 315 **"Quarenta assassinos querem matar Robespierre":** Esse discurso é uma composição de testemunhos, notadamente do Comitê Civil da seção Marat, AFII 47 pl. 365, pi. 39; e Cd. Basset, de Lombards, F7 4332 pl. 6, pi. 27-9. Ver também SCD, p. 216 e n. 2.

p. 316 **proíbe de permitir a entrada:** Para uma cópia da ordem, ver F7 4333, pi. 11. Ver também os relatos dos funcionários do QG: Minier, F7 4774/45 d. Minier; e Bisson, F7 4332 pl. 7, pi. 4 (seção Réunion). Bisson traz o argumento sobre as editoras. Cf. SCD, p. 237-41.

p. 317 **Cd. Savin:** Declaração de Savin em F7 4432 pl. 5, pi. 1-16.

p. 317 **"Sua pátria está em perigo":** Registrado na seção Mutius-Scévole: F7 4432 pl. 9, pi. 1.

p. 318 **transformar em farsa:** F7 4775/89 d. Renard. Os episódios a seguir são cobertos por um excelente relato da seção Montagne, AFII 47 pl. 367, pi. 11.

p. 318 **Boulanger:** Sobre o incidente Boulanger, ver F7 4794 d. Benoit Perlin (ajudante de Boulanger); AFII 47 pl. 367 (comitês seccionais de Montagne); também Merlin em AP, p. 587-8. Cf. testemunho de Viton em Courtois II, doc. XXXI(4), p. 186-7. Ver SCD, p. 217-8.

p. 318 **estão jantando:** Sobre restaurantes, ver Jones (2020), p. 82-4; e Spang (2000).

p. 319 **Uma crise está claramente se aproximando:** Courtois é sua própria fonte em Courtois II, p. 65-6n.

p. 320 **Amar consegue escapar:** Ibid., 66n. Embora nenhum nome tenha sido dado, a identificação com Amar é muito forte.

p. 320 **Saltando sobre uma mesa:** O relato de Jeannolle é valioso para todo o episódio: F7 4432 pl. 2, pi. 24. Ver também AFII 47 pl. 365 (Bon-Conseil: relato de Livin) e F7 4406 (detalhes sobre a corda); mais o relato de Benoit acima (ele foi um dos gendarmes que mudaram de lado). Um certo Tremblay, fabricante de perucas e cabo na GN de Gardes-Françaises, que por acaso estava lá em uma missão, teve um papel importante na defesa de Ruhl quando ele foi agredido por Hanriot: Courtois II, doc. XLII, p. 217-8.

PARTE IV: UMA *JOURNÉE* PARISIENSE
(das cinco da tarde à meia-noite) (p. 323-465)

Cinco da tarde (p. 325-41)

p. 325 **os teatros estão abertos:** Ver acima, p. 189. Há uma lista completa na última página do *Moniteur* do dia e em vários outros jornais.

p. 325 **Anfiteatro Astley:** Astley é convencionalmente visto como o criador do circo moderno; ele tinha fugido de volta para a Inglaterra nesse momento, deixando o negócio nas mãos de Franconi. Ver o arquivo da polícia de Franconi em F7 4712. Sobre o susto de Hanriot com o fechamento, ver acima p. 308.

p. 325 ***Epicharis et Néron*:** Tiesset, em Poirson (2008). O teatro estava localizado no atual Ie.

p. 326 **"Trema, trema, Nero":** Tissier (2002), p. 45n., de fato, faz essa sugestão, assim como, de forma mais completa, Tiesset, em Poirson (2008).

p. 327 **muitas seções externas:** Em muitas seções mais distantes, as notícias só chegaram por volta das sete da noite. Ver, por exemplo, a seção Sans-Culottes no Faubourg Saint-Marcel (F7 4585 d. Ballin); a seção Faubourg-du-Nord (F7 4586 d. Barelle); e abaixo, p. 492. Sobre a escassez de conselheiros por volta das cinco da tarde, ver F7 4735 d. Guilbert.

p. 327 **"todos fossem em massa":** W 80 d. Indivisibilité.

p. 328 **Jean-Jacques Chrétien:** F7 4684 d. Chrétien.

p. 328 **se fingir de mortos**: Além do caso de Davi (ver acima, p. 175), ver F7 4750 d. Joigny (sobre Godefroy) e F7 4775/43 d. Vergne. No caso de Mouret (Guillaume-Tell), a doença de sua esposa o afastou das reuniões por três semanas: F7 4774/54 d. Mouret.

p. 329 **o beijo da fraternidade:** F7 4432 pl. 10, pi. 24 (Finistère). Ver também F7* 2521. Sobre a Lei de 14 Frimário, ver acima, p. 210-2.

p. 329 **entre os receosos:** Sobre Michel, ver F7 4774/46 d. Michel; F7 4774/45 d. Minier; e F7 4432 pl. 7, pi. 4. Sobre Benoit, ver F7 4594 d. Benoit. Sobre a atividade de Michel antes de sua prisão, ver F7 4735 d. Guilbert. Sobre a prisão, ver F7 4333, pi. 59-60, e Michel, Pétition (sem data). Ver também SCD, p. 239-41. A citação sobre o advogado é uma adaptação do desejo do pensador materialista Jean Meslier (1664-1729) de que o último nobre deveria ser estrangulado com as entranhas do último sacerdote. Sobre o caso Guyot, ver F7 4757 d. Guyot, mais o livro de memórias impresso por ele em F7 4432 pl. 1, pi. 88. Minier, mencionado acima, e Verdet (Bonne-Nouvelle) estavam entre os primeiros a serem encarregados de comparecer à Comuna para relatar suas atividades. Ver o interrogatório de Verdet em W 80. Sobre Faro, ver Courtois II, doc. XI, p. 101.

p. 331 **efeito mobilizador:** No início, o *générale* foi tocado nas seções Arcis, Lombards e Homme-Armé. Ver AFII 47 pl. 364, pi. 22 e ibid., pl. 366, pi. 24 (Arcis); ibid., pl. 366, pi. 20 e ibid., pl. 364, pi. 46 (Lombards). Sobre Droits-de--l'Homme, ver acima, p. 238-9. Sobre o número de tropas, ver ibid: pl. 366, pi. 18 (Arcis); e pl. 367, pi. 18 (Réunion). Ver também ibid., pl. 365, pi. 5 (Fraternité: cem homens depois das 17h30); e pl. 367, pi. 5 (Amis-de-la-Patrie: quatrocentos homens depois das 18h30). Sobre Panthéon, ver abaixo, p. 374.

p. 331 **Claude Chalandon:** F7 4637 d. Chalandon, e sobre esse episódio também AFII 47 pl. 366, pi. 1-7. Existe um conjunto muito completo de testemunhos datados de 15 Termidor em pi. 6. A rua des Francs-Bourgeois está no atual IIIe.

p. 332 **Pierre-Alexandre Louvet:** F7 4774/26 d. Louvet; e AP 95, p. 385 ("31 de maio"). Cf. S&M, p. 350. Cf. F7 4430 pela presença na reunião anterior.

p. 332 **Dá trabalho:** SCD, p. 211n. Sainte-Claire Deville observa que, embora os canhões propriamente ditos pesassem apenas 290 quilos cada, o arreio e o trem pesavam 1.050 quilos e o trem de munição mais 1.050 quilos. Os cavalos estavam em alta por causa de requisições recentes.

p. 332 **cópias adicionais:** Mencionado no relato de Louvet em AFII 47 pl. 366, pi. 6.

p. 334 **para informar ao CSP:** AFII 47 pl. 365, pi. 33.

p. 334 **O deputado Robin:** Ver Courtois II, p. 66n., para esse episódio.

p. 336 **"Uma tempestade está se formando":** Pode ter sido uma fala de Jean-Baptiste Vincent, que era conselheiro municipal. No entanto, a hostilidade com que o Vincent em questão falou de suas relações com Hanriot sugere que era o administrador Pierre-Louis Vincent. Ver AFII 47 pl. 266, pi. 6; e o arquivo policial deste último F7 4775/48 d. Vicente. Traduzi como "uma tempestade está se formando" a expressão de Vincent, "coup de chien". No Tesouro, os homens de Chalandon uniram forças com homens da seção Arcis: AFII 47 pl. 364, pi. 22.

p. 337 **reunião do Conselho Geral:** O relato principal da reunião do Conselho é fornecido pelas atas dos secretários da Comuna, arquivadas em AFII 47 pl. 368, pi. 28. Eles foram reproduzidos no *Journal de Perlet*, 24 Termidor II e uma versão abreviada é fornecida em B&R, 34, p. 46-57. Nenhuma orientação é dada para o calendário de diferentes decretos e ações. O documento pontua o início às dezoito horas, mas 17h30 é anotado por Minier, em seu relato cuidadoso e crível, que também observa uma frequência inicial de 25 a 30: F7 4432 pl. 9, pi. 30. SCD, p. 222 está de acordo. Ver também Courtois II, p. 47n.

p. 337 **passagem externa:** Ver a descrição em SCD, p. 4. Existe uma gravura do mesmo espaço em 1790, feita por Prieur, que pode ser vista em BNF, IFN-8411026.

p. 337 **"para o povo":** *Journal de Perlet*, 24 Termidor, p. 85. Sobre os decretos assinados por Herman e Lanne, ver F7 4433 pl. 1.

p. 338 **juramento de lealdade:** *Journal de Perlet*, 24 Termidor, p. 85. O artilheiro de Lombards Pierre Pay afirmou ter visto seu oficial superior fazer esse juramento por volta das cinco da tarde: F7 4432 pl. 6, pi. 29. Mas teria sido depois da abertura da sessão às 17h30.

p. 338 **celebrando casamentos:** Sobre Paris, ver S&M, p. 498. Ver também acima, p. 100 (casamentos).

p. 338 **"Devemos expulsar todos esses traidores":** AFII 47 pl. 368, pi. 28.

p. 338 **Bourdon de l'Oise:** Curiosamente, uma lista de sucessos posteriores de conspiradores traz Collot, Barère e Amar, mas depois nomeou Léonard Bourdon em vez de Bourdon de l'Oise. SCD, p. 225n.

p. 340 **um banquete e tanto para os prisioneiros:** Ver F7 4406B sobre a refeição completa. Sobre as expressões faciais, ver o relato de Chevrillon em Courtois II, p. 66n.

p. 341 **Enfim chega a notícia:** O relato de Fouquier em Fleischmann (1911) e W 501 sugere um horário antes das dezoito horas, o que permitiu a Fouquier voltar ao Palais de Justice logo após a visita de Fleuriot-Lescot .

p. 341 **secretário da Assembleia Geral na seção Fraternité:** F7 4432 pl. 7, pi. 51. Ver acima, p. 208, e nota, "Fouquier conhece Cd. Vergne" para a identificação errada de Vergne por Courtois. Coffinhal não está listado no SCD como conselheiro. No entanto, ele foi nomeado em 9 Prairial, mas aparentemente não para sua própria seção. Ver BNF NAF 2663. Havia uma tendência de as nomeações do CSP não respeitarem a base seccional dos conselheiros.

Seis da tarde (p. 342-58)

p. 342 **a jurar:** Essa é uma formulação do juramento registrado pela delegação do Bon-Conseil: AFII 47 pl. 365, pi. 30. Sobre formulações mais abreviadas, ver por exemplo AFII 47 pl. 365, pi. 4 (Fraternité); F7 4332 pl. 7, pi. 7 (Indivisibilité): ibid., pl. 10, pi. 3 (Finistère); e ibid. pl. 9, pi. 15 (Marat). Ver também abaixo, p. 368, 370.

p. 342 **Jean-Jacques Lubin:** Sobre Lubin, ver acima, p. 173; e Soboul (1958), esp. p. 869. O irmão perfumista de Lubin fundou uma das grandes casas de perfumaria: ver https://www.lubin.eu/en/history.

p. 342 **um tempo precioso está sendo desperdiçado com palavras:** As atas não deixam claro quem fez essa observação neste momento; mas Lubin acabara de falar.

p. 343 **"chamada Convenção":** B&R, 34, p. 46-8.

p. 343 **"tocando o alerta":** AFII 47, pl. 365, pi. 27. Não está claro se o canhão de alarme foi de fato disparado. Como um canal-chave de comunicação entre a Rive Gauche e a Rive Droit, a Pont-Neuf tornou-se um local de disputa. Ver abaixo, p. 455.

p. 344 **O clube geralmente se reúne:** SCD afirma que os delegados estavam no Clube Jacobino às dezenove horas e sugere 18h30 como o momento da escolha dos delegados. SCD, p. 226n.

p. 344 **pegando no batente:** SCD, p. 224n.; e AFII 47 pl. 367, pi. 27 (Cité). SCD acha que isso acontece por volta das 18h30, embora Bochard, oficial da Maison Commune (Courtois II, doc. XXXVI, p. 200), afirme que foi às dezenove horas. Sobre Lafosse, ver F7 4758 d. Lafosse, e acima, p. 166.

p. 345 **Dumesnil:** Courtois II, doc. XXXI (2), p. 182-4. A evidência de Dumesnil em W 500 fornece informações adicionais.

p. 345 **como marido e mulher:** De acordo com o ex-secretário do Tribunal Revolucionário, Fabricius, em seu depoimento, "Nottes sur Gribeauval", W 500.

p. 346 **uma figura nacional:** Sobre a carreira pré-revolucionária de Fouquier, ver Lenôtre (1908), p. 33-66.

p. 347 **portando o mandado de prisão:** Courtois II, doc. XIX (3), p. 113. O mensageiro usado para Robespierre foi Filleul, e os gendarmes foram Chanlaire e Lemoine.

p. 349 **pegar o caminho do cais:** Testemunho de Foureau em Courtois II, doc. XVI (1), p. 92.

p. 349 **as igrejas parisienses estão fechadas:** Réau (1994), p. 382-91. Sobre padres oferecendo absolvição, ver Sabatié (1912), p. 260.

p. 350 **"Perdão, *monsieur*":** *NP*, p. 443.

p. 350 **bens do executado:** Wallon (1880-2), iii, p. 365.

p. 350 **precisamente 37 minutos:** Bronne (1971), p. 45-6 (o abade Jehin de Theux registrou os tempos).

p. 351 **preso na mesma hora:** SCD, p. 206-8. Sobre o sistema rotativo, ver acima, p. 203, 243.

p. 351 **colocar o estômago em dia:** Ver F7 4637 d. Chaguignée e F7 4636 d. Chevassu para o comportamento de Payan. Ver também o relatório de Mauvage, seção Faubourg-du-Nord: F7 4432 pl. 5, pi. 49.

p. 352 **"nosso comandante geral provisório":** O episódio é recontado em F7 4774/92 d. Richard, que o situa em torno das dezenove horas. Baseio-me também no próprio relato de Giot "Détail des évenements arrivés dans la journée du 9 Thermidor... au citoyen Giost" [sic], em W79 d. Giot. Observe que o SCD é ambíguo sobre o momento da promoção de Giot: na p. 245, ele parece situá-lo depois das vinte horas; mas seu relato na p. 248 aponta entre dezoito e dezenove horas. Este último está de acordo com o relato de Mauvage em F7 4432 (ver nota anterior) e parece mais plausível.

p. 352 **pelos faciais de Giot:** Ver acima, p. 199. Não é certo que Giot tenha acompanhado Fauconnier. Mas por que outro motivo ele estaria na Comuna? Isso apoia o argumento de sua nomeação entre dezoito e dezenove horas, em vez de entre vinte e 21 horas.

p. 352 **seu próprio irmão, Esprit:** Muitos relatos secundários afirmam que esse era Joseph Payan. Mas Guillaume (1891), iv, p. 876, apresenta evidências convincentes de que Joseph permaneceu nos prédios da Comissão de Educação a maior parte do dia e que um irmão mais jovem, de licença militar na capital, foi o escolhido.

p. 352 **"Comandante das Batatas":** Relato em W 79.

p. 353 **Olivier:** Ver esp. o relato do próprio Olivier sobre o episódio em AFII 47 pl. 364, pi. 46. Ver também o relato de Degesne em Courtois II, doc. XIX (9), p. 119-20, o que situa essa entrevista por volta das 18h30. O testemunho de Maviez, segundo em comando de Bondy na GN, é confirmatório: AFII 47 pl. 367, pi. 31.

p. 354 **declarou seu apoio:** Notavelmente, como resultado de seu conselheiro municipal Minier relatar no meio da tarde o que estava acontecendo na Maison Commune: F7 4432 pl. 9, pi. 30.

p. 354 **Jean-Baptiste Van Heck:** Sobre Van Heck, ver acima, p. 259.

p. 355 **o conduz até a delegacia:** Esse episódio está bem coberto em F7 4432 pl. 365, notadamente em relatórios do Comitê Civil (pi. 32), da Assembleia Geral (pi. 33) e do comandante da GN Berger (pi. 35). A denúncia de Leblanc contra Van Heck em pi. 34 também é interessante. Ver também o relato do próprio Van Heck (AFII 47 pl. 365, pi. 29), e seu arquivo policial em F7 4775/9. Van Heck era um radical muito envolvido: ver S&M, p. 408 e as referências de lá. Soboul está correto ao argumentar que o relato posterior de Van Heck retoca suas visões mais qualificadas no início do dia: Soboul (1958), p. 1016n.

p. 356 **"Grande prisão de Catilina Robespierre":** Coittant, *Troisième Tableau* (1797), p. 80-1.

p. 356 **algo inesperado:** de La Laurencie (1905), p. 27-8.

p. 357 **até mesmo seu Deus:** Lembranças da prisão do célebre empresário Palloy em uma carta para sua esposa: ADP 4AZ 15. Ver também acima, p. 107.

p. 357 **irmã da Caridade Théotiste:** Théotiste (1875), p. 160.

p. 358 **Riffard Saint-Martin:** Riffard Saint-Martin (2013), p. 104-6.

Sete da noite (p. 359-78)

p. 359 **uma bela força de combate à sua disposição:** O mapa do envolvimento seccional em *Atlas* (1989), p. 66, é instrutivo. Enquanto o quadrante noroeste da cidade, a oeste da rua Poissonnière, não mostrava compromisso de artilharia com a Comuna, todas as outras áreas estavam envolvidas, principalmente a Rive Gauche (por exemplo, Mutius-Scévole, Bonnet-Rouge, Invalides), as ilhas (Fraternité), as seções internas central e oriental (por exemplo, Muséum, Lombards, Arcis, Homme-Armé, Marchés) e os Faubourgs orientais (por exemplo, Quinze-Vingts, Popincourt). É muito difícil acompanhar as ações da gendarmeria à noite, pois muitos deles mudaram de lado pelo menos uma vez e após o evento procuraram cobrir seus rastros. O relato de Dumesnil em Courtois II, doc. XXXI, p. 182-4, não combina de forma alguma com a evidência de colaboração gendarme com a Comuna em F7 4437 (depoimento de Haurie) ou F7 3822 (relatório do Departamento de Paris, 11 Termidor).

p. 359 **o número de companhias:** Soboul (1958), p. 1003, 1005, corrige ligeiramente SCD, p. 213 sobre o número de canhões. Mas os dois falham em notar que as companhias de artilharia nem sempre (talvez nunca) levaram seus canhões com eles. Ver o exemplo de Chalandon no Homme-Armé, citado abaixo. Assim, em termos de armas, houve um complemento total, ao invés do número que o SCD afirma estar no local. Mas nem todas as companhias teriam trazido seus canhões. Além disso, três companhias estavam engajadas em serviço de plantão na Convenção, nas prisões de Temple e de Arsenal.

p. 359 **companhias para além:** Além do exposto acima, homens de Finistère, no Faubourg Saint-Marcel, e das seções Marat e Observatoire, na Rive Gauche, estiveram presentes por volta das sete da noite.

p. 360 **mais de 40% da população de Paris:** Esse ponto demográfico não é mencionado nos relatos históricos da época, mas é altamente significativo. Desconsiderando o número decepcionante de seções reais mobilizadas, os números da população são impressionantemente altos. Para estatísticas populacionais, ver Soboul (1958), p. 1093-4 e p. 435-8.

p. 361 **como a assembleia está se preparando:** Para a sessão da noite, eu novamente me baseio livremente em AP, p. 583-95, corrigido por Duval (1794), p. 25--74. Sobre os quarenta a cinquenta membros, ver Riffard Saint-Martin (2013), p. 106.

p. 361 **uma grande força de guardas:** AFII 47 pl. 365, pi. 19: relatório de Bouchefontaine, que encontrou as tropas no caminho de volta para sua seção. A seção realmente contém o edifício Maison Commune e se estende para o leste.

p. 362 **tanto a Comuna quanto as autoridades do departamento do Sena:** Duval (1795), p. 27. Cf. Courtois II, p. 68-9.

p. 364 **Payan foi preso:** Isso pode ser apenas um boato ou então se referir à prisão de Payan anteriormente, observada acima, p. 308.

p. 365 **O número de membros do Conselho Geral:** A presença máxima foi de 91 conselheiros (listados em B&R, 34, p. 43-4). Sobre o caso Guyot, ver "Mémoire du Citoyen Guyot, membre de la Commune et administrateur de police", em F7 4332 pl. 2, pi. 88.

p. 365 **libertar Robespierre:** Courtois II, p. 55-6.

p. 365 **"Devemos obedecer a Hanriot"**: AFII 47 pl. 366, pi. 37.

p. 366 **"Viva a Convenção!"**: Ibid., pi. 38.

p. 366 **conselheiros municipais rondam a entrada:** Desempenhando esse papel estavam, por exemplo, Eude e Delacour, em Droits-de-l'Homme (AFII 47 pl. 367, pi. 44); Cochefer, em Réunion (F7 4735 d. Guilbert); e Hardon, ou Ardon, em Finistère (F7 4332 pl. 10, pi. 4, contendo testemunho de Vian). Para um entre muitos casos de indivíduos que não compreenderam o impulso anti-Convenção da reunião: ver F7 4774/79 d. Ponsard (Finistère). Sobre saídas rápidas, ver também o caso de Minier (Arcis) F7 4774/46 d. Minier.

p. 366 **Jean-Antoine-Gaspard Forestier:** F7 4609 d. Florestal.

p. 366 **uma nova lista de presença:** F7 4432 pl. 10, pi. 4 (especialmente o testemunho de Le Grand e Menuit). A lista de presença, com o nome de Hardon no topo, pode ser encontrada em W 80.

p. 367 ***consigne*:** F7 4332 pl. 5, pi. 43 e F7 4774/40 (ambos Mauvage); e F7 4631 d. Cazenave.

p. 368 **do lado de fora do Clube Jacobino:** A ata da sessão da noite (agora perdida) foi vista por Courtois, que fornece alguns trechos. Esses e outros fragmentos estão reunidos em Jacobins, p. 290-4. Um relato do início da noite foi feito no *Conservateur décadaire*, 20 Frutidor II. Alguns relatos individuais também fornecem detalhes: por exemplo, Courtois II, p. 60 (rumor de Le Bas).

p. 368 **Ela merece ser assassinada:** Ver Godineau (1988), p. 193-6 (citando F7 4683).

p. 368 **"Temos que marchar"**: Além de Godineau, ver F7 4672 d. femme Butikère (sobre Couprye); F7 4669 d. Dembreville; e F7 4683 d. Dubreuil.

p. 369 **Jean-Baptiste Loys:** O episódio de Loys pode ser reconstruído a partir de F7 4774/26 d. Loys; F7 4704 d. Faineaux; e AFII 47 pl. 367, pi. 13 (Montagne: testemunho de Delassaux).

p. 369 **Nicolas-Joseph Vivier:** F7 4775/29 d. Vivier.

p. 370 **O crime está tentando derrubar a virtude:** Courtois II, p. 60. Ver acima, p. 47 (relatório de Legracieux).

p. 370 **Tallien optou:** Além de seu discurso na Convenção, ver F7 4774 d. Le Gentil (testemunho de Des Fosses) para evidências da presença de Tallien no Clube dos Jacobino.

p. 370 **Jacques Brival:** As cópias dos decretos de proscrição contra os dois Robespierres que consultei na Newberry Library, Chicago, trazem as assinaturas de Brival.

p. 370 **Prosper Sijas:** Ver acima, p. 74. Sobre a fala de Sijas, ver relatórios em Duval (III), p. 29; e AFII 47 pl. 366, pi. 39.

p. 371 **mostrar ferimentos cruentos:** F7 4758 d. Lagarde. Observe especialmente a longa e altamente parcial carta do pai de Lagarde defendendo a conduta de seu filho.

p. 371 **o voto contra Robespierre:** Ver o depoimento em F7 4631 d. Calvet (um homem acusado de, no passado, ter dado um soco em Robespierre). Sobre Riqueur, ver F7 4774/93 d. Riqueur.

p. 371 **os jacobinos hesitam:** Testemunho de Philippe Durand em F7 4774/93 d. Riqueur sugeriu um horário por volta das oito da noite para a discussão sobre a exclusão de deputado.

p. 371 **devem ser excluídos do Clube:** F7 4631 d. Calvet.

p. 371 **eles decidem reintegrar Brival:** AP, p. 589. Ver SCD, p. 234-4 para comentários sobre os principais horários.

p. 371 **Cd. Portières:** W 500 (testemunho no julgamento de Fouquier-Tinville).

p. 372 **parisienses subindo a rua Tournon:** Sobre as prisões e os Massacres de Setembro de 1792, ver acima, p. 106. Estou recorrendo particularmente ao próprio relato de Guyard, escrito da prisão depois da noite, para garantir sua libertação. Embora possamos descartar alguns detalhes como egocêntricos (como sua alegação de não ter reconhecido Robespierre), o relato é amplamente confiável. Ver também o arquivo sobre ele em W 79 (não W 80, como afirma o SCD); e o relatório de um dos gendarmes acompanhantes em Courtois, doc. XIX, p. 113-4. Cf. SCD, p. 242-3.

p. 373 **é a Comuna que paga seu salário:** Um ponto levantado por vários carcereiros e funcionários durante a noite: p. APP AA95 (Montagne).

p. 374 **entre quinze e vinte canhões:** Um membro do Comitê Civil da seção das Tulherias afirmou que quinze ou vinte canhões estavam na Place du Carrousel às 21 horas: AFII 47 pl. 364, pi. 33. Carlier, artilheiro de Mutius-Scévole, falou de onze na parte da força perto do Palácio da Convenção (W 80 d. Mutius-Scévole). Ver também SCD, p. 232-3.

p. 374 **multidão de 1,2 mil homens:** Relato de Bigot, segundo em comando da GN de Panthéon, AFII 47 pl. 366, pi. 24 (e não pl. 36, como afirma o SCD).

p. 376 **Mas são rostos desconhecidos:** Estou seguindo o SCD ao usar o relato desse episódio que apareceu nos textos que acompanham a versão publicada da peça de Serieys, *La Mort de Robespierre*. Parece ter sido baseado em relatos de testemunhas oculares (SCD, p. 243n). Ver também o relatório dos gendarmes Chanlaire e Lemoine em Courtois II, doc. XIX (3), p. 113-4; e abaixo, p. 485.

p. 377 **protestos contra o Salário Máximo de 23 de julho:** Para outras conjecturas sobre o Salário Máximo, ver p. F7 4432 pl. 7, pi. 32 (Cité); AFII 47 pl. 366, pi. 50 (Marchés); e acima, p. 331-2 (para Homme-Armé).

p. 377 **para protestar contra o Máximo Salarial:** Relatórios da companhia de artilharia da seção Maison-Commune que foi aquartelada na fábrica: AFII 47 pl. 365, pi. 21. O protesto foi alvo de boatos na seção Unité no final do dia: AFII 47 pl. 366, pi. 29.

p. 377 **"assassinar patriotas":** AFII 47 pl. 366, pi. 38 (relato de Pellerin). Ver também Popincourt AFII 47 pl. 366, pi. 29.

p. 377 **algum tipo de emergência:** A ordem de Hanriot no início da tarde atingiu apenas um punhado de seções por volta das dezoito horas. Cerca de metade das seções recebeu as ordens até as 19h30. Poissonnière e Bondy as receberam entre 21 e 22 horas, e Montreuil não antes de 22h30. Mesmo assim, foi uma transmissão geral mais rápida do que a de qualquer outra ordem (informações selecionadas especialmente de AFII 47 e F7 4432).

p. 378 **extravio de uma caixa de carne de porco:** Sobre Poissonnière, ver AFII 47 pl. 367 e F7 4332 pl. 4. Ver também AFII 47 pl. 364 (Piques); pl. 365 (Contra-to-Social); pl. 366 (Lepeletier); pl. 367 (Bondy); mais F7 4332 pl. 3 (Montanha); pl. 5 (Faubourg-du-Nord); pl. 6 (Gravilliers); e pl. 7 (Réunion).

Oito da noite (p. 379-401)

p. 379 **a necessidade imperiosa de prender jornalistas:** Courtois II, doc. XIII, p. 102. Ver acima, p. 187. Sobre Le Lièvre, ver os arquivos policiais dele e de seu irmão em F7 4774/14. Ver também acima, p. 202.

p. 379 **no Clube Jacobino:** Dos doze membros da administração atuantes na noite, apenas Faro e Le Lièvre parecem ter sido membros do Clube. Ver Jacobins, Index.

p. 380 **esperando abaixo, no pátio do QG:** Existem três relatos principais e amplamente concordantes desse episódio: AFII 47 pl. 365, pi. 29; F7 4432 pl. 7, pi. 33; e F7 4775/39 d. Van Heck. A citação de Robespierre abaixo é do primeiro dos relatos. Ver também denúncias de Leblanc e Berger contra Van Heck em F7 4332 pl. 7, d. 38 (Cité). As conquistas de Van Heck também incluíram impedir que as tias do rei deixassem Paris sem permissão, em abril de 1792, e impedir o saque do tesouro após 10 de agosto de 1792. Ver acima também, p. 259.

p. 382 **Debure, oficial da gendarmeria, entra no escritório:** Notavelmente, Scellier, o vice-presidente do Tribunal, e seu próprio adjunto, Grébeauval. Ver W 501 (testemunho de Debure).

p. 383 **viesse à barreira da casa:** Sobre esse episódio, ver AFII 47 pl. 365 pi. 30 (um excelente relato da seção Bon-Conseil, 15 Termidor).

p. 383 **"Robespierre está livre":** F7 4774/81 d. Poupart.

p. 384 **Ele então sai com seus seguidores:** F7 4432 pl. 6, pi. 24; AFII 47 pl. 364, pi. 48. Cf. SCD, p. 245-6.

p. 385 **rasgou as ordens da Convenção:** Este último incidente está registrado em Duval (1795), p. 28-9.

p. 386 **Courvol:** Ver acima, p. 285.

p. 386 **"Vejamos como a coisa se desenrola":** Courtois registra esta anedota: Courtois II, p. 68-9n.

p. 386 **Payan está preso:** O relato de Duval diz que Payan foi preso quatro horas antes. Isso provavelmente está relacionado ao incidente por volta das dezesseis horas. Ver acima, p. 308.

p. 387 **Cd. Pellerin:** AFII 47 pl. 366, pi. 38, pelo relato de Pellerin, ajudante de artilharia de Popincourt, excelente para todo esse episódio. SCD considera plausivelmente (p. 233) que a força chegou à Place du Carrousel por volta das 20h15.

p. 388 **insultou o deputado Goupilleau:** Ver esp. SCD, p. 233-5, sobre esse episódio (baseando-se especialmente no relato de Pellerin). Ver também as declarações completas dos artilheiros da seção Mutius-Scévole em W 80 d. Mutius-Scévole. Sobre a força perto do Hôtel de Brionne, ver SCD, p. 234. Sobre Pionnier, ver acima, p. 200.

p. 388 **As cordas que prendem Hanriot:** W79, "Dossier 13". Ver também W 80, arquivo Damour e F7 4660 d. Damour. Chaise (Fontaine-de-Grenelle) foi posteriormente acusado de cortar as cordas: F7 4637 d. Cadeira.

p. 388 **Julliot:** Relatório de Livin em AFII 47 pl. 365 pi. 33 (seção Bon-Conseil); ibid., pl. 364, pi. 5 (Lambert, seção Brutus).

p. 388 **"E ainda pegamos esse":** Testemunho de Rolland, secretário do CSG, W 434 d. 975. Ver também a declaração de Jeannolle em F7 4432 pl. 2, pi. 24.

p. 389 **senadores romanos:** AP, p. 590; cf. Courtois, p. 69. A referência é a *Roman History*, de Lívio, livro 5, 41. Agradeço a Ariane Fichtl neste ponto.

p. 389 **Thuriot avança:** Havia uma delegação das autoridades do Departamento de Paris nessa época. Eles se mantiveram distantes dos eventos da noite. AP, p. 590.

p. 390 **Dauminval:** Ver o esclarecedor relato de Dauminval em AFII 47 pl. 364, pi. 41.

p. 391 **"O CSG reconheceu minha inocência":** Além da Pellerin, já citado, ver também o testemunho de Thiéry, comandante da GN na seção Amis-de-la-Patrie: AFII 47, pl. 367, pi. 5. Sobre o impasse com a artilharia, ver Courtois II, p. 132, e, sobre a gendarmeria, AP 94, p. 103. Foi relatado que, quanto ao incidente de Pionnier, alguém apagou o pavio do canhão.

p. 391 **"Nem uma gota de sangue será derramada":** F7 4695 d. Dupré.

p. 393 **recuperar a coragem:** Sigo SCD, que argumenta que a história muito repetida de que Hanriot foi ordenado de volta pela Comuna é falsa. No entanto, estou menos certo do que ele sobre a coragem de Hanriot. SCD, p. 236, n. 3. As histórias de sua embriaguez eram comuns após o evento, em parte como resultado dos comentários de Coffinhal quando estava na prisão.

p. 395 **Lei de 23 Ventoso:** AP 96, p. 491. Ver acima, p. 110-3, para uso da legislação em áreas prisionais. Sobre a *mise en accusation*, ver a discussão acima, p. 112-3.

p. 396 **a tarefa de gerência:** Jean-Bon Saint-André e Prieur de la Marne estavam ausentes, em missão. Não há registro das reuniões do CSP/CSG. CSP, p. 457-68, fornece uma lista da maioria dos decretos, que também pode ser consultada em AFII 47, pl. 363. Aulard não observou alguns decretos do CSP e não há registro completo dos decretos do CSG, muitos dos quais, no entanto, deixaram vestígios nos arquivos. Sobre David, ver acima, p. 175; sobre Jagot, ver

AP 94, p. 30, e sobre Lavicomterie, ibid., p. 29-30 (os dois últimos ambos no 13 Termidor).

p. 396 **quando Hanriot, às cinco da tarde, fez sua incursão:** O número de assinaturas em Aulard fornece um guia aproximado da atividade. Dos membros do CSP, Billaud lidera com 15 assinaturas (sem documentos em mãos), seguido por Lindet com 13, principalmente em questões de abastecimento de alimentos. Depois, há 9 de Collot (5 em sua caligrafia), Barère, 8 (5), Carnot, 7 (4) e Prieur, 6. As assinaturas de Vadier e Voulland são encontradas em 11 decretos, Dubarran em 8 (4) e Lacoste em 7 (1). Lavicomterie não assinou nenhum (ver a altercação sobre sua presença intermitente, citada na nota anterior).

p. 397 **o afinco habitual no abastecimento de alimentos:** CSP, p. 463-7.

p. 398 **um novo grupo de administradores de polícia:** Ibid., p. 458-9. Ver também abaixo, p. 498.

p. 398 **Martial Herman:** Sobre Herman, ver acima, p. 212. Essa acusação foi feita contra ele: ver seu interrogatório no 24 Termidor em F7 4743 d. Herman.

p. 398 **apenas um punhado de Comitês Civis:** Os relatórios das seções em F7 4332 e AFII 47 mostram a proclamação alcançando a maioria das seções entre 21h30 e pouco depois das 22 horas.

p. 399 **uma medida paliativa:** CSP, p. 460.

p. 399 **embora, na verdade, esteja se libertando:** Ver acima, p. 388. Sobre a fuga de Julliot, ver AFII 47 pl. 365, pi. 33.

p. 400 **garantir a segurança da cidade:** Ver SCD, p. 353-4. De forma mais geral sobre a questão do poder executivo do Legislativo, ver Simonin (2008), esp. p. 303-7.

p. 400 **um corpo pessoal de guarda-costas:** Ver Jones & Macdonald (2018).

p. 401 **"Só existe um jeito de fazer isso":** Courtois II, p. 70n.

Nove da noite (p. 402-20)

p. 402 **Barras:** As memórias de Barras (1895-6) são importantes, mas notoriamente mentirosas, e na maioria dos aspectos do 9 Termidor podem ser descartadas (como também observado por SCD, p. 324-6). Sobre a bolha, ver acima, p. 224.

p. 402 **"solicito que me sejam dados assistentes":** AP, p. 591.

p. 402 **bolha da rua Saint-Honoré:** Os endereços que temos para ele são rua Saint-Honoré e a vizinha rua Traversière.

p. 403 **mistura heterogênea:** Para biografias resumidas, ver Kuscinski (1916), com informações sobre deputados em missão de Biard (2002).

p. 403 **moderado Féraud:** Ver *Moniteur*, 76, p. 688.

p. 404 **isso foi um ato excessivo:** Ex-membro da *armée révolutionnaire* de Paris, Pionnier participou da sociedade popular seccional. Ele está incluído no dicionário S&M de militantes, p. 316. Ver também acima, p. 200. O relato a seguir baseia-se particularmente em depoimentos de artilheiros da seção Mutius-

-Scévole em W 80. Pionnier e outros oficiais contestaram a história, mas o equilíbrio das evidências está com os homens. Ver também Courtois II, doc. XLIII, p. 218-9, onde Levasseur é identificado como Vasseur.

p. 405 **enviar um emissário ao CSP:** Bigot, declaração do segundo em comando da GN do Panthéon: AFII 47 pl. 366, pi. 24.

p. 407 **A seção enviou Bodson:** Ver F7 4432 pl. 9, pi. 30 para esse episódio. Ver também o arquivo policial de Bodson em F7 4604. Bodson afirmou que deixou a Comuna quando Robespierre chegou, o que ele diz ter sido por volta de 21h45. Isso parece não se encaixar com outras evidências. Sobre os horários nesse momento da noite, o SCD continua sendo um bom guia: esp. p. 260-1.

p. 408 **a escolta de Augustin:** Um deles escapou e relatou o incidente ao CSG. Ver o testemunho de Le Grand em F7 4432 pl. 10, pi. 4; e de René-Francois Camus, oficial do município de Guillaume-Tell, em W 79 d. "Complicité de Robespierre". Ver também F7 4632 d. Camus e F7 4702 d. Jacques Fabre. Dois homens seguraram Augustin sob os braços de acordo com B&R, 34, p. 87-9. Sobre suas convicções, ver suas declarações aos captores no final da noite, em Courtois II, doc. XXXVIII, p. 203-6.

p. 408 **ele não é muito conhecido:** Sobre o não reconhecimento, ver os testemunhos de Goupy, AFII 47 pl. 365, pi. 56 (Faubourg-du-Nord) e AFII 47 pl. 366, pi. 7 (Comitê Revolucionário de Sans-Culottes).

p. 408 **"unir-se a seu irmão":** De acordo com F7 4637 d. Chaguignée.

p. 408 **está em dúvida sobre como reagir:** Existem numerosos testemunhos sobre as intervenções de Augustin, incluindo as referências na nota anterior; AFII 47 pl. 368, pi. 28; e AFII 47 pl. 365, pi. 57. Eles são vagos e confusos em sua maior parte, mas permitem uma reconstrução de seu pensamento nas linhas indicadas, tendo em mente suas observações posteriores.

p. 409 **tratada com consideração:** AFII 47 pl. 365, pi. 57 (Comitê Civil, Faubourg-du-Nord). Ver W 79 d. "Complicité de Robespierre" (testemunho de Fréry e Camus, seção Guillaume-Tell). Ver também F7 4632 d. Camu.

p. 409 **"a única e solitária representante do povo":** Relatório de Olivier (Lombards), AFII 47 pl. 364, pi. 37.

p. 409 **marchar sobre a Convenção:** Ver o relatório dos emissários de Popincourt Courtois e François: AFII 47 pl. 366, pi. 37.

p. 409 **A expectativa é alta:** F7 4432 pl. 5, pi. 49 (Faubourg-du-Nord); e atas da Comuna em AFII 47 pl. 368, pi. 28. Houve discussão posterior de Lerebours na Convenção: AP, p. 635, onde foi sugerido que ele só usasse a pasta porque não tinha cartão de entrada para a Comuna. Lerebours acabou sendo o único chefe de uma comissão executiva do governo a ingressar na Comuna.

p. 410 **Nove ao todo:** O decreto encontra-se em Courtois II, doc. XVII, p. 110. A Commission des Neuf de1793 era mais conhecida como Commission de l'Évêché (nomeada assim por seu local de reunião).

p. 410 **doze adjuntos:** Sobre esse ponto, ver o depoimento do conselheiro de Poissonnière Renard, em F7 4774/89 d. Renard. Sobre a recusa em servir, ver F7 4636 d. Cazenave. A lista é apresentada em Courtois II, doc. XVIII (2), p. 111.

p. 410 **volta correndo para sua seção:** F7 4432 pl. 5, pi. 32 (Faubourg-du-Nord); AFII 47 p. 366, pi. 37 (relatório seccional do Comitê Revolucionário. Ataque de Robespierre à Convenção).

p. 411 **serão estocados por baioneta:** F7 4669 d. Duval.

p. 412 **redações dos jornais:** Ver acima, p. 185. Relato de Bisson, secretário da Administração de Polícia: F7 4432 pl. 7, pi. 4. Sobre prisões de vendedores de jornais, ver Courtois II, p. 149.

p. 412 **recusas motivadas de forma semelhante:** AFII 47 pl. 364, pi. 43 (Lombards). Houve uma história semelhante em outro lugar, notavelmente em Cité: AFII 47 pl. 365, pi. 4. Cf. Fraternité: F7 4432 pl. 4, pi. 32 (recusa inicial de cumprir uma ordem das autoridades militares e não das autoridades civis). Sobre a lei, ver AP 80, p. 629-24. Seção 2, artigo 2º, destaca o papel do CSP e CSG na organização do governo; seção 3, artigo 16, proíbe funcionários e órgãos constituídos de exceder seus poderes específicos (o artigo 16 estende isso para reuniões de convocação e similares). AP 80, p. 631, 633.

p. 413 **jogando fora das regras:** Existem muitos exemplos para listar. Uma cópia do pequeno manual da Lei 14 Frimário pode ser consultada em F7 4764 d. Langlois.

p. 413 **Foram dois os modos:** AFII 47, pl. 365, pi. 27 (Notre-Dame); ver o relato da gendarmeria anexado aos tribunais: testemunho em AP 94, p. 77 (15 Termidor: canhão).

p. 413 **Étienne Lasne, comandante do batalhão**: Para o relato de Lasne, ver AFII 47 pl. 367, pi. 42. O dossiê inclui outros depoimentos de testemunhas. Ver também F7 4592 d. Beque; e, sobre Mulot, ver acima, p. 207.

p. 415 **ainda comandando o espetáculo:** SCD (p. 257) sugere que a mensagem foi enviada duas vezes durante a noite. Não parece haver nenhuma evidência de que esse foi o caso. Sobre Julliot, ver acima, p. 399-400.

p. 416 **deixando os demais em guarda:** A questão do uniforme parece não ter sido notada pelos historiadores da noite. Léonard Bourdon adotar o uniforme proposto por David para os legisladores é algo que pode ser mostrado comparando os projetos de David com a descrição de Prieur da captura da Maison Commune. Em Prieur, as botas são muito marcantes, mas falta o gorro de David. Sobre o uniforme em geral, ver Guillaume Nicoud, "David habille la Révolution", *Histoire par l'image*, consultado em 7 de abril de 2020. http://www.histoire-image.org/fr/etudes/david-habille-revolution. Sobre a gendarmeria, ver o memorando fornecido pelo esquadrão 14 Juillet da gendarmeria em AP 94, p. 102 (13 Termidor); e AFII 224, doc. 1932.

p. 416 **guardas da GN de plantão hoje:** Isso está fortemente implícito no relato de Dauminval, militante das Tulherias: AFII 47 pl. 364, pi. 41.

p. 417 **estava detido na prisão:** O relato de Legrand citado acima é muito confuso. Cf. SCD, p. 261 e n.

p. 417 **Seu pessimismo anterior:** Ver acima, p. 158.

p. 418 **"*Adieu! Adieu!*":** Stéfane-Pol (190), p. 137-8. Le Bas já tinha sido levado para sua casa, presumivelmente para lacrar sua propriedade, pelo agente do CSG Dossonville, de acordo com o testemunho deste último: F7 6318B.

p. 419 **"Venha rápido":** B&R, 34, p. 52.

p. 420 **oito canhões da GN:** De acordo com um relatório da seção Révolutionnaire relatado na Convenção sobre o 10 Termidor: AP, p. 605.

p. 420 **ajudou a colocá-los lá:** Ver acima, p. 197-8.

p. 420 **delegação de Lasnier:** Relato de Lasnier, F7 4432 pl. 9, pi. 1.

Dez da noite (p. 421-42)

p. 421 **"Hanriot também está livre":** Sobre esse episódio, ver F7 4432 pl. 9, pi. 30 (relatório do Comitê Revolucionário de Révolutionnaire). Alguns detalhes também sobre funcionários da GN de Marat: AFII 47 pl. 365, pi. 41-4.

p. 424 **Jean Richard:** AFII 47 pl. 367, pi. 18; F7 4774/92 d. Richard. Ver acima, p. 351, para o incidente de Payan.

p. 424 **muito menos lotada do que antes:** Sobre o batalhão Panthéon, ver AFII 47 pl. 366, pi. 24 (relatório de Bigot, segundo em comando do batalhão). As tropas (com alguma artilharia) que guardavam o Mairie nesse momento vieram das seções de Marat, Lombards, Sans-Culottes, Arcis e Faubourg-du-Nord. Homens da Arcis e Droits-de-l'Homme estavam no prédio do Tesouro.

p. 424 **Homens do Amis-de-la-Patrie:** O arquivo de Thiéry em F7 4775/28 contém mais de vinte declarações anônimas de guardas de Amis-de-la-Patrie sobre essa etapa da noite.

p. 425 **A grande maioria das seções:** Ao longo da noite, cerca de 33 das 39 seções restantes realizariam assembleias. SCD, p. 278n.

p. 425 **em áreas centrais:** As seções centrais eram Tulherias, Lombards, Muséum e (na Ile de la Cité) Révolutionnaire, e, também, na Rive Gauche, Fontaine-de-Grenelle. A leste, havia Réunion e Arsenal e a oeste, République. SCD, p. 272n. Soboul (1958), p. 1013, observa que os Champs-Élysées só se tornaram conhecidos muito mais tarde e foram antagônicos à Comuna.

p. 425 **mudar o panorama político:** Embora Soboul (1958) esteja menos convencido (p. 1021), SCD argumenta fortemente nessas linhas (p. 272-3).

p. 426 **aos retos caminhos pró-Convenção:** BHVP ms. 678: continuação do diário de Jacques-Louis Ménétra.

p. 426 **"não é fácil fazer o povo se rebelar":** Ver acima, p. 366.

p. 427 **Um número substancial de seções envia delegados:** Sobre Indivisibilité, ver AFII 47 pl. 365 pi. 38; e sobre Poissonnière, ver F7 4432 pl. 4, pi. 30. Ver também a última seção AFII 47 pl. 367, pi. 52-3; F7 4639 d. Chandelier; F7 4774/10 d. Lecomte; e F7 4774/80 d. Potier.

p. 427 **observadores ao Clube Jacobino:** Thibaudeau (1827), p. 82-4, é esp. bom neste aspecto.

p. 428 **Barère está prestes a falar:** AP, p. 591-2.

p. 428 **têm como base rumores:** Essa é a opinião de SCD (p. 254).

p. 429 **"mesmo Catilina ou Pisístrato":** Para ambas as referências clássicas, ver p. 65.

p. 430 **Pierre Burguburu:** Dois arquivos excelentes sobre Burguburu em W 79 e F7 4627.

p. 430 **companheiros jacobinos:** Assim como Sijas, Burguburu citou Renaudin, Nicolas e Chatelain, entre outros, como companheiros presos ou prestes a serem presos.

p. 430 **"os facciosos terão sido aniquilados":** AFII 47 pl. 366, pi. 4 (testemunho de Martellière).

p. 431 **"Conselho Geral de 10 de Agosto":** O delegado pode ter se confundido entre o Comitê de Execução de nove e os doze adjuntos nomeados. (Ou podem ter sido os nove originais com os dois Robespierres e Le Bas adicionados. O título de 10 de agosto não foi amplamente utilizado.) Àqueles que estiveram na Comuna Insurrecional em 1792 foram dadas credenciais honorárias para essa noite, embora houvesse poucos candidatos.

p. 431 **Didier estava angustiado:** Há detalhes sobre o dia de Didier em seu interrogatório em W 500. Ele afirma ter deixado o Jacobino rumo a sua casa depois das dez da noite. Apesar desse ato, ele permaneceu fiel aos princípios robespierristas nos anos seguintes: S&M, p. 62. Não há informação sobre Duplay.

p. 432 **"Mantenha-se leal":** Courtois II, p. 68.

p. 433 **Bertèche, o comandante da École, está preso:** Ver acima, p. 183. Na verdade, parece que ele já tinha sido preso por um crime de falsificação no início do dia: ver seu relato em F7 4596. Ele afirma ter resistido aos apelos dos rebeldes às 21 horas: F7 3822.

p. 433 **Jean Devèze:** F7 4765 d. Devèze. Sobre esses eventos, ver AP, p. 591.

p. 434 **o homem em pessoa entra na sala:** Sobre a pausa no meio da frase, ver SCD, p. 263n.

p. 435 **a necessidade de apoiar a liberdade:** F7 4432 pl. 10, pi. 4: testemunho de Hardon (Finistère). Sobre a citação de liberdade, ver F7 4431 d. Camus.

p. 435 **Os colegas de batalhão:** Ver acima as simpatias do batalhão, p. 354. O incidente está registrado em Courtois II, doc. XXXIV (2), p. 196-7. A frase de Robespierre foi "assommez-le!". O documento inclui a reivindicação de Juneau por sua propriedade perdida anotada aqui, com os custos.

p. 435 **"vilões, ex-espiões da polícia":** AFII 47 pl. 366, pi. 37.

p. 436 **"libertar a Convenção":** F7 4333 pl. 1, pi. 18.

p. 436 **não é Billaud, ou sequer Barère!:** Mathiez supôs que a ausência de Barère foi obra de Robespierre: Mathiez, "Robespierre à la Commune le 9 thermidor", em id. (1925), p. 223n.

p. 436 **arregaçam as mangas:** Exemplos dos seguintes decretos podem ser vistos em AFII 47 pl. 368, pi. 1-16; F7 4333 pl. 1; e Courtois II, docs. XXI-XXVII, p. 123-8.

p. 437 **venham para o lado da Comuna:** AFII 47 pl. 368, pi. 14 (ordem de Hanriot); AFII 47 pl. 366, pi. 38 (Pellerin); AFII 47, pl. 368, pi. 12 (ordem para seção); ibid., pi. 11 (pistolas); AP, p. 592 (captura da Convenção sob a ordem de Hanriot). Ver no geral também SCD, p. 283-5.

p. 437 **escreve aos ajudantes:** AFII 47 pl. 365, pi. 25. A carta foi enviada às 19h15. A sensação de trapaça foi compartilhada por funcionários do Faubourg-du--Nord, que enviaram sua artilharia para a Comuna com a impressão de que estavam sendo usados para fins de ordem pública. Ver AFII 47 pl. 365, pi. 55-7; e F7 4432 pl. 5 e outros; e mais em F7 4637 d. Chaguignée e F7 4774/40 d. Mauvage. Ver também, para um caso similar, AFII 47 pl. 366, pi. 47-8 (Marchas).

p. 438 **Pierre-Louis Moessard:** Ver o relato completo em F7 4432 pl. 4, pi. 16-8; e sobre o próprio Moessard, F7 4774/47 d. Moessard. Ele seria investigado por sua postura pró-Hanriot após esse dia. Sobre Fréry, ver também F7 4632 d. Camu.

p. 439 **"ainda são jovens na Revolução":** F7 4774/66 d. Pellecat. Ver também AFII 47 pl. 364, pi. 23-4 (seção Quinze-Vingts: testemunhos de Bourbault e seu subcomandante Trouville). Ver também F7 4710 d. Fournerot. Fournerot media 1,37 metro. Ver também SCD, p. 270-1.

p. 441 **"Cale a boca, Robespierre!":** Coittant, *Almanach des prisons*, p. 157.

p. 441 **Será verdade?:** Théotiste (1875), p. 160. Isso era boato: nessa época, as tropas do governo não estavam na Maison Commune.

p. 442 **descontar seus sentimentos ruins:** F7 4738 d. Haly.

p. 442 **crianças são pressionadas:** Beugnot (1866). p. 228; Fleischmann (1908), p. 395, citando Beaulieu.

p. 442 **resignação cansada:** de La Laurencie (1905), p. 29.

Onze da noite (p. 443-65)

p. 443 **"inimigos do povo":** F7 4333 pl. 1, pi. 23.

p. 444 **"e *dentro da lei* pela Liberdade e Igualdade!":** F7 4432 pl. 2, pi. 88 (memórias de Guyot: ver abaixo, p. 491-2).

p. 444 **Fleury-Bourbon deu no pé:** F7 4585 d. Ballin. Ver SCD, p. 280-1. Sobre os decretos, ver F7 4433, pl. 1.

p. 445 **quartel-general improvisado:** Relatos de Fouquier, em W 500 e W 501. Cf. Lenôtre (1908), p. 288.

p. 445 **"nem o que isso significa":** Dunoyer (1913), p. 290 (testemunho de femme Morisan, *buvetière*, em W 500).

p. 446 **Aubert:** Ver acima, p. 168, e F7 4582 d. Aubert.

p. 447 **poucas chances de vencer em Faubourg-du-Nord:** F7 4437 (Gibert), F7 4586 (Barelle) e AFII 47 pl. 365, pi. 35 (Faubourg-du-Nord). Ver também F7 4650 d. Cochois, e AFII 47 pl. 364, pi. 42 (Cochois). Sobre Simon, ver acima, p. 202, e AFII 47 pl. 365, pi. 39-42 e F7 4432 pl. 9, pi. 15 (seção Marat). Em Invalides, Michée não apoiou os pró-Comuna Roussel e Vitry: F7 4432 pl. 8, pi. 34-5.

p. 447 **Gencey:** AFII 47 pl. 365, pi. 12.

p. 447 **procuraram influenciar Charles Chardin:** F7 4432 pl. 4, pi. 6 (testemunho de Lambert). Ver também o testemunho do segundo em comando do batalhão, Stainville, e as atas do Comitê Civil.

p. 448 **o rabo entre as pernas:** Além dessas fontes, ver também B&R, 34, p. 47, para a ordem da Comuna.

p. 450 **"cortarem nossa garganta":** Courtois II, p. 72n.

p. 450 **A Pont-Neuf:** Ver abaixo, p. 454-5.

p. 452 **"notícias falsas" do governo fossem divulgadas:** W 80 d. Alegre.

p. 453 **declara imediatamente apoio à Convenção:** De acordo com SCD (p. 274 e n.), dez dessas assembleias juntaram-se às nove seções que recusaram as assembleias por causa da fidelidade à Convenção.

p. 453 **Herman e Lanne:** Ver acima, p. 202, 261.

p. 453 **cartazes colados:** Para o formato de cartaz, ver Assemblée Nationale; Coleção Portiez de l'Oise. (Estes foram gentilmente trazidos à minha atenção por Laurent Cuvelier.) As seções que receberam a proclamação antes das 22 horas incluem Contrat-Social, Marchés, Bondy, Temple, Poissonnière, Arsenal e Maison-Commune. Nesta última seção fica a Maison Commune. Nas seções em que a documentação fornece horários após as 22 horas (aproximadamente metade das 48) quase todas as leituras foram feitas entre 22 e 22h30, embora em alguns locais tenham ocorrido após a meia-noite.

p. 453 **"Estamos cagando":** AFII 47 pl. 364, pi. 33 (seção das Tulherias).

p. 454 **irmãos Bodson:** Ver acima, p. 407.

p. 454 **apoiadores mais entusiasmados da Comuna:** CSP, p. 459-60. Ver também F7 4774/8 d. Le Camus.

p. 455 **despojado de sua faixa:** Sobre esse episódio, ver F7 4432 pl. 9 e AFII 47 pl. 365, bem como BNF NAF F7* 2712. Ver também os dossiês dos irmãos Bodson em F7 4604.

p. 455 **nas mãos do governo:** Ver acima, p. 451.

p. 455 **para visitar batalhões:** Os oito batalhões seccionais da 3ª Legião localizavam-se na Rive Droit (Tulherias, Champs-Elysées), na Ile de la Cité (Révolutionnaire) e na Rive Gauche (Fontaine-de-Grenelle, Bonnet- Rouge, Unité, Mutius-Scévole e Invalides).

p. 455 **celas da Administração de Polícia:** AFII 47 pl. 364, pi. 1 e 14-17 (Unité). Esses materiais incluem o relato de Mathis sobre o incidente.

p. 456 **rua des Canettes:** Ver acima, p. 49. A casa de Floriban no fim da rua des Canettes dava para a praça.

p. 456 **A presença dos deputados:** F7 4432 pl. 9, pi. 1. Ver também Biblioteca da Sorbonne (Paris), ms. 117 (somente fragmento). A identidade dos dois deputados é desconhecida.

p. 457 **lixeiras:** Muitas seções se esforçaram para manter um arquivo das comunicações da noite, mas a quantidade retida foi, no geral, muito pequena.

p. 457 **"fruto de seis anos de trabalho":** AFII 47 pl. 365, pi. 14; F7* 2507.

p. 457 **uma nova urgência à mensagem:** Ver acima, p. 415. É possível, porém, que o decreto tenha sido expedido em dois lotes. Certamente, os horários de chegada em algumas seções eram muito tardios (duas da manhã em Indivisibilité, duas e meia em Bonne-Nouvelle, três em Sans-Culottes, cinco em Arsenal).

p. 459 **O grupo de Bon-Conseil:** Ver acima, p. 427; e AFII 47 pl. 365, pi. 30.

p. 459 **virar a casaca:** F7 4432 d. 9, pi. 1 e AFII 47 pl. 366 pi. 14. Para a expedição de Lasnier, ver acima, p. 420-1.

p. 460 **despojado de suas insígnias:** W 79, "Dossiers Canonniers des Droits-de--l'Homme"; ibid., "Dossier 13" (relativo a Arcis), bem como AFII 47 pl. 366, pi. 20; F7 4660 d. Damour. Ver também relatos do incidente em F7 4774/49 d. Monoyer. Na mesma época, a assembleia concordou em retirar seu destacamento da GN da Place de la Maison Commune.

p. 460 **os três homens são presos:** Sobre Tugot e Dehureau, ver W 80 d. Arcis. Sobre Homme-Armé, AFII 47 pl. 366, pi. 4; e F7 4609 d. Forestier; B&R, 34, p. 55. Sobre os três homens, ver abaixo, p. 502. Há incerteza sobre o horário dessas prisões.

p. 460 **Jean-Étienne Forestier:** Ver esp. F7 4609 d. Forestier; mais F7 4737 d. Guyard e AFII 47 pl. 366, pi. 20. Os delegados foram registrados na assembleia de Popincourt às 22h45: AFII 47 pl. 366, pi. 33. Ver também APP AA266 Popincourt; e Courtois II, p. 167, que registra a redação do texto Homme-Armé.

p. 461 **primeiros imitadores:** Ver AFII 47 pl. 367, pi. 43 (Droits-de-l'Homme). Esses nomes são muitas vezes listados entre as primeiras delegações recebidas em seções individuais. BNF Fonds française 8607 contém as atas da seção Homme-Armé e seus esforços excepcionais de divulgação. Ver também W 79.

p. 461 **visitar o Clube Jacobino:** Sobre a seção Fraternité e o Jacobino, ver F7 4432 pl. 7, pi. 44.

p. 462 **proibida pela Lei de 14 Frimário:** Ver acima, p. 210-2. Sobre a condenação dos "banquetes fraternos", ver acima, p. 147-8.

p. 462 **prática de confraternização:** Ver Soboul (1958), p. 31-5. SCD nota que 33 das 39 seções em que foi realizada uma Assembleia Geral praticaram essa forma de fraternidade interseccional.

p. 463 **Nicolas-Paul Hugot:** AFII 47 pl. 368, pi. 17. Ver também SCD p. 285-7 e, com o decreto da Comuna, Courtois II, doc. XXX, p. 164-6.

p. 464 **"o novo Cromwell":** Ver acima, p. 240.

p. 465 **A Lei de 23 Ventoso:** Ver acima, p. 112.

p. 465 **manifestantes contra o Salário Máximo:** Ver prisões anotadas em F7* 2472 (Montagne).

PARTE V: MEIA-NOITE, PERTO DA MEIA-NOITE, DEPOIS DA MEIA-NOITE (p. 467-506)

(A) Meia-noite (p. 469-75)

p. 469 **O relato de Marat:** Ver acima, p. 60.

p. 470 **nenhum plano sobrevive ao contato com o inimigo:** Essa frase é geralmente atribuída ao marechal de campo prussiano von Moltke, do século XIX. Mais recentemente, foi reformulada pelo boxeador Mike Tyson como "todo mundo tem um plano até levar um soco na boca".

p. 471 **sua *idée fixe* por meses:** Ver acima, p. 191.

p. 471 **"verdades úteis":** Ver acima, p. 65.

p. 472 **uma vítima injustiçada:** Os estudiosos perceberão que estou tomando partido em uma disputa clássica. Muitos sustentam que essa carta foi o último ato de Robespierre e que uma mancha ao lado de sua semiassinatura é o sangue derramado quando ele foi baleado pelas forças da Convenção. Estou seguindo em grande parte os argumentos de Albert Mathiez, que apontou as falácias, bem como as improbabilidades dessa afirmação. A carta saiu e foi recebida na seção de Piques antes da hora da morte de Robespierre. A interpretação geral aqui, no entanto, é, em última análise, minha. O documento está localizado no Musée Carnavalet.

p. 474 **muito odiado nas ruas:** Ver acima p. 209 sobre sua impopularidade. Ele tinha sido libertado da prisão de Pélagie com Nicolas, aliado de Robespierre: F7 4677 d. Digeon; e F7 4662 d. Dauphinot.

p. 474 **enforcar alguém usando as cordas:** F7 4432 pl. 7, pi. 2. Sobre seu comportamento excessivo nesse momento, ver também F7 4775/48 d. Vicente. A ameaça foi estranha porque Robespierre não parece ter sido amarrado à tarde. Na prisão, pós-Termidor, Fouquier ouviu Coffinhal repreendendo Hanriot por estar bêbado no dia: W 501.

(B) Perto da meia-noite (p. 476-95)

p. 476 **esperava que o 9 Termidor fosse um dia normal:** APP AA118 Muséum (déclaration de grossesse, 20 Pluviôse III). Entrei nessa pista por meio de Cobb (1971), p. 225 e id. (1972), p. 142.

p. 477 **dois outros adjuntos:** Referência aos demais deputados que serviram com Barras na F7 4774/92 d. Richard.

p. 477 **artilharia da seção Droits-de-l'Homme:** Ver acima, p. 413, 488.

p. 477 **Léonard Bourdon:** Não há evidências sobre a tomada de decisão de Barras. A energia de Bourdon naquela noite e seu conhecimento do terreno devem ter sido fatores-chave na mente de Barras ao escolhê-lo para essa missão. Ver a biografia de Bourdon por Sydenham (1999), p. 236-41.

p. 477 **como reforço para a Convenção:** Sobre Réunion, ver F7 4774/92 d. Richard. (Esse é o mesmo Richard que se envolveu em um incidente com Payan no início da noite: ver p. 351.) Sobre Bon-Conseil, F7* 2490; e sobre Halle-au-Blé, AFII 47 pl. 364, pi. 50.

p. 478 **copiosa multidão de cidadãos:** Atos relativos a essas visitas estão principalmente contidos em C 314. Eles também estão listados em AP, esp. p. 565-73.

p. 478 **não estão representadas:** Não há relatórios para Chalier em AFII 47 ou F7 4432; a única documentação oficial que temos é o relato do Comitê Revolucionário em F7* 2511.

p. 478 **os ganhos que o povo teve:** Esse tropo aparece em quase uma dúzia de declarações no decorrer da noite e é muito repetido nos dias posteriores.

p. 478 **banais, estereotipadas e muitas vezes altamente apelativas:** Essa é a visão de Baczko em seu influente trabalho sobre o pós-Termidor (1989). Eu argumento contra isso em Jones (2014).

p. 479 **Voyenne:** F7 4775/49 d. Voyenne e W80.

p. 480 **o batalhão de Finistère:** Ver o dossiê muito completo sobre o grupo de Finistère em F7 4432 pl. 10, pi. 4. Sobre o incidente La Force, ver acima, p. 416.

p. 480 **massacrar prisioneiros:** Ibid., esp. testemunhos de Ouy, Brehy e Thibaux.

p. 480 **"o destacamento pode se retirar":** Ibid., testemunho de Vian.

p. 480 **"Tudo bem, faça isso você mesmo!":** F7 4432 pl. 6, pi. 24-9.

p. 481 **"não são soldados de aluguel":** "Ils n'étaient pas soldats d'argent": ibid., testemunho de Legrand (Finistère). Ver também testemunhos de Manant, Bontemps, Vian, Prin, também em F7 4432 pl. 10.

p. 481 **o homem errado no lugar errado:** O que se segue baseia-se nos arquivos da polícia de Giot em W 79 d. Marat; e F7 4725 d. Giot. Ver também AFII 47 pl. 365, pi. 41 (testemunho de Damour); pi. 44; e F7 4432 pl. 9, pi. 16.

p. 482 **envelheceram oitenta anos:** Vilate, *Causes secrètes* (III), p. 212 (na prisão de La Force). Para informações gerais sobre Temple, ver F7 4391. Ver os arquivos da polícia sobre os administradores envolvidos: F7 4775/26 d. Tessier; F7 4775/31 d. Tombe; F7 4775/21 d. Soulié; e F7 4774/90 d. Renaudin (sobre Soulié). Ver também F7 4432 pl. 6, pi. 39-41; e AFII 47 pl. 367, pi. 32-4.

p. 482 **Tessier, da seção Invalides:** Sobre Tessier, ver acima, p. 203.

p. 482 **planejava capturar o jovem "Capeto":** Ver abaixo, p. 492.

p. 483 **escrevendo para o Comitê Revolucionário:** F7 4432 pl. 10, pi. 37.

p. 484 **"todos os patriotas foram declarados fora da lei":** Ver Courtois II, doc. XXXV (1), p. 198, para as circunstâncias da sua libertação.

p. 484 **falhando em todas as frentes:** Sobre o único esforço de mobilização na seção Maison-Commune, ver AFII 47 pl. 365, pi. 18-20 e F7 4774/97 c. Roger. Sobre a interceptação da carta, ver acima, p. 449.

p. 484 **Honoré-Gabriel Dulac, espião do CSP:** Relato de Dulac em Courtois II, doc. XXXIX, p. 207-12, é uma versão sobrescrita de suas memórias impressas, que pode ser encontrada em F7 4432 pl. 2, pi. 90. Recorro também ao relato dos dois gendarmes que faziam a escolta de Couthon, Javois e Muron. Ver ibid., pl. 2, pi. 13.

p. 485 **"no pátio de Mairie":** Não está claro quem está falando. Meu palpite é que é um administrador de polícia que estava presente no início da noite quando Robespierre entrou em Mairie. (Ver acima, p. 375.) Pode muito bem ter sido o administrador de polícia Legrand, que era membro do Comitê de Execução.

p. 486 **"voltar o povo contra os conspiradores":** Essa redação é do relato de Dulac. O relato de Javois e Muron traz: "Gendarmes, desçam imediatamente ao local e coloquem as pessoas no estado de espírito certo e as inspirem", mais a resposta citada aqui.

p. 487 **Longueville-Clémentières e Morel:** Compare Morel em F7 4774/72 e Clémentières em W79 d. Clémentières-Longueville. Os relatos dos dois homens diferem em alguns detalhes.

p. 488 **pelotão de fuzilamento ao amanhecer:** A ameaça de execução pelo pelotão de fuzilamento na manhã seguinte parece ter sido verdadeira. Ver também e. Courtois II, doc. XIX (9), p. 120-1.

p. 488 **Léonard Bourdon e Simon Camboulas:** Estou me baseando no relato desse incidente em "Récit de ce qui s'est passé dans la Maison Commune de Paris la nuit du 9 au 10 thermidor", do *Messager du soir*, edição do 18 Termidor, e depois na Convenção sobre o 16 Termidor: AP 94, p. 95 ss. Os relatos afirmam que foi às 23 horas, mas isso parece muito cedo em vista do ataque à Maison Commune às duas ou três da manhã. Mas o relatório da seção em AFII 47 pl. 366, pi. 27 indica a mesma hora. Embora Bourdon morasse aqui, Camboulas residia na rua Saint-Honoré. Seis mil homens representam uma grande força; mas Gravilliers era uma das maiores seções, com cerca de 25 mil habitantes. Parte da força pode ter vindo de outras seções.

p. 488 **um pequeno atrito na Maison Commune:** Sobre esse incidente, ver F7 4774/66 d. Penières e F7 4774/81 d. Poupart. Este último sugere que o movimento levou à ocupação da área ao redor do QGGN, mas isso não é corroborado por nenhuma outra fonte.

p. 489 **o código:** F7 4774/37 d. Martin; F7 4775/36 d. Ulrich; e W 80 d. Gravilliers. Pierre-Louis Vincent, um funcionário da Comuna, afirmou ter passado o código para Ulrich e fez o possível para mantê-lo em uso o dia todo: F7

4775/48. Ver também acima, p. 387; e a declaração de Ulrich em Courtois II, doc. XXXVI, p. 126-7. Houve muita confusão com os códigos durante a noite toda: ver, por exemplo, F7 4748 d. Janson.

p. 489 **"Convenção Nacional" e "Povo":** AFII 47 pl. 365, pi. 44 (testemunho de Typhaine).

p. 489 **Gencey, em Finistère:** Apesar da energia de suas intervenções, nem Delacour em Brutus nem Gencey tiveram sucesso em seus esforços. Sobre Burguburu, ver acima, p. 430. Ver também F7 4677 d. De l'Épine para um caso semelhante em Gravilliers.

p. 490 **"oprimir os patriotas":** Testemunho de Bougon em F7 4764 d. Langlois. Ver também F7 4432 pl. 7, pi. 2. Sobre Le Pauvre, ver W 79 d. "Complicité de Robespierre", e, sobre o comportamento de Arnauld, ver o relato de Tachereau: F7 4775/25 (39 ou 40 seções, 6 mil guardas, 1,2 mil da cavalaria).

p. 490 **seções pró-Comuna:** Ibid. Ver também AFII 47 pl. 366, pi. 25-6. O número de quarenta é citado também por Perrot em Maison-Commune: F7 4774/69. Em Marat, às 23 horas o número era vinte, em Invalides, trinta: AFII 47 pl. 365, pi. 39 (Marat) e F7 4432 pl. 8, pi. 35. Sobre a reivindicação do Clube Jacobino, ver, por exemplo, F7 4774/92 d. Roch.

p. 490 **"mutuamente contraditórios":** F7 4432 pl. 7, pi. 2 e pi. 6; AF II 47 pl. 367, pi. 42.

p. 491 **tráfego de informações:** F7 4730 d. Goulart; F7 4774/11 f. Lefebvre; F7 4585 d. Ballin.

p. 491 **"desencadear uma guerra civil":** Lefebvre F7 4774/11 d. Lefevbre. Ver também os relatórios seccionais em AFII 47 pl. 366. Cf. Vincenot, segundo em comando da GN de Arsenal, AFII 47 pl. 367, pi. 2 para outra referência a Lyon; e F7* 2510 (Invalides: guerra civil).

p. 492 **"as pessoas vasculharão as margens do Sena":** Ver acima, p. 57.

p. 492 **Langlois está de guarda:** Sobre Langlois, ver acima, p. 182. Seu relato desse dia (Langlois [1836], p. 26-33) é pobre e contém vários erros factuais. Existem alguns detalhes menores no arquivo da polícia de Peyssard: F7 4774/72.

p. 492 **Bertèche, já está preso:** F7 4596 d. Bertèche. Ver acima, p. 432.

p. 492 **sem munição:** Peyssard na sessão do 11 Termidor: AP, p. 584, 593.

p. 493 **Este não foi o dia:** Ver o autorrelato impresso de sua vida e do 9 Termidor em F7 4332 pl. 2, pi. 88: "Mémoire du Citoyen Guyot, membre de la Commune et administrateur de police". Ver também F7 4737 d. Guyot.

p. 493 **a Place de la Maison Commune:** Ver acima, p. 481. Ver também os relatos dos participantes sobre esse episódio em F7 4432 pl. 6, pi. 29.

p. 494 **eles querem lutar contra o tirano:** Ibid., esp. testemunhos de Laroche e Lieyvus; e AFII 47 pl. 364, pi. 47 (relato de Philippe e Dubois).

(C) Depois da meia-noite (p. 496-506)

p. 496 **a demonstração de força mais impressionante:** Ver acima, p. 367 (por volta das dezenove horas) e p. 412 (por volta das 21 horas).

p. 497 **a morte estava chegando:** Esse relato baseia-se particularmente no arquivo policial de Forestier em F7 4609, bem como no relato de Dulac em Courtois II, doc. XXXIX, p. 207-14. Sobre o início da noite, ver acima, p. 368.

p. 497 **escrivão Blaise Lafosse:** Lafosse foi pego no caminho de volta para a seção Contrat Social: ver F7 4578; W 79; e W 80.

p. 497 **Tocos de velas e água estagnada:** O conselheiro Beauvallet era outro fugitivo aqui: ver F7 4432 pl. 5, pi. 34 (Bondy); e Courtois. Eles saíram após as execuções de 10-12 Termidor e sobreviveram.

p. 497 **Dulac agarrou Charlemagne:** De acordo com o relato de Dulac em W 79 "Notes et renseignements relatifs à différents prévenus", bem como seu relatório em Courtois II, doc. XXXIX, p. 213-4.

p. 498 **um tiro de pistola que perfurara a bochecha de Robespierre:** AP, p. 594. Este não é o lugar para entrar em um debate sobre as circunstâncias do ataque a Robespierre que dividem os historiadores há mais de dois séculos. A contribuição mais recente é Biard (2015). Vários defensores da hipótese de Merda reivindicam como apoio o sangue a ser encontrado na semiassinatura de Robespierre em sua suposta carta final. No entanto, como apontado acima (p. 472), há evidências suficientes para descartar a ideia de que isso foi de fato escrito nessa época. Vale a pena notar que Augustin Robespierre confessou que sua queda de uma janela da Maison Commune tinha sido uma tentativa de suicídio. Sainte-Claire Deville, cujo conhecimento dos materiais primários sobre a *journée* é *sans-pareil*, também descarta incondicionalmente o relato de Merda (p. 299 e n.).

p. 498 **desmoralizado:** Ver, sobre a carnificina, o relato de Dulac em Courtois II, doc. XXXIX, p. 213-4. A maioria dos historiadores afirma que Couthon foi empurrado escada abaixo, mas o relato plausível de uma testemunha ocular do artilheiro de Arcis, Laroche, sugere que ele foi levado para o local na tentativa de fugir: Cobb (1952). Sobre o estado de vestuário de Saint-Just, *Faits recueillis aux derniers instants de Robespierre et de sa facction du 9 au 10 thermidor* (sem data = 1794). Sobre o Robespierre caçula, ver os relatórios em Courtois II, doc. XVIIII, p. 203-6. O nome do guarda é dado no *Journal de Perlet*, 18 Termidor. SCD (p. 298) situa a queda no momento em que Bourdon estava entrando no prédio, embora outros relatos difiram sobre isso.

p. 498 **Ménétra tinha perdido recentemente a eleição:** BHVP, ms. 678, e acima, p. 177.

p. 499 **submeteu Mairie e o QG da Polícia:** Esse relato vem esp. de AFII 47 pl. 365, pi. 53, 54 e F7 4332 pl. 9, pi. 30 (Révolutionnaire); AFII 47 pl. 367, pi. 47 (relatório de Mulot, chefe da 5ª Legião); e o relatório entregue à Convenção no

12 Termidor pela 32ª divisão montada de gendarmeria: AP, p. 635-5. Sobre os decretos do CSP a respeito da Administração de Polícia, ver CSP, ix, p. 458-9; e F7 4774/8 d. Lecamus.

p. 499 **o Clube Jacobino:** O principal relato do fechamento do Jacobino é o relatório de Legendre à Convenção: AP, p. 594, e depois o Clube Jacobino no 11 Termidor: Jacobins, p. 297-8.

p. 500 **agressão física a Mathis, chefe da 3ª Legião:** Mathis escreveu para a Convenção de seu leito de convalescença e recebeu a comenda dos deputados: AFII 47 pl. 364, pi. 4 e AP 94, p. 13.

p. 500 **insultos cruéis dos observadores:** *Faits recueillis* (1794), p. 3-4. Além do testemunho dessa fonte, ver também Courtois II, doc. XLI, p. 215-7, nomeadamente sobre as transferências de Robespierre e Saint-Just.

p. 500 **"O cadáver de um tirano":** AP, p. 593.

p. 500 **tentava parecer um batedor de carteiras:** Conforme afirma o deputado Thibaudeau (2007), p. 119. Sobre a condição dos homens nesse momento, ver esp. *Faits recueillis*.

p. 501 **o estado de Robespierre:** Ver o relatório dos cirurgiões sobre seu ferimento em Courtois II, doc. XXXVII, p. 202-3.

p. 501 **"O solo da República":** Sobre a sessão do 10 Termidor, ver AP, p. 597-618; e Duval (1795), p. 47 ss.

p. 502 **Seu cachorro de estimação choramingaria:** A morte de Le Bas foi registrada no ADP Etat civil. Ver também ADP AA70 Arsenal; e sobre o cão, Stefan-Pol (1900), p. 146. Lavalette foi preso no início da tarde do 9 Termidor pelo Comitê Revolucionário da Gardes-Françaises e enviado para Pélagie. Ver F7 4769 d. Lavalette; F7 4774/11 d. Lefaure e F7 4774/67 d. Percin (onde parte do dossiê policial de Lavalette foi arquivado incorretamente). Sobre o incidente de Pélagie, ver F7 4662 d. Dauphinot. Sobre Vivier, F7 4775/49 d. Vivier; e AFII 47 pl. 364, pi. 8. Sobre a tentativa de fuga de Fleuriot, ver F7 4432 pl. 7, pi. 6.

p. 502 **A "conspiração" de Robespierre estava cheia de estranhos:** Sobre Couthon, ver Courtois II, doc. XXXIV, p. 198; e AFII pl. 363, pi. 51, 52. Sobre Gobeau, ver F7 4727 d. Gobeau e, sobre seu apoio estridente anterior à Comuna em sua seção, F7 4432 pl. 8, pi. 30, Ver também F7 4650 d. Cochefe. Sobre as ordens do CSP, AFII 47 pl. 363 pi. 51-2. A maioria dos conselheiros presos na Maison-Commune ainda estava em processo nesse momento.

p. 502 **adjuntos malfadados:** Estes incluíam Dhazard (ver AFII 47 pl. 363, pi. 46); Gencey (F7 4432 pl. 10, pi. 3); Simon, juntamente com Warmé e Laurent (F7 4432 pl. 9, pi. 14, 16 e CSP, ix, p. 483). Também no comboio de execução estavam Bernard (ver acima, p. 454-5); Jean-Étienne Forestier (F7 4609 d. Forestier: observe que não era Jean-Antoine-Gaspard Forestier, mencionado acima, p. 494); Jean-Marie Quenet (Maison-Commune: um administrador de polícia preso em Mairie); Bougon (ver F7 4764 d. Langlois) e Guérin (ambos do Mont-Blanc).

p. 502 **procedimentos de identificação:** Listas completas em W 434 d. 975. Sobre os dias subsequentes, ver ibid., dossiês 976-8.

p. 503 **seu ex-amigo do peito:** Conforme observado por várias testemunhas no julgamento posterior de Fouquier: W 501.

p. 503 **eles partiram rumo à Place de la Révolution:** *Journal de Perlet*, 12 Termidor, afirma que três carroças foram usadas para os 22 homens. Sobre a dança da alegria, ver Michelet (1979), ii, p. 895-6. Sobre o grito de Robespierre, ibid., p. 895. Sobre a ordem de execução, há bons relatos em *Feuille de la République*, 12 Termidor e *Journal de Perlet*, 18 Termidor.

p. 503 **"Foda-se o Máximo!":** Rudé (1959), p. 140.

p. 503 **impedir um expurgo da Convenção:** A análise de Harder (2013) é um lembrete de que o expurgo de cinco deputados foi menor do que o dos girondinos e os "73" de junho a outubro de 1793. Sobre estatísticas a respeito dos executados, utilizo os números de SCD (p. 340-1). Ele observa que entre os não conselheiros executados foram quatro deputados, seis funcionários municipais e onze outros. SCD é excelente sobre a repressão em geral: ver cap. 5, p. 315-47. Sobre Grenart, ver W 79 liasse 26; AFII 47 pl. 365, pi. 20. Sobre Desboisseaux, ver W 434 d. 975, e, sobre Coffinhal, Courtois II, doc. XX, p. 178. Sobre ambos, SCD, p. 338-41.

p. 504 **Poucos conseguiram se safar:** Fleury parece ter desaparecido para sempre; sobre Lerebours, ver Hamel, iii (1865), p. 787n.; e sobre Payan, SCD, p. 302 e (sobre os talheres) F7 4437 (relatório policial, 14 Termidor).

p. 504 **Três conselheiros colocaram-se à mercê:** Os três que compareceram à Convenção foram Devèze (République), Chrétien e Renouard (ambos Amis-de-la--Patrie). Ver acima, p. 434. Sobre outros exemplos de destinos de fugitivos, ver Jean-Jacques Beaurieux, que serviu na Administração de Polícia naquela noite, mas saiu cedo para se entregar na prisão de Plessis com a impressão equivocada de que um amigo ainda era carcereiro: Foignet (sem data), p. 29. O Comitê Revolucionário de Quinze-Vingts o transferiu para o CSG independentemente e ele foi executado no 11 Termidor. F7 4432 pl. 1, pi. 21. Sobre outros exemplos, ver F7 4774/63 d. Parizot (Gravilliers); F7 4775/31 d. Tonnelier, e ver também AFII 47 pl. 364, pi. 12 (Faubourg-Montmartre); F7 4582 d. Aubert mais F7 4432 pl. 4, pi. 31, 32 (Poissonnière).

p. 504 **serviço à causa da Convenção:** F7 4774/20 d. Lestage, mais AFII 47 pl. 367, pi. 11 e 13 e F7 4432 pl. 3, pi. 31, e, sobre o encontro na Convenção, AP p. 574; F7 4775/43 d. Vergne e AFII 47 pl. 366, pi. 25. O serviço em Temple envolveu Lorinet (Panthéon), Seguy (Montagne), Soulié (Gardes-Françaises), Tessier (Invalides) e Tombe (Amis-de-la-Patrie); e, sobre Benoit e Michel, ver acima, p. 329. Da mesma forma, Félix atuou como juiz do Tribunal Revolucionário e evitou os eventos da noite. Ver acima, p. 210. Ver também F7 4602

d. Blandin e F7 4432 pl. 6, pi. 24; F7 4774/89 d. Renard; e, sobre Guyot, ver acima, p. 491; sobre casos semelhantes, ver SCD, p. 371 (Legry) e F7 4774/54 d. Mouret. Existem inúmeros exemplos semelhantes.

p. 505 **Claude Chalandon:** Ver acima, p. 333; F7 4637 d. Chalandon; e AFII 47 pl. 366, pi. 1. No entanto, à medida que o movimento antiterrorista crescia, tanto Pionnier quanto Chalandon foram presos.

p. 505 **um grupo de cerca de quarenta indivíduos:** O dossiê do caso é W 444. Hardon também estava entre os absolvidos: sobre suas ações, ver acima, p. 303XXX. A artilharia de Droits-de-l'Homme, porém, que terminara a noite sob Barras, permaneceu na prisão até meados de 1795.

p. 505 **"a mais perfeita tranquilidade reinava":** AFII 47 pl. 367, pi. 47. Sobre Granet, ver AP, p. 611. Ver Jones (2015), p. 22 ss. ("Thermidor as co-production").

p. 506 **o código exigido pela GN:** AFII 47 pl. 367, pi. 47.

p. 506 **firme em seu julgamento sobre a *journée*:** *NP*, p. 699.

Posfácio (p. 507-33)

p. 507 **"Escrever a história da Revolução":** *NP*, p. 882.

p. 508 **esperar que seu significado fosse estabelecido:** Cf. Baczko (1989), que enfatiza a busca pelo fim do Terror.

p. 508 **uma vitória conjunta dos deputados eleitos e dos parisienses:** discurso de Barère no 11 Termidor: AP, p. 634.

p. 508 **delegações apresentando suas felicitações:** Brunel (1989), p. 120-4; e Baczko (1989), p. 40. Baczko é severo com essas declarações; Jones (2015) fornece uma leitura mais simpática (p. 23-6).

p. 509 ***Rapport sur les événements du 9 thermidor an II*:** Courtois II (p. 28 para a citação).

p. 509 **concebido como "o Terror":** Sobre a "invenção" do "Terror" no período Termidoriano, ver esp. Martin (2018).

p. 510 ***Contra o povo*:** Sobre esse tema dentro da história termidoriana, ver esp. Mason (2015-7), esp. as contribuições de Mason e Jones. Ver também Baczko (1989), Luzzatto (2001) e Woronoff (2004).

p. 511 **"Ascendendo desde as ruínas de Robespierre":** Sobre os Tallien nessa fase de suas vidas, ver Bourquin (1987), p. 254-67; Harder (2013), p. 98-103 (citação de Thibaudeau na p. 101); e Adams (2014).

p. 511 **deputado dantonista Laurent Lecointre:** Essa figura dissidente merece uma biografia. Ver Jones (2015), para essa fase de sua carreira, e p. 17 para alegação de insanidade.

p. 511 **as prisões do Terror como locais de crueldade gótica:** Brown (2018), p. 132-3; Baczko (2008). Ver nota, "Prisão Bénédictins-Anglais".

p. 512 **Fouquier-Tinville:** Após um longo julgamento, Fouquier foi guilhotinado em 7 de maio de 1795.

p. 512 **Maximin Isnard:** Ver acima, p. 56.

p. 512 ***jeunesse dorée*:** Gendron (1979). Sobre a reação nas províncias, ver Vovelle (1997), Sutherland (2009) e Cobb (1970), p. 131-50.

p. 512 **"despopularizar" a Revolução:** Ver Monnier in Vovelle (1997): a frase foi de Audouin. Tonnesson fala de "desansculotização" (1959), p. 111-6 – mas o fenômeno era mais amplo do que isso. Para alterações administrativas, ver SCD, p. 348-52; Tulard (1989), p. 357-405; e Tonnesson (1959), p. 46-51.

p. 513 **cargo de prefeito:** Em 1795, foram estabelecidos prefeitos para os doze novos arrondissements. Com exceção do período da Comuna de 1871, não houve prefeito para toda Paris até 1977.

p. 514 **"Nonante-cinq":** Ver Lyons (1975a), capítulo 1, "Nonante-Cinq": esp. p. 15--6; Tonnesson (1959); e Cobb (1970), p. 160 ss.

p. 514 **"não tinha falta de pão":** Tonnesson (1959), p. 240. Da mesma forma, também havia nostalgia da monarquia em alguns setores.

p. 514 **as *journées*:** Tonnesson (1959), p. 253-323.

p. 514 **repressão antiparisiense:** Além de Tonnesson, ver esp. Brunel & Goujon (1992); e S&M, "Introdução", p. 19. Essas páginas são excelentes sobre a direção do radicalismo popular depois de 1794.

p. 515 **Constituição do Ano III (1795):** Sobre os debates e o contexto da nova Constituição, ver Conac & Machelon (1999); e Vovelle (1997). Sobre o Diretório em geral, Lyons (1975a) é uma excelente introdução.

p. 515 **Robespierre aspirava a ser rei:** Vadier mais tarde descreveu a reivindicação como um movimento cínico para ganhar o apoio popular: ver Baczko (1989), p. 16 e n. A meu ver, com base em fontes manuscritas, Baczko parece exagerar a importância do boato monarquista nessa época.

p. 516 **suposta aparência física de Robespierre:** Ver Jones (2012), p. 1-26 e 34-5; e Baczko, "'Comment est fait un tyran…'", em id. (2018). Passagens do *Portrait de Robespierre*, incluindo a comparação com o tigre, foram publicadas em um grande número de jornais em uma semana do 9 Termidor. Sobre a literatura da *queue de Robespierre*, ver esp. Brown (2010); Biard in Vovelle (1997); e de Baecque (2001), p. 161-5. O retrato amplamente divulgado de J. J. Dussault, Véritable, de Catilina Robespierre (Ano III), levou as monstruosas comparações a extremos.

p. 516 **monstruosidade política:** Sobre a Lenda Sombria em geral, e o surgimento de uma Contralenda ("Dourada"), ver Belissa & Bosc (2013) e Jones (2012).

p. 516 **um movimento democrático emergiu:** Ver Luzzatto (191) e Belissa & Bosc (2013), p. 138-56 e outras. Na esquerda, uma figura central na reavaliação de Robespierre foi Albert Laponneraye; ver Hazareesinghe, em Deleplace (2009). Ele era ligado à irmã de Robespierre, Charlotte: ver C. Robespierre (1835); e Labracherie & Pioro (1961:2).

p. 518 **ativamente para dissuadir outros:** Ver acima, p. 92.

p. 518 **corda suficiente a Robespierre:** Ver acima, p. 518.

p. 519 **"Chegamos tão longe":** Ver acima, p. 72.

p. 520 **legislador a cavalo:** Cf. Bell (2020); Gueniffey (2015, 2018).

p. 520 **responsabilidade pela lei e ordem:** SCD, p. 353-5; e Simonin (2008), esp. p. 303-7. Sobre o levante em Vendemiário, ver Rudé (1959), p. 160-77.

p. 522 **"cinco ou seis" prometidos por Couthon:** Ver acima, p. 74.

p. 522 **um homem que queria matar:** Ver acima, nota à p. 67.

p. 524 **Suas últimas palavras conhecidas:** Ver acima, p. 486.

p. 524 **fiscalização e vigilância:** Ver Bosc (2019). Isso apareceu tarde demais para moldar meu argumento.

p. 525 **"prisões, jornais e o Tribunal Revolucionário":** Ver acima, p. 191.

p. 526 **Cincinato:** Ver acima, p. 200XXX.

p. 528 **herança frondosa:** Para essas armas dos fracos, ver esp. acima, p. 279-80.

p. 529 **"os generosos e intrépidos atletas da liberdade":** Ver o panfleto *Triomphe des Parisiens* (1794). Ver a p. 453.

p. 530 **espião Rousseville:** Ver acima, p. 39.

p. 532 **"mulheres e pessoas de mente fraca":** Ver acima, p. 281.

LISTA DE PERSONALIDADES

* = guilhotinado por ações durante (ou relações com) o 9 Termidor

Os comitês do governo

CSP

Barère, Bertrand
Billaud-Varenne, Jacques-Nicolas
Carnot, Lazare
Collot d'Herbois, Jean-Marie
* Couthon, Georges
Lindet, Robert
Prieur de la Côte d'Or, Claude-Antoine
* Robespierre, Maximilien
* Saint-Just, Louis-Antoine

[André-Jean Bon Saint-André e Pierre-Louis Prieur de la Marne estavam fora de Paris antes do Termidor e depois dele.]

CSG

Amar, André
Dubarran, Joseph-Nicolas Barbeau
Bayle, Moyse
David, Jacques-Louis
Jagot, Grégoire
Lacoste, Élie
Lavicomterie, Louis-Charles

Le Bas, Philippe (suicídio em 9-10 Termidor)
Louis du Bas-Rhin, Jean-Antoine
Ruhl, Philippe
Vadier, Marc-Guillaume-Alexis
Voulland, Jean-Henri

CONVENÇÃO

Ajudantes de barras

Barras, Paul: comandante das Forças Armadas de Paris

Auguis, Pierre-Jean-Baptiste
Bollet, Philippe-Albert
Bourdon, Léonard
Bourdon de l'Oise, François-Louis
Camboulas, Simon
Delmas, Jean-François-Bertrand
Plet de Beauprey, Pierre-François
Féraud, Jean-Bertrand
Fréron, Louis-Stanislas
Goupilleau de Fontenay, Jean-François
Legendre, Louis
Merlin de Thionville, Antoine-Christophe
Rovère, Stanislas-Joseph

Outros

Baudot, Marc-Antoine: montanhês, escritor de memórias
Bentabole, Pierre-Louis: montanhês
Boissy-d'Anglas, François-Antoine: moderado
Bréard, Jean-Jacques: montanhês
Brival, Jacques: montanhês, secretário da Convenção
Cambon, Joseph: presidente do Comitê de Finanças
Carrier, Jean-Baptiste: deputado radical em missão em Vendée
Chales, Pierre-Jacques-Michel: montanhês
Courtois, Edme-Boaventura: dantonista
Danton, Georges: montanhês, executado com dantonistas, 5 de abril de 1794
Desmoulins, Camille: montanhês, executado com Danton, 5 de abril de 1794
Dubois-Crancé, Edmond-Louis-Alexis: reformador militar, moderado
Dumont, André: deputado radical em missão, secretário da Convenção
Durand-Maillane, Pierre-Toussaint: moderado
Duval, Charles: montanhês, autor de um relato da Convenção, 9 Termidor

Fouché, Joseph: deputado radical em missão, inimigo de Robespierre
Goupilleau de Montaigu, Philippe-Charles-Aimé: montanhês
Isnard, Maximin: girondino notório por opiniões anti-Paris; foragido
Javogues, Claude: montanhês, deputado radical em missão
Le Bon, Joseph: montanhês, deputado radical em missão, amigo de Robespierre
Lecointre, Laurent: dantonista, inimigo de Robespierre
Palasne-Champeaux, Julien-François: moderado
Peyssard, Jean-Pascal: codiretor (com Le Bas) da École de Mars
Riffard Saint-Martin, François-Jérôme: moderado
Robin, Louis-Antoine: dantonista
Tallien, Jean-Lambert: deputado radical em missão, inimigo de Robespierre
Thibaudeau, Antoine: montanhês moderado
Thuriot, Jacques-Alexis: montanhês

ADMINISTRAÇÃO DO GOVERNO

* Herman, Martial: presidente da Comissão de Administração Civil, Tribunais e Prisões, apoiador de Robespierre
Lerebours: presidente da Comissão de Alívio para os Pobres, membro das Comitê de Segurança da Comuna
* Lanne, Emmanuel-Joseph: adjunto de Herman na Comissão de Administração Civil, Tribunais e Prisões, apoiador de Robespierre
Lejeune, Augustin: secretário do Departamento de Polícia do CSP
Payan, Joseph: membro da Comissão de Educação; irmão de Claude-François
Pille, Louis-Antoine: presidente da Comissão Militar, cliente de Carnot
* Sijas, Prosper: por vezes, adjunto de Pille na Comissão Militar, apoiador de Robespierre

COMUNA

Administração

* Fleuriot-Lescot, Jean-Baptiste-Edmond: prefeito
* Payan, Claude-François: agente nacional
* Lubin, Jean-Jacques: adjunto do agente nacional Payan
* Moenne, Jacques: adjunto do agente nacional Payan
* Charlemagne, Jean-Philippe-Victor: presidente do Conselho Municipal
Lafosse, Blaise: ajudante
Vincent, Pierre-François: oficial da Comuna, Comissão Militar

Comitê de Segurança

* Arthur, Jean-Jacques (Piques)
* Châtelet, Claude-Louis (Piques)

* Coffinhal, Pierre-André (Fraternité)
* Desboisseaux, Charles (Fraternité)
* Legrand, Pierre-Jacques (Cité)
Lerebours (burocracia governamental)
* Louvet, Pierre-Alexandre (Homme-Armé)
* Payan, Claude-François (agente nacional)
* Grenard, René (Piques)

Conselheiros Municipais

* Arnauld, Bertrand (Lepeletier)
Aubert, Jean-Baptiste (Poissonnière)
Avril, Jean-Baptiste (République)
* Bernard, Jacques-Claude (Montreuil)
* Delacour, Pierre-Nicolas (Brutus)
Devèze, Jean (République)
* Dhazard, Jean-Baptiste-Mathieu (Gardes-Françaises)
Fénaux, Joseph (Bondy)
Forestier, Jean-Antoine-Gaspard (Gardes-Françaises)
* Frery, Antoine (Guillaume-Tell)
* Gencey, Antoine (Finistère)
* Jemptel, Antoine (Bon-Conseil)
* Lasnier, Jacques (Mutius-Scévole)
* Le Lièvre, Jacques-Mathurin (Lombards)
Martinet, Louis (Tuileries)
* Paris, Pierre-Louis (Panthéon)
Renard, Pierre-Jean (Poissonière)
* Simon, Antoine (Marat)
Soulié, Joseph (Gardes-Françaises)
Tessier, Louis-Pierre (Invalides)
* Warmé, Jacques-Louis-Frédéric (Marat)

FUNCIONÁRIOS SECCIONAIS E *SANS-CULOTTES*

Bodson, Joseph (Révolutionnaire)
Burguburu, Pierre (Gardes-Françaises)
Chalandon, Claude (Homme-Armé)
Dehureau, Jean (Arcis)
Le Gentil, "Robespierre", antes Charles-François (Montmartre)
Lefebvre, Jean-Louis (Observatoire)
Le Gray, François-Vincent (Muséum)
Loys, Jean-Baptiste (Montagne)

Moessard, Pierre-Louis (Guillaume-Tell)
Saint-Omer, Jean-Claude (Muséum)
Ménétra, Jacques-Louis (Bon-Conseil)
Tugot, Louis (Arcis)
Vernet, Alexandre (Lombards)

POLICIAIS E ESPIÕES

Benoist, Jean (Halle-au-Blé)
Dossonville, Jean-Baptiste: espião do CSG
Dulac, Pierre-Honoré-Gabriel: espião do CSG
* Faro, Jean-Léonard (Poissonnière): administrador de polícia
Guérin, Claude: espião do CSP
Guyot, Jean-Guillaume (Sans-Culottes): administrador de polícia
Héron, François: espião do CSP
Jullien, Marc-Antoine: espião pessoal de Robespierre nas províncias
* Le Lièvre, Jacques-Mathurin (Lombards): administrador de polícia
Longueville-Clémentiéres, Thomas: espião do CSG
Michel, Étienne (Réunion): administrador de polícia
Morel: espião do CSG
Rousseville, Pierre-Henri: espião do CSP
* Tanchon, Ponce (Cité): administrador de polícia
* Teurlot, Claude-François (Montreuil): administrador de polícia
* Wichterich, Martin (Popincourt): administrador de polícia

TRIBUNAL REVOLUCIONÁRIO

* Dumas, René-François: presidente
* Coffinhal, Pierre-André: vice-presidente
* Fouquier-Tinville, Antoine-Quentin: promotor público
Maire, Antoine-Marie (Arcis): juiz
Deliège, Gabriel: juiz
Félix, Jean-Baptiste-Henri-Antoine (Sans-Culotte): juiz
Sanson, Charles-Henri: carrasco público

PRISÕES DE PARIS

Benoist: carcereiro da prisão de Carmes
Cabarrus, Theresa: prisioneira em La Force
Ferrières-Sauveboeuf, Louis-François: informante das prisões
Guyard, Jean: carcereiro da prisão do Luxembourg
Haly: carcereiro da prisão de Port-Libre
Le Lièvre, François: carcereiro da prisão de Temple

Monaco, princesa de: prisioneira
Mercier, Louis-Sébastien: deputado, um dos "73", prisioneiro
Théotiste, Soeur (Irmã): prisioneira do Luxembourg

FORÇAS DE SEGURANÇA (INCLUINDO A GUARDA NACIONAL)

Oficiais Comandantes

* Hanriot, François: comandante da GN
Chardin, Charles (Brutus): chefe da 5ª Legião da GN
Debure: gendarme
Degesne: gendarme lotado nos tribunais
Dumesnil: gendarme lotado nos tribunais
Fauconnier: chefe da 1ª Legião da GN
Fontaine (Mutius-Scévole): comandante de artilharia
Giot, Christophe-Philippe (Marat): adjunto, 1ª Legião, nomeado comandante da GN, 9 Termidor
Hémart, Jean: comandante da gendarmeria montada
Julliot: chefe da 2ª Legião da GN
Lasne, Étienne (Droits-de-l'Homme): comandante de batalhão da GN
Levasseur (ou Vasseur): artilheiro em Mutius-Scévole
Martin: chefe da gendarmeria
Mathis: chefe da 3ª Legião da GN
Mulot: chefe da 5ª Legião da GN
Olivier: chefe da 6ª Legião da GN
Pellerin (Popincourt): artilheiro
Pionnier, Cosme (Gravilliers): instrutor de artilharia
Richard, Jean (Réunion): comandante de batalhão
Typhaine, Vincent (Marat): segundo em comando do batalhão
Ulrich, Joseph-Guillaume (Gravilliers): ajudante de campo de Hanriot
Van Heck, Jean-Baptiste (Cité): comandante do batalhão
Voyenne, Claude-François (Muséum): comandante de companhia

CÍRCULO DE ROBESPIERRE

* Boulanger, Servais-Beaudouin: ajudante de campo de Hanriot
* Châtelet, Charles-Louis (Piques): jurado do Tribunal Revolucionário; guarda-costas de Robespierre
* Deschamps, ajudante de campo de Hanriot, guarda-costas de Robespierre
Didier, Jean-Baptiste (République): jurado do Tribunal Revolucionário; guarda-costas de Robespierre
Dufresse, Simon: ajudante de campo de Hanriot

Duplay, Maurice: senhorio de Robespierre, jacobino, membro do Tribunal Revolucionário

Duplay, Eléonore: filha de Maurice, relações afetivas com Robespierre

Duplay, Elisabeth: filha de Maurice, esposa de Philippe Le Bas

Duplay, Jacques-Maurice: filho caçula de Maurice

Duplay, Sophie: filha de Maurice, esposa de Antoine Auzat

Duplay, Simon ("Jambe-de-Bois"): veterano de guerra inválido, sobrinho de Maurice Duplay, amigo próximo de Robespierre

* Garnier-Delaunay, François-Pierre (Piques): guarda-costas de Robespierre

Girard, Pierre-François (Piques): guarda-costas de Robespierre

* Lavalette, Louis-Jean-Baptiste: ajudante de campo de Hanriot, guarda-costas de Robespierre

Le Bas, Henriette: irmã de Philippe Le Bas

* Nicolas, Charles-Léopold (Piques): impressor e guarda-costas de Robespierre

* Renaudin, Léopold (Gardes-Françaises): jurado do Tribunal Revolucionário, guarda-costas de Robespierre

Souberbielle, Joseph: médico de Robespierre

OUTROS

Bertèche, Louis-Florentin: comandante da École de Mars

Legracieux, Stanislas: jacobino e apoiador de Robespierre

Guittard de Floriban, Célestin: diarista parisiense

Langlois, Hyacinthe: estudante da École de Mars

Courvol: mensageiro da Convenção

Rose (ou Roze), Jacques-Augustin: mensageiro da Convenção

Théot, Catherine: vidente e profetisa, suposta apoiadora de Robespierre

NOTA SOBRE AS FONTES

Para maiores detalhes das obras impressas citadas, ver Bibliografia.

1. FONTES PRIMÁRIAS

Robespierre

As obras de Robespierre foram reunidas na edição acadêmica *Oeuvres complètes*, múltiplos editores, 11 vols. (Paris, 1910-2007). Após sua morte, a Convenção estabeleceu uma comissão presidida pelo deputado Edme-Bonaventure Courtois para examinar seus documentos. É geralmente aceito que isso foi feito de forma extremamente parcial e politicamente motivada. No entanto, o *Rapport fait au nom de la Commission chargeée de l'examen des papiers trouvés chez Robespierre et ses complices* (Paris, III), de Courtois, permanece inestimável. Um conjunto mais completo de artigos foi publicado durante a Restauração como *Papiers inédits trouvés chez Robespierre, Saint-Just, Payan, etc, et supprimés ou omis par Courtois*, 3 vols. (Paris, 1828). O que essas coleções não contêm, no entanto, são documentos do CSP escritos por Robespierre, localizados nos arquivos do Comitê. Alphonse Aulard, *Recueil des actes du Committee de salut public*, 26 vols. (Paris, 1889-1923: o vol. 15 abrange o 9 Termidor), fornece orientação sobre a autoria e a assinatura de Robespierre nos decretos do CSP, embora não em outros memorandos; e deve-se notar que as atribuições de Aulard não são 100% precisas, nem a lista de decretos é totalmente abrangente. Por fim, os *Archives nationales* adquiriram em 2011 os documentos de Robespierre que passaram para as mãos das famílias Duplay e Le Bas. Estes foram classificados como 683AP/1 (Papiers Robespierre). Ver também os documentos relevantes em AP 35AP/1 (Papiers Le Bas). Ver Geffroy (2013) para uma descrição.

Governo e política

Os *Archives parlementaires de 1787 à 1860*, vários editores e 102 volumes até agora (Paris, 1867-presente, 2012) são uma ajuda crucial para a pesquisa. Volumes da série cobrindo os anos 1789-93 estão disponíveis on-line no Stanford French Revolution Digital Archive: https://sulphilologic.stanford.edu. O volume 93 da série cobre de 2 Messidor a 12 Termidor e o volume 94 de 13 a 25 Termidor. Ambos foram editados por Françoise Brunel, que também recomenda o relato dos debates do Termidor sobre o relatório de Charles Duval, *Projet de procès-verbal des séances des 9, 10 et 11 thermidor* (Paris, 1795). Jornal de registro, o *Moniteur* contém atas das reuniões das sessões da Convenção. Está disponível digitalmente através do Gallica do BNF, mas pode-se também consultar o *Réimpression de l'ancien Moniteur* (1789--99), 32 vols. (1850-70: vol. 21 abrange o período da *journée*). Vale a pena consultar outros jornais para variantes na reportagem. O *Moniteur* também contém atas e/ou relatos de reuniões na Comuna de Paris e no Clube Jacobino. Relatos da Comuna são especialmente valiosos porque uma grande parte do arquivo municipal foi destruída nos incêndios da Comuna de 1871. Sobre o Clube Jacobino, ver também Alphonse Aulard, *La Société des Jacobins: Recueil de documents pour l'histoire du Club des Jacobins de Paris*, 6 vols. (Paris 1889-97). O volume 6 abrange o Termidor. Os debates de 1795 na Convenção, sobre a responsabilidade pelo Terror, não são ainda cobertos nos *Archives parlementaires*. Jornais são úteis para isso, enquanto muitos dos principais discursos dos protagonistas foram publicados separadamente como panfletos. Sobre os debates que atacam os ex-membros do CSP e do CSG, ver especialmente Laurent LeCointre, *Les crimes de septmembres des anciens comités de salut public et de Sûreté générale* (Paris, Year III) e Saladin, *Rapport au nom de la Commission des Vingt-Un* (Paris, Ano III).

Memórias e outros materiais impressos primários

Alfred Fierro, *Bibliographie des mémoires sur la Révolution écrits ou traduits en français* (Paris, 1988), fornece uma lista muito completa de memórias do período revolucionário, com muitos deputados e indivíduos detidos em prisões parisienses. Para o próprio dia na Convenção, as memórias de Thibaudeau (1827, 2007) são especialmente úteis. P. J. B. Buchez e P. C. Roux, *Histoire parlementaire de la Révolution française*, 40 vols. (Paris, 1834-8) é uma miscelânea de materiais reimpressos, mas complementados por alguns testemunhos orais e oculares. Os mais relevantes são os volumes 33 (até o 9 Termidor), 34 (principalmente sobre o 9 Termidor) e 35 (as consequências e alguns artigos de Le Bas e Saint-Just).

Relatórios seccionais sobre 8-10 Termidor

Relatórios de autoridades seccionais começaram a chegar ao CSP logo após os eventos de 9-10 Termidor. A demanda de Barras, o comandante interino das forças armadas parisienses no 14 Termidor foi eficaz em gerar mais de 150 relatórios, principalmente nos dias seguintes. A maioria deles foi avaliada pela Comissão Courtois e também pelo Comitê Saladin do Vingt-et-Un no Ano III. Alguns relatórios desapareceram, mas a maioria está em dois locais: AFII 47 e F7 4432. A abrangência-padrão para cada seção contém relatórios do Comitê Civil, do Comitê Revolucionário e do Comandante e, em alguns casos, do segundo em comando do batalhão seccional da GN de cada seção. Há uma boa quantidade de outros materiais relevantes também. Todas as 48 seções, exceto Chalier, estão representadas nessas duas fontes. A maioria das autoridades seccionais manteve atas de reuniões, mas a destruição dos arquivos parisienses nos incêndios da Comuna de 1871 fez com que a maioria desaparecesse. Alguns (particularmente relacionados aos Comitês Revolucionários) permanecem com indicativos F7 ou F7*. Isso inclui duas notáveis subséries de documentos, F7* 2471-522 e BNF NAF, 2638-720. Extensos extratos desses últimos relatórios são fornecidos em Walter (1989), p. 171--287. Estes, além de alguns outros, discrepantes, estão incluídos na seguinte lista de locais para artigos seccionais:

1 Tuileries: F7 4332/3; AFII 47/364; F7* 2472
2 Champs-Elysées: F7 4332/3; AFII 47/365; F7 4777; F7* 2474
3 République: AFII 47/365
4 Montagne: F7 4332/3; AFII 47/367; BNF NAF 2675
5 Piques: AFII 47/364; F7 4778; F7 4778; F7* 2475; W 501
6 Lepeletier: AFII 47/366; F7* 2479
7 Mont-Blanc: F7 4332/3; AFII 47/367; BNF NAF 2651
8 Muséum: F7 4332/8; AFII 47/367
9 Gardes-Françaises: AFII 47/367
10 Halle-au-Blé: AFII 47/364; F7* 2484
11 Contrat-Social: AFII 47/365; W 79
12 Guillaume-Tell: F7 4332/4; AFII 47/364
13 Brutus: F7 4432/4; AFII 47/364
14 Bonne-Nouvelle: AFII 47/364
15 Amis-de-la-Patrie: AFII 47/367; F7* 2490
16 Bon-Conseil: AFII 47/365
17 Marchés: F7 4432/5; AFII 47/366
18 Lombards: F7 4432/6; AFII 47/364; F7* 2485
19 Arcis: AFII 47/364; AFII 47/366
20 Faubourg-Montmartre: AFII 47/364; F7* 2482-3
21 Poissonnière: F7 4432/4; AFII 47/367
22 Bondy: F7 4432/5; AFII 47/364; AFII 47/367
23 Temple: F7 4432/6; AFII 47/367; F7* 2487

24 Popincourt: AFII 47/366; W 79; APP AA266
25 Montreuil: AFII 47/366
26 Quinze-Vingts: AFII 47/364
27 Gravilliers: F7 4432/6; AFII 47/366; F7* 2486
28 Faubourg-du-Nord: F7 4432/5; AFII 47/365: F7 4637 d. Chaguignée
29 Réunion: F7 4432/4; AFII 47/367; F7* 2494
30 Homme-Armé: AFII 47/366; F7* 2469l; W 79
31 Droits-de-l'Homme: AFII 47/366; F7* 2497; W 79
32 Maison-Commune: AFII 47/365
33 Indivisibilité: F7 4432/7; AFII 47/365; W 79
34 Arsenal: AFII 47/367
35 Fraternité: F7 4432/7; AFII 47/365
36 Cité: F7 4432/7; AFII 47/367
37 Révolutionnaire: F7 4432/9; AFII 47/365; BNF NAF 2712
38 Invalides: F7 4432/8; AFII 47/365; F7* 2510
39 Fontaine-de-Grenelle: AFII 47/365
40 Unité: AFII 47/364; F7* 2507; F7 4779; APP AA266
41 Marat: AFII 47/365; F7* 2512
42 Bonnet-Rouge: F7 4432/8; AFII 47/365
43 Mutius-Scévole: F7 4432/9; AFII 47/366
44 Chalier: F7* 2511
45 Panthéon-Français: F7 4432/10; AFII 47/366; F7* 2521; W 79
46 Observatoire: AFII 47/366; F7* 2516
47 Sans-Culottes: AFII 47/366
48 Finistère: F7 4432/10; AFII 47/365; F7* 2519

Arquivos policiais individuais

Dentro da série F7 "Police générale" nos *Archives nationales* está a chamada "série alfabética", que cobre as entradas de F7 4577 a 4775/93. Essas 350 caixas, contendo dezenas de milhares de arquivos individuais, contêm grandes riquezas, muitas delas inexploradas. Para localizar dossiês relativos aos participantes do 9 Termidor, o inestimavelmente erudito *Répertoire du personal sectionnaire parisien en l'an II* (Paris, 1985: essencialmente um dicionário biográfico de *sans-culottes*) de Albert Soboul e Raymonde Monnier, e de tremenda ajuda para os achados.

Principais outros arquivos

Dentro da AN, foram particularmente úteis: T (documentos de indivíduos executados pelo Estado) e W (Tribunal Revolucionário). Caixas importantes que lidam com as repressivas consequências da *journée* podem ser encontradas em W79 e W80. Os Arquivos de Paris (ADP) são bons para nascimentos, casamentos e óbitos, arquivos do juiz de paz e outros documentos. Os Archives de la Préfecture de la Police (APP) contêm arquivos de comissários de polícia e alguns registros de prisão. A Bibliothèque Nationale de France (BNF) tem alguns manuscritos importantes, assim como a Bibliothèque historique de la ville de Paris (BHVP).

2. FONTES SECUNDÁRIAS

A. Robespierre

As biografias de Robespierre são inúmeras. Obras recentes de alta qualidade incluem (em francês) Leuwers (2014), Martin (2016) e Gauchet (2018). Belissa e Bosc (2013) fornecem uma espécie de "Robespierre: a favor e contra". Hamel (1865) ainda é útil por ser muito bem informado; sua abordagem hagiográfica o torna pouco confiável em muitas áreas. Em inglês, Jordan (1985), Scurr (2006) e McPhee (2012) se destacam, mas de biografias mais antigas, J. M. Thompson (várias edições) e Hampson (1975) ainda valem a pena consultar.

B. 9 Termidor

O melhor e mais bem informado estudo é o breve volume de Brunel (1989). Tanto Walter (1974) quanto Bienvenu (1968) carecem de análise, mas são bons por incluírem muito material primário. Sobre a Comuna, *La Commune de l'an II. Vie et mort d'une assemblée révolutionnaire* (Paris, 1946), de Paul Saint-Claire Deville, é um relato soberbamente detalhado, que se baseia em muitos dos arquivos seccionais e policiais consultados para este volume, embora seu foco seja a Comuna e não as seções ou a Convenção. As seções são bem cobertas, pelo menos até meia--noite de 8-9 Termidor, na grande tese de Albert Soboul (1958). Burstin (2005b) cobre em detalhes as seções do Faubourg Saint-Marcel durante aquela noite. O site francófono de *crowdsourcing* "9-Thermidor" (http://9-thermidor.com) ainda está em construção. Ele contém resumos muito úteis de muitos aspectos do dia.

C. Governo Revolucionário e Terror

A literatura é grande demais para ser recapitulada. O recente Biard e Linton (2020) traz uma visão geral útil e apresenta a maioria dos principais debates. Para estes, ver também Baker (1994), Edelstein (2009), Linton (2013), Martin (2018), Schechter (2018), Steinberg (2019), Tackett (2015) e Wahnich (2003).

BIBLIOGRAFIA E FONTES IMPRESSAS

JORNAIS

Abréviateur universel, ou Journal sommaire des opinions, productions et nouvelles publiques
Annales de la République française
Bulletin républicain, ou Papier-nouvelles de tous les pays et de tous les jours
Conservateur décadaire
Correspondance politique de Paris et des départements
Correspondance politique, ou Tableau de l'Europe
Courrier de l'égalité
Courrier républicain
Feuille du salut public (from Germinal, Feuille de la République)
Journal de Perlet
Journal historique et politique
Messager du soir
Moniteur, ou Gazette nationale
Nouvelles politiques, nationales et étrangères
Le Patriote républicain, ou Journal des sans-culottes: bulletin du soir
Le Républicain, ou Journal des Hommes libres de tous les pays
Soirée du camp
Vieux Cordelier

PRIMÁRIAS

Nota: Obras publicadas na França depois do fim de 1793 trazem a data de publicação de acordo com o Calendário Revolucionário francês. Sempre que possível, elas foram convertidas para o calendário regular.

Almanach national. 1793, Ano II.
Aperçus sur la conduite en politique de Rousseville, inspecteur général de la police. Sem local, sem data.
Audouin, X. (1795): *L'intérieur des maisons d'arrêt.* Paris, Pougin.
Aulard, F.-A. (1889): *La Société des Jacobins: recueil de documents pour l'histoire du club des Jacobins de Paris.* Paris, Jouaust.
Aulard, F.-A. (1889-1964): *Recueil des actes du Comité de salut public: avec la correspondance officielle des représentants en mission et le registre du Conseil exécutif provisoire.* Paris, Imprimerie.
Auzat, A. (1795): *Pétition à la Convention nationale.* Paris, Imprimerie Delafolie.
Barère, B. (1795): *Observations de Barère, sur le rapport fait le 12 ventôse, par Saladin à la Convention nationale* (25 Ventôse, III). Paris, Imprimerie républicaine.
Barère, B. (1842): *Mémoires*, org. H. Carnot & D. d'Angers 4 vols. Paris, J. Labitte.
Barras, P. (1895-6): *Mémoires de Barras, membre du Directoire.* 4 vols. Paris, Hachette.
Baudot, M.-A. (1893): *Notes historiques sur la Convention nationale, le Directoire, l'Empire et l'exil des votants.* Paris, Imprimerie D. Jouaust.
Berryer, P.-N. (1839): *Souvenirs de M. Berryer, doyen des avocats de Paris de 1774 à 1883.* 2 vols. Paris, Ambroise Dupont.
Beugnot, J.-C. (1866): *Mémoires du Comte Beugnot l'ancien ministre.* Paris, E. Dentu.
Billaud-Varenne, J. N. (1794): *Réponse de J. N. Billaud, représentant du peuple, à Laurent Lecointre, représentant du peuple.* Paris, Imprimerie de R. Vatar.
Billaud-Varenne, J. N. (1795a): *Billaud-Varenne jugé par lui-même ou Réponse à la Réponse de Billaud-Varenne.* Paris, Hachete.
Billaud-Varenne, J. N. (1795b): *Réponse de J. N. Billaud, représentant du peuple, aux inculpations qui lui sont personnelles* (Ventôse III). Paris, Imprimerie nationale.
Billaud-Varenne, J. N. (1893): *Curiosités révolutionnaires. Mémoires inédits et correspondance de Billaud-Varenne et Collot d'Herbois.* Paris, Librairie de la Nouvelle Revue.
Billaud-Varenne, J. N. (1992): *Principes régénérateurs du système social,* org. F. Brunel. Paris, Publications de la Sorbonne.
Billecocq, J. B. (1891): *En prison sous la Terreur. Souvenirs de J. B. Billecocq (1765--1829) suivis de quatre autres textes inédits,* org. N. Felkay & H. Favier. Paris, Société des Études Robespierristes.
Bitaubé, P.-J. (1826): *Joseph, précédé d'une notice historique sur la vie et les oeuvres de l'auteur et d'um relation de sa captivité au Luxembourg par Mme Bitaubé.* Paris, Deschamps.
Blanqui, L. A. (1794): *L'Agonie de dix mois ou les souffrances des 73 députés pendant leur incarcération.* Paris, F. Porte.

Bohm, S. de (2001): *Prisonnière sous la Terreur. Mémoires d'une captive en 1793*, org. J.-C. Martin. Paris, Cosmopole.

Carnot, H. (1907): *Mémoires de Lazare Carnot (1753-1823).* Nouvelle édition des mémoires de Carnot par son fils. 2 vols. Paris, Hachette.

Carnot, L. (1795): *Opinion de Carnot, représentant du peuple, sur l'accusation contre Billaud-Varenne, Collot d'Herbois, Barère et Vadier par la Commission des vingt et un.* Paris, Imprimerie nationale.

Caron, P. org. (1914): *Paris sous la Terreur. Rapports des agents secrets du ministre de l'Intérieur, publiés pour la Société d'histoire contemporaine.* 7 vols. Paris, Picard.

Chambon (1793): *Rapport sur l'état actuel de Paris.* Paris. Convention nationale.

Chamfort, S.-R.-N. D. (1802): *Chamfortiana, ou recueil choisi d'anecdotes piquantes et de traits d'esprit de Chamfort... Notice sur sa vie et ses ouvrages.* Paris, Delance et Lesueur.

Coittant, P. E. (1794): *Almanach des prisons, ou anecdotes sur le régime intérieur de la Conciergerie, du Luxembourg, etc.* Paris, Michel.

Coittant, P. E. (1795a): *Tableau des prisons de Paris.* Paris, Michel.

Coittant, P. E. (1795b): *Second Tableau des prisons sous le règne de Robespierre.* Paris, Michel.

Coittant, P. E. (1797): *Troisième Tableau des prisons sous le règne de Robespierre.* Paris, Michel.

Collot d'Herbois, J. M. (1795): *Défense de J. M. Collot.* Paris, Imprimerie nationale.

Collot d'Herbois, J. M. (1795): *Discours fait à la Convention nationale, par J.-M. Collot, ...prononcé le 4 germinal an III... à l'ouverture des débats sur le rapport de la commission des vingt-um dans l'affaire des représentants Billaud, Collot, Barère et Vadier.* Paris, Imprimerie nationale.

Collot d'Herbois, J. M. (1795): *Collot représentant du peuple, à ses collègues: réflexions rapides sur l'imprimé publié par Lecointre contre sept membres des anciens Comités de salut public et de sûreté générale.* Paris, Imprimerie de Guerin.

Courtois, E. B. (1795): *Rapport fait au nom de la commission chargée de l'examen des papiers trouvés chez Robespierre et ses complices... dans la séance du 16 Nivôse, an IIIe de la République Française, etc.* Paris, L'Imprimerie nationale des lois.

Courtois, E. B. (1795): *Rapport sur les événements du 9 thermidor, précédé d'une préface en réponse aux détracteurs de cette mémorable journée.* Paris, Imprimerie nationale.

[Courtois, E. B.] (1887): "Notes et souvenirs de Courtois de l'Aube", *La Révolution française*, p. 806-20, 922-42, 998-1020.

David, J.-L. (1794): *Rapport sur la fête héroïque pour les honneurs du Panthéon à décerner aux jeunes Bara & Viala.* Paris, Imprimerie nationale.

Dulaure, J. A. (1825-6): *Esquisses historiques des principaux événemens de la Révolution française, depuis la convocation des États-Généraux jusqu'au rétablissement de la maison de Bourbon*. 6 vols. Paris, Delongchamps.

Dumaniant & Le Brun, P. (1794): *La Nuit du 9 au 10 thermidor, ou La chute du tyran, comédie em deux actes et en vers*. Théâtre de la Cité, 4 septembre.

Durand-Maillane, P.-T. (1825): *Histoire de la Convention nationale*. Paris, Baudouin Frères.

[Duras, L. H. C. P.] (1889): *Journal des prisons de mon père, de ma mère et des miennes, par la duchesse de Duras, née Noailles*. Paris, E. Plon, Nourrit et cie.

Dussault, J. J. (1794): *Véritable portrait de Catilina Robespierre, tiré d'après nature*. Paris, chez le citoyen Hannaud.

Duval, C. (1794): *Projet de procès-verbal des séances des 9, 10 et 11 thermidor*. Imprimerie nationale.

Duval, G.-L.-J. (1844): *Souvenirs thermidoriens*. Paris, Magen. Faits recueillis aux derniers instants de Robespierre et de sa faction, du 9 au 10 thermidor (1794). Paris, Impr. de Paix.

[Faure, P.-J.-D.-G.] (1795): *P. J. D. G. Faure, député de la Seine-Inférieure, à la Convention nationale sur le procès des quatre députés prévenus par acte d'accusation rédigé par la commission des vingt-un*. Paris, Imprimerie nationale.

Foignet, E.-J.-J. (sem data): *Encore une victime, ou mémoires d'un prisonnier de la maison d'arrêt dite des Anglaises Rue de l'Ourcine*. Paris, Maret.

Fouché, J. (1946): *Les mémoires de Fouché*, org. L. Madelin. Paris, Flammarion.

Gouly, B. (1794): *À ses collègues*. Paris, Imprimerie du Guffroy.

Guillaume, J. (1891-1907): *Procès-verbaux du Comité d'instruction publique de la Convention Nationale*. 8 vols. Paris, Imprimerie nationale.

[Guittard de Floriban, N. C.] (1974): *Journal de Célestin Guittard de Floriban, bourgeois de Paris sous la Révolution*, org. R. Aubert. Paris, Éditions France-Empire.

Héron, L.-J.-S. (sem data, 1794?): *Mémoire du citoyen Héron, au peuple français et à ses représentants* (sem local, sem editora).

Jullian, P. L. P. D. (1815): *Souvenirs de ma vie depuis 1774 jusqu'en 1814*. Paris, Boissange et Masson.

[Jullien, R.] (2016): *"Les affaires d'état sont mes affaires de coeur": Lettres de Rosalie Jullien, une femme dans la Révolution, 1775-1810*, org. A. Duprat. Paris, Belin.

La Chabeaussière (1795): *Les huit mois d'un détenu aux Madelonnettes*. Paris, Imprimerie de Pain.

Lacroix de Lavalette, M.-J. D. (1992): *Une Parisienne sous la Terreur*: Marie-Angélique Bergeron (1756-1804) d'après les archives. Paris, Téqui.

Laffitte, J. (1932): *Mémoires de Laffitte: 1767-1844*, org. P. Duchon. Paris, Firmin-Didot.

Langlois, E.-H. (1836): *Souvenirs de l'École de Mars*. Rouen, F. Baudry.

Lecointre, L. (1794): *Robespierre peint par lui-même, et condamné par ses propres principes, ou, Dénonciation des crimes de Maximilien-Marie-Isidore Robespierre*. Paris, Imprimerie de Rougyff.

Lecointre, L. (1795): *Les crimes de sept membres des anciens comités de salut public et de Sûreté générale, ou dénonciation formelle à la Convention nationale, contre Billaud-Varenne, Barère, Collot-d'Herbois, Vadier, Vouland, Amar et David*. Paris, Maret.

Legouvé, G.-M. (1794): *Épicharis et Neron, ou Conspiration pour la Liberté: Tragédie en cinq actes et en vers*. Paris, Maradan.

Levasseur, R. (1829-31): *Mémoires de R. Levasseur*. 4 vols. Paris, Rapilly.

Lombard de Langres, V. (1819): *Les Souvenirs, ou Recueil de faits particuliers et d'anecdotes secrètes, pour servir à l'histoire de la Révolution*. Paris, Gide fils.

Louvet de Couvray, J. B. (1792): *Accusation contre Maximilien Robespierre*. Paris, Imprimerie nationale.

Maussion, A. (1975): *Rescapés de Thermidor*. Paris, Nouvelles Éditions latines.

Ménétra, J. L. (1982): *Journal de ma vie*, org. D. Roche. Paris, Montalba.

Mercier, L.-S. (1994): *Le nouveau Paris*, org. J.-C. Bonnet. Paris, Mercure de France.

Mercier, L.-S. (1994): *Le Tableau de Paris*. 2 vols., org. J.-C. Bonnet. Paris, Mercure de France.

Merda, C. A. (as J. J. B.) (1825): *Précis historique des événements qui se sont passés dans la soirée du neuf thermidor, adressé au Ministre de la guerre, le 30 fructidor an X*. Paris, Baudouin frères.

Merlin de Thionville, A.-C. (1794): *Capet et Robespierre*. Paris, Rue de la Loi.

Merlin de Thionville, A.-C. (1794): *Portrait de Robespierre*. Paris, Rue de la Loi.

Michel, É. (1794): *Pétition à la Convention nationale. Paris, Imprimerie de Gueffier.*

Noms et domiciles des individus convaincus ou prévenus d'avoir pris part à la conjuration de Robespierre. (1794): Paris, Imprimerie nationale.

Nougaret, P. J. B. (1797): *Histoire des prisons de Paris et des départements*. 4 vols. Paris, Chez l'Éditeur.

Pille, L.-A. (1794): *Réponse de L.-A. Pille, commissaire de l'organisation et du mouvement des armées de terre*. Paris.

Prieur, C. A. (1795): *Discours de C.A. Prieur de la Côte d'Or*. Paris, Imprimerie nationale.

Proussainville (1815): *Histoire secrète du Tribunal Révolutionnaire*. 2 vols. Paris, Lerouge.

Réponse des membres de l'ancien Comité de salut public dénoncés aux pièces communiquées par la Commission des Vingt et un. Paris, Imprimerie nationale.

Riffard de Saint-Martin, F.-J. (2013): *Journal de François-Jérôme Riffard Saint--Martin, 1744-1814*, org. J. O. Boudon. Paris, Éditions SPM.

Riouffe, H. (1795): *Mémoires d'un détenu pour servir à l'histoire de la tyrannie de Robespierre*. Paris, De Boffe.

Robespierre, C. (1835): *Mémoires de Charlotte Robespierre sur ses deux frères; précédés d'une introduction par Laponneraye, et suivis de pièces justificatives*. Paris, Dépôt central.

Robespierre, M. (1910-67): *OEuvres complètes*. Paris: Société des Études Robespierristes.

Roland, M. J. (1905): *Mémoires de Madame Roland*, org. C. Perroud. Paris, Plon.

Rouy l'ainé (sem data): *Assassinats commis sur 81 prisonniers de la prison dite St Lazare, le 7, 8 et 9 thermidor par le Tribunal Révolutionnaire*. Paris, Imprimerie de Guffroy.

Ruault, N. (1976): *Gazette d'un parisien sous la revolution: lettres à son frère 1783--1796*. Paris, Librairie Academique Perrin.

Saint-Just, L. A. (1908): *OEuvres complètes de Saint-Just*. 2 vols. org. C. Vellay. Paris, Eugène Fasquelle.

Saladin, J. B. M. (1795): *Rapport de la commission des vingt-un*. Paris, Rondonneau.

[Sanson, C.-H.] (2007): *La Révolution française vue par son bourreau: Journal de Charles-Henri Sanson*, org. M. Le Bailly. Paris, Cherche-Midi.

Serieys, A. (1801): *La mort de Robespierre: tragédie en trois actes et en vers*. Paris, Monroy.

Tallien, J. L. (1795): *Collot mitraillé par Tallien. Eclaircissemens véridiques de Tallien, représentant du peuple envoyé en mission à Bordeaux en réponse aux Eclaircissemens nécessaires de Collot, ancien membre du Comité de salut public*. Paris.

Taschereau, P. A. (1795): *A Maximilien Robespierre aux enfers*. Paris, les marchands de nouveautés.

[Théotiste, Soeur, or Valombray, C. de S.-V.] (1875): *Les mémoires d'une soeur de charité*, org. E. Gagne. Paris, Didier et cie.

Thibaudeau, A.-C. (1827): *Mémoires sur la Convention et le Directoire*. 2 vols. 2ª ed. Paris, Ponthieu.

Thibaudeau, A.-C. (2007): *Mémoires sur la Convention et le Directoire*, org. F. Pascal. Paris, SPM.

Welvert, E. (1891): *La saisie des papiers du conventionnel Courtois (1916): testament de Marie-Antoinette, papiers de Robespierre, lettres du comte de Provence*. Paris, Bourloton.

SECUNDÁRIAS

Abad, R. (2002): *Le grand marché. L'approvisionnement alimentaire de Paris sous l'Ancien Régime*. Paris, Fayard.

Aberdam, S. (2013): "L'heure des repas de rue (juillet 1794)", em P. Bourdin, org., *Les nuits de la Révolution française*. Clermont-Ferrand, Presses Universitaires Blaise Pascal, p. 237-50.

Adams, C. (2014): "'Venus of the Capitol': Madame Tallien and the Politics of Beauty under the Directory", *FHS*, 37, p. 599-629.

Alpaugh, M. (2014): *Non-Violence and the French Revolution: Political Demonstrations in Paris, 1787-1795*. Cambridge, Cambridge University Press.

Alder, K. (1997): *Engineering the Revolution: Arms and Enlightenment in France, 1763-1815*. Chicago, IL, University of Chicago Press.

Andress, D. (2000): *Massacre at the Champ de Mars: Popular Dissent and Political Culture in the French Revolution*. Woodbridge, The Boydell Press.

Andress, D. (2005): *The Terror: The Merciless War for Freedom in Revolutionary France*. New York, Farrar, Straus, & Giroux.

Andress, D. (2011): "Living the Revolutionary Melodrama: Robespierre's Sensibility and the Construction of Political Commitment in the French Revolution", *Représentations*, 114, p. 103-28.

Andress, D. org. (2011): *Experiencing the French Revolution*. Oxford, Voltaire Foundation.

Andrews, R. M. (1969): "Political Elites and Social Conflicts in the Sections of Revolutionary Paris, 1794-an III", DPhil dissertation, Oxford.

Andrews, R. M. (1971): "The Justices of the Peace of Revolutionary Paris, September 1792-November 1794 (Frimaire Year III)", *Past and Present*, 52, p. 56-105.

Arasse, D. (1898): *The Guillotine and the Terror*. London, Allen Lane.

Backouche, I. (2000): *La trace du fleuve: La Seine et Paris (1750-1850)*. Paris, ÉEHESS.

Baczko, B. (1989): *Ending the Terror: The French Revolution after Robespierre*, tr. M. Petheram Cambridge, Cambridge University Press.

Baczko, B. (2008): *Politiques de la Révolution française*. Paris, Gallimard.

Baecque, A. de (1994): "The Trajectory of a Wound: From Corruption to Regeneration. The Brave Locksmith Geffroy, Herald of the Great Terror", in K. M. Baker, org., *The Terror*. Oxford, Pergamon, p. 157-76.

Baker, K. M. org. (1994): *The Terror*, Oxford, Pergamon.

Beauchesne, A. H. D. B. de (1852): *Louis XVII: sa vie, son agonie, sa mort*. 2 vols. Paris, Plon.

Béclard, L. (1903): *Sébastien Mercier: sa vie, son oeuvre, son temps, d'après des documents inedits*. Paris, Champion.

Bégis, A. (1896): *Curiosités révolutionnaires. Saint-Just et les bureaux de la police générale au Comité de salut public en 1794*. Paris, Amis des livres.

Belissa, M. & Bosc, Y. (2013): *Robespierre: La fabrication d'un mythe*. Paris, Ellipses.

Bell, D. A. (2020): M*en on Horseback: Charisma and Power in the Age of Revolutions*. New York, Farrar, Straus, & Giroux.

Bell, D. A. & Mintzker, Y. orgs. (2018): *Rethinking the Age of Revolutions: France and the Birth of the Modern World.* New York, Oxford University Press.

Benabou, E.-M. (1987): *La Prostitution et la police des moeurs au XVIIIe siècle*. Paris, Librairie Académique Perrin.

Bernet, J. (2008): "Terreur et religion en l'an II: l'affaire des Carmélites de Compiégne", in M. Biard, org., *Les politiques de la Terreur, 1793-1794*. Rennes, Presses universitaires de Rennes, Société des études robespierristes.

Bertaud, J.-P. (1979): *La Révolution armée: les soldats-citoyens et la Révolution française.* Paris, Éditions Robert Laffont.

Bertaud, J.-P. (1979): "Carnot et le 9 thermidor", in J. P. Charmay, org., *Lazare Carnot ou le savant-citoyen.* Paris, Presses de l'Université de Paris-Sorbonne, p. 74-92.

Bertaud, J.-P. (1990): "An Open File: The Press under the Terror", in K. M. Baker, org., *The French Revolution and the Creation of Modern Political Culture*, Vol. IV. Oxford, Pergamon, p. 297-308.

Bertaud, J.-P. (1994): *La presse et le pouvoir de Louis XIII à Napoléon Ier.* Paris, Le Grand Livre du Mois.

Berthiaud, E. (2014): "Les femmes enceintes devant la justice révolutionnaire à Paris (1793-1810): l'état des enjeux et des représentations de la grossesse", in L. Faggion & C. Regina, *La culture judiciaire: Discours, représentations et usages de la justice du Moyen Age à nos jours.* Dijon, Éditions universitaires de Dijon, p. 1-16.

Bianchi, S. & Dupuy, R. orgs. (2006): *La Garde nationale entre nation et peuple en armes. Mythes et réalités, 1789-1871*. Rennes, Presses Universitaires de Rennes.

Biard, M. (1995): *Collot d'Herbois: Légendes noires et Révolution.* Lyon, Presses Universitaires de Lyon.

Biard, M. (1997): "Après la tête, la queue! La rhétorique anti-jacobine en fructidor an II—vendémiaire an III", in M. Vovelle, org., *Le tournant de l'an III: Réaction et Terreur blanche dans la France révolutionnaire*. Paris, Éditions du CTHS.

Biard, M. (2002): *Missionnaires de la République. Les représentants du peuple en mission (1793-1795)*. Paris, Éditions du CTHS.

Biard, M. org. (2008): *Les politiques de la Terreur, 1793-1794*. Rennes, Presses universitaires de Rennes, Société des études robespierristes.

Biard, M. (2013): *1793, le siège de Lyon entre mythes et réalités*. Clermont-Ferrand, Lemme.

Biard, M. (2015): *La liberté ou la mort. Mourir en député, 1792-1795*. Paris, Tallandier.

Biard, M. & Ducange, J.-N. (2019): *L'Exception politique en révolution: pensées et pratiques (1789-1917)*. Mont-Saint-Aignan: Presses universitaires de Rouen et du Havre.

Biard, M. & Leuwers, H. orgs. (2014): *Visages de la Terreur: l'exception politique de l'an II*. Paris, Armand Colin.

Biard, M. & Linton, M. (2020): *Terreur! La Révolution française face à ses demons*. Paris, Armand Colin.

Bienvenu, R. (1968): *The Ninth of Thermidor: The Fall of Robespierre*. New York, Oxford University Press.

Bijaoui, R. (1996): *Prisonniers et prisons de la Terreur*. Paris, Imago.

Billard, M. (1911): *Les Femmes enceintes devant le Tribunal Révolutionnaire*. Paris, Perrin.

Birembault, A. (1959): "Hesmart et son rôle au 9 thermidor", *AHRF*, 31, p. 306-27.

Blanc, L. (1861): *Histoire de la Révolution française,* t. xi. Paris, Pagnerre, Furne et Cie.

Blanc, O. (1984): *La dernière letter. Prisons et condamnés de la Révolution*. Paris, Robert Laffont.

Blanc, O. (1989): *Les Hommes de Londres: histoire secrète de la Terreur*. Paris, A. Michel.

Blanc, O. (1992): *La Corruption sous la Terreur: 1792-1794*. Paris, R. Laffont.

Blanc, O. (1995): *Les Espions de la Révolution et de l'Empire*. Paris, Perrin.

Bluche, F. (1986): *Septembre 1792: logiques d'un massacre*. Paris, Éditions Robert Laffont.

Bosc, Y. (2019): *Le Peuple souverain et la démocratie: Politique de Robespierre*. Paris, Editions critiques.

Bouchard, G. (1946): *Un Organisateur de la victoire, Prieur de la Côte-d'Or, membre du Comité de salut public*. Paris, Clavreuil.

Bouineau, J. (1986): *Les Toges du pouvoir ou la révolution de droit antique (1789--1799)*. Toulouse, Eché.

Boulant, A. (1990): "Le suspect parisien en l'an II", *AHRF*, n. 280, p. 187-97.

Boulant, A. (2016): *Les Tuileries: château des rois, palais des révolutions*. Paris, Tallandier.

Boulant, A. (2018): *Le tribunal révolutionnaire: punir les ennemis du peuple*. Paris, Perrin.

Bouloiseau, M. (2018): *The Jacobin Republic 1792-1794*. Cambridge, Cambridge University Press.

Bourquin, M.-H. (1987): *Monsieur et Madame Tallien*. Paris, Perrin.

Bouscayrol, R. (2002): *Georges Couthon: ange ou démon*. Clermont-Ferrand, Société des amis des universités de Clermont-Ferrand.

Boutier, J. & Boutry, P. (1986): "Les Sociétés populaires: un chantier ouvert", *AHRF*, 266, p. 393-5.

Boutier, J., Boutry, P., & Bonin, S. (1992): *Atlas de la Révolution française*. Vol. 6: Les Sociétés politiques. Paris, Éditions ÉHESS.

Braesch, F. (1911): *La Commune du 10 août 1792. Étude sur l'histoire de Paris, du 20 juin au 2 décembre 1792*. Paris, Hachette.

Brinton, C. C. (1930): *The Jacobins: An Essay in the New History*. New York, Macmillan.

Broc, M. H. de (1892): "Un Témoin de la Révolution française à Paris: Jean--Gabriel-Philippe Morice", *Revue des questions historiques*, 8, p. 453-98.

Brionne, C. (1971): "Le journal inédit d'un témoin de la Terreur". *Revue Générale: Perspectives européennes des sciences humaines*, 1, p. 29-55.

Brown, H. G. (1995): *War, Revolution, and the Bureaucratic State: Politics and Army Administration in France, 1791-1799*. Oxford, Oxford University Press.

Brown, H. G. (2008): *Ending the French Revolution: Violence, Justice and Repression from the Terror to Napoleon*. Charlottesville, VA, University of Virginia Press.

Brown, H. G. (2010): "Robespierre's Tail: The Possibilities of Justice after the Terror", *Canadian Journal of History*, 45, p. 503-35.

Brown, H. G. (2018*): Mass Violence and the Self. From the French Wars of Religion to the Paris Commune*. Ithaca, NY, Cornell University Press.

Brunel, F. (1989): *Thermidor: la chute de Robespierre*. Bruxelles, Complexe.

Brunel, F. & Goujon, S. (1992): *Les Martyrs de Prairial: textes et documents inédits*. Genève, Georg.

Burstin, H. (1983): *Le Faubourg Saint-Marcel à l'époque révolutionnaire: structure économique et composition sociale*. Paris, Société des études robespierristes.

Burstin, H. (2005): *L'Invention du sans-culotte*. Regard sur le Paris révolutionnaire. Paris, Odile Jacob.

Burstin, H. (2005): *Une Révolution à l'oeuvre: le faubourg Saint-Marcel, 1789-1794*. Seyssel, Champ Vallon.

Burstin, H. (2013): *Révolutionnaires. Pour une anthropologie politique de la Révolution française*. Paris, Vendémiaire.

Cadio, É. (2012): "Le Comité de sûreté générale (1792-1795)", *La Révolution française 3*. https://doi.org/10.4000/lrf.676.

Calvet, H. (1933): *L'Accaparement à Paris sous la Terreur. Essai sur l'application de la loi du 26 juillet 1793*. Paris, Imprimerie nationale.

Calvet, H. (1941): *Un instrument de la Terreur à Paris. Le Comité de salut public ou de surveillance du département de Paris, 9 juin 1793—messidor an II*. Paris, Librairie Nizet et Bastard.

Campardon, E. (1862): *Histoire du Tribunal révolutionnaire de Paris, d'après les document originaux conservés aux Archives de l'Empire.* 2 vols. Paris, Librairie de Poulet-Malassis.

Carbonnières, P. D. (2006): *Prieur: les tableaux historiques de la révolution· catalogue raisonné des dessins originaux.* Paris, Paris Musées Éditions.

Carbonnières, P. de (2009): "Le sans-culotte Prieur", *AHRF*, 358, p. 3-17.

Carmona, M. (2004): *Le Louvre et les Tuileries. Huit siècles d'histoire.* Paris, Éditions de la Martinière.

Caron, P. (1910): "Les publications officieuses du ministère de l'Intérieur en 1793 et 1794", *Revue d'histoire moderne et contemporaine*, 14, n. 1, p. 5-43.

Caron, P. (1935): *Les Massacres de septembre.* Paris, Maison du Livre Français.

Chagniot, J. (1985): *Paris et l'armée au XVIIIe siécle: étude politique et sociale.* Paris, Economica.

Chagniot, J. (1988): *Paris au XVIIIe siècle.* Paris, BHVP.

Charnay, J. P. org. (1990): *Lazare Carnot, ou, Le savant citoyen: actes du colloque tenu en Sorbonne les 25, 26, 27, 28 et 29 janvier 1988.* Paris, Presses de l'université de Paris-Sorbonne.

Chuquet, A. (1899): *L'École de Mars, 1794.* E. Plon, Nourrit & Cie.

Cobb, R. (1955): "Le témoignage de Rühl sur les divisions au sein des Comités à la veille du 9 thermidor", *AHRF*, 27, n. 139, p. 110-14.

Cobb, R. (1961, 1963): *Les armées révolutionnaires: instrument de la Terreur dans les départements.* 2 vols. Paris, Mouton.

Cobb, R. (1965): *Terreur et subsistances, 1793-1795.* Paris, Librairie Clavreuil.

Cobb, R. (1970): *The Police and the People. French Popular Protest, 1789-1820.* Oxford, Oxford University Press.

Cobb, R. (1975): *Paris and its Provinces, 1792-1802.* Oxford: Oxford University Press.

Cobb, R. (1981): "Thermidor or the Retreat from Fantasy", in H. Lloyd-Jones, V. Pearl, & B. Worden, orgs., *History and Imagination. Essays in Honour of H. R. Trevor-Roper*, London, Duckworth, p. 272-5.

Cobb, R. (1987): *The People's Armies: The Armées Révolutionnaires: Instrument of the Terror in the Departments April 1793 to Floréal Year II*, tr. M. Elliott. New Haven, CT: Yale University Press.

Cohen, A. (2011): *Le Comité des Inspecteurs de la salle. Une institution originale au service de la Convention nationale (1792-1795).* Paris, L'Harmattan.

Conac, G. & Machelon, J. P. (1999): *La Constitution de l'an III: Boissy d'Anglas et la naissance du libéralisme constitutionnel.* Paris, Presses universitaires de France.

Conner, S. (1995): "Public Virtue and Public Women: Prostitution in Revolutionary Paris, 1793-4", *Eighteenth-Century Studies*, 28, p. 221-40.

Coquéry, N. (2011): *Tenir boutique à Paris au XVIIIe siècle: luxe et demi-luxe*. Paris, Éditions du Comité des travaux historiques et scientifiques.

Cottret, M. & Galland, C. orgs. (2017): *Peurs, rumeurs et calomnies*. Paris: Éditions Kimé.

Cousin, A. (2010): Philippe Lebas et Augustin Robespierre. *Deux météores dans la Révolution française*. Paris, Bérénice.

Couty, M. (1988): *La vie aux Tuileries pendant la Révolution, 1789-1799*. Paris, Tallandier.

Crook, M. (1992): *Toulon in War and Revolution: From the Ancien Régime to the Restoration, 1750-1820*. Manchester, Manchester University Press.

Daline, V. (1964): "Marc-Antoine Jullien après le 9 thermidor", *AHRF*, 176, p. 159-73.

Darlow, M. (2012): *Staging the French Revolution: Cultural Politics and the Paris Opera, 1789-1794*. Oxford, Oxford University Press.

Darnton, R. & Roche, D. orgs. (1989): *Revolution in Print: The Press in France, 1775-1800*. Berkeley, CA, University of California Press.

Dauban, C.-A. (1869): *Paris en 1794 et en 1795: histoire de la rue, du club, de la famine, composée d'après des documents inédits, particulièrement les rapports de police et les registres du Comité de salut public*. Paris, Plon.

Delahante, A. (1881): *Une Famille de finance au XVIIIe siècle*. 2 vols. Paris, Hetzel.

Delattre, S. (2004): *Les Douze heures noires. La nuit à Paris au XIXe siècle*. Paris, Albin Michel.

Denis, V. (2017): "Policiers de Paris. Les commissaires de police en Révolution, 1789-99", University of Paris.

Dodman, T. (2018): *What Nostalgia Was: War, Empire, and the Time of Deadly Emotion*. Chicago, IL, University of Chicago Press.

Dowd, D. L. (1948): *Pageant-master of the Republic: Jacques-Louis David and the French Revolution*. Lincoln, NE, University of Nebraska.

Ducoudray, E., Monnier, R., & Roche, D. orgs. (2000): *Atlas de la Révolution française*. 13. Paris. Paris, Éditions EHESS.

Dunoyer, A. (1913): *Fouquier-Tinville, accusateur public du Tribunal Révolutionnaire, 1746-1795*. Paris, Perrin.

Dupuy, R. (2010): *La Garde nationale 1789-1872*. Paris, Gallimard.

Duval-Jouve, J. (1879): *Montpellier pendant la Révolution*. 2 vols. Montpellier, Coulet.

Edelstein, D. (2009): *The Terror of Natural Right: Republicanism, the Cult of Nature, and the French Revolution*. Chicago, IL, University of Chicago Press.

Edelstein, D. (2018): *On the Spirit of Rights*. Chicago, IL, University of Chicago Press.

Edmonds, B. (1990): *Jacobinism and the Revolt of Lyon, 1789-93*. Oxford, Clarendon.

Ehrard, J. (1996): *Images de Robespierre. Actes du colloque international de Naples (1993)*. Naples, Biblioteca europea.

d'Estrée, P. (1913): *Le théâtre sous la Terreur (Théâtre de la peur), 1793-1794*. Paris, Émile-Paul frères.

Eude, M. (1933): "La Commune robespierriste", *AHRF*, 59, p. 412-25.

Eude, M. (1934): "La Commune robespierriste (suite)", *AHRF*, 64, p. 323-47.

Eude, M. (1934): "La Commune robespierriste: Chapitre II (suite)", *AHRF*, 66, p. 528-65.

Eude, M. (1935): "La Commune robespierriste: L'arrestation de Pache et la nomination de l'agent national Claude Payan", *AHRF*, 68, p. 132-61.

Eude, M. (1935): "La Politique économique et sociale de la Commune Robespierriste", *AHRF*, 72, p. 492-518.

Eude, M. (1936): "La Politique sociale de la Commune Robespierriste le neuf thermidor", *AHRF*, 76, p. 289-316.

Eude, M. (1969): "Points de vue sur l'affaire Catherine Théot", *AHRF*, 198, p. 606--29.

Eude, M. (1983): "La loi de Prairial". *AHRF* 254, p. 544-59.

Eude, M. (1985): "Le Comité de Sûreté Générale en 1793-1794", *AHRF*, 261, p. 295-306.

Fairfax-Cholmeley, A. (no prelo): "Resisting the Terror: Suspects, Victims and Revolutionary Justice in France, 1793-4".

Fleischmann, H. (1908): *Les Prisons de la Révolution, d'après les mémoires du temps et les lettres des guillotinés*. Paris, Publications modernes.

Fleischman, H. (1909): *Robespierre et les femmes*. Paris, A. Michel.

Fleischmann, H. (1911): *Réquisitoires de Fouquier-Tinville*. Paris, Charpentier & Fasquelle.

Fontaine, J.-P. (2013): "Chardin, l'agent bibliophile de Beckford: le 'Fou de Fonthill'", *Histoire de la bibliophile*, acesso em 23 jan. 2020, http://histoire-bibliophilie.blogspot.com/2013/07/chardin-lagent-bibliophile-de-beckford.html.

Forrest, A. (1975): *Society and Politics in Revolutionary Bordeaux*. Oxford, Oxford University Press.

Foucault, M. (1975): *Surveiller et punir: Naissance de la prison*. Paris, Éditions Gallimard.

Freund, A. (2014): *Portraiture and Politics in Revolutionary France*. University Park, PA, Penn State University Press.

Friedland, P. (2012): *Seeing Justice Done: The Age of Spectacular Punishment in France*. Oxford, Oxford University Press.

Furet, F. (1981): *Interpreting the French Revolution*. Cambridge, Cambridge University Press.

Furet, F. & Ozouf, M. (1988): *A Critical Dictionary of the French Revolution*, tr. A. Goldhammer. Cambridge, MA, Harvard University Press.

Gainot, B. (1990): *Dictionnaire des membres du Comité de salut public*. Paris, Tallandier.

Garmy, R. (1962-3): "Robespierre et l'indemnité parlementaire (I)", *AHRF*, 169 (1962), p. 257-87; e (II), *AHRF*, 171, p. 25-43.

Gauchet, M. (2018): *Robespierre: L'homme qui nous divise le plus*. Paris, Gallimard.

Geffroy, A. (2013): "Les manuscrits de Robespierre", *AHRF*, 371, p. 39-54.

Gendron, F. (1979): *Le jeunesse dorée: épisodes de la Révolution française*. Quebec, Presses de l'Université du Québec.

Gershoy, L. (1962): *Bertrand Barère, a Reluctant Terrorist*. Princeton, NJ, Princeton University Press.

Ghobrial, J. P. org. (2019): "Global History and Micro-History", *Past and Present Supplement*. Oxford, Oxford University Press.

Gillispie, C. C. (2004): *Science and Polity in France: The Revolutionary and Napoleonic Years*. Princeton, NJ, Princeton University Press.

Godechot, J. (1965): *La prise de la Bastille*: 14 juillet 1789. Paris, Gallimard.

Godfrey, J. L. (1951): *Revolutionary Justice: A Study of the Organization, Personnel, and Procedure of the Paris Tribunal, 1793-1795*. Chapel Hill, NC, University of North Carolina Press.

Godineau, D. (1988): *Citoyennes tricoteuses: Les femmes du peuple à Paris pendant la révolution française*. Paris, Perrin.

Gottschalk, L. R. (1967): *Jean Paul Marat: A Study in Radicalism*. Nova edição, primeiro publicado em 1927. Chicago, IL, University of Chicago Press.

Gough, H. (1988): *The Newspaper Press in the French Revolution*. London, Routledge.

Gough, H. (1998): *The Terror in the French Revolution*. New York, St. Martin's Press.

Grasilier, L. (1913): *Un secrétaire de Robespierre. Simon Duplay (1774-1827) et son Mémoire sur les sociétés secretes et les conspirations sous la Restauration*. Nevers, L. Cloix.

Greer, D. (1935): *The Incidence of the Terror during the French Revolution: A Statistical Interpretation*. Cambridge, MA, Harvard University Press.

Gross, J.-P. (1976): *Saint-Just: sa politique et ses missions*. Paris, Bibliothèque nationale.

Gueniffey, P. (2000): *La politique de la Terreur. Essai sur la violence révolutionnaire (1789-1794)*. Paris, Fayard.

Gueniffey, P. (2015): *Bonaparte (1769-1802)*. London, Harvard University Press.

Gueniffey, P. (2018): *Le dix-huit Brumaire: l'épilogue de la Révolution française, 9-10 novembre 1799*. Paris, Gallimard.

Guillois, A. (1890): *Pendant la Terreur: le poète Roucher, 1745-1794*. Paris, C. Lévy.

Hamel, E. (1865): *Histoire de Robespierre: d'après des papiers de famille, les sources originales et des documents entièrement inédits*. Paris, A. Lacroix, Verboeckhoven & cie.

Hamel, E. (1897): *Thermidor: d'après les sources originales et les documents authentiques*. Paris, Flammarion.

Hampson, N. (1974): *The Life and Opinions of Maximilien Robespierre*. London, Gerald Duckworth and Company.

Hampson, N. (1976): "François Chabot and his Plot", *Transactions of the Royal Historical Society*, 26, p. 1-14.

Hampson, N. (1991): *Saint-Just*. Oxford, Blackwell.

Hanson, P. R. (2003): *The Jacobin Republic Under Fire: The Federalist Revolt in the French Revolution*. University Park, PA, Pennsylvania State University Press.

Harder, M. (2013): "Reacting to Revolution: The Political Career(s) of J.-L. Tallien", in D. Andress, org., *Experiencing the French Revolution*. Oxford, Voltaire Foundation.

Hardman, J. (2000): *Robespierre*. London, Longman.

Hauterive, E. d' (1928): *Figaro-policier: un agent secret sous la Terreur*. Paris, Perrin.

Haydon, C. & Doyle, W. orgs. (1999): *Robespierre*. Cambridge, Cambridge University Press.

Hazareesingh, S. (2009): "Une profonde haine de la tyrannie: Albert Laponneraye et les paradoxes de la mémoire républicaine", in M. Deleplace, org., *Les discours de la haine: Récits et figures de la passion dans la Cité*. Villeneuve-d'Ascq, Presses universitaires du Septentrion.

Hemmings, F. W. J. (1994): *Theatre and State in France, 1760-1905*. Cambridge, Cambridge University Press.

Herlaut, A. P. (1951): "Carnot et les compagnies de canonniers des sections de Paris au 9 thermidor", *AHRF*, 23, p. 9-16.

Hesse, C. (1989): "Economic Upheavals in Publishing", in R. Darnton & D. Roche, orgs., *Revolution in Print: The Press in France, 1775-1800*. Berkeley, Los Angeles, CA, University of California Press.

Higonnet, P. L. R. (1998): *Goodness Beyond Virtue: Jacobins during the French Revolution*. Cambridge, MA, Harvard University Press.

Higonnet, P. L. R. (2011): *La Gloire et l'échafaud: vie et destin de l'architecte de Marie-Antoinette*. Paris, Vendémiaire.

Hillairet, J. (1997 ed): *Dictionnaire historique des rues de Paris*. Paris, Éditions de Minuit.

Hincker, F. (1994): "L'affrontement Cambon-Robespierre le huit thermidor", in J. P. Jessenne, G. Deregnaucourt, J.-P. Hirsch, & H. Leuwers, orgs., *Robespierre*.

De la Nation artésienne à la République et aux Nations. Lille, Publications de l'Institut de recherches historiques du Septentrion.

Hunt, L. A. org. (1991): *Eroticism and the Body Politic*. Baltimore, MD, Johns Hopkins Press.

Hunt, L. A. (2008): *Measuring Time, Making History*. Budapest, Central Europe University Press.

Jacob, L. (1938): *Robespierre vu par ses contemporains*. Paris, A. Colin.

Jacquin, E. (2000): *Les Tuileries, du Louvre à la Concorde*. Paris, Editions du Patrimoine, Centres des Monuments Nationaux.

Jarvis, K. (2019): *Politics in the Marketplace: Work, Gender, and Citizenship in Revolutionary France*. New York, Oxford University Press.

Jones, C. (1988): *The Longman Companion to the French Revolution*. London, Longman.

Jones, C. (2002): *The Great Nation: France from Louis XV to Napoleon*. London, Penguin.

Jones, C. (2004): *Paris: Biography of a City*. London, Penguin.

Jones, C. (2012): Presidential Lecture. "French Crossings III: The Smile of the Tiger", *Transactions of the Royal Historical Society*, 22, p. 3-35.

Jones, C. (2014): "The Overthrow of Maximilien Robespierre and the 'Indifference' of the People", *The American Historical Review*, 119, n. 3, p. 689-713.

Jones, C. (2014): *The Smile Revolution in Eighteenth-Century Paris*. Oxford, Oxford University Press.

Jones, C. (2015): "9 Thermidor, Cinderella of French Revolutionary Journées", *French Historical Studies*, 38, p. 9-31.

Jones, C. (2020): "La vie parisienne des Conventionnels en 1793", in P. Bastien & S. Macdonald, orgs., *Paris et ses peoples*. Paris, Presses de la Sorbonne, p. 75-88.

Jones, C. & Macdonald, S. (2018): "Robespierre, the Duke of York, and Pisistratus during the French Revolutionary Terror", *The Historical Journal*, 61, p. 643-72.

Jones, C. & Spang, R. (1999): "Sans-culottes, sans café, sans tabac: Shifting Realms of Necessity and Luxury in Eighteenth-Century France", in M. Berg & H. Clifford orgs. *Consumers and Luxury: Consumer Culture in Europe, 1650-1850*. Manchester: Manchester University Press.

Jordan, D. P. (1979): *The King's Trial: The French Revolution vs. Louis XVI*. Berkeley, CA, University of California Press.

Jordan, D. P. (1985): *The Revolutionary Career of Maximilien Robespierre*. Chicago, IL, University of Chicago Press.

Jourdan, A. (2016): "Les journées de prairial an II: le tournant de la Révolution?", *La Révolution française*, https://journals.openedition.org/lrf/1591, 10.

Jourdan, A. (2018): *Nouvelle Histoire de la Révolution*. Paris, Flammarion.

Kates, G. (1985): *The Cercle Social, the Girondins, and the French Revolution*. Princeton, NJ, Princeton University Press.

Kennedy, M. L. (1982, 1988, 1999): *The Jacobin Clubs in the French Revolution*. 3 vols. Princeton, NJ, Princeton University Press; New York, Berghahn Books.

Klemperer, D. (2018): "The Political Thought of Jacques-Nicolas Billaud-Varenne", *MPhil thesis*, University of Cambridge.

Koselleck, R. (1985): *Futures Past: On the Semantics of Historical Time*. Cambridge, MA, MIT Press.

Kuscinski, A. (1916): *Dictionnaire des Conventionnels*. Paris, Société de l'Histoire de la Révolution Française.

Labracherie, P. (1961): *Fouquier-Tinville, accusateur public*. Paris, A. Fayard.

Labracherie, P. & Pioro, G. (1961): "Charlotte Robespierre et ses amis", *AHRF*, 166, p. 469-92.

Lacombe, P. (1886): *Les noms des rues de Paris sous la Révolution*. Nantes, Imprimerie Vincent Forest et Emile Grimaud.

Lacroix, C. (1872): *Bertèche (Louis-Florentin), colonel, chevalier de la Légion d'honneur*. Lille, Imprimerie. de C. Robbe.

La Laurencie, J. de (1905): *Une Maison de détention sous la Terreur. L'hôtel des Bénédictins anglais*. Paris, Schola.

Landes, J. B. (1988): *Women and the Public Sphere in the Age of the French Revolution*. Ithaca, NY, Cornell University Press.

Laurent, G. (1924): "Jean-Baptiste Armonville, ouvrier conventionnel", *AHRF*, 1, p. 217-315.

Lemay, E. H. org. (2007): *Dictionnaire des législateurs, 1791-1792*. Ferney-Voltaire, Centre international d'étude du XVIIIe siècle.

Lemay, E. H. & Favre-Lejeune, C. orgs. (1991): *Dictionnaire des Constituants: 1789--1791*. 2 vols. Paris, Universitas.

Lenormand, F. (2002): *La Pension Belhomme: une prison de luxe sous la Terreur*. Paris, Fayard.

Lenôtre, G. (1895): *Paris révolutionnaire*. Paris, Firmin-Didot et Cie.

Lenôtre, G. (1908): *Le Tribunal révolutionnaire (1793-5)*. Paris, Perrin.

Le Roux, T. (2011): *Le laboratoire des pollutions industrielles, Paris, 1770-1830*. Paris, A. Michel.

Lestapis, A. de (1956): *L'Envers d'un conspirateur: le baron de Batz*. Dax, Imprimerie de P. Pradeu.

Lestapis, A. de (1959): "Admiral [Admirat] et l'attentat manqué (4 prairial an II)", *AHRF*, 157, p. 209-26.

Leuwers, H. (2014): *Robespierre*. Paris, Fayard.

Leuwers, H. (2018): *Camille et Lucile Desmoulins*. Paris, Fayard.

Levy, D. G., Applewhite, H. B., & Johnson, M. D. (1979): *Women in Revolutionary Paris, 1789-95*. Chicago. IL, University of Illinois Press.

Lévy-Schneider, L. (1900): "Les démêlés dans le Comité de salut public avant le 9 thermidor", *La Révolution française*, 7, p. 97-112.

Lilti, A. (2005): *The World of the Salons: Sociability and Worldliness in Eighteenth--Century Paris*. Oxford, Oxford University Press.

Lilti, A. (2014): *Figures publiques: l'invention de la célébrité, 1750-1850*. Paris, Fayard.

Linton, M. (2013): *Choosing Terror: Virtue, Friendship, and Authenticity in the French Revolution*. Oxford, Oxford University Press.

Lucas, C. (1975): *The Structure of the Terror. The Example of Javogues and the Loire*. Oxford, Oxford University Press.

Lutaud, O. (1973): *Des Révolutions d'Angleterre à la Révolution française: Le tyrannicide & Killing No Murder (Cromwell, Athalie, Bonaparte)*. La Haye, Nijhoff.

Luzzatto, S. (1991): *Mémoire de la Terreur: vieux montagnards et jeunes républicains au XIXe siècle*. Lyon, Presses Universitaires de Lyon.

Luzzatto, S. (2001): *L'Automne de la Révolution: luttes et cultures politiques dans la France thermidorienne*. Paris, Champion.

Luzzatto, S. (2010): *Bonbon Robespierre: la terreur à visage humain*, tr. trans. S. Carpentari-Messina. Paris, Arléa.

Lyons, M. (1975a): *France under the Directory*. Cambridge, Cambridge University Press.

Lyons, M. (1975b): "The 9 Thermidor: Motives and Effects", *European History Quarterly*, 5, p. 123-46.

Manin, B. (1988): "Rousseau", in F. Furet & M. Ozouf, orgs., *Dictionnaire critique de la Révolution française*. Paris, Flammarion.

Mansell, P. (2005): *Louis XVIII*. London, John Murray.

Mantel, H. (2000): "What a man is this, with his crowd of women round him", *London Review of Book*, 22/7, 30 mar.

Margairaz, D. (1991): "Le Maximum: une grande illusion libérale, ou de la vanité des politiques économiques", in *État, finances et économie pendant la Révolution française*. Paris, Librairie de Imprimerie nationale, p. 399-428.

Margairaz, D. (1993): "Les institutions de la République jacobine ou la révolution utopique", in *Révolution et République: l'exception française*. Paris, Kimé, p. 237-51.

Margairaz, D. (1994): "Le maximum, politique économique ou politique sociale?", in J. P. Jessenne, G. Deregnaucourt, J.-P. Hirsch, & H. Leuwers, orgs., *Robespierre. De la Nation artésienne à la République et aux Nations*. Villeneuve-d'Ascq, IRHIS, p. 263-78.

Margairaz, D. & Minard, P. (2008): "Marché des subsistances et économie morale: ce que 'taxer' veut dire", *AHRF*, 352, p. 53-99.

Martin, J.-C. (2016): *Robespierre: la fabrication d'un monstre*. Paris, Perrin.
Martin, J.-C. (2018): Les *échos de la Terreur: vérités d'un mensonge d'Etat*, 1794-2001. Paris, Belin.
Martin, J.-C. (2019): *Nouvelle histoire de la Révolution française*. Paris, Perrin.
Maslan, S. (2005): *Revolutionary Acts: Theater, Democracy, and the French Revolution*. Baltimore, MD, Johns Hopkins University Press.
Mason, L. (1996): *Singing the French Revolution: Popular Culture and Politics, 1787--1799*. Ithaca, NY, Cornell University Press.
Mason, L. (2008): "Après la conjuration: le Directoire, la presse, et l'affaire des Égaux", *AHRF*, 354, p. 77-103.
Mason, L. org. (2015-17): "Forum: Thermidor and the French Revolution", *FHS*, 38 (2015), n. 1 & FHS, 39 (2017), n. 3.
Matharan, J.-L. (1986): "Les arrestations de suspects en 1793 et en l'an II", *AHRF*, n. 263, jan.-mar., p. 74-93.
Mathiez, A. (1917): "La politique de Robespierre et le 9 thermidor expliqués par Buonarroti", in *Études Robespierristes: La Corruption parlementaire sous la Terreur*. Paris, A. Colin.
Mathiez, A. (1918): *La Conspiration de l'étranger*. Paris, A. Colin.
Mathiez, A. (1925): *Autour de Robespierre*. Paris, Payot.
Mathiez, A. (1927): *La Corruption parlementaire sous la Terreur*. 2nd ed. Paris, Armand Colin.
Mathiez, A. (1927): "Les Séances des 4 et 5 Thermidor an II aux deux Comités de salut public et de Sûreté générale", *AHRF*, 21, p. 193-222.
Mathiez, A. (1927): "Trois lettres inédites de Voulland sur la crise de Thermidor", *AHRF*, 19, p. 67-77.
Mathiez, A. (1925): "La vie de Héron racontée par lui-même", *AHRF*, 11, p. 480-3.
Mathiez, A. (1927): *La vie chère et le mouvement social sous la Terreur*. Paris, Payot.
Mathiez, A. (1930): *Girondins et Montagnards*. Paris, Firmin Didot.
Matta-Duvigneau, R. (2012): "Le Comité de salut publique (6 Avril 1793-4 Brumaire Na IV)", *La Révolution française: Cahiers de l'Institut d'Histoire de la Révolution Française, 3*.
Matta-Duvigneau, R. (2013): *Gouverner, administrer révolutionnairement: le comité de salut public (6 avril 1793-4 brumaire an IV)*. Paris, L'Harmattan.
McPhee, P. (2012): *Robespierre: A Revolutionary Life*. New Haven, CT, Yale University Press.
McPhee, P. org. (2013): *A Companion to the French Revolution*. Chichester, Wiley--Blackwell.
Mellié, E. (1898): *Les sections de Paris pendant la Révolution française (21 mai 1790-19 vendémiaire an IV): organisation, fonctionnement*. Paris, Société de l'histoire de la Révolution française.

Milliot, V. (1995): *Les Cris de Paris ou le peuple travesti. Les représentations des petits métiers parisiens (XVIe-XVIIIe siècles).* Paris, Éditions de la Sorbonne.

Milliot, V. (2011): *Un policier des Lumières: Suivi de Mémoires de J.C.P. Lenoir, ancien lieutenant general de police de Paris écrits en pays étrangers dans les années 1790 et suivantes.* Seyssel, Champ Vallon.

Monnier, R. (1981): *Le Faubourg Saint-Antoine (1789-1815).* Paris, Société des Études Robespierristes.

Monnier, R. (1989): "La garde citoyenne: eléments de démocratie parisienne", in M. Vovelle, org., *Paris et la Révolution.* Paris, Publications de la Sorbonne, p. 147-59.

Monnier, R. (1994): *L'Espace public démocratique. Essai sur l'opinion politique à Paris de la Révolution au Directoire.* Paris, Éditions Kimé.

Montier, A. (1899): *Robert Lindet, député à l'assemblée législative et à la Convention, membre du Comité de salut publique, ministre des finances.* Paris, Ancienne librairie Germer Ballière.

Moreau, J. (2010): *Enfant de Nanterre: François Hanriot, général-citoyen.* Nanterre, Société d'histoire de Nanterre.

Nicolas, J. (2002): *La rébellion française: mouvements populaires et conscience sociale (1661-1789).* Paris, Seuil.

Ording, A. (1930): *Le Bureau de police du comité de salut public. Étude sur la Terreur.* Oslo, Jacob Dybwad.

Palmer, R. R. (1941): *Twelve Who Ruled: The Year of Terror in the French Revolution.* Princeton, NJ, Princeton University Press.

Palmer, R. R. (1985): *The Improvement of Humanity: Education and the French Revolution.* Princeton, NJ, Princeton University Press.

Palou, J. (1958): "Documents inédits sur le 9 thermidor", *AHRF*, 153, p. 44-50.

Parker, H. T. (1937): *The Cult of Antiquity and the French Revolutionaries.* Chicago, IL, University of Chicago Press.

Périer de Féral, G. (1955): *La Maison d'arrêt des Oiseaux d'après les souvenirs de captivité du Président Dompierre d'Hornoy.* Paris, Imprimerie de Daupeley--Gouverneur.

Perovic, S. (2015): *The Calendar in Revolutionary France: Perceptions of Time in Literature, Culture, Politics.* Cambridge, Cambridge University Press.

Phillips, R. (1980): *Family Breakdown in Late Eighteenth-century France: Divorces in Rouen, 1792-1803.* Oxford, Clarendon Press.

Plumauzille, C. (2016): *Prostitution et Révolution: les femmes publiques dans la cité républicaine (1789-1804).* Paris, Champ Vallon.

Poirson, M. org. (2007): *"Paméla, ou La Vertu récompensée".* Oxford, Voltaire Foundation & Liverpool University Press.

Poirson, M. (2008): *Le théâtre sous la Révolution: politique du répertoire, 1789-99*. Paris, Desjonquières.

Popkin, J. D. (1979): "The Royalist Press in the Reign of Terror", *The Journal of Modern History*, 51, p. 685-700.

Popkin, J. D. (1990): *Revolutionary News: The Press in France, 1789-1799*. Durham, NC, Duke University Press.

Réau, L. (1994): *Histoire du vandalisme. Les monuments détruits de l'art français*. Paris, Laffont.

Reddy, W. M. (2001): *The Navigation of Feeling: A Framework for the History of Emotions*. Cambridge, Cambridge University Press.

Reinhard, M. (1950, 1952): *Le grand Carnot*. 2 vols. Paris, Hachette.

Reinhard, M. (1969): *La Chute de la royauté: le 10 août 1792*. Paris, Gallimard.

Reinhard, M. (1971): *Nouvelle histoire de Paris, 1789-1799*. Paris, Hachette.

Revel, J. (1996): *Jeux d'échelles: la micro-analyse à l'expérience*. Paris, Gallimard.

Ribeiro, A. (1988): *Fashion in the French Revolution*. London, Batsford.

Richard, C. (1922): *Le Comité de salut public et les fabrications de guerre sous la Terreur*. Paris, F. Rieder.

Roberts, W. (2000): *Jacques-Louis David and Jean-Louis Prieur, Revolutionary Artists. The Public, the Populace, and Images of French Revolution*. Albany, NY, State University of New York Press.

Roche, D. (1984): "Le Cabaret parisien et les manières de vivre du peuple", in M. Garden & Y. Lequin, orgs., *Habiter la ville XVe-XXe siècles*. Lyon, Presse universitaires de Lyon, p. 233-51.

Roche, D. (1985): "Le cabaret parisien et le manière de vivre du peuple", in M. Garden, & Y. Lequin, orgs., *Habiter la ville, XVe-XXe siècles*. Lyon, Presses universitaires de Lyon, p. 233-51.

Roche, D. (1986): *Journal of My Life by Jacques-Louis Ménétra*. org. D. Roche. New York, Columbia University Press.

Roche, D. (1987): *The People of Paris: An Essay in Popular Culture in the 18th Century*. Berkeley, CA, University of California Press.

Roche, D. (2000): *La Ville promise: mobilité et accueil à Paris (fin XVIIe—début XIXe siècle)*. Paris, Fayard.

Roche, D. (2001): *Almanach parisien en faveur des étrangers et des personnes curieuses*. Saint-Etienne, Publications de l'université de Saint-Etienne.

Rose, R. B. (1968): *The Enragés: Socialists of the French Revolution?* Sydney, Sydney University Press for Australian Humanities Research Council.

Rose, R. B. (1978): *Gracchus Babeuf: The First Revolutionary Communist*. Stanford, CA, Stanford University Press.

Rosenwein, B. (2006): *Emotional Communities in the Early Middle Ages*. Ithaca, NY, Cornell University Press.

Rudé, G. (1959): *The Crowd in the French Revolution*. Oxford, Oxford University Press.

Rudé, G. & Soboul, A. (1954): "Le Maximum des salaires parisiens et le 9 thermidor", *AHRF*, 26, p. 1-22.

Sabatié, A. C. (1914): *Le Tribunal révolutionnaire de Paris*. Paris, Lethielleux.

Sachs, J. (2019): *The Poetics of Decline in British Romanticism*. Cambridge, Cambridge University Press.

Saddy, P. (1977): "Le cycle des immondices", *Dix-huitième siècle*, 9, p. 203-14.

Sainte-Claire Deville, P. (1946): *La Commune de l'an II: vie et mort d'une assemblée révolutionnaire*. Paris, Plon.

Sainte-Fare Garnot, P.-N. (1988): *Le Château des Tuileries*. Paris, Herscher.

Saumade, G. (1939): "Cambon et sa famille acquéreurs de biens nationaux (1791 et 1793)", *AHRF*, 93 & 94, p. 228-44 & 313-38.

Schechter, R. (2018): *A Genealogy of Terror in Eighteenth-Century France*. Chicago, IL, University of Chicago Press.

Scott, J. C. (2004): *Weapons of the Weak: Everyday Forms of Peasant Resistance*. New Haven, CT, Yale University Press.

Scott, J. C. (2009): *Domination and the Arts of Resistance: Hidden Transcripts*. New Haven, CT, Yale University Press.

Scurr, R. (2006): *Fatal Purity: Robespierre and the French Revolution*. New York, Metropolitan Books.

Sepinwall, A. G. (2010): "Robespierre, Old Regime Feminist? Gender, the Late Eighteenth Century, and the French Revolution Revisited", *Journal of Modern History*, 82, p. 1-29.

Serna, P. (1997): *Antonelle: aristocrate révolutionnaire, 1747-1817*. Paris, Éditions du Félin.

Serna, P. (2005): *La République des girouettes: Une anomalie politique: la France de l'extrême centre (1789-1815... et au-delà)*. Paris, Champ Vallon.

Serna, P. (2017): *Comme des bêtes: histoire politique de l'animal en Révolution (1750--1840)*. Paris, Fayard.

Shaw, M. (2011): *Time and the French Revolution: The Republican Calendar, 1789--Year XIV*. Woodbridge, Boydell.

Shusterman, N. C. (2014): "All of His Power Lies in the Distaff: Robespierre, Women and the French Revolution", *Past & Present*, 223, p. 129-60.

Simonin, A. (2008): *Le déshonneur dans la République. Une histoire de l'indignité, 1791-1958*. Paris, Grasset.

Slavin, M. (1984): *The French Revolution in Miniature. Section Droits-de-L'Homme, 1789-1795*. Princeton, NJ, Princeton University Press.

Slavin, M. (1986): *The Making of an Insurrection: Parisian Sections and the Gironde*. Cambridge, MA, Harvard University Press.

Slavin, M. (1994): *The Hébertistes to the Guillotine: Anatomy of a "Conspiracy" in Revolutionary France.* Baton Rouge, LA; London, Louisiana State University Press.

Smyth, J. (2016): *Robespierre and the Cult of the Supreme Being: The Search for a Republican Morality.* Manchester, Manchester University Press.

Soboul, A. (1958): *Les Sans-culottes parisiens en l'an II: Mouvement populaire et gouvernement révolutionnaire (2 juin 1793-9 thermidor an II).* Paris, Librairie Clavreuil.

Soboul, A. (1973): *Le Procès de Louis XVI.* Paris, Julliard.

Soboul, A. org. (1980): *Girondins et Montagnards: actes du colloque, Sorbonne, 14 décembre 1975.* Paris, Société des études Robespierristes.

Soboul, A. (1983): "Georges Couthon", *AHRF*, 55, p. 510-43.

Soboul, A. & Monnier, R. (1985): *Répertoire du personnel sectionnaire parisien en l'an II.* Paris, Publications de la Sorbonne.

Sonenscher, M. (2008): *Sans-culottes: An Eighteenth-Century Emblem in the French Revolution.* Princeton, NJ, Princeton University Press.

Spang, R. (2000): *The Invention of the Restaurant. Paris and Modern Gastronomic Culture.* Cambridge, MA, Harvard University Press.

Spang, R. (2015): *Stuff and Money in the Time of the French Revolution.* Cambridge, MA, Harvard University Press.

Spary, E. C. (2014): *Feeding France: New Sciences of Food, 1760-1815.* Cambridge, Cambridge University Press.

Stéfane-Pol (1900): *Autour de Robespierre: le conventionnel Le Bas d'après des documents inédits et les mémoires de sa veuve.* Paris, Ernest Flammarion.

Steinberg, R. (2019): *The Afterlives of the Terror: Facing the Legacies of Mass Violence in Postrevolutionary France.* Ithaca, NY, Cornell University Press.

Sutherland, D. M. G. (2009): *Murder in Aubagne. Lynching, Law, and Justice during the French Revolution.* Cambridge, Cambridge University Press.

Sydenham, M. J. (1961): *The Girondins.* London, Athlone Press.

Sydenham, M. J. (1999): *Léonard Bourdon: The Career of a Revolutionary (1754--1807).* Waterloo, Wilfred Laurier Press.

Tackett, T. (2003): *When the King Took Flight.* Cambridge, MA, Harvard University Press.

Tackett, T. (2015): *The Coming of the Terror in the French Revolution.* Cambridge, MA, Harvard University Press.

Thompson, J. M. (1968 ed.): *Robespierre.* New York, H. Fertig.

Tiesset, L. (2008): "Une réécriture de la tragédie du complot: Gabriel Legouvé, Épicharis et Néron", in M. Poirson, org., *Le Théâtre sous la Révolution. Politique du répertoire.* Paris, Desjonquères, p. 381-93.

Tissier, A. (1992, 2002): *Les spectacles à Paris pendant le Révolution. Répertoire analytique, chronologique et bibliographique (de la proclamation de la République à la fin de la Convention nationale).* Paris & Geneva, Droz.

Tonnesson, K. D. (1959): *La défaite des sans-culottes. Mouvement populaire et réaction bourgeoise em l'an III.* Paris, Clavreuil.

Tulard, J. (1989): *Nouvelle histoire de Paris: la Révolution.* Paris, Hachette.

Tulard, J. (1997): *Fouché.* Paris, Fayard.

Van Kley, D. K. (1984): *The Damiens Affair and the Unraveling of the Ancien Régime, 1750-1770.* Princeton, NJ, Princeton University Press.

Velut, C. (2005): *Décors de papier: production, commerce et usages des papiers peints à Paris, 1750-1820.* Paris, Éditions du patrimoine.

Vetter, C., Marin, M., & Gon, E. (2015): *Dictionnaire Robespierre: lexicométrie et usages langagiers: outils pour une histoire du lexique de l'Incorruptible.* Tomo 1. Trieste EUT, Edizioni Università di Trieste.

Vinot, B. (1985): *Saint-Just.* Paris, Fayard.

Vovelle, M. (1991): *The Revolution Against the Church: From Reason to the Supreme Being.* Cambridge, Polity Press.

Vovelle, M. org. (1997): *Le tournant de l'an III: Réaction et Terreur blanche dans la France révolutionnaire.* Paris, Éditions du CTHS.

Wahnich, S. (2003): *La Liberté ou la mort—Essai sur la Terreur et le terrorisme.* La Fabrique, Paris.

Wallon, H. (1880-2): *Histoire du tribunal révolutionnaire de Paris.* 6 vols. Paris, Hachette.

Wallon, H. (1886): *La Révolution du 31 mai et le fédéralisme en 1793.* 2 vols. Paris, Hachette.

Walter, G. (1946): *Histoire des Jacobins.* Paris, A. Somogy.

Walter, G. (1974): *La Conjuration du Neuf Thermidor.* Paris, Gallimard.

Walter, G. (1989): *Maximilien de Robespierre.* Paris, Gallimard.

Walton, C. (2009): *Policing Public Opinion in the French Revolution: The Culture of Calumny and the Problem of Free Speech.* Oxford, Oxford University Press.

Walzer, M. org. (1974): *Regicide and Revolution: Speeches at the Trial of Louis XVI.* Cambridge, Cambridge University Press.

Weiner, D. B. (2002): *The Citizen-Patient in Revolutionary and Imperial Paris.* Baltimore, MD, Johns Hopkins University Press.

Williams, A. (1979): *The Police of Paris 1718-1789.* Baton Rouge, LA, Louisiana State University Press.

Woloch, I. (1986): "From Charity to Welfare in Revolutionary Paris", *Journal of Modern History*, 58, p. 779-812.

Woloch, I. (1994): *The New Regime: Transformations of the French Civic Order, 1789-1820s.* New York, W. W. Norton.

Woloch, I. (1994): "The Contraction and Expansion of Democratic Space during the Period of the Terror", in K. M. Baker, org., *The French Revolution and the Creation of Modern Political Culture*, vol. 4, The Terror. Oxford, Pergamon.

Woronoff, D. (2004): *La République bourgeoise: de Thermidor à Brumaire, 1794-1799*. Paris, Éditions du Seuil.

Wrigley, R. (2002): *The Politics of Appearance: Representations of Dress in Revolutionary France*. Oxford, Berg.

Zobkiw, J. C. (2015): "Political Strategies of Laughter in the National Convention, 1792-4", tese de doutorado, University of Hull.

ÍNDICE

A

Alemanha
    Colônia 197
Allen, William, *A Political Treatise* 263
Alsácia 36
Amalgame 99
Amar, André 70, 320
    relações com Robespierre 320
Angers 211
Anseaume, Louis, *Les deux chasseurs et la laitière* 190
Ardèche 96
Ardenas 100
Aristocracia 45, 140, 211, 245-6
Arles, 369
armée révolutionnaire, Paris 141, 144, 158, 201
Armonville, Jean-Baptiste 225
Arnault, Bertrand 490
Arras 257
Arsenal 20, 39-40, 43, 141, 204, 289, 432
Arthur, Jean-Jacques, 168
Assembleia Legislativa 56
Assembleia Nacional Constituinte 25, 48, 55, 59, 61, 63, 485
assignat (moeda) 37
Aubert, Jean-Baptiste 168
Auguis, Pierre-Jean-Baptiste 403
Aulard, Alphonse 522
Áustria 55
    Viena 121, 154
Auteuil 38
Auvergne 151
Auzat, Antoine 81
Avril, Jean-Baptiste 165

B

Ballin, Charles 444
banquetes fraternos 281, 462, 533
Bar, Jean-Etienne 244
Bara, Joseph 49
Barelle, Jean-Guillaume 169
Barère, Bertrand 38
    carmagnoles 143, 281
    École de Mars 181
    exclusão dos nobres de Paris 278
    nunca esteve em missão 89
    papel no CSP 120, 128, 131, 245
    relações com Robespierre 125, 127-8, 192, 242, 245

uso de vitórias militares 121, 143
Barras, Paul 89, 92, 401-2, 449, 457, 477
deputado em missão 89, 93-4, 398
Barrois, Cd. du Barry 311
Barrois, Marguerite 476
Barry, Jeanne Bécu, comtesse du 311
Bastilha 25, 51, 94, 277
Baudot, Marc-Antoine 7
Bayle, Moise 80, 93, 436
Bazanéry, Cd. 285
Belhomme, Jacques 108
Benoist, carcereiro 110, 619
Benoît, Jean 272, 499, 593
Bentabole, Pierre-Louis 82
Bercy 168
Berger, comandante de companhia GN 355
Bernard, Jacques-Claude 370, 454
Bernard, Jean-Pierre 167
Bertèche, Louis-Florentin 182
Bicêtre 39, 108-9
Bigaud, Claude 168, 329
Bigode 199
Billaud-Varenne, Jacques-Nicolas 61
papel no CSP 386, 520
relações com Robespierre, 450, 511, 519, 523
Blanchetot, Cd. 300
Blandin, Pierre-Henri 504
Blanqui, Denis 109
Bodson, Joseph 407, 410
Bodson, Louis-Alexis 409
Boissy d'Anglas, François-Antoine 23, 97
Bollet, Philippe-Albert 403
Bon Saint-André, André-Jean 78, 120, 615
Bordeaux 43-5
Borgonha 92
Bósforo 114
Bouches-du-Rhône 92
Boulanger, Servais-Beaudoin 44, 157, 244
Bourbault, François 440
Bourbon, monarquia 169
Bourdon, Léonard 92, 318, 415, 417, 494, 496-7, 500
Bourdon de l'Oise, François-Louis 271
conspiração contra Robespierre 128-9, 135, 338, 477, 517
relações com Robespierre 69, 94
Bréard, Jean-Jacques 362
Breno 389
Bretanha 93
Brissot, Jacques-Pierre 57, 107, 187
Brival, Jacques 244, 370-1, 433
Brizard, instrutor de artilharia 387
Brutus, Lúcio Júnio 229
Brutus, Marco Júnio 230, 240
Bruxelas 171
Buonaparte, Napoleone, *ver* Napoleão Bonaparte
Burguburu, Pierre 430, 489

C

Cabarrus, Theresa 43-5, 50, 90, 96, 241, 291, 442
Café des Subsistances 210, 306, 445
caixões 101
Calendário Gregoriano 19, 49
Calendário Revolucionário Francês 19, 24, 208
Cambon, Joseph 88
Camboulas, Simon 616
Cambrai 92
Camilo 229
canal da Mancha 121
Carnot, Lazare 71, 78
Carra, Jean-Louis 65, 187
Carrier, Jean-Baptiste 90, 511

Casamento 36, 100-1, 156, 168, 626
Catilina 67
Celebração ao Ser Supremo 74, 80, 91, 127, 223, 253, 349
César, Júlio 230, 240, 250, 274
Chabru, Claude 498
Chalandon, Claude 331, 505
Chales, Pierre-Jacques 370
Chardin, Charles, chefe de legião 447
Charente-Inférieure 271
Charlemagne, Jean-Philippe-Victor 174
Chartres, catedral 371
Châtelet, Claude-Louis 214
Chaumette, Pierre Gaspard 194
Chénier, André 104
Chénier, Marie-Joseph 191
  Caius Gracchus 191
  Timoléon 191
Choisy 443
Chrétien, Jean-Jacques 328
Cícero 250
Cietty, Laurent 168
Cincinato 248
Cobourg, Frédérique Josias, príncipe de 315
Cochefer, Christophe 502
Cochois, Jean-Baptiste 447
Coffinhal, Pierre-André 208
Collot d'Herbois, Jean-Marie 38
  Deportação 512
  papel no CSP 38, 71
  presidente da Convenção 176
  relações com Robespierre 67, 92
  tentativa de assassinato 38
Comissões Populares 73, 109, 212-3
Comitê de Administração Civil Prisões e Tribunais, 110
Comitê de Segurança Geral 36
  burocracia 66, 68
  desconfiança de Robespierre 37
  escritórios 77
  força policial 37
  rivalidade com o Departamento de Polícia 67, 72, 75
Comitê de Segurança Pública 27-8, 35
  atritos com o CSG 28
  burocracia 66, 95
  código de confidencialidade 77
  decretos 79, 129
  Departamento de Vigilância Administrativa e Polícia Geral 37
  Disfuncionalidade 67
  escritórios 87
  pessoal 36, 169, 178
  reuniões conjuntas CSP/CSG 72
  Robespierre 92, 119
    eleito para o 54
    evita o 161
  sala do Comitê 397
Commission du Muséum, *ver* Comissões Populares
Comuna de Paris 166, 388
  Comitê de Segurança 28, 68,77, 90, 397, 481
  Conselho Geral 166
  Conselho Municipal 170
  expurgo da 287
  história antiga (até 1972) 526
  papel nas *journées* 56
  relação com as seções148, 177, 303, 329, 433, 435, 459, 470, 478
  Secretaria Municipal 171
Conspiração Estrangeira 37, 38, 47, 59, 91, 118, 189, 193, 487
Constituição (1793) 28
Constituição do Ano III (1795) 525
Convenção Nacional 153, 215, 254, 353, 409, 436, 489
convento dos Capuchinhos 145

Corday, Charlotte 310
Cordeliers, clube 447
Corneille, Pierre 153
Couprye, Julie 368
Courtois, Edme-Bonaventure 509
Rapport fait au nom de la Commission chargée de l'examen des papiers trouvés chez Robespierre et ses complices, 623
Rapport sur les événements du 9 thermidor an II 509
Courvol, Cd. 286
Couthon, Georges
começo da vida e carreira 273
deficiência 503
deputado em missão 274
ferido na cabeça 498
guilhotinado 615
papel no CSP 37, 304
preso 347
relações com Robespierre 315, 341, 365
Couturier, Jean-Pierre 244
Crasso 274
Cromwell, Oliver 244, 250, 263
cultura do canto 186

D
Damiens, Robert, regicida 64
Damour, Jean-François 388
Danton, Georges 59
dantonistas 94, 111
Daujon, François, escultor 264
Dauminval, capitão de companhia GN 390
David, Jacques-Louis 83, 168, 175, 182, 227
Debure, Cd. 382
Declaração dos Direitos do Homem e do Cidadão 27, 185, 191
Degesne, Cd. 620
Degouy, Cd., gravurista 329
Dehureau, Jean 460, 505, 618
Delacour, Pierre-Nicolas 447-8, 489
delfim, *ver* Louis-Charles
Deliège, Gabriel 503
Delmas, Jean-François-Bertrand 94
Demóstenes 229
departamento de Allier 310
departamento de Aube 94
departamento de Aveyron 488
Departamento de Polícia, *ver* Comitê de Segurança Pública, Departamento de Vigilância Administrativa e Polícia Geral, em Comitê de Segurança Pública
Desboisseaux, Charles-Huant 208, 306
Deschamps, guarda-costas de Robespierre 620
Desmoulins, Camille 59, 107, 118, 154, 187-8
Devèze, Jean 433
Dhazard, Jean-Baptiste-Mathieu 618
Didier, Jean-Baptiste 157, 218
Diretório, o 508
divórcio 44, 101
Dossonville, Jean-Baptiste 37
Drôme, departamento 565N
Dubarran, Joseph-Nicolas Barbeau 615
Dubois-Crancé, Edmond-Louis-Alexis 87, 92, 99, 233, 616
Dubreuil, Marie 368
Ducy, Cd. 141
Dulac, Pierre-Honoré-Gabriel 484-5, 497
Dumaniant, Antoine-Jean, *Hypocrite en révolution* 262
Dumas, René-François 75, 172
Prisão 312, 345

Dumesnil, comandante da gendarmeria 345, 445, 585N
Dumont, André 255
Dumouriez, Charles-François du Périer, 55
Chamado, 78
Duplay, Eléonore 152, 155, 219
Duplay, Madame 155
Duplay, Maurice (senhorio de Robespierre) 151
Duplay, os 153
Duplay, Simon 181
Durand-Maillane, Pierre-Toussaint 97-8, 228, 256
Duras, Louise-Charlotte, duquesa de 114
Duval, Charles 244, 272

E
École de Mars 432
Elisabeth, irmã de Luís XVI 202
émigrés 141, 267
enragés 140
Epicharis et Néron 325
Espanha/espanhóis 44
Estados Gerais 55
Europa, guerra contra 56
expurgos políticos 171, 207, 287, 293, 529
ver também journées de 31 de maio e 2 de junho de 1793; e Robespierre
Ezequiel 253

F
Fargeon, perfumista de Maria Antonieta 342
Faro, Jean-Léonard 168
Fauchet, Claude 187
Fauconnier, chefe de legião 202, 288, 297
Fayau, Joseph-Pierre-Marie 305
Félix, Jean-Baptiste-Henri-Antoine 619
Fénaux, Joseph 369
Féraud, Jean-Bertrand 395, 403, 415, 515
Ferrière-Sauveboeuf, Louis-François 619
festival de Bara e Viala 165
filas 30
Filleul 372
Flandres 121
Fleuriot-Lescot, Jean-Baptiste 47
antes de 1974 171
relações com Robespierre 252
Fleurus, batalha de 58
Fleury (antes conhecido como Bourbon) 444
Fleury, Honoré-Marie 356, 359
Fontaine, comandante de artilharia GN 314
Fontenay-aux-Roses 44
Forestier, Jean-Antoine-Gaspard 366, 497
Fouché, Joseph 70, 85, 90
Fouquier-Tinville, Antoine-Quentin 306, 341, 345, 382
relações com Dumas 257
relações com Robespierre 341
Fournerot, François-Louis 439
Fréron, Louis-Stanislas 70, 88-9, 273, 436, 450
Fréry, Antoine 438
Fronda 280, 305
fuldenses, os 56

G
Garnier de l'Aube, Antoine-Marie-Charles 158, 256
Garnier Delaunay, François-Pierre 158, 211

Gencey, Antoine 658
Gibert, Jean-Louis 447
Gigue, capitão 480
Giot, Christophe-Philippe, comandante de GN provisório 199, 203, 216, 352, 455-4
Girard, Pierre-François 158
girondinos (ou brissotinos) 57-8
expulsos da Convenção 57
Gluck, Christoph Willibald von 325
Gobeau, Adrien-Nicolas, 502
Gorsas, Antoine-Joseph 187
Gossec, François-Joseph 176
Gouges, Olympe de 195
Goujon, Cd. 332
Goulart, Jean-Baptiste 491
Gouly, Benoît 75
Goupilleau de Montaigu, Philippe--Charles-Aimé 238, 385
Granet, François-Omer 505
Grã-Bretanha 57
Imprensa 66
Marinha Real 89, 147
prisioneiros de guerra britânicos 187
ver também Conspiração Estrangeira
gravidez 103
Grenard, René 168
greves 144-5, 149
Gros-Caillou, hospital militar 203
Guarda Nacional de Paris 199, 285, 287, 479, 529
artilharia 204-5
organização 199, 520
órgão de opinião pública 207
ver também Hanriot
Guérin, Ambroise 100
Guérin, Claude 46
Guérin, Jules Messidor 100
Guerra dos Sete Anos 199 93
Guffroy 94
guilhotina 41, 200, 202, 210
número de vítimas 306
Place de la Révolution 35
Place du Trône-Renversé 440
Guittard de Floriban, Célestin 48
Guyard, Jean 113
Guyot, Jean-Guillaume 330, 493

H

Haly, carcereiro 113, 442
Hanriot, François 57
antes de 1794 158
Comandante de Guarda Nacional 116
conspiração contra 270
defenestrado 298
demitido do cargo 286, 297
escape da prisão 386, 390
fora da lei 421
incursão no CSG 195
mobilizando a cidade 87
prisão 233, 241, 244, 268, 334
relações com Robespierre 130, 234, 252, 317
restituído 314
Hardon, Jean-Nicolas 366
Hébert, Jacques-René 531
hebertistas 447, 531
Hémart, Jean, comandante da gendarmeria 95
Hénault, Charles-Adrien 101
Henrique IV, rei da França 217
Hérault de Séchelles, Marie-Jean 77
Herman, Martial 110, 161, 213, 257, 398
Héron, François 44
Hôtel-Dieu 138, 141
hôtels particuliers 225
Hôtel de Brionne 77, 295, 319-20

Hôtel d'Elbeuf 276
Hôtel de Longueville 144-5
Hôtel de Soubise 332
Hôtel de Taranne 225
Maison Penthièvre 268
Hua, Marie-Thérèse 100
Hugot, Nicolas-Paul 463

I
igrejas
Oratório, capela do 105
Saint-Eustache 158, 166
Saint-Germain-des-Prés 350
Sainte-Chapelle 350
Ile de la Cité 166, 171, 196, 209, 219
Ile des Cygnes 165
Ile Saint-Louis 196, 208
Ilha de França (Maurícia) 75
Isnard, Maximin 512

J
jacobinos 47, 53, 56
Clube Jacobino 514, 521, 524
galeria pública 143
Jagot, Grégoire 97
Jardin Marbeuf 154, 159
Jardins do Luxembourg 142
Jault, Pierre-Simon-Joseph 446, 460
Javogues, Claude 92
Jeannolle, brigadista 320
Jemappes, batalha de 182
Jemptel, Antoine 426
Joly, Charles 452
Jouannes, Jeanne 452
jornais
Abréviateur universel 262
Bulletin des lois 187
Correspondance politique de Paris et des départements 187
Feuille de la République 262
Journal de la Montagne 189
Journal des hommes libres 188
Journal du soir 487
ournal historique et politique 283
Le Défenseur de la Constitution (ed. Robespierre) 188
Messager du soir 452
Moniteur, Lo 624
Soirée du Camp 123
Trois décades 262
Vieux Cordelier, Le187
journées 189, 287, 289, 514
14 de julho de 1789 25
5-6 de outubro de 1789 199
10 de agosto de 1792 199
31 de maio e 2 de junho de 1793 199, 204
(antigirondinos) 59
Jullien, Marc-Antoine 90
Julliot, chefe de legião 288
Juneau, François-Louis 435
Jura, departamento 209

L
La Balue, Magon de 75
Lacombe, Claire 157, 195
Lacoste, Élie 273
Ladmiral, Henri 38, 83
Lafayette, Marie-Joseph Paul-Yves Roch-Gilbert Motier, marquês de 199
La Flèche, François 149
Lafosse, Blaise 344
Lagarde, Jean-François 370
Lamballe, Marie-Thérèse-Louise, princesa de 109
Langlois, Hyacinthe 181
Langlois, Jean-Nicolas 490
Lanne, Emmanuel-Joseph 213
Lasne, Étienne 413

Lasnier, Joseph 419
Laurenceot, Jacques-Henri 442
Laurent, Denis-Étienne 447
Laurent, Marie-Antoinette 100
Lavalette, Louis-Jean-Baptiste 502
Lavergne, Pierre-Nicolas 504
Lavicomterie, Louis-Stanislas 56, 395
Le Bas, Elisabeth (nome de solteira Duplay) 152, 159, 417-8
Le Bas, Henriette 152
Le Bas, Philippe 120
  deputado em missão 152
  prisão 347, 396
  relações com a família Duplay 183, 417
  relações com Robespierre 242, 272-3, 485
  suicídio 502
Lebon, Joseph 92
Lecointre, Laurent 69, 87, 88, 93-4, 511, 517
Lefebvre, Jean-Louis 491-2
Legendre, Louis 94, 129, 244, 253, 363, 451, 499, 502
Le Gentil, Charles-François 156
legislação
  Lei de 7 Prairial 45
  Lei de 14 Frimário 62
  Lei de 22 Prairial 80, 93
  Lei de 23 Ventoso 213, 395, 429, 465, 483, 502
  Lei dos Suspeitos 179
  "Leis de Ventoso" 73, 110
Legracieux, Stanislas 47
Legrand, Pierre-Jacques 408
Le Gray, François-Vincent 277
Lejeune, Augustin 161
Leleu, Charles-Nicolas 446
Le Lièvre, François 203
Le Lièvre, Jacques-Mathurin 330, 379
Lemière, Antoine-Marin, Guillaume--Tell 166
Le Nôtre, André 223
Léon, Pauline 195
Le Pauvre, Nicolas 470, 490
Lepeletier de Saint-Fargeau, Louis--Michel 225
Lequinio, Joseph 363
Lerebours, Cd. 409
Lestage, Pierre 504
levée en masse 127
Lhermina 66
liberdade de imprensa 185, 187
Licurgo 229
Lindet, Robert 78-9, 88, 93, 120, 128, 141, 147, 397, 518
Livin, ajudante 334
Livy 389
Loizon 310
Longueville-Clémentières, Thomas 486
Louchet, Louis 270
Louis-Charles (Luís XVII) 222
Louis du Bas-Rhin, Jean-Antoine 80
Louis-le-Grand, colégio 153
Louvet, Pierre-Alexandre 331-2, 367, 384, 385,410
Louvet de Couvray, Jean-Baptiste 125
Louvre222, 225, 315, 477
Loys, Jean-Baptiste 369
Lozeau, Paul-Augustin 269, 295
Lubin, Jean-Baptiste 344
Lubin, Jean-Jacques 134, 282, 342
Luís XIV, rei da França 222
Luís XV, rei da França 64, 311
Luís XVI, rei da França 25, 54-5, 118, 186, 202, 222, 310, 472, 500
  "Fuga para Varennes 55
Luís XVIII, conde de Provença, irmão de Luís XVI 108

Lyon 58,78, 90-1, 98, 113, 125, 201, 233, 491, 494, 530

M

Mably, Gabriel Bonnot de 248
Machard, Louise 106, 112
Maciço Central 403
Magendie, Jean-François 75
Mailhe, Jean-Baptiste 70
Maillé, Madame 266
Maire, Antoine-Marie 267
Mairie 267
Maison Commune (Hôtel de Ville) 277, 285, 292, 301
  Câmara do Conselho 286
  Sala do Zodíaco (Salle de l'Égalité) 443
Marat, Jean-Paul 61
Maria Antonieta, rainha da França 158, 192, 202
Marie-Thérèse, filha de Luís XVI 202-3
Marselha 27
Martin, Jean-Paul 489
Martinet, Louis 283
Massacre de São Bartolomeu 343
Massacres de Setembro (1792) 45, 57, 106-7, 198
Mathis, chefe de legião 455
Máximo
  Preço Máximo 140
  Salário Máximo 144
Mayet, Madame 266
Ménétra, Jacques-Louis 177, 426, 459, 498
Mercier, Louis-Sébastien 138, 280, 506
  prisão 105
  Tableau de Paris 9, 107
Merda, Charles-André 497
Méricourt, Théroigne de 119
Merlin de Thionville, Antoine-Christophe 318, 320, 362, 499, 516
Michée, Jean-Baptiste 446
Michel, Étienne 320
Minier, Alexandre 302
Miquet, Charles 476
Mirabeau, Honoré Gabriel Riqueti, conde de 55
mitraillades 91, 201, 495
Moenne, Jacques 174
Moessard, Pierre-Louis 438
Mônaco, Marie-Thérèse Françoise de Choiseul, princesa de 103-4, 266, 309, 311
montanheses, 108
Montesquieu, Charles de Secondat, barão de La Brède et de 248
Montpellier 69, 88
Moore, John 191
Morel, espião do CSG 487
mosteiro da Conception 158
Moutard, Marguerite 101
moutons 110, 114
mulheres na vida pública 378-9, 444, 532
  "cidadã lavadeira" 206
  Sociedade de Mulheres Republicanas Revolucionárias 368
Mulot, chefe de legião 298
muscadins 512

N

Nanterre 204
Nantes 511
Napoleão Bonaparte 521
Nero 326
Neuilly 432, 457
Nicolas, Charles-Léopold 156
Nieuport, cerco de 229

Nobreza 225
leis contra a 278
Normandia 181
Notre-Dame, catedral (Templo do Ser Supremo) 170

O
Olivier, chefe de legião 297, 353
organização seccional
Comitês Civis, 289, 344
Comitês de Beneficência 178
Comitês Revolucionários 179, 407
juízes de paz 388
Orleans, Filipe de, duque de 55
Ouy, Cd. 480

P
Pache, Jean-Nicolas 174
Padres 310
Países Baixos 28, 36
Palácio da Convenção 223, 226
Comitê de Educação 190
Comitê Financeiro/de Finanças 66
deputados moderados 255
galeria pública 143
Manège 53,
Palais de Justice 208
Palais-Royal (Maison-Égalité) 146
Panis, Étienne-Jean 70, 94
Paris
atos contrarrevolucionários centrados em 275
Panthéon 223
tamanho da população 60
Paris, localizações dentro de
abadia de Saint-Germain-des-Prés 350
Belleville 36
Bois de Boulogne 181
Campo de Marte 142, 159
Champs-Élysées 310, 377, 457
Clamart 137
Courtille 143
Faubourg du Temple 325
Faubourg Saint-Antoine 296, 308, 349, 439
Faubourg Saint-Germain 166
Faubourg Saint-Honoré 217
Faubourg Saint-Marcel 200, 204, 276, 347, 366
Faubourg Saint-Martin 378
Grenelle 137, 142
Halles, Les 40, 137
Marais, o 202, 275, 302, 347, 442, 460
Montmartre 137
Montmorency 137
Montreuil 137, 377
Montrouge 106, 137
Picpus, cemitério 102
Port au Blé 480
Quartier Latin 175, 217
Saint-Eustache 158, 166
Saint-Martin-des-Champs, priorado 488
Saint-Roch 198
Vincennes 38
Paris, Pierre-Louis 101
parisienses
dieta 223
insurreições 337
mobilização popular 45, 474, 496
opinião pública fraturada 207
papel na queda de Robespierre 515
contestado 280
personalidade 80, 519
repressão termidoriana dos 513
ver também Hanriot
Parlamento de Paris 166, 197
Pas-de-Calais 92, 111, 152

Payan, Claude-François 47, 145, 171, 285
prisão 308, 386
relações com Robespierre 172, 190
Payan, Joseph-François 190, 504
Pellecat, Etienne 439
Pellerin, Cd. 387, 437
Penières, Jean-Augustin 488
Pétion, Jérôme 107
Peyssard, Jean-Pascal 183
Pille, Louis-Antoine 75
Pionnier, Cosme 404
Pirineus 403
Pisístrato 250
Pitt, William 37, 157
Planície, a 403
pontes
Pont-au-Change 138
Pont-au-Double 306
Pont de la Tournelle 306
Pont National 217
Pont-Neuf 200
Pont Notre-Dame 374
Pont Saint-Michel 216
população prisional 108
atos de autodefesa 129
praças de Paris
Place de la Bastille 299
Place de la Maison Commune (Place de Grève) 169, 314, 331
Place de la Révolution (Place de la Concorde) 279
Place des Vosges 43
Place du Carrousel (Place de la Réunion) 145, 222
Place du Palais-Royal 318
Place du Panthéon 175
Place du Trône-Renversé 309, 349
Place Saint-Sulpice 456
Place Vendôme 268
Prieur, Jean-Louis 214
Prieur de Côte d'Or, Claude-Antoine 78
Prieur de la Marne, Pierre-Louis 120
prisões, Paris
Abbaye 109, 198
Bénédictins-Anglais 105
Carmes 109
Conciergerie 114, 216
Couvent des Oiseaux 108, 115
Écossais, mosteiro de 464
La Force 198, 308
Luxembourg 110, 213, 372
Madelonnettes 105, 107
Pélagie 412
Pension Belhomme 108
Plessis 442
Port-Libre 112
Saint-Lazare 408
Salpêtrière, La 177
Talaru 115, 356
Temple 199, 482
produção de pólvora, 142
prostituição 194
protestos por comida 206
Provença 402
Públio Valério Publícola 229
Puy de Vérine, ex-financista 266

Q

queue de Robespierre, la 516

R

Racine, Jean 153
Raffet, Nicolas 204
Ramel, Dominique-Vincent 89
Renard, Pierre-Jean 168
Renaudin, Léopold 621
Renault, Cécile 38-9, 157, 250
Revolta Federalista 491

Retz, Jean-François-Paul de Gondi, cardeal de 305
Reno 58
Richard, Jean 351
Richardson, Samuel, *Pamela* 191
Riffard Saint-Martin, François-Jérôme 358
Riqueur, Jean-Charles 371
Robespierre, Augustin-Bon-Joseph 121, 153, 156, 210, 272, 292, 304, 347, 408, 417, 480, 498, 503
Robespierre, Charlotte 155
Robespierre, Maximilien-Marie-Isidore
acusado de ditador e tirano 51, 67
advogado provincial 55
ameaças a sua vida 156-7, 159
autoexílio do governo 110
Brount [seu cachorro] 153
contra celebrar vitórias militares 143
discursos
na Convenção 29
no Clube Jacobino 157
e dinheiro 61
em Arras 55-6, 90
evitando dar nomes 294
falta de traquejo 60
ferido por pistola 498
guarda-costas 158, 189, 211, 218, 250-1, 258, 271, 400
ideias da Revolução Francesa 23, 507
identidade sexual 155
jornalismo 107
Lenda Sombria 516
mandado de prisão contra 45, 272
nostalgia por 182
oratória 524
personalidade 80, 126, 244
pessimismo 59
purificar o governo 60
receio de conspirações 54, 81, 470-1, 517
reputação 118, 154, 261, 516
rua Saint-Honoré 35, 52-3, 56, 151, 153, 218, 374
rua Saintonge 56
status de celebridade 156, 282
vestuário 498
Robin, Louis-Antoine 617
Roland, Manon (nome de solteira Phlipon) 107, 195
Roque, Antoinette 196
Roses, Jacques-Auguste 294
Roucher, Jean-Antoine 104
Rousseau, Jean-Jacques 63
Julie, ou *La Nouvelle Héloïse* 311
Rousseville, Pierre-Henri 35
Rouvière, de 310
Roux, Jacques 140
Rovère, Stanislas-Joseph 92, 94, 228, 363
ruas, bulevares e cais de Paris
Boulevard du Temple 190
Quai de l'École 459, 476, 477
Quai de Gesvres 319, 420, 477
Quai de la Mégisserie 477
Quai des Orfèvres 354, 375
Quai des Ormes 341
Quai du Louvre 459
Quai du Marché Neuf 354
rua Croix-des-Petits-Champs 85
rua de l'Arcade 152
rua de Birague 40, 43, 198
rua de Chartres 325
rua de Conti 100
rua de l'Échelle 320, 387
rua d'Enfer 137
rua de Hautefeuille 199, 201, 216
rua de la Perle 46

rua de la Tour 141
rua de la Verrerie 477, 488
rua de Reuilly 210
rua de Richelieu 108
rua de Saint-Thomas-du-Louvre 317
rua de Seine 209
rua de Sèvres 108
rua des Arcis 290
rua des Canettes 49, 456
rua des Francs-Bourgeois 332
rua des Lavandières 198
rua du Faubourg Saint-Antoine 349
rua du Jour 165
rua du Martroy 285, 299
rua du Mouton 423
rua Louis-le-Grand 168
rua Poissonnière 137
rua Saint-Antoine 45
rua Saint-Denis 225
rua Saint-Florentin 154
rua Saint-Guillaume 358
rua Saint-Honoré 35, 37, 41, 53, 151, 218
rua Saint-Jacques 101, 105-6, 138
rua Saint-Martin 137, 494
rua Saint-Nicaise 458
rua Tournon 372
rua Traversière 39
rua Troussevache 40
Ruhl, Philippe 320, 396

S

Sade, Donatien-Alphonse-François, marquês de 105
Saint-Just, Louis-Antoine 37
começo da vida e carreira 78-9
deputado em missão 78
papel no CSP 74-5, 84, 123
prisão 315
relações com Robespierre 45, 71-2
Saint-Omer, Jean-Claude 277
Saint-Paul-Trois-Châteaux 47
sans-culottes 27-8, 57, 73, 108, 145, 168, 215, 218, 262
calções 27, 40
Sanson, Charles-Henri 296, 350
Sarthe, 92
Saudraye, Madame 155
Savin, Cd. 317
Scellier, Gabriel-Toussaint 503
seções, Paris 30, 37, 43-4, 165-6, 177-9, 369, 426, 447, 452, 459, 488
Amis-de-la-Patrie (15)*, 37, 312, 369, 374, 391, 424, 435
Arcis (19) 419, 459-60, 488, 505
Arsenal (34) 43
Bon-Conseil (16) 177-8, 369, 426
Bondy (22) 369
Bonne-Nouvelle (14) 37, 445
Bonnet-Rouge (42) 179
Brutus (13) 176, 446
Chalier (44) 625
Champs-Élysées (2) 44, 174
Cité (36) 343, 413, 454, 528
Contrat-Social (11) 166, 178, 478
Droits-de-l'Homme (31) 196, 331, 413, 459, 461, 477, 490
Faubourg-du-Nord (28) 377-8, 384, 478
Faubourg-Montmartre (20) 149
Faubourg-Poissonnière (21) 168, 378, 446
Finistère (48) 200
Fontaine-de-Grenelle (39) 225

* Os números entre parêntesis das seções de Paris referem-se à lista das páginas 625-6.

Fraternité (35) 166, 200, 208, 302, 306, 341, 461
Gardes-Françaises 446
Gravilliers (27) 166, 177, 201
Guillaume-Tell (12) 371, 399, 438, 461
Halle-aux-Blé (10) 158, 225, 330, 478
Homme-Armé (30) 100, 166
Indivisibilité (33) 166, 253, 308, 312, 327, 478, 490
Invalides (38) 166, 196, 203, 482
Lepeletier (6) 224, 490
Lombards (18) 40, 198, 203, 225, 307, 353, 384, 452, 478, 504
Maison-Commune (32) 19, 165, 285, 361, 397, 494
Marat (41) 185, 199, 203, 225, 447, 455
Marchés (17) 592
Montagne (4) 166
Mont-Blanc (7) 490
Montreuil (25) 377
Muséum (8) 171, 225, 277, 287, 317, 479, 502
Mutius-Scévole (43) 166, 200
Observatoire (46) 200
Panthéon-Français (45) 166, 177, 288, 302, 329, 374, 404, 424, 483
Piques (5) 225, 409, 419, 472, 474
Popincourt (24) 374, 387, 450
Quinze-Vingts (26) 374, 387, 459
République (3) 377, 433
Réunion (29) 478
Révolutionnaire (37) 166
Sans-Culottes (47) 200, 455
Temple (23) 166, 447
Tulherias (1) 166, 196, 268, 276, 283, 453
Unité (40) 166, 225, 302, 433, 457, 478
Seine-et-Oise, departamento 46, 107
Sellier, Madame 48
Sena, departamento 362
Sena, rio, 57, 79, 169, 196, 463, 514
Sexby, Edward, *Killing No Murder* 263
Sijas, Prosper 370, 430
Sillery, conde de 107
Simon, Antoine 202
Soisy, Françoise-Nicole 101
Sólon 229
Somme 92
Souberbielle, Joseph 183
Soulié, Joseph 203

T

Tallien, Jean-Lambert 43, 224
conspiração contra Robespierre 227, 238, 240-1, 255
deputado em missão 43
e Theresa Cabarrus 241, 291
relações com Robespierre 470
Tanchon, Ponce 482
teatros de Paris 528
Opéra Comique 205
Opéra nacional 325
Théâtre de la Cité-Variétés 262
Termidoriano, período 509-11, 521, 533
terror 19, 25, 28, 31, 36, 42, 51, 59, 63, 66, 73, 79, 92, 125, 129, 163, 191, 281, 292, 522
"Terror, o" 509, 518, 532
Tesouro 204, 231, 288, 336
Tessier, Pierre-Louis 203, 482
Teurlot, Claude-François 198
Théot, Catherine 65-6, 75, 173, 253
Théotiste, irmã de Caridade (condessa de Valombray) 357

Thibaudeau, Antoine 215, 223, 227, 232, 239, 240, 244, 500, 518
Thiéry, comandante de batalhão 424
Thiéry, médico 103
Thirion, Didier 424
Thouin, Marguerite 196
Thuriot, Jacques-Alexis 256
Toulon 27, 89, 90
Tribunal Revolucionário 40-3, 58, 67, 79, 97, 113, 120, 122, 144, 171, 208
  abolição do 511-2
  junta médica 103
  jurados 152
Trinchard, François 215
"triunvirato" 273-4
Tugot, Louis 505, 619
Tulherias, jardins das 46, 71, 175, 222-3, 258, 274, 277, 458
Tulherias, Palácio das (Palais-National) 55, 71, 76, 87, 95, 96, 116, 162, 222, 291, 297, 303, 312, 361, 385, 388, 393, 395, 401-2, 415, 428, 432, 449
Typhaine, Vincent 481

U

Ulrich, Joseph-Guillaume 301
Uzès 85

V

Vadier, Marc-Guillaume-Alexis 64
Valmy, batalha de 152
Van Heck, Jean-Baptiste 354
Var, departamento 89
Varennes 55
Vendée, insurreição de 103
Verdun, queda de 45
Vergne, Cd. 296
Vernet, Alexandre 50, 108, 198
Versalhes 158, 178, 222
Viala, Agricol-Joseph 175
Vian, capitão 480
Viard, Jean-Baptiste-Guillaume 101
Vienne, departamento 216
Vigée-Lebrun, Elisabeth 311
Villetaneuse 407
Vincent, Pierre-François 336
Vivier, Nicolas-Joseph 82
Voltaire 153
Voulland, Jean-Henri 81, 85
Voyenne, Claude-François 459

W

Warmé, Jacques-Louis-Frédéric 447
Wichterich, Martin, policial administrador 113, 196, 372-3

Y

York, Frederick Augustus, duque de 67

Acreditamos nos livros

Este livro foi composto em Adobe Garamond Pro e impresso pela Lis Gráfica para a Editora Planeta do Brasil em julho de 2025.

DESPERTE A SUA ESPIRITUALIDADE VISCERAL

Sete Pilares para Despertar a Sua Alma

Alexândre Cumino

DESPERTE A SUA
ESPIRITUALIDADE
VISCERAL

Sete Pilares para Despertar a Sua Alma

MADRAS®

Editor:
Wagner Veneziani Costa (*in memoriam*)

Produção e Capa:
Equipe Técnica Madras

Revisão:

Jerônimo Pouças Feitosa
Ana Paula Luccisano

Dados Internacionais de Catalogação na Publicação (CIP)
(Câmara Brasileira do Livro, SP, Brasil)

Cumino, Alexandre
Desperte a sua espiritualidade visceral :
sete pilares para despertar a sua alma / Alexandre Cumino. -- 2 ed.
-- São Paulo : Madras, 2025.

ISBN 978-65-5620-097-2

1. Espiritualidade I. Título.

24-221594 CDD-133.9

Índices para catálogo sistemático:

1. Espiritualidade 133.9
Cibele Maria Dias - Bibliotecária - CRB-8/9427

MADRAS EDITORA LTDA.
Rua Paulo Gonçalves, 88 – Santana
CEP: 02403-020 – São Paulo/SP
Tel.: (11) 2281-5555 – (11) 98128-7754
www.madras.com.br

ÍNDICE

Introdução 7
Sagrado Selvagem & Homo Espiritual 19
Religião ou Espiritualidade 22
Religião & Espiritualidade 30
Espiritualidade 33
Primeiro Pilar: Conhece-te a Ti Mesmo! –
– Ame o Próximo como a Si Mesmo 45
"Muitos os Chamados, Poucos os Escolhidos" 49
Conhecer a Si Mesmo 57
Meditar 64
Por Onde Começar 71
Segundo Pilar: Torna-te Quem Tu És! –
– Liberdade para a Alma 77
Terceiro Pilar: Torna-te Mestre de Ti Mesmo! –
– Faz da Vida Seu Mestre 93
Ítaca 97
Mojud: o Homem cuja História Era Inexplicável 99
Quarto Pilar: Relacionamento com
Deus, "Deusos" e Deusas 113
Quinto Pilar: Relacionamento com Ancestrais –
– Família de Alma 129

Sexto Pilar: Relacionamento com a Natureza –
– Família Natural 137
Sétimo Pilar: Desapego de Estar Certo –
– Liberdade para Mudar de Opinião 147
Bibliografia 159

INTRODUÇÃO

Sempre ouvimos falar de reis acompanhados de magos, feiticeiros e bruxos; astrólogos, místicos e praticantes de magia; pessoas que tinham um contato direto com o mistério. Isso é tão natural que, nas sociedades de povos originários, observamos sempre a figura de um cacique acompanhado de um pajé. Nas sociedades primeiras, surgem pessoas que entram em transe para encontrar respostas no outro mundo, seguindo, por exemplo, o modelo de um xamã para a sociedade siberiana. Trata-se de algo tão repetitivo em todas as culturas que a palavra "xamã" se popularizou como o modelo de pessoa que possui dons de transcendência, cujo corpo é visitado por deuses e entidades, ou cujo espírito do xamã visita outras realidades, nas quais encontra o sentido da vida para toda uma comunidade. Os médiuns são a versão contemporânea, urbana e ocidental para esse modelo humano de comunicadores do além.

Ainda assim, por motivos políticos, essas pessoas foram perseguidas e queimadas nas fogueiras da inquisição literal e das atuais inquisições do preconceito e da intolerância, espiritual e religiosa.

De todas as formas, fizeram-nos crer que estamos muito distantes dessa realidade, e apenas uns poucos escolhidos possuíam esses dons. O ocultismo patriarcal fez acreditar que "são muitos os chamados e poucos os escolhidos", assim como as religiões cristãs divulgam que é estreita a porta que leva aos céus, inventando e espalhando a notícia de que somos todos pecadores.

A ideia de muitos chamados e poucos escolhidos faz com que muitos queiram ser "os escolhidos". A partir daí, uma multidão começa a imitar o comportamento daqueles que julgam ser os escolhidos.

Logo surge uma casta de pessoas autoproclamadas "eleitas", ditando as regras de como se tornar mais um "eleito", escolhido. Na maioria dos casos, deve-se imitar um comportamento que limita completamente a liberdade ser quem se é, adestrando o que havia de selvagem e belo no seu ser. Assim, surgem as doutrinas, dogmas e tabus escritos por aqueles que nunca encontraram o mistério.

Um conjunto de regras e comportamentos não faz de alguém ser especial; apenas o torna adestrado e frustrado ao saber que se tornou moralista, hipócrita e infeliz, criando a ideia de que é impossível alcançar um despertar verdadeiro. A expressão "muitos chamados e poucos escolhidos" continua se reafirmando para a grande massa.

Magos, bruxos, feiticeiros, xamãs, monges, richis, profetas, médiuns, místicos e iogues são homens e mulheres que parecem estar acima dos meros mortais. Eles nos inspiram com histórias de pessoas que conseguiram ver a verdade de um ponto de vista privilegiado, que lhes permitiu enxergar o que outros não veem, ouvir o que muitos não ouvem, assim, conseguem orientar a si mesmos em meio a um mundo caótico, ao mesmo tempo que se tornam guias na jornada daqueles que buscam vencer os próprios limites dentro dos desafios da vida.

Esses Mestres parecem estar muito distantes de nossa realidade. Alguns nos parecem já ter nascido com esses dons, reforçando a premissa de que são "muitos os chamados e poucos os escolhidos". Mas será que é assim mesmo?

Alcançar um estado mental superior, ter uma expansão de consciência, despertar práticas ancestrais, tecnologias da alma ou desenvolver dons mediúnicos de transcendência, tudo isso é algo para uns "poucos escolhidos"?

Quais desafios precisamos transcender para alcançar estados superiores de nossa consciência e acessar nossa potência máxima de realização no mundo?

Esses homens e mulheres eram os líderes naturais nas sociedades mais puras e primeiras. Estou aqui para dizer e mostrar que tudo isso está muito acessível agora mesmo a todos nós, bastando um pouco de dedicação e disciplina.

Como saber que alcançamos um estado de consciência superior, que despertamos? No livro *Zen: a Transmissão Especial*, de Osho,[1] o autor diz que a mente extraordinária relaxa no comum, e a mente comum quer sempre ser extraordinária, o que não é. Esta é uma chave para compreender um estado de consciência superior: ela se realiza em qualquer realidade, enquanto um estado de consciência inferior não se realiza em nada.

Pessoas extraordinárias não precisam provar nada para ninguém, muito menos para si mesmas; jamais precisam validar seus atos ou estilo de vida. Uma mente comum, por sua vez, está sempre questionando a si, aos outros, a sua realidade, o sentido de estar vivo e a falta de propósito no mundo. Muitas vezes, essa mente passa os dias presa na insatisfação, disfarçada ao tentar provar para si e para o mundo que é algo melhor do que a própria imagem que tem de si mesma.

Com o tempo, suas cobranças internas para um comportamento moral que convença os outros de que é uma pessoa iluminada, santa, boa, aceitável e admirável vão aumentando. Isso gera um sentimento interno de sombra, pois a pessoa tenta ocultar sua identidade reprimida pelo autojulgamento. Seus desejos e vontades são afogados no mar do julgamento moral, o que desperta a saudade de um paraíso perdido, de ser livre, autêntica, de ser quem é, sem julgamentos.

Esse estado ordinário nos distancia de nossa essência. Perdemos a segurança de ser quem somos, atravessados pelas questões do mundo; perdemos a identidade da alma, criando diversas *personas*. A grande maioria da população vivendo essa esquizofrenia cria o mundo caótico como o conhecemos. As grandes religiões são fermento de base nesta construção preconceituosa, crítica, patriarcal, machista, racista, ocidental e doentia.

A mente que se expande encontra a si mesma e se realiza na essência de ser o que é, sem nenhum julgamento. Quando aprende a acolher a si, acolhe o mundo, com todas as suas dores e desafios.

Neste caminho, vamos ao encontro da cura de nossas dores, uma cura que está em si mesma, ao se colocar em primeiro lugar, em sua própria vida, amorosa, gentil e delicadamente.

---

1. Obra publicada pela Madras Editora.

Quando a mente se expande, não encontramos todas as respostas, mas muitas perguntas deixam de ter sentido. É a partir daí que a mente vai silenciando e se expandindo para realidades de uma oitava superior.

Aos poucos, vamos encontrando sentido em tudo na vida e compreendendo que tudo está certo, que a vida é boa para nós, tudo vem para nosso bem e nosso aprendizado. A certeza de que, ao manifestar nossa essência no mundo, nos tornamos quem realmente somos traz um conforto de saber que estamos dando o nosso melhor nesta realidade. O melhor que temos a oferecer para o mundo é ser quem somos.

Se nosso querer é forte no caminho de nos tornarmos mestres de nós mesmos, toda a nossa dedicação à Espiritualidade passa a ser o melhor investimento da vida. É como descobrir que a criança que fomos tem orgulho do adulto que nos tornamos. Cada dia se torna uma oportunidade de irmos além em nossas práticas e estudos que nos levam a um lugar seguro, dentro de nós mesmos, onde nos tornamos nossa melhor versão na existência. Encontramos nosso potencial máximo de ser quando a vida possui propósito, sentido e missão; aí sentimos que estamos vivos de fato.

Existem muitos caminhos para o despertar da alma e da espiritualidade, o importante é estar consciente de si no processo. Há diversos supostos atalhos para a espiritualidade real, por exemplo, as religiões. É bastante comum assumir um comportamento religioso, com seus dogmas e doutrinas, acreditando que isso é se tornar espiritual, trilhando um caminho de obediência comportamental, de temor a Deus, de medo do inferno, do pecado ou do Diabo, de moralismo, adestramento de mentes e corpos.

Quando estamos nesse caminho, nos tornamos autômatos, fanáticos, arrogantes e não aceitamos que questionem nossa verdade. Ao mesmo tempo, vamos criando comportamentos traumáticos em nós e nas pessoas ao nosso redor, por conta da violência de impor valores religiosos acima da humanidade de cada um.

No livro *Meu Trabalho, Minha Vida*, o autor Bert Hellinger, conhecido por ser o criador da Constelação Familiar,[2] conta que em certa época de sua vida, quando era ainda sacerdote católico, alguém lhe perguntou: "O que é mais importante para você: os ideais ou as pessoas? Do que você abre mão? Das pessoas pelo ideal ou do ideal pelas pessoas?"[3] Ele disse que essa pergunta o deixou profundamente perturbado. É como questionar o que é mais importante: a instituição ou as pessoas, a religião ou as pessoas, os valores religiosos ou os religiosos?

O fanático é sempre aquele que trocou o Mistério Maior, pela adoração ao Templo, com suas regras e dogmas. Tornou-se apegado ao copo e não mais à água da vida, vive para o corpo moral e não mais para o espírito livre, ou, como diz o Rabino Nilton Bonder, para a Alma Imoral.[4]

Em qualquer caminho espiritual, observe sempre se existe alteridade (respeito absoluto) pelas verdades alheias, pois isso é um bom termômetro para não trocar a espiritualidade que nos atravessa a todos, independentemente de religião, por doutrinas que nos prendem com seus jogos de merecimento, julgamento e comparações.

Hoje em dia, é muito comum médiuns aprenderem a desenvolver seus dons mediúnicos, como incorporar entidades, ver ou ouvir o mundo espiritual, fazer desdobramento astral, entre outros dons.

Mas será que esses médiuns estão acessando algo que eleva ou expande sua consciência? Estão se tornando pessoas melhores? Suas práticas e desenvolvimento mediúnico elevam o grau de percepção da realidade? Ao menos estão conquistando a paz para si mesmos ou, simplesmente, realizam uma "tarefa mediúnica", um "trabalho espiritual", de maneira mecânica, tal qual aparelhos, inconscientes, para outros, sem mudanças significativas em sua percepção do mundo, da vida e de sua própria realidade?

2. A Constelação Familiar é uma prática terapêutica desenvolvida pelo alemão Bert Hellinger, que busca revelar e resolver dinâmicas ocultas em famílias e sistemas sociais. A técnica utiliza representantes para membros da família ou elementos do sistema, permitindo que padrões e relações sejam visualizados e compreendidos, promovendo a cura e a harmonia.
3. HELLINGER, B. *Meu Trabalho, Minha Vida*: a Autobiografia do Criador da Constelação Familiar. São Paulo: Cultrix, 2020. p. 72.
4. BONDER, N. *A Alma Imoral*. Rio de Janeiro: Rocco, 1998.

Continuam se arrastando com as mesmas correntes e amarras de dores e apegos, agora apenas exaltando seu ego como soldados da caridade, guerreiros da luz, praticantes desta ou daquela doutrina?

Também fazemos as mesmas perguntas sobre tantas pessoas que mergulham nas medicinas da floresta, enteógenos e expansores da consciência. Será que estão acessando um estado de consciência superior real ou apenas tendo mirações?

Aprender dons especiais, ter superpoderes, tornar-se super-humano ou alcançar a paz que tanto se almeja, o que pode ser mais importante?

Será que tudo isso é apenas para os poucos escolhidos? Contudo, há outra visão: todos somos chamados; "escolhidos" são os que se dedicam de corpo, mente, alma e espírito a algo maior a partir de si. Nós mesmos nos escolhemos para um despertar, seguindo o coração, e somos conduzidos em um fluxo que revelará nosso caminho espiritual.

Os dons podem se manifestar, as tecnologias da alma podem desabrochar, e superar a si mesmo é uma constante. No entanto, o foco não são os superpoderes; o objetivo é sua paz interior, o desabrochar de sua espiritualidade, encontrar propósito, missão e sentido para sua vida, olhar para dentro e descobrir a si mesmo. Iniciando-se nos mistérios de ser quem você é, sua alma o conduzirá pelo caminho da gratidão que leva ao fluxo de amor e realização.

Quando nossa alma se manifesta, ela aponta caminhos inesperados e maravilhosos entre infinitas possibilidades. Seguimos com a convicção de estar sempre no lugar certo, na hora certa, enquanto as sincronicidades da vida vão conversando com a gente, validando e confirmando a certeza de seguir o fluxo da alma no caminho do coração.

Vivemos em um mundo caótico, marcado por muitas guerras e agressões, trazemos em nossa memória ancestral todas as dores da humanidade. Ao mesmo tempo, almejamos um mundo ideal, de paz e amor. Da inexistência desse mundo que desejamos, na realidade material, surge o desejo inconsciente ou consciente de encontrá-lo em outro mundo. Isso cria teorias e filosofias, já bem conhecidas da humanidade, que são copiadas e reescritas repetidamente, como a Boa-Nova. No mundo ocidental, esse desejo se manifesta no conceito do "Mundo das Ideias" de Platão, passando pelo "Céu" de Santo Agostinho, pelos inúmeros "Paraísos Perdidos", até chegar aos conceitos mais diversos sobre o "Nosso Lar" espírita, a "Aruanda" umbandista ou às "Novas Colônias Espirituais".

Diante da impossibilidade de criar esse paraíso na Terra, as religiões, que muito contribuíram para o inferno em nosso planeta, prometem o que é impossível de entregar: o paraíso para depois da morte.

Jesus anunciou o Reino que está dentro de cada um, enquanto Roma se apropriou dessa mensagem para criar a Igreja, instituiu o pecado original e promoveu a ideia de um céu reservado aos sem pecados, condicionado ao batismo como um pedágio e reconhecimento para garantir acesso a esse céu somente pela Igreja Romana. Ao passo que Jesus disse: "aquele que não tem pecado, atire a primeira pedra", as religiões atiram as pedras em todos os que não seguem a verdade única de suas doutrinas. Jesus proclamou que o Reino pertence às crianças, aos puros de coração; a religião ensina que só as crianças batizadas vão para o céu. Jesus é um exemplo conhecido, e poderíamos estar falando de muitos outros místicos, profetas, sábios com suas experiências que se tornaram doutrinas e religiões.

Segundo Leonardo Boff: "Jesus não anunciou uma Igreja. Ele anunciou o Reino de Deus e a transformação interior. Posteriormente, no seu lugar, surgiu a Igreja como comunidade de fiéis que creem em Jesus. Essa evolução é quase fatal e férrea. Mas ela é outra coisa. Não pode ser identificada com a experiência original de Jesus... Uma coisa é a fonte de água cristalina. Outra coisa é sua canalização para o aproveitamento humano. O cano de água não é água".[5] Ele complementa dizendo que, infelizmente, identifica-se o Reino de Deus com a Igreja, além de Jesus com o papa, o que é uma patologia e decadência.

O Reino anunciado por Jesus está dentro de cada um, enquanto o céu proclamado pela Igreja já foi vendido (indulgência), pedagiado (batismo) ou oferecido a troco de temor (inquisição), terror, obediência, cabresto, adestramento, doutrina, fanatismo, segregação.

O Reino é nossa espiritualidade mais pura, o acessamos com nossa pureza de criança, enquanto o céu é moeda de troca para as doutrinas religiosas e seus postulados morais.

---

5. BOFF, L. *Espiritualidade:* um Caminho de Transformação. Rio de Janeiro: Sextante, 2001. p. 38.

Três séculos antes de Cristo, o filósofo grego Platão criou a teoria do "Mundo das Ideias", um "Mundo Ideal", perfeito, que contrasta com o nosso, no qual tudo é apenas uma cópia imperfeita.

O teólogo católico Santo Agostinho, 400 anos depois de Cristo, inspirado nas ideias de Platão, criou a ideia de "Céu Cristão", onde você só entra se não tiver pecados. Ao mesmo tempo, o santo criou a teoria de pecado original. O mundo ideal e perfeito de Platão e Santo Agostinho inspirou boa parte das religiões e das filosofias ocidentais, como o Espiritismo, que fala do mundo espiritual e de suas colônias como algo perfeito, do qual o mundo material é uma cópia pobre.

Assim foi criado no inconsciente coletivo outro mundo repleto de harmonia, um mundo perfeito e distante da realidade que nos cerca. Em algum lugar, dentro de nós, há uma certeza de que esse lugar existe. Na impossibilidade de encontrá-lo em nossa realidade ordinária, nos agarramos em doutrinas que prometem algo impossível de entregar neste mundo repleto de dores e escassez. Compramos esse pedaço do céu com dízimos, esmolas, caridades do ego e comportamentos adestrados em uma moral hipócrita que visa garantir um terreno no céu.

Porém, existe outro caminho, conhecido por nossa alma. É um caminho que leva para dentro de si mesmo e, a partir dali, se abre para infinitas possibilidades de despertar e de realizações.

Existem muitas religiões, mas há uma única espiritualidade que atravessa todos. Estamos sempre buscando essa espiritualidade de alguma forma. Muitas vezes, sentimos um vislumbre dessa espiritualidade nas religiões.

Temos relances de despertar em meio a doutrinas e rituais. Percebemos que há mais da vida além das necessidades básicas de um ser humano. Compreendemos que existe algo maior que todos os nossos desejos consumistas e que, mesmo adaptados a este mundo material, com suas regras sociais e culturais, ainda assim pode acontecer um vazio existencial.

Você já sentiu que não é deste mundo? Sentiu saudades de um local que não sabe qual é? Já foi induzido a pensar que esse lugar perfeito de que sente falta é um paraíso perdido? Muitas pessoas procuram as religiões para encontrar respostas para essa solidão da alma, que também é chamada "a noite escura da alma".

Ao chegarmos aos templos, somos convidados a participar de algum ritual em que há momentos de louvor, reza, transe, introspecção e extrospecção, nos quais sentimos algo como uma presença. E, no mesmo instante, somos informados que isso é um privilégio exclusivo dos eleitos, ou seja, de quem faz parte de tal comunidade.

Ficamos encantados com as sensações, e logo os discursos doutrinários vão entrando em nossa mente em estado de transe. As mensagens entram sem filtro em nosso mental, e passamos a crer naquela verdade religiosa como verdade absoluta. Adotamos essa crença como nossa, passamos a pertencer àquela religião, assumimos as dores e as delícias de fazer parte daquela comunidade, do culto, do ritual ou de alguma ordem mística, esotérica, ocultista, que nos dará títulos e graus de sigilo para alcançar os mistérios. Recebemos a investidura de iniciados nos arcanos maiores, tudo para validar que somos os escolhidos, fazemos parte dos ungidos por Deus, daquele templo que reúne os únicos e poucos despertos.

Para fazer parte dessas doutrinas, religiões, seitas, ordens, é preciso seguir sua cartilha doutrinária, passar por rituais de passagem, que separam o mundo profano do mundo sagrado, os iniciados dos não iniciados. Assumimos compromissos que, muitas vezes, não ressoam com nossa alma, e adotamos comportamentos segregacionistas que até separam parentes na mesma casa, que passam a não se falar mais, por conta de uma teoria religiosa colocada como verdade absoluta da salvação na Terra.

Doutrinas que criticam quem pensa diferente; dogmas que aprisionam a mente; tabus que infantilizam as pessoas; rituais que adestram os adeptos e, assim, vamos sendo domesticados, enquanto imploramos por um pouco de experiência com o mistério. Mendigamos o sagrado, suplicamos nas religiões, em clima de escassez, uma espiritualidade que, na realidade, é abundante. Essa espiritualidade, vendida como escassa, restrita e exclusiva a poucos, é na verdade aberta, farta, inclusiva e disponível a todos. E, mais ainda, não depende de doutrinas, iniciações ou rituais para se manifestar em nós e a partir de nós.

Existe algo que nos atravessa desde nossa origem ancestral mais primitiva. Antes de haver sociedades organizadas, antes de haver religiões, antes de o homem construir conceitos sobre sagrado e profano, já havia um sagrado que nos habita, assim como habita em um animal selvagem.

Ao observar um cavalo selvagem, vemos algo de belo que transcende os padrões. Há algo de liberdade, algo de ser quem você é, algo se ser inteiro com sua essência. Isso é o sagrado selvagem que nós perdemos ao nos domesticar neste mundo.

Ao nos adestrarmos para viver os padrões deste mundo, nós nos perdemos de nossa essência ancestral, de quem somos, perdemos esse sagrado visceral que corre em nossas veias. Por nos perder de nossa essência, perdemos também uma espiritualidade natural que atravessa corpo, mente e espírito.

Uma de nossas propostas aqui é resgatar esse sagrado selvagem, essa espiritualidade visceral que está em você e independe de religiões ou doutrinas, mas que pode conviver com elas sem conflitos, a partir de um ponto de vista de maturidade espiritual, com liberdade para a alma e autonomia religiosa – temas do segundo e terceiro pilares.

A busca por nos entender no mundo, muitas vezes, faz pensar que não somos deste mundo e que nosso lugar de plenitude pertence a outro mundo. O tal paraíso perdido está aqui e agora, não está fora de você. Esse é o reino que habita em cada um de nós, não é um lugar, mas um estado de consciência. A saudade não é de um lugar, é saudade de poder ser quem você é. Este é o paraíso: ser aceito sem julgamentos.

Para alcançar o céu, não é preciso se tornar perfeito ou santo para ser amado e aceito por todos; o céu, o paraíso, é ser aceito sem julgamentos, exatamente como é. A primeira aceitação é de você para consigo. Quando você se aceita, tudo começa a mudar em sua vida. Você se torna quem é, passa a aceitar e compreender a si e aos outros. Por isso, paraíso não é lugar, é um estado de consciência.

Tudo é sagrado em nossa existência. Existe uma espiritualidade que vem desta ancestralidade muito anterior a religiões, dogmas e doutrinas. Essa espiritualidade nos atravessa o tempo todo. O mundo, as religiões, as doutrinas, com seus dogmas, regras, tabus, preconceitos, nos adestram como um cavalo, que perde a beleza de ser selvagem. Uma vez adestrados, vamos seguir fazendo coreografias para exaltar o adestrador.

Perdemo-nos de quem somos, e é nesse instante que passamos a sentir saudade de um lugar perdido, por sentirmos que não somos deste mundo. Essa saudade não é de um local em específico, é saudade de quem você é; saudade de sua própria alma, de expressar seu sagrado selvagem, de viver a espiritualidade visceral, saudade de saber quem você realmente é!

Quando nos damos conta de que o retorno é para dentro, que o caminho é ir ao encontro da própria alma, mergulhamos no primeiro pilar da Espiritualidade Visceral – Conhece-te a Ti Mesmo. Então, todos os questionamentos mudam. Não nos perguntamos mais onde está o paraíso perdido, não sentimos mais falta de um lugar ideal para viver, nem vibramos mais na ideia de não sermos deste mundo. Agora, ao despertamos para esta realidade, passamos a fazer outras perguntas:

- Qual o propósito da vida?
- Qual nossa missão nesta vida?
- Qual sentido de estar vivo?
- Como sentir que estamos despertos?
- Como manifestar o potencial máximo de nossa alma?

Perguntas essas que vão sendo respondidas ou perdendo o sentido no segundo e terceiro pilares da Espiritualidade Visceral!

"Conhece-te a ti mesmo, torna-te quem tu és, faz da vida teu mestre.": esse passa a ser o caminho das respostas e das perguntas que vão caindo por terra no despertar de sua consciência. Boa parte dessas e de outras questões perde totalmente o sentido.

Não há mais perguntas, apenas aprendizados. Não questionamos mais: "por que a vida é como é?" A vida simplesmente é!

Não questionamos mais o que aconteceu ou deixou de acontecer em nossas vidas: apenas passamos a agradecer e aprender com tudo e com todos, assumindo a autorresponsabilidade de cocriadores de nossa própria realidade.

Saímos da reclamação, da dor, das mágoas, dos traumas e dos ressentimentos, e passamos a agradecer por tudo que a vida nos dá. Chegamos ao terceiro pilar, em que você faz da vida seu mestre e torna-se mestre de si mesmo. Nesta jornada, aprendemos a nos acolher, com liberdade para alma e autonomia espiritual.

Este é um convite para a jornada mais fascinante de sua vida: a jornada que leva você para dentro de seu coração, ao encontro de sua alma. Trata-de de reconhecer o corpo como único templo onde se manifesta o sagrado, em que os deuses habitam em sua alma, no qual a única doutrina é a busca por sua verdade. Expressar sua alma é viver sua lenda pessoal, reconhecendo que seu coração é o único altar e que a linguagem que comunica os mistérios é a linguagem do amor. Nessa linguagem, gratidão, solitude, generosidade, delicadeza, cuidado e carinho transbordam em flores e perfumes, que exalam de si para o mundo.

SAGRADO SELVAGEM & HOMO ESPIRITUAL

O saudoso sociólogo, especialista em sociologia das religiões, Roger Bastide, em seu livro *O Sagrado Selvagem*,[6] diz que o ser humano já possui algo de sagrado em si mesmo, independentemente de qualquer doutrina, filosofia ou religião. Bastide estudou extensivamente as primeiras sociedades, as quais costumamos chamar de primitivas, com ênfase nas sociedades africanas e em suas tradições religiosas ou espirituais, e prosseguindo com as tradições e religiões afro-brasileiras.

Um tempo atrás, chamar uma sociedade de primitiva era uma forma de preconceito, como se ela estivesse sendo diminuída. O olhar ocidental frequentemente percebe o diferente como atrasado, não é? Durante o período de colonização, essa agressão foi evidente: um povo subjugando o outro, sob a alegação de inferioridade e primitivismo por ser diferente.

Hoje existe outro olhar. Quando falamos de povos primitivos, referimo-nos a povos originários, aos povos primeiros. Há uma ilusão de evolução, a ideia de que ter tecnologia nos torna melhores, especiais, mais inteligentes e evoluídos, enquanto o outro não é dotado de inteligência por não ter certo tipo de tecnologia. No entanto, as sociedades primeiras, mais primitivas, têm algo muito importante a nos ensinar, porque elas estão vivendo o ápice do encontro de si mesmas com o outro, com o mínimo possível de distração.

6. BASTIDE, R. *O Sagrado Selvagem*. São Paulo: Companhia das Letras, 2006.

Uma sociedade primitiva, geralmente, se constitui por um coletivo de pessoas que vivem com o mínimo de distração. Chamo de distrações todas essas coisas que a gente inventou para ocupar nosso tempo, como as redes sociais, a internet, a televisão, brinquedos. Você ocupa seu tempo com seu carro, sua bicicleta, sua bola, seu jogo. Já aquelas pessoas entendem que a maior arte é a arte de conhecer a si mesmo, a arte de se entender.

Quando Roger Bastide diz que existe um sagrado selvagem, ele se refere ao fato de que, em sociedades primeiras, sem as organizações religiosas formais, o sagrado se manifesta de forma espontânea e selvagem nas pessoas, independentemente de filosofias ou doutrinas. Algumas pessoas encontram o sagrado dentro de si mesmas, o que transforma a vida delas. De repente, um indivíduo se torna um curador, um curandeiro, um pajé, um mestre, um xamã.

Em todas essas sociedades, há pessoas que experimentam um despertar, algo que está dentro delas e não segue nenhuma regra ou doutrina, que não conhece nenhum tipo de castramento. Esse despertar se manifesta de forma visceral, com uma selvageria divina e sagrada, que tem o poder de transformar a vida daqueles que são tocados por ela. Isso é parte da natureza humana.

Mircea Eliade, no livro *O Xamanismo e as Técnicas Arcaicas do Êxtase*,[7] afirma que o *Homo sapiens* também é um *Homo* religioso, porque ele só se torna *sapiens* no momento em que começa a enterrar seus mortos com ritual, reza e conceitos sobre o outro mundo que acolherá o desencarnado.

Muito mais que *Homo* religioso, creio que o *Homo sapiens* é um *Homo* espiritual, um conceito muito mais amplo que o "religioso". Quando Mircea Eliade usa a palavra religioso, isso nos remete ao que entendemos por religião. Eu entendo que o *Homo sapiens* é um *Homo* espiritual, pois há uma diferença muito grande entre o que imaginamos como uma espiritualidade, que é uma só e atravessa todos, e religiões, as quais operam dentro do monopólio da verdade, como se cada uma tivesse a verdade absoluta. A espiritualidade, por sua vez, é a verdade que atravessa tudo e todos.

7. ELIADE, M. *O Xamanismo e as Técnicas Arcaicas do Êxtase*. São Paulo: Martins Fontes, 2019.

Por isso, propomos aqui a Espiritualidade Visceral. Estamos falando dessa força que nos atravessa a todos e todas, independentemente de religiões, de uma espiritualidade. Para as Ciências da Religião, toda manifestação de espiritualidade coletiva já é uma religião. Portanto, seguindo esse parâmetro, ao observarmos um povo originário africano em suas tradições, entendemos essa prática espiritual como sua religião. Da mesma forma, quando vemos uma comunidade de povos originários indígenas com um pajé fazendo um ritual, para as Ciências da Religião, isso também é religião.

Contudo, na nossa sociedade, no mundo em que vivemos, religião é aquilo que está organizado em templos, com documentação, cartório, licença de funcionamento. Isso é o que entendemos por religião.

Há, portanto, uma construção social do que é religião, com todo o seu dogmatismo, suas regras e maneiras de se entender na sociedade. Por isso, na nossa mente, quando alguém fala em religião, está se referindo a um sistema, a uma doutrina, a um conjunto de verdades nas quais você precisa acreditar. Então, você diz: "Eu sou de tal filosofia, creio nessa doutrina". Isso é uma verdade que você toma para si, é religião.

Espiritualidade é a verdade que você encontra dentro de si. Não é uma doutrina nem um dogma. Não é uma regra. Espiritualidade não é uma verdade emprestada para você seguir como se tivesse recebido um mapa para vivê-la melhor. Ela é essa verdade que você encontra em si mesmo. Espiritualidade Visceral é essa verdade tão maior que tudo, que você acha em si, e lhe atravessa corpo, mente, espírito e emoções.

Há uma lenda africana que diz que, certa vez, uma menina estava pilando um inhame. Nosso mundo aqui é chamado Ayê e o mundo dos deuses é denominado Orum. Enquanto ela pilava o inhame, quebrou um espelho que havia entre o Ayê e o Orum. Como esse espelho dividia os dois mundos, quem olhava para cima via um único espelho dividindo o céu da terra, o Orum e o Ayê. Ela ficou muito preocupada e desesperada por ter quebrado aquele espelho, que era o espelho da verdade, e foi ao encontro dos mais velhos, dos babalaôs, dos sábios, buscando orientação sobre o que fazer para reparar o incidente. Para sua surpresa, encontrou todos muito felizes. Eles estavam contentes, porque cada um agora tinha um pedaço do espelho.

A partir dessa lenda, diz-se que cada um pode encontrar apenas um pedaço do espelho, um pedaço da sua verdade. A verdade maior é aquela que não pode ser dita, não pode ser revelada; é aquela que lhe atravessa. Quando você vê, já não é mais. Quando você fala, já não é. Então, lhe atravessa a espiritualidade sagrada, selvagem, visceral.

Religião ou Espiritualidade

Para a maioria das pessoas, é um desafio diferenciar Religião e Espiritualidade. Vamos explorar juntos alguns conceitos e definições que possam nos ajudar a distinguir e compreender este olhar tão importante para nossos estudos.

Não existe uma definição única ou correta do que seja religião. Para a teologia e muitos religiosos, o conceito parte da definição particular de cada religião sobre suas crenças e práticas. Já para as Ciências da Religião, o conceito torna-se amplo e plural.

As Ciências da Religião são as ciências humanas que estudam religião como um objeto. Dessa forma, temos Filosofia da Religião, História da Religião, Psicologia da Religião, Antropologia da Religião, Sociologia da Religião, Fenomenologia da Religião, entre outras. Todas buscam um olhar que parte de diferentes pontos de vista sobre a diversidade religiosa humana e suas experiências. Ainda assim, não há uma definição correta e outra errada; há, sim, muitas controvérsias sobre o que vem a ser este objeto de estudo.

Émile Durkheim, pai da Sociologia, em sua obra clássica, *As Formas Elementares de Vida Religiosa*,[8] oferece um contraponto social sobre o que vem a ser religião. Vejamos alguns de seus conceitos e reflexões, que antecedem muitos outros estudos:

> *Não há, pois, no fundo, religiões que sejam falsas. Todas são verdadeiras à sua maneira: todas respondem, ainda que de maneiras diferentes, a determinadas condições da vida humana [...].*
>
> *A conclusão geral deste livro é de que a religião é coisa eminentemente social [...].*
>
> *Uma noção que geralmente é considerada como característica de tudo aquilo que é religioso é a de sobrenatural. Com esse termo, entende-se toda ordem de coisas que vai além do alcance no nosso*

8. DURKHEIM, É. *As Formas Elementares de Vida Religiosa.* São Paulo: Paulus, 2001.

entendimento; o sobrenatural é o mundo do mistério, do incognoscível, do incompreensível [...].

Max Muller via, em toda religião, "um esforço para conceber o inconcebível, para exprimir o inexprimível, uma aspiração ao infinito" [...].

Todas as crenças religiosas conhecidas, sejam elas simples ou complexas, apresentam um mesmo caráter comum: supõem uma classificação das coisas... pelas palavras "profano" e "sagrado" [...]

Eis como o budismo é uma religião: na falta de deuses, admite a existência de coisas sagradas [...].

Uma religião é um sistema solidário de crenças seguintes e de práticas relativas a coisas sagradas, ou seja, separadas, proibidas; crenças e práticas que unem na mesma comunidade moral, chamada igreja, todos os que a ela aderem [...].

Edênio Valle, em sua obra *Psicologia e Experiência Religiosa*,[9] afirma que W. H. Clark reuniu, em 1958, nada menos que 48 definições de religião. Entre essas, ele transcreveu várias, e aqui destaco algumas para dar uma ideia de como o conceito religião é amplo e diverso:

Rudolf Otto: "A religião é o empreendimento humano pelo qual se estabelece um cosmo sagrado. Ou é a cosmificação feita de maneira sagrada. Por sagrado entende-se aqui uma qualidade de poder misterioso e tremendo, distinto do ser humano e, contudo, com ele relacionado, pois se acredita em sua presença em certos objetos de experiência... é o que faz tremer e é o fascinante".

B. Grom: "Religioso é tudo o que para os seres humanos encerra uma relação a algo sobre-humano e sobremundano, prescindindo-se dos modos concretos pelos quais o religioso pode ser concebido e experimentado".

W. James: "São os sentimentos, atos e experiências do indivíduo humano, em sua solidão, enquanto se situa em uma relação com seja o que for por ele considerado divino".

M. F. Verbit: "A religião é a relação do ser humano com qualquer coisa que ele conceba como sendo a realidade última dotada de significado".

9. VALLE, E. *Psicologia e Experiência Religiosa.* São Paulo: Edições Loyola, 1998.

M. W. Calkin: "Religião é a relação consciente do self humano como self divino, isto é, com um self visto como maior que o self humano".

Tomás de Aquino: "A religião é a virtude pela qual os homens rendem a Deus o devido culto e reverência".

Ernest Renan: "A religião é a mais alta e atraente das manifestações da natureza humana".

É impossível encontrar uma única definição para o todo plural que se define como religião. Resumir em poucas palavras pode nos levar a um reducionismo de seu valor, enquanto se estender na explicação pode tornar vago o conceito.

Geralmente, quando um religioso define o que é religião, ele já traz em sua mente um modelo que exclui as outras formas diferentes de pensar a religião. Esse é um dos desafios populares para definir ou entender o que é religião.

As pessoas costumam acreditar que sabem o que é "religião" baseadas apenas em sua experiência pessoal com a própria religião. Por isso, o estudo do que vem a ser religião, em um sentido amplo, não é simples nem deve ser orientado por um leigo ou religioso que desconheça a universalidade desse tema, que não pode ser estudado de forma parcial, superficial ou limitada.

A palavra "religião" tem origem no latim e surge na cultura ocidental cristã, no seio do Cristianismo romano católico, estendendo-se para os diversos cristianismos. Atribui-se ao santo católico e teólogo Santo Agostinho o conceito de religião como sendo o ato de religar-se a Deus, do latim *religare*. Para ele e a tradição cristã, o homem se afastou de Deus pelo pecado. Agostinho criou o conceito de Pecado Original, segundo o qual todos os humanos nascem em pecado, separados de Deus. Logo, necessitam da religião para se salvar e se religar ao Pai Criador. Esse conceito não vale para o Judaísmo nem para o Islã, muito menos para outras religiões nas quais o pecado não tem nenhum sentido. Algumas, como Budismo e Jainismo, não creem nem deixam de crer em um Deus.

Há ainda o Espiritismo, por exemplo, que não se considera uma religião, mas, sim, Ciência dos Espíritos. Embora toda a sua estrutura de práticas aqui no Brasil seja de religião, lembramos ainda que seu fundador e codificador, Allan Kardec,[10] ao ser questionado na *Revista Espírita* se Espiritismo era ou não religião, Kardec, respondeu que filosoficamente sim, mas na prática (ritual) não.

Para entender Kardec, é preciso contextualizar: ele mesmo era um cientista, positivista, que seguia as ideias de Augusto Comte, nas quais magia e religião seriam superadas pela ciência. Kardec implementa em sua obra o método científico de tese, antítese e síntese ao formular os cinco livros do Códice Espírita (*O Livro dos Espíritos*; *O Livro dos Médiuns*; *O Evangelho segundo o Espiritismo*; *O Céu e o Inferno*; *A Gênese*), por volta de 1853. Em seus textos, existem um rebaixamento e uma desclassificação da importância ou validade das práticas de magia, mitologia, rituais e símbolos que poderiam associar o Espiritismo aos modelos mágicos ou religiosos de então, com destaque para o Catolicismo, com o qual o fundador discute em torno de sua obra.

Uma de suas discussões com a Igreja Romana dizia respeito, por exemplo, ao dogma católico da época, que afirmava: "Não há Deus fora da Igreja". Logo, não haveria salvação fora dessa mesma Igreja. Por isso, Kardec formula a famosa frase: "Fora da caridade não há salvação". Essa afirmação deve ser muito questionada por dois motivos: primeiro, o dogma católico mudou no Concílio Vaticano II, em que a Igreja aceita que Deus é maior que a Igreja e inaugura o movimento ecumênico cristão, desatualizando a leitura da obra de Kardec para quem não contextualiza. Segundo, a salvação é outro dogma católico ligado à ideia de pecado e separação de Deus, o que não deveria se aplicar a não católicos. Não há razões para um umbandista, budista ou candomblecista querer se salvar.

É possível ser um religioso ao seguir doutrinas e dogmas, frequentar seus rituais e seguir seus modelos de moral e conduta, mesmo sem ter qualquer experiência de espiritualidade ou transcendência.

Homens e mulheres que têm uma experiência direta com Deus, o Mistério ou o sagrado são chamados de místicos. Muitas religiões surgem a partir da experiência mística direta de alguns homens e mulheres com Deus. A base para o Judaísmo nasce da experiência

10. Allan Kardec é o pseudônimo de Hippolyte Léon Denizard Rivail, fundador e codificador do Espiritismo. Ele escolheu esse pseudônimo porque, segundo ele, foi o nome que teve em uma vida anterior, conforme revelado por um espírito.

mística de Abraão, Isaque, Jacó e Moisés; o Cristianismo nasce da experiência mística de Cristo; o Islã vem da experiência de Mohamed (Maomé); e da experiência de Siddharta Gautama, Buda, vem o Budismo. Um místico não precisa de doutrinas, pois tem contato direto com o sagrado. Para aqueles que resolvem seguir seus passos, são criadas as ordens religiosas com suas escrituras, estruturas teológicas, doutrinárias, ritos e símbolos.

Há místicos que surgem a partir das religiões, como São Francisco de Assis, João da Cruz e Teresa Neumann, no Catolicismo; Rumi e Inaya Kan, no Islã; Vivekananda, *Krishnamurti*, Ramakrishna, Osho e Sai Baba, no Hinduísmo.

Algumas religiões têm a própria vertente mística. Por exemplo, a mística do Judaísmo é a Cabala; a do Islã é o Sufismo; a cristã é a Gnose. Outras tradições são místicas por excelência, como o Hinduísmo e culturas africanas ou ameríndias.

Os místicos, que tiveram contato íntimo com o sagrado, costumam ter definições mais abrangentes, mais espirituais e menos ligadas às formalidades religiosas. Para eles, a religião é o fruto de uma experiência vivida, não apenas um conjunto de regras, doutrinas, dogmas ou rituais. Vamos agora considerar a definição do mestre e místico hindu Vivekananda:

> *A religião não consiste em doutrinas e dogmas. Ela não é o que você lê nem os dogmas que você acredita serem importantes, mas o que você percebe... A finalidade de todas as religiões é a percepção de Deus na alma. Essa é a única religião universal.*

A percepção de Vivekananda sobre Deus também é interessante:

> *Veja Deus em toda pessoa – trabalhando com todas as mãos, andando com todos os pés e comendo com todas as bocas. Ele vive em todos os seres, pensa em todas as mentes... Conhecer isso é religião, é fé. Que isso possa agradar ao Senhor para nos dar essa fé! Quando sentirmos esta unicidade, seremos imortais (Swami Vivekananda – 17 de junho de 1900 – Sociedade de Vedanta, Nova York).*

Vivekananda, quando jovem, buscava um mestre na Índia e visitava vários deles, perguntando se haviam visto Deus. De todos, ouvia que ninguém vê Deus, até que conheceu o místico Ramakrishna. Ao lhe perguntar se tinha visto Deus, Ramakrishna sorriu e respondeu:

"Vejo-o o tempo todo, mas o mais curioso é Deus me perguntar se vejo Deus". Assim são os místicos: seu olhar não vem da teoria, e sim da experiência de integração com o Todo por meio de práticas as mais variadas, dentro ou fora das tradições religiosas, espirituais ou xamânicas.

Certa vez, vi meu Mestre Rubens Saraceni incorporado com a entidade Baiano Simão do Bomfim, e ele dizia: "Deus vê por nossos olhos, ouve por nossos ouvidos, fala por nossa boca, pensa em nossas mentes e sente em nossos corações. Nada há para esconder nem procurar fora. Ele não está no vazio nem nas paredes de nossos templos de pedra. Deus está no Templo Vivo, habita dentro de cada um de nós...".

Quando Jesus diz: "Eu e o Pai somos Um", "Vós sois Deuses", está revelando um olhar místico de integração profunda com o mistério maior, ao qual ele carinhosamente chamava de ABBA, uma forma afetuosa de se referir ao Pai, algo como Papai.

Rumi, o místico sufi do Islã, afirmava: "Não somos uma gota do oceano, somos o oceano inteiro".

Os olhares místicos revelam uma espiritualidade pura, que pode estar dentro do contexto de uma mística religiosa ou dessa espiritualidade pura.

A experiência mística, bem como as experiências xamânicas, está acessível a todos. Ao contrário do que geralmente pensamos, o mistério é acessível e a espiritualidade é simples e acolhedora, basta encontrar seu caminho.

A mediunidade de incorporação, por exemplo, é uma forma de experiência mística e xamânica ao mesmo tempo: xamânica pelo transe de incorporação; e mística pelo fato de que o sagrado ao qual você reza lhe toma o corpo e se manifesta a partir dessa união com o seu ser.

Ainda assim, confundimos espiritualidade com religião, doutrina, estudo ou leitura; começamos a aprender uma doutrina, regras e valores, acreditando que isso é espiritualidade. No entanto, ao adentrar em uma nova religião, estamos nos envolvendo com um corpo doutrinário de valores e conceitos, que começa a ditar o que devemos fazer. Sempre que vem de fora aquilo que devo fazer, a maneira como devo me comportar, o meu jeito de agir ou a forma de pensar, isso é uma doutrina.

Espiritualidade, por outro lado, é algo que vem de dentro. Na realidade brasileira, existem valores sobre espiritualidade que não são, de fato, espiritualidade. Espiritualidade é uma consciência. No entanto, no inconsciente coletivo, há uma grande quantidade de valores, principalmente valores morais sobre espiritualidade. Quando somos tocados por esse inconsciente coletivo e começamos a reproduzir esses valores, pensamos que agora temos uma consciência espiritual, mas isso é algo emprestado de uma doutrina, de um conjunto de regras, portanto, não é espiritualidade.

Espiritualidade é o que brota de sua alma e faz surgir uma consciência a partir de quem você é. Vou dar um exemplo: por mais espiritual que você pensa ser, se ainda tem medo das trevas, do pecado, do inferno, do Diabo, do carma, isso é doutrina. Uma espiritualidade pura está livre de todos esses conceitos intelectuais, religiosos e doutrinários.

Ainda sobre religião, podemos dizer que onde um grupo de homens e mulheres coloca sua fé, em uma mesma doutrina ou ritual, ali já está sua religião, que pode se estruturar em templo e sacerdócio, organizado ou não. Na realidade ocidental, para serem validadas, as religiões necessitam de organização social diante da coisa pública, como registro em cartório e licença de funcionamento para seus templos e grupos de oração públicos poderem funcionar.

Na origem de toda religião está a experiência mística, ou seja, a espiritualidade, que se organiza em torno de uma mensagem ritualizada, escrita ou não, a qual é passada de geração em geração por meio de uma tradição que surge e se perpetua para manter o legado de sua origem, também como um bem comum da humanidade. Dessa forma, perpetua-se a mensagem de Cristo, Buda, Mohamed, Moisés, Abraão, Mahavira, Odudua, etc.

É possível haver uma espiritualidade na religião e uma religiosidade na espiritualidade. Algumas religiões, como Umbanda, Candomblé, tradições africanas e ameríndias, são de natureza e manifestação espiritual. No entanto, pode-se viver uma espiritualidade pura, independentemente de religião, pois a religião é uma criação humana para se viver e praticar em grupos sociais, enquanto a espiritualidade é o que brota no íntimo do ser humano.

A religião tem contexto de época, é temporal, cultural, limita-se a valores morais e comportamentos, estrutura-se em grupo, e define quem pertence e quem não pertence a seu grupo. São muitas as religiões.

A espiritualidade é uma liberdade de viver o transcendente, o mistério, a partir da própria experiência pessoal. A espiritualidade é uma só e atravessa toda a humanidade.

Há um texto lindíssimo de Pierre Teilhard de Chardin que pontua essa questão, e abre a mais bela reflexão entre religião e espiritualidade. O autor foi um padre jesuíta, teólogo, filósofo e paleontólogo que buscava uma visão que integrasse a ciência e a teologia. Na busca por desfazer um mal-entendido entre ciência e religião, acabou malvisto por ambas. O meio científico o acusava de ser muito místico em sua linguagem, e a Igreja o proibiu de lecionar e publicar suas obras. Foi acusado de negar o dogma do Pecado Original, sendo submetido a um exílio na China. Sua obra-prima, *O Fenômeno Humano*,[11] foi proibida por Roma. Após seu desencarne, em 10 de abril de 1955, Chardin teve sua obra reconhecida pela Igreja e foi exaltado por líderes proeminentes, como os papas João Paulo II e Bento XVI.

Chardin estava muito à frente de seu tempo, seus escritos são fortes e nos levam a reflexões profundas. Um de seus textos que me toca em especial é este a seguir, que fala sobre Religião e Espiritualidade. Com esse texto, inicio o convite para pensarmos juntos o que é Espiritualidade, abrindo o campo para nossa Espiritualidade Visceral:

11. CHARDIN, T. de. *O Fenômeno Humano*. São Paulo: Cultrix, 1988.

Religião & Espiritualidade

Por Pierre Teilhard de Chardin (1881-1955)

"A religião não é apenas uma, são centenas.

A espiritualidade é apenas uma.

A religião é para os que dormem.

A espiritualidade é para os que estão despertos.

A religião é para aqueles que necessitam que alguém lhes diga o que fazer e querem ser guiados.

A espiritualidade é para os que prestam atenção à sua Voz Interior.

A religião tem um conjunto de regras dogmáticas.

A espiritualidade o convida a raciocinar sobre tudo, a questionar tudo.

A religião ameaça e amedronta.

A espiritualidade lhe dá Paz Interior.

A religião fala de pecado e de culpa.

A espiritualidade lhe diz: "aprenda com o erro"...

A religião reprime tudo, o faz falso.

A espiritualidade transcende tudo, o faz verdadeiro!

A religião não é Deus.

A espiritualidade é Tudo e, portanto, é Deus.

A religião inventa.

A espiritualidade descobre.

A religião não indaga nem questiona.

A espiritualidade questiona tudo.

A religião é humana, é uma organização com regras.

A espiritualidade é Divina, sem regras.

A religião é causa de divisões.

A espiritualidade é causa de União.

A religião lhe busca para que acredite.

A espiritualidade, você tem que buscá-la.

A religião segue os preceitos de um livro sagrado.
A espiritualidade busca o sagrado em todos os livros.

A religião se alimenta do medo.
A espiritualidade se alimenta na Confiança e na Fé.

A religião faz viver no pensamento.
A espiritualidade faz Viver na Consciência...

A religião se ocupa com fazer.
A espiritualidade se ocupa com Ser.

A religião alimenta o ego.
A espiritualidade nos faz Transcender.

A religião nos faz renunciar ao mundo.
A espiritualidade nos faz viver em Deus, não renunciar a Ele.

A religião é adoração.
A espiritualidade é Meditação.

A religião sonha com a glória e com o paraíso.
A espiritualidade nos faz viver a glória e o paraíso aqui e agora.

A religião vive no passado e no futuro.
A espiritualidade vive no presente.

A religião enclausura nossa memória.
A espiritualidade liberta nossa Consciência.

A religião crê na vida eterna.
A espiritualidade nos faz conscientes da vida eterna.

A religião promete para depois da morte.
A espiritualidade é encontrar Deus em Nosso Interior durante a vida.

Não somos seres humanos passando por uma experiência espiritual... Somos seres espirituais passando por uma experiência humana...

ESPIRITUALIDADE

Na introdução do livro *Espiritualidade e Transcendência*,[12] coletânea de textos de Carl Gustav Jung,[13] Brigitte Dorst define que:

> *Espiritualidade é um termo carregado de significados. Etimologicamente, esse conceito está ligado a um termo latino spiritus = "espírito", e significa "cheio de espírito" ou "inspirado/animado". A espiritualidade se refere a todas as formas de religiosidade, independente de confissões e igrejas, e é tida hoje como o conceito superior que abrange uma pluralidade de fenômenos religiosos. Sínteses e associações novas, orientais e ocidentais, surgem em muitos lugares. Para Raimon Panikkar, a palavra "espiritualidade" é "uma reação branda à calcificação das religiões"...*
>
> *A Espiritualidade abarca as religiões e independe das tradições, remetendo, desse modo, às dimensões profundas da experiência que não são mais perceptíveis em muitas formas de religião...*
>
> *Anton A. Bucher fala dela (Espiritualidade) como conexão e unidade, como relação com Deus ou com um ser superior, como conexão com a natureza, como relação com outros, como relação com o Si-mesmo, como formas de práxis específica (oração e meditação), como capacidades e experiências paranormais e como autotranscendência.*
>
> *David Tacey fala de uma "revolução espiritual", sendo a espiritualidade entendida sobretudo como conexão e relação, formas de sentir-se unido a uma totalidade maior, bem como um transcender do ego e do individualismo.*

---

12. JUNG. C. G. *Espiritualidade e Transcendência.* Petrópolis: Vozes, 2015.
13. Carl Gustav Jung (1875-1961) foi um psiquiatra e psicoterapeuta suíço, fundador da psicologia analítica, conhecido por conceitos como o inconsciente coletivo, arquétipos e sincronicidade.

Brigitte Dorst, que é especialista em Psicologia Junguiana, também afirma que não é possível achar a palavra-chave "espiritualidade" nas obras de Jung, pelo fato de que a forma como entendemos espiritualidade hoje em dia não era usual nos tempos do psicanalista; ele usava o que era estabelecido em sua época, como os termos "religião" e "religiosidade".

Por questões como essa, do uso correto das palavras e de seus significados, é que espiritualidade é sempre confundida com religiosidade. No entanto, religiosidade como conceito etimológico é inseparável de religião, sendo religiosidade derivada de religião em seu sentido radical ou popular.

Para o autor de *A Profecia Celestina*,[14] James Redfield, a Espiritualidade se mostra por meio das sincronicidades, daquilo que chamamos de coincidência e que sabemos ser algo que vai além do acaso. No momento em que passamos a perceber as coincidências em nossas vidas, como uma ligação telefônica, uma mensagem de WhatsApp ou uma viagem que você perde e acaba percebendo que ganhou mais ficando que indo; quando sente uma inspiração lhe dizendo por que e para onde ir, as coincidências chegam a uma ordem, tal qual uma sinfonia, em que cada passo, cada escolha, parece fazer parte de uma dança, na qual a vida baila por meio de sua existência – tudo isso é um sinal. Ali nas sincronicidades podemos ver a vida conversando com a gente, a espiritualidade conduzindo nossos passos, as forças da natureza nos encaminhando na existência infinita.

Quando confiamos e nos entregamos a essas forças, percebemos a Espiritualidade viva e atuante em nossas vidas. Com essa certeza, podemos caminhar com gratidão diante de todas as situações da vida, sabendo que cada desafio traz um aprendizado diferente em nossa existência. Quando as coisas não saem como esperamos, podemos ser gratos por existir algo maior conduzindo nossos passos. Temos a certeza de que, no mínimo, nos fazemos mais fortes e nos lapidamos com todos os eventos da nossa vida, tornando-nos sempre pessoas melhores para nós mesmos e para o todo ao nosso redor. Esse lugar da sua existência é o que lhe permite caminhar com muita amorosidade, generosidade e acolhimento por tudo o que vier.

14. REDFIELD, J. *A Profecia Celestina*. São Paulo: Fontanar, 2009.

Muitas vezes, colocamos um peso moral e muita expectativa nos eventos da vida. Lembro-me da história de um homem que ganhou um cavalo. Todos diziam: "Que sorte, você ganhou um cavalo!". Ele respondia: "Apenas ganhei um cavalo, não é bom nem ruim, nem sorte, nem azar, apenas um fato". Passados uns dias, o cavalo fugiu. Então, todos disseram: "Que azar, o cavalo fugiu!" Ao que ele respondia: "É apenas um fato, nem sorte, nem azar". Não demorou muito, o cavalo voltou para o dono junto a muitos outros cavalos selvagens. Surpresos, todos disseram: "Que sorte, seu cavalo trouxe muitos outros!". O homem replicou: "Nem sorte nem azar, apenas um fato". Mais tarde, seu filho, domando os cavalos, caiu e quebrou a perna, e todos falaram: "Que azar, seu filho se machucou!". Ao que o homem disse: "Nem sorte, nem azar, apenas um fato". Houve uma guerra e todos os filhos foram convocados, menos o dele que estava com apena quebrada.

Assim é a vida. Seguimos julgando os fatos, avaliando e nos colocando felizes ou tristes com os eventos. Mas, quando houver um equilíbrio em observar tudo a partir de seu centro, cada evento será apenas um fato. Se houver a certeza na escolha em enxergar a vida a partir de um ponto da espiritualidade, então tudo tem sua razão de ser, tudo vem para seu crescimento. Sua mãe é a mãe certa para você; seu pai é o pai certo para você; sua condição é a melhor para sua experiência de vida. Deste lugar é possível cocriar sua realidade com base nos melhores sentimentos, sempre, a partir do acolhimento absoluto da espiritualidade que o ama do jeito que você é, num movimento constante de expansão de sua consciência.

Existem muitas religiões e apenas uma única espiritualidade que atravessa a todos, sem exceção! No livro *Espiritualidade: um Caminho de Transformação*,[15] o autor, Leonardo Boff, cita Dalai-Lama.[16] Quando este é perguntado sobre o que é Espiritualidade, responde: "Espiritualidade é aquilo que produz no ser humano uma mudança interior".

---

15. BOFF, L., *op. cit.*, p. 16.

16. Dalai-Lama é o título dado ao líder espiritual e político do Tibete. É uma figura central no Budismo Tibetano, e é considerado uma encarnação do bodisatva da compaixão, Avalokiteshvara. O atual Dalai-Lama, Tenzin Gyatso, é o 14º a carregar esse título desde 1950, e é amplamente conhecido por seu trabalho pela paz mundial, pelos direitos humanos e pela preservação da cultura tibetana.

Alguém questiona se Espiritualidade não é religião, ao que ele complementa: "Religião pode ser Espiritualidade, mas se não produzir em você uma transformação, não é Espiritualidade".

Leonardo Boff complementa:

> *O ser humano é um ser de mudanças, pois nunca está pronto, está sempre se fazendo, física, psíquica, social e culturalmente. Mas há mudanças e mudanças. Há mudanças que não transformam nossa estrutura de base. São superficiais e exteriores, ou meramente quantitativas. Mas há mudanças que são interiores. São verdadeiras transformações alquímicas, capazes de dar um novo sentido da vida ou de abrir novos campos de experiência e de profundidade rumo ao próprio coração e ao mistério de todas as coisas. A espiritualidade vem sendo descoberta como dimensão profunda do ser humano, como o momento necessário para o desabrochar pleno de nossa individuação e como espaço de paz no meio dos conflitos e desolações sociais e existenciais.*

Boff continua:

> *Espiritualidde tem a ver com experiência, não com doutrina, não com dogmas, não com ritos, não com celebrações, que são apenas caminhos institucionais capazes de nos ajudar na espiritualidade, mas que são posteriores à espiritualidade. Nasceram da espiritualidade, podem conter a espiritualidade, mas não são a espiritualidade. São água canalizada, não a fonte da água cristalina. É grandioso quando a religião ou determinado caminho espiritual consegue de fato canalizar a experiência espiritual e nos levar continuamente a beber da fonte. Trata-se então de uma religião que guarda sua funcionalidade verdadeira, que se enche de reverência e, por isso, não manipula os sentimentos humanos, não aterroriza as consciências, nem prende os professos na trama de seus dogmas. Entende tudo como aceno para o mistério, como indicações sobre o Inefável. Só se contenta quando leva o ser humano a mergulhar nessa suprema realidade, e não quando o transforma em um devoto seguidor de suas doutrinas, ritos e preceitos morais.*[17]

Espiritualidade é, segundo esse olhar, algo que opera uma transformação interior, na base mais estrutural do seu ser, de tal modo a potencializar sua melhor versão. Trata-se de um relacionamento interno com a profundidade do seu ser, que toca o mistério maior no

17. BOFF, L., *op. cit.*, p. 66-67.

âmago de sua existência, em que tudo ganha novo sentido, a voz do silêncio cala fundo todas as inquietações externas rumo ao caminho que leva para dentro.

Sabemos que estamos neste caminho quando nos damos conta de que não sentimos saudade de um lugar perdido, não somos estranhos neste mundo, apenas retornamos à nossa pureza de criança. A Espiritualidade nos acolhe com essa pureza que chamamos de amor incondicional; ali nos tornamos puros também e nosso olhar vê o mundo a partir do olhar da criança que existe em nós. Quando esse olhar se volta para dentro, observamos o reino anunciado por Jesus como a semente de mostarda no centro de nossos corações, onde pulsa o coração do Criador.

A espiritualidade é o que nos atravessa, sem exceção, independentemente de termos uma religião ou acreditarmos em Deus ou em uma força superior.

Somos seres espirituais; tudo em nós que está além da matéria é espiritual. Quando conseguimos sentir tudo isso em nosso corpo, fazendo-o vibrar, chorar, lacrimejar, bocejar, rir, arrepiar, contatamos uma Espiritualidade Visceral, algo que independe de conceitos, doutrinas, dogmas ou rituais.

Espiritualidade Visceral é a espiritualidade que vem de nossa alma, atravessando corpo, mente, espírito e emoções. É a espiritualidade que faz a carne tremer, como o encontro de dois rios que afluem para um mesmo mar; é sentir na pele a presença de algo transcendente, sentir olhos que lacrimejam, bocejos, choro, risada, e, acima de tudo, sentir onde reside a sua paz de espírito.

Espiritualidade Visceral é um caminho para trilhar a partir do "conhece-te a ti mesmo", passando por "torna-te quem tu és", até tornar-se mestre de si mesmo, encontrando na espiritualidade uma oportunidade de se relacionar com outras consciências irmanadas em um único amor que perpassa todos nós.

A Espiritualidade Visceral é um caminho de retorno ao paraíso perdido, uma forma de voltar para um lugar do qual você sente saudade, mas não sabe explicar o que é. Trata-se da plenitude diante do vazio existencial; não é sobre trazer respostas, mas sobre ouvir o que diz a voz do silêncio ao coração; não é sobre aonde chegar, e sim sobre onde você está no presente.

O que mais identificamos de nós está no mundo externo; criamos uma identidade para sobreviver neste mundo, o que nos é muito caro. Somos adestrados por nossos pais a obedecer e seguir as regras que eles impõem como norte para a vida. No entanto, nossa maior potencialidade está no que desconhecemos de nós mesmos. É preciso procurar não apenas o que está revelado ao mundo por nossa luz, é necessário olhar também para nossas sombras, para o desconhecido, com reverência e respeito por quem somos nós.

Osho conta a história de Mulá Nasrudin,[18] em que ele estava à noite sob a luz do luar procurando uma agulha na rua. Todos que passavam iam ficando ali para ajudar a encontrar, até que alguém teve a ideia de perguntar onde exatamente e como ele havia perdido a agulha. Ele relutava em dizer, até que se deu por vencido e admitiu: "eu perdi a agulha em casa, mas dentro de casa não tem luz, por isso resolvi vir procurar aqui onde tem a luz da lua a iluminar".

Pode parecer engraçado, mas fazemos exatamente isso ao procurar propósito, sentido, missão, paz, felicidade e harmonia no mundo externo, sem nos darmos conta de que estamos procurando no lugar errado. O fato de os cinco sentidos estarem voltados para fora, para o mundo material, não nos impede de explorar os sentidos que nos levam para dentro. Tudo o que procuramos na vida projetamos para o mundo externo. Não fomos educados a buscar dentro de nós aquilo que não existe no mundo exterior, como amor incondicional, paz absoluta, harmonia dos opostos, consciência no presente.

Essa proposta vai ao encontro do nosso propósito de vida, na busca por missão e sentido para nossos dias neste mundo: manifestar o que há de melhor em nossa alma, cocriar nossa realidade a partir de valores e sentimentos, encontrar a sincronicidade na vida e entrar no *flow* de realizações pessoais.

18. Mulá Nasrudin, também conhecido como Nasreddin Hodja, é um personagem lendário da sabedoria popular do Oriente Médio, especialmente presente na tradição turca, persa e árabe. Ele é conhecido por suas histórias humorísticas e paradoxais que, muitas vezes, contêm profundas lições morais e filosóficas. Nas histórias, Nasrudin é retratado como um tolo sábio, cujas ações aparentemente tolas revelam um profundo entendimento da natureza humana e da vida.

Há cerca de 30 anos, vivo uma Espiritualidade Visceral, aquela que você sente nas entranhas, nas vísceras, na carne, no corpo. Uma espiritualidade natural faz parte da nossa natureza humana, em contato com muitas outras naturezas e realidades.

Ela é natural e, ao mesmo tempo, mística. Mística significa aquela forma de espiritualidade em que o divino (ou o sagrado, aquilo que é o mistério maior, o transcendente) se manifesta em você e a partir de você, de tal maneira que se confunde com quem você é, no momento em que se apresenta. O místico se perde de si mesmo para se encontrar em algo maior e reconhecer que "Tu és Isto", o Todo, o Transcendente, a Fonte Original de Tudo e de Todos, o Ancestral Místico.

Segundo Osho, é como observar o caminho do rio que corre ao mar. Diz-se que, em algum momento, o rio se apavora com medo de perder sua identidade ao chegar ao mar. No entanto, quando o rio se torna mar, ele não perde a identidade, e sim ganha uma identidade maior. Segundo outro grande mestre místico sufi, Rumi, *"nós não somos uma gota do oceano, nós somos o oceano inteiro"*.

Espiritualidade Visceral, para além de ser uma espiritualidade natural e mística, é fundamental que ela se manifeste de forma saudável. E aí também a entendemos como uma espiritualidade que cura.

Ao longo de 30 anos vivendo a espiritualidade dessa forma, hoje, consigo falar e ensinar essa Espiritualidade Visceral por meio de sete pilares de consciência. Apresento um caminho seguro para você em sua busca por dar sentido à vida, encontrar seu propósito de vida, sentir-se vivo, descobrir sua missão, entender onde está seu coração, ao mesmo tempo que supre e compreende os sentimentos de vazio existencial, o sentimento de que não somos deste mundo, a saudade de um paraíso perdido, a busca por transcendência, a busca por ir além de si mesmo, além dessa realidade que nos cerca, de encontrar razão para estar neste mundo de tantas ilusões.

Como é possível a gente entender um sentido para a vida a partir da ideia de sentir que estamos vivos?

Joseph Campbell, no livro *A Jornada do Herói*,[19] diz que: "Nós não procuramos um sentido para a vida, o que procuramos é sentir que estamos vivos".

Yeshua (Jesus), em uma passagem bíblica, diz para seu primeiro discípulo: "Deixe que os mortos enterrem seus mortos". Isso é uma linguagem figurada. Era considerado morto aquele que não havia conhecido ainda a filosofia de Jesus. E a pessoa morta é uma pessoa que vive de forma autômata. Morte é ausência de consciência. Quando há consciência, você está vivo.

Esse processo pode ser chamado de "despertar". Por isso, no *Bhagavad Gita*, que faz parte do *Mahabharata* e está inserido nos *Vedas*, um dos grandes textos da filosofia oriental hinduísta e também um livro de orientação para os hare krishnas, Krishna conversa com o grande guerreiro Arjuna. É nesse contexto que Krishna diz: "Enquanto todos dormem, o yogi está desperto".

"Enquanto todos dormem" não é uma referência ao momento de descanso e sono, mas, sim, ao fato de que, muitas vezes, o nosso corpo está neste mundo e a nossa mente está presa em tantos processos de automatismo para sobreviver no mundo em que foi adestrada. Em todo processo de criação, educação, socialização e relacionamentos, desenvolvemos conceitos e ideias de como viver neste mundo que muito nos limita a comportamentos condicionados por nossa história de vida.

Despertar é romper com todas estas limitações: crenças, valores e visões de mundo que nos bloqueiam e nos aprisionam em realidades que se estabelecem como o "nosso lugar no mundo".

Jung afirmou: "quem olha para fora sonha, quem olha para dentro desperta". Despertar é o caminho que nos direciona para dentro de nós mesmos, iniciando-se com o "conhece-te a ti mesmo", passando pelo "torna-te quem tu és", até chegar ao "Faça da vida teu Mestre", compreendendo que, ao despertar, "Torna-te mestre de ti mesmo".

Na atualidade, por meio dos mais diversos equipamentos e das chamadas "redes sociais", estamos constantemente expostos a uma sobrecarga de imagens, textos e informações que nos alienam de nossa própria essência e aumentam bastante as expectativas. Isso dentro

19. CAMPBELL, J. *A Jornada do Herói. São Paulo: Ágora, 2004.*

de uma sociedade que já foi chamada de "sociedade do espetáculo", fundamentada na ideia do que foi criado a partir das imagens televisivas, e agora nas mídias digitais em que não apenas recebemos, mas também enviamos e trocamos informação; já estão em operação várias formas de Inteligência Artificial.

Em meio a tudo isso, nós nos perguntamos: onde está nossa alma? Onde está nosso coração em realidades tão fragmentadas?

Cada parte de nós está em um lugar diferente. Então, muitas vezes, nosso coração está num lugar, nosso corpo, nossos pensamentos e nosso espírito estão em outro, e nossos ideais caminham por vários locais – temos imagens diferentes de nós mesmos que se manifestam na família, no trabalho, no entretenimento, nos esportes, na faculdade, nas diversas redes sociais.

Só por esse olhar, podemos afirmar que somos fragmentados, com muitas partes espalhadas por diversas realidades que nos atravessam. Se, por um acaso, acredita em reencarnação, quantas pessoas você foi e é, ao mesmo tempo, agora? Nessa pluralidade de existências registradas em nossa alma, por vezes difíceis de compreender, há uma pluralidade de identidades.

Ao mesmo tempo, por meio do nosso DNA, também somos as vidas de todos os nossos ancestrais, todos eles vivos em nós. Quantos existem pulsando em nosso ser? Quando sentimos a vida de um ancestral – um tataravô, uma tataravó, uma bisavó –, é como se outra vida nossa se manifestasse por meio dos registros que carregamos em nosso DNA.

Quantas outras vidas nos atravessam e existem em nós por meio de um inconsciente coletivo, entrelaçando-se com nossas identidades, que nos chegam como valores, questionamentos, crenças? Valores que incluem, muitas vezes, opressão, dor, repressão e moralismos que também não nos caberiam, caso não estivéssemos ligados a tudo e a todos. Por isso, no Hinduísmo e em outras tradições místicas, se diz: Tu és Isto, Eu sou Tu, o outro não existe.

Com tudo isso coexistindo dentro de nós, surge a pergunta: onde está minha alma, meu coração?

Todas as grandes fraternidades, escolas, grupos e segmentos filosóficos espirituais percebem que nós somos corpo, mente, espírito e emoção. Mas quando estão todos alinhados na mesma direção?

Sua alma, seu coração, seu espírito, sua palavra, seu sentimento? Despertar é desabrochar todas as instâncias de seu ser em uma mesma direção, a direção de sua consciência expandida.

Nessa breve introdução, você passeou pelas diversas realidades que nos cercam em busca de tornar-se mestre de si mesmo. Para isso, é fundamental saber quem é esse "si mesmo". Quem sou eu? O que sou? Como ir ao encontro de mim mesmo?

É como em *A Arte Cavalheiresca do Arqueiro Zen*,[20] um clássico da filosofia oriental em que um mestre arqueiro ensina que, quando você dispara a flecha, tem que disparar de tal maneira que você se torna a mão que dispara, a flecha que lança e o alvo, ao mesmo tempo.

Seu pensamento é lançado, sua emoção é sentida, seu coração vai em direção à alma, para dentro. Ao fazer isso com consciência, você já está retornando à sua potencialidade máxima nesta vida.

Qual é sua máxima de ser humano?

Nesse espaço, onde mora sua potência máxima, onde reside seu propósito de vida, onde você se encontra no seu melhor, vivem as realizações, a prosperidade, a luz, o encantamento e a vida. É ali o Paraíso Perdido, o céu, o Orum, Aruanda. O campo de flores, perfumes e aromas de quem encontrou em si mesmo a verdade pela qual trilhar a vida. Muitos de nós sentimos saudade de um lugar que não podemos identificar, um sentimento de inadequação, a sensação de não pertencermos a este mundo – e esse lugar perdido é nossa própria alma. Perdemo-nos de nós mesmos, nos perdemos de quem somos em nossa alma e essência, para nos "educar" a este mundo, nos adaptar a esta realidade material e sociocultural. Nessa perda, sentimos uma saudade que parece de algum local perdido, mas, na verdade, é a saudade de quem somos e não de onde estamos.

Esses saberes brotam de minha alma, como flores e perfumes. Vou ao encontro deste entendimento ao ir para dentro de mim mesmo, em busca de mim. Ao descobrir meu propósito de vida e meu potencial máximo de realização, penso em Sete Pilares como caminhos para que qualquer pessoa possa seguir como um mapa em direção a si mesma. A esse movimento tão natural e perdido ao ser humano eu denomino Espiritualidade Visceral. "Espiritualidade" porque ela

20. HERRIGEL, E. *A Arte Cavalheiresca do Arqueiro Zen. São Paulo: Pensamento, 2017.*

só se realiza de fato ao caminharmos para dentro; "Visceral" porque está em nossas entranhas, atravessa corpo, mente, espírito e emoções, sem nenhuma filosofia ou doutrina, não depende de nenhuma religião, é de cada um, intransferível e totalmente acessível.

Durante a pandemia mundial de 2020 e 2021, identifiquei e organizei os pilares que fundamentam essa busca, e então cheguei aos Sete Pilares:

1. Pilar de Conhece-te a Ti Mesmo – Solitude e Autoacolhimento de Amor.
2. Pilar de Torna-te Quem Tu És – Liberdade para a Alma.
3. Pilar de Faz da Vida Teu Mestre – Autonomia Espiritual.
4. Pilar de Relacionamento com Deuses e Deusas – Família Divina.
5. Pilar de Relacionamento com Ancestrais – Família de Alma.
6. Pilar de Relacionamento com a Natureza – Família Natural.
7. Pilar de Desapego de Estar Certo – Liberdade para Mudar de Opinião.

Nas próximas páginas, vou lhe ensinar um pouco sobre cada um desses Sete Pilares. Muita gratidão por crer em um mundo melhor, o seu mundo, que é cocriado por você o tempo todo!

PRIMEIRO PILAR:
CONHECE-TE A TI MESMO!
AME O PRÓXIMO COMO A SI MESMO

Eu tive dois amigos pessoais, que foram mestres muito importantes em minha vida: Rubens Saraceni[21] e Wagner Veneziani Costa.[22]

Rubens Saraceni, que me iniciou no Sacerdócio e Magia Divina, com quem convivi e estudei durante 25 anos, trouxe muito conhecimento, para mim e milhares pessoas. Mas, de tudo o que ele ensinou, três coisas simples e pessoais mudaram minha vida. Logo que eu o conheci, em 1995, tinha muita gratidão pelo acolhimento, amor e amizade dele comigo, e vivia agradecendo pelos aprendizados e pela oportunidade de estar convivendo tão próximo de um mestre na minha vida.

E, diante de tanta gratidão, de tanta fala minha de gratidão, um dia ele disse: "Alê, olhe só! Não precisa me agradecer. Se você não estivesse aqui, eu também não estaria. Isto que acontece é resultado desse encontro, dessas uniões. Observe algo muito importante: ninguém faz nada sozinho!". Este foi o **primeiro grande aprendizado: "Ninguém faz nada sozinho"**.

21. Rubens Saraceni (1951-2015) é o mestre que trouxe a literatura psicografada para a Umbanda, criou o conceito de Colégio de Umbanda para Desenvolvimento Mediúnico, Sacerdócio, e idealizou o estudo de Magia Divina, publicou em vida mais de 50 títulos pela Madras Editora.

22. Wagner Veneziani Costa (1963-2019) fundou a Madras Editora, foi um grande estudioso e praticante das mais diversas formas de Magia e um dos mais proeminentes articuladores da Maçonaria, dentro e fora do Brasil.

Ainda assim, eu tinha muitas dúvidas sobre meu caminho, sobre o que faria da vida, sobre questões do destino, missão, propósito, família, trabalho, etc. Então, ele me trouxe o segundo grande aprendizado. Eu lhe perguntava: "Rubens, o que vou fazer em tal situação?" Ele nunca me deu uma resposta pronta do que eu deveria fazer. Em todas as ocasiões, mesmo quando dizia respeito a ele mesmo e à nossa missão em comum, ele respondia: "Alê, siga seu coração".

Segundo grande aprendizado: "Siga seu coração". Aprender essa conexão com nosso coração é uma das questões mais importantes na nossa vida, ou seja, ter coragem de ouvir e seguir o coração, encontrar ali nossa alma. Entender onde você transborda na vida e, a partir daí, encontrar um fluxo. É isso que se chama de *flow*. O *flow* de manifestar nossa alma na vida, de encontrar nosso potencial máximo, parar de questionar e simplesmente seguir por onde o coração nos leva.

Rubens dizia que eu iria escrever livros, dar aulas e palestras. E eu, em alguns momentos, ainda olhava para muitos mestres, inclusive ele, e me comparava. Venho de uma família de marceneiros, trabalhei na marcenaria, trabalhei vendendo, projetando e no operacional da ferramenta. Eu me formei técnico em eletrônica e lá fui eu para a área técnica. Quando conheci Rubens, estava fazendo faculdade de Tecnologia da Informação na Fundação Santo André, e pensando em seguir carreira nessa área de Exatas.

Pensava eu: "jamais vou dar aula, como é que vou dar aula? Olha para esses mestres espirituais e olha para mim, estou muito distante desta realidade!".

E eu olhava para ele, me comparava demais, via-o tão gigante e tão certo, confiante, nesse lugar de Mestre. Eu dizia: "Rubens, como é que vou dar aula? Você é quem dá aula, traz revelações, toca a alma das pessoas, desperta a espiritualidade de cada um". Então, um dia, ele também chegou para mim, com a autoridade de Mestre que lhe era peculiar, como que fazendo uma intervenção, uma disrupção no jeito de ser e pensar do outro, e disse assim: "Alê, não se compare, não é para você ser igual a mim, apenas seja você mesmo. E você vai entender e vai ver que tem muita gente esperando o que você tem a oferecer, aquilo que vem de você".

Terceiro grande aprendizado: "Seja você mesmo". Esse entendimento de que ninguém faz nada sozinho, siga seu coração e "torna-te quem tu és" mudou minha vida, ajustou meu destino, e me deu a base para me tornar mestre de mim mesmo e chegar à Espiritualidade Visceral.

Espiritualidade Visceral é uma parte da minha missão neste mundo, está em meu propósito de vida, é onde mora o meu coração. Estou aqui em minha potência máxima, na maior retidão possível de sentimento, pensamento, palavra e ação.

A Espiritualidade Visceral traz a coragem, a missão e o propósito de tocar seu coração para a experiência mais incrível da vida: o despertar de sua espiritualidade, a única e real senda de iniciação, o mergulho para dentro, o desabrochar de sua amorosidade, o transbordar de sua alma. Aqui, minha missão e propósito, minha alma e meu coração tocam o seu em um mesmo lugar de pureza.

O despertar é caminhar entre o "conhece-te a ti mesmo", "torna-te quem tu és" e "faz da vida o teu Mestre". Então, esse é um convite irresistível. Esse é um convite para desabrochar as flores, os aromas, os perfumes da sua alma, e confiar que você pode transbordar no mundo a partir do momento em que encontrou sua paz, sua generosidade, seu acolhimento. Acolhendo a si mesmo, acolhendo todas as suas dores, todos os seus traumas e dificuldades, você acolhe o mundo, cura as dores do mundo dentro de si.

Aqui, chegamos à percepção do grande aprendizado com meu saudoso amigo e mestre, Wagner Veneziani Costa, cujo ensinamento é de que não há divisão entre o sagrado e o profano. Essa separação é uma criação intelectual ocidental, tudo é sagrado quando estou consciente. Sagrado é consciência, é estar presente, estar vivo no agora.

Logo, a partir deste lugar, quais são as infinitas possibilidades de vida para você? Quais histórias você vai contar sobre si nesta vida? Em quais histórias a gente vai acreditar?

O que posso entender como certo ou errado, bom ou ruim num mundo tão separado, com tanta ilusão, perdição e mentira? Como é que consigo navegar na minha verdade diante de tudo isso: tantas crenças limitantes, tantos valores religiosos, tanto adestramento, tanta doutrina, inclusive de nossos pais, avós e ancestrais – todos aqueles e aquelas que vieram antes de nós e que de alguma forma nos atravessam?

Como é que as dores do mundo nos atravessam? Onde consigo curar em mim as dores do mundo?

É um desafio. O desafio de uma vida. Esse é o desafio de um despertar. Porque, antes de você olhar para fora, é preciso olhar para dentro. É dentro que são curadas as próprias dores e, ao mesmo tempo, as dores do mundo que nos perpassam.

Quando você vê as dores, quando se indigna com a forma como essa estrutura toda foi preparada antes de você chegar, em algum instante, é necessário se voltar para dentro. É preciso fazer um mergulho interior e perceber que é impossível olhar para fora e encontrar qualquer sentido sem, antes, fazer esse exercício consigo mesmo.

Nesta leitura, você será estimulado e incentivado o tempo todo, com o chamado para fazer esse mergulho na sua própria alma, onde moram sua paz, a sua tranquilidade, a vida e o sentido de ser na existência. Vamos encontrar um caminho seguro para essa paz, um caminho de muita intimidade, de você com você. Um caminho de grande acolhimento, amorosidade e generosidade. E entender que esse caminho é seguro quando você percebe que a vida é boa para si mesmo.

Não é sobre confiar que as coisas vão dar certo; uma frase de Osho diz exatamente isto: "Confiança não é ficar esperando que algo dê certo, é a certeza que tudo já está certo".

Durante muitos anos, venho ensinando e compartilhando conhecimento. Conhecimento é uma coisa que a gente empilha, de quantos livros você leu, de quantos cursos você fez, quantos diplomas você tem na parede. Então, um professor pode trazer muito conteúdo, ele pode trazer bastante conhecimento, mas só um mestre pode nos trazer sabedoria.

A partir deste momento, meu convite é para transcendermos todo o conhecimento, todos os valores, todos os conceitos; e transcender do conhecimento que enche para a sabedoria que esvazia.

Esvazie seu ego, sua vaidade, esvazie suas dores e traumas, cure tudo o que é necessário curar, mergulhe dentro de si e faça a leitura do livro vazio da sua alma, no qual não cabem letras ou palavras.

Trata-se do aprendizado do silêncio, em que a voz do silêncio toca tão fundo, mas tão fundo, que leva você para uma grande liberdade de ser quem é. Isto é sabedoria. Vamos fazer uma transição do conhecimento para a sabedoria, da religião para a espiritualidade, de tudo aquilo que nos prende para o que nos liberta.

"Muitos os Chamados, Poucos os Escolhidos"

Quem já ouviu isso em diversas sendas de iniciação, de mistério, de ordens ocultistas, na boca de muitos magos, profetas, feiticeiros ou xamãs?

Ouvimos sobre o caminho estreito, aquele que diz: "são muitos os chamados, poucos os escolhidos". E ficamos pensando: será que sou um escolhido? Será que sou um eleito? Quem vai me dizer se sou o escolhido? Quem é que vai me eleger? Quem vai validar para mim que sou um escolhido?

Será que precisamos de alguém para validar que nós somos os escolhidos de Deus, os escolhidos da natureza, os eleitos? Ao mesmo tempo, magos, feiticeiros, profetas, xamãs, gurus e monges parecem personagens distantes da nossa realidade.

Será que são poucos os escolhidos, que alguém coloca o dedo na sua testa, dá o toque de Midas e você tem um despertar e descobre que é um escolhido?

Ficamos esperando isso acontecer, ou é só mais uma história que contamos a nós mesmos? Essa é só mais uma das tantas histórias que correm no inconsciente coletivo. Essa é só mais uma crença limitante.

Tudo em que acredita, todas as suas crenças e seus valores passam a limitar aquilo que você é.

E se contássemos outra história? E se percebêssemos que somos maiores que todas as nossas histórias, e que podemos contar aquela que a gente quiser para nós mesmos sobre nossa vida?

Podemos ser a manifestação pura da nossa alma, que é muito maior do que ser algo que achamos que devemos ser, com base em nossas visões de mundo, criações e crenças.

Então, eu digo para você: *todos, todas e todes são chamados*. Escolhidos são aqueles que se dedicam a si mesmos. Escolhidos são aqueles que se dedicam à sua alma. Escolhidos são aqueles que se dedicam a ir ao próprio encontro e têm a coragem de viver sua lenda pessoal.

Eu passei por diversas iniciações, em muitas tradições, mas não há nenhuma iniciação maior do que o mergulho que vai para dentro. Essa é a maior iniciação da sua vida e ela não tem regra, não tem doutrina. Ela não tem absolutamente nada além da busca de si mesmo, de ir ao encontro da sua verdade e de fazer dela a única doutrina.

Seu corpo é o único templo. Seu coração, o único altar. E ali, diante do coração, você coloca sua mente de joelhos, seguindo sua verdade nesse altar sagrado.

O resultado é a maior iniciação de todas na sua vida. É entender que podemos contar outra história, aquela que fala no silêncio de nossa alma. A história que surge, não do que você fala, nem do que faz ou fez, mas de quem você é.

Todos são chamados, mas escolhidos são os que se dedicam a este mergulho que vai para dentro, com amor e acolhimento. Escolhidos são aqueles que se dedicam a algo maior do que si mesmos. Em algum momento, você percebe que esse algo maior também é você, porque o rio corre para o mar, e nós somos o rio sonhando em se tornar o mar.

O ser humano é um rio que corre em direção ao mar e treme de medo de perder sua identidade ao se unir ao grande oceano. Então, você percebe que é oceano. Quando essa consciência chega, perde-se o medo e ganha-se a certeza de vida eterna. Como diria Rumi, *não somos uma gota do oceano, somos o oceano inteiro em uma gota*. Somos a semente de toda a criação.

O ser humano é o único bicho que não sabe o que é e quer se tornar algo além de si mesmo. O macaco sabe que é macaco. O cavalo sabe que é cavalo, o cachorro que é cachorro e o gato sabe que é gato. Mas o ser humano sente que é mais, que é maior, que pode transcender a si mesmo nesta realidade.

Todas essas pessoas que se destacam, marcando a história da humanidade, e que são chamadas de bruxos, feiticeiros, magos ou xamãs, são aquelas que se tornaram mestres de si mesmas.

Em qualquer história que você lê, seja na Bíblia, na Torá, no Alcorão, no *Zend-Avesta*, no *Tao-Te King* ou no *Bhagavad Gita*; seja a história de tantos reis que se cercavam de um bruxo, mago ou feiticeiro; seja nas sociedades primeiras, nos povos originários, em que você encontra um pajé ou um xamã, isso também é seu. Você também é isso. Nos *Vedas* está escrito: "Tu és Isto". Jesus diz que podemos fazer tudo o que ele fez e mais, afinal, somos deuses. O que nos separa desse lugar é um salto de consciência.

A arte de "tornar-te quem tu és" já foi trilhada por muitas pessoas antes de nós. Essas pessoas se destacaram no mundo, na sociedade, como grandes orientadores, aqueles que encontraram a verdade.

Segundo Osho, a verdade é aquela que você vê com seus próprios olhos. Ela não pode entrar pelos seus ouvidos, porque quando você fala, já não é mais verdade para aquele que ouve, passa a ser uma doutrina. A verdade o outro só vai encontrar com os próprios olhos.

"Tu és isto!" Podemos ser aqueles que mergulharam fundo ao encontro da própria verdade, da própria alma, que nos inspiram e mostram um caminho possível para todos nós. Somos o mistério maior encarnado manifestando-se no mundo.

A arte de "tornar-te quem tu és" começa aqui, diante dessa crise em que você está. A crise é a maior oportunidade da vida para questionar, despertar e aflorar o melhor que há em você. Ela começa diante da dúvida que brota na sua mente, porque é isso que a mente faz: questionar, duvidar e criar problemas para ficar buscando soluções. A arte de mergulhar no vazio da alma é a arte de silenciar a mente e encontrar o silêncio da alma. Quando você consegue caminhar na noite escura da alma, com a paz de "ser quem tu és", com o amparo da vida, da criação, entendendo que a vida é boa para você, então começa a encontrar a solitude que cala perguntas e respostas, que perdem o sentido ao mergulhar para dentro.

Tudo começa bem aqui, nesse desconforto, nessa ideia de que este mundo não serve para você. A ideia de que existe outro mundo, um paraíso, um lugar perdido. Temos saudade de voltar para casa, para um paraíso perdido. Toda a humanidade vive essa saudade diante dos nossos olhos, de tudo o que vemos quando olhamos para fora. Saudade de um mundo ideal, o mundo das ideias de Platão, repetido e copiado por muitas tradições. Esse mesmo mundo que as religiões prometem e que ninguém pode dar só você pode encontrar aqui e agora, na voz do silêncio.

Ninguém pode lhe oferecer um lugar para você voltar. Ninguém pode lhe oferecer esse paraíso perdido, porque não sentimos saudade de um lugar perdido, mas, sim, a saudade é de nós mesmos. Essa é uma saudade da nossa alma, da nossa verdade, uma saudade de poder ser quem somos, num mundo que possa nos acolher de forma integral. Contudo, esse mundo surge quando começamos a nos acolher completamente. Esse paraíso é o Reino anunciado por Jesus. Ele está dentro de você, dentro da sua alma. Esse paraíso é o mergulho dos yogues. Esse paraíso é a iluminação de tantas pessoas que passaram por aqui. E estamos aqui para trilhar esse caminho de mãos dadas, juntos, nesse despertar da sua Espiritualidade Visceral.

O caminho para esse paraíso perdido está na aceitação total de si, a partir de um amor incondicional por si mesmo. Para isso, é preciso olhar para dentro com muita amorosidade, é necessário descobrir como se amar em primeiro lugar. Não aprendemos a nos amar em primeiro lugar, sempre ouvimos: "Ame ao próximo como a ti mesmo!".

Esta é uma das frases mais conhecidas de Jesus. No entanto, a forma como está escrita coloca "ame ao próximo" à frente de "ti mesmo". Em uma leitura rápida, parece que devemos amar ao próximo antes de nós mesmos. Porém, se é para "amar ao próximo como a ti mesmo", antes é preciso aprender a amar a si. Apesar de parecer que já sabemos como amar a nós e aos outros, na verdade, não sabemos amar nem a nós mesmos. Muitas vezes, o desamor que sentimos por nós é replicado em desamor pelos outros e pela vida.

Podemos ir mais fundo e afirmar que é impossível amar ao próximo sem antes aprender como amar a si mesmo. A maneira como tratamos os outros é a mesma forma como nos cuidamos, pois o primeiro relacionamento é de você consigo mesmo. A paciência ou impaciência, acolhimento ou desacolhimento, gentileza ou dureza consigo replicam no trato com os demais.

Quando começamos a nos acolher com amorosidade, gentileza, generosidade e carinho, no mesmo instante essas mesmas virtudes transbordam de nossa alma para todos à nossa volta. O amor ao próximo é uma consequência natural, não precisa fazer força, não há gasto de energia, há uma fluidez e abundância. Logo, é impossível cuidar dos outros sem antes cuidar de si mesmo.

Autoacolhimento implica acolher-se sem crítica e sem autojulgamento. É o momento em que você consegue acolher sua luz, no entanto, acolher sua sombra é o movimento mais importante. Sombra é tudo que reprimimos em nós mesmos, por conta de valores morais e julgamentos. Porém, não percebemos que em nossa sombra está um grande poder de realização reprimido. Quando acessamos esse lugar com amorosidade e acolhimento, acessamos um grande poder de realização em nossas vidas, tudo passa a fluir, e a vida passa a nos entregar presentes valiosos quando acolhemos a todos sem julgamento.

Acolhendo nossas dores, mágoas, traumas, rejeições, frustrações, desequilíbrios, desejos e vontades, com os desafios de existir, resistir, ser, estar e viver neste mundo, acessamos esse poder de cura e realizações. Descobrimos que podemos muito mais na vida, acessamos realidades inexploradas, chegamos a lugares nunca explorados, nossa alma se regozija, aprendemos a celebrar a vida, entramos na fluidez com as forças da natureza, nós nos descobrimos como força da natureza, e o amor desabrocha a partir de nossa alma e exala o perfume do nosso ser, com o néctar dos deuses que nos nutre e nutre todos à nossa volta.

Essa forma de autoacolhimento é um amor incondicional por si mesmo. Segundo Krishnamurti:[23] *"Não é sinal de saúde estar bem adaptado a uma sociedade doente"*.

É praticamente natural que nos sintamos perdidos, como se não pertencêssemos a este mundo. Como poderíamos estar totalmente adequados a um mundo de contrastes tão agressivos? Como é possível ser feliz e estar bem diante de tanta dor e dificuldade, de tanta gente que não consegue o mínimo para sobreviver?

A resposta é que primeiro você precisa olhar para dentro de si. Antes de enfrentar o mundo externo e se indignar com o mundo das ilusões, é preciso olhar para dentro e ter um despertar interior para encontrar seu propósito de vida. Quem não despertou não pode discernir o que há de real ou ilusório na própria existência, quem dirá na existência alheia, no mundo.

23. Krishnamurti (1895-1986) foi um filósofo, escritor e orador indiano que, durante grande parte do século XX, viajou pelo mundo falando sobre a necessidade de uma mudança radical na humanidade. Ele é conhecido por sua rejeição a todas as tradições religiosas, gurus e ideologias, defendendo a importância do autoconhecimento e da meditação como formas de compreender a natureza da mente e alcançar a verdadeira liberdade.

Primeiro, você precisa se acolher. Não é possível acolher o mundo inteiro enquanto não houver autoacolhimento. É você em primeiro lugar! É impossível cuidar de alguém sem antes cuidar de si mesmo. Quando você se acolhe, consegue acolher o mundo, o seu mundo particular, ampliando seus horizontes, seus limites, e curando suas dores.

É uma jornada interior. Não existe paz no mundo externo, a paz está dentro de você e há um caminho para chegar a esse lugar.

Já viu aqueles avisos quando viajamos de avião? É algo muito comum. No momento em que estamos dentro da aeronave, recebemos algumas instruções dos comissários de bordo, que dizem assim: "Em caso de acidente, se o avião cair no mar, se acontecer algum incidente, as máscaras de oxigênio cairão automaticamente... **Se estiver viajando com uma criança ou alguém que necessite de assistência, coloque sua máscara primeiro antes de ajudar a outra pessoa**". Ou seja: você não pode querer ajudar alguém a colocar a máscara antes de colocar a sua própria máscara de oxigênio.

Primeiro é você que precisa estar bem, é você que precisa se cuidar, é você que precisa se entender. É você que necessita se acolher com todas as suas dores, com tudo aquilo que antes lhe incomodava por conta de anos de repressão, situações que começaram em sua infância com os pais ou responsáveis lhe ensinando como ser uma boa menina ou um bom menino, como se comportar, o que era feio ou bonito, durante uma educação que mais se assemelha a um adestramento. Esses valores são introjetados em nossa mente nos primeiros sete anos de formação da identidade. Guardamos milhares de horas de falas agressivas, broncas, surras, olhares de reprovação, e logo passamos a reproduzi-los conosco e com os outros.

O exercício é: enquanto todos apontam algo que acham negativo em você, em vez de reagir, simplesmente acolha o que o incomoda. Temos a qualidade de nossos defeitos. Pode ser graças a eles que vamos chegar a outros lugares. Aquilo que nos incomoda pode ser exatamente o que nos dá força para ir além, para querer se cuidar, se resolver, se entender e trazer uma consciência. Uma consciência de si a partir de sua sombra. Autoacolhimento implica autoconhecimento, a arte do "conhece-te a ti mesmo".

"Conhece a ti mesmo e conhecerás o universo e os deuses."

Essa é a frase que estava escrita na entrada do templo de Apolo, em Delfos, na Grécia, no século IV a.C. Ali estava uma mulher em transe, tomada, possuída, incorporada, uma Pitonisa, que era chamada assim porque se sentava em cima do couro de uma cobra píton. Então, a serpente sagrada que animava essa manifestação falou pela boca dessa mulher a resposta de uma pergunta. Um amigo estava ali para perguntar quem era a pessoa mais sábia daqueles tempos. A Pitonisa, em transe, responde que a pessoa mais sábia era Sócrates.

Então, esse amigo vai até Sócrates e diz a ele: "Sócrates, eu fui lá, fui lá no terreiro de Delfos, lá no oráculo. E à mulher incorporada, a Pitonisa, perguntei quem era o cara com maior sabedoria dessa região aqui, dessa quebrada nossa aqui, e ela respondeu que era você".

Sócrates achou aquilo um absurdo. Ele disse: "Tem tanta gente que conhece muita coisa, conhece de tudo, e eu não". Achou aquilo um despropósito e saiu procurando todas as pessoas que se consideravam sábias. Quando ele foi ao encontro delas, começou a fazer muitas perguntas para averiguar quão sábias eram realmente. Sócrates adotou para si mesmo sua famosa frase: "Tudo o que sei é que nada sei". Ele concluiu que saber que não sabe das coisas é melhor do que achar que sabe. Ao ver a arrogância dos considerados sábios, observou que, assim como ele, também possuíam ignorância, no entanto, não admitiam o não saber, por conta do *status* de mestres diante dos demais.

E esse é o primeiro princípio para começarmos a nos conhecer: reconhecer que pouco sabemos da vida e dos mistérios da criação. Ter consciência de que não nos conhecemos, da nossa ignorância; perceber o quanto estamos distantes de nos conhecermos é o primeiro passo de um buscador de si mesmo.

A busca começa com a frase "conhece-te a ti mesmo e conhecerás o universo e os deuses", porque quando realmente nos conhecermos, veremos que os deuses moram em nossa alma. Todas as forças do universo nos atravessam de alguma maneira. Quando nos conhecermos verdadeiramente, conseguiremos romper a casca da separatividade e iremos ao encontro da unidade, reconhecendo que toda a criação habita em nossa alma.

Vamos fazer como *Ouroboros*, a cobra que morde o próprio rabo. Vamos entender desde nossa origem divina até nosso destino, compreendendo que a volta para Deus é apenas um estado de consciência.

Se sua consciência conseguir estar cem por cento no momento presente, então você voltou a um estado de consciência, que é o único lugar para onde a gente pode voltar.

E se você pensar em Deus, pense em algo que transcende o espaço e o tempo; a volta para Ele não pode ser um lugar no espaço ou no tempo, é um lugar de consciência atemporal. Esse é o nosso retorno, essa é a nossa volta.

A maior questão do ser humano é a mente, é o barulho de toda a humanidade que atravessa, de alguma maneira, sua mente. É o barulho de uma humanidade inteira que você aprende a ouvir. É como uma criança. Todo mundo pergunta se a criança sabe falar. "Essa criança fala?" Mas essa criança sabe ouvir? O que será que ela ouve? Se, desde criança, fôssemos educados a aprender a ouvir, para aprender a silenciar, e as pessoas perguntassem se essa criança já aprendeu a ouvir, talvez déssemos mais atenção à nossa capacidade seletiva em relação ao que queremos escutar.

Talvez pudéssemos entender que esse barulho na nossa cabeça não é produzido apenas por nós; boa parte dele vem de fora. E aí, ao se tornar observador do barulho, isto é, ouvinte do próprio barulho, você perceberá que não é seus pensamentos.

A consciência está no intervalo entre um pensamento e outro, no silêncio entre uma palavra e outra. A consciência é como uma fresta que vai se abrindo na sua alma.

Nesse caminho, todas as literaturas, os mestres e as técnicas de autoconhecimento são muito bem-vindos, numa vida plural, sem limites, sem dogma, sem tabu, sem preconceito, em que você pode transitar por todas as filosofias possíveis para entendê-las. Cada uma oferece um fragmento, formando um quebra-cabeça de saberes e conhecimentos pelo qual você tem a liberdade de transitar.

Alteridade é a capacidade de respeitar e entender o outro, sem se colocar no lugar do outro. Porque você, no lugar da outra pessoa, não faria o que ela faz. Alteridade é um respeito absoluto. E é por meio desse respeito que você pode buscar ver o mundo pelos olhos da outra pessoa. Quando conseguirmos isso, nós vamos ampliar nossa visão e expandir a consciência.

O comum é a visão de ponto de vista. Todo ponto de vista é a vista a partir de um ponto. Cada um de nós é um ponto olhando a realidade. Quando, do meu ponto de vista, eu olho meu fragmento de espelho e não consigo enxergar a partir de outros pontos de vista, corro o risco de acreditar que meu pequeno espelho de verdade pessoal é a verdade para todos. Assim surgem o fanatismo, as visões limitadas, o preconceito, a intolerância. É quando um ponto de vista quer defender ou impor um olhar pequeno como se fosse o todo.

No momento em que conseguimos olhar a partir do outro com alteridade, por muitos outros pontos de vista, quando juntamos todos, cada pedacinho do espelho formará uma esfera, um olhar esférico, um olhar que contempla a verdade por vários olhares.

Esse é um caminho de autoconhecimento e autoacolhimento. Quando você acolhe sua essência, sua verdade, com alteridade para as outras verdades, também acolhe o mundo.

Há uma frase da xamã havaiana Morrnah Simeona (que criou a técnica Ho'oponopono) em que ela diz: *"Seja a paz que você quer encontrar no mundo"*. Essa frase, de maneiras diferentes, já foi atribuída a Mahatma Gandhi e a outras mestras e mestres.

Esse é o primeiro pilar. É um pilar de si para si mesmo. É um pilar de olhar para dentro com amorosidade. É um pilar de generosidade. Existem técnicas para despertarmos esse autoacolhimento de um lugar de consciência. A primeira técnica, muito importante e especial, que todos podemos nos dar a chance e a liberdade de conhecer, é: meditação.

Conhecer a Si Mesmo

Neste primeiro pilar, neste primeiro passo, ainda estamos aprendendo a observar a espiritualidade. Como a espiritualidade conversa conosco? Como observar o que é e o que não é espiritual na nossa vida? Será que apenas as coisas da nossa religião são espirituais? Será que são espirituais as doutrinas, as histórias, os livros? Será que é espiritual só aquilo que fazemos dentro de um templo? Ou será que é espiritual somente paramos para fazer uma oração, para fazer uma reza?

E se eu disser que espiritualidade é aquilo que está presente o tempo inteiro? Aquilo que você separa e só faz dentro de um templo, no momento da reza ou como local sagrado no tempo e no espaço, é religioso.

O espiritual está presente o tempo todo. Não há um momento em que está e outro em que não está. A espiritualidade conversa com você o tempo inteiro. Então, nosso primeiro passo no primeiro pilar é começar a observar o que é espiritual.

Como é que a espiritualidade conversa comigo? Como sinto que realmente estou iniciando uma caminhada espiritual? O que é uma caminhada espiritual?

Temos a proposta de um despertar, de uma Espiritualidade Visceral. Temos sete passos para isso, mas o que é uma caminhada espiritual? Será que eu vou me tornar espiritual? "Ah, então vou me tornar uma pessoa espiritual porque fulano é espiritualista, ciclana é espiritualista". Não estou falando sobre você ser espiritualista, gostar das coisas da espiritualidade, ler as coisas e ter um entendimento a respeito da espiritualidade.

Ser espiritual independe do que você crê. Todos nós somos espirituais. O ser humano é dotado de um sentido de transcendência, de uma capacidade inata de sentir, de inspirar-se, de receber informações, de intuições que vêm do seu meio, de intuições que vêm da sua ancestralidade, de um lugar do aquém e do além, que ninguém sabe exatamente onde é. Intuição, inspiração e, lógico, experiências mais fortes ainda mostram o quanto esse ser humano é espiritual o tempo inteiro.

Não há uma separação, não há uma separatividade, entre o que é ou não espiritual. Por isso, não existe o início de uma jornada espiritual, muito menos um começo para alguém se tornar espiritual. Você não vai se tornar espiritual. Estudando aqui comigo, você não vai se tornar absolutamente nada, mas vai deixar de achar que é algumas coisas que não era. Você vai deixar de se perder em algumas filosofias como distrações. Pode brincar e passear por todas as filosofias e doutrinas, encontrando o sagrado em todas elas.

Visite igrejas, templos e terreiros, frequente com sua família, crie comunidades, entenda tudo isso. Mas ser espiritual é algo inerente a quem você é, e é algo muito maior. Não é algo para se tornar, mas apenas para se reconhecer nessa maioridade, em uma maturidade em relação ao sagrado, ao transcendente, ao mistério maior, como ele atravessa você.

No momento em que você começa a conhecer a si mesmo, começa a olhar para dentro.

Como faz para se conhecer? É muito bonito às vezes repetirmos a frase "conhece-te a ti mesmo", mas como é que se faz isso?

Você não vai se conhecer lendo livros, nem por meio de nenhuma filosofia ou conhecimento. Não vai se conhecer por meio de nada que está no mundo externo. Você só vai se conhecer ao se dar a oportunidade de observar seu mundo interno.

Estamos muito acostumados a olhar para fora, porque nossos sentidos mais fortes de sobrevivência foram desenvolvidos para sobreviver neste mundo externo. Por isso, nossos cinco sentidos – olfato, paladar, visão, audição e tato – são muitos importantes e fortes. Tudo voltado ao mundo da sobrevivência no externo. Mas onde estão nossos sentidos que nos levam ao mundo interno? Onde estão esses sentidos que esquecemos de observar?

Geralmente, procuramos tudo do lado de fora, porque do lado de fora tem luz. Do lado de fora você enxerga. Então, insistimos em acreditar que todas as respostas estão do lado de fora, porque do lado de dentro não há luz. Você fecha seus olhos e não enxerga luz. E aprendemos a ter medo quando não vemos luz. Foi dado o nome de trevas quando não existe luz. Nós nos assustamos com a escuridão.

Temos tanto medo que construímos o inferno como o lugar das trevas, da escuridão. Não percebemos que tudo o que há de novo na vida vem de uma escuridão. Você veio de uma escuridão, que era o ventre da sua mãe. Você veio da escuridão de um útero; por nove meses ficou na escuridão, podendo olhar apenas para dentro, sentindo e ouvindo para dentro, auscultando a si mesmo na escuridão. E de onde vem a luz? A luz não vem da luz, onde já há luz. A luz vem de uma escuridão. Brota uma luz, e o que você ilumina na escuridão será autêntico. Quando ilumina sua alma para dentro, começa a observar aquilo que antes ninguém viu, porque brota da sua escuridão.

Parece uma coisa tão simples, um mero detalhe. O problema é que podemos falar sobre isso, podemos entender sobre isso, mas inconscientemente continuamos com medo da escuridão. Continuamos com medo da solidão, com medo do vazio. Por isso, existe uma enorme dificuldade em fechar os olhos e olhar para dentro.

Como é conviver consigo? Como é conviver com seus próprios pensamentos? Qual barulho atravessa sua mente? Como podemos ir além do barulho? O que é possível encontrar olhando para dentro?

No livro *O Poder do Agora*,[24] o autor Eckhart Tolle começa com uma história maravilhosa. Ele diz que um mendigo estava sentado em cima de um baú e estendia a mão pedindo esmola. Um dia, alguém parou diante dele e questionou: "Você já abriu esse baú? Você está sentado em cima desse baú? Você já abriu esse baú para ver o que é que tem aí dentro?" E o mendigo dizia: "É um baú velho, não serve para nada. Imagina, nem vou abrir, porque é um baú velho, nem tem nada aqui dentro". E a pessoa falou: "Mas você já abriu?" E o mendigo respondeu: "Não!" A pessoa disse: "A gente pode abrir esse baú? Vamos abrir e ver o que tem dentro".

Quando ele abriu o baú, havia muitas joias, muita riqueza, uma fortuna, uma prosperidade. Assim somos nós. Achamos que não vale a pena abrir esse baú e olhar para dentro. Mas é aí dentro que estão as grandes joias do nosso existir, as joias da nossa existência, as joias de ser quem você é. É preciso olhar para dentro, amando-se, acolhendo-se, entendendo-se. Mas, quais são as técnicas para olhar para dentro? Essa é a pergunta que não quer calar.

Existem muitos caminhos para conhecer a si mesmo. Não há um caminho melhor do que o outro, nem um caminho certo ou errado. Ninguém pode validar ou desvalidar o caminho do outro. Até mesmo o próprio caminho, se você estiver tentando validá-lo, deixa de ser um caminho. O caminho que leva para dentro é completamente isento da necessidade de se fazer provar ou se validar, pois é um caminho de despertar em que você está tão pleno que aprende a respeitar o tempo e o espaço de todos os outros seres humanos, sem precisar convencer ninguém de nada. Então, esse é um caminho de espiritualidade.

Precisamos voltar o olhar para essas sociedades primeiras, chamadas de primitivas, como já mencionamos anteriormente. Nas sociedades de povos originários, encontramos uma grande diversidade

24. TOLLE, E. *O Poder do Agora:* um Guia para a Iluminação Espiritual. Rio de Janeiro: Sextante, 2000.

de rituais de passagem e rituais realizados para que a pessoa consiga olhar para dentro de si. Há coisas interessantíssimas, pois dentro dessas sociedades encontramos várias técnicas, que incluem o uso de substâncias, instrumentos e ervas de poder de todos os tipos, para induzir um estado alterado de consciência ou uma consciência expandida.

É o caso, por exemplo, da ayahuasca, que está muito popular. A ayahuasca é um chá feito a partir de um cipó, o jagube, e uma folha chamada chacrona. E aqui vai uma observação: desse chá faz-se uma bebida sagrada, uma bebida enteógena. Enteógeno significa aquilo que altera sua consciência para ir ao encontro do sagrado, e essa é a diferença em relação ao alucinógeno, que altera a consciência para que você se perca. O enteógeno é para você se encontrar.

São tradições indígenas de povos originários que detêm o conhecimento dessa medicina sagrada da ayahuasca que colocam você em um estado alterado de consciência, de consciência expandida, e lhe oferecem a oportunidade de se olhar como nunca havia visto. É como despir-se para si mesmo, entender-se como um integrante da natureza, perceber as relações nas malhas familiares ancestrais, revirar suas dores, traumas, medos, se rasgar e se ver pequeno e grande, ao mesmo tempo. A ayahuasca, chamada de medicina entre os povos originários, proporciona a oportunidade de se conhecer um pouquinho.

Em meio a tanta polêmica, há hoje uma distribuição de ayahuasca em larga escala nos centros urbanos, não conectada ou desconectada dos povos originários. Como isso chega aos povos urbanos? Como chega à urbanidade? Como chegam outras medicinas, inclusive de outras tradições, nesse contexto urbano? Será que chega com o mesmo teor de sagrado, com essa sacralidade?

A questão é que o ser humano busca experiências de transcendência, busca sentir o sagrado, procura experiências de unidade para se conhecer no outro e se entender no mundo. Busca também meios para dissolver o ego. Quando o ego se dissolve, você tem um instante de paz, de silêncio, de tranquilidade. Às vezes, você vai encontrar seu silêncio no meio de um barulho. Às vezes, precisa de muito barulho para encontrar seu silêncio. Não à toa, algumas pessoas encontram o próprio silêncio no meio de um festival barulhento, com muita dança, ou com uma estrutura musical criada para colocar os participantes em estados alterados de consciência.

Então, há uma comunidade também que usa sintéticos para atingir estados alterados de consciência ao som de música, de um tambor que induz o transe. Será tão diferente de uma experiência em estados alterados de consciência numa tribo tocando um tambor fortíssimo? O que será que buscamos em um grande festival com sintéticos que alteram a consciência e você entra naquela música, naquele transe? Você consegue a dissolução do seu ego.

Buscamos então, desesperadamente, de alguma forma, nos entender, nos conhecer, olhar para dentro. Mas como é possível fazer isso de maneira saudável? Não estou aqui recomendando a ayahuasca, como se fosse para todo mundo, porque ela é um chamado muito pessoal. Também não estou fazendo referência a nenhuma medicina especificamente, mas deixo registrado que sou a favor de todas as medicinas da floresta, pois vamos ao encontro do que elas propiciam quando estão dentro de um contexto sagrado para nosso despertar. Ao mesmo tempo, entendo que todas as outras experiências urbanas de busca, transe, estado alterado de consciência, expansão da consciência, entre outras, são importantíssimas para a construção da nossa identidade.

As experiências espirituais e religiosas não estão limitadas ao que definimos como sagrado. Não há separação entre sagrado e profano dessa forma tão intelectual com a qual foi construída. O sagrado e o profano nos atravessam o tempo inteiro, e alguém pode, sim, ter uma experiência de sacralização, de estado alterado de consciência no meio de um festival.

O que pensamos acerca do sagrado, do profano e da espiritualidade?

A espiritualidade é uma experiência que desconhece completamente o sagrado e o profano. A espiritualidade é uma experiência que brota do mais íntimo do seu ser quando você mergulha no divino, naquilo que o anima, na sua centelha sagrada que está além de qualquer norma, padrões ou tradição. Se é uma experiência de ayahuasca, então tem a condução de algo maior da natureza, de uma força da natureza.

Existem outras experiências, como a iboga na África, que também conduzem você a olhar para dentro. No México, rituais utilizando a substância excretada pela glândula do sapo bufo alvarius também têm esse poder. Além disso, a bebida da Jurema, dentro das tradições Kariri-Xokó e Fulni-ô, é preparada de uma maneira específica que conduz a pessoa a experiências significativas conforme é consumida. Então, essas beberagens, bebidas, ervas de poder, esses indutores de expansão da consciência existem na história da humanidade desde sempre.

Steven Kotler e Jamie Wheal, no título *Roubando o Fogo*,[25] afirmam que animais também buscam experiências em estados alterados de consciência. Eles conseguiram registrar um grupo de golfinhos que pegou um baiacu e eles o mordiam para soltar o veneno. Quando aquele veneno saía na água, os golfinhos o recebiam e ficavam todos em estado alterado de consciência. Eles iam passando o baiacu um para o outro, e todos compartilhavam os efeitos. Na África, macacos consomem a raiz da iboga para entrar em estado alterado de consciência. Também há cachorros que lambem sapos com o mesmo propósito. Assim como passarinhos, que comem sementes de pimenta para entrar em estado alterado de consciência. Os elefantes comem sementes de amarula para estar em um estado alterado de consciência.

Então, é possível que o ser humano já buscasse estados alterados de consciência e de expansão, antes mesmo de ser *Homo sapiens*. No livro citado, os autores explicam que atualmente existem muitas pesquisas com expansores de consciência, com o objetivo de elevar as capacidades humanas em situações diversas, bem como buscar por cura e solucionar as próprias questões. É algo cientifico a busca pela alta *performance*, ultrapassar limites, curar as dores e transcender as questões que nos oprimem nas realidades socioemocionais.

Então, como podemos ir ao encontro desses estados alterados de consciência? Para além dos enteógenos, das beberagens da medicina, de uma tradição ou outra, existe também a prática de meditação como uma das ferramentas mais acessíveis, simples e poderosas em nossas vidas.

25. KOTLER, S.; WHEAL, J. *Roubando o Fogo*: a Ciência por trás dos Super-humanos. Rio de Janeiro: Alta Books, 2018.

Meditar

A maioria das pessoas diz que não sabe, não gosta ou não consegue meditar. Afirmar isso implica impor uma limitação a algo que ainda não tenham experimentado da forma correta. Quando eu pergunto a essas mesmas pessoas qual técnica de meditação elas usaram para tentar praticar, a resposta é quase unânime: nenhuma técnica, apenas tentaram sentar-se e parar de pensar.

Existem milhares de técnicas de meditação; portanto, antes de concluir que isso não é para você, é preciso experimentar algumas delas.

Quando estamos apaixonados, perdemo-nos no olhar da pessoa amada – isso é uma forma de meditação. No silêncio do amor, as palavras se tornam pobres para expressar o que sentimos. Quando olhamos para a pessoa amada, e ela é você mesmo, então você está meditando. Quando você está se amando tanto, enormemente, tanto que você pode ficar consigo mesmo apenas se observando, se amando, contemplando, silenciando a mente para sentir quem você, é uma descoberta e o verdadeiro autoconhecimento.

Portanto, a arte da meditação é a arte de desabrochar um autoamor, o amor de você por si mesmo. Observar os próprios pensamentos com muito amor e acolhimento desperta uma generosidade para consigo e para o mundo. É o amor de se descobrir, descobrir o amor de se conhecer, de desabrochar sua melhor versão no mundo, de conhecer quais são seus pensamentos, sentimentos, dores, amores, angústias, mágoas, traumas, luz e sombra. Isso pode parecer desafiador, mas é um processo transformador.

Então, começamos com algo mais simples, com meditações de dois a três minutos, e o autoencantamento, a delícia de descobrir-se e despertar sua essência mais pura naturalmente lhe conduzirão a meditações mais profundas.

A meditação não é apenas um caminho para mergulhar internamente e florescer, mas também uma ferramenta que melhora sua qualidade de vida. Diminui o estresse, a ansiedade e o Burnout. Além disso, fortalece sua imunidade biológica e sua resiliência emocional, contribuindo para a cura de muitas dores, tudo isso comprovado cientificamente. Com alguns dias de meditação, você já tem uma mudança de comportamento sutil.

Após algumas semanas, a meditação pode até alterar a configuração do seu cérebro. Foi comprovado por uma cientista chamada Sara Lazar que, ao realizar tomografias cerebrais de um meditador, houve mudanças na estrutura cerebral do indivíduo após oito semanas de prática. Essas mudanças alteram quem você é. Desse modo, chegamos a um caminho maravilhoso da existência, para compreender que não podemos mudar nossas escolhas sem antes mudar a nós mesmos.

A meditação o conduzirá a mudar quem você é no mundo externo, para tornar-se íntegro com "quem tu és" no mundo interno, manifestar sua essência.

E o que você se tornará e quem você será? Vai "tornar-te quem tu és". Esse é o caminho do "conhece-te a ti mesmo" para "tornar-te quem tu és", fazer da vida o seu mestre, iniciando por "conhece-te a ti mesmo".

Para afastar pensamentos equivocados sobre a meditação, podemos começar com práticas simples, concentradas no autoamor, observando-se com amor, por meio de técnicas curtas de apenas alguns minutos.

Observando bem, meditamos por segundos sem perceber. Quando você está muito chateado e puxa o ar, depois solta de uma vez, está fazendo uma fração de meditação. Tomar consciência da respiração é uma meditação. Meu amigo Murilo Gun costuma lembrar que quando estamos passando mal as pessoas dizem: "Respire". O Murilo também diz que isso é a Unidade Mínima de Meditação.

Existe um instituto norte-americano, chamado HeartMath, que faz estudos sobre a coerência cardíaca, ou seja, a coerência entre o que você pensa e o que sente no seu coração e na sua fala. Há estudos interessantíssimos, e o instituto traz uma técnica de respiração muito parecida com as meditações do Hinduísmo.

No Hinduísmo, há práticas de respiração que envolvem contagem de tempo: você inspira contando até quatro, segura o ar nos pulmões por quatro segundos, expira contando até quatro e, por fim, segura o ar por quatro segundos. Essa técnica é conhecida como respiração quadrada. O HeartMath fala de uma respiração em que se inspira contando até cinco e se expira também contando até cinco, enquanto você se concentra no coração, observando a respiração e deixando os pensamentos fluírem como ondas do mar, sem se deixar levar por diálogos mentais. Faça isso por dois, três, cinco minutos, aumentando gradualmente, trazendo autoamor, solitude, acolhimento e consciência de si mesmo.

Essa é apenas uma técnica para que compreenda que se você fez isso comigo agora, já meditou. Meditar não é parar completamente sua mente, ela não vai parar. Meditar é você colocar uma atenção focada na sua respiração ou no seu coração; você também pode conseguir simplesmente observar seus pensamentos.

Quando você começa a observar que os pensamentos vêm e vão enquanto traz a atenção para sua respiração, consegue perceber que você não é seus pensamentos. Ao observá-los, você já está consciente, já está em meditação.

Isso é importantíssimo. E é muito, muito, muito, muito simples. Só precisa de uma única coisa: disciplina para praticar todos os dias, como o hábito de escovar os dentes.

Por que escovamos os dentes e tomamos banho todos os dias? Para ficarmos cheirosos e perfumados. Escovamos os dentes para manter o hálito fresco. E se seus pensamentos tivessem cheiro, qual seria? Se andássemos por aí sem limpar nossa mente, que cheiro ela teria?

Essas técnicas de meditação funcionam como higiene mental. Inclusive, para manter a sanidade, precisamos dessa higiene mental. Se você for mais jovem, talvez não pense ou não se preocupe tanto com esse assunto. Quando se é muito jovem, isso não é uma coisa que parece perturbar muito. Depois, quando você começa a entrar na idade adulta, em algum momento se dá conta de que há um barulho interno. Um barulho de quantos anos você tem, das vozes dos seus pais falando na sua cabeça. De várias pessoas que lhe atravessaram, da escola, dos seus educadores, dos seus professores, da igreja, da sociedade. Quantos anos, quantas vozes tem esse barulho todo? Então, em algum momento, percebemos que esse barulho é quase perturbador, resultado de muito julgamento, de muita pressão, de muita comparação. Esse barulho fica na sua cabeça. Para cada coisa que você vai fazer, parece haver um barulho que o acompanha.

Meditação é a arte de aquietar esse barulho. Mas você não vai aquietá-lo simplesmente se sentando e ordenando que sua cabeça pare de pensar, que você não vai pensar mais nada. "Então, vou meditar e não pensar mais nada." Você não vai parar de pensar, mas apenas observar o que a mente está pensando. E quando você se torna observador, consegue ver pensamentos indo e vindo, como as ondas do mar, até que, em algum momento, esses pensamentos começam a diminuir. Começa a surgir um espaço, como uma espécie de vazio, entre um pensamento e outro. Você observa esse vazio, entre um pensamento e outro, vê um pensamento chegar e ir embora. Então, você mergulha nesse vazio e se apaixona. Encanta-se pela arte de mergulhar no próprio vazio da sua alma. E ali, você se encanta por si mesmo; já está iniciada a arte da meditação.

Na década de 1970, Jon Kabat-Zinn, médico, doutor em Biologia Molecular e professor emérito da Faculdade de Medicina da Universidade de Massachusetts (MIT), validou cientificamente uma técnica de meditação chamada *Mindfulness*, a conhecida técnica da atenção plena. Ele conduziu um estudo com dois grupos de pessoas: um grupo de controle tomando remédio tarja preta para ansiedade e depressão; e outro grupo apenas praticando meditação seguindo a metodologia da técnica da atenção plena. Após oito semanas, ele comprovou cientificamente que o grupo que estava fazendo meditação teve resultados para depressão e estresse iguais aos do grupo que estava tomando o medicamento.

A partir dessa validação científica, a prática de *Mindfulness*, de atenção plena, espalhou-se pelo mundo inteiro, sendo realizada nos mais diversos lugares, de ambientes domésticos a empresas, hospitais e prisões. É entendida como algo que não é religioso, e sim uma prática para trazer saúde mental para as pessoas. A prática de *Mindfulness* será abordada novamente neste livro, quando faremos novas práticas, até chegarmos a uma prática ativa também e outras mais.

Nosso coração tem uma inteligência que podemos acessar com o tempo. O instituto HeartMath realizou testes com imagens, boas e ruins, exibidas aleatoriamente na tela de um computador. A pessoa que estava assistindo às imagens foi monitorada na mente e no coração. O coração sabia qual imagem iria aparecer segundos antes de estar na tela. Quando estamos em dúvida sobre algo na vida, é possível respirar fundo e sentir se o coração está leve ou pesado.

Daí vem o mito da balança de Maat no *Livro dos Mortos* egípcio. Segundo esse mito, ao desencarnar, o coração de um egípcio era colocado nessa balança, com a pluma de Maat do outro lado. Se o coração fosse mais pesado que a pluma, a pessoa desceria aos mundos inferiores; se fosse mais leve, ela subiria aos mundos superiores.

O peso do nosso coração deve ser medido o tempo todo, quando aprendemos a nos comunicar, sentir e tomar decisões com a sabedoria do coração. O peso do coração na balança de Maat é o resultado de todas as decisões da vida, somadas em quantas vezes o coração esteve leve ou pesado.

Como me guiar pelo meu coração? Aprendendo a identificar quando ele está leve e quando está pesado. Você aprende a perguntar ao seu coração. Em cada situação de decisão, observe as escolhas que tem e pense: devo tomar este caminho? Respire e sinta como fica o coração, leve ou pesado. Depois, pense na outra alternativa, respire e se pergunte: este caminho é bom para mim? Sinta seu coração. Esta é a balança de Maat no seu dia a dia para, no fim da sua existência, chegar com o coração puro e leve.

Também é comum ouvir as pessoas dizerem para você ouvir seu coração, mas como fazer isso? Ele vai falar alguma linguagem, um idioma, é como uma voz?

Meu mestre Sultão diz para ouvir as batidas, exercitar o sentir e ouvir o pulsar do coração, dedicando três minutos por dia e aumentando gradualmente. Com o tempo, suas decisões serão cada vez mais alinhadas com o sentir do coração. Quando seguimos esse caminho, estamos "ouvindo nosso coração", como quem encontra sua própria verdade.

No livro *Sabedoria de Don Juan*, traduzido como *A Erva do Diabo*,[26] o autor Carlos Castañeda cita o Mestre Don Juan quando este traz ensinamentos sobre encontrar seu caminho. Don Juan diz: "Você deve sempre se perguntar se aquele caminho tem um coração. Se aquele caminho tem um coração, é seu. Se aquele caminho não tem um coração, então não se incomode em abandoná-lo. Se não há um coração, não há por que seguir aquele caminho. Siga o caminho do coração, e você vai sentir que seu coração é leve naquele caminho".

26. CASTAÑEDA, C. *A Erva do Diabo*: Experiências Indígenas com Plantas Alucinógenas Reveladas por Don Juan. Rio de Janeiro: Record, 2013.

E aí temos uma pluralidade de sinais que vão se mostrando diante da vida para que você saiba: por onde eu caminho? A leitura desses sinais consiste em fazer da vida o mestre. Quando isso se tornar realidade, então você alcança o estado de tornar-se mestra de si mesma, mestre de si mesmo, porque fez da vida o seu mestre.

Existem muitas técnicas de meditação, algumas delas validadas cientificamente para o aumento da qualidade de vida. Por exemplo, a técnica da atenção plena (*Mindfulness*), mencionada anteriormente, é uma técnica milenar hinduísta, que acabou se tornando uma das práticas presentes em vários dos segmentos budistas a partir de Siddharta Gautama, a qual, na década de 1970, foi validada cientificamente pelo professor Jon Kabat-Zinn no MIT.

Meditação é a melhor técnica para se conhecer e também uma das melhores para aumentar sua qualidade de vida.

Há muitas técnicas de meditação, mas você pode aplicar a simples observação dos pensamentos e observar a respiração como caminho de retorno. Quando sua mente começa a divagar, você volta sua atenção à respiração. Aos poucos, vai percebendo a mente divagando e conclui que você não é os seus pensamentos. Então, surge um observador dos próprios pensamentos. Isso é um estado meditativo.

Quando você não luta contra seus pensamentos e tem generosidade com os pensamentos que mais o incomodam, entra em um processo de autocura, autoconhecimento, autoacolhimento e de cuidar de si em primeiro lugar– cuidar-se, amar-se, acolher-se. Quando você faz esse movimento, o mundo o ama, o acolhe e deita aos seus pés como quem abre caminho para passar a sua verdade; caminhando com sua alma, caminhando com sua verdade, caminhando por onde anda seu coração, e você vai saber.

Você pode passar por caminhos e encontros com professores e mestres muito queridos na sua vida. Você pode ter professores que lhe ensinaram muitas coisas sobre a espiritualidade.

Aos 13 anos de idade, eu e um grupo de sete crianças já estávamos estudando sob a orientação de uma espiritualista muito conhecida no Brasil, a Doriana Tamburini. Desde essa idade, trilho meu caminho tendo como referência professores, orientadores e mestres, tanto mulheres quanto homens. Mas, em algum momento, você começa a questionar: o que é um mestre? Qual a diferença entre um professor e um mestre? O professor é alguém que lhe entrega conteúdo, conhecimento. Um mestre é aquele que o leva ao encontro da sabedoria. Você reconhece um mestre quando ele lhe ensina um caminho de independência, de tornar-se mestre de si mesmo.

Todo caminho de apego, de segurar, de prender, de dependência é o caminho de um professor, mas não é o caminho de um mestre. Quando dois mestres se encontram, então são duas pessoas que fizeram da vida o seu mestre, e elas são mestras de si mesmas, logo sempre há interação e troca. É nessa condição que estou aqui. Na condição de um despertar do seu mestrado. Sem dependência, sem apego, sem rótulo. Aqui, você receberá o que há de melhor e mais especial na minha alma: minha liberdade, minha autonomia, meu autoacolhimento, meu autocuidado, tornar-se mestre de si mesmo!

Quando você tem isso para si, tem isso para o mundo inteiro.

Hoje, a técnica *Mindfulness* é amplamente utilizada em empresas, na área da saúde e em muitos lugares do mundo como busca por qualidade mental e de vida. É aplicada por atletas que buscam alta *performance*, pois a mente pode ser um adversário durante uma competição, quando o atleta deseja superar a si mesmo, tornando-se melhor (que é a única competição saudável).

A alta *performance* passa pela meditação em qualquer área da vida. Quando você alinha sentimentos, pensamentos, emoções e corpo na mesma direção, uma mente tranquila e serena evita a fragmentação. Assim, realizando suas tarefas com foco, objetividade, centramento e consciência, você alcança excelência em qualquer área da sua vida: em atividades mais intelectuais, físicas, provas ou, simplesmente, ao viver na sua máxima potencialidade. Isso é o que caracteriza uma vida de alta *performance*, dentro de uma estrutura fluida, no *flow*.

Dentro da filosofia taoista, existe o conceito de *wu wei*: o caminho do menor esforço, que permite realizar mais sem perder energia. É quando você caminha num *flow*; você encontra um fluxo.

Dentro do mar, existem correntes marinhas. Em algum momento, uma tartaruga que parece lenta encontra uma corrente. Quando ela entra naquela corrente, a corrente leva essa tartaruga num *flow*. Quando você encontra seu estado de espírito de *flow*, pode encontrar uma corrente de almas, de *flow*, de conexões que o levem a uma mudança de fase.

No jogo dessa realidade, frequentemente, esperamos mudar de fase. Se tudo nos oprime, se sentimos que não somos deste mundo, e algo parece estar errado, se questionamos: "qual é o sentido de continuar nesse lugar", então talvez estejamos esperando a mudança de fase, um novo nível de realidade, encontrar o *flow*. Onde? Onde existem conforto e desconforto ao mesmo tempo. Não se incomode com o desconforto. Entenda-o como um sinal da vida do caminho estreito.

No livro *A Alma Imoral*,[27] o rabino Nilton Bonder fala do caminho estreito. O que é isso? Assim como em uma gestação, lá dentro do útero, a criança está crescendo, aquele feto, aquele zigoto, aquela *cellula mater* vai se desenvolvendo, vai se multiplicando. E essa criança vai crescer ao ponto do desconforto. Vai ficar apertado, estreito, desconfortável onde ela está, e isso é o estímulo para o início das contrações, até coroar na saída tão apertada para outra realidade.

Então, se – nesse momento – você está em lugar de desconforto, em um caminho estreito, agradeça e pergunte o que mais é possível. Onde estão a fresta e a saída para subir de nível, passar de realidade, ter outro olhar para a sua vida. É isso que buscamos, e isso faz parte constante da minha vida há muitos anos. Vivo constantemente mudando de realidade, buscando outras realidades, perguntando o que mais é possível, como melhorar, o que ainda não vi, o que mais posso ver e perceber, como ser mais próspero, feliz e realizado.

Por Onde Começar

Sempre ouço a pergunta: "Por onde começar a desenvolver minha espiritualidade?" As pessoas imaginam começar por mistérios, práticas místicas, técnicas de cura, movimentação de energia, alinhamento de chacras, estudos intermináveis, etc.

Hoje eu sei que o melhor caminho para iniciar sua trajetória espiritual é se dedicar a tudo que não é espiritual, cuidando de você e se colocando em primeiro lugar em sua vida. Aprendendo a cuidar de sua alimentação, sono, atividade física, autoestima, seu sustento

27. BONDER, L., *op. cit.*

material, e percebendo que quando há uma vida saudável, há igualmente uma espiritualidade saudável.

Sempre comece com autoacolhimento. Qualquer tipo de espiritualidade que coloque você em segundo plano, em longo prazo, não será saudável. Muitas vezes, satisfaz o ego, dizendo: "olha como eu sou bom, caridoso; eu coloco todas as outras pessoas em primeiro lugar, e fico sempre em último". Isso não é saudável e não dura muito tempo. Colocar-se em segundo plano, seja na espiritualidade, seja no amor, não funciona. Primeiro, devemos aprender a nos amar para depois dar e receber amor de outras pessoas.

Espiritualidade é amor. Nossos relacionamentos com a espiritualidade são relacionamentos amorosos, de acolhimento e generosidade. A espiritualidade nos acolhe, mas – para que isso aconteça com excelência –, primeiro, você precisa se acolher, precisa ter esse autoacolhimento.

Acolher com generosidade seus pensamentos é um ponto alto, como uma chave de acesso a outros mundos e a outras realidades.

O que vem em primeiríssimo lugar? Acolher o corpo. Acolha seu corpo. Ame seu corpo de tal maneira que se torne um ato de muito prazer cuidar dele. Tudo começa no corpo e a partir do corpo, do mais palpável, do mais material ao mais sensível e subjetivo.

Para uma espiritualidade saudável, é necessária uma vida saudável. Como você se cuida? Como está a sua alimentação? Do que você se alimenta? Se você está comendo muito doce, é uma carência? Se você está comendo muita massa, muita *comfort food* (comida confortável,), que dá momentos de prazer, será que está faltando prazer na sua vida e você está compensando isso na alimentação?

Muitas pessoas têm um carro. Então, se o carro é movido a gasolina, precisa de uma gasolina boa, além da excelente manutenção – troca de óleo, revisão dos pneus, limpeza, parte elétrica, etc. Como é possível, às vezes, alguém cuidar tão bem do carro, da bicicleta, da sua casa, mas não cuidar do próprio corpo?

Cuidar de seu corpo, mente, espírito e das emoções é o melhor investimento que você faz; isto é espiritualidade. Então, autoacolhimento é uma forma importante de autocuidado; é autocarinho, autoamor e autoconhecimento. Quais alimentos lhe dão energia? Quais as quantidades ideais para você ter força, energia, sendo um processo alimentar saudável de maneira geral? De quais vitaminas você necessita?

Nossas necessidades são diferentes. A necessidade de uma pessoa aos 21 anos é completamente diferente das necessidades de uma pessoa aos 40, e é diferente de uma pessoa aos 60. E é muito importante haver acompanhamento médico. Há fases na vida em que você tem necessidades hormonais distintas, por exemplo. Qual tipo de orientação você pode ter?

O autoacolhimento passa por todos esses lugares. Se você não consegue ter tudo isso agora, pode começar com uma caminhada diária, corrigindo alguma alimentação e trazendo consciência às suas necessidades. A vida não muda enquanto a gente não muda. Se você espera mudanças, descobertas, olhares e um despertar, isso começa no corpo. Qual a qualidade de energia, força e determinação que você consegue colocar para a mudança de hábito?

A construção de um hábito é uma das coisas mais fortes na vida. Diz-se que o que você faz por mais de 21 dias se torna hábito. Então, durante 21 dias, observe sua alimentação e crie o hábito de uma alimentação saudável. Durante 21 dias, faça prática meditativa e torne um hábito meditações diárias curtas, de cinco a dez minutos, duas a três vezes por dia.

Crie hábitos. Os hábitos podem mudar a sua vida. Isso porque a força e a determinação para mudar um comportamento, mesmo que seja algo muito pequeno, como melhorar a alimentação, incluir uma atividade física na rotina, praticar meditação, são o princípio de força e de realização na vida. Isto é, descobertas, de ir além, de transcender, de se tornar cocriador da sua realidade.

Nós somos o todo, o Deus e a Deusa, o poder maior. Nós somos deuses. Esse poder está aqui e agora em você. Como fazer para ele se manifestar, para criar em conjunto com o todo (daí a palavra cocriar), em estados de consciência? Primeiro, pense no seu poder mental, na sua alimentação, no seu corpo. Como você lida com o seu corpo, como você pode fazer isso com prazer? Que tipo de atividades pode também lhe trazer prazer?

A meditação pode ser vista como uma brincadeira de observar os pensamentos. Então, você cria essa realidade toda a partir de um lugar de novo conforto. Você pode incluir em seu autoacolhimento momentos de cuidado com seu corpo. Por exemplo, uma vez por semana, pelo menos (ou ter fragmentos todos os dias), você pode receber uma massagem.

Existem milhares de técnicas de massagem. Algumas delas, no entanto, envolvem aperto e pressão nos músculos que podem causar dor. E naquela dor há uma espécie de prazer, pois você entende que está doendo, mas está liberando energia estagnada. Muitas vezes, as energias ficam estagnadas pelo nosso corpo e criam tensões, conhecidas como nódulos musculares. Vão se formando bolinhas de energia parada no corpo, e uma boa massagem pode ajudar. Seu corpo pode já estar todo dolorido e, ao receber uma massagem, pode doer um pouquinho mais, como no caso do *Shiatsu*, que envolve apertos profundos de pressão, ou nas massagens do *Ayurveda*, feitas com movimentos de extensão, de trabalhar os músculos mais profundamente. Isso pode causar certa dor, mas você está liberando espaço e energia.

Precisamos liberar espaço e energia no corpo, mas também na mente, ao adquirir a capacidade de agradecer por todas as situações da sua vida e a capacidade de perdoar, o que abre espaço mental para que o novo possa chegar e ocupar. Você começa esse trabalho perdoando-se; quando você se perdoa, aprende a perdoar as outras pessoas. O perdão abre esse espaço na mente.

A gratidão faz a graça dos céus descer à Terra. Quando você agradece, a graça desce. Gratidão em todas as situações é um dos poderes de realização que melhor podem transformar sua vida. Agradeça pelo que possui, no lugar de reclamar pelo que não tem. Quem reclama, clama duas vezes. (Re)clama, está clamando outra vez. Reclamar é trazer de volta tudo aquilo que você queria mandar embora. Reclamar traz para perto. Praguejar traz para perto. A negatividade traz para perto. Então, agradeça e libere tudo o que não lhe serve mais na vida. Desapegue e libere tudo aquilo que você precisa soltar na vida. O que você precisa soltar na vida? Quais são os valores? Quais são as crenças limitantes? Quais são as pessoas? Quais são as situações que você não quer? Agradeça, porque cada uma dessas pessoas e situações trouxe algo para você aprender. Ao agradecer, você está se acolhendo, porque todas as pessoas e situações, as quais vêm para sua vida, vêm por ser quem você é. Você quem as atraiu, as cocriou, você quem inconscientemente foi ao encontro das pessoas e das situações, todas elas. Agradeça pelo aprendizado. Libere espaço e deixe ir. Agradeça também todas as situações de seu passado, e as pessoas que não deixaram boas lembranças. Agradeça ao aprendizado que fica. Ao agradecer, você evita entrar outra vez nas mesmas situações, nos mesmos relacionamentos tóxicos, agressivos, abusivos. Agradeça e vire a chave em sua vida.

Ainda estamos falando de autoacolhimento, que é o primeiro pilar. Comece seu autoacolhimento agora, pensando na sua alimentação, no autocuidado com o corpo, no autoamor, em como você se ama, e em quais momentos você vai criar prazer e acolhimento para si mesmo. Você vai a um parque? Vai à praia? Vai à mata, à cachoeira? Vai receber uma massagem? Você vai ao cinema?

Sendo assim, esse autoacolhimento – que implica autocuidados de amor e carinho, de se colocar em primeiro lugar – é o primeiro passo para o caminho de tornar-se mestre de si mesmo, por meio de uma Espiritualidade Visceral, natural, mística e saudável.

Por aqui, iniciamos. E vamos perguntando: o que mais é possível? Quais são as infinitas oportunidades que a vida pode nos oferecer?

Que encontremos essa liberdade da nossa alma, essa autonomia do espírito. E que estejamos sempre abertas, abertos e abertes a novas realidades, a tudo mais que for possível e que puder se revelar a nós.

O que mais podemos observar, conscientizar, enxergar e sentir? Quais consciências podem se abrir e novas realidades ser reveladas a nós, da maneira mais elevada, nobre, linda e encantadora? Que isso possa vir a nós em alegria, facilidade e glória. De luz, amor, prosperidade, força, abundância e poder de realização. Aqui, agora e sempre. Em sintonia com todas as forças, poderes e mistérios dessas e das outras realidades que nos atravessam.

Encontre em sua alma seu caminho de flores, amores, aromas e perfumes. Siga como o canto dos pássaros, o bater de asas das borboletas, sob a luz do sol, o brilho das estrelas, a luz do luar. Sinta a relva das flores e a brisa do vento; busque o banho da cachoeira, as ondas do mar, o mergulho na mata, a firmeza da rocha e a estabilidade das montanhas. Siga seu coração, manifeste o que há de mais lindo em sua alma, celebre a beleza da vida em cada respiração. Perceba que somos todos centelhas de um mesmo amor, compartilhamos da mesma fonte original. Desperte para sua própria luz, expanda sua consciência, desabroche seus encantos, transcenda seus limites, encontre seu amor, viva em amor e abundância.

SEGUNDO PILAR:
TORNA-TE QUEM TU ÉS!
LIBERDADE PARA A ALMA

É comum nas religiões e nas filosofias tentarmos nos tornar algo que não somos, como um santo, um avatar, um mestre ascensionado, iluminado. A maioria das filosofias espirituais ocidentais ensina que este mundo é uma escola e que estamos aqui para evoluir, para deixar de ser quem somos e nos tornarmos algo que não somos e nunca seremos. Eu venho lhe dizer que você já é tudo aquilo que quer se tornar. Sua alma já sabe de tudo. A centelha divina anima seu ser quando se manifesta em liberdade, quando rompemos todas essas barreiras, todos os dogmas e preconceitos, quando curamos nossas dores e traumas, assim, nossa alma se manifesta. Então, você percebe que já é tudo aquilo que gostaria de se tornar. Você já é!

Logo, o objetivo maior é "tornar-te quem tu és". Não precisa se tornar Jesus, Buda, Krishna, Madre Teresa, Santa Maria, Santa Clara. Eles já existem. Tornar-se autêntico, como diria meu mestre Sultão, é o maior poder da vida e, ao mesmo tempo, o maior desafio. É a arte da pureza, ser puro como uma criança e, simultaneamente, incompreendido como um louco, livre como um cavalo selvagem.

Para muitas pessoas, viver segundo a própria alma, seguir o próprio instinto, não seguir *scripts* para a vida, guiar-se por algo maior que brota em seu ser, tudo isso é visto como loucura. Um amigo querido, Felipe Rocha, certa vez recitou de cor, e de forma encantadora, um texto do filósofo e escritor libanês Khalil Gibran sobre a Loucura; veja a seguir:

Perguntas-me como me tornei louco. Aconteceu assim: um dia, muito tempo antes de muitos deuses terem nascido, despertei de um sono profundo e notei que todas as minhas máscaras tinham sido roubadas – as sete máscaras que eu havia confeccionado e usado em sete vidas – e corri sem máscara pelas ruas cheias de gente, gritando: "Ladrões, ladrões, malditos ladrões!" Homens e mulheres riram de mim e alguns correram para casa, com medo de mim. E, quando cheguei à praça do mercado, um garoto trepado no telhado de uma casa gritou: "É um louco!" Olhei para cima, para vê-lo. O sol beijou pela primeira vez minha face nua. Pela primeira vez, o sol beijava minha face nua, e minha alma inflamou-se de amor pelo sol, e não desejei mais minhas máscaras. E, como num transe, gritei: "Benditos, benditos os ladrões que roubaram minhas máscaras!" Assim me tornei louco. E encontrei tanto liberdade como segurança em minha loucura: a liberdade da solidão e a segurança de não ser compreendido, pois aquele que nos compreende escraviza alguma coisa em nós (trecho da obra O Louco, Kalil Gibran).[28]

No tarô, existe a carta O Louco, que representa o zero e o infinito. O Louco é como um coringa, alguém que já percorreu e aprendeu tudo de todos os arcanos. É como alguém que já passou pelas 12 casas zodiacais, já viveu todas as vidas e aprendeu a seguir a própria alma. Por isso, O Louco não se importa com o julgamento alheio, não segue regras nem convenções ou tradições, segue apenas o próprio coração. Ao tirar a carta O Louco, sabemos que estamos no caminho certo, embora incompreendidos; estamos no único caminho de nosso destino final e propósito maior, o caminho que leva para dentro. Esta não é uma loucura comum, é uma loucura sagrada. A loucura comum é patológica, de quem se perdeu no barulho do mundo; a loucura sagrada é de quem se encontrou no próprio silêncio. O Louco é livre, liberto de todas as amarras externas, julgamentos e autojulgamentos, é livre para ser o que é!

Na seguinte passagem de Paulo aos Coríntios, também há uma reflexão sobre a Loucura Sagrada, que podemos chamar de olhar místico para a vida. Afinal, a diferença entre uma loucura patológica e uma experiência mística é que esta última dá um sentido para a vida, nos faz sentir vivos, nos faz sentir pessoas melhores e aumenta nossa qualidade de vida:

28. GIBRAN, K. *O Louco*. Valinhos: Monte Cristo Editora, 2022.

Pois a mensagem da cruz é loucura para os que estão perecendo, mas para nós, que estamos sendo salvos, é o poder de Deus... A loucura de Deus é mais sábia que a sabedoria humana... Deus escolheu o que para o mundo é loucura para envergonhar os sábios (Coríntios 1:18-27).

A sabedoria de Deus é loucura para os homens, e a sabedoria dos homens é loucura para Deus. Os sábios são loucos de Deus que mergulham fundo nos mistérios e desvendam a si mesmos, como o Arcano primeiro ao encontro do Mistério Maior. Os místicos das diversas culturas são chamados Loucos de Deus, são aqueles que se embriagaram do mistério, se embriagaram de si mesmos, a ponto de não saberem onde começam ou terminam, e onde começa ou termina o divino que se manifesta. Perguntam: sou eu ou é o sagrado que está manifesto neste corpo? Esta é a pergunta do místico, aquele que se perde e se embriaga da divindade. Se você se faz essa pergunta, há algo de místico em sua experiência espiritual. Há esperança em viver essa potência máxima do sagrado na própria pele e encontrar aí, nas próprias entranhas, uma razão que transcende qualquer dogma, doutrina ou explicação.

Vemos a beleza de um cavalo selvagem correndo. Ele é o que é, pura manifestação livre no que chamamos de selvagem. Admiramos a beleza de sua liberdade. E, de repente, você se vê em um mundo de gente adestrada, buscando essa selvageria de "ser quem tu és".

Quando observamos uma situação humana de adestramento, podemos nos lembrar daquilo que parece tão bonito, já muito usado no palco de circo: o cavalo adestrado.

Você já viu como se comporta um cavalo muito bem adestrado? Ele dá uns passinhos para a frente, um passinho para o lado, levanta a patinha, vai para trás, dá um pulo e as pessoas aplaudem a obediência. Obediência ao adestrador. O cavalo domado é uma exaltação ao adestrador. Parece que as pessoas estão aplaudindo o cavalo, mas os aplausos são para o adestrador, o cavalo com toda sua potência não está ali.

Na vida, passamos dessa selvageria sagrada que habita a criança para o adestramento como processo de crescimento e educação, para sobreviver no mundo adestrado.

A criança é nosso potencial máximo, a expressão mais livre da vida. Ela é uma alma transbordando, a semente original germinando. Então, logo que começa a desabrochar e a crescer, quando ela tem as percepções do mundo externo, começamos a adestrá-la para sobreviver no mundo do adestramento, chamando isso de educação.

Joseph Campbell, o maior mitólogo de todos os tempos, estudou mitologias e religiões de todo o mundo, e ao se aprofundar em tudo isso, sobre o que a alma humana busca, chegou a uma conclusão: "O que o ser humano busca não é um sentido para a vida. O que o ser humano busca é sentir que está vivo". Observe a profundidade dessa afirmação. Mas o que é "sentir que está vivo?" É sentir que consegue "ser quem tu és", existindo sem máscaras, rompendo o automatismo na vida, em padrões e crenças limitantes. Estamos vivos quando estamos na presença, conscientes da vida e de quem somos.

Jesus e seus discípulos usavam uma linguagem figurada para falar sobre as coisas. Jesus anunciava o Reino, e depois a Igreja inventou o céu, mas Ele falava do reino que habita dentro de nós. Ele disse que esse reino pertence às crianças. Muitas vezes, ficamos perdidos nessa história, porque crescer se torna sinônimo de perder o reino. E esse reino não é apenas para as crianças batizadas, mas também para todas as crianças. Veja que maravilha! Ele é para todas as crianças.

Então, em que momento perdemos esse reino? Essa perda ocorre quando perdemos nosso olhar de inocência. A criança, num sentido figurado, representa um olhar de inocência para si mesma e para a vida. Quando perdemos esse olhar, perdemos o reino que está dentro de nós.

A mensagem maior por trás dessa construção é buscar a pureza da criança nessa travessia, buscar um olhar puro. Quando encontramos isso, estamos vivos. Quando nos perdemos de nós mesmos, nos perguntamos: cadê eu? Onde é que eu estou nessa situação toda? Temos um corpo que trabalha, bate ponto, vai para casa, se relaciona. Mas cadê nossa alma que habita na pureza da criança?

Dentro de algumas tradições orientais, diz-se que o místico é como uma flauta pela qual passa o sopro do Criador. A flauta é o próprio corpo do místico, e o ar é o sopro do Criador que emana de sua própria alma. Quando conseguimos ouvir a melodia dentro de uma harmonia e das frequências mais encantadoras de mundo, nossa alma alcança o potencial máximo da existência; é o som que encanta nosso mundo e toca o mundo de todas e todos à nossa volta.

O primeiro grande passo, o primeiro pilar, é autocuidado, autoacolhimento, autoamor, autoconhecimento, "conhece-te a ti mesmo". O próximo passo é a liberdade para a alma, é "tornar-te quem tu és".

Quando falo de sua alma, refiro-me à sua essência divina, um conceito que independe de religiões ou filosofias. A mente questionadora fica se perguntando: o que é isso? Para a Igreja Católica, o conceito de alma está em um contexto; para o Judaísmo, em outro; dentro da tradição iorubá, há um olhar diferente; dentro do Espiritismo, mais outro, com as explicações próprias de Allan Kardec.

Quando falo de "alma", faço uma diferenciação de "espírito", porque há uma realidade dos espíritos, o mundo dos espíritos. Quando pensamos em espírito, geralmente imaginamos algo que tem uma forma, uma cópia, um duplo etérico, um perispírito da última encarnação. Esse espírito tem contexto, encarnação, história e identidade. Já a alma é algo muito maior. Sua alma é um oceano; a alma está para o mar, assim como o espírito está para um rio. A alma é uma essência, o princípio, a centelha que vem da fonte original e que, em você, se traduz por quem você é.

Liberdade para a alma passa necessariamente pelo trânsito do entendimento de "conhece-te a ti mesmo" e "torna-te quem tu és". Para que este processo aconteça, é preciso libertar-se de tudo que não é você: crenças limitantes, dogmas, tabus, preconceitos, valores estabelecidos pela sociedade, máscaras sociais, histórias que contamos sobre quem somos a partir de dores, mágoas, traumas, etc. Quando conseguir manifestar quem realmente é a partir de sua alma, estará em sua potência máxima.

No Hinduísmo, há uma frase que diz: "Tu és isto". Você é toda a criação. O místico sufi Inayat Khan afirmou: "você não é uma gota do oceano, você é o oceano inteiro".

Nos textos sagrados judaico-cristãos, Moisés questiona a Deus: "Quando me perguntarem quem é você, o que devo dizer?" E Deus responde: "Diga que Eu sou o que sou".

"Sou o que sou" é uma frase que oculta muitos mistérios. "Sou o que sou" é Deus, é a potência máxima do ser. Quando você consegue simplesmente ser o que é, nesse momento o divino se manifesta. Sempre que alguém consegue ser o que é, ele se torna autêntico, o mundo das infinitas possibilidades se abre e o destino se torna um propósito de vida. Em tudo o que faz está seu coração e, assim, o todo é sua missão. Este é o caminho do mestrado.

Gosto muito deste jogo de palavras: alma-calma. Calma é com alma. Quando você vive em plenitude a partir da sua alma, encontra um lugar de calma, paciência e ciência da paz. Sua alma é o seu centro neutro, de eterna paz e tranquilidade, de plenitude. Seu centro neutro é onde você vai ao encontro do mistério maior. Ali, habitam Deus e todos os deuses.

Há uma passagem do *Bhagavad Gita* em que Deus, sob a forma de Krishna, aparece para o guerreiro Arjuna. Eles conversam sobre a batalha (vida), e Deus pergunta o que Arjuna precisa para ir em frente. Ele responde que, antes de ir para a batalha, deseja ver Deus além de sua forma humana, como Krishna. Deus então se mostra para Arjuna em toda sua opulência e esplendor, sendo descrito como aquele que reluz mais que mil estrelas, com muitas cabeças e braços, representando todas as cabeças e braços da humanidade, assim como as qualidades (braços) infinitas do Criador de tudo, a Grande Alma. Arjuna então enxerga todas as divindades como manifestações desse mesmo Deus. Este é um olhar que transcende as religiões, o olhar espiritualista que atravessa tudo e todos, reconhecendo que uma mesma força espiritual está disponível para todos e em todos.

Espiritualidade é aquilo que você constrói além da matéria. Não é algo parado, mas dinâmico. Essa dinâmica implica troca, e troca implica relacionamento. Como nos preparamos para nos relacionar com os outros?

Primeiramente, cuidamos de nós mesmos, entendendo quem somos além de nossa identidade física, etnia ou cultura. Quem somos nós como alma? Para alcançar essa liberdade da alma, precisamos remover muitas máscaras sociais que criamos neste mundo. Para ir ao encontro da alma, precisamos superar medos, traumas, inseguranças, crenças limitantes e muitos valores que não são nossos.

Como mencionei anteriormente, na Constelação Familiar, de Bert Hellinger, aprendemos que muitos valores e experiências de vida de pais, avós, tios e outros ancestrais se manifestam em nós, em nosso mundo interior. Filhos que repetem comportamento do pai, da mãe, ou que são exatamente o contrário, muitas vezes o fazem de forma inconsciente como uma expressão de amor. É a propagação de (ou o lutar contra) comportamentos daqueles que vieram antes de você, quando você está muito a favor ou contra si mesmo, não está no seu centro, na sua alma. A alma é naturalmente transgressora.

Também recordo Nilton Bonder, no já mencionado *A Alma Imoral*,[29] em que o rabino mostra o quanto a alma é transgressora. Ela não segue nenhuma tradição ou regra; é como o coração, seguindo seu próprio caminho, com razões que a razão não consegue explicar. Como podemos ir ao encontro dessa alma? Como podemos limpá-la?

E por que não relembrar a técnica havaiana de cura e limpeza de memórias, Ho'oponopono, tão simples, forte e eficaz? É uma medicina da palavra, em que você repete sistematicamente quatro frases como um mantra. Você diz:

Sinto muito. Me Perdoe. Eu te amo. Sou grato.

A simples repetição dessas quatro frases tem o poder de limpar sua mente quando você se vê imerso em reclamações, preocupações, ou percebe sua mente negativa em relação a uma pessoa ou situação. O Ho'oponopono ajuda muito a voltar para seu centro e limpar resíduos mentais de comportamentos repetitivos que se propagam por meio de ondas mentais e vibrações, desde o inconsciente coletivo até a repetição de padrões presentes em seu DNA. É uma forma simples e objetiva de levar a mente ao estado zero.[30]

Por exemplo, ao lembrar-se de alguém que não foi gentil com você, em vez de se envolver em reclamações mentais, limpe sua mente com as quatro frases do Ho'oponopono e envie amor incondicional para essa pessoa. Você pode até questionar a possibilidade de amar alguém que lhe prejudicou, mas tudo é sobre você, quem você é. Você é alguém que transborda amor ou alguém que se apega

29. BONDER, L., *op. cit.*

30. No Ho'oponopono, o estado zero é um estado de neutralidade e limpeza mental, em que a mente está livre de pensamentos negativos, ressentimentos, preocupações e julgamentos. É um estado de paz interior e aceitação, no qual a pessoa se conecta com sua essência mais pura e com a energia positiva do universo. Esse estado zero é alcançado por meio da prática das citadas quatro frases principais do Ho'oponopono.

à dor e às queixas? Todos somos amor, e quando não conseguimos manifestar esse amor, estamos em nossas dores.

Quando a dor do outro lhe fere de alguma forma, é sinal de que há algo em você para curar. Em vez de alimentar ciclos de ódio, raiva, mágoa e tudo o mais que habita seu ego, experimente agradecer tudo o que a vida lhe oferece. A vida é generosa com todos e tudo tem uma lição, um aprendizado. Ao reclamar, perdemos a oportunidade de aprender com os desafios. Veja cada situação negativa com um olhar positivo, e transforme tudo e todos ao seu redor, desloque-os para um lugar onde habita o seu melhor. Agradeça, medite, silencie, envie amor em todas as situações e repita as frases de Ho'oponopono.

Muitos de nós procuram caminhos de desenvolvimento da mediunidade, incorporação, diversas tradições mediúnicas, mas você já incorporou você mesmo? Você já se incorporou no mundo? Seu "eu" criança admira quem você é adulto? Você já conversou com sua criança interior? O que ela pensa? Quais eram seus sonhos e expectativas? O quanto disso ainda está presente? O quanto disso vem da sua alma?

Dessa forma, vamos aprofundando nosso poder de cocriar outras e melhores realidades para nossas vidas. Para tanto, vamos abrindo espaço em nossa mente, cujo cérebro tem processos muito repetitivos, de forma que nossa consciência possa se expandir dando a brecha para que nossa alma possa se expressar. O vazio passa a ser visto como oportunidade de receber novos olhares para a vida. As situações de crise existencial podem ser observadas como oportunidade de irmos ao encontro de novas realidades. Quando não sabemos o que fazer diante de uma situação caótica, estamos em um lugar muito especial: a crise é a oportunidade de nos abrirmos ao novo. Em contrapartida, quando temos respostas e tudo parece estar certo, muitas vezes estamos apenas no piloto automático, repetindo padrões condicionados que dão a segurança ilusória de controle sobre a vida.

O novo brota do desconhecido, mas a mente tem muito medo do que não conhece, e o inconsciente coletivo passou a chamar de trevas o nosso desconhecido. Precisamos, portanto, ressignificar este lugar de onde o novo surge. Ressignificar nossa sombra é acessar o grande potencial de todos nós. Naquilo que reprimimos em nós mesmos está um grande potencial de descobertas de quem somos. Este é o ponto, podemos explorar nosso lado oculto, desconhecido; é como explorar o lado da lua que nunca vemos, em razão da ausência de luz do sol.

Tudo o que revelamos sobre nós vem à luz, e acabamos por nos apegar a uma ideia de quem somos a partir do ego, de uma imagem construída dentro do que mostramos ao mundo; são nossas máscaras sociais, por exemplo.

Há um vasto território inexplorado dentro de nós. Para ir ao encontro do novo, do desconhecido, do imenso oceano da alma, frequentemente, utilizo perguntas adaptadas por mim de uma técnica chamada Barras de Access,[31] ajustadas à minha busca por minha alma e suas possibilidades infinitas de realização. As perguntas que mais utilizo, inclusive rezando, são:

- Como posso melhorar minha realidade?
- O que mais é possível eu realizar e manifestar no meu mundo?
- Quais são as infinitas possibilidades de realização pessoal que tocam tudo e todos à minha volta?
- Como ser mais feliz, realizado, pleno, fértil, próspero, abundante, criativo, etc.?
- Como ir ao encontro de meu propósito de vida?
- Como trazer prazer, alegria e glória às minhas realizações?

A partir dessas perguntas, você pode formular novas questões, sem a intenção de encontrar respostas imediatamente. Você lança as perguntas em reza ou meditação e deixa para a vida lhe responder.

Da mesma forma, você também pode entrar em meditação e se imaginar na vida ideal, dos seus sonhos. Como é a vida dos seus sonhos? Como é o relacionamento ideal, a moradia ideal, o trabalho

31. A técnica Barras de Access é uma abordagem terapêutica que faz parte do sistema Access Consciousness, desenvolvido por Gary Douglas nos anos 1990. Essa técnica envolve toques suaves em 32 pontos específicos na cabeça, chamados de "barras". Cada ponto representa diferentes áreas da vida, como cura, corpo, controle, criatividade, comunicação, dinheiro, entre outras. O objetivo das Barras de Access é liberar pensamentos, sentimentos e emoções armazenados que possam estar bloqueando o fluxo de energia e de criatividade na vida de uma pessoa.

ideal, a realidade ideal? Dedique um tempo meditando sobre isso, criando mentalmente sua realidade ideal e projetando ao Todo sua intenção de viver o seu melhor. No livro *Como se Tornar Sobrenatural*,[32] o autor, Dr. Joe Dispenza, explora técnicas de meditação para cocriar sua nova realidade a partir do que você mentaliza como lugar ideal. Essa simples meditação que acabo de sugerir é a base para cocriar novas realidades para sua vida. O importante é ter disciplina e constância diária com as práticas que podem transformar sua vida.

Desde Ho'oponopono até os questionamentos das infinitas possibilidades para sua alma se expressar no mundo, incluindo as mentalizações e as meditações sobre uma vida ideal, tudo isso tem o poder de transformar quem você é. Apenas quando mudamos quem somos conseguimos fazer escolhas que nos levam a esse lugar maravilhoso, onde manifestamos o potencial máximo de nossa alma ao sair dos processos repetitivos impregnados em nossa mente desde a infância. Estamos muito presos a esses processos, como se fossem uma programação mental, um *software* que controla nossas ações. Passamos a vida inteira programando nossos comportamentos a partir de crenças limitantes, dogmas e valores impostos pelo mundo, pela nossa criação e por tudo o mais que nos toca e adestra, limitando nossas possibilidades de vida.

Cada vez que você diz que não sabe, não pode ou não consegue diante do novo, está limitando sua potência de realização no mundo. O exemplo mais forte são essas práticas mencionadas até agora, bem como as diversas práticas de meditação. O cérebro é preguiçoso, quer sempre o caminho que parece ser mais fácil, o velho caminho conhecido e familiar. Enquanto você não experimentar novos caminhos e processos, ficará relegado a viver uma vida de repetições de padrões, situações repetitivas e queixas de estar sempre no mesmo lugar. Portanto, abra-se às infinitas possibilidades e experimente tudo o que está aqui nestas páginas como oportunidade de mudar sua vida para melhor, uma oportunidade de expressar quem você é a partir de sua alma.

Nossa luz, nós conhecemos; nossa sombra, desconhecemos. Demoniza a sombra quem tem medo de descobrir a si mesmo. Demoniza a sombra quem tem medo do saber. Demoniza a sombra

32. DISPENZA, J. *Como se Tornar Sobrenatural*: Pessoas Comuns Realizando o Extraordinário. Porto Alegre: Citadel, 2020.

quem não quer mergulhar. Nós estamos aqui para mergulhar no nosso íntimo, na alma, por todas as ferramentas possíveis.

Em *Assim Falou Zaratustra*,[33] uma obra de Nietzsche,[34] ele menciona três arquétipos – o camelo, o leão e a criança – que marcam o comportamento humano. Osho cita essa obra em um de seus livros, intitulado *Torne-se Quem Você É*.[35] Osho aprofunda-se na beleza de transitar pelos arquétipos do camelo e do leão até chegar à criança, na qual mora a pureza de nossa alma e reside nosso potencial máximo de vida. Isso é importantíssimo como ferramenta para ir ao encontro da sua alma e de como expressá-la na vida.

Ele diz que boa parte da humanidade vive no arquétipo do camelo. É a pessoa que se sente sofredora, que carrega o mundo nas costas e está sempre se lamentando pelo peso que sustenta. Mas, ao mesmo tempo, a pessoa pede mais e mais peso, para que todos vejam o quanto ela sofre. E aí a pessoa tem orgulho de reclamar da vida, de ser sofredora. Vemos isso, inclusive, na espiritualidade: indivíduos que acreditam carregar um grande carma de vidas passadas como justificativa para se arrastarem como sofredores – camelos –, cuja grande qualidade é serem resignados, suportando cada vez mais peso e ficando impedidos de mudar a própria realidade. Um orgulho de ser sofredor.

Também há pessoas com a crença limitante de que a espiritualidade ajuda todo mundo, menos elas. É o caso de médiuns que incorporam espíritos e dizem que esses ajudam todo mundo, menos eles, como se fosse uma virtude ser um camelo sofredor que auxilia todo mundo, mas não ajuda a si mesmo. É uma justificativa romântica para não sair da zona de conforto, vivendo na amargura, como se fosse um passe para alcançar o céu após a morte. Como se o céu fosse destinado aos sofredores, apenas para quem não vive os prazeres, como se isso fosse um "desapego". No entanto torna-se um apego ao desapego.

33. NIETZSCHE, F. *Assim Falou Zaratustra*. São Paulo: Companhia de Bolso, 2018.
34. Friedrich Nietzsche (1844-1900) foi um filósofo, crítico cultural, poeta e filólogo alemão, cujas obras influenciaram profundamente a filosofia ocidental e a teoria crítica. Ele é conhecido por sua crítica radical da religião, moralidade, cultura contemporânea e filosofia. Suas ideias sobre o "super-homem" (*Übermensch*), a "morte de Deus" e o "eterno retorno" são centrais em seu pensamento. Nietzsche também é notório por seu estilo aforístico e poético de escrita, que desafia interpretações simplistas de seu trabalho.
35. OSHO. *Torne-se Quem Você É*: Reflexões Extraordinárias sobre *Assim Falou Zaratustra*, de Nietzsche. Rio de Janeiro: Alaúde, 2017.

No entanto, céu e inferno estão no aqui e agora. É impossível alguém receber algo de bom, distribuir a todos e não ser beneficiado com isso. A única coisa que justifica essa atitude é o apego ao lugar de camelo sofredor, vítima da vida. Até porque, se eu incorporar ou tiver contato com um mestre pessoal na espiritualidade, sou o primeiro beneficiado, e é assim que tudo começa. Mas o arquétipo do camelo persiste ainda um tempo, até que, em algum momento, a pessoa consegue (ou não) transcender essa ideia de carregar o peso do mundo nas costas. Ela rompe barreiras e quebra tudo o que lhe oprime, que ela mesma criou para si, então se levanta e vira um leão!

O leão enfrenta tudo, é um guerreiro. A pessoa acorda para matar três leões por dia. Sai do modelo de vida como um peso ou carma e adota o modelo de que a vida é uma guerra, em que somos soldados, guerreiros da luz, e a existência é uma batalha contra as forças do mal. E assim cocriamos essa nova realidade.

Quando você acredita que acordou para matar três leões por dia, a vida vai lhe entregar esses três leões. Se você crê que a vida é uma guerra, a vida vai levá-lo ao encontro de guerras. Se você acha que é um soldado, um batalhador, então a vida vai colocá-lo constantemente em campos de batalha. Você está sempre lutando contra algo ou alguém, fica preso a essa nova realidade de guerras e batalhas.

Krishnamurti dizia que "você se torna igual ao que combate". Quando combate alguém, na certeza de que você é a luz e a verdade e o outro é mentira e trevas, vai se emaranhando com tudo e todos que se encontram presos nessa mesma realidade. Não se conquista a paz criando guerras. Criamos essas ilusões em nossa mente ao viver esse maniqueísmo, dividindo na nossa mente pessoas do bem, por pensarem e viveram igual a nós, e pessoas do mal, por pensarem e viverem de maneira diferente. Mas quando você vive "o que tu és" em sua alma, não vai mais procurar as pessoas que pensam igual a você para justificar seus posicionamentos. Quando você for a expressão pura de sua alma, um ser autêntico, as pessoas que pensam e vivem diferente de você não vão mais incomodar.

A criança é o arquétipo máximo, porque a criança representa quando você consegue derrubar suas barreiras de crenças limitantes, de dogmas, de paradigmas, de construção de mundo, de tantos valores. A criança é a pureza perdida; é sua potência máxima. A criança é quando você está aberto à sua criatividade, livre de julgamentos e comparações. A criança cria, brinca, contorna e dança a dança da vida.

É criança todo aquele que encanta a si mesmo e se encanta com o mundo. Todo aquele que se encanta com o mundo se torna um encantador de mundo e de pessoas. Somos crianças, os deuses são crianças. Temos Jesus menino, Krishna criança, Ganesha criança, Eleguá, que é Exu criança, a criança Ibeji, a criança Erê e sua criança interior. Existe toda uma construção de como ir ao encontro da sua criança e se limpar de tudo que não é você. Quando chega a esse lugar, está pronto para fazer da vida seu mestre, tornando-se mestre de si mesmo.

Há muitas dores em nossa criança que precisam ser curadas. Vamos cuidar disso para a nossa criança? Procure uma posição confortável e beba um copo d'água – é muito importante se hidratar diante de qualquer atividade mental ou espiritual. Depois, procure uma posição confortável, imagine-se criança, com cerca de 5 anos de idade. Converse com essa criança interior, diga que você é grande, a ama, cuida dela, que ela pode compartilhar suas dores, ser curada e acolhida por você. Pergunte se ela se orgulha do adulto que você se tornou. Crie intimidade com essa criança, vá curando suas dores, ressignificando seus traumas, medos e bloqueios. Lembre-se das situações da infância que precisam de cura e ressignificação. Diga-lhe que está tudo bem, que sobrevivemos a tudo; e que tudo pelo que passamos contribui para quem somos hoje. Portanto, podemos agradecer por tudo que essa criança passou, desapegando-se de qualquer dor que ainda possa residir no campo emocional e corporal.

Na espiritualidade de Umbanda, há três arquétipos que comunicam com o camelo, o leão e a criança: Preto-velho, Caboclo e Ibeji. Preto-velho é o oposto do camelo, em vez carregar o peso do mundo, traz a sabedoria de quem soube lidar todo esse peso. O Caboclo, em vez de fazer da vida uma guerra, traz a força de vencer a si mesmo, tornando-se um herói para si na jornada da vida. Já a criança, representada pelo Ibeji, nos mostra o mundo com a pureza dos olhos de uma criança. De alguma forma, por meio desses arquétipos na Umbanda, encontramos chaves para transcender os lugares de camelo e leão, para ir ao encontro do nosso lugar criança. Com a pureza da criança, podemos entrar no arquétipo Exu, indo ao encontro do desconhecido que habita em nossa alma, ressignificando tudo o que antes parecia trevas, revelando o grande potencial de nossa sombra. Ali caminhamos de mãos dadas com a Pombagira, revelando-nos como direcionar os desejos mais puros de nossa alma e revelar nossa essência transgressora diante de tudo que nos oprime, para cocriarmos novas realidades que nos permitam manifestar autenticamente nosso potencial máximo na vida, quando somos a expressão pura de quem somos no mundo. Não confunda aqui "pureza" com "santidade"; ser puro é apenas ser autêntico, "ser quem tu és" e seguir sua verdade de alma, seja ela qual for.

Uma curiosidade e prática no mistério Caboclo: quando o Caboclo se manifesta, ele incorpora, bate com a mão no centro do peito e solta um grito. Isso é uma explosão do timo, o chacra cardíaco – uma explosão de cura. Experimente fazer isto: bata no peito e grite como quem expande o poder do amor que reside no seu chacra cardíaco. Repita isso três vezes e, em meditação, repita mentalmente seu nome. Chame por seu nome como quem quer se despertar. É para chamar você em terra, incorporar a si mesmo na vida. Traga essa força do coração para a sua vida, abra o chacra cardíaco, olhe-se de frente com amor incondicional e acolhimento total. Chame a si mesmo para o despertar, incorporando-se plenamente na vida, isso é uma tomada de expansão da consciência para ancorar a alma no presente.

Qual é a expressão da sua alma? Ela aceita, limpa, cura e perdoa você. Abra espaço para a sua alma ser, para você ser, para se manifestar no mundo, na vida. Isso é potencialidade máxima.

Deepak Chopra[36] escreveu a obra *As Sete Leis Espirituais do Sucesso*,[37] e a primeira delas é a potencialidade máxima. Qual é a potencialidade máxima? Uma criança é potencialidade máxima, porque ela nasce nessa potencialidade, a qual se perde ao longo dos anos, pois vamos limitando as infinitas possibilidades dessa criança com nossas ideias adestradoras, dizendo-lhe como ela deve ser, agir e se comportar. São influências oriundas dos pais, da sociedade, da

36. Deepak Chopra (1946) é um médico, escritor e palestrante indiano-americano, conhecido por popularizar conceitos de medicina alternativa e espiritualidade. Chopra é autor de diversos livros sobre saúde, bem-estar e espiritualidade.
37. CHOPRA, D. *As Sete Leis Espirituais do Sucesso.* Rio de Janeiro: Best Seller, 2019.

escola, da religião, de televisão, dos *games*, da mídia, das redes sociais, que vão dizendo no que essa criança deve acreditar como realidade neste mundo, moldando seu comportamento, programando seu destino com crenças e valores limitantes do que consegue fazer, do que não consegue, quem você pode ser, quem você não pode, e vai limitando, limitando, limitando... Assim, vamos aprendendo como viver neste mundo, e por mais que às vezes pareça difícil aprender a viver, mais desafiador é desaprender tudo que um dia nos serviu e hoje não nos serve mais.

Lembro-me de certa vez ter lido a história de um homem que precisou construir uma jangada para atravessar um rio e depois disso passou o resto da vida inteira carregando essa jangada com medo de ter que atravessar outros rios e não ter uma jangada, ou os recursos para construir outra. Assim somos nós carregando as dores de cada situação desafiadora pela qual passamos, e nos arrastando pelo mundo com todos os traumas, as mágoas e os ressentimentos que não nos servem de nada, pelo contrário, atrapalham nossa caminhada e nos impedem de manifestar nossa pureza e verdade de alma no mundo.

A alma não envelhece. Embora se diga que um espírito que reencarna várias vezes é mais velho, a alma é atemporal; ela é sempre criança, é a filha do Criador de tudo e de todos. A alma é uma potência, é o amor.

Começamos com o primeiro pilar, "Conhece-te a ti mesmo", e concluímos o segundo pilar, "Torna-te quem tu és!". Estamos agora encontrando a liberdade para a alma se expressar plenamente no mundo e alcançar sua potência máxima, ou seja, o caminho para nos tornarmos mestres de nós mesmos.

Agora, prosseguiremos com o terceiro pilar, "Faz da Vida Teu Mestre". Nesses três primeiros pilares, estamos estabelecendo a base para viver uma espiritualidade saudável. Com essa base, avançaremos para os próximos três pilares, buscando alcançar o sétimo pilar: um estado de consciência expandida, aberta, presente, tranquila e desapegada. É um estado de relaxamento da mente consciente, permitindo que a vida flua, como o ar que sopra a flauta dos deuses em nós.

TERCEIRO PILAR:

TORNA-TE MESTRE DE TI MESMO!

FAZ DA VIDA SEU MESTRE

Diz a lenda que Sariputta, um discípulo de Siddharta Gautama, Buda, alcançou a iluminação. Logo, Buda lhe pediu que seguisse seu caminho pelo mundo, pois não era necessário haver dois Budas[38] (Iluminados) em um mesmo lugar.

Sariputta, mais uma vez, tocou os pés de Siddharta Gautama, em reverência. Nesse momento, outro discípulo, que não era iluminado, disse a Sariputta que ele não precisava mais tocar os pés de Buda, pois agora ele também era Buda.

Sariputta respondeu que, sem aquele mestre, ele jamais alcançaria a iluminação. Portanto, seria eternamente grato e o reverenciaria por todos os dias de sua vida!

Muitas pessoas procuram estudar com mestres, mas não querem ser discípulos. Querem ser mestres também, mas sem descobrir qual é seu lugar no mundo. Na verdade, querem ocupar o lugar do mestre, ser quem ele é e ter o que ele tem. Logo que adquirem algum parco conhecimento, já se arvoram a intitularem-se mestres e, não raro, se voltam contra os mestres que passaram em suas vidas, tentando diminuí-los, acreditando que, assim, se tornarão maiores ou melhores do que aquele que um dia lhes orientou na senda espiritual.

38. No Budismo, o título de "Buda" se refere a qualquer ser que tenha alcançado a iluminação completa. Existem múltiplos Budas mencionados nas escrituras budistas, e acredita-se que tenham existido 28 Budas, incluindo Siddharta Gautama, que é o Buda histórico conhecido atualmente. Além desses, há a profecia de que futuros Budas, como Maitreya, ainda surgirão.

Nada mais ingrato, contrário à postura de um mestre. Ao encontrar alguém que se intitula mestre e, ao mesmo tempo, mal diz os mestres e as pessoas que passaram por sua vida, fuja. Esse não é mestre, nem serve para ser um professor.

Um verdadeiro mestre reconhece todos os mestres que passaram em suas vidas, carrega gratidão por tudo e todos, conhece o poder da palavra e do verbo, de maneira que nunca os emprega para maldizer nada nem ninguém. Jamais "cospe no prato em que comeu". Sempre que encontrar alguém que se arvora no título de mestre e, ao mesmo tempo, renega aqueles que foram seus mestres ou professores, saiba que este está no caminho da ilusão. Reconhecer de onde veio é a raiz que dá forças para uma árvore crescer, florescer e dar frutos. Quem maldiz quem um dia o ajudou ou instruiu faz apodrecer as próprias raízes, terminando seus dias na amargura em cocriar seu pior lado na vida. Seja sempre muito grato, com respeito e reverência aos mestres que dedicam sua vida a ensinar o que têm de melhor a oferecer. Mesmo que um dia você acredite ter superado seus mestres, que se considere melhor que eles; ainda que acredite ser de uma nova geração "superior à velha", lembre-se: sem eles você não teria chegado aonde chegou. E, ainda assim, a única comparação que um mestre faz é dele consigo mesmo; a todos os outros, reserva gratidão profunda e infinita.

Tornar-se mestre de si mesmo é a arte de fazer da vida seu mestre. É comum procurar mestres na vida, e quando encontramos mestres de verdade, eles nos ensinam a nos tornarmos mestres de nós mesmos.

Toda vez que um mestre torná-lo dependente dele, esse não é um mestre. Pode ser somente um professor, mas também um farsante ou um falso mestre. Em todos os casos, quando a vida é o mestre, você perceberá que todos que passaram por sua existência foram importantes para você chegar aonde chegou.

Nada é em vão, nada é perdido. Tudo veio e vem para seu bem, quando você consegue olhar com olhos de ver e ouvir com ouvidos de escutar; quando consegue ir além das distrações do mundo e tomar consciência de uma realidade maior que o cerca.

Passamos boa parte da vida lamentando o que não corresponde às nossas expectativas ou desejando algo que nos parece ser o melhor para nosso destino.

A vida é um mistério, é impermanente e incontrolável. No entanto, nos leva sempre em direção ao aprendizado, por caminhos definidos por nossa própria alma. Atraímos o que somos; a melhor escolha é encontrar esse mestre interior, e observar que tudo e todos são nossos mestres.

Muitas das nossas escolhas não são conscientes, apenas atraímos o que ressoa com nosso campo, com quem somos, e cocriamos realidades, quase sempre inconscientes.

Tornar-se mestre de si mesmo é a arte de tomar consciência da própria realidade, ver de um plano maior a vida que lhe atravessa, como um ato de magia, que traz um poder de realizações ainda inexplorado pela grande maioria de nós.

Ter autorresponsabilidade pela própria vida é o caminho de início para o despertar.

Por isso, para nos inspirar, trago o texto maravilhoso a seguir, de *O Livro Tibetano do Viver e do Morrer*,[39] de Sogyal Rinpoche, que é um pouco da vida de cada um de nós:

Autobiografia em cinco capítulos

1.
Andando pela rua. Há um buraco fundo na calçada. Eu caio...
Estou perdido... Sem esperança. Não é minha culpa.
Leva uma eternidade para encontrar a saída.
2.
Ando pela mesma rua. Há um buraco fundo na calçada. Mas finjo não o ver. Caio nele de novo.
Não posso acreditar que estou no mesmo lugar. Mas não é culpa minha.
Ainda assim, leva um tempo para sair.
3.
Ando pela mesma rua. Há um buraco fundo na calçada. Vejo que ele ali está. Ainda assim, caio... É um hábito.
Meus olhos se abrem. Sei onde estou. É minha culpa.

39. Texto extraído de RINPOCHE, S. *O Livro Tibetano do Viver e do Morrer*. São Paulo: Palas Atena, 2013.

Saio imediatamente.
4.
Ando pela mesma rua. Há um buraco fundo na calçada. Dou uma volta.
5.
Ando por outra rua.

Ao escolhermos viver a vida como mestres, a primeira observação é pontuar o que não queremos mais, que padrões de comportamento condicionados não vamos repetir, É perceber que é impossível ter outros resultados fazendo a mesma coisa, juntar forças para evitar o que não nos faz bem, desviar de relacionamentos tóxicos, pessoas e situações que nos agridem, pois nossas escolhas só mudam quando mudamos quem somos.

No livro *A Profecia Celestina*,[40] o autor James Redfield afirma que observar as sincronicidades da vida pode nos despertar para a espiritualidade. Eu quero dizer mais ainda sobre as sincronicidades: quando você consegue constatar que as situações da vida não são aleatórias, que tudo chega a você por uma razão relacionada à sua forma de manifestar seu ser no mundo e que as situações vêm como respostas, imposições ou solicitações da vida para direcioná-lo, ensiná-lo ou paralisá-lo.

Trata-se de desvendar as situações da vida e aprender a fazer um diálogo, como quem dança com a própria vida; entender por onde passam os fios que tecem a teia da vida, como uma linha que costura tudo e a todos num emaranhado que, em algum momento, ganha sentido, e pode lhe abrir para novas realidades de aprendizado e expansão da consciência, quando você aprende a agradecer por tudo o que lhe acontece na vida.

Quanto às situações ruins e desafiadoras, elas tornam você mais forte e com *expertise* de vida. Assim, lá na frente, você descobrirá que pode olhar para o passado e agradecer por tudo e todos que passaram em sua vida. Eles fazem parte de seu emaranhado e lhe fazem "ser quem tu és" hoje.

Quando você se orgulha de tudo o que faz e, melhor ainda, se orgulha de quem você é, abre o campo das infinitas possibilidades em ter a vida como mestre.

40. REDFIELD, J., *op. cit.*

É aqui que você encontra seu propósito de vida. Antes de se tornar mestre de si mesmo, tudo que encontra ou coloca como destino está preso ao emaranhado de ilusões, que é o véu de Maya,[41] para os hindus, ou Mitote,[42] para os toltecas.

Quando começamos a entender um pouco mais sobre o fio da vida e seus emaranhamentos, por meio das sincronicidades que nos levam ao *flow* da manifestação de sua alma no mundo, um propósito de vida vai se manifestando como desejo de realização coletiva, na conclusão de algo que lhe dá prazer, por exercer alto potencial de realização a partir do seu sentir.

Isso torna você uma pessoa autêntica na expressão de sua essência. Quando conseguimos ser quem somos, a consciência se expande, e a sensação de sentir que estamos vivos de fato chega com o despertar.

Finalmente, chegamos ao ponto de autonomia espiritual. Ao tornar-se mestre de si mesmo, você já não precisa de religiões salvacionistas ou ordens ocultistas que prometem o que não conseguem entregar, como o despertar e a paz de espírito. É possível explorar diversas religiões e ter muitos mestres, porém sem se tornar dependente de nenhuma doutrina ou guru.

Ítaca

Por Konstantinos Kaváfis (1863-1933)

Para ilustrar estas nossas ideias, trago o poema "Ítaca", do poeta grego moderno Konstantinos Kaváfis,[43] que é uma reflexão profunda sobre a jornada da vida, enfatizando que o verdadeiro valor reside no caminho percorrido e não apenas no destino final. "Ítaca" ressoa como um lembrete poético da importância de cada passo na nossa jornada de crescimento espiritual e pessoal.

41. O véu de Maya, na filosofia hindu, refere-se a ilusões e percepções enganosas que escondem a verdadeira natureza da realidade.

42. Mitote, na tradição tolteca, é um conceito que se refere ao caos e à confusão mental causados pelas crenças e por percepções distorcidas da realidade.

43. Konstantinos Kaváfis (1863-1933), renomado poeta grego moderno, é conhecido por sua poesia introspectiva e filosófica. Residente em Alexandria, no Egito, durante a maior parte de sua vida, ele dedicou-se a explorar temas como o tempo, a memória e a identidade pessoal em sua obra. Kaváfis é reconhecido postumamente como uma das vozes mais distintas da literatura grega do século XX.

Ítaca nos ensina que não é o destino, mas, sim, o caminho o que mais nos importa na vida. Não é o céu, o paraíso perdido, Aruanda, nosso lar, Valhala,[44] o que nos importa para depois da vida. Tudo o que pode haver de melhor está no presente, na presença com que percorre seu caminho, em sua consciência. Confira o texto:

Quando partires em viagem para Ítaca faz votos para que seja longo o caminho, pleno de aventuras, pleno de conhecimentos.

Os Lestrigões e os Ciclopes, o feroz Poseidon, não os temas, tais seres em teu caminho jamais encontrarás se teu pensamento é elevado, se rara emoção aflora teu espírito e teu corpo.

Os Lestrigões e os Ciclopes, o irascível Poseidon, não os encontrarás, se não os levas em tua alma, se tua alma não os ergue diante de ti.

Faz votos de que seja longo o caminho. Que numerosas sejam as manhãs estivais, nas quais, com que prazer, com que alegria, entrarás em portos vistos pela primeira vez; para em mercados fenícios e adquire as belas mercadorias, nácares e corais, âmbares e ébanos e perfumes voluptuosos de toda espécie, e a maior quantidade possível de voluptuosos perfumes; vai a numerosas cidades egípcias, aprende, aprende sem cessar dos instruídos.

Guarda sempre Ítaca em teu pensamento. É teu destino aí chegar. Mas não apresses absolutamente tua viagem. É melhor que dure muitos anos e que, já velho, ancores na ilha, rico com tudo que ganhaste no caminho, sem esperar que Ítaca te dê riqueza.

Ítaca deu-te a bela viagem. Sem ela não te porias a caminho. Nada mais tem a dar-te. Embora a encontres pobre, Ítaca não te enganou. Sábio assim como te tornaste, com tanta experiência, já deves ter compreendido o que significam as Ítacas.[45]

44. Valhala (ou Valhalla) é um termo da mitologia nórdica que se refere a um salão lendário onde os guerreiros mortos em batalha são levados pelos deuses nórdicos, especialmente pelo deus Odin. É descrito como um lugar glorioso em que os guerreiros se preparam para o Ragnarök, o fim do mundo na mitologia nórdica. Valhala é frequentemente considerado um destino de honra para os que morreram combatendo bravamente, oferecendo-lhes uma vida após a morte cheia de festividades e combates eternos ao lado dos deuses.

45. KAVÁFIS, K. *Poemas de Konstantinos Kaváfis*. São Paulo: Odysseus, 2006. p. 100-103.

Mojud: o Homem cuja História Era Inexplicável

No caminho para tornar-se mestre de si mesmo, muitas vezes encontramos histórias que exemplificam os processos de transformação e o despertar espiritual. As narrativas tradicionais podem nos oferecer *insights* valiosos sobre como seguir esse caminho com coragem e determinação.

O conto a seguir ilustra a jornada de Mojud, um homem que, guiado por forças misteriosas, abandona sua vida comum em busca de um destino mais profundo e significativo. Sua história ressoa com os princípios de autoconhecimento e autossuperação, mostrando que, ao seguir a orientação de nossa intuição e abrir-se para o desconhecido, podemos encontrar um caminho de verdadeiro crescimento espiritual. Confira:

> *Era uma vez um homem chamado Mojud. Ele vivia numa cidade onde conseguira um emprego como pequeno funcionário público, e tudo levava a crer que terminaria seus dias como inspetor de pesos e medidas.*
>
> *Um dia, quando estava caminhando pelos jardins de uma antiga construção próxima à sua casa, Khidr, o misterioso guia dos sufis, apareceu para ele, vestido em um verde luminoso. Então, Khidr disse:*
>
> *– Homem de brilhantes perspectivas! Deixe seu trabalho e se encontre comigo na margem do rio dentro de três dias. – E assim dizendo, desapareceu.*
>
> *Excitado, Mojud procurou seu chefe e lhe disse que ia partir. Todos na cidade logo souberam desse fato e comentaram: "Pobre Mojud. Deve ter ficado louco".*
>
> *Mas como havia muitos candidatos a seu posto, logo se esqueceram dele. No dia marcado, Mojud encontrou-se com Khidr, que disse:*
>
> *– Rasgue suas roupas e se jogue no rio. Talvez alguém o salve.*
>
> *Mojud obedeceu, embora se perguntasse se não estaria louco.*
>
> *Como ele sabia nadar, não se afogou, mas ficou boiando à deriva por um longo trecho antes que um pescador o recolhesse em seu bote, dizendo:*
>
> *– Homem insensato! A corrente aqui é forte. Que está tentando fazer?*

– Na realidade, eu não sei – respondeu Mojud.

– Você está louco – disse o pescador. – Mas o levarei à minha cabana de junco próximo ao rio e veremos o que se pode fazer por você.

Quando o pescador descobriu que Mojud era bem instruído, passou a aprender com ele a ler e a escrever. Em troca, Mojud recebeu comida e ajudou o pescador em seu trabalho.

Alguns meses depois, Khidr reapareceu, desta vez junto à cama de Mojud, e disse:

– Levante-se e deixe o pescador. Será provido do necessário.

Vestido como pescador, Mojud imediatamente deixou a cabana e perambulou sem rumo até encontrar uma estrada. Ao romper da aurora, viu um granjeiro montado num burro.

– Procura trabalho? – perguntou o granjeiro. – Estou precisando de um homem que me ajude a trazer algumas compras.

Mojud o acompanhou. Trabalhou para o granjeiro durante quase dois anos, quando aprendeu muito sobre agricultura, mas pouco sobre outras coisas.

Uma tarde, quando estava ensacando lã, Khidr fez nova aparição e disse:

– Deixe esse trabalho, dirija-se à cidade de Mosul e empregue suas economias para tornar-se mercador de peles. Mojud obedeceu.

Em Mosul, tornou-se conhecido como mercador de peles, sem voltar a ver Khidr durante os três anos em que exerceu seu novo ofício. Tinha reunido uma considerável quantia e estava pensando em comprar uma casa, quando Khidr lhe apareceu e disse:

– Dê-me seu dinheiro, afaste-se desta cidade rumo à distante Samarkanda e lá passe a trabalhar para um merceeiro. Foi o que Mojud fez.

Logo começou a demonstrar sinais incontestáveis de iluminação. Curava os enfermos e servia a seu próximo tanto no armazém como nas horas de lazer. Seu conhecimento dos mistérios da vida se tornou cada vez mais profundo. Sacerdotes, filósofos e outros o visitavam e indagavam:

– Com quem você estudou?

– É difícil dizer – respondia Mojud.

Seus discípulos perguntavam:

– Como iniciou sua carreira?

– Como um pequeno funcionário público – respondia.

– E você deixou seu emprego para dedicar-se à automortificação?

– Não. Simplesmente o deixei.

Eles não podiam compreendê-lo. Pessoas o procuravam para escrever a história de sua vida.

– O que você foi, em sua vida? – perguntavam.

– Eu me atirei num rio, me tornei pescador e, no meio de uma noite, abandonei uma cabana de junco. Depois disso, me converti em ajudante de um granjeiro. Enquanto estava ensacando lã, mudei de ideia e fui para Mosul, onde me tornei vendedor de peles. Lá, economizei algum dinheiro, mas o dei. Caminhei para Samarkanda, onde trabalhei para um merceeiro. E aqui estou agora.

– Mas esse comportamento inexplicável não esclarece, de modo algum, seus estranhos dons e maravilhosos exemplos – diziam seus biógrafos.

– Assim é – dizia Mojud.

Então, os biógrafos teceram uma história maravilhosa e excitante em torno da figura de Mojud, porque todos os santos devem ter suas histórias, e a história deve estar de acordo com a curiosidade do ouvinte, não com as realidades da vida.

E a ninguém é permitido falar de Khidr diretamente. É por isso que esta história não é verídica. É a representação de uma vida. A vida real de um dos maiores santos sufis.[46]

A alma pode se expressar por muitas formas; as expressões da alma mais exaltadas são manifestações artísticas de música, canto, dança, poesia, artes plásticas, filosofia e até a capoeira. Pode se manifestar por meio de uma espiritualidade, do transe, da união mística, de uma vocação que ilumina o ser.

Quando a alma se manifesta, temos uma Espiritualidade Visceral se manifestando ali. Por exemplo, um músico que toca com visceralidade experimenta aquele estado virtuoso, um transe na própria arte. Estou aqui com o livro intitulado *Vida*,[47] uma autobiografia de Keith Richards, guitarrista da banda Rolling Stones e amigo de Mick Jagger, o vocalista.

46. Texto extraído de *Histórias da Tradição Sufi*. Rio de Janeiro: Edições Dervish, 1993.
47. RICHARDS, K. *Vida*. Rio de Janeiro: Globo Livros, 2010.

Na obra, Richards conta como eles se conheceram na adolescência. Foi numa estação de trem na Inglaterra, seu país de origem. Um deles estava com um vinil debaixo do braço, e ambos se identificavam com o gosto pela música americana, pelo estilo do *rock-and-roll*. Eles ficaram amigos e, dessa amizade, nasceu simplesmente uma das maiores bandas de *rock* raiz, das mais clássicas e mais importantes para toda a história da música. Nesse livro, Keith Richards escreveu algo que é visceral.

Para a gente entender essa espiritualidade visceral... O visceral é aquilo que faz sua carne tremer. O que faz a carne tremer? É aquilo que pega suas vísceras, desde o seu chacra básico até o chacra coronal, que pega você a partir da terra, do chão. Você se sente enraizado, e essa força vai subindo. E tem algo de um "sagrado selvagem" também, que é um conceito trabalhado pelo sociólogo Roger Bastide.[48] Então, há uma selvageria sagrada, uma visceralidade espiritual.

Num trecho do livro, Keith diz: "Mick e eu tínhamos um gosto musical totalmente idêntico. Nunca precisamos perguntar nem dar explicação. Nada era dito. Era muito claro o que era bom, o que não era bom. Eu olhava pra ele, ele olhava pra mim. E, só de olhar, a gente já sabia".

Ele está falando dessa relação, dessa afinidade pelo estilo musical. Em algum momento, Richards menciona o reconhecimento do que mexe com eles de tal maneira que é como uma linha que separa uma experiência musical que toca a carne, o corpo, a alma; uma experiência musical que tem uma harmonia perfeita, uma construção que busca o perfeccionismo, em que todas as escalas estão nos lugares certos. Você encontra uma variação incrível de estilos, notas, timbres, construções musicais variadas no tempo, no contratempo, na ida e na volta, que é uma construção muito intelectual, que vibra bastante no chacra da coroa. Mas Keith diz:

> *Eu estava em busca da essência daquilo, da expressão. Não existiria o jazz sem o blues, nascido da escravidão, aquela versão mais recente e especial da escravidão, não a nossa, pobre de nós, celtas, por exemplo, sob o jugo dos romanos. Obrigaram aquelas pessoas a viver numa condição de miséria, e não só nos Estados Unidos.*

48. Roger Bastide (1898-1974) foi um sociólogo e antropólogo francês, conhecido por seus estudos sobre religiões afro-brasileiras e sincretismo religioso no Brasil.

Mas existe uma coisa que os sobreviventes produziram e é muito fundamental. Não se absorve isso pela cabeça, é algo que te pega pelas entranhas. Estou falando de algo que vai além da musicalidade, sempre muito variável e flexível. Existe uma tonelada de tipos de blues. Tem um tipo muito leve e tem um que é como um pântano. E é nesse tipo que eu me encontro essencialmente. Por exemplo, John Lee Hooker toca de uma maneira arcaica. A maior parte do tempo, ele ignora as mudanças de acorde. Os acordes são sugeridos, não são executados. Se ele está tocando com alguém, o acorde desse músico muda, mas o dele fica onde está, não se mexe. E é uma coisa implacável. E a outra coisa mais importante, fora a voz maravilhosa e o violão implacável, é a marcação com o pé, como uma serpente que vem rastejando. Ele sempre traz seu próprio bloco de madeira para amplificar as batidas do pé. Bo Diddley também era outro que adorava tocar um só acorde fundamental, tudo ficava num único acorde, e a única coisa que mudava era o vocal e o modo de tocar aquele acorde. Eu realmente só aprendi a fazer isso bem mais tarde. E aí tinha o poder da voz de algumas pessoas, como Muddy, John Lee, Bo Diddley. Não era necessariamente que eles cantassem alto, era mais que a voz vinha de muito fundo dentro deles. O corpo todo participava da produção dessa voz. Eles não estavam apenas cantando com sentimento, eles cantavam como se sua voz saísse das entranhas. Isso sempre me impressionou, e é por isso que é tão grande a diferença entre cantores de blues, que não tocam nenhum instrumento, e os cantores que tocam instrumento.[49]

Aqueles que tocam instrumento precisam ter a voz e o retorno, ou seja, você mesmo faz a chamada e dá o retorno, você mesmo responde. Keith Richards fala de uma musicalidade visceral, uma música que vem de dentro das suas vísceras. Essa musicalidade visceral está ligada também a uma Espiritualidade Visceral. É isso que alcança você de alguma maneira, em algum lugar, que é também um lugar selvagem, um lugar-bicho, praticamente. É o lugar não adestrado, não domesticado. Esse lugar é sua essência, é manifestação de sua alma no mundo, ali está um propósito de vida a ser observado.

Há muito a explorar nesse campo. Desde o xamanismo mais arcaico até a estrutura de transe numa música eletrônica, ou na batida de Bo Diddley, ou como isso chega à musicalidade de Rolling Stones. Jimi

49. RICHARDS, K., *op. cit.*

Hendrix tocando "Voodoo Child"; Aerosmith, com "Voodoo Hoodoo". Rolling Stones tem o álbum *Voodoo Lounge*. Tudo isso é uma busca por uma pegada xamânica, um tipo de batida visceral, de uma frequência musical que enrodilha você como uma serpente, uma jiboia.

O Hinduísmo fala da serpente Kundalini, que dorme no final da espinha. Se você acordar essa serpente, ela vai se levantar, começar a se mexer dentro de si. É uma experiência. Todo mundo tem uma serpente Kundalini adormecida. E aí? Vamos acordar? O toque do tambor é um toque de mexer na serpente, para ver se ela desperta e começa a se mexer. E o que isso faz para sua espiritualidade?

Você pode fazer uma dança frenética. Já viu algumas formas de dança tribal? Danças africanas ou danças indígenas, que entram num movimento cada vez mais frenético, a ponto de parecer que a pessoa está tendo um ataque – e está? Ela está criando um ataque voluntário para colocar tudo para fora. Por que milhões de jovens precisam entrar numa pista de dança e ouvir um *trance*?[50] Você já ouviu um *trance*? É uma música feita para induzir transe. A pessoa está na pista, às vezes ingeriu alguma bebida e aí se solta, solta seus bichos lá na pista. É uma terapia.

Há pessoas que criticam estilos musicais que não são os seus. Que triste, não é? As pessoas se encontram em diferentes realidades, mundos e estilos musicais. Você pode ter algo parecido dentro de um estilo funk, por exemplo. Aquela dança mexe o quadril, mexe tudo; rebola, levanta, abaixa, e mexe o chacra básico. E a batida é um tamborzão. Do rap ao funk, se você voltar para o blues, encontra uma batida xamânica, um tambor africano que atravessa tudo isso, e é ritual, é ritualizado.

Existem inúmeros eventos de som eletrônico, *trance*, ritualizados. É praticamente um templo, e as pessoas têm as experiências mais incríveis, mais loucas, por meio de muitas realidades que não se tocam com uma realidade considerada sagrada. Agora, é possível você estar numa estrutura de uma realidade sagrada e, lá dentro, as coisas não estarem funcionando muito bem e, de repente, você vai a um lugar considerado profano. O contrário também é verdadeiro,

50. *Trance* é um gênero de música eletrônica caracterizado por batidas repetitivas e melódicas, com ênfase em construir uma atmosfera hipnótica que induz a um estado de transe nos ouvintes. Originado na década de 1990, o *trance* é frequentemente tocado em festas e festivais de dança.

você pode viver uma experiência sagrada num mundo tido como profano.

Então, o que é, afinal, sagrado e profano? Quem dá o tom acadêmico e teórico para a definição de sagrado e profano também é Mircea Eliade. Ele é autor de um título chamado *O Sagrado e o Profano*,[51] no qual faz um estudo profundo sobre o que isso representa nas religiões. Profano vem de *profanus*, do latim, é o que está fora do templo. O sagrado é o que está dentro do templo. É um conceito ocidental. Ocidental quer dizer um conceito judaico-cristão, que também se encontra no islâmico: o sagrado é o que é pertinente à construção do templo, ao templo.

E isso vai ao encontro de um valor da Igreja Católica que caiu no Concílio Vaticano II, realizado em 1962. Antes, a Igreja tinha um dogma: fora da Igreja não há salvação. Com o Concílio Vaticano II, a Igreja se torna ecumênica. A mudança teve impacto no mundo inteiro. O ecumenismo da religião católica se dá quando esta abre suas portas para outras religiões, especialmente o Judaísmo e o Islã (o Judaísmo como irmão mais velho e o Islã como primo). Ecumenismo é entender que Deus é maior do que a Igreja Católica; é possível encontrar Deus em outras igrejas. Quando a Igreja altera um dogma, é porque havia uma crítica tão forte que precisou mudá-lo. Allan Kardec dizia "fora da caridade não há salvação", uma provocação à Igreja Católica. Há provocações entre essas linhas de pensamento que parecem dissonantes, mas que, na verdade, se retroalimentam. Kardec combatendo a Igreja, repete o padrão em busca da salvação.

Isso tudo são as construções das religiões. Nelas, o sagrado só é o pertinente àquele âmbito determinado. Mas não é assim em todas as tradições. Há muitas tradições em que o sagrado é o corpo. A vida é sagrada. Tudo é sagrado. Há inúmeras tradições que não separam o sagrado e o profano, em que não existe esse conceito. Inclusive porque não há um templo que separa as coisas. O templo é o corpo. O corpo é templo. O corpo é terreiro. O corpo é Igreja. O corpo é onde habita o mistério maior. O corpo é onde se manifesta um mistério. O corpo é veículo de comunicação; por isso, em muitas tradições, os deuses falam pela sua boca, enxergam pelos seus olhos, ouvem por

51. ELIADE, M. *O Sagrado e o Profano:* a Essência das Religiões. São Paulo: WMF Martins Fontes, 2018.

seus ouvidos e pensam na sua cabeça. Há algo que permeia todas as tradições, todas as religiões, técnicas, tecnologias, experiências. E essas experiências não são necessariamente privilégio de uma ou outra religião, muito menos sua propriedade. Há uma grande quantidade de experiências místicas, experiências de transe, estados alterados de consciência, experiências meditativas, de clarividências, de clariaudiência, experiências místicas, religiosas, espirituais, as mais variadas, as quais muitas vezes não carecem de se tornar uma experiência dessa ou daquela religião.

Tudo na sociedade é construído para nos adestrar, nos domesticar. O processo de construção de muitas religiões é de domesticação do ser humano, para ele servir aos interesses da sociedade, como a construção da figura de um cordeiro para as pessoas e de um grande pastor, que é o pastor das ovelhas, e essas ovelhas são ovelhas obedientes. É a doutrinação da obediência. Ser bom é ótimo, mas ser bonzinho é um peso, uma obrigação, um desejo de agradar os outros. Ser bom é para si mesmo, ser bonzinho é para os outros.

Pensando que é preciso amar ao próximo como a si mesmo, comece por você. O primeiro princípio é amar a si mesmo, que é nosso primeiro pilar. É autocuidado, autocarinho, autoacolhimento, amor por si. Só uma liberdade de alma pode lhe dar a condição para que sua alma possa se expressar no mundo. Quando sua alma fala, sua carne treme. Segundo Jung, "quem olha para fora sonha e quem olha para dentro desperta". Esse despertar traz uma profundidade tão grande para a pessoa, que vem desse lugar de liberdade com relação a tudo que oprime você.

Quais valores oprimem você? De que tipo de doutrinas você bebeu? Do pecado? Do pudor? De uma dicotomia, de um maniqueísmo de vida em que tudo se divide entre céu e inferno? É preciso entender qual é seu lado e, se você não está no céu, está no inferno – simplesmente por ser humano? O céu não é um lugar da humanidade, o céu é um lugar da divindade. O inferno é o lugar do Demônio. No entanto, isso que é descrito como céu e inferno é um estado de consciência. Se sua consciência, se a sua mente estiver no inferno, seu corpo pode estar em qualquer lugar; não é um lugar físico que vai definir isso. Há pessoas que conseguem se realizar dentro das realidades mais desafiadoras, e há pessoas que, com todo o conforto do mundo, se encontram na miséria, na não realização.

Aqui, vale recordar a famosa lenda de Bodhidharma. Diz-se que chegou à China um mestre budista que praticava *Dhiana* (na China se chama *Chan*; no Japão, *Zen*). E, quando esse mestre Bodhidharma chega à China, dizem que ele era um homem impressionantemente forte, grande e assustador. Tinha uma origem parecida com a de Siddartha Gautama, o Buda, pois Bodhidharma também vinha da nobreza e havia a abandonado para ser um mendicante, um monge. Quando ele chegou à China, o imperador mandou chamá-lo. Ele chega à presença do imperador, ele muito mais imponente que o imperador, e inicia o dialogo a seguir:

– Bodhidharma, eu mandei chamar você porque sua fama o precede e conquistou nosso respeito como mestre. Gostaria de fazer uma pergunta... Eu, na condição de imperador, já mandei construir muitos templos budistas na China, e agora eu quero saber se, depois da minha morte, vou para um lugar bom por ter praticado esses atos de caridade.

Bodhidharma olhou para ele e respondeu:

– Você fez tudo isso com interesse de ir para o céu? Você é um miserável. Está na minha frente, e o que eu vejo é um homem miserável, que não tem nem um minuto sequer de paz. Se você quer encontrar esse lugar, então me procure no Templo Shaolin e apassivarei sua mente.

Essa história de Bodhidharma conecta-se com a Espiritualidade Visceral. Esse homem, que leva o Budismo *Zen* para a China, também é o criador do *kung fu*, que possui uma filosofia lindíssima e incrível. A história mostra uma quebra de paradigmas, evidenciando que uma pessoa pode ter uma vida de muito luxo, conforto e, ainda assim, ser miserável. Bodhidharma, que era um monge mendicante, havia renunciado a todos os seus bens por uma escolha própria.

Para você saber o que é desapego, é importante que tenha tido coisas para se desapegar. É possível você conquistar o mundo, ter muita prosperidade e uma estrutura confortável (porque isso não é pecado, e não há nada que desabone você viver numa sociedade capitalista e buscar, com sua força e energia, uma estrutura de vida confortável para você e sua família), e fazer isso com desapego. Então, esse é o ponto. É possível conhecer pessoas com poucos bens e muito apego às poucas coisas. Assim como se pode conhecer pessoas com muitos bens e grande desapego. Então, desapego é um estado de alma.

Há outra lenda do Buda, contada por Osho. Diz-se que um homem chegou para oferecer um presente a Siddharta Gautama. Buda olhou para ele e disse: – Solte. Solte isso. Era um vaso, espatifou no chão. O homem ficou espantado. Buda olhou para ele mais uma vez e falou: – Solte isso também.

O que frequentemente nos impede de viver uma espiritualidade mais profunda e visceral é o apego à nossa própria imagem, à construção de uma *persona* que segue uma vida polida, incapaz de se soltar, se entregar e ser mais instintiva. Você precisa estar constantemente controlado para satisfazer regras de etiqueta, de vida e de sociedade. Mas quando será possível se libertar? Quando se permitirá soltar esses "bichos"? Você pode se soltar na pista de dança, por meio da afetividade, no mar, ou até mesmo em um momento de descontrole. Criar um espaço para esses momentos de "surto" voluntário pode tornar a vida mais saudável, proporcionando um surto controlado.

A grande diferença entre um mestre e um professor é que um mestre é aquele que faz despertar, que ajuda a acordar para outra realidade. Um mestre ensina a tornar-se mestre de si mesmo. Aprendi isso com meus mestres, Rubens Saraceni e Wagner Veneziani. Aprendi isso com Tkaynã, um mestre muito querido da tribo Kariri-xocó Fulni-ô, que é um conselheiro, neto de conselheiros da tribo. Eu aprendi isso com toda a espiritualidade que me ampara, com meus mestres no astral e as entidades que me orientam. Entre elas, destaco Maria Preta, Sultão, Pena Branca, e uma criança espiritual que, quando incorpora, encontra minha criança interior. Esse aprendizado vai muito ao encontro do que aprendi e vivi na Umbanda, e transcende essa espiritualidade, pois esse tipo de êxtase e transe está presente em outras tradições também.

Essas entidades podem ser encontradas em diversas tradições: no tambor de mina, no Maranhão; na linha dos mestres da Jurema, em Pernambuco; e na incorporação cabocla desde o século XV, com a Santidade de Jaguaripe no Brasil. Passam por diversas tradições, inclusive a pajelança, de incorporação de pajés. Essas entidades não conhecem limites ou fronteiras e fazem parte de nossa família de alma. Isso será abordado no quinto pilar de consciência.

Autonomia espiritual é aprender tecnologias, como a tecnologia da incorporação, meditação, respiração, silêncio, uso de ervas de poder, abraço, sorriso, olhar e generosidade de alma. Acima de tudo, são tecnologias que levam você para dentro de si, fazendo sentir à flor da pele essa espiritualidade, que é algo selvagem, um sagrado selvagem que já fazia parte de nós antes da construção da sociedade. Há algo transcendente que faz parte do ser humano.

Mircea Eliade diz que o *Homo sapiens* é um *Homo religiosus*, pois o *Homo sapiens* é encontrado no momento em que começa a enterrar seus mortos. Nem sabemos se é tão *sapiens* assim, já que há uma construção intelectual ocidental, logo, é preciso repensar a ideia desse *sapiens*, o homem que pensa, conforme a frase de Descartes: "*Penso, logo existo*". Agora, podemos afirmar o contrário: existo, logo penso. Para as tradições de oralidade, tradições africanas e indígenas, faz muito mais sentido: "danço, logo existo", "canto, logo existo", "incorporo, logo existo", "entro em transe, logo existo". Isso faz bem mais sentido, pois a capacidade de raciocinar dentro de uma metodologia científica não deve privilegiar a humanidade em detrimento de desumanizar quem não acompanha uma racionalidade científica. Afinal, há também tanta humanidade naquele que faz da dança, do canto e da arte o sentido de sua vida.

A arte é uma das expressões mais puras e belas da espiritualidade. O artista permite que sua alma comunique ao mundo ao que veio. O artista está para a poesia como o racionalista está para a filosofia. O artista não precisa se explicar, porque o que ele expressa é amor e paixão, é algo que vem da alma. Você pode ter um artista lapidado e também um artista da visceralidade, artistas que escrevem de maneira visceral.

Recentemente, eu estava conversando com um amigo muito querido, Murilo Gun. Ele estava falando do pai dele, que é escritor e já publicou mais de 50 títulos, e criou um estilo chamado "poesia absoluta". Esse estilo é uma escrita poética, que não é para ser entendida nem compreendida. Murilo disse: "É uma poesia selvagem, faz parte desse sagrado selvagem, é uma poesia visceral".

Osho conta a história de um artista que pintou um mural com rios, cachoeiras, bosques, campinas, mirantes, matas, lagoas, pássaros, bichos, sol, lua e estrelas de forma tão maravilhosa que, ao terminar, ele entrou dentro da sua pintura e foi morar lá. Esse artista pode ser comparado a Deus, que pintou o universo e todas as nossas realidades, e resolveu vir morar aqui. E agora Ele habita dentro de cada um de nós. Mas Ele mora também dentro dos pássaros, dos peixes, dos rios, da cachoeira. Ele habita tudo, todos os seres vivos. Ele habita sua própria natureza, as plantas, as flores.

A questão sobre o retorno a Deus é frequente. Existe a compreensão de que viemos de Deus e eventualmente retornaremos a Ele. É como o Ouroboros, a cobra que morde a própria cauda. Segundo várias tradições, saímos de Deus e estamos em jornada de volta para casa, para Ele. Mas como isso acontece? Para onde exatamente iremos? Voltaremos ao paraíso? Ou retornaremos à Shekinah?

É consciência. Todos os grandes místicos dizem:

Eu e o criador somos uma única coisa.

Tu és isso.

Eu e o Pai somos um só.

Na casa de meu Pai há muitas moradas.

Você é Buda.

Esse retorno é consciência.

Em *As Sete Leis Espirituais do Sucesso*,[52] Chopra apresenta a primeira lei como a Lei da Potencialidade Pura. Quando você se conecta com sua alma, está acessando sua potencialidade máxima. Você atinge o ápice de sua potência quando sua alma comunica ao mundo a que veio. Você já encontrou sua potência máxima? Sua alma já se expressou plenamente? Você sabe onde está seu coração? A vida se curva aos seus pés quando você descobre seu propósito. Qual é seu propósito de vida? É realizar algo tão significativo que beneficie não apenas você, mas também aqueles ao seu redor, criando uma onda de prosperidade que se multiplica em benefícios. Você se pergunta: para onde vai a energia? Isso exige uma espiritualidade visceral, como a de um animal farejando seu caminho. É como a tartaruga no *flow*. Ela pode parecer lenta, com patas pequenas, mas quando encontra uma

52. CHOPRA, D., *op. cit.*

corrente, mergulha e segue o *flow*. Encontrar seu *flow* pessoal, seguir para onde sua energia naturalmente flui, traz uma realização de vida extraordinária. Ao fazer isso com base em sua espiritualidade, você se torna mestre de si mesmo. Este é um dos objetivos centrais de nossa jornada: tornarmo-nos mestres de nós mesmos. Quando você alcança esse domínio pessoal, seu propósito é alcançado.

Nesse processo, o estalar de dedos impulsiona, potencializa e expande pelo ar as vibrações da sua mente, sua reza, sua palavra, seu feitiço. O feitiço é o poder da palavra, uma das coisas mais importantes com relação à espiritualidade, especialmente por meio de uma espiritualidade que também flerta com a magia, o xamanismo e a feitiçaria. Trata-se do poder de uma evocação, de um mantra, de um ponto cantado, de um linho da Jurema. É a palavra, o som, o verbo, a intenção, o estalo. O estalo que mexe com a frequência mental. O toque do tambor é um estalo. É uma frequência, uma energia, uma vibração que expande.

Então, experimente usar essas ferramentas. Eleve seus pensamentos a Deus, pai e mãe, criador e criadora de tudo e de todos, sua lei maior, sua justiça divina, fé absoluta, amor incondicional, conhecimento de si, maturidade, sabedoria, luz, e à geração do que há de mais elevado possível.

Em nome de Deus, da Deusa, da sua presença e poder, que a luz se estabeleça, que todo negativismo seja cortado, eliminado, purificado, esgotado, encaminhado. Que o amor incondicional do altíssimo nos banhe com sua luz, como uma cascata em uma cachoeira. Que esse poder e mistério de Deus e de todos os deuses, dos Orixás – de Oxalá, Oxum, Oxóssi, Xangô, Ogum, Obaluaiê, Iemanjá, Logunã, Oxumaré, Obá, Orungã, Egunitá, Iansã Oyá, Nanã Buruquê, Omolu, Ibeji, Ossaim, Orunmilá-Ifá –; de Miguel, Gabriel, Rafael, Uriel, Tsadkiel, Anael, Metatron, Sandalfon; de Ísis, de Osíris, de Seth, de Thoth, de Hathor; de Brahma, Vishnu, Shiva: de Saraswati, Lakshmi, Parvati, Durga, Kali; de Jesus, de Yeshua, de Maria, se manifestem em mim e a partir de mim, por meio de meus olhos, boca, ouvido, nariz, do sangue, da carne, da alma. Que aonde meu pensamento for, seu poder possa alcançar, iluminar, acalmar, abençoar, perdoar, conscientizar, limpar, cortar o que tem que cortar, encaminhar o que tem que encaminhar.

Entender como navegar e captar esse fluxo, compreender essas técnicas e tecnologias são caminhos de autonomia. Você pode frequentar quantas religiões quiser. Você pode ter muitos mestres e sacerdotes, mas não precisa criar vínculo de dependência. Isso é autonomia espiritual. É se colocar em primeiro lugar, de ter liberdade para a sua alma, colocá-la para se expressar e ter autonomia espiritual.

Com essas três realidades, essas três consciências, estamos prontos para o relacionamento com deuses, com a família de alma e a natureza, abraçando o relacionamento com a espiritualidade nas suas realidades mais diversas, de divindades, de entidades e da natureza, de Gaia ou do cosmos. É um preparo necessário, uma base sólida, um cuidado, um carinho, dessa preparação. Até aqui, você está sendo preparado para ter experiências espirituais, viscerais, e de uma forma natural, saudável, com a possibilidade de ter experiências selvagens, de um sagrado selvagem, de uma selvageria sagrada. E selvagem não quer dizer agressivo, mas, sim, da nossa origem, da nossa raiz, da nossa carne, do nosso corpo, das nossas vísceras.

QUARTO PILAR: RELACIONAMENTO COM DEUS, "DEUSOS" E DEUSAS

Uma lenda de Moisés, presente no livro *Coração do Sufismo*,[53] de Inayat Kan, conta que, em certa ocasião, Moisés encontrou uma criança falando com Deus. A criança dizia para Deus vir ficar com ela em seu cobertor, que ela iria aconchegá-Lo com carinho, colocá-Lo para dormir e cantar canções de ninar. Moisés, que passava e viu aquilo, repreendeu a criança, dizendo que não poderia falar assim com o Senhor dos Mundos, o Criador do Cosmos, o Todo-Poderoso, e a criança se pôs a chorar. Moisés seguiu caminhando, quando ouviu uma voz como um trovão, atravessando seu ser e fazendo sua carne tremer: "Moisés, Moisés, o que você fez? Estragou a única maneira na qual eu poderia conversar com aquela criança".

No livro *Maktub*,[54] de Paulo Coelho, ele descreve uma ilha onde viviam três homens santos que curavam muitas pessoas que os visitavam. Isso começou a incomodar a Igreja com seus clérigos, até que um bispo resolveu ir à ilha ver de perto o que estava acontecendo. Chegando à ilha, o homem foi recebido em festa pelos três homens, que declararam grande admiração, e se sentiram lisonjeados e privilegiados com a visita. O sacerdote disse que estava ali para inspecionar o que estava acontecendo e como eles faziam para curar as pessoas, em nome de quem faziam isso e qual era a sua reza. Os três santos, na sua maior simplicidade e humildade, declararam que

53. KAN, H. I. *Coração do Sufismo*. *São Paulo*: Cultrix, 2002

54. COELHO, P. *Maktub*. São Paulo: Paralela, 2018.

eram analfabetos e não conheciam nenhuma reza oficial da Igreja, apenas falavam com Deus e diziam: "O Senhor é três e nós também somos três, pedimos que nos abençoe e abençoe a todos que vêm aqui a esta ilha". Diziam apenas isso e aguardavam a providência divina interceder. O bispo disse que estava tudo errado e que iria lhes ensinar uma reza oficial, a forma correta de se dirigir a Deus. Os homens agradeceram e ficaram atentos para aprender. O clérigo se despediu e embarcou de volta ao continente. Para sua surpresa, os homens santos vieram correndo sobre as águas, gritando: "Volte, volte! Nós esquecemos como se reza corretamente". Então, o bispo entendeu a natureza desses homens iluminados em sua pureza e lhes disse que não era mais preciso aprender nada. Eles poderiam continuar rezando como quisessem.

Essas duas histórias ilustram que não existe uma forma correta de rezar a Deus ou a qualquer outra divindade. Apenas abra seu coração e converse com Deus, os Anjos, os Mestres da Espiritualidade ou os Orixás. Uma palavra sincera, bons sentimentos, intenção pura de ajudar a si mesmo e ao próximo já são a maior oração que existe. Podemos fazer muitas rezas decoradas, lembrar as orações de muitas tradições, no entanto, as divindades ouvem nosso coração, olham nossa alma e respiram o mesmo ar que nós. Elas nos atravessam para além do tempo e do espaço, e nos acolhem integralmente da forma como somos. A reza mais sincera alcança o alto do altíssimo, assim, sempre somos ouvidos. No silêncio de nossa alma, em meditação, podemos ouvir o sopro divino que nos atravessa e dá sentido às nossas vidas. Podemos fazer parte de muitas tradições e religiões, mas Deus e a Espiritualidade estão acima de todas as regras, dogmas ou doutrinas.

O santo hindu Ramakrishna, grande místico que passava dias em êxtase espiritual, contava a seguinte história:

> *Havia um homem que adorava Shiva, mas odiava todas as outras divindades. Um dia, Shiva apareceu diante dele e disse: "Eu nunca te estimarei enquanto odiares os outros deuses". Mas o homem se manteve inflexível. Após alguns dias, Shiva reapareceu e lhe disse: "Eu nunca te estimarei enquanto odiares". O homem se manteve em silêncio. Alguns dias se passaram e Shiva voltou a aparecer diante dele. Dessa vez, um lado de seu corpo era o de Shiva e o outro, o de Vishnu. O homem ficou metade satisfeito e metade in-*

satisfeito. Fez suas oferendas ao lado que representava Shiva, mas nada ofereceu ao lado que representava Vishnu. E então Shiva disse: "Tua intolerância é insuperável. Eu, assumindo este aspecto duplo, tentei te convencer de que todos os deuses e deusas nada mais são do que os vários aspectos do Brahman Absoluto".

Assim, podemos crer que todos os deuses são manifestações de um mistério maior. Podemos nos apegar a um ou mais deuses, mas todos são nossos deuses, são deuses de toda a humanidade. Se tivemos muitas vidas, então em cada uma delas pode ser que tenhamos participado de diferentes tradições e doutrinas. No entanto, é possível olhar para todas como o mesmo amor e em todas reconhecer uma mesma espiritualidade. Assim, aproveito para sugerir uma reza que vem de meu coração para o seu:

> *Elevamos os nossos pensamentos à Deusa e a Deus. À Deusa, por meio de todos os seus mil nomes. A Deus, por todos os seus mil nomes. Por todas as culturas, por todas as etnias, por todos os panteões que atravessam a humanidade, que tocam a nossa alma, que nos levantam, que nos dão força para caminhar, que nos envolvem em seu poder, que olham por nossos olhos, falam por nossa boca, ouvem por nossos ouvidos, dançam a dança da vida em nossas almas. Por todos os deuses que se manifestam e se fazem presentes em nossos corpos, na nossa mente e espírito. Por todos esses que moram na nossa alma. Eu falo em nome de todos os deuses que habitam nosso ser. De todos esses que descem à Terra e tomam nosso corpo, que ganham corporeidade, por nossas mãos, pés, olhos, boca. Peço as bênçãos do alto, do altíssimo, que nos abençoem com paz, harmonia, força para caminhar nesta vida, que nos deem um sentido para nossa existência e nos conduzam em nosso propósito de vida e missão nesta Terra. Que alcancem nossas famílias, nosso ambiente de trabalho e todas as pessoas de nossas relações. Que nossos ancestrais possam ter orgulho de nós e nos abençoar em nossa jornada terrena, que abram nossos caminhos e nos deem energia para realizar a dança da existência, encantem nosso mundo, iluminem o nosso reino, inspirem a cocriação de nossa realidade, com muitas cores, aromas e perfumes, para que nasçam flores por onde a gente passar, e que a gente possa sempre perceber o milagre da vida com muita gratidão. Que assim seja, está feito. Amém.*

Estamos acostumados a pensar em Deus como o Pai do céu, dentro da cultura judaico-cristã. Aos poucos, a cultura espiritual no mundo vem revendo a ideia de Deusa, de saber que a fonte original, Deus, é Deus e Deusa, é feminino e masculino ao mesmo tempo. Daí nasce o conceito de Deus no céu e Deusa na terra, restituindo o lugar de Gaia, de Madre Terra, Pachamama, Onilé, e o entendimento de que Deus é, simultaneamente, todos os deuses e deusas.

No *Bhagavad Gita*, livro sagrado do Hinduísmo, Deus se manifesta na forma humana de Krishna. Em uma das passagens, o guerreiro Arjuna está frente a frente com a deidade Krishna e pede para vê-lo em toda a sua opulência e glória, além da forma humana. Então, o Ser Supremo se mostra, e o que Arjuna vê é algo que brilha mais que mil estrelas, com muitas cabeças e muitos braços. Ele avista dentro de Deus todos os outros deuses como manifestações de um ser único, que pode se mostrar por muitas faces e com qualidades diversas. As várias cabeças podem ser as nossas cabeças e os diversos braços são as infinitas qualidades de Deus. Essa linda passagem valida a presença de todos os deuses e deusas como manifestações da divindade maior. É sobre este aspecto que abordamos a presença de muitas divindades na Espiritualidade Visceral, as quais nos tocam de diversas formas. Os deuses habitam além do espaço-tempo, estão presentes em tudo, são a manifestação das forças da natureza e, ao mesmo tempo, nossa origem divina.

Certa vez, em um ritual de Bufo Alvarius,[55] a deusa Kali se manifestou para mim e disse que mora em minha alma. De uma forma muito encantadora, tive a revelação de que todos os deuses e deusas fazem morada nas almas de toda a humanidade, as quais se tocam onde o divino se manifesta para nós. Em um ritual de Ayahuasca, tive o privilégio de receber e me comunicar com a Jiboia Sagrada, que vem da floresta encantada. Ela veio em minha direção, enrolou-se toda no meu corpo e me recebeu como seu filho amado. Em um ritual da sagrada Iboga, recebi a presença da deusa de mil nomes, vinda de um rio africano para me abençoar. Nesse mesmo ritual, Krishna, em sua forma criança, se apresentou dançando para

55. Bufo Alvarius, atualmente conhecido como *Incilius alvarius*, é uma espécie de sapo encontrada no Deserto de Sonora, que se estende pelo sudoeste dos Estados Unidos e o noroeste do México. Esse sapo é famoso por suas secreções que contêm substâncias psicoativas, incluindo a 5-MeO-DMT (5-metoxi-N,N-dimetiltriptamina) e a bufotenina. Essas substâncias são conhecidas por seus efeitos potentes quando inaladas, levando a experiências de alterações profundas na percepção, estados de êxtase e visões intensas.

mim, entregou-me sua flauta e disse: "Para você, entrego a pureza da criança".

O bufo é uma medicina do México, pela qual, em mirações, é possível abrir comunicação com os deuses. A ayahuasca vem da floresta amazônica, e, por meio dela, também se abre contato com os deuses da floresta. Já a Iboga vem do Gabão, com o histórico de ser a medicina pela qual os faraós podiam se conectar e relacionar-se com os deuses egípcios. Por intermédio da vidência e da mediunidade de incorporação, na Umbanda, tenho o privilégio de me comunicar com os deuses iorubás, os Orixás. A história da humanidade é repleta de um histórico de comunicação com os deuses que assumem as formas mais diversas nas culturas que criam suas religiões. No entanto, a realidade espiritual na qual vivem e se manifestam não conhece fronteiras. Todos os deuses e deusas estão ao nosso alcance, moram em nossa alma e, em algum momento da vida, podem encontrar meios para abrir comunicação e relacionamento conosco.

Não faz muito tempo, vi uma postagem da minha amiga querida, Dani de Maria Gun, na qual ela dizia: "Quando rezo, falo com Deus. Quando medito, ouço Deus falar comigo". O silêncio e a meditação são linguagens de manifestação das divindades. Em nosso silêncio de alma, conseguimos ouvir aqueles que se comunicam para além das palavras. Para enxergar no escuro, precisamos acostumar nossa visão, assim como, para ouvir, precisamos silenciar a mente. Para tal, começamos com o exercício de ouvir nossa respiração. Depois, avançamos para ouvir as batidas de nosso coração. Ouvindo nosso coração, conseguimos aprender a escutar a comunicação que está além das palavras, além do nosso racional, a linguagem do coração.

A Espiritualidade Visceral é um convite para ouvir os deuses que habitam sua alma!

O relacionamento com os deuses é uma coisa maravilhosa, linda e visceral. Quando você sente sua pele arrepiar, boceja ou seus olhos lacrimejam, isso é visceral. O ápice do visceral são os deuses virem à Terra tomar seu corpo, ganhar corporeidade, incorporar. Daí o termo "incorporar" – ganhar seu corpo, tomar forma no seu corpo.

Entendo que uma das maiores experiências viscerais é, em meditação, entrar na vibração de Kali, Durga, Oxum, Nanã, Iemanjá,

Ísis, Hathor, Freyja, Afrodite, Deméter, Hécate. Eles ganham seu corpo. Conforme você se envolve e nutre uma relação, nasce um relacionamento e você vai fortalecendo esse vínculo. Você vai se aproximando dos deuses até entender melhor essa conexão.

Cada um vai ao encontro dos deuses e das deusas com quem tem maior afinidade. Os deuses se manifestam por meio de arquétipos, que revelam as qualidades divinas que cada um manifesta.

Geralmente, você se relaciona com aquele que tem afinidade com você. Isso é o que se torna Orixá de cabeça numa leitura afro-brasileira, como na Umbanda.

Espiritualidade é relacionamento. Primeiro, entender com quem pretendemos nos relacionar. O que são deuses? Tenho duas explicações que, na minha opinião, são as mais interessantes e que melhor tocam minha alma.

Aqui, temos uma mitologia, e é muito interessante observar que as mitologias revelam arquétipos e trazem explicações de como as coisas podem ser entendidas de diferentes maneiras, dependendo do ângulo de visão. Não existe uma única explicação. E, quando falamos de Deus, deuses e mistérios, as explicações são apenas jogos de palavras para satisfazer a curiosidade daquilo que não conseguimos compreender mais a fundo, porque é um mistério. Mas existem modos de tentar entender. Quando se diz: "eu vejo em você todos os deuses que estão aí", todos são manifestação de um poder maior, da unidade, que se manifesta por deuses e deusas.

Na obra de Rubens Saraceni, é explicado que todas as divindades são manifestações do Deus maior, da Deusa. Há uma potência, um *Logos*, uma força criadora, uma energia criadora. E é muito curioso isso. Os deuses são energia, consciência, e ganham forma dentro das estruturas culturais. Então, posso falar dos deuses do amor, das deusas do amor, Oxum, Afrodite, Vênus, Kuan Yin, Hathor, Lakshmi, Freyja. Posso pensar a deusa do amor como uma divindade do amor. Na obra de Saraceni, diz-se: "o trono do amor", que se manifesta por meio de Afrodite, Vênus, Oxum. E cada uma delas é uma roupagem.

Joseph Campbell, em seu livro *As Máscaras de Deus*,[56] fala um pouco sobre isso. As mitologias comparadas nos mostram que

56. CAMPBELL, J. *As Máscaras de Deus*. São Paulo: Palas Athena, 2010. 4 v.

há uma repetição de arquétipos em culturas totalmente isoladas e distintas umas das outras, porque nós procuramos nas divindades aquelas qualidades que existem em nós, aquelas que precisamos para viver neste mundo: a paz, dos deuses e das deusas da guerra, deuses e deusas anciões, da velhice, da sabedoria, da cura, da alegria, da felicidade, do arco-íris.

Só podemos ver, mesmo em uma divindade, aquilo que já existe em nós. Nossos olhos só conseguem enxergar do vermelho ao violeta, ou seja, um espectro de cores. Existem outras cores que a nossa íris não capta. Então, se uma deusa aparecer, ela vai aparecer com as cores que estão dentro de nós, as que conseguimos ver. Se ela falar, vai falar dentro de uma faixa de frequência que faça sentido para nós. Pode ser em um idioma ou em uma transmissão especial, que parece um idioma, mas é apenas uma transmissão de sentimento e pensamento.

Se vivemos em uma região de certa etnia, os deuses se mostram e se manifestam com essa mesma etnia. E, quando nos entendemos como uma única humanidade, repleta de etnias, deuses e culturas, podemos recorrer a todos os deuses e a todas as deusas de todos os panteões como uma única humanidade. Isso é uma proposta de uma pluralidade cultural, poética, filosófica, religiosa, espiritual, mística, visceral.

O estudo das divindades por meio das sete linhas de Umbanda dos Orixás da obra de Rubens Saraceni torna muito fácil o entendimento e a estruturação mental. Pensa-se em Deus como a manifestação do mistério em sete energias, sete virtudes, sete raios. Cada um deles representa um sentido da vida: fé, amor, conhecimento, justiça, lei, evolução e geração. Essa é uma forma, uma leitura. Deus pode ser uma unidade, como no Islã. Deus pode ser uma unidade trina, como na cultura católica (Pai, Filho e Espírito Santo). Deus pode ser uma trindade que se manifesta a partir do masculino e do feminino, como na cultura do Hinduísmo. O Brahma se manifesta por meio de uma trindade (Brahma, Vishnu e Shiva), com suas consortes, as deusas Saraswati, Lakshmi, e, junto de Shiva, Parvati, Durga e Kali. Deus é o Olorum das culturas nagô e iorubá. É o Zambi da cultura banto. É Tupã da cultura tupi-guarani. Deus é Alá, Ain Soph, o Deus e a Deusa que se manifestam por intermédio de muitos nomes, muitos deuses e muitas deusas.

Nessa estruturação ou classificação de orixás, temos um total de 14 divindades para nos relacionarmos. No campo da fé, temos o deus Oxalá e a deusa Logunã. No domínio do amor, encontramos Oxum e Oxumaré. No âmbito do conhecimento, estão presentes Oxóssi e Obá. Para a justiça, temos Xangô e Oroiná Egunitá. Na esfera da lei, são venerados Ogum e Iansã Oyá. Para a evolução e a sabedoria, são representados Obaluaiê e Nanã Buruquê. Na esfera da geração, encontramos Iemanjá e Omolu.

Em algumas leituras teológicas, quando se fala em "deuses", pensa-se em politeísmo, que significa culto a vários deuses. O contrário, culto a um único deus, é o monoteísmo. Porém, há um estudo que reconhece um Deus maior, ou Deusa, que se manifesta por meio de muitos outros deuses e deusas. Chama-se monopoliteísmo.

Teologia tem dessas coisas de classificar tudo. Às vezes, adota-se que só um é Deus e os outros são divindades. Mas, se há divindades com o poder do Deus maior, então se trata de uma manifestação de Deus e podem ser chamadas de deuses (ou deusas). Não há uma forma correta ou errada. Entender os deuses é maravilhoso.

A cultura judaico-cristã criou um certo preconceito contra aqueles que cultuam muitos deuses, implicando que apenas um deus é correto. No entanto, para quem aprecia a diversidade espiritual, ter múltiplos deuses é algo fascinante. É possível rezar para todas as deusas da fertilidade, para Ogum abrir caminhos, para Xangô trazer justiça, Oxalá trazer paz, tranquilidade e serenidade, e para Logunã revelar tudo o que é preciso ver, algo que só o tempo pode mostrar. Oxum pode lhe cobrir de amor, Oxumaré pode tornar a vida mais colorida, Oxóssi trazer a força do caçador, e Obá dar objetivo e foco. Xangô pode trazer equilíbrio, Egunitá purificar tudo o que precisa ser purificado, e Obaluaiê trazer cura, sabedoria e paciência, junto a Nanã Buruquê, a velha senhora.

Também podemos pedir para Iemanjá nos trazer tudo o que há de bom para ser gerado e criado. Que Omolu traga o encerramento e o fim necessário. Que o orixá Exu nos proteja, nos guarde e nos mostre um novo ângulo, um novo olhar, trazendo a força para transgredir tudo o que nos oprime, prende e amarra, revertendo toda ordem mal estabelecida. Que a Pombagira, com sua sedução, desejos e encantos, nos transforme em encantadores de pessoas e do mundo. Que esse poder se manifeste do nosso coração, da nossa alma, do nosso semblante. Que as deusas e os deuses gregos, egípcios, hindus, Lakshmi com suas flores, Shiva como o destruidor de tudo o que não serve mais, e sua dança Nataraja nos guiem na dança da vida, encontrando nosso ritmo e *flow* nesta maravilhosa jornada. Que possamos sempre agradecer ao mistério da vida, cada dor sendo um convite para despertar para o amor e para uma maior consciência. Que o culto aos deuses, e nosso relacionamento com eles, nos faça pessoas melhores e nos ensine a entender que tudo acontece no seu tempo certo.

Os deuses representam toda a força, abundância, fé, amor, garra e energia. Que possam vibrar em cada célula do nosso corpo, marcar nosso DNA, e limpar tudo o que antes continha dor, sofrimento, amargura, sangue, choro, corrente, tortura e medo, oriundos de gerações passadas. Que os deuses possam iluminar nossa mente, curar nossas dores, traumas e dificuldades, acalentando a criança que vive em cada um de nós, encontrando colo, conforto, aconchego e força no regaço, no seio, de deuses e deusas, dos antigos e dos ancestrais que nos inspiram, permitindo que nosso eu superior sempre nos guie com essa força.

Todos os deuses são manifestações de um poder maior ao qual podemos recorrer a qualquer momento: Orixás, santos, Jesus Cristo e toda a sua força, Yeshua, Maria, José, do judeu, sua filosofia, seu olhar. Podemos ir ao encontro dos anjos, comandando que à nossa frente esteja Miguel; à direita, Rafael; à esquerda, Uriel; atrás, Gabriel; acima, Metatron; dentro de nós, Sandalfon; abaixo de nós, Tsadkiel.

Segundo a Cabala hebraica, a diferença entre falar o nome de um anjo e evocar sua presença está na maneira como você o pronuncia. Ao dizer "Miguel, Gabriel, Rafael", não está clamando. Porém, quando você canta como um mantra o nome dos anjos, está evocando. Na Cabala hebraica, há um exercício muito simples para evocar os anjos. Você escolhe intuitivamente um anjo para colocar à frente, outro atrás, um à direita, um à esquerda, um acima, um abaixo e um dentro. Em seguida, pronuncia seus nomes como um mantra.

Por exemplo: Rafael, o anjo da cura, à minha frente; Gabriel, o anjo da luz, à minha direita; Miguel, o anjo da lei, da guerra, à minha esquerda; Uriel, o anjo do fogo, atrás de mim; Metatron, o anjo que está diante do trono de Deus, acima de mim; Anael, o anjo do amor, no meu coração; Tsadkiel, o anjo da justiça, embaixo de mim; e Sandalfon, o anjo que leva as minhas orações a Deus, me envolve. Basta pronunciar seus nomes e imaginar.

Quando respiramos normalmente, o oxigênio vai para os pulmões. O bocejo, por sua vez, ajuda a oxigenar melhor o cérebro, permitindo que ele compreenda o que está alterando a energia do corpo. Essa é uma descoberta que fiz por conta própria. Ninguém nunca me explicou, mas todos sempre perguntavam. Então, comecei a observar o que acontecia enquanto rezava e bocejava. Fazia magia, bocejava, incorporava, bocejava. Foi assim que cheguei a essa compreensão, em conjunto com Sultão e Maria Preta.

Recentemente, o Dr. Luiz Cantoni[57] mencionou algo que complementou essa percepção. Especialista em garganta e cordas vocais, ele tem o dom de fazer as pessoas cantarem a vida. Responsável pela voz de diversos artistas, domina as questões que afetam a garganta e as cordas vocais, como calos, câncer e tumores. Dr. Luiz Cantoni conhece a fisiologia completa dessa área. Ele me explicou, do ponto de vista clínico e acadêmico, que quando respiramos pela boca, o ar vai para os pulmões, e ao bocejarmos, irrigamos toda a base do cérebro. Eu entendia isso de forma xamânica, mediúnica, macumbística, do transe de mim mesmo. Expresso aqui minha gratidão a esse querido e amado irmão, Cantoni. Que coisa linda!

Isso é visceral. Sua energia mudou, é visceral. Conforme você dá atenção a essa visceralidade, ela ganha corpo e forma. Você vai se aprofundando nesse relacionamento com os deuses e as deusas, de todas as culturas, o que é muito importante. Para chegar a esse ponto de conexão, é essencial estar muito bem nos três primeiros pilares. A fim de que exista um ótimo relacionamento com os deuses, primeiramente precisa existir um ótimo relacionamento consigo mesmo: de amor, acolhimento, carinho, aceitação na vida, autoaceitação e solitude. O primeiro pilar é o relacionamento consigo mesmo. Portanto, antes de tudo, precisamos aprender a nos relacionar conosco, a nos acolher. Você agradece? Você reclama? Ao fim do dia, se você engolisse todas as suas palavras, faria bem ou mal? Se você se alimentasse dos pensamentos que teve durante

57. Médico cirurgião otorrinolaringologista, especialista da voz.

o dia, faria bem ou mal? Isso é um fato. Nós nos alimentamos de nossas palavras, pensamentos, ações. Estamos impregnados de nós mesmos.

A partir de qual energia você cocria a sua realidade? A partir de qual ponto pretende ir ao encontro dos deuses? Comece abrindo espaço de generosidade, amorosidade e acolhimento incondicional a si mesmo. Por isso, as técnicas de meditação e atenção plena são importantíssimas. Diariamente, faça um escaneamento do corpo e da mente, observando-a sem a intenção de pará-la. Cotidianamente, reserve dez minutos, de duas a três vezes por dia, para uma meditação guiada ou meditação no silêncio. Coloque um despertador para dez minutos de silêncio.

O que é isso? São dez minutos com você só observando seus pensamentos e não se deixando levar por eles. Isso ajuda a reconhecer seus pensamentos, para que você saiba quando vierem intuições, inspirações ou palavras que não vêm da sua mente, e sim de um lugar interno quando são os deuses, ou externo quando vêm de uma família espiritual.

Nosso relacionamento com os deuses é uma coisa importantíssima, e o transe xamânico e a mediunidade de incorporação proporcionam uma das experiências mais fortes nesse relacionamento, presentes em tradições, religiões ou espiritualidades, nas quais, no lugar de o religioso ou de o espiritualista ter de subir aos céus com a própria mente, os deuses descem à Terra e ganham corpo. É uma coisa maravilhosa! Para muita gente, parece atrasado, primitivo, assustador, porque as grandes religiões monoteístas, tornadas instituições historicamente parceiras do Estado, aboliram totalmente a experiência religiosa.

A experiência visceral foi abolida porque empodera. A pessoa que tem uma experiência com Deus no próprio corpo não precisa ir mais a templos religiosos. Por isso, o Evangelho de Tomé foi considerado apócrifo. Nele está escrito: "Levante uma pedra, eu estou lá. Quebre uma madeira, eu estou lá. Estou em todos os lugares, não preciso de templos. Eu sou o templo onde habitam os deuses". Por isso se diz: "vós sois deuses", porque de fato o são. Se os deuses habitam em você, então você é um deus. Somos deuses que escolhemos várias questões para trabalhar aqui nesta Terra.

Existem muitas teorias sobre por que nascemos. A maioria delas diz que é para aprendermos e evoluirmos, pois aqui é uma escola. Todas as teorias espiritualistas seguem esse mesmo caminho, que aqui é uma escola. E, às vezes, é meio negativo. Alguns acreditam que este é um mundo expiação, por isso, pode ser bastante pesado, acreditar que este é o mundo do carma. Se este é o mundo da evolução, então é certo que somos todos não evoluídos, não é? É uma doutrina negativa como a ideia que somos pecadores.

Outro dia, Murilo Gun comentou comigo que uma pessoa lhe disse: "se nasceu aqui neste mundo de expiação, coisa boa não é". E isso fica na mente. Essa é uma ideia católica: a concepção de que todo mundo é pecador. Como reinterpretar um conceito de que todos são pecadores? A ideia de que todo mundo é pecador surgiu no ano de 500 d.C., com Santo Agostinho criando a conceituação de pecado original. É uma teoria criada, com lugar específico onde foi originada. O Espiritismo também traz essa noção de que todo mundo nasce aqui para aprender, o que não é muito diferente. Segundo o Espiritismo, somos todos seres atrasados, os quais estão aqui para aprender nessa evolução. São apenas teorias.

Conversando com Murilo, eu disse: "E se a gente criar a nossa teoria? E se a gente pensar diferente? E se a gente entender que todos nós já somos iluminados? Absolutamente todos e todas nós já somos seres iluminados. E que, em algum momento, a gente escolheu vir para a Terra como quem joga um jogo, ou como quem brinca uma brincadeira. E aí falaram assim: 'Por que você quer vir para a Terra agora?' Daí eu pensei: 'Eu quero um pouco de insegurança, eu quero um pouquinho de baixa autoestima, eu quero um pouquinho de carência, eu quero um pouquinho de dor, eu quero nascer com essas dificuldades sociais'. E aí a outra pessoa diz: 'Eu quero nascer nessa família milionária, mas que tem várias outras dificuldades, eu quero ver como é que vou lidar com isso, quero nascer com essa dor aqui'".

Nascemos neste mundo para ver o que fazemos com essas questões todas para resolver, como quem brinca uma brincadeira, trazendo uma leveza para a vida. Precisamos trazer mais leveza para a nossa vida.

A brincadeira da vida é curar todas essas questões que tomamos como desafios de dores e impulsionar todas as outras para que nossa luz irradie. A cada desafio, cada insegurança, baixa autoestima, carência e medo que você vai resolvendo, curando, sua luz irradia por esses lugares todos. Cada um deles é um convite para uma cura, porque só uma dor pode ser um convite para uma cura, é uma questão a ser trabalhada. Então, vamos trazer leveza e amparo dos deuses nesse processo.

Uma maneira de atrair a presença dos deuses é realizar um ritual propiciatório. Para tanto, é preciso criar um ambiente agradável, inclusive para você. Tudo deve estar lindo, cheiroso e maravilhoso. Pense de qual deus ou deusa você deseja se aproximar. Por exemplo, digamos que é da deusa Kali. Comece ouvindo músicas dedicadas a ela, adquira uma imagem da deusa, decore o espaço com flores e acenda velas. Aliás, muito cuidado ao acender velas, principalmente as velas do tipo palito – aquela mais compridinha. Esquente a vela embaixo até derreter e grude-a num pires. Tenha certeza de que essa vela não vai cair e colocar fogo em nada. Acendeu a vela? Está num altar? Não pode haver aquelas toalhinhas perto da vela, nem cortina, nem tapete, nem gato, nem botijão de gás. A vela de sete dias é mais segura, mas precisa cortar bem rente o plástico que a cobre. Além das velas, ofereça perfumes, flores e frutas à deusa. Pesquise sobre seus gostos e elementos associados.

Em outros exemplos, se você deseja se conectar com Oxum, vá até uma cachoeira para fazer uma reza, cante para Oxum e leve flores. Para Iemanjá, vá até o mar; para Oxóssi, vá às matas; conecte-se com Xangô na pedreira; Ogum, nos caminhos; Exu, na encruzilhada; Oxalá, nos mirantes e em todos os lugares; Logunã, no tempo; Oxumaré na cachoeira; e Obaluaiê, na beira-mar.

Estou aqui não apenas como um teórico com formação acadêmica e vários livros publicados, mas também como um médium e dirigente espiritual ao longo de muitos anos. Entendo minha mediunidade como algo profundamente xamânico, especialmente agora, ao integrar práticas com as medicinas da floresta, o que me torna ainda mais xamã e um tanto feiticeiro. Existem várias facetas para se relacionar com os deuses. Pode ser intelectual, mística e magicamente, de diversas formas. Maria Preta, que incorpora em mim, ganha corporeidade por meu intermédio, fala pela minha boca, olha pelos meus olhos, ouve pelos meus ouvidos, diz que ritual é a arte de encantar os deuses. Quando você ritualiza, acendendo um incenso, uma vela, colocando uma música, flores, aromas, perfumes, imagem, etc., os deuses param o que estão fazendo, se encantam com o que você está realizando e vêm ao seu encontro para abraçá-lo.

Nas tradições afro-brasileiras, existe muita oferenda. Pode-se oferecer um doce, bem como uma flor, um perfume, levantando-se com as mãos, como quem oferece genuinamente. Segure algum desses objetos na mão, faça uma reza e oferte aos deuses. Eles recebem. De alguma maneira, nossas mãos se tocam quando fazemos uma oferenda, um agrado. Entenda se há algum símbolo desse deus para deixar uma vela de sete dias acesa. Isso é uma firmeza na força daquela divindade. Compreenda que poder é esse, como ele entra na sua vida, como ele chega até você. Isso é relacionamento. Como você nutrirá seu relacionamento com os deuses? Cantando, orando, meditando na força dos deuses? Trazendo-os para seu corpo? Sentindo que vivem na sua alma todos esses deuses maravilhosos?

Aqui começam os pilares do relacionamento. Este é o primeiro, do relacionamento com os deuses. Depois, o relacionamento com a família de alma, a família espiritual, a família ancestral. Em seguida, o relacionamento com a natureza. Retorne sempre ao primeiro pilar: amar a si mesmo, cuidar-se, acolher-se, dedicar um tempo só para si. Quando você se ama profundamente, escolhe o que dar de alimento para seu corpo. Você coloca seu corpo numa atividade física. Você se ama, então ama o corpo também. Quem ama cuida. Como você cuida do seu corpo? Não basta dizer: eu amo meu corpo. O tempo dirá se você está amando seu corpo ou não. Você ama sua mente? Como cuida da sua mente? Você ama seus sentimentos? Como você acolhe os sentimentos mais difíceis e desafiadores que vão para sua alma? Você ama seu espírito? Como você se relaciona com seu próprio espírito, com suas vontades, dores, traumas e ancestralidade? Isso também é a base para você conseguir se relacionar com os deuses, amar e sentir o amor deles.

Que o sagrado nos abençoe aqui, agora e sempre, em todas as línguas e culturas. Que o poder divino nos ilumine, abra caminhos, e nos envolva em prosperidade, fartura, abundância, paz, harmonia, tranquilidade e leveza. O que mais é possível? Como pode melhorar? Quais são as infinitas possibilidades de alegria, realização e glória?

Que onde nossos pensamentos forem, o poder divino possa alcançar, iluminar, abençoar, cortar o que deve ser cortado, encaminhar o que é para ser encaminhado, desfazer o que deve ser desfeito, desatar, desamarrar, cortar, limpar, iluminar e curar.

Que o poder de cura possa nos envolver completamente – corpo, mente, espírito, alma, emoções, nossos pensamentos. Que alcancemos uma consciência mais elevada sobre a vida. Que o caminho da gratidão se estenda como tapetes de flores, aromas e perfumes. Que por onde nossas lágrimas caírem, flores possam brotar para iluminar nosso caminho. Que se iluminem também os caminhos que se entrelaçam ao meu – caminhos de amor, generosidade, acolhimento, vida, realização, propósito e verdade: minha verdade, sua verdade, a verdade de cada um.

Que os deuses, nossos ancestrais, guias, mestres, mentores, nosso eu superior e anjo da guarda nos abençoem, protejam e inspirem. Que o Orixá Orí dê caminho para todos nós. Que todos os orixás, deuses hindus, deuses egípcios, santos e anjos nos envolvam em seu poder: Oxalá, Oxum, Oxóssi, Xangô, Ogum, Obaluaiê, Iemanjá, Logunã, Oxumaré, Obá, Orungã, Egunitá, Iansã Oyá, Nanã Buruquê, Omolu, Exu, Pombagira, Exu-mirim, Pombagira-mirim, Ossaim, Orunmilá-Ifá, Ibeji; Brahma, Vishnu, Shiva, Saraswati, Lakshmi, Parvati, Durga, Kali, Ganesha; Ísis, Osíris, Thoth, Hathor, Seth; Gabriel, Rafael, Miguel, Uriel, Anael, Tsadkiel, Sandalfon, Metatron. Aqui, agora e sempre. Só bênção, só amparo, só luz. Que assim seja.

Recentemente estive em Bali, na Indonésia e fiquei encantado com a forma balinesa de cultivar os deuses do hinduismo. Todas as casas tem um oratório e os balineses fazem diariamente oferendas muito simples de flores, bebidas, bolachas e cigarros para os deuses. Toda casa tem um Ganesha ou Barong na entrada. Esta devoção parece explicar o porque este povo é tão doce e amável. Ali as culturas doutrinarias do ocidente não conseguiram impor seus dogmas atrelados à cultura de dominação, guerra e agressão.

QUINTO PILAR: RELACIONAMENTO COM ANCESTRAIS – FAMÍLIA DE ALMA

Em nome de todos os meus ancestrais, em nome de todos e todas que vieram antes de mim, por sua honra, glória, vida e morte. Por todos aqueles que ainda virão depois de mim, pelo seu nascimento, por sua vida e morte. Pelo mar de vida, de onde todos nós saímos e para onde todos nós voltaremos um dia. Esse mar, que é uma família de alma, da minha alma para a sua alma.

Construir um relacionamento com sua família de alma é nosso quinto pilar. Como podemos fazer isso? A família de alma já existe, já fazemos parte dela, mas muitas vezes não sabemos como nos relacionar com ela, tampouco com a família espiritual e, menos ainda, com nossa família carnal. Não sabemos nos relacionar nem sequer conosco.

Aqui, reforço mais uma vez o primeiro passo – o pilar da solitude: para se relacionar com uma família de alma, é necessário saber, em primeiro lugar, relacionar-se consigo mesmo. É aí que tudo começa. Se esse relacionamento não estiver sendo nutrido, nada há a fazer. Pode parar aqui e agora, não é necessário seguir adiante, pois sem este fundamento de cuidado e amor-próprio, todo o resto se torna vazio. Não precisamos pedir nada, absolutamente nada.

Queremos apenas ser acolhidos por essa família amorosa, generosa, acolhedora, gentil, que nos ama incondicionalmente e não nos julga em situação nenhuma, ensinando-nos também a não julgar. Porque o único caminho de ser acolhido por uma família é acolher-se primeiro, sem qualquer autojulgamento. Diante de qualquer situação da vida, não somos pecadores, infiéis, hereges, nem puritanos ou puros. Esses são julgamentos morais de quem divide eleitos de não eleitos. E somos todas, todos e todes de uma mesma fonte.

Rezo para a fonte de todos e todas, com seus mil nomes e faces, com seus olhos, ouvidos e bocas que ecoam na minha alma, que me encantam e ressoam em cada célula do meu ser, em cada pedacinho da minha alma, que atravessam esse corpo para me dizer: "Busque o silêncio que habita sua alma na noite escura da encarnação!" Diante de todas as dores e de todo o sofrimento humano, busque a quietude da sua alma. Diante da fonte única e criadora de tudo e de todos, busque essa quietude amorosa, generosa, acolhedora, que vem de dentro de sua alma, onde habitam todas as almas. Nesse caminho único, que vai para dentro, repleto de flores e espinhos, que possamos agradecer por cada pedacinho de caminho trilhado em direção a uma consciência. O único caminho que se faz para dentro é o de expansão da sua consciência, de "quem tu és". Na jornada da sua alma, nesse caminho que só você pode trilhar, acolha-se e saiba que, na noite escura da alma, mesmo que não veja, estão muitos a cuidar, amparar e amar você, guiando-o nessa força amorosa, generosa, delicada, tão sutil, mas tão sublime, que toca sua alma e o desperta, como quem diz: "Acorde! Acorde! Acorde dessa noite escura e desperte para as maravilhas da sua alma, do seu amor, da sua existência maravilhosa, encantadora existência". Agradeça, levante as suas mãos aos céus, ajoelhe, encoste sua cabeça no chão e agradeça à sua mãe terra por abençoar sua jornada terrena.

Afinal, quem é sua alma agora, que quer se relacionar com uma família de alma? Onde ela habita? Antes de avançarmos, é crucial honrar quem veio antes de nós. É assim que tomamos consciência do nosso lugar nesse sistema, nessa teia, nessa malha de vidas e encarnações. É pedindo a bênção e o amparo de todos os nossos ancestrais que assumimos a responsabilidade por nossas vidas, por nossa cocriação na existência, pelo nosso lugar de reis e rainhas da nossa vida; do alto do trono, do amor, do acolhimento, da generosidade, desse lugar tão encantador, de humildade, de colocar a cabeça na terra e agradecer a todos os nossos ancestrais, que deram a vida para estarmos aqui.

A construção de relacionamentos começa pela maneira como nos conectamos com nossos pais, filhos, avós, bisavós e tataravós – um caminho de cura das dores desses antepassados. Carregamos não só as nossas próprias dores, mas também as de nosso pai e mãe, avós, bisavós. Carregamos a dor do masculino, do feminino, da etnia, das situações sociais, da vida; não sabemos onde está isso tudo em nós, de que maneira isso influencia e mexe na construção da nossa própria identidade, de como ela se manifesta no mundo, e de quanto espaço há para nossa alma se manifestar em meio a todas as construções sociais e educacionais.

Para que fomos educados? Passamos boa parte de nossas vidas nos bancos escolares, sendo adestrados para viver em sociedade. Essa sociedade criou suas próprias regras para se manter, sustentada por impostos, que são obrigatórios. Além da morte, a única certeza é o pagamento de impostos para manter a estrutura social. No entanto, essa estrutura nem sempre nos favorece, pois o sistema educacional foi construído mais para sustentar o próprio sistema do que para beneficiar o indivíduo.

Qual espaço existe para sua alma se manifestar dentro desse adestramento de corpos e estruturas? Além disso, surgem doutrinas que não apenas adestram, mas também doutrinam sua mente e alma, dizendo o que é bom e o que não é, como se sua alma não soubesse por si mesma, como se sua consciência não tivesse espaço. Parte-se do pressuposto de que o cidadão comum é desprovido de um senso do que lhe é realmente bom, porque a alma nem sempre respeita as regras, ela tem as próprias regras a seguir. Assim, dentro desse sistema, muitas pessoas do passado foram excluídas, marginalizadas. E, de alguma forma, nós acabamos por honrá-las. Mas não precisamos honrar repetindo as mesmas ações dos excluídos do sistema. Nós honramos ritualizando suas vidas em nome de todos os nossos ancestrais, inclusive os marginalizados.

Por isso, em algumas tradições espirituais, como a Umbanda (mas também em outras, como na mesa de Jurema, numa encantaria, num tambor de mina, nas tradições afro-brasileiras), encontramos entidades como Exu e Pombagira, que também são nossos ancestrais. Elas trazem a potência de incluir os excluídos, de centralizar os marginalizados, de exaltar os humilhados, porque dentro de você também vivem todos os marginalizados, excluídos e humilhados da sua ancestralidade. Às vezes, você acaba por repetir comportamentos que nem sempre pertencem à sua alma. Mas você pode honrá-los não repetindo o padrão e reverenciando-os. Reverencie sua esquerda.

Metaforicamente, em nossas mentes, constrói-se uma ideia de polaridade em que a direita é tida como positiva e a esquerda, negativa. Mas a esquerda não é ruim, só é o lado B. A sombra. Na esquerda, estão esses ancestrais excluídos. E nós devemos reverenciar todos os nossos ancestrais, os da direita e os da esquerda. Todos aqueles que foram exaltados em vida como heróis, e também aqueles que foram humilhados, queimados na fogueira, enforcados, chamados de pilantras, safados, cachorros, vadios, vagabundos...

Como podemos honrar sem necessidade de imitar o comportamento? Honramos todos que vieram antes de nós. Reverenciamos, agradecemos, pedimos sua bênção e inspiração, porque só quem errou pode ensinar o caminho e, quando nossa consciência se expandir, entenderemos que ninguém errou realmente. Cada um só foi o que era possível ser, nem mais nem menos. Cada um dá o que tem, faz o que pode. Não adianta reclamar a falta de alguém, sua atitude ou postura, ou questionar por que agiu de tal maneira. As pessoas não conseguem ser diferentes do que já são. Culpar as pessoas por serem quem são não ajuda. A única coisa que podemos fazer é acolher. E, à medida que você acolhe, está se acolhendo, está se abrindo para se integrar ao seu sistema e à sua família, acolhendo seus pais, apesar de qualquer situação ou dor. *"Sinto muito, me perdoe, eu te amo, sou grato."*

Toda a prosperidade, abundância, amor, fé, solitude, crescimento, harmonia, aceitação, perdão, alegria e glória dos nossos ancestrais brilham em nossos olhos, sorriem na nossa boca e se mostram no nosso semblante. Quando assumimos quem somos, do jeito que somos, há de ser por amor. Apenas se ame. Ame profundamente quem você é e o seu melhor vai brilhar no mundo. É por isso que não precisamos de regras nem doutrinas, porque sempre buscamos o nosso melhor no amor. Amor.. Tudo é sobre o amor.

Depois de se acolher e acolher toda essa família que o recebeu da maneira que foi possível, só então você pode pensar em relacionamento com família de alma. É desse lugar de integração que você busca uma família de alma, que está no seu DNA, na sua carne. Olhe para seu pai e veja: ele é você, porque está na sua carne. Um dia, depois que ele partir, tudo o que sobra dele é você; isso acontece também com sua mãe, seus avós, seus bisavós, seus tataravós, e eles todos constituem uma família. Essa família transcende a carne e habita a alma. Eles vivem na sua alma, todos que vieram antes de você. É um mergulho para dentro da sua alma.

Abrir um relacionamento com sua família de alma é relacionar-se com quem ama você, por isso não há do que ter receio. Trata-se de um relacionamento amoroso, generoso e acolhedor, delicado, que lhe cuida. Acenda uma vela para essa família de alma e ofereça-a, em nome de Deus, da Deusa, em nome da fonte única, criadora de tudo e de todos, da sua lei maior, da sua justiça divina, da fé absoluta e do amor incondicional, do ato de conhecer-se a si mesmo e de um despertar de consciência maior, em nome da mãe natureza. Onde você vai colocar essa vela?

Os japoneses possuem uma tradição, de origem xintoísta: eles costumam ter pequenos oratórios em casa, dedicados aos ancestrais e aos deuses. Algumas tradições católicas têm um oratório em casa, aí você pode acender uma vela para sua família de alma num lugar especial, com muito cuidado. Como é isso? Trata-se de um ritual propiciatório, de construir um ambiente atrativo, de atrair essa família de alma para pertinho de você; construir um lugar dedicado a essa família de alma, e ali também podem estar os deuses, os ancestrais, nessa família de alma da qual você faz parte, que também é uma família espiritual. Já tem alguém conhecido aí? Um Caboclo, uma Cabocla, um Preto-velho, uma Preta-velha, um Baiano, um Boiadeiro, uma Cigana, uma Pombagira, um Exu... Um ancestral, um parente, alguém... Você quer oferecer essa vela para seu Caboclo?

Se você não sabe, todo mundo tem um Caboclo, mesmo quem não tem religião. Olha que coisa curiosa... Você não precisa ser umbandista, nem nada disso. Você pode escolher: vai acender essa vela para o seu Caboclo, para a sua Cabocla ou, simplesmente, para seus ancestrais. Enquanto acende a vela, peça que seu mentor se apresente para você, dizendo: "Que meu mentor espiritual se apresente para que eu possa vê-lo". Será que é um mestre do Oriente? Um egípcio? Um hindu? Um maia? Um asteca? Um xamã siberiano? Será um Malandro, uma Malandra, uma Pombagira, um Exu? Será uma pessoa simples e anônima? Será o rei Salomão?

Uma vela, uma única vela. Incense sua casa, perfume-a, deixe-a cheirosa, pois sua casa é seu templo. Como você cuida do seu templo, que é sua casa? Faça dela o templo da família, seu templo (se você mora sozinho), o templo de quem ali habita. Em qualquer estrutura, ou mesmo sem estrutura alguma, é o templo. E cada um é um templo vivo, pelo qual o sagrado se manifesta e ganha corpo.

Doutrina é consciência, altar é coração. A verdade de cada um é seu caminho. É por aí que se anda descalço para pisar este chão tão sagrado, que é o chão da existência. Reze para seus ancestrais, sua família de alma, peça ao seu mentor que se apresente do jeito que for, por uma inspiração, uma intuição, um sonho, tanto faz. Acenda sua vela e, se não ele vier, acenda outra vez e outra vez. E, se nada acontecer, faça algo mais lindo ainda, mais bonito, mais maravilhoso, cheiroso, perfumado: encha de flores, para que esse mentor ancestral, esse mestre, apareça para você.

Isso é um ritual propiciatório. Você está chamando seu mentor amorosamente, humildemente. Coloque a cabeça no chão, erga as mãos para o céu, porque esse amor há de aparecer para que você identifique uma família de alma da qual você faz parte. E saiba que a família é grande. Pode aparecer um mentor hoje, outro amanhã, depois aparecer outro. Você pode vir a conhecer uma família inteira do que as pessoas chamam de entidades. Essas entidades são sua família. Prepare a mesa do café e receba-os no seu corpo, na sua vida, na sua existência. Faça da sua existência um hino de amor à criação e a suas belezas, e a todos esses ancestrais e a essa família da qual você faz parte. Honremos a existência, celebremos a vida e transformemos nossa vida em arte.

No livro *Os Quatro Compromissos*[58] – um livro maravilhoso –, o autor, Don Miguel Ruiz, diz que tolteca (povo da região dos maias) quer dizer artista, e que a tela em branco onde se pinta sua arte é a vida. Façamos da nossa vida essa tela, na qual a nossa arte será pintada com as cores da nossa alma. Que a profundidade de nosso ser

58. RUIZ, D. M. *Os Quatro Compromissos*. Rio de Janeiro: Best Seller, 2021.

possa marcar a existência com a potência máxima de sermos o que somos. E que toda nossa família nos ampare nessa caminhada maravilhosa que é estar vivo.

Se você tem saúde, se caminha com as próprias pernas e move seus braços, agradeça, agradeça de coração. Levante as mãos para o céu e celebre a oportunidade da vida. Agradeça porque todos, todas e todes que vieram antes estão aqui para amparar, dar força, iluminar e inspirar você. Na noite escura da alma, quando não sabemos para onde ir, em meio a dúvidas, críticas, julgamentos, dor e lágrimas, lembre-se: você não está sozinho. Há muita gente que o ama.

É isso que somos, uma família de alma que acolhe incondicionalmente e inspira o acolhimento próprio. Vamos celebrar a vida, vamos fazer da vida um ritual. Vamos brindar aos deuses com um vinho místico da alma, vamos nos embriagar de nós mesmos, vamos navegar por mares nunca navegados. Vamos soltar tudo o que é de soltar, desapegar, curar, limpar, descarregar e trazer uma leveza às nossas vidas.

Utilizemos todas as ferramentas possíveis, todas as técnicas, todos os métodos: Constelação Familiar, Thetahealing,[59] Meditação, Ho'oponopono, Apometria,[60] Magia, Medicinas da Floresta, terapia; tudo o que é sagrado, e o que não for sagrado, torne sagrado em sua alma e em tudo, torne-se algo melhor, "torna-te quem tu és"!

Desperte sua alma, desperte. Acorde! No meio dessa leseira toda, abra os olhos e veja. Veja no escuro e no claro, de dia e de noite, ouça no barulho e no silêncio.

Apenas seja quem você é. Permita-se nutrir de amor. Transborde amor, viva amor, encontre no amor sua solitude, seu relacionamento mais íntimo consigo mesmo, que desabrocha como flores, borboletas e beija-flores, para sua vida em comunhão com toda sua ancestralidade e família de alma, inspirado na presença de deuses e deusas na Terra. Eles olham por seus olhos, falam por sua boca, ouvem por seus ouvidos, pensam na sua cabeça e dançam a dança da vida. A dança de Shiva Nataraja representa o movimento dos

59. Thetahealing é uma técnica de cura energética que combina meditação e foco mental, para identificar e transformar crenças e padrões negativos na mente subconsciente.
60. Apometria é um método terapêutico que visa ao equilíbrio e à harmonização energética, por meio da interação com múltiplas dimensões e níveis de consciência, utilizando projeção da mente e técnicas específicas de desobsessão.

mundos. Conforme Shiva dança, surge Nataraja. A dança de Iansã também movimenta o mundo. O giro de Logunã marca o tempo. O amor de Oxum nos acalenta. Na terra de Obá, caminhamos. O fogo de Oroiná nos aquece. O colo da avó, Nanã Buruquê, nos aconchega, e o seio de Iemanjá, com seu ventre, nos dá a vida. Somos deuses e deusas, metaforicamente falando, daquilo que se manifesta do sagrado. Quando seu coração e sua mente se aquietam, sua alma busca no silêncio a presença da quietude em forma de bênção, amor e acolhimento de sua alma. Reze a todos os deuses: Brahma, Saraswati, Vishnu, Lakshmi, Shiva, Parvati, Durga, Kali, Ganesha, Indra, Rama, Sita, Ísis, Osíris, Hórus, Seth, Hathor, Toth. Reze a todos os anjos: Gabriel, Rafael, Miguel, Uriel, Anael, Tsadkiel, Sandalfon, Metatron que o abençoem, toquem sua alma. Que esse poder maior possa nos envolver constante e permanentemente; que a reza possa ser algo vivo na sua carne, e não só um momento de oração.

Sua vida é uma reza. Sua vida é ritual, sua entrega amorosa, gentil, como quem cuida de algo muito precioso, como quem cuida de uma joia, como quem cuida da vida.

SEXTO PILAR: RELACIONAMENTO COM A NATUREZA – FAMÍLIA NATURAL

Ailton Krenak, líder indígena, no livro *Ideias para Adiar o Fim do Mundo*,[61] afirma que os indígenas, como povos originários, conversam com a montanha quando acordam, e a montanha diz como será o dia. Reconhecem que os rios são nossos irmãos, assim como toda a natureza é viva e se relaciona com os humanos em uma teia de família na qual tudo se conecta.

As palavras de Krenak ecoam na atualidade e encontram ressonância no discurso do Chefe Seattle, proferido em 1854 em resposta à proposta irrecusável do "chefe de Washington" de comprar as terras indígenas. Seattle, líder das tribos Suquamish e Duwamish, é lembrado como um grande líder, guerreiro, orador e ser humano carismático.

Em um texto publicado na revista *Ecoturismo*, edição de 23 de agosto de 2017,[62] encontrei uma descrição impressionante do perfil do Chefe ou Cacique Seattle, com uma das versões da carta, como podemos ver a seguir:

61. KRENAK, A. *Ideias para Adiar o Fim do Mundo*. São Paulo; Companhia das Letras, 2020.
62. SEATTLE, Cacique. "A 'Carta' do Cacique Seattle". *Ecoturismo*, n. 34, 23 ago. 2017. Disponível em: <http://revistaecoturismo.com.br/turismo-sustentabilidade/pronunciamento-do-cacique-seattle/>. Acesso em: 7 jul. 2024.

A "Carta" do cacique Seattle

Introdução: o cenário histórico

A equipe de Floresta Brasil fez uma pesquisa sobre a história da carta que o cacique Seattle teria mandado ao presidente norte-americano Franklin Pierce, em 1854, em resposta à proposta deste último de comprar terras que até então tinham "pertencido" à sua tribo.

Antes de continuarmos, parece oportuno observar que a palavra "chief", da língua inglesa, tem como correspondente na língua portuguesa a palavra "cacique". Assim, se estivermos falando português, parece mais adequado nos referirmos à personalidade que teria escrito a carta como "cacique Seattle", e não "chefe Seattle".

Um outro aspecto que resultou de nosso estudo é que descobrimos, para nossa surpresa, que é possível encontrar várias versões dessa "carta". O que imediatamente traz a dúvida: Qual das versões seria a "carta" verdadeira? Pois bem, continuando a pesquisa, descobrimos que muito provavelmente o cacique Seattle jamais escreveu carta alguma com o conteúdo que lhe é atribuído ao presidente Franklin Pierce.

O que terá acontecido então?

Pois bem: segundo as fontes que pesquisamos, os índios Duwamish habitavam a região onde atualmente se encontra o estado de Washington – no extremo Noroeste dos Estados Unidos, fazendo divisa com o Canadá. E a famosa "carta" parece ter sido, na verdade, um texto publicado em um jornal local baseado na inspirada reflexão que o cacique Seattle fez para sua tribo, reunida naquele deslumbrante cenário natural, sobre as relações do homem com a Natureza, em resposta à proposta presidencial, de compra de terra, trazida pessoalmente pelo recém-chegado encarregado de assuntos indígenas do governo norte-americano.

O primeiro registro conhecido sobre a fala do cacique Seattle parece ser um artigo publicado pelo Dr. Henry Smith, no jornal Seattle Sunday Star, em 1887. O Dr. Smith teria estado presente quando do pronunciamento do Grande Cacique, tendo o texto do artigo se baseado nas anotações que seu autor teria feito na ocasião do discurso.

Para uma melhor compreensão do discurso em si – um discurso cujo conteúdo e cujas palavras ainda hoje, passado mais de um século, soam tão sábias e profundas – resolvemos oferecer aos interessados no assunto dois textos:

- O primeiro texto traz a impressionante descrição que o Dr. Smith fez sobre o local onde o fato ocorreu, sobre a atitude dos ouvintes – de profundo silêncio e atenção e, mais impressionante ainda, sobre a forte, solene e carismática personalidade do orador e, finalmente, sobre a forma com que a fala foi proferida. De fato, o cenário descrito faz com que nos perguntemos se aquele não foi um daqueles raros e mágicos momentos da história da humanidade em que um coração forte, sensível e inspirado consegue verbalizar palavras que chegam fundo no coração de outros homens. Mesmo que estes outros homens, como nós, tomem conhecimento daquelas palavras muitos e muitos anos depois... Confirmando o que disse Seattle: "Minhas palavras são como as estrelas, que não empalidecem".
- O segundo texto é o pronunciamento do cacique propriamente dito. A versão que apresentamos é a tradução de uma das mais famosas versões divulgadas durante a década de 1970. A foto do Grande Cacique Seattle (1787-1866) é de autoria de E. M. Sammis: seu original encontra-se na *Special Collection* da Universidade de Washington, sob o n. NA 1511.

Ambos os textos, do artigo do Dr. Henry A. Smith e do pronunciamento em si, foram obtidos, em inglês, no site <http://www.geocities.com/RainForest/Andes/8032/page16/html>.

O texto do artigo do Dr. Henry Smith, que se encontra logo abaixo, foi traduzido pela equipe de Floresta Brasil diretamente do artigo original, publicado em inglês em 1887, que se encontra na seção em língua inglesa de nossa página (http://www.florestabrasil.org.br).

"O velho cacique Seattle era o maior indígena que eu jamais havia visto. E o que tinha aparência mais nobre. Em seus mocassins, ele media mais de 1,80 m, ombros largos, tórax amplo e traços finos. Seus olhos eram grandes, inteligentes, expressivos e amigáveis quando em repouso, e espelhavam fielmente os variados estados de espírito da grande alma que olhava através deles. Normalmente ele era solene, calado e digno, porém

nas grandes ocasiões movia-se na multidão como um Titã entre Liliputianos, e o que dissesse era lei.

Quando se levantava para falar, em reuniões, ou para oferecer conselho, todos os olhos se voltavam para ele, e então frases profundas, sonoras e eloquentes fluíam de seus lábios, assim como trovões de cataratas fluindo continuamente de fontes inexauríveis. Suas diretrizes soavam tão nobres como teriam soado aquelas do mais cultivado chefe militar que estivesse no comando das forças de todo o continente. Nem sua eloquência, nem sua dignidade ou sua graça haviam sido adquiridas. Elas eram tão próprias da sua personalidade quanto as folhas e as flores o são em um pessegueiro em flor.

Sua influência era maravilhosa. Ele poderia ter sido um imperador, mas todos os seus instintos eram democráticos, e ele comandava os seus leais cidadãos com suavidade e com paternal benignidade.

Ele sempre era alvo de especial atenção pelo homem branco, principalmente quando sentado à sua mesa. Era nessas ocasiões que ele demonstrava, mais do que em qualquer outro lugar, o cavalheirismo que lhe era genuíno.

Assim que o Governador Stevens chegou a Seattle e disse aos nativos que tinha sido indicado como comissário para assuntos indígenas para o território de Washington, estes lhe prepararam recepção frente dos escritórios do Dr. Maynard's, na margem próxima da Rua Principal – Main Street. A baía enxameava de canoas enquanto a margem estava tomada por uma morena e movimentada massa humana. Quando o timbre de trombeta da voz do velho cacique espalhou-se sobre a imensa multidão como o rufar de um tambor, formou-se um silêncio tão instantâneo e perfeito como aquele que segue o crack do trovão em um céu limpo.

Sendo então apresentado à multidão nativa pelo Dr. Maynard, em um tom conversacional, direto e objetivo, o governador deu imediatamente início a uma explanação sobre sua missão, que é conhecida demais para que requeira recapitulação.

Quando ele se sentou, o cacique Seattle levantou-se com a dignidade de um senador que carrega em seus ombros a responsabilidade sobre uma grande nação.

Colocando uma mão sobre a cabeça do governador, e lentamente apontando para o céu com o dedo indicador da outra, em tom solene e impressionante, começou seu memorável pronunciamento.

Fonte: "Trechos de um diário: O Cacique Seattle: um cavalheiro por instinto". 10º artigo da série "Primeiras Reminiscências" – Seattle Sunday

Star, 29 de outubro de 1887, do articulista Henry Smith (tradução livre, pela equipe de Floresta Brasil).

O pronunciamento do Cacique Seattle

(Discurso pronunciado após a fala do encarregado de negócios indígenas do governo norte-americano haver dado a entender que desejava adquirir as terras de sua tribo Duwamish).

O grande chefe de Washington mandou dizer que desejava comprar a nossa terra, o grande chefe assegurou-nos também de sua amizade e benevolência. Isto é gentil de sua parte, pois sabemos que ele não precisa de nossa amizade.

Vamos, porém, pensar em sua oferta, pois sabemos que se não o fizermos, o homem branco virá com armas e tomará nossa terra. O grande chefe de Washington pode confiar no que o Chefe Seattle diz, com a mesma certeza com que nossos irmãos brancos podem confiar na alteração das estações do ano.

Minhas palavras são como as estrelas que nunca empalidecem.

Como pode comprar ou vender o céu, o calor da terra? Tal ideia nos é estranha. Se não somos donos da pureza do ar ou do resplendor da água, como então pode comprá-los? Cada torrão desta terra é sagrado para meu povo, cada folha reluzente de pinheiro, cada praia arenosa, cada véu de neblina na floresta escura, cada clareira e inseto a zumbir são sagrados nas tradições e na consciência do meu povo. A seiva que circula nas árvores carrega consigo as recordações do homem vermelho.

O homem branco esquece a sua terra natal, quando – depois de morto – vai vagar por entre as estrelas. Os nossos mortos nunca esquecem esta formosa terra, pois ela é a mãe do homem vermelho. Somos parte da terra e ela é parte de nós. As flores perfumadas são nossas irmãs; o cervo, o cavalo, a grande águia – são nossos irmãos. As cristas rochosas, os sumos da campina, o calor que emana do corpo de um Mustang e o homem – todos pertencem à mesma família.

Portanto, quando o grande chefe de Washington manda dizer que deseja comprar nossa terra, ele exige muito de nós. O grande chefe manda dizer que irá reservar para nós um lugar em que possamos viver confortavelmente. Ele será nosso pai e nós seremos seus filhos. Portanto, vamos considerar a sua oferta de comprar nossa terra. Mas não vai ser fácil, porque esta terra é para nós sagrada.

Esta água brilhante que corre nos rios e regatos não é apenas água, mas, sim, o sangue de nossos ancestrais. Se lhe vendermos a terra, terá de se lembrar que ela é sagrada e terá de ensinar a seus filhos que é sagrada e que cada reflexo espectral na água límpida dos lagos conta os eventos e as recordações da vida de meu povo. O rumorejar d'água é a voz do pai de meu pai. Os rios são nossos irmãos, eles apagam nossa sede. Os rios transportam nossas canoas e alimentam nossos filhos. Se lhe vendermos nossa terra, terá de se lembrar e ensinar a seus filhos que os rios são irmãos nossos e seus, e terá de dispensar aos rios a afabilidade que daria a um irmão.

Sabemos que o homem branco não compreende o nosso modo de viver. Para ele um lote de terra é igual a outro, porque ele é um forasteiro que chega na calada da noite e tira da terra tudo o que necessita. A terra não é sua irmã, mas, sim, sua inimiga, e depois de a conquistar, ele vai embora, deixa para trás os túmulos de seus antepassados, e nem se importa. Arrebata a terra das mãos de seus filhos e não se importa. Ficam esquecidos a sepultura de seu pai e o direito de seus filhos à herança. Ele trata sua mãe – a terra – e seu irmão – o céu – como coisas que podem ser compradas, saqueadas, vendidas como ovelha ou miçanga cintilante. Sua voracidade arruinará a terra, abandonando apenas um deserto.

Não sei. Nossos modos diferem dos seus. A vista de suas cidades causa tormento aos olhos do homem vermelho. Mas talvez isto seja assim por ser o homem vermelho um selvagem que de nada entende.

Não há sequer um lugar calmo nas cidades do homem branco. Não há lugar onde se possa ouvir o desabrochar da folhagem na primavera ou o tinir das asas de um inseto. Mas talvez assim seja por ser eu um selvagem que nada compreende; o barulho parece apenas insultar os ouvidos. E que vida é aquela se um homem não pode ouvir a voz solitária do curiango ou, de noite, a conversa dos sapos em volta de um brejo? Sou um homem vermelho e nada compreendo. O índio prefere o suave sussurro do vento a sobrevoar a superfície de uma lagoa e o cheiro do próprio vento, purificado por uma chuva do meio-dia, ou recendendo a pinheiro.

O ar é precioso para o homem vermelho, porque todas as criaturas respiram em comum – os animais, as árvores, o homem.

O homem branco parece não perceber o ar que respira. Como um moribundo em prolongada agonia, ele é insensível ao ar fétido. Mas se lhe vendermos nossa terra, terá de se lembrar de que o ar é precioso para nós, de que o ar reparte seu espírito com toda a vida que ele sustenta. O vento que deu ao nosso bisavô o seu primeiro sopro de vida também recebe o seu último suspiro. E se lhe vendermos nossa terra, deverá mantê-la reservada, feita santuário, como um lugar em que o próprio homem branco possa ir saborear o vento, adoçado com a fragrância das flores campestres.

Assim, pois, vamos considerar sua oferta para comprar nossa terra. Se decidirmos aceitar, farei uma condição: o homem branco deve tratar os animais desta terra como se fossem seus irmãos.

Sou um selvagem e desconheço que possa ser de outro jeito. Tenho visto milhares de bisões apodrecendo na pradaria, abandonados pelo homem branco que os abatia a tiros disparados do trem em movimento. Sou um selvagem e não compreendo como um fumegante cavalo de ferro possa ser mais importante do que o bisão que (nós – os índios) matamos apenas para o sustento de nossa vida.

O que é o homem sem os animais? Se todos os animais acabassem, o homem morreria de uma grande solidão de espírito. Porque tudo quanto acontece aos animais, logo acontece ao homem. Tudo está relacionado entre si.

Deve ensinar a seus filhos que o chão debaixo de seus pés são as cinzas de nossos antepassados; para que tenham respeito ao país, conte a seus filhos que a riqueza da terra são as vidas da parentela nossa. Ensine a seus filhos o que temos ensinado aos nossos: que a terra é nossa mãe. Tudo quanto fere a terra – fere os filhos da terra. Se os homens cospem no chão, cospem sobre eles próprios.

De uma coisa sabemos. A terra não pertence ao homem: é o homem que pertence à terra, disso temos certeza. Todas as coisas estão interligadas, como o sangue que une uma família. Tudo está relacionado entre si. Tudo quanto agride a terra, agride os filhos da terra. Não foi o homem quem teceu a trama da vida: ele é meramente um fio da mesma. Tudo o que ele fizer à trama, a si próprio fará.

Os nossos filhos viram seus pais humilhados na derrota. Os nossos guerreiros sucumbem sob o peso da vergonha. E depois da derrota passam o tempo em ócio, envenenando seu corpo com alimentos adocicados e bebidas ardentes. Não tem grande importância onde passaremos os nossos últimos dias – eles não são muitos. Mais algumas horas, mesmos uns invernos, e nenhum dos filhos das grandes tribos que viveram nesta terra ou que têm vagueado em pequenos bandos pelos bosques sobrará, para chorar sobre os túmulos de um povo que um dia foi tão poderoso e cheio de confiança como o nosso.

Nem o homem branco, cujo Deus com ele passeia e conversa como amigo para amigo, pode ser isento do destino comum. Poderíamos ser irmãos, apesar de tudo. Vamos ver, de uma coisa sabemos que o homem branco venha, talvez, um dia a descobrir: nosso Deus é o mesmo Deus. Talvez julgue, agora, que o pode possuir do mesmo jeito como deseja possuir nossa terra; mas não pode. Ele é Deus da humanidade inteira, e é igual sua piedade para com o homem vermelho e o homem branco. Esta terra é querida por ele, e causar dano à terra é cumular de desprezo o seu criador. Os brancos também vão acabar; talvez mais cedo do que todas as outras raças. Continua poluindo a sua cama e há de morrer uma noite, sufocado em seus próprios desejos.

Porém, ao perecerem, vocês brilharão com fulgor, abrasados, pela força de Deus que os trouxe a este país e, por algum desígnio especial, lhes deu o domínio sobre esta terra e sobre o homem vermelho. Esse destino é para nós um mistério, pois não podemos imaginar como será quando todos os bisões forem massacrados, os cavalos bravios domados, as brenhas das florestas carregadas de odor de muita gente e a vista das velhas colinas empanada por fios que falam. Onde ficará o emaranhado da mata? Terá acabado. Onde estará a águia? Irá acabar. Restará dar adeus à andorinha e à caça; será o fim da vida e o começo da luta para sobreviver.

Compreenderíamos, talvez, se conhecêssemos com que sonha o homem branco, se soubéssemos quais as esperanças que transmite a seus filhos nas longas noites de inverno, quais as visões do futuro que oferece às suas mentes para que possam formar desejos para o dia de amanhã. Somos, porém, selvagens. Os sonhos do homem branco são para nós ocultos, e por serem ocultos, temos de escolher nosso próprio caminho. Se consentirmos, será para garantir as reservas que nos prometeu. Lá, talvez, possamos viver os nossos últimos dias conforme desejamos. Depois que o último homem vermelho tiver partido e a sua lembrança não passar da sombra de uma nuvem a pairar acima das pradarias, a alma do meu povo continuará vivendo nestas florestas e praias, porque nós a amamos como ama um recém-nascido o bater do coração de sua mãe.

Se lhe vendermos a nossa terra, ame-a como nós a amávamos. Proteja-a como nós a protegíamos. Nunca esqueça de como era esta terra quando dela tomou posse. E com toda a sua força, o seu poder e todo o seu coração – conserve-a para seus filhos e ame-a como Deus nos ama a todos. De uma coisa sabemos: o nosso Deus é o mesmo Deus, esta terra é por ele amada. Nem mesmo o homem branco pode evitar o nosso destino comum.

O relacionamento com a natureza trata-se de compreende que tudo tem vida, alma e comunicação própria. Perdemos essa reverência, pois nossa tradição judaico-cristã nos incentivou a utilizar a natureza e olhar para ela como recursos a serem explorados. A cura de nosso mundo, de nossa realidade, reside na reconquista de um olhar natural que contemple o lugar divino da natureza. Entender o poder dos pontos de força naturais como moradas dos deuses: Oxum nas cachoeiras e nos rios de corredeiras, Iemanjá nos mares, Oxóssi nas matas, Xangô nas montanhas, Iansã nas pedreiras, Nanã nos lagos e nos grandes rios, Oxalá nos picos dos mirantes, abrangendo tudo e todos, revela que toda a natureza é sagrada e se comunica conosco.

Estar junto da natureza é a oportunidade de uma conexão de muita cura para nossa alma, nosso corpo, mente e emoções. Reservar um tempo para reverenciar a natureza é a oportunidade de dar mais sentido às nossas vidas. Quando vamos à natureza e entramos em estado de meditação e gratidão por todos os seres que habitam ali, algo dessa natureza passa a fazer parte da nossa existência. É como se um pouquinho daquela natureza passasse a fazer parte de quem somos. Há muitos rituais para buscar a força da natureza e ancorar em templos de Umbanda. No entanto, antes precisamos assentar esse poder em nossa alma, assentar a força destes pontos e vórtices naturais em nosso ser, no nosso corpo como templo vivo, no qual se manifestam os deuses orixás e todos os outros deuses da humanidade e da natureza.

SÉTIMO PILAR: DESAPEGO DE ESTAR CERTO

– LIBERDADE PARA MUDAR DE OPINIÃO

O sétimo pilar fala sobre o desapego em todos os sentidos: desapego de estar certo e a liberdade para mudar de opinião, o abandonar das certezas absolutas como dogmas inquestionáveis. Esqueça tudo o que aprendeu, você pode mudar de opinião agora. Isso quer dizer desapego total. Existem muitos níveis de desapego, e confundimos muito humildade, apego e desapego.

Há aquela ideia bíblica de que é mais fácil um camelo passar pelo buraco de uma agulha do que um rico ir para o céu. Isso não tem relação com o dinheiro. Numa interpretação ideal desta frase, você entenderia que é mais fácil um camelo passar pelo buraco da agulha do que uma pessoa apegada ir para um lugar bom, porque céu é uma construção teórica na nossa mente. O céu é desapego, inferno é apego, e ambos estão dentro de nós.

Existe a lenda de um samurai muito importante e respeitado que queria saber onde era o céu. Ele foi, então, procurar um sábio que vivia no alto de uma montanha. O samurai subiu, escalou e chegou ao alto da montanha. Quando finalmente encontrou o mestre, disse-lhe: "Eu vim até aqui encontrá-lo porque eu quero saber onde é o céu e onde é o inferno". E ali o mestre começa a falar um monte de desaforos para ele. "Quem é você? Você é um maltrapilho, um vagabundo, vadio, você não presta! O que você está pensando?" Nesse momento, o samurai puxa a espada e o mestre diz: "Aí está o inferno". Ele guarda a espada e o mestre diz: "Aí está o céu". Esse ato de puxar a espada foi uma resposta, porque o mestre provocou o apego ao ego, à identidade, à vaidade que construímos sobre nós mesmos.

Vamos relembrar a lenda do homem que chega diante de Buda com um vaso chinês raríssimo de presente, daqueles maravilhosos pintados à mão, de porcelana finíssima. Ele diz: "Mestre, trouxe um presente", segurando o objeto com todo o cuidado do mundo. Buda diz: "Solta". Ele solta e o vaso espatifa no chão. O vaso cai e o homem fica ali olhando para ele com olhar de quem perdeu algo. Buda olha para o sujeito e continua dizendo: "Solta". Mesmo após ele ter soltado o vaso, Buda diz outra vez: "Solta! Larga".

O que você está segurando e não quer largar? Quantas vezes na vida perdemos novas oportunidades por não desapegar do velho? Nós nos perguntamos: como é possível melhorar? Quais são as infinitas possibilidades para mim? O que eu ainda não vi? Mas, enquanto estamos com a mão fechada, não é possível chegar nada de novo.

É como um cachorro que, após comer a carne, fica ali roendo o osso. E fica roendo, roendo, e não larga o osso, nem mesmo quando chega um novo pedaço de carne.

Somos profundamente apegados ao nosso nome, à nossa identidade, aos nossos valores. Somos apegados principalmente ao que nos agrada. Somos apegados a quem amamos. Amamos com medo de perder o objeto do amor, a pessoa. Medo de perder o conforto. Trata-se de apego e desapego. Humildade não tem a ver com as coisas que você tem.

Osho conta a lenda de um homem que tinha apenas duas tangas para se vestir, e ele se considerava por isso o homem mais desapegado do mundo. Um dia, o homem se depara com um indivíduo que lhe informa que existe alguém mais desapegado que ele. Então diz: "É impossível que alguém seja mais desapegado do que eu, eu só tenho essas duas tangas!" Em seguida, o outro fala: "O rei. O rei é mais desapegado que você". Ele decide ir encontrar esse rei. "Como pode um rei ser mais desapegado que eu?" E chega a um castelo cheio de ouro, fortuna, joias, com uma mesa sobre a qual está colocado um banquete; o rei sentado à ponta. Ele se senta à outra ponta para conversar com o rei e, imediatamente, alguém entra e começa a gritar: "Fogo! Fogo! O palácio está em chamas!" O homem fica desesperado para saber onde está sua outra tanga, enquanto o rei continua tranquilo à mesa, comendo despreocupadamente. É possível você ter tudo no mundo, muita prosperidade e fortuna, com desapego. E isso não tem absolutamente nada a ver com humildade. Humildade é o desapego de si, de querer ser melhor, de querer provar alguma coisa. O apego é a raiz do sofrimento.

Perguntaram a Buda o que é iluminação. E ele respondeu com uma negativa: "Iluminação é ausência de sofrimento". As quatro nobres verdades falam que a vida é tanto a origem do sofrimento como o cessar dele. E cessar o sofrimento é um caminho do desapego de tudo aquilo que você crê que é seu ou faz parte da sua identidade, um apego de si e daquilo que criou para você mesmo. Então, são os nossos apegos que nos arrastam.

Quando criança, eu morava na cidade de São Paulo, num prédio na rua Fradique Coutinho, no bairro de Pinheiros. Meus pais tinham um vizinho que era torcedor fanático do São Paulo. Toda vez que havia jogo, ele vinha me buscar para ir com ele. Comprou para mim o uniforme do São Paulo, a bandeira do São Paulo, e eu ia todo feliz. Íamos ele, sua filha e eu. No jogo, comíamos pipoca e amendoim, e quando havia gol, balançávamos a bandeira. Ele me levou a vários estádios.

Um dia, não saía gol nenhum, e todo mundo estava triste e cabisbaixo. Já no final do jogo, quando saiu um gol, eu fiquei muito feliz, comecei a pular e balançar a bandeira. No entanto, o vizinho estava bravo, muito bravo... Era gol contra. Ele ficou bem chateado comigo e saiu aborrecido. Eu deveria ter ficado bravo também, deveria ter ficado amuado. Aquilo me tocou profundamente... Eu tinha saído de casa para me divertir, para ficar feliz, mas acabei tendo que ficar triste, porque as pessoas que estavam jogando perderam. Fiquei triste com o passeio, e ali terminou minha história de torcedor. Até hoje, não torço para time nenhum.

Recentemente, li o livro *Os Cinco Níveis de Apego*,[63] de Don Miguel Ruiz Jr., no qual ele faz uma comparação interessante com torcedores de futebol. Ele descreve o primeiro nível como o desapego total, quando você vai ao jogo e não se identifica com time nenhum, logo, não torce. Só está lá para se divertir. Eu acho que é o lugar da criança, né? Que era eu ali.

O segundo nível se refere a quando você tem um time para torcer, e isso é muito saudável. Se o time ganha ou perde, está tudo bem, você reconhece que o outro time jogou melhor, e mantém amizades com torcedores de outros times.

No terceiro nível, a pessoa é torcedora fiel de um time, e pode até discutir e debater sobre o jogo, mas ainda mantém amigos para debater.

63. RUIZ JR., D. M. *Os Cinco Níveis de Apego*. Rio de Janeiro: Best Seller, 2022.

O quarto nível revela um apego exagerado, quando a identificação com o time é tão forte que a pessoa não tem amizade com torcedores de outros times. Se alguém pensa diferente, não dá para ser amigo.

No quinto nível, que ele chama de fanatismo, a pessoa não só tem um time e se identifica com ele, mas também quer agredir quem torce para o time adversário. Isso se aplica à política, à religião, ao futebol e a qualquer outra área em que nos identificamos a ponto de querer agredir alguém porque pensa diferente. Nesse nível, a pessoa não consegue ouvir opiniões divergentes.

Nesse mesmo livro, Don Miguel conta que recebeu em sua casa um técnico para fazer uma instalação. Antes de iniciar o trabalho, ele convidou o técnico para se sentar, ofereceu-lhe um copo de água, conversou um pouquinho com ele. Durante a conversa, o técnico perguntou o que Don Miguel fazia da vida. Don Miguel é filho de Don Miguel Ruiz. O pai é autor de *Os Quatro Compromissos*, enquanto ele escreveu *Os Cinco Níveis de Apego*. Ambos seguem a filosofia tolteca e são naguais. A palavra nagual quer dizer artista. Na filosofia tolteca, cada um de nós é um artista, e nossa vida é uma tela em branco para você pintar a obra de arte que é a própria vida. Don Miguel provavelmente falou um pouco sobre isso. O técnico, porém, insistiu que só existe uma única verdade e que, para se salvar, Don Miguel precisaria aceitá-la. Ali, Don Miguel ouve e não debate, não fala nada. Esse homem vai embora e ele escreve que, se tivesse defendido as ideias dele para mostrar que o homem estava errado, isso já seria um nível de apego.

Se você é espiritualista, umbandista, espírita, candomblecista e se depara com alguém de outro segmento religioso que acredita que sua religião é a única correta, tentar mostrar que essa pessoa está errada é uma forma de impor sua visão de mundo. É um apego. Mesmo quando você se acha certo, a outra pessoa também acredita estar certa. Quando duas pessoas se acham certas, cada uma com a sua verdade começando a debater, o apego à própria verdade se torna evidente.

Como lidamos com essas questões no nosso dia a dia? Como isso nos afeta? Será que nossa alma tem apegos? De onde vêm esses apegos, formados a partir de nossa construção de mundo, ideologias e filosofias?

Nas religiões dos povos ancestrais, no Xamanismo, a essência da espiritualidade está nas experiências e nas práticas. Ao longo dos anos, no mundo ocidental, surgiram as grandes religiões fundamentadas em doutrinas, também chamadas de religiões do livro (porque a Igreja Católica se baseia na Bíblia; o Judaísmo, na Torá; o Islamismo, no Alcorão). Somos doutrinados, adestrados para viver neste mundo segundo certa filosofia religiosa. Por isso, a espiritualidade nos atravessa, mas as religiões nos separam um pouco.

O livro *A Alma Imoral*,[64] do rabino Nilton Bonder, dá origem à peça homônima, estrelada pela atriz e diretora mineira Clarice Niskier, em cartaz há mais de 20 anos. Clarice abre a peça dizendo que, antes de aquele espetáculo ser criado, ela participou de um programa de televisão em que lhe perguntaram qual era sua religião. Ela respondeu que era judia budista. Imediatamente, chegou um fax para a produção do programa. No fax, estava escrito assim: "Minha filha, é impossível ser uma judia budista. Ou você é uma boa judia e segue os preceitos do Judaísmo, ou você é uma boa budista e segue os preceitos do Budismo. Assinado: Dona Leia". Clarice conta que ficou numa situação embaraçosa na entrevista. Na mesa, estava uma liderança do Judaísmo, o rabino Nilton Bonder, que tinha acabado de escrever *A Alma Imoral*.

Então, a entrevistadora perguntou a ele: "Rabino, é possível ser judia e budista?" A resposta de Bonder foi: "Perfeitamente. Inclusive, o Budismo vai lhe ensinar muito sobre o Judaísmo, e o Judaísmo vai lhe ensinar muito sobre o Budismo. Porque é possível, nesse encontro, aprender sobre uma e outra filosofia a partir da ótica da outra".

Ouvir essa história da Clarice também mudou minha vida, pois eu vinha numa caminhada umbandista e acreditava que a pessoa deveria ser umbandista. Não podia ser umbandista e católica, umbandista e candomblecista, umbandista e espírita. A pessoa tinha que ser UMBANDISTA, e eu também era UMBANDISTA. Muito umbandista. Muito! Não podia ser outra coisa. Esse desapego da identidade religiosa é uma bondade na alma.

O desapego é uma bondade para com todos os seres. O desapego é uma coisa maravilhosa que devemos buscar em nossa vida. Porque, no fim das contas, pouco importa a sua opinião para a pessoa que se sente bem indo a um terreiro de Umbanda e, depois, ao centro

64. BONDER, N., *op. cit.*

espírita ou à igreja de domingo. Sua opinião não muda absolutamente nada na experiência que aquela pessoa tem sendo umbandista e candomblecista, ou espírita, etc.

Há uma discussão doutrinária sobre como cada doutrina foi construída, seu contexto socioeconômico, sua localidade, origem étnica, entre outros aspectos. Alguns debatem, ainda, se uma doutrina é mais ou menos legítima com base em sua antiguidade, sua primazia ou sua origem cultural específica.

Vivi intensamente a Umbanda como religião e, em algum momento, houve uma virada de chave para a espiritualidade. Essa virada de chave foi um ato de desapego da identidade religiosa, por entender que existe uma espiritualidade que permeia tudo e todos. E essa espiritualidade toca todas as pessoas, mas em cada uma vai tocar em um lugar e de maneiras diferentes.

Assim, optei pelo desapego e hoje me considero espiritualista. Eu sou também umbandista, mas da espiritualidade de Umbanda. E vim de uma família espírita, também segui essa doutrina por muitos anos; isso está dentro de mim. Vivi o Espiritismo até os 21 anos. Aos 13 anos de idade, eu já tinha um grupo de estudos da obra de Allan Kardec, orientada por Doriana Tamburini, uma espírita muito conhecida em São Paulo. Mais tarde, segui a doutrina da Umbanda e o Xamanismo, as medicinas da floresta, as ervas de poder, as experiências com a ayahuasca, que me colocaram em contato direto com entidades, como Sr. Pena Branca.

Em experiências de ayahuasca, vi uma jiboia entrando em meu estúdio. Ela veio falar coisas para mim ao pé do ouvido. E eu nem sei se se tratava de um espírito. Essa jiboia existe realmente? É um espírito numa forma plasmada? Não, não é. Ela tem uma sabedoria. Também tive experiências com a deusa Kali na força da ayahuasca, na visão. Ainda, tive experiências na força do rapé, de ver outra encarnação minha. Quando vou gravar aulas no estúdio, eu me preparo para gravar, rezo, acendo e firmo minhas velas, e muitas vezes uso rapé para me conectar profundamente e trazer à tona o que minha alma deseja transmitir. E, numa experiência de rapé muito simples, vi outra encarnação minha.

Quando eu tinha 13 anos, minha mãe me levou ao saudoso astrólogo Lindbergh Pessoa, um engenheiro. Ele me disse que, em uma vida anterior, eu tinha sido um sacerdote e não deveria abandonar essa vocação nesta existência. Na consulta, ele também perguntou se eu gostava de ler livros. Naquela época, já tinha desenvolvido um grande interesse por leitura, tendo lido obras como *Robin Hood*, *Robinson Crusoé*, *Moby Dick* e *Ilha do Tesouro* da coleção de livros de meu pai. Eu respondi afirmativamente, e ele mencionou que isso seria muito importante para mim.

Aos 13 anos, ouvir isso do homem... Que em outra vida fui um sacerdote. Até hoje, revi várias encarnações minhas, em diferentes lugares e situações. Há uma em particular que lembra o filme *Conan, o Bárbaro*, em que tudo é invadido e destruído. Meu pai foi morto, minha mãe também; ele era o sacerdote daquele lugar. Fiquei escravizado, remando nos navios de galé, em um sonho vívido. Em outra ocasião, vivi como monge no Camboja, entre os templos na mata. Vi várias encarnações, mas até hoje não tinha recordações de nenhuma delas como sacerdote.

Ainda sobre a questão do desapego... Não sei se essas vidas que eu vi realmente existiram. Então, estou desapegado da certeza de que vivi essas encarnações. Podem ser memórias de ancestrais meus. Minha mente pode produzir outra encarnação para transmitir uma informação para mim... Então, não vejo isso como uma verdade absoluta, mas como uma verdade relativa.

Um dia, fizemos um rapé no estúdio com o Pedro ao meu lado, e durante essa experiência, vi uma encarnação em que fui uma sacerdotisa, uma mulher, não um sacerdote. Foi só depois de escrever o livro da Pombagira,[65] em que trabalhei para desconstruir o apego machista que permeia nossa sociedade patriarcal, que minha mente se abriu para essa visão. A Pombagira, representada por Maria Preta, veio para desafiar esses valores e desconstruir o machismo arraigado. A experiência foi um exercício profundo de desapego da identidade. Maria Preta declarava que "vinha para matar o macho". Ela dizia: "Pode ser que sobre um homem aí". Um homem. O mais próximo de um homem que eu sou é o quanto mais distante do machismo eu estou.

A construção de mundo machista é marcada por grande apego e muitos valores. O apego do homem está sempre em primeiro lugar. Além disso, temos uma sociedade que também é racista. Existe um apego à ideia de que deve haver um homem branco ocupando a cadeira da presidência, por exemplo. Ou, o quanto é difícil para uma mulher

65. *Pombagira, a Deusa: Mulher Igual Você*, publicado pela Madras Editora.

alcançar essa posição, e também é difícil ver uma mulher como presidente. Gostando ou não da sua gestão (porque isso também é parte do debate), tivemos no Brasil uma presidenta: Dilma Rousseff. Não tenho opinião formada sobre seu governo, porque não sou especialista em Ciências Políticas e tenho profundidade zero no tema. Mas reconheço que é uma mulher. Lidar com essas questões de machismo, racismo e todos os tipos de apego aos valores é desafiador.

Há também apego ao valor moral, que abrange, por exemplo, acreditar que o dinheiro é ruim, sujo, ou que a pessoa rica não pode ser boa, não vai para o céu. Tudo isso é apego. É como a gente vai construindo apego à nossa identidade, ao nosso lugar, ao nosso cargo.

Sempre estudei em colégio estadual. Meus pais se mudaram algumas vezes e, nos bairros onde eu morava, os meus amigos eram sempre de famílias bem simples, com pais que tinham a nobre profissão de zelador ou de ajudante do lar... Eu tinha um amigo que morava num lugar que chamam de "quartinho de empregada", com a avó dele. E, em algum momento, desenvolvi um orgulho dessa infância da quebrada, um orgulho de estar ali com os "manos". Um orgulho de pobreza assim mesmo, como se isso fosse estar em humildade também, que cai nesse lugar de pobreza e humildade.

Em algum momento da vida, necessitei quebrar o valor moral do dinheiro para a prosperidade chegar. Eu precisei quebrar o valor moral do dinheiro, eu precisei desconstruir os apegos ligados à questão da caridade – da palavra caridade. Escrevi um livro sobre isso, para dizer que bom mesmo é generosidade, é o que transborda. Caridade é uma esmola que você dá no farol, é uma coisa que você faz e ainda se sente "o caridoso". E aí você tem o apego ao desapego.

Osho também fala muito disso. A pessoa tem orgulho do que não tem. A pessoa se faz de humilde pelo orgulho de ser humilde, e tem um apego daquele lugar em que se coloca. Por exemplo, quando um indivíduo não aceita ajuda de ninguém para fazer um trabalho social ou um trabalho espiritual. E aí, quando ele vê outra pessoa que não faz, lança-lhe muitas críticas, porque tem um apego ao desapego, e atacando quem pensa diferente, se convence de estar certo. Que loucura a mente faz na nossa cabeça! Isso existe muito entre religiosos. É a ideia que você constrói de um desapego, de um lugar que o dinheiro parece ser uma coisa suja e, desse lugar, você fica muito à vontade para criticar quem não está ali, como se prosperidade não fosse uma coisa boa.

Tentando quebrar esse pensamento para abrir as portas da prosperidade na vida, precisei entender minha relação com meu pai. Quando eu era jovem, com 16 ou 17 anos, fiz curso técnico em Eletrônica em São Bernardo (no estado de São Paulo). Era integral, eu ia todo dia. Quando penso nessas histórias, eu me lembro do Rubem Alves. No auge da sua arte, das suas obras, das suas palestras, das suas falas, alguém perguntou: "Rubem Alves, como faz para eu chegar aí aonde você chegou?" Ele respondeu: "Meu filho, eu só cheguei aonde eu cheguei porque tudo que eu planejei deu errado. O desapego ao que dá errado é o que abre a porta para o que pode dar certo".

É um desapego. Você precisa desapegar por onde você anda. Precisa desapegar do que pensa, acredita, de tudo que parece tão bom para que possa deixar chegar algo muito melhor.

Eu estive à frente do Colégio de Umbanda Sagrada Pena Branca, que tinha um terreiro. Na última gira, atendemos 600 pessoas com 150 médiuns. No colégio, havia cerca de mil pessoas em desenvolvimento mediúnico sob minha orientação. Muita gente. E aí, quando veio a pandemia, toda essa estrutura foi fechada.

Completei 25 anos de terreiro aberto. Porém, antes de a pandemia começar na China, o Sultão que incorporo determinou que eu encerrasse as giras de atendimento (caritativo) que fazia por mais de duas décadas. Ele não deu nenhuma explicação. Eu achava que o lugar estava pequeno, quente e que precisava de um ar-condicionado. Passou um tempo, estourou a pandemia. E aí o colégio fechou a estrutura mesmo. Só aí eu entendi que, quando o Sultão falou para fechar o atendimento, a minha missão – que eu mesmo escolhi para mim, de ter um terreiro aberto – estava se encerrando. Veja o tamanho do desapego pelo qual tive de passar... Eu já tinha vivido o que era para viver ali.

Em algum momento, a Maria Preta incorpora em mim e ela fala a respeito daquela estrutura. Ela diz: "Solta". Igual Siddharta Gautama falou para o homem: "Solta! Solta essa âncora porque você vai voar. Solta essa âncora". E eu soltei.

Depois, agradeci demais por ter soltado. Mas, quando eu soltei, soltei também o apego, e coincidiu – sincronicamente – de soltar a identidade umbandista para me assumir espiritualista e entender que a espiritualidade é uma só e que atravessa todo mundo de formas diferentes.

Então, minha vida tem sido uma história de desapego. Para cada desapego, a consciência se eleva. O caminho do entendimento é a gratidão. Quando você se deparar com uma situação em que está perdendo alguma coisa, agradeça. Agradeça, abra as mãos, solte e só pergunte: o que mais é possível melhorar? Quais são as infinitas possibilidades? E o universo, o mundo, vai colocar você no lugar certo, na hora certa, se você estiver aberto.

Isso se chama *flow*. Sua alma comunica o mundo com o mínimo de energia. Você não gasta energia nenhuma para convencer ninguém de nada, porque encontrou a sua verdade. Esse é um exercício de desapego maravilhoso. A vida é um exercício de desapego, porque o desapego final é morte. Ninguém sai vivo deste lugar, meu filho. E a última fase é largar esse corpo, pois nem isso lhe pertence. Esse corpo voltará para a terra. A terra deu e a terra vai tomar, então nada é seu. Não tem nada para você chamar de seu nesta vida, neste mundo. Absolutamente nada para chamar de seu, e a gente passa a vida se arrastando com esse monte de apego. Apego de quem você é, do que você acredita, apego da filosofia, apego do que você construiu, até apego do amor, que gera medo, insegurança, sendo motivação de crime.

Como vamos nos libertar desse sofrimento todo, dessa parada toda, que é simplesmente apego? Não seria mais fácil começar nos desapegando das coisas minúsculas? Comece desapegando da ideia de que você conhece alguma verdade que vai além da terra e do céu, porque não existe uma verdade absoluta. Do que mais você pode se desapegar? Você pode desapegar de crenças limitantes, valores, conceitos e identidade? Ou de quando você tenta convencer alguém de que sua opinião é certa e a do outro é errada?

Um dia desses, recebi uma pessoa querida que me contou a história do pai dela, que era alcoólatra e deixava a familiar para cair na noitada. Foi um sofrimento para sua mãe, que tinha vários filhos. Percebi como essa história se conectava com a do meu avô paterno, que também foi muito ausente e tinha outra família. Isso também me lembrou de um tio meu, já desencarnado, que viveu histórias parecidas. Tendemos a fazer julgamento moral sobre essas pessoas, considerando-as inadequadas para viver em sociedade, e, portanto, ruins.

Então, tive uma conversa com essa amiga sobre a rejeição que sentia do pai. A ideia de que ele era uma pessoa ruim fazia com que, dentro dela, ela o rejeitasse, criando um problema bastante sério com a figura masculina em razão de um juízo de valor que fazemos.

A chave é a seguinte: nem todo mundo tem escolhas na vida. Dizemos que a vida é feita de escolhas, mas, na verdade, muitas vezes, não escolhemos nada. Nossas escolhas são óbvias e só mudam quando mudamos quem somos. Enquanto a pessoa que escolhe não muda, ela continua fazendo as mesmas escolhas em diferentes contextos. Então, não é que essas pessoas fizeram escolhas erradas, determinando quem elas são. Elas apenas não sabem ser diferentes. Isso pode ser uma dor muito grande na alma daquela pessoa, e você não sabe quais dores ela carrega por não se adequar.

Todo mundo quer se adequar, ser aceito, aplaudido e estar bonito na foto. Quando isso não acontece, criamos um julgamento moral; é um apego de valor, um apego de quem achamos que é uma pessoa boa ou má.

Na espiritualidade de Umbanda, existe a linha de Cangaceiros, e alguns terreiros recebem espíritos, como Lampião e Corisco. Durante uma *live* no Instagram, que continha caixa de perguntas, uma pessoa me perguntou assim: "Alexandre, como pode Corisco, que era todo um bandido, matava todo mundo, agora ser guia espiritual? Explica aí para nós". A resposta é simples: Corisco foi um bandido. Ele foi! Não é o que ele é agora, que é uma entidade. Ele viveu experiências que nós não vivemos. O que será que ele tem a ensinar de tão forte, que o coloca no lugar de mentor espiritual, de guia? Isso se aplica a Lampião, Zé Pelintra, Pombagira, Exu. Quais conhecimentos essas almas transgressoras adquiriram em suas vidas marginais, sendo expulsas, enforcadas, apedrejadas e xingadas? O que elas têm a ensinar?

Quantos juízos de valor nós fazemos... Os juízos de valor que fazemos sobre os outros também aplicamos a nós mesmos. Este é o sétimo pilar: a liberdade de mudar de opinião. É entender que, mesmo com certeza, podemos deixar uma brecha para acreditar que estamos errados. É o pilar do desapego, a lição de superar o sofrimento.

Sou Alexândre Cumino, seu mentor de Espiritualidade Visceral. Quero agradecer a todos, todas e todes que, de alguma forma, estão recebendo algo que brota da minha alma, como flores, perfumes, aromas, borboletas, passarinhos, de maneira muito leve e encantadora. Espero que esses saberes possam encantar seu mundo. Espero que sua vida fique mais colorida. Espero que você tenha muita prosperidade. Espero que todos os deuses e deusas o abençoem, sem distinção nenhuma. Espero que as forças da natureza o acolham. Espero que você possa pisar no chão, na grama molhada e sentir a terra, e abençoar o chão que você pisa, que é um chão sagrado. Espero que você reconheça todos os seus ancestrais, inclusive os excluídos. E que você os reverencie, honrando todos e todas que vieram antes de você.

Desejo que a vida lhe ofereça novas oportunidades e perspectivas. Espero que você chegue ao final da vida com brilho nos seus olhos, com um semblante maravilhoso, e que os deuses possam olhar através deles, falar por sua boca, ouvir por seus ouvidos, pensar na sua cabeça, dançar a dança da vida.

Espero também que continuemos estes estudos juntos, pois os saberes que não conhecemos são infinitamente maiores do que aqueles que conhecemos. Então, nessa ilha do conhecimento, o desconhecido, é um mar; quanto mais aprendemos, mais percebemos que não sabemos. Se essa é sua sensação, de que quanto mais estuda, menos você sabe, então bem-vindo, bem-vinda, bem-vinde. Este é um ótimo caminho a trilhar, o caminho de quem se entende aprendiz da vida.

Aho. Axé. Saravá. In Lak' Ech. Amém. Shalom. Gratidão.

Para se aprofundar em Espiritualidade Visceral, reprogramar o seu Sagrado Selvagem e despertar sua consciência acesse o curso no QR Code abaixo:

BIBLIOGRAFIA

BASTIDE, R. *O Sagrado Selvagem*. São Paulo: Companhia das Letras, 2006

BOFF, L. *Espiritualidade: um Caminho de Transformação*. Rio de Janeiro: Sextante, 2001. p. 38

BONDER, N. *A Alma Imoral*. Rio de Janeiro: Rocco, 1998.

CAMPBELL, J. *A Jornada do Herói*. São Paulo: Ágora, 2004.

CAMPBELL, J. *As Máscaras de Deus*. São Paulo: Palas Athena, 2010. 4 v.

CASTAÑEDA, C. *A Erva do Diabo: Experiências Indígenas com Plantas Alucinógenas Reveladas por Don Juan*. Rio de Janeiro: Record, 2013.

CHARDIN, T. de. *O Fenômeno Humano*. São Paulo: Cultrix, 1988.

COELHO, P. *Maktub*. São Paulo: Paralela, 2018.

CHOPRA, D. *As Sete Leis Espirituais do Sucesso*. Rio de Janeiro: Best Seller, 2019.

DISPENZA, J. *Como se Tornar Sobrenatural: Pessoas Comuns Realizando o Extraordinário*. Porto Alegre: Citadel, 2020.

ELIADE, M. *O Xamanismo e as Técnicas Arcaicas do Êxtase*. São Paulo: Martins

Fontes, 2019.

ELIADE, M. *O Sagrado e o Profano: a Essência das Religiões*. São Paulo: WMF Martins Fontes, 2018.

DURKHEIM, É. *As Formas Elementares de Vida Religiosa*. São Paulo: Paulus, 2001.

GIBRAN, K. *O Louco*. Valinhos: Monte Cristo Editora, 2022.

HELLINGER, B. *Meu Trabalho, Minha Vida: a Autobiografia do Criador da Constelação Familiar*. São Paulo: Cultrix, 2020. p. 72

HERRIGEL, E. *A Arte Cavalheiresca do Arqueiro Zen*. São Paulo: Pensamento, 2017.

Histórias da Tradição Sufi. Rio de Janeiro: Edições Dervish, 1993.

JUNG. C. G. *Espiritualidade e Transcendência*. Petrópolis: Vozes, 2015.

KAN, H. I. *Coração do Sufismo*. São Paulo: Cultrix, 2002

KAVÁFIS, K. *Poemas de Konstantinos Kaváfis*. São Paulo: Odysseus, 2006. p. 100-103.

KOTLER, S.; WHEAL, J. *Roubando o Fogo: a Ciência por trás dos Super-humanos*. Rio de Janeiro: Alta Books, 2018.

KRENAK, A. *Ideias para Adiar o Fim do Mundo*. São Paulo; Companhia das Letras, 2020.

NIETZSCHE, F. *Assim Falou Zaratustra*. São Paulo: Companhia de Bolso, 2018.

OSHO. *Torne-se Quem Você É: Reflexões Extraordinárias sobre Assim Falou Zaratustra, de Nietzsche*. Rio de Janeiro: Alaúde, 2017.

REDFIELD, J. *A Profecia Celestina*. São Paulo: Fontanar, 2009.

RINPOCHE, S. *O Livro Tibetano do Viver e do Morrer*. São Paulo: Palas Atena, 2013.

RICHARDS, K. *Vida*. Rio de Janeiro: Globo Livros, 2010.

RUIZ, D. M. *Os Quatro Compromissos*. Rio de Janeiro: Best Seller, 2021.

RUIZ JR., D. M. *Os Cinco Níveis de Apego*. Rio de Janeiro: Best Seller, 2022.

SEATTLE, Cacique. "A 'Carta' do Cacique Seattle". *Ecoturismo*, n. 34, 23 ago. 2017. Disponível em: <http://revistaecoturismo.com.br/turismo-sustentabilidade/pronunciamento-do-cacique-seattle/>. Acesso em: 7 jul. 2024.

TOLLE, E. *O Poder do Agora: um Guia para a Iluminação Espiritual*. Rio de Janeiro: Sextante, 2000.

VALLE, E. *Psicologia e Experiência Religiosa*. São Paulo: Edições Loyola, 1998.